모든 학생 학습을 위한

보편적 학습 설계와 통합교육

Alvyra Galkienė · Ona Monkevičienė 편저
강종구 · 강성구 공역

IMPROVING INCLUSIVE
EDUCATION THROUGH
UNIVERSAL DESIGN
FOR LEARNING

학지사

First published in English under the title
Improving Inclusive Education through Universal Design for Learning
by Alvyra Galkienė, Ona Monkevičienė

역자 서문

UNESCO는 통합교육을 '학생의 참석에 그치지 않고, 참여와 성취를 이루는 교육'
이라고 정의한다. 이 책은 통합학급에 있는 모든 학생을 위한 보편적인 학습을 설계
하고, 이를 통해 각각의 학생이 의미 있는 참여와 성취를 목표로 한다.

이제까지 국내에서의 통합교육은 특수교육 중심으로 이루어져 왔으며, 통합학급
수업에 참여한 학생의 교육적 책임도 특수교사가 주로 져 왔다. 이와 같은 상황에서
통합교육은 모두를 위한 통합교육이기보다는 특수교육대상학생이라는 소수 집단
에 초점이 맞추어진 통합교육의 형태로 발전해 왔다. 그러나 이러한 형태의 통합교
육은 통합학급 내에서 특수교육대상학생과 비장애 학생이라는 또 다른 분리와 차별
을 불러일으킬 수 있다. 무엇보다도 특수교육과 통합교육은 추구하는 목적이나 가치
에 차이가 있다. 특수교육은 기본적으로 특수교육대상 개개인에 대한 개별적 접근을
토대로 발전한 학문이기 때문에, 다양한 학생이 참여하는 통합교육으로 확장하는 데
는 어려움이 있을 수밖에 없다. 무엇보다도 통합학급 수업에 참여하는 모든 학생에
대한 교육이 이루어지지 못한다면 통합수업에 참여하는 특수교육대상학생에게 학습
뿐만 아니라 정서적인 어려움을 불러일으킬 수도 있다. 이는 교육적 지원이 필요하
고 이를 통해 향상될 수 있는 학생들을 '특수교육'이라는 명칭으로 분류함으로써 이
러한 학생에 대한 교육적 기대를 낮게 만들고, 일상생활훈련과 같은 자립생활지원
이나 행동지원과 같은 치료적 지원만이 필요한 학생이라는 오해를 불러일으킬 수 있
다. 만약 개별적·의료적 접근에 기반을 두고 특수교육대상학생만 해당되는 별도의
교육적, 치료적 지원에만 중점을 두게 된다면 통합학급에서의 완전한 참여는 더욱 어

려워질 수밖에 없다.

　다행히 최근 들어 국내에서도 장애 학생이 참여하는 통합교육은 보편적 학습 설계를 기반으로 교수적 지원을 제공하기 위한 노력이 이루어지고 있다. 이러한 시점에서 이 책은 각기 다른 정치적·경제적·사회문화적 특성을 가지고 있는 유럽 4개국(핀란드, 오스트리아, 폴란드, 리투아니아)에서 보편적 학습 설계를 통한 통합교육을 어떻게 적용하는지를 보여 주고 있다. 특히 이 책에서 다루고 있는 유럽 4개국의 경우, 장애 학생에 대한 교육과 지원에 있어서도 많은 차이가 있다고 알려져 왔다. 이러한 다른 국가적 차이는 보편적 학습 설계의 적용에서도 영향을 미칠 수밖에 없으나 이 책에서는 보편적 학습 설계를 통해 적용된 통합교육 지원은 국가 간의 차이를 초월해서 실천될 수 있음을 보여 준다. 이는 보편적 학습 설계를 통합교육에 적용하기 위하여 연구자와 교사 간의 상호 협력, 무엇보다도 이 책에서 핵심적으로 다루고 있는 학생 중심의 교육인 통합학급에 있는 모든 학생이 '숙련된 학습자'가 될 수 있음을 보여 준다. 또 실행연구들을 통해 이러한 학습자가 되도록 지원해 주는 교사와 학생 간의 존중과 끊임없는 반성적 고찰로 가능해졌음을 보여 준다.

　이처럼 이 책에서는 특수교육대상학생을 포함한 모든 학생이 통합교육의 능동적이고 창의적인 행위자가 될 수 있도록, 특히 다양성이 존중받고 서로의 다름을 이해하고 발전시켜 나가도록 지원해 주고 있다. 역자들은 이 책이 오늘날 통합교육 상황에 있는 모든 학생과 이들을 지도하는 교육자들에게 참석에 그치지 않고 참여와 성취를 이룰 수 있는 지침서가 되기를 희망한다.

2023년 10월
역자 일동

편집자 서문

이 책에 보고된 연구는 1990년대 미국에서 처음 개발된 보편적 학습 설계^{Universal} Design for Learning(UDL) 개념이 리투아니아, 오스트리아, 폴란드, 핀란드 유럽 4개국에서 시의적절하게 어떻게 도입되고 적용되는 데 공헌해 왔는지에 대한 지식이다. 유럽에서 UDL에 대한 연구는 거의 없으며, 리투아니아나 폴란드의 연구는 영어로 출판된 전문 문헌에서 거의 찾아볼 수 없다. 이 책에 소개된 사례 연구에 등장하는 국가와 지역의 사례는 통합^{inclusion} 정책이 실제로 어떻게 작동할 수 있는지를 고려하기 위한 조율된 노력의 예시라는 점에서 의미가 있다. 유럽에서 COVID 팬데믹이 처음 시작되었을 때 수행된 이 연구에는 많은 독자가 관심을 가질 만한 팬데믹 관련 문제에 대한 통찰이 포함되어 있다.

학습 차이를 해결하기 위해 고안된 많은 전략과 마찬가지로, UDL은 교육적 필요에 대한 개별화된 접근법에서 시작된다. 통합교육^{inclusive education}을 위해서는 학습자 간의 개인차를 수용할 수 있도록 전체 수업에 차별화된 접근법이 필요하다는 것이 널리 알려진 사실이다. 그러나 일부 학생을 위한 차별화 교육이 모든 학생을 통합하는 과정에서 이러한 실제는 제한될 수 있다. 예를 들어, 장애 또는 학습의 특정 어려움에 대한 개별화된 반응에만 차별화 접근법을 적용할 때, 공유 활동으로서의 학습의 중요한 맥락적 차원이 간과되면 학습자가 교실 내에서 소외될 수 있다. 이에 대응하기 위해 교수를 위한 통합적인 접근법은 공유 활동으로써 학습을 이해해야 지원하는 것이다. 이러한 접근법은 학습자 간의 개인차를 무시하지 않고 교사가 모든 사람의 학습 기회를 개선하는 방식으로 특별한 지원을 동원하는 방법을 고려하는 것을 장려한다.

학습자는 여러 측면에서 다양하기 때문에 교사는 일상적인 수업에서 모든 종류의 차이를 고려해야 한다. 그러나 차이에 대한 반응은 학습자에게 자부심보다는 수치심을 유발할 수 있으며, 칭찬뿐만 아니라 격려, 비하, 낙담을 유발할 수 있다. 따라서 개인의 필요를 충족하는 전략을 사용할 때는 주의를 기울여야 한다. 학습자 간의 개인차에 대응하여 교사가 다양한 전략을 사용하는 방식은 학습자가 소속감을 느끼는지 여부를 결정하는 데 중요한 요소이다. 통합을 지원하는 방식의 전략을 교육에 실현하게 되면 일부 학습자가 또래보다 능력이 부족하거나 유능하지 않다고 느끼게 만들 수 있기에 개인차에 대한 사려 깊은 대응을 고려해야 한다. 이러한 대응은 학습자의 차이를 판단하기보다는 존중하는 방식으로 실행되어야 한다.

이러한 교육학적 사고의 전환은 대부분의 학습자에게는 효과가 있지만 어려움을 겪는 일부 학습자에게는 추가 또는 다른 어떠한 존재하는 교육 접근법에서 하나의 수업이 참가자마다 다른 경험을 제공하는 공유 활동으로서의 학습에 대한 사고로 전환함으로써 촉진될 수 있다. 이러한 사고의 전환은 학습자 간의 차이를 예상해야 한다는 것을 전제로 한다. 따라서 UDL과 같은 전략을 사용하면 교실의 모든 사람이 이용할 수 있는 학습 기회의 범위가 확장된다.

교육에서 통합을 실현하여 모든 사람에게 혜택을 주려면 학습자의 차이에 대응하는 교수법을 지원하는 전략이 필수적이다. UDL과 같은 전략은 개인차를 고려하는 동시에 모두에게 학습 기회를 확대하여 다양한 그룹의 학습을 최적화할 수 있다. 지역 학교에 포함하려는 모든 노력에 이러한 전략이 중요한 이유는 장애 학생과 같은 취약한 학습자들이 소속감을 느낄 수 있는 방식으로 수용하는 데 필요한 변화나 적응을 충분히 고려하지 않아 왔기 때문이다.

UDL과 같은 전략은 교육에서의 통합 과정에 중요한 이바지를 한다. 이 책에 소개된 사례 연구는 보다 통합적인 실천을 위한 개선의 하나로 실행연구action research 프로젝트에 참여하고 있는 학교에서 UDL을 어떻게 적용하고 있는지 살펴본다. 이들의 사례는 학습자 간의 개인차에 대응할 뿐만 아니라 모든 사람에게 도움이 되는 전략의 유용한 예로서 UDL을 기록하고 있다.

스코틀랜드 에든버러에서 Lani Florian

2021년 6월

서문

특수 및 통합교육 유럽 기관The European Agency for Special and Inclusive Education은 모든 연령대의 모든 학습자가 지역사회에서 의미 있고 수준 높은 교육 기회를 받을 수 있도록 보장하는 것을 목표로 하는 보다 포괄적인 교육 시스템을 개발하기 위한 모든 유럽 국가의 노력을 표명했다. 통합교육inclusive education의 질 지표는 개인의 성공과 모든 학습자의 높은 성취도와 관련이 있지만, 이러한 결과를 달성하기 위한 조건은 교육 정책 입안자의 결정부터 학교에서의 교육 실천에 이르기까지 발생하는 절차, 즉 통합교육 생태계의 모든 수준에 의해 미리 결정된다. 그러므로 다양한 국가의 문화적·교육적 경험에서 통합교육의 맥락화contextualisation를 통해 통합성의 질에 큰 영향을 미치는 보편적 요인도 파악할 수 있다.

이 과학적인 연구에서 제시하는 내용은 통합교육의 질적 실행에 중요한 요인을 지속해서 탐색하고 있다. 앞서 유럽 4개국의 통합교육 우수 사례에 대한 분석을 통해 사회문화적·정치적 발전 경험이 다른 4개국, 즉 리투아니아, 폴란드, 오스트리아, 핀란드의 맥락에서 통합교육의 우수 사례를 촉진하는 기존 요인을 밝힐 수 있었다. 연구 과정에서 개인의 개성을 인정하고 강점을 우선시하는 것이 통합교육의 인식론적 목표이자 기준점이 되는 것으로 확인되었다.

이 책에 소개된 연구는 보편적 학습 설계Universal Design for Learning(UDL) 접근법을 적용하고 기존의 통합교육 실제를 강화할 가능성에 대한 연구와 연결하여, 교사에게 교육의 효율성을 달성할 수 있는 더 많은 도구를 제공한다. 이 연구는 앞서 언급한 국가들에서 동일한 맥락으로 수행되었다. 리투아니아 비타우타스 마그누스대학교, 오스트

리아 비엔나대학교, 핀란드 라플란드대학교, 폴란드 크라코프 교육대학교의 연구진
은 자국에서 통합교육을 시행하고 있으며 교육 시스템을 발전시키고자 하는 학교 한
곳씩을 선정하였다.

과학적 근거에 기반한 교육 시스템은 모든 학습자의 성공에 초점을 맞추고 실행
을 위한 구체적인 지침을 제공하기 때문에 통합교육 개선을 위해 UDL 접근법을 선
택했다. 연구 계획에 앞서 프로젝트 참여자 그룹은 CAST 기관의 전문가들과 회의했
다. 이 비정부기구의 사명은 '학습에 한계가 없을 때까지 교육 설계와 실천을 혁신하
는 것'이다. 이 아이디어는 모든 학습자의 성공에 유리한 교육 방법을 찾으려는 프
로젝트 참가자들의 목표와 매우 일치했다. 교육연구자, 통합교육을 실행하는 교사,
UDL 전문가들이 모인 회의에서 UDL 접근법의 세부 사항을 분석했다. 또한 참가자
들은 다양한 교육적 · 문화적 · 교육적 실천 맥락에서 이 접근법을 실현하는 것에 대
한 아이디어를 공유했다. 이후 각 국가 팀은 자국의 맥락에서 UDL 접근법을 적용
한 교육 구성 요소의 실현 및 개발에 관한 결정을 내렸다. 크라코프 교육대학교[Krakow
Pedagogical University]와 학교 "크라코프 일반교육 학교 9호 단지[Zespol Szkol Ogolnoksztalcacych
nr 9 w Krakowie]"의 그룹은 교실에서의 교육과정을 강화하기로 결정했다. 비타우타스 마
그누스대학교[Vytautas Magnus University]와 빌니아스 발시우스학교[Vilniaus Balsių Progymnasium]의
팀은 학생이 숙련된 학습자가 되는 관점에 중점을 두었다. 라플란드대학교[University of
Lapland]와 알렉산테리 케난쿨루학교[school of Aleksanteri Kenan koulu]의 연구팀은 UDL 접근법
을 적용하면서 교사 역량 개발 문제에 초점을 맞추기로 했다. 비엔나대학교[University of
Vienna]의 연구자 그룹과 슐젠트룸 도나우슈타트[Schulzentrum Donaustadt]의 교사들은 학교에
서 적용되는 교육 시스템을 UDL 접근법의 맥락에서 재해석하고, 교육 시스템에서 개
선해야 할 부분을 파악하고, 개발해야 할 UDL 요소를 구분하여 다양한 교육 맥락에
서 이 접근법을 더 잘 적용하기 위해 노력하기로 했다. 이 연구에서는 기존 실제를 분
석하고 발전시키는 데 장점이 있는 실행연구 방법을 선택했다.

이 책의 도입부에서 독자는 통합교육 변화의 과정, UDL 개념의 해석 및 학생의 독
특성에 대한 새로운 태도에 대한 논의, 교육 차별화 접근법의 차이 분석, UDL 접근법
내에서 목표를 공식화하고 달성하는 특성과 관련된 이전에 수행된 연구 결과가 뒷받
침하는 통찰력을 발견할 것이다. 이 책은 여러 저자가 제안한 접근법에 따라 교육과
정에 관한 연구를 수행하면서 실행연구의 방법론 및 적용에 대한 포괄적인 개요를 제

시한다.

경험적 연구 결과를 분석하면 독자는 두 가지 방향의 통찰력을 발견할 수 있다. 한편으로는 다양한 관점에서 문제에 접근하는 다양한 교육적·문화적 맥락에서 수행된 연구 결과를 통해 유럽 4개국의 통합교육 경험과 맥락화된 현실에 대해 더 깊이 있게 배울 수 있다. 다른 한편으로, 이미 작동하고 있는 교육 실제를 개선하면서 UDL 접근법을 적용할 수 있는 가능성을 평가함으로써 이 접근법의 가치 있는 요소, 운영 체제 및 시스템 혁신에 통합하는 데 유리한 요소, 직면한 장애물을 식별하고 알 수 있다.

폴란드에서 UDL 접근법을 실현하는 동안 교육 관행을 분석한 결과, 일상적인 학습 어려움 중심 교육에서 장애물 대처를 강조하는 유연하고 성찰적인 교사 주도 학습으로 전환하는 변화 메커니즘의 단계가 드러났다. 이 연구는 학생들의 성공 경험이 교사의 태도, 동기 부여, 성향 변화에 미치는 변화의 효과를 보여 주었다. 폴란드의 한 학교에서 수행된 연구 결과는 연구자들의 개인지도tutoring가 교사의 동기 부여와 자기효능감을 강화하고, 변화 과정에 참여하며, 새로운 경험을 실제 수업에 실현하는 데 미치는 영향을 강조했다. UDL 접근법의 숙달된 방법론은 변화의 성공에 대한 교사와 학생의 자신감을 높이고 현상 유지에서 벗어나 예기치 않은 상황으로 인한 도전에 대처할 수 있도록 도와준다.

학생이 숙련된 학습자expert learner가 되는 과정을 연구한 결과, UDL 가이드라인과 그 구조 및 실현 권장 사항이 학생에게 교육 방향을 제시하는 동시에 숙련된 학습자에게 중요한 자질을 갖추게 하는 것으로 나타났다. 연구 결과를 통해 이 과정 개발의 속도와 질을 미리 결정하는 요인을 구분할 수 있다. 이는 또한 교육 경험의 다양한 맥락에서 이를 다르게 나타나게 하는 변화의 중요한 구성 요소를 결정하는 데도 이바지했다. 아직 연구되지 않은 학생들의 능력 중 감정이 어떻게 사고를 지원하는지 이해하고, 집단적 이해를 창출하는 과정에 참여하며, 보편적 학습 환경의 공동 창조자가 되는 등이 밝혀졌다.

핀란드의 교사 통합적 역량 개발 연구는 교사들이 학교 교육 현장에서 UDL 원칙을 실현하는 동시에 이 과정에 필요한 교사 자신의 역량을 성찰하는 방식으로 진행되었다. 역량 성찰을 위해 핀란드에서 인정받고 있는 다차원적 적응 교수법 모델The Multidimensional Adapted Process Model of Teaching(MAP)을 적용했다. 이를 통해 참가자들은 두 가지 관점에서 통합적 역량 개발에 접근할 수 있었다. MAP에 포함된 교사 역량은 통합적 교육에 필요한 역량의 개념을 정의하는 UDL에 기반한 관행과 일치한다는 것이 확인되었다.

잘 정립된 통합교육 실제의 발전을 위해 UDL 원칙을 적용하는 오스트리아의 혁신적인 접근법은 학교 공동체가 교육 장벽에 대처하는 '사각지대'를 식별할 기회와 학교의 지속 가능한 발전 목표를 지향하는 적용 수단과 방법을 해석하는 새로운 변형을 강조했다. 기존 문제를 재해석하고 공통의 개방된 환경에서 모든 학습자의 성공적인 기능의 균형을 맞추는 문제에 대한 해결책을 찾기 위해 UDL 접근법을 적용하는 방법에 대해 논의한다. 학생들이 자신의 학습 환경의 공동 저자이자 학습 과정의 내비게이터가 될 수 있도록 장려하는 방법이 공개되었다. 교사들은 이미 학교에 존재하는 통합교육 실재를 재해석하여 차별화 교육과 보편적 교육 환경 조성이라는 두 가지 관점으로 접근한다.

독자는 이 책을 통해 UDL 적용을 위한 전체론적 모델을 받게 된다. 이 책은 다양한 교육 문화적 맥락에서 UDL 접근법을 적용하는 연구 결과를 고려하는 동시에 다양한 UDL 관점을 분석하고 통합적 교육 발전에 중요한 요소를 식별하는 것을 목표로 한다.

마그누스대학교 Alvyra Galkienė
빌뉴스대학교 Ona Monkevičienė

차례

제1장

통합교육 전략 적용을 통한
교육 절차 변형의 전제조건:
이론적 배경

Alvyra Galkienė & Ona Monkevičienė

　다양한 국가에서 통합교육[1] 전략의 개발 경험은 다양한 개념과 실천의 원천이 되어 왔으며, 이는 점차 20세기 후반과 21세기 초반 교육 정책의 축으로 발전되어 왔다. 이 장에서는 통합교육의 실제 실현에 있어 중요하면서도 과학적 연구로 증명된 이해를 대략적으로 제시하였다. 통합교육에 대한 인식이 일반학교에서 특수적 교육 필요 충족으로부터(Florian. Int J Incl Educ 23(7-8): 691-704, 2019)[2] 모든 학생의 다양한 요구를 인식하는 것으로(Meyer et al. Universal design for learning: theory and practice. CAST, 2014) 발전함에 따라, 보편적 학습 설계Universal Design for Learning(UDL) 접근법이 교육계에 제시되었다. 이 책의 이번 장에서는 근접발달영역(Vygotsky. MIT Press, 1962)의 강조에서 통합교육 생태계 과정의 강조에 이르기까지 통합교육 구성의 발달 맥락에 있어 UDL 접근법의 근본적인 측면들을 검토하였다(특수요구 및 통합교육을 위한 유럽 기관European Agency for Special Needs and Inclusive Education). 통합학교 리더십: 유럽 전역 정책 탐색(E. Óskarsdóttir, V. Donnelly & M. Turner-Cmuhal, Eds. Odense, Denmark, https://www.european-agency.org/sites/default/files/sisl_syn-thesis_report.pdf. 2021년 4월 16일 검색)은 통합교육 실행에 있어 학생의 고유성과 교육 차별화 개념에 대한 다양한 인

---

1) 본 역서에서는 inclusive education(포용식 통합교육)을 integrated education(모음식 통합교육) 모두 통합교육 용어로 표시하였다. 두 용어 간의 구분을 위해 integrated education의 경우 영어 표기를 병기해서 제시하였다.
2) https://doi.org/10.1080/13603116.2019.1622801

식을 드러내며, 교육 목표의 특수성과 UDL 및 전통적 접근법 실행 간의 차이점을 논의하였다. 과학적 연구의 분석은 연구자들로 하여금 모든 학생을 위한 성공의 가정을 기반으로 전통적인 교육 시스템을 고품질 교육 시스템으로 변형하는 것에 있어서의 UDL 접근법의 기본 측면들을 식별하도록 하였으며, 통합교육의 기반을 형성하였다.

> 키워드 | 통합교육 · 보편적 학습 설계 · 차별화 · 숙련된 학습자

1. 통합교육의 변형적 측면

모든 구성원의 존엄성과 평등권을 인정하기 위해 사회 운동과 함께 시작된 통합교육과정(Salend & Duhaney, 2011)은 그렇지만 패러다임 혁명의 결과가 아닌 일관된 사회 진화의 결과이다(Magnússon et al., 2019). 그러나 이것은 자동적인 절차는 아니다. 통합교육은 견고하고, 명확하며, 모호하지 않은 국가 지원 및 현상에 대하여 통일된 인식으로 유지되는 국가 우선순위가 될 때 학교 실천에서 더욱 강력해진다(Haug, 2020). 통합교육에 대한 인식은 교육 제도의 특징뿐만 아니라 교육 수혜자의 운명을 결정짓는다. 램버그^{Ramberg}와 왓킨스^{Watkins}(2020)가 언급한 것처럼 통합교육에 대한 학생 접근 측면에서 유럽 국가들 간에는 주요 차이가 있다. 많은 경우 이러한 것은 개념적인 교육 시스템의 다양성에 의해 결정된다.

교육 체제의 기초가 되는 통합교육의 개념과 개발 분류 체계를 분석할 때 비고츠키^{Vygotsky}의 아이디어를 기억할 만한 가치가 있는데, 이 아이디어는 제1차 세계대전 중 심리적 트라우마나 신체적 부상을 입은 거의 700만 명에 이르는 아동을 도울 수 있는 방법에 대한 숙고로서 생겨났다(Smagorinsky, 2012). 비고츠키^{Vygotsky}(1993)는 장애 아동의 질적 발달을 제한하는 두 가지 유형의 이유를 정의했다. 이러한 것들은 신체의 생물학적 차이에서 발생하는 일차적 원인들과 다른 요구를 가진 아동의 사회문화적 참여 및 자기 자신의 잠재력의 실현 가능성을 제한하는 비우호적인 사회문화적 맥락으로 인한 일차적 원인들로부터 비롯된 이차적 원인들이며, '신체적 결함은 어떻게 해서든 사회적 혼란을 불러일으킨다'(Vygotsky, 1993, p. 76). 비고츠키의 아이디어에

기반하여 개발된 교육 시스템들을 대조하는 분석은 다양한 국가의 각양각색의 사회문화적 맥락에서의 통합교육의 개념적 토대, 발전, 표현에 대한 더 깊은 이해를 허용한다([그림 1-1] 참조).

1) 교정 교육 모델 Corrective Educational Model

비록 비고츠키는 교육 문제의 고려에 있어 통합의 개념에 대해서는 전혀 언급하지 않았지만, 개인과 사회문화적 환경 간의 상호 작용에 대한 교육을 모델링하고, '사회적 이주'를 줄임으로서 삶의 질을 연결하였으며, 교정 교육 모델과 이에 근거한 폐쇄적인 시설의 발전을 비판함으로써 이에 대한 토대를 마련하였다. 비고츠키의 견해(1924)에 따르면, 장애 학생의 능력을 인식하고, 다른 모든 학생이 아동의 발달을 방해하는 2차적 원인들을 제거함으로써 개발되는 것처럼 이러한 것을 개발할 필요가 있

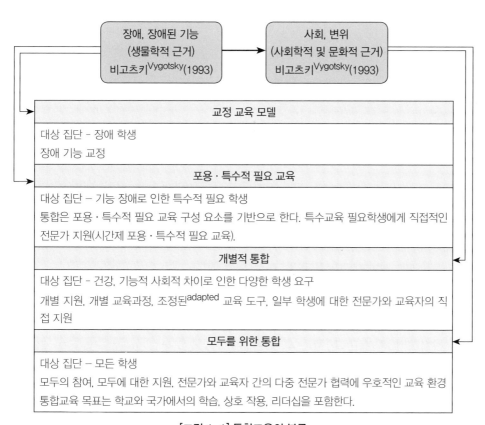

[그림 1-1] 통합교육의 분류

다. 사회는 이러한 학생들이 타인과 함께 학습과 교육뿐만 아니라 사회문화적 참여에 유리한 조건을 만들어 취업하는 성인으로서의 미래를 위해 이들을 준비시켜야 한다.

비고츠키의 통합적인 아이디어에도 불구하고, 교정 교육 모델은 그렇지만 장애와 그 결과를 최소한으로 줄이고 이를 통해 개인이 공공 사회문화 생활에 참여할 수 있는 가능성을 제공한다는 주요 아이디어에 따라 소련 체제에서 광범위하게 개발되었다. 따라서 사회 자체가 자선적 역할, 특수화된 학교와 직업 네트워크의 개발, 장애인에 대한 분배적 지원을 채택하였다(Smagorinsky, 2012).

2) 포용 · 특수적 필요교육 Inclusive Special Needs Education

모든 사람의 평등한 권리 보장을 합의한 세계인권선언(UN General Assembly, 1948) 이후 교육 체제에서의 장애인 상황에 관심이 집중되었다. 장애에 대한 의학적 접근이 지배적이었던 특수교육 시스템(Qu, 2020)이 일반교육 시스템으로 이동한 것은 당연한 것이다. 혼비[Hornby](2015)는 이러한 현상을 '포용 · 특수적 필요교육' 개념에 기초하여 설명하였다. 이것은 특수교육의 구성 요소를 기반으로 한 특수교육적 필요 special educational needs(SEN) 학생만을 대상으로 하는 실천이다. 특수화된 학교는 특수교육적 필요 학생의 교육에 더 적합한 환경으로 인식된다(Buchner et al., 2021). 교육자의 역량은 포용 · 특수적 필요교육과 연결되어 있다. 이러한 학생들의 양질의 교육을 위한 전제 조건을 고려할 때, 일반교육 교사의 충분한 역량 개발의 실현 가능성은 의문시된다. 따라서 이러한 학생의 교육은 특수교사에게 맡겨진다. 타칼라[Takala] 등(2009)은 핀란드의 포용 · 특수적 필요교육의 실현에 대한 분석을 통해 특수교육적 필요교육교사가 특수교육적 필요 학생을 분리된 공간에서 교육할 때 교육 조직의 이러한 모델은 통합교육 개발에 적합하지 않다고 결론 내렸다. 혼비[Hornby](2015)는 '포용 · 특수적 필요교육'의 개념이 학생의 통합을 교육의 목표로 보고 있지만 졸업 후 미래를 위한 실현을 지연시킨다고 하였다. 비록 포용 · 특수적 필요교육의 개념에는 통합교육의 아이디어가 포함되어 있지만 이러한 교육은 장애와 발달장애를 기반으로 설계되었다([그림 1-1] 참조).

3) 개별적인 통합 Individual Inclusion

세계 공동체가 통합교육의 개념에 동의하고 이 합의가 살라망카 선언문(UNESCO, 1994)에 명시된 후 통합교육은 많은 국가에서 교육적 정책의 노력이 되어 왔다 (Ainscow, 2020). 통합의 개념은 장애disabilities 및 기능장애functional disorders 학생뿐만 아니라 언어적, 문화적, 사회적 조건의 차이로 인해 어려움을 겪는 학생까지 포함하도록 확장되었다. 그러나 이러한 교육 전략의 개념, 방법론, 실현 방법은 국가의 정치적, 경험적, 문화적 맥락에 크게 좌우되며 끊임없는 변형의 과정에 있다. 국제 연구에 따르면 대부분의 유럽 국가에서 통합교육은 일반학교에서 SEN특수교육적 필요 학생을 가르치는 것으로 확인된다(European Agency for Special Needs and Inclusive Education, 2019). 하지만 일반교육과 특수교육 간의 관계는 여전히 문제로 남아 있다(Florian, 2019; Magnússon et al., 2019). 다른 능력과 요구를 가진 학생이 타인과 함께 학습하지만 다른 교육 형태나 내용이 개별적으로 적용되거나 '일부' 학생을 대상으로 대안 교육과정이 사용될 때, 이는 낙인과 내부 배제의 경험을 형성하게 된다(Florian & Black-Hawkins, 2011). 현재의 실재가 보여 주고 수행된 연구가 증명하듯이 일반교육과 특수교육 간의 상호 작용이 충분한 균형을 이루지 못하는 교육 제도는 교육 목표, 교육과정, 학생 능력 간의 맞지 않는 것과 같은 내부 문제, 어떠한 경우에는 SEN 학생에 대한 (비장애)학생과 교사의 부정적인 태도, 공동체에서 이들의 수용과 관련된 어려움, SEN 학생이 맞닥뜨리는 자기 인식과 자기 평가에서의 문제를 발생시키는 경향이 있다(Spencer & Laurel, 2011). 국제 연구 결과들은 특수교육 필요 학생을 위한 대안 교육과정의 적용은 공통 교육 경험에 대한 관여와 참여에 장애가 된다는 것을 보여주고 있다(Hanreddy & Östlund, 2020). 무엇보다도 교사들은 '일부' 학생을 위한 교육 콘텐츠를 차별화하고 개별적으로 실행하는 것에 어려움을 겪는다(Westbroek et al., 2020).

4) 모두를 위한 통합 Inclusion for All

부스Booth와 에인스카우Ainscow(2002)의 아이디어는 통합교육 문화의 우선순위를 가지고 통합교육의 개념을 흠뻑 물들였으며, 이 아이디어는 모든 학생과 교직원의 평등한 가치를 강조하고 있다. 이러한 문화는 대인 관계뿐만 아니라 교육 정책 및 실천을 포함한다. 에인스카우^Ainscow^와 하그리브스^Hargreaves^(2016)에 따르면 학교에서 정의^justice^의 존재는 외부에서 학교에 도달하는 수많은 과정에 따라 달라지는 교육에서의 정의 원칙을 기반으로 하고 있다. 헤우게^Haug^(2020)는 교육에 있어 통합교육 및 정의에 대한 위치 강화는 통합 문화가 국가 우선순위로 인정될 때 학교에서는 통합 문화와 가치의 개발에 직접적으로 달려 있으며, 교육 정책에서는 주변 및 간접적으로 가장 가까운 관계에 달려 있다고 언급하였다.

세계 교육 모니터링 보고서 2020^Global Education Monitoring Report 2020^(UNESCO, 2020)은 장애인과 계속해서 연결되어 있는 통합교육의 권리를 위한 장애인 투쟁에 나타난 통합에 대한 인식을 강조한다. 그러나 통합은 훨씬 더 넓은 범위의 현상이다. 동일한 교육 실천은 장애인뿐만 아니라 연령, 성별, 인종, 사회적 또는 민족적 배경, 거주지, 경제적 지위, 언어, 종교, 성적 취향, 이민 그리고 다른 상황에 상관없이 모두에게 개입해야 한다. 모두를 위한 통합 실행을 위해서는 불평등의 징후를 인식하고 이를 제거하기 위해 노력해야 한다. 이러한 것들 가운데 한 가지는 사람들의 정상성과 표준 편차를 강조하는 '특별한 요구'의 개념이다. 모두를 위한 통합의 인식에서 이러한 개념은 '학습에 대한 참여와 장벽'으로 대체되어야 한다.

하지만 모두를 위한 통합의 통합적이고 양질의 실현을 추구할 때 대부분의 경우 여전히 특수학교에 다니는 정신장애 학생을 위한 해결책(Buchner et al., 2021)인 유연한 학습 환경 구축에 있어 전문가와 교사의 공동 운영 원칙(Takala et al., 2009)을 찾고 모든 학생의 평등한 참여를 위한 장애물을 제거(Ramberg & Watkins, 2020)하는 것은 의무다.

'보편적 학습 설계를 통한 통합교육 개선하기'^Improving Inclusive Education Through a Universal Design for Learning^ 연구는 질 높은 통합교육을 위해 모두가 노력하는 유럽 4개국의 맥락에서 통합교육 향상 이슈를 살펴보았지만, 4개국 모두 사회적, 문화적, 교육적 경험과 역사적 기억에는 서로 차이가 있다. 통합교육의 발전은 20세기 말 4개국 모두에서 동시에 시작되었지만 다른 경로를 따랐다. 오스트리아와 핀란드의 경우 국가 교육 시스템 내에서 통합교육 시스템을 구축하려는 동기가 민주적 관계를 향한 일관된 사회 발전에서 비롯되었다. 교육 체제의 변형은 모두를 위한 통합 모델을 기반으로 하였으며 다음과 같은 방식으로 발전하였다. 핀란드에서는 모든 학생을 통합하기 위하여 오스트리아에서는 소수 민족과 이민자의 교육적 통합에 특히 중점을 두고 개발되었다. 이와는 달리 폴란드와 리투아니아에서는 교육 체제에서 통합의 시작은 국가의 정치적 돌파구, 소련 체제로부터의 해방, 고도로 분리된 포용ㆍ특수적 필요교육 시스템과 동시에 발생하였다. 통합교육 시스템은 장애 학생이 통합 조건에서 학습할 수 있는 권리를 보장하는 것을 목표로 하는 개별적인 통합 모델에 기반을 두었다 (Galkienė, 2017).

이 연구에서 제시된 연구는 모든 사람을 위한 통합 개념 모델을 기반으로 하였으며, 보편적 학습 설계(UDL)의 원칙을 적용하여 국가의 교육 시스템에서 개발되었다. 연구자들은 교육학의 원칙과 UDL 간의 상호 작용이 문화적 다원주의를 촉진시키고, 성찰적이며 비판적으로 생각하는 학생으로서 숙련된 학습자 Expert learner의 인식을 확장할 수 있으며, 학생을 낙인시키고 배제를 조장하는 구성 요소를 인식하는 교사의 능력을 장려할 수 있으며, 교실에 오는 다양한 학생을 위한 무장애barrier-free 환경을 구축할 수 있다고 언급한 웨이틀러Waitoller와 토리우스Thorius(2016)의 통찰력을 따른다. 교사 훈련에 참여한 대학 교수의 경우 상호 작용은 통합교육과 UDL 기술을 지속해서 개선할 수 있는 조건을 만들 수 있다. 이러한 구성 요소는 통합교육의 지속 가능성을 함께 높일 수 있다.

2. 유럽 교육의 새로운 현상으로서 보편적 학습 설계

1990년 UDL 접근법의 개발자인 메이어Meyer 등(2014)은 전통적인 교육 시스템에서 학생들은 교육과정 접근성 및 소유한 지식의 표현 가능성을 제한시키는 장애물에 직면한다고 결론지었다. 설상가상으로, 학생들은 호기심이 많고 배우려는 의지가 있을 때 통제할 수 있는 어떠한 것 때문이 아니라 성공적인 학습에 장벽이 되는 교육 환경 때문에 자신들이 낙인된다는 것을 갑자기 깨닫는다.

종Zhong(2012)에 의해 수행된 연구는 전통적인 학교에서 적용되는 전통적 교육 방식이 많은 학생에게 학습 장벽을 구축하며, 이는 SEN 학생뿐만 아니라 비SEN 학생에게도 해당된다는 것을 확인하였다. 단지 소수의 학습자만이 강의(24%)와 텍스트 읽기(16%)를 학습에 유리한 방법이라고 답하였다.

UDL 접근법 개발자인 로즈^{Rose}와 메이어^{Meyer}는 자신들의 동료들과 마찬가지로 건축에서 모든 사람의 환경에 유연하고 개방적인 원칙(Connell et al., 1997)을 모든 학생의 성공적인 학습 장벽 제거 원칙을 강조하는 교육적 환경으로 이전하는 교육 체제를 모델링하였다. 신경 과학과 교육에서의 연구와 마찬가지로 비고츠키^{Vygotsky}(1962, 1978)의 근접발달영역 이론과 사회문화 이론에 따라 이들은 배우기 위한 학습의 원리도 발전시켰는데, 이는 학생들이 지식에 대한 의식적인 인식과 적용 능력뿐만 아니라 숙련된 학습자가 되는 과정에서의 학습 경험에 대한 이해이기도 하다(Meyer et al., 2014).

양질의 통합교육 실현 추구에 있어 브론펜브레너^{Bronfenbrenner}와 세시^{Ceci}(1994)가 개발한 생물생태학적 모델^{bioecological model} 이론은 UDL 아이디어를 뒷받침한다. 이 이론은 또한 인간 발달과 환경과의 관계(인식, 채택, 생성)에 대한 근접 절차와 환경의 영향을 강조한다. 생물생태학적 모델과 특수요구 및 통합교육을 위한 유럽 기관에 의해 정리된 연구 결과에 따라 통합교육 생태계가 정의되었으며, 이러한 정의는, 첫째, 개별 학습자, 둘째, 학교, 셋째, 지역사회, 넷째, 국가 또는 지역 수준이라는 네 가지 수준을 포함한다. 즉, 개별 수준의 통합교육의 질은 생태계의 다른 모든 수준에서 통합적인 아이디어의 표현과 상당한 관련성이 증명되었다(European Agency for Special Needs and Inclusive Education, 2019).

메이어^{Meyer} 등(2014, p. 3)은 UDL을 생물학적 교육 절차, 교육과정, 방법, 교육 보조의 기능과 관련된 영역들을 포괄하는 '교육 접근'으로 정의하였다. '보편적 학습 설계'는 인간이 학습하는 방법에 대한 과학적 통찰력을 바탕으로 모든 사람을 위한 교육 및 학습을 개선하고 최적화하는 프레임워크이다.[3] 이러한 교육 접근은 교육 공동체에 통합교육 실행에 대한 구체적인 지침을 제공하여, 살라망카 선언문에 규정된 원칙을 실행한다.

- 모든 아동은 배우고 접근 가능한 수준에서 결과를 달성할 권리가 있음을 인정한다.
- 모든 아동은 독특하다.
- 모든 학교는 광범위하고 독특한 다양한 아동에게 대응할 준비가 되어 있어야 한다.

---

3) 정의는 CAST 웹사이트에서 확인 가능하다. http://www.cast.org/our-work/about-udl.html#. XygW0ij7RPY

- 일반학교는 특별한 도움이 필요한 아동이 접근할 수 있어야 한다.
- 가장 효율적인 학교는 통합교육을 실행하는 곳이다(UNESCO, 1994).

3. UDL 맥락에서 학생 고유성 개념의 형성

UDL의 개념에는 동일한 방식으로 사고하거나 동일한 학습 방식, 능력, 관심으로 구별되는 두 학습자란 존재하지 않기 때문에 학습자의 다양성은 사회에서의 자연스러운 현상으로 간주된다(Rapp, 2014). 학습자의 차이란 건강 상태, 사회적, 문화적 특유성에 의해 미리 결정된다는 의견이 이 접근법에서 중요하게 설명된다. Meyer 등(2014)은 신경-연구자들이 수행한 연구에서 동질 학습자 집단에 속하는 학생들의 뇌 구조가 다양한 학습 과제를 미리 결정하는 많은 개인차를 여전히 가지고 있음을 보여 준다고 말한다. 그러나 이러한 차이들은 무질서한 것이 아니며 특정 규칙성이 이러한 것들의 특징을 가진다. 따라서 학습에서 이러한 것들의 표현 역시 예측될 수 있다. 예를 들어, 자폐증에 의해 미리 결정된 상당한 개인차가 항상 학습 문제를 초래하는 것은 아니며 어떤 경우에는 예외적인 능력을 전제로 할 수 있다는 점은 흥미롭다.

알 아자웨이[Al-Azawei] 등(2016)은 학교에서 여전히 적용되는 학습 방식에 있어 논란의 여지가 있는 평가 관점을 강조하였다. 학습 방식과 학습자의 인지 활동의 연관성에 대한 증거는 불충분하지만, 학습자가 자신에게 편리한 학습 방법이나 조합을 인식할 수 있다는 생각은 이들이 의미 있는 학습 경험을 위한 조건을 수립하는 것을 장려한다.

집중적인 이주 과정으로 인해 문화적, 인종적, 언어적 차이들은 최근 들어 점점 더 가시화되고 있다(Fontenelle-Tereshchuk, 2020). 다양한 이유로서 이주하는 사람들은 동질적인 학교 공동체에 변화를 가져오며, 양질의 교육을 위한 방법과 모두를 위한 최고의 개인적 결과를 달성할 수 있는 가능성을 찾을 것을 장려한다(Skourtou et al., 2020). 지역 소수 민족 집단은 학습자 다양성에서 중요성을 획득하는데, 이는 다양한 학습 방법을 도입해야 할 필요성 옆에 자기 인식 [self-identification] 이슈 역시 제기한다(Curcic et al., 2014; Keskitalo & Olsen, 2019; Magazzini, 2020).

아르세-트리가티[Arce-Trigatti]와 앤더슨[Anderson](2018)에 따르면 학습자의 다양성은 문화의 대화와 협력을 촉진할 뿐만 아니라 '일부'가 아닌 모든 학습자에게 동등한 학습 기회를 제공하며, 교육을 통해 자기 잠재력을 실현하고, 보다 통합적이고 정의로운 미래를 만듦으로서 사회 정의 실현을 가속화 할 수 있기 때문에 민주주의의 발전에 기여한다. 따라서 플로리안[Florian](2019)은 '일부' 학습자에게 집중하는 문제는 모든 개인의 고유성을 사람들의 다양성과 인류의 진화 기반으로 바라봄으로써 해결될 수 있음을 주장하였다.

4. UDL 개념에서 교육 차별화의 개념화

학습자의 다양성 속에서 양질의 교육을 추구하는 교육 차별화는 교육 접근성을 위한 가장 중요한 기준 가운데 하나가 되어 왔다. 그렇지만 차별화는 일부 학습자의 내부 분리와 낙인을 만드는 가장 위험한 교육 요소 가운데 한 가지다. 플로리안[Florian]과 블랙-호킨스[Black-Hawkins](2011), 플로리안[Florian](2019)은 특정 이유로 인하여 교육적 조치가 오직 일부 학습자들에게만 이루어지는 경우 배제의 사실이 생성된다고 말한다.

'차별화 교수'는 가장 자주 적용되는 차별화 접근법이다(Griful-Freixenet et al., 2020). 톰린슨[Tomlinson]은 개별 학습자나 소규모 학습자 그룹의 교육적 요구가 차별화 교수의 대상을 구성한다고 주장하였다. 이러한 접근법의 구성은 다음과 같은 네 가지 요소로 구성된다(Tomlinson, 2000, p. 2).

- 내용: 학생이 배워야 할 내용이나 학생이 정보에 접근하는 방법
- 과정: 학생이 내용을 이해하거나 숙달하기 위해 참여하는 활동
- 결과물: 학생이 한 단원에서 배운 내용을 연습, 적용, 확장을 요청하는 최종적인 프로젝트
- 학습 환경: 교실이 작동하고 느껴지는 방식

차별화 교수 접근법 적용을 통한 효율적인 교육은 교사가 자신들이 가르치는 대상자 및 어디서, 무엇을, 어떻게 가르칠지를 계속해서 고려할 때 달성된다(Tomlinson & McTighe, 2006). 차별화된 교육을 받아야 되는 학습자를 잘 알고 있는 교사는 학생에

게 가장 유리한 교육과정과 교육 방법을 계획한다. 그러나 교사의 차별화 조치가 개별 학습자나 소규모 학습자 그룹을 대상으로 한다는 사실은 프로그램을 실행할 때 교육 구성에 특별한 주의를 요구한다. 교육이 전통적인 교육 전략에 기반한 경우에는 교사는 차별화된 수업을 통해 학습자에게 개별 시간을 할당해야 한다. 연구는 개별 학습자를 지향하는 교육의 실현은 주의력 분배, 시간 계획, 학습자의 사회적 관계 개발 측면에서 교사에게 어려움을 초래한다는 것을 보여 준다(Aas, 2019; Kaffemanienė, 2005; Mills et al., 2014; Westbroek et al., 2020).

이러한 이유로 SEN 학습자에 대한 개별 지원에 초점을 맞추는 대신, 이것의 실현을 위한 교육과정과 수단이 계획되며, 이는 전체 학습자 그룹의 다양한 요구와 성향을 수용하고 모든 학습자의 학습 장벽을 최소화할 수 있는 여건 조성을 허용한다(Meyer et al., 2014; Sanger, 2020). 즉, 일부 학생의 개인차를 인식하는 것에서부터 모든 학습자의 다양성을 인정하는 것으로, 개인의 요구를 충족시키는 것에서부터 모든 학습자의 개별 요구에 응답하는 무장애 교육 환경을 만드는 것으로의 전환이다.

라프[Rapp](2014), 그리풀−프레시넷[Griful-Freixenet] 등(2020)은 UDL 원칙에 기반한 차별화가 학습자의 개별 요구에 따라 필요한 경우 차별화된 교수를 적용할 가능성을 부정하지 않는다고 단언하였다. 그렇지만 그리풀−프레시넷[Griful-Freixenet] 등(2020)에 따르면, 차별화 교수와 무장애 교육 환경 적용의 균형 문제는 여전히 보다 포괄적이고 실증적인 증거 기반 해답을 요구하지만, 모든 학생의 성공적인 학습을 위해 노력하고 모든 학습자가 참여할 수 있는 무장애 학습 환경을 조성하고 교육 차별화하는 능력은 교사의 필수 역량이 된다는 것은 완전히 명백하다. 모든 학습자의 참여에 유리한 자유로운 학습 환경과 교육 차별화 능력은 교사 역량의 필수 요소가 된다. 이러한 능력은 학습자의 성공과 교사의 전문성을 위한 필수적인 기준이다(Swanson et al., 2020). 반 박스텔[Van Boxtel]과 스기타[Sugita](2019), 갈키에네[Galkienė](2018)를 따라서 교사 전문가는 계획하기를 시작으로, 교육의 조직, 학습자 진행 평가에 이르는 교육의 모든 단계에서 학습자에게 권한을 부여하는 차별화 원칙을 적용하였다.

5. 전통적인 교육 및 UDL 맥락에서 교육 목표의 변형

교육 차별화 접근법의 선택은 교사가 인정하고 적용하는 교육 전략에 달려 있다. 아스Aas(2019)에 따르면 교사 중심의 교육 접근법을 통해 학문적 지식을 제공한다는 핵심 목표를 기반으로 전통적인 교육을 우선시하는 교사는 개별 요구와 어려움에 집중하는 경향이 있다. 이러한 교사는 어려움에 직면한 학습자의 교육을 목표 중재와 교정의 적용에 연결하고 있는데, 이러한 것은 동일한 교사가 전통적인 방식에서 교육을 조직함으로써 그러한 어려움이 발생하더라도 학습자가 어려움을 극복하는데 도움이 되어야 한다. 이러한 교사들에 따르면 개별 교육의 계획은 시간이 너무 많이 소요되며 이러한 계획의 실현은 정규 수업 동안에는 불가능하다. 따라서 특정 수업들은 일부 학습자들에게는 아무 소용이 없다고 미리 결정된다. 이는 전통적인 교육 시스템에서 교육 목표와 실현 방법이 평균적인 학습자를 지향한다는 사실에서 비롯된다(Hitchcock et al., 2002).

한편, 아스Aas(2019)는 학습자의 요구에 대한 맥락 기반 이해로 구별되는 교사는 수업을 계획하는 동안 일반적인 적응을 수행하는 경향이 있으며 개별 중재가 아닌 수업 계획의 필수적인 부분으로 도입하는 경향이 있다고 제안한다. 스완슨Swanson 등(2020)에 따르면, 학생 중심 접근법에 자신들의 활동을 기반으로 하는 교사들은 제안된 방법의 효율성, 교육 차별화, 문화 관련성, 사회정서적 학습 및 관련 콘텐츠를 통해 모두와 모든 사람(특수영재와 SEN 학생)을 위한 양질의 교육을 위해 노력한다. UDL 전략을 적용하는 교사는 학습자에게 권한을 부여하는 사람이다. 라프Rapp(2014)는 교사는 학생이 배우는 방법과 이유를 인식함으로써 일반교육 목표가 일부 학습자에게 조정되고 별도의 시간에 실현될 때 경험과 대조적으로 교육 절차에 모든 학습자의 적극적이고 평등한 참여를 보장하는 방식으로 교육과정을 계획한다고 말한다. 메이어Meyer 등(2014)에 따르면, UDL 전략의 본질적인 목표는 학습자가 암기해야 하는 사실이 아니라 자신에게 가장 적합한 방식으로 목표를 추구하는 과정이다. 이들에 따르면 설정된 교육 목표를 달성하기 위한 교육 방법과 보조 도구의 유연한 사용은 교육적 장벽을 최소화하고 SEN 학생의 완전한 참여를 위한 문을 열어 줄 뿐만 아니라 모든 학습자의 학습 기회를 향상시킨다.

6. UDL 접근법 실행의 구조

로즈^{Rose}와 스트랭먼^{Strangman}(2007)은 UDL 실현을 위한 지침 구성은 모든 인지 행위에 존재하는 세 가지 해부학적, 생리학적 다른 신경 인지 체제를 기반으로 한다고 말하였다. UDL 접근법 내에서 인식, 전략적, 정서적 네트워크의 상호 작용을 우선시하고 교육을 조직하는 교육적 반응은 다음의 세 가지 주요 UDL 원칙을 통해 결정된다(Meyer et al., 2014, p. 51).

- 다양한 참여^{engagement} 수단 제공(학습의 '이유')
- 다양한 표상^{representation} 수단 제공(학습의 '무엇')
- 다양한 활동^{action} 및 표현^{expression} 수단 제공(학습의 '방법')

이러한 원칙은 CAST(2018)에서 공식화한 UDL 실현을 위한 특정 지침의 기초 역할을 가진다. 이들은 모든 원칙의 실현을 목표로 하는 세 가지 영역으로 구성된다. 모든 원칙의 실현을 위해 교육적 변화들을 권장하는 세 가지 점검 사항이 모든 영역에서 제안된다. 이러한 지침들을 따르고 학습자의 다양성을 고려하여, 교사들은 학습자가 도전적인 목표를 달성하도록 격려할 수 있는 유연한 교육과정, 방법, 지원, 환경을 설계한다(Dalton, 2017; Hitchcock et al., 2002; Rose & Strangman, 2007).

1) 인식 네트워크

인식 네트워크^{Recognition Networks}는 감각 기관을 통해 들어오는 신호들을 수신하며, 이들의 해석은 대상과 모델(문자, 수학적 표현, 역사적 사실, 그림 등)을 인식하게 할 수 있다. 모델의 인식은 학업 교육과정의 모든 영역을 포괄한다. 인간 인지 활동의 신경학적, 경험적 차이는 학습 활동의 차이를 미리 결정한다. 신경학적 차이는 인식 네트워크의 구조 및 기능의 개인차와 관련이 있으며 인지 활동 관리의 차이로 이어진다. 경험적 차이, 즉 축적된 경험과 기억에 저장된 정보는 이전에 알려진 모델을 새롭게 인식하고 재구성할 수 있게 한다. 인식 네트워크의 신경학적 또는 생리학적 문제는 난독증^{dyslexia}, 난서증^{dysgraphia}과 같은 학습장애 전체 범위로 이어질 수 있다. 재인식은 이러한 인식의 주요 요소이지만 유일한 요소는 아니다(Rose & Strangman, 2007).

> 다양한 표상 수단을 제공하라.

인간 인지 활동의 신경학적 차이에 대한 교육적 반응은 다양한 표상 수단을 제공하는 것일 수 있다. 마이어^{Meier}와 로시^{Rossi}(2020)에 따르면 학습자의 정보 전달은 명확한 목표를 수립하는 것으로 시작한다. UDL 원칙은 다양한 문제 해결 전략과 학습 방법을 적용하여 유연하고 달성 가능한 목표를 요구한다. 그렇지만 메이어^{Meyer} 등(2014)은 학습자마다 정보 인식과 학습 방식이 크게 다르다고 주장한다. 이러한 차이는 이전에 획득한 기본 정보, 이러한 정보를 재생산하고, 이해를 위해 중요한 모델을 찾고 사용하며, 새로운 정보를 인식하는 방법을 사용하는 능력에 의해 전제된다. 이러한 다양성을 충족하기 위해 텍스트, 언어, 애니메이션, 이미지 등으로 정보를 보완하는 IT 및 기타 기술과 다양한 정보 강조 및 표시의 수단을 사용하여 정보를 표현하는 다양한 방법이 사용된다. 어떤 경우에는 소리, 이미지와 같은 여러 매체의 도움으로 동일한 정보를 제시하는 것이 유용하다.

피네건^{Finnegan}과 디커^{Dieker}(2019)의 연구 결과는 교사가 정보 인식에 적용하는 방법의 중요성에 대하여 학습자가 다양한 출처에서 정보를 수집하고, 이를 해석하고, 개념 지도를 만들며, 이를 말로 표현하는 것과 같은 예를 통해 입증하였다. 정보 분석에 대한 학습자의 적극적인 참여는 정보에 대한 깊고 풍부한 이해와 인식으로 이어진다.

2) 전략적 네트워크

전략적 네트워크^{Strategic Networks}는 인식된 정보 모델에 물리적, 인지적 반응을 하며, 주변 세계에 대한 복잡한 반응 행위를 통제하는 일련의 신경 네트워크를 구성한다. 이러한 네트워크를 통해 사람들은 물리적 움직임과 인지적 행동을 계획하고, 조정하며, 독립적으로 관찰 및 실현할 수 있다. 이러한 것들은 활동 목표 설정, 실현 전략 개발, 실현 및 진행 상황 관찰, 필요시 목표 수정과 관련된 결정을 포함하는 최고 수준의 실행 기능과 관련이 있다.

학습하는 동안의 전략적 네트워크의 차이는 다른 수준, 즉 일반적인 텍스트 쓰기에서 계획, 조직, 대체 방법 생성, 지원 검색에 이르기까지 활동 실현의 차이를 불러일으킬 수 있다(Rose & Strangman, 2007).

> 다양한 활동과 표현 수단을 제공하라.

인간 인지 활동의 신경학적 차이에 대한 교육적 반응은 다양한 활동과 표현 수단을 제공하는 것이 될 수 있다. 부스^Boothe 등(2018)과 생어^Sanger(2020)는 성공적인 학습 과정에 있어 중요한 단계는 학습자가 이해하고 배운 것을 표현하는 것임을 강조하였다. 일반적으로 두 가지 형태의 지식 표현, 구두 또는 서면으로 생각을 전달하는 것이 적용된다. 그러나 학생들의 학습 활동의 다양성을 고려하여 신체적 표현, 의사소통, 예술적 해결책 등을 통한 다른 방법들 역시 사용하여 지식과 활동 결과를 입증할 수 있는 가능성을 이들에게 제공할 필요가 있다. 이러한 경우, 교사가 학습자들이 자신들에게 우호적이고 개인적으로 선택한 방식으로 자신들을 표현할 수 있는 조건들을 만들 때, 학습자들은 자기 자신의 지식을 효과적으로 조정하고 표현하는 것이 가능하게 될 뿐만 아니라 피네건^Finnegan 등(2019)에 따르면 자신들이 어떻게 배워야 하는지에 대하여 교사에게 알려 줄 수 있다.

3) 정서적 네트워크

정서적 네트워크 ^Affective Networks 는 인식과 전략적 네트워크의 도움으로 인식되고 생성되는 모델을 조작하는 결정을 담당한다. 신경학적 관점에서 정서적 네트워크는 감정을 조절하고, 생물학적 반응에 영향을 미치는 호르몬을 활성화하며, 우리의 주요 감정 상태를 결정하고, 주변 세계에 대한 감정적 반응을 형성한다. 학습자의 감정과 정서 조절은 매우 주관적이며, 생물학적, 환경적 요인에 따라 달라진다. 이 모든 것은 개인이 세상을 여과하고, 결정을 내리며, 배우는 방식의 차이를 미리 결정한다. 감정, 동기, 생물학적 추진력에 따라 학습자는 우선순위를 설정하거나, 도전이 동기를 부여하면 활동을 유지하거나, 또는 도전이 너무 어려워 보이면 후퇴한다. 따라서 비고츠키^Vygotsky(1962)의 권고에 따르면 학습자에게 할당된 극복 가능한 과제와 접근 가능한 교육 환경은 동기를 유발하고 좋은 결과 달성에 기여하기 때문에 모든 학습자의 근접발달영역 경계를 고려하는 것이 매우 중요하다. 메이어Meyer 등(2014)은 학습 과정에 대한 학습자의 참여가 효율적인 학습의 필수 요소라고 주장하였다(Rose & Strangman, 2007).

> 다양한 참여 수단을 제공하라.

인간 인지 활동의 신경학적 차이에 대한 교육적 반응은 다양한 참여 수단을 제공하는 것이다. 학습 활동에 대한 학생의 참여는 주제와 활동, 이들의 관심사 간의 순응뿐만 아니라 다른 학습 구성 요소에 의해 강화된다. 호비Hovey와 퍼거슨Ferguson(2014)에 따르면 연구 기반 학습 전략을 적용할 때 대부분의 학습자는 학습에 대해 매우 긍정적인 태도를 보인다. 이들은 다양한 환경에서의 매우 적극적인 학습, 타인과의 협력, 관련 아이디어 공유 가능성을 강조한다. 램다스Ramdass와 짐머만Zimmerman(2008)은 문제 해결을 위한 다양한 전략을 찾고, 자기 효능감을 평가하고, 학업적 교수 옆에 자신의 진전을 관찰하는 것을 아동에게 가르치는 것은 학습자의 자기 조절과 학습 효율성이 강화된다는 것을 보여 준다. 램다스Ramdass와 짐머만Zimmerman(2008, p. 37)은 '교실 실천은 성공을 위한 지식을 배양할 뿐만 아니라 성공할 수 있다는 믿음을 키워야 한다'고 말한다. 파머Farmer 등(2018)에 따르면 학습자의 학교에서의 성공을 위해서는 공동 활동으로 구축된 우호적인 사회적 관계가 필요하다. 게이Gay(2013)는 교사가 성공이 성공을 낳는다는 생각에 따라 학습자의 다양성을 가치로 논의하고 약점보다는 강점에 중점을 두는 분위기에서 문화반응교수culturally responsive teaching를 적용할 때, 건강, 사회적, 문화적 지위나 인종과 관련된 외부 차이를 가진 학습자의 자기 효능감이 향상된다고 주장한다. 이는 파머Farmer 등(2018)에 의해 수행된 연구에서 학습자의 개인적인 이야기는 사회적 관계에서 형성된다는 것을 보여 주기 때문에 중요하며, 이는 니에미넨Nieminen과 페소넨Pesonen(2020)에 따르면 학생들의 학습 활동 참여와 교육적 장벽 대처에 있어 가장 중요하다.

7. UDL 접근법에서 성공적인 학습 개념

현대 세계에서 성공적인 학습의 개념은 학습된 지식을 넘어 훨씬 더 넓은 의미를 획득하고 있다. 메이어Meyer 등(2014)은 제공된 콘텐츠의 학습이 그 의미를 잃지 않으면서 학생들에게 학습을 가르치고 숙련된 학습자가 되도록 가르치는 또 다른 목표에 중점을 둔다고 강조하였다. 가르시아-캄포스García-Campos 등(2020)은 UDL 전략이 학습자가 지속해서 의미 있고 심층적이며 감정에 기반한 결정을 내리도록 장려하는 데 유리하다고 지적하였다. 교사는 학생들이 자신들의 학습에 대한 지속적인 성찰의 가능성을 만든 후, 학생들 자신의 학습에 대한 참여는 '동기, 실천, 성찰, 자기 효능감, 자기 조절, 자기 결정, 실행 기능, 이해력, 상황 인식'의 발전을 이끈다(Meyer et al., 2014, p. 15).

UDL 접근법 내에서 조직된 교육은 학습자의 개성을 우선시한다. 따라서 이러한 이유로 특정 학습자가 설정한 목표를 달성하는 데 방해가 되는 장벽이 교육 환경에서 나타날 수 있다는 것은 자연스러운 것이다. 가르시아-캄포스García-Campos 등(2020)은 UDL이란 학생들의 학습 및 참여의 장벽을 제거하는 데 초점을 맞춘 시스템이며 다양한 방식으로 사용될 수 있는 직접적, 묵시적 조치를 제안한다고 말하였다. 예를 들어, 마이어Meier와 로시Rossi(2020)는 기술 장벽, 교육과정 장벽, 개별 장벽과 같은 장벽 분류를 제시하였다. 특정 수업을 계획하면서 교사는 학습자의 특유성을 고려하여 가능한 장벽 매트릭스를 만든다. 첫째, '교수' 매트릭스는 첫 번째 그룹과 두 번째 그룹의 장벽을 포함하며 이전에 습득한 지식과 개발된 기술, 교육과정 또는 적용 방법으로 인해 잠재적인 장애물과 연결된다. 둘째, '개인' 매트릭스는 학습자의 개별 자질과 관련이 있다. 비계Scaffolds는 설정된 목표를 단순화하는 것 없이 학습 도전을 극복하기 위해 교사에 의해 예견한다. 대부분의 경우 첫 번째 매트릭스에 따른 비계의 성공적인 적용은 두 번째 매트릭스에 할당된 장벽을 자연스럽게 감소시킨다.

알 아자웨이Al-Azawei 등(2016)은 교육이 처음부터 UDL과 함께 다양한 학생을 위해 계획될 때 일반 및 특수교육 필요학생들에 대한 장벽은 줄어들며, 모든 학습자를 위한 성공 기회는 창출된다고 제안하였다.

학습에서 숙련자의 기술 개발은 UDL 원칙(CAST, 2018)을 성공적으로 실현한 결과이다. UDL 원칙을 일관되게 적용하고 학습자와 함께 교수와 학습 실천에 대한 성찰을 지속해서 장려하면 학습자는 자기 학습 과정을 잘 인식하고, 지속적으로 향상시키며, 교사와 학습자의 공동 작업 및 결과에 대한 평가에 참여할 수 있다(García-Campos et al., 2020).

교육 효율성 평가에 관한 과학적 연구 결과는 UDL 접근법의 적용이 학습자의 자기 효능감과 자기 표현 능력을 구축하고, 새로운 정보에 관한 관심과 이해 수준 및 능력을 함양하며, 또한 다양한 방식으로 정보를 생성, 모델링, 제시한다는 것을 보여 준다(Capp, 2017). 이러한 학습자는 학습 과정에서의 만족, 긍정적 태도, 참여 증가의 특징을 가지고 있다(Al-Azawei et al., 2016). 학습 과정에서 함께 행동할 때 특수교육 필요 학습자와 비범한 영재 학습자를 포함하여 모든 학생이 높은 결과를 달성한다(Katz, 2013).

8. 일반화하기: 전통적 교육 맥락에서의 보편적 학습 설계

통합교육 실현의 질을 추구하는 동안 과학 및 교육 실천은 학습자의 다양성 해석, 특수와 일반교육 간의 상호 작용에 대한 균형 유지, 학교에서의 통합 교육 철학, 원칙, 실천의 실현 문제들에 여전히 노출되어 있다. 이러한 이슈들은 과학과 교육 실천 의제에 계속 열려 있다.

전통적인 교육 체제에서는 학생의 다양성에서 발생하는 요구를 충족할 때 개별적인 통합의 요소가 우세하다. 이 경우 학습 능력에서 가장 뚜렷한 차이가 있는 학생에게 초점을 맞추고 교육과정에 설명된 지식과 기술에 도달하도록 지원한다. 전통적인 교육 맥락에서 개별적인 통합의 실현은 다음의 접근법을 따른다.

- 장애 학습자, 기타 특수교육적 필요나 뛰어난 재능은 학습 활동의 차이로 구별된다.
- 학습장애의 원인은 학습자의 성격과 사회적 또는 문화적 경험에 있다.
- 학습자의 요구는 교육 차별화의 대상을 구성한다.
- 교육의 목표는 확립된 사실을 배우고 능력을 습득하는 것이다.

- 교육은 확립된 학습 표준, 시험, 또는 시험 결과에 따라 실현된다.
- 교사 중심 교육. 교사는 일반적이고 개별적인 교육 목표를 설정하고 적절한 방법을 선택하며 교육 지원을 제안한다.
- 교사와 전문가는 특정 학습자에게 필요한 도움을 제공한다.

보편적 학습 설계의 경우 공동 학습 과정에서 모든 학생의 개별적이고 성공 지향적인 자기 표현의 가능성을 열어 준다는 믿음에 기반한 모두를 위한 통합의 개념을 따른다.

- 학습 활동의 차이는 생물학적, 사회적, 문화적 요인에 의해 전제되며 모든 학습자에게 전형적이다. 장애 학생이나 특별한 재능을 가진 학생은 보다 뚜렷하고 특정한 차이가 있지만 동일한 학습자 그룹의 한 부분을 구성한다.
- 학습에 어려움을 경험하는 이유는 필요한 지식에 접근하고, 대상과 그 모델을 인식하고, 획득한 결과를 증명하는 것뿐만 아니라 대상을 조작, 구성, 설계하는 것에 있어 장벽을 만드는 교육 환경에 있다.
- 교육 환경은 교육 차별화의 대상이다. 교육 방법, 지식의 원천, 지원, 모두를 위한 무장애 교육을 보장하고 동일한 목표로 이끄는 유연한 상호 작용이 필요하다.
- 교육의 목표는 사실 찾기, 비판적 성찰, 과제나 문제에 대한 해결책 찾기 등 학생의 학습 과정이다.
- 과정에 관심을 갖고 참여해서 배우는 것은 효율적인 학습의 필수적인 요소이다. 학습자의 경험에서 교육의 실현은 교육 행위의 구성 요소 가운데 한 가지다.
- UDL의 결과는 학생을 학습에서 숙련자로 교육하고 개발하는 것이다. 아동 중심 교육의 조직은 자기 경험과 관심에 기반한 학습 목표의 맥락화, 활동 및 보조 방법의 선택, 활동 및 결과에 대한 성찰과 같이 학생이 교육 조직에 능동적으로 참여하도록 격려하는 것이다.
- 협력 문화는 협력에 호의적인 환경의 준비를 통해 실현되며, 가능한 한 장벽을 극복하기 위한 비계를 도입한다. 교사는 학습자 협력의 파트너이다.

모든 학습자의 성공을 위한 통합교육을 개발하면서 이 교육 접근법을 실현하는 효율성은 수많은 연구 결과로 증명되었다 (Rao et al., 2020; Katz, 2013; Capp, 2017; Al-Azawei et al., 2016). 이러한 교육 접근법은 교육 실천에 대한 과학적으로 증명된 지침 체계로서 미국 연방교육정책에 포함되어 있으며 교사연수 및 자격개발 프로그램 기초로서 활용이 제안되었다(Smith et al., 2019). UDL 접근법의 사용은 미국에서 널리 퍼져 있다. 유럽에서 더 자주 사용되는 개념(영국에서는 '통합 설계,' 대부분의 유럽 국가에서는 '모두를 위한 설계'로 알려짐)은 모두에 대한 환경 및 정보 접근성으로 정의되며, 통합교육 실현을 위한 수단뿐만 아니라 통합교육에 대한 사고를 변화시키는 것이다 (Clarkson & Coleman, 2015).

이 실행연구에서 UDL의 개념은 양질의 통합교육 실현을 위한 교육적 접근법으로 이해되어진다. 유럽 4개국의 교사 훈련에 참여한 교수와 연구자, UDL 프레임워크 Framework와 지침을 개발한 CAST(Center for Applied Special Technology: 응용특수공학센터) 전문가를 포함한 국제 연구 그룹의 논의는 학교에서 통합교육 개발을 위한 새로운 접근법을 도입할 때 국가의 사회적, 문화적, 교육적 맥락이 관련되어짐을 분명히 하였다. 따라서 비엔나에 있는 학교는 이미 UDL의 개별 요소를 교육 체제에 적용하고 있다. 그러므로 통합교육 체제를 더욱 발전시키기 위해서는 기존 체제를 재개념화하는 것이 타당하다. 핀란드에서는 교사의 통합 역량 개발 모델을 체계적으로 검토하고 있다. 이 실행연구는 현재 개발된 핀란드 교사 역량 모델에 UDL 접근법의 요소를 추가하여 통합교육에서 중요한 교사의 신념과 실천을 형성하기 위한 방향을 확장하고 구체화시켰다. 폴란드와 리투아니아에서는 통합교육 체제가 여전히 전통적인 개별적인 통합 구성의 영향을 받고 있다. 이것은 국가들에서 모두를 위한 통합의 발전에 심각한 장벽을 초래한다. 따라서 폴란드 연구자 그룹은 세 가지 UDL 원칙을 모두 적용하여 학교 교육 시스템에서 UDL 접근법을 의도적으로 도입하고 분석하기로 결정했다. 연구 결과는 지속적인 변화의 맥락에서 UDL을 적용할 때 교육과정 변형의 3단계로서 연구 결과가 제시되었다. 리투아니아에서는 학생 성취도 분석을 지속해서 실시되고 있는데, 이것은 학생들 사이에서 불충분한 심층 학습 및 그 결과를 보여 주고 있다. 이 실행연구는 UDL 접근법을 통해 통합교육을 실현함으로써 숙련된 학습자 기술이 어떻게 개발되는지 분석하였다. 이것은 UDL 접근법에 설정된 세 가지 목표인 '지식 자원이 풍부하고 전략적이며, 목표 지향적이며, 목적이 있고 동기가 부여된' 숙련된 학습자를 교육하는 것에 중점을 두었다. 다양한 숙련된 학습자

기술 그룹을 밝히는 것을 목표로 하는 실행연구의 다양한 부분이 이 연구에서 제시된
다. 전반적으로 이 연구는 통합교육을 개선하기 위해 UDL 접근법을 적용하는 다양
한 그림을 제공하고 있으며, 이는 과학적, 실용적 측면 모두에서 가치가 있다.

제2장

보편적 학습 설계의 목표: 모두를 숙련된 학습자로 개발하기

Julita Navaitienė & Eglė Stasiūnaitienė

지난 10년 동안 모든 학습자가 최고 수준의 학습 성공을 달성하도록 하는 능력은 상당히 중요한 주제가 되어 왔다. UDL(보편적 학습 설계)은 모든 학습자가 통합교육과 어울리는 최적의 학습 경험을 달성할 수 있는 목표를 설정한다. 숙련된 학습자란 자기 학습 요구를 평가할 수 있고 개인적인 학습 목표를 설정하고 진행 상황을 모니터링할 수 있는 학습자를 일컫는다(Corwin, 2019; McDowell, 2019). 이 장에서는 숙련된 학습자의 패러다임에 대한 이론적 배경에 초점을 맞춘다. 기본적인 구성주의 이론에서 시작하여 자기 조절 이론과 인지 신경 과학 접근으로 나아간다. 이 장에서는, 우리(연구자) 의견으로는 숙련된 학습자의 발달 특성을 가장 잘 검증할 수 있는 자기 결정 이론에 초점을 맞추었다. 보편적 학습 설계를 실현하면 모든 학습자가 일반교육과정에 접근하고 참여하며 진전할 수 있다. 이 장에서는 숙련된 학습자의 주요 특징과 자질을 다루며 UDL 프레임워크Framework의 본질을 드러내는 숙련된 학습자의 특정 프로필을 제시한다. 교육자는 숙련된 학습자가 되는 과정이 어떻게 진행되는지 이해하기 위한 교육 지침으로 프로필을 사용할 수 있다.

키워드	숙련된 학습자, 보편적 학습 설계, 자기 결정론, 숙련된 학습자 프로필

1. 왜 숙련된 학습자인가

교실은 현재 전 세계적으로 매우 다양하며 이러한 사실은 오늘날의 학교를 풍요롭게 한다. 각각의 학습자는 고유하며, 능력, 지능, 학습 방식에 따라 개별적으로 적합한 다양한 학습 방법이 필요하다. 모든 학습자는 자기 자신의 최고 수준의 학습 잠재력을 달성할 수 있다. 현실적이며 달성할 수 있지만 도전적인 목표를 설정하고, 학습자료에 적극적으로 참여하고, 학습에 대한 책임을 지고, 학습 과정을 통제함으로 학습자는 성장을 위해 노력한다. 숙련된 학습자의 개념은 학습 성공과 성장하는 사고방식의 개발과 매우 밀접하게 관련되어 있다. 이러한 것은 다양한 연구자와 실천자에 의해 다른 방식으로 정의되지만, 배우고자 하는 것과 가장 잘 배우는 방법을 알고자 하는 바람은 대부분의 정의에서 지배적이다. 슈워츠^{Schwartz}와 매닝^{Manning}(2018a, b)은 숙련된 학습자는 계획, 수완, 근면성, 자신감으로 눈에 띈다고 주장하였다. 이들은 학습을 통제하므로 다르게 공부한다.

그러나 대부분의 학생은 일반교육과정에 따라 학습한다(Darling-Hammond et al., 2020). 교육과정을 학생에게 제공되는 일련의 학습 기회로 이해한다면 모든 사람이 자기 강점을 알고 활용하면서 성장할 수 있도록 학습 환경을 설계해야 한다는 것은 명확하다. 이러한 방식으로 사람들은 학습자 프로필이 다른 학생들을 공평한 발달 기회를 가진 고유한 학습자로 인식할 수 있다(Bali & Caines, 2018).

교육 2030 ^{Education 2030}(UNESCO, 2015)은 모두를 위한 통합적이고 공평한 양질의 교육을 보장하기 위한 새로운 교육 비전을 제시하였다. 유네스코 교육책임자인 스테파니아 지아니니^{Stefania Giannini}(2021)는 COVID-19 팬데믹으로 인한 교육 복구 패키지의 필수 요소를 공유하면서 첫 번째 필수 요소는 학교를 안전하고 통합적으로 재개하는 것이라고 하였다. 통합교육의 핵심은 교육 시스템을 혁신하고, 모든 학습자를 위한 학습 기회를 강화하며, 교육의 개인화를 지원하고, 학습에 대한 전통적이고 획일적인 접근을 변화시키는 것이다. 오퍼티^{Operti} 등(2014)은 통합 교육과정을 공유 목표, 전략, 실전을 개발하고 각 학습자의 고유성에 대응하는 것으로 설명한다. 공유된 가치와 통합교육에 대한 유럽연합이사회^{Council of the European Union}의 권고와 유럽 차원의 교수(2018)는 모든 학습자(예: 이민자, 장애인, 재능, 또는 빈곤)를 위한 양질의 통합교육에 대한 동등하고 적절한 접근을 보장할 것을 요구한다(유럽 위원회 2018). 특수요구 및 통합교육을 위한 유럽 기관The European Agency for Special Needs and Inclosive Education(2019)은 모든 학습자의 권리를 지원함으로써 통합교육을 제공하는 전문가의 변화하는 역할을 강조한다.

글로벌 교육 모니터링 보고서「교육에서의 통합: 모두에 대한 의미는 모두이다Global Education Monitoring report Inclusion in education: All means All」(2020)는 모든 학습자를 포함하기 위한 효과적인 전략으로서 보편적 학습 설계를 제안한다.

통합교육 환경은 무장애barrier-free다. 이러한 환경은 학습에 있어서의 신체적, 감각적, 인지적 장벽을 제거하고 모든 학습자를 위한 통합교육의 접근성을 보장하는 것을 돕는 보편적 학습 전략 설계를 적용한다. 많은 국가에서 교육의 가장 중요한 목표로서 학업 성취에 대한 관심이 증가하고 있다. 통합교육은 모든 학생에게 자신들의 최상의 잠재력을 달성할 수 있도록 가장 적합한 학습 환경을 제공하는 것을 목표로 한다(Hornby, 2015).

모든 학생에게 동등한 학습 기회를 제공하는 프레임워크가 있다. 보편적 학습 설계(UDL)는 모든 학습자를 위한 교육을 지원하고 도전을 제공하며 기회를 확대하기 위한 실천 및 과학 기반 프레임워크를 설명한다. 이것은 학습 경험에 모든 학생을 참여시키고, 완전히 통합된 학습을 촉진하며, 능력이 다른 모든 학습자의 성공을 용이하게 하는 방법이다.

UDL의 사용은 교사로 하여금 모든 학습자를 가르치고 일반교육과정을 활용하는 동안 발생하는 학습 장벽을 줄일 수 있게 하였다(Rao et al., 2016). 다양한 요구를 가진 학생들을 위한 성공적인 통합의 길을 만드는 UDL은 매력적이고 접근 가능하며 표현력이 풍부한 학습 환경을 제공하는 데 도움이 된다(Evmenova, 2018). 로즈Rose 등(2018)은 UDL이 학습자가 아닌 학습 맥락 자체를 설계할 때의 약점과 장애물에 중점을 두고 있음을 강조하였다. UDL 프레임워크의 주요 목표 중 하나는 모든 학생의 학습을 개선하고 최적화하는 것이다. 그리풀-플래시넷Griful-Freixenet 등(2020)은 UDL과 차별화된 교수 간의 상호 관계를 두 가지 교육학적 모델로서 탐구했으며, 두 가지 모두 모든 학생 집단의 가변성을 분명히 말하고 있음을 발견하였다. 따라서 교사는 통합교육 현장의 다양성에 따라 교수법을 조정해야 한다. 쿡Cook과 라오Rao(2018)는 중등교사가 학습장애 학생을 위해 UDL의 효과적인 실천을 적용할 수 있는 방법을 강조하였다. 로즈Rose와 메이어Meyer(2002)에 따르면 UDL은 학생들이 될 수 있는 최고의 학습자가 되도록 자신들을 안내한다. 추천된 과정은 학생을 더 숙련된 학습자가 되도록 도와야 한다. 학생에게 지식을 채우는 형태가 아니라 학생이 학습을 관리하는 형태를 취해야 한다.

숙련된 학습자의 개념은 보편적 학습 설계와 밀접한 관련이 있다. 학생들은 자신을 발전시키고, 자기 자신에게 더 많은 지식, 기술, 동기를 부여하면서 숙련된 학습자가 될 수 있다(Meyer & Rose, 2000; Meyer et al., 2014). 배우기를 원하고 배우는 방법을 알고 있는 학생은 대부분 성공적인 학습자이다. UDL 실현은 자신의 학습 요구를 알고 자신의 행동, 사고, 감정을 조절하여 충족할 수 있는 학습자를 개발하는 것을 목표로 한다. 로즈[Rose]와 메이어[Meyer](2002)는 UDL은 교육에 대한 동등한 접근을 제공하고 학생들로 하여금 자신들이 될 수 있는 최고의 학습자가 되도록 안내할 수 있음을 강조하였다.

능동적 교육 통합은 모든 학습자의 차이에 따른 지원을 제공할 수 있다는 인식을 포함한다. 학습을 위한 UDL 원칙은 교육 목표가 학생 중심이 되고 학습 숙달로 향하는 지원 환경을 만드는 데 도움이 된다. 블랙[Black] 등(2015)은 UDL이 모든 학습자를 포용하는 것을 목표로 하고 특히 장애 학습자의 장벽을 줄이는 데 도움이 된다는 점에 주목하였다. 달튼[Dalton] 등(2019)은 남아프리카와 미국 고등학습기관에서 학습을 위한 UDL 원칙을 적용한 예를 제공했다. 이들은 서로 다른 요구를 가진 학습자의 성공적인 통합을 강화하기 위해 UDL 사용을 승인하였다. 통합의 UDL 모델은 학습자 차이의 많은 차원들 가운데 단지 한 가지로서 장애를 취급한다. 브레이[Bray]와 맥클라스키[McClaskey](2016)는 어떻게 개인화하는 학습이 UDL 프레임워크를 개인차와 모든 학습자의 요구에 대한 매우 유연한 접근법으로 제시하는지를 설명하였다. 이들은 숙련된 학습자를 독립적이고, 자기 주도적이며, 자기 동기가 있다고 설명하였다. 퀴크[Quirke]와 맥카시[McCarthy](2020)는 UDL은 가장 통합적인 학습 환경을 보장하고 최고의 교육학적 접근법을 적용한다는 것을 인식하였다.

만약 학생이 목적이 있고, 의욕이 넘치고, 자원이 풍부하고, 지식적이며, 전략적이고, 목표 지향적이 되도록 하는 도전이 없다면, 즉 교실에서 숙련된 학생을 양성하지 않으면, 교실에서 UDL 프레임워크를 적용하는 것은 충분히 효율적이지 않을 것이다.

2. 숙련된 학습자 개발을 위한 이론적 기초

통합교육은 학습 '접근성'뿐만 아니라 학습자의 '참여'와 '진전'에도 중점을 둔다 (Ainscow, 2020; Ramberg & Watkins, 2020). UDL 프레임워크를 통한 통합교육 실현 가능성을 이해하기 위해서는 고전적인 것과 최근의 것을 사용하여 숙련된 학습자 개발을 지원할 수 있는 이론과 접근법을 분석해야만 한다.

1) 구성주의 학습 이론

구성주의 학습 이론^{Constructivist Learning Theories}은 새로운 정보가 이미 알려진 것과 조화를 이룰 때 이루어지는 정신 구성으로부터 학습 결과가 나온다는 명제를 지지한다. UDL은 학생이 능동적인 학습자가 되어 더 많은 최신 정보를 연결하여 이해를 확장할 것을 제안한다. 지식의 구성은 학습자의 활동을 요구하기 때문에 학생이 자신들의 인지 구조를 변형시키는 지속적으로 역동적인 과정이다. 교사의 임무는 학습자가 학습 과정에 적극적으로 참여하도록 참여시키는 것이다. 환경과 학습 두뇌 사이의 활기차고 유연한 상호 작용을 보여 주는 신경 과학의 발견은 구성주의 학습 이론과 UDL 프레임워크를 강화한다. UDL의 원칙은 학습 과정의 전문화를 반영하기 위해 인식, 전략적, 정서적 신경 네트워크를 나타낸다. 지식과 기술은 전통적으로 학습의 중심이다. 숙련된 학습자는 새로운 정보의 새롭고 개방적인 연결을 발견할 수 있다. 숙련된 학습자는 제공받은 지식을 운영할 수 있을 때 학습을 목적이 있고 의미 있는 것으로 본다. 숙련된 학습자는 능동적으로 지식을 생성하기 때문에 질문하고 탐색하는 것이 일반적이다.

피아제^{Piaget}의 인지 이론^{cognitive theory}(Piaget, 1973)은 교육에서 가장 영향력 있는 구성주의 이론 가운데 한 가지다. 이는 개인의 경험을 통해 지식이 구성되고 계속해서 재구성되는 방식과 관련이 있다. 이 이론은 인지 발달을 생물학적 성숙과 환경과의 상호 작용에 의해 안내되는 과정으로 선언하였다. 따라서 지식(인지 구조)은 개인의 경험과 발달 수준 때문에 학습자마다 다양하다. 과학자들은 피아제^{Piaget}의 인지 이론에 대하여 의문을 제기하여 왔지만 교사가 숙련된 학습자의 능동적 지식 생성을 촉진하는 방법을 이해하는 데 유용할 수 있다. 세상을 이해하는 다양한 방식은 학습자를 특징 짓는다.

브루너Bruner의 구성주의 이론constructivist theory(Bruner, 1977)은 학습자의 새로운 아이디어를 과거의 것과 비교하고 유사점과 차이점을 찾는 것으로 제시한다. 결과적으로 교사는 학습자의 이해 상태에 따라 학습 정보를 바꾸어야 한다. 표현과 분류는 학습의 핵심이다. 학습자는 자료를 선택 및 변형하고 인지 구조에 따라 결정한다. 이 이론은 교사가 모든 학습자에게 학습 콘텐츠의 일부 측면을 가르칠 수 있기 때문에 학생 학습에 있어 교사의 역할을 매우 중요하게 본다. 이 이론은 학습 과정에서 사용되는 세 가지 표현 방식인 능동적, 영상적, 상징적 표현 방식을 보여 준다. 적절한 운동 활동을 통해 지식을 입증하기 위해서는 능동적 표현을 사용하라. 영상적 표현에는 이해를 표현하기 위해 이미지, 기호, 구조를 사용하는 것이 포함된다. 가장 흔한 방식인 상징적 표현은 언어와 상징의 사용으로 구성된다. 교사는 숙련된 학습자를 가르칠 때 표현의 중요성과 방법에 대하여 이 이론에서 배울 수 있다. 이 이론은 또한 학습의 발견적인 본질을 드러낸다. 이 이론에서 기본 아이디어의 숙달은 일반적인 원리를 이해하고 문제를 해결하는 것과 관련이 있다.

비고츠키Vygotsky의 사회구성주의 이론social constructivist theory(Vygotsky, 1978)은 학습자가 지식을 구성하고 서로에게서 배우는 학습 과정에 참여해야 함을 보여 준다. 협력적인 학습 그룹의 학습은 사회적 상호 작용의 이점을 기반으로 한다. 그룹 과제와 동료 간 상호 작용에 의존하면 지식의 구성은 더욱 효율적으로 된다. 이 이론은 사회적 상호 작용을 학습을 위한 실제적인 프레임워크로 제시한다. 학습 과정과 사회 활동 사이의 관계에 대한 인식은 학습이 교사의 지원 및 급우와 함께 발생한다는 제안으로 이어진다. 학습자는 필요할 때 주저하지 않고 교사나 다른 학습자에게 도움을 요청한다. 이 이론에 따르면 학습에는 세 가지 필수 원칙이 있다. 첫 번째 원칙은 학습에서 사회적 상호 작용의 중요한 역할을 강조한다. 두 번째 원칙은 학습자의 인지 발달 잠재력과 관련이 있다. 이 이론은 각 학습자가 개별적인 학습 잠재력 범위를 가지고 있음을 강조하고 이를 근접발달영역으로 설명한다. 세 번째 원칙은 지원적이고 도움이 되는 학습 환경의 중요성을 지적한다. 비고츠키Vygotsky의 이론은 주의, 기억, 사고, 언어와 같은 고등 정신 기능을 개발하는 데 있어 문화의 역할을 분석한다. 학습은 사회적 과정을 내면화하고 사회적 기능을 더 높은 인지 기능으로 변환하는 것이다. 이를 통해 교사는 학습자에게 직접적인 학습 경험을 제공한다. 이 이론은 숙련된 학습자의 학습에서 자기 역할을 명확하게 이해하고 학습을 촉진하려는 교사에게 도움이 될 수 있다.

2) 사회인지 학습 이론

사회인지 학습 이론Social Cognitive Learning Theory(Bandura, 1991)은 상호 결정론을 옹호하며, 이것은 행동, 성격, 환경 간의 상호 작용으로 설명된다. 이 이론의 필수 개념 중 하나는 사람들의 행동 방향을 정하고, 동기를 부여하며, 사람들의 활동 방향을 선택하도록 돕는 기대이다. 이 접근법은 자기 성찰과 자기 평가를 통한 자기 조절의 중요성과 의의를 강조한다. 자기 효능감이라는 용어는 이 이론에 고유하며 성공적으로 학습할 수 있는 능력에 대한 학습자의 자신감을 나타낸다. 자기 효능감은 학습자의 학습 능력의 기초이다. 학습 성공을 믿는 학습자는 학습 목표를 달성하고 효과적으로 수행하며 어려움의 직면에서 지속하기 위해 노력한다.

일부 학습 장벽은 학습자의 자기 효능감을 제한할 수 있으며, 이는 통합교육 실천가에게 중요한 메시지이다. 학습의 핵심 요소는 자기 조절적이며, 숙련된 학습자의 일상적인 학습 활동은 대부분의 경우 이 요소가 포함된다는 점은 주목할만한 가치가 있다. 이것은 일반적으로 자기 이해를 성찰하는 것을 의미한다. 학생들은 관련 활동을 통해 새로운 정보의 수용과 동화에 적극적으로 참여하고 자신들의 경험을 성찰하도록 동기를 부여받는다. 밴듀라Bandura(1991)는 학생들은 자신의 행동을 통제할 수 있다는 것을 증명하였으며, 이러한 것을 자기 조절 과정이라고 언급하였다. 자기 조절은 일련의 목표를 확인하고 목표를 달성하려는 노력과 관련이 있다. 따라서 목표 지향적인 숙련된 학습자를 교육하기 원하는 교사는 이 이론의 권고에 관심을 가져야 한다.

구성주의 학습 이론은 학생들이 자기 자신의 경험을 사용하여 지식과 이해를 능동적으로 구성할 때 학습이 더 성공적이 된다는 것을 재확인한다. 다양한 학습 전략을 적용함으로써 구성주의 학급 학생들은 숙련된 학습자가 될 수 있는 진정한 기회를 가진다.

3) 인지 신경 과학 접근법

뇌 학습에 대한 인지 신경 과학의 발견[신경가소성과 가변성(Fandakova & Hartley, 2020), 호기심(Gruber et al., 2019), 기억(Quent et al., 2021), 목표 지향적 행동(Huang et al., 2020), 사전 지식의 중요성(Alonso et al., 2020)]은 교사가 이러한 뇌 특성의 장점을 가지는 학습 환경을 설계하는 데 도움이 된다.

현대 신경 과학 연구는 뇌의 다양한 대규모 네트워크 활동으로부터 학습 결과를 제안한다(Cantor et al., 2018; Quent et al., 2021; Mattar & Bassett 2020). 이러한 네트워크는 특정 인지 기능을 완성하기 위해 학습자의 뇌에서 협력한다(Siew et al., 2019). 인지 신경 과학은 신경세포의 구조적, 기능적 네트워크로 덮여진 체제로서 뇌 기능을 이해하기 위한 이론적 프레임워크를 제공한다(Petersen & Sporns, 2015). 하트비그센^Hartwigsen(2018)은 이러한 뇌 네트워크의 보상적 유연성에 대한 새로운 관점을 강조한다.

뇌 학습에 대한 인지 신경 과학 접근법^Cognitive Neuroscience Approach에는, 첫째, 학습자가 패턴을 인식하고, 정보를 수집하며, 의미 있는 범주에 넣는 데 도움이 되는 인식 네트워크, 둘째, 학습자가 패턴을 계획하고 생성하며 과제를 수행하는 것을 지원하는 전략적 네트워크, 셋째, 학습자에게 가장 중요한 패턴을 결정하고 동기 부여와 참여를 관리하는 효과적 네트워크라는 세 가지 일련의 신경 네트워크의 표준 작업이 포함된다(Rose & Strangman, 2007). 뇌에 대한 인지 신경 과학 연구는 이 세 가지 주요 네트워크가 학습 중에 활성화됨을 확인했다(Siew, 2020; Wardle & Baker, 2020; Allegra et al., 2020; Markett et al., 2018).

통합적인 교수와 학습에서 이러한 네트워크를 사용하는 것은 적용할 수 있으며 학습자의 요구 사항을 충족하고 개별 학습자의 차이점을 고려하여 숙련된 학습자의 개발을 더욱 효과적으로 만든다. 숙련된 학습자는 뇌에서는 "무엇을 아는 것", "방법을 아는 것", "이유를 아는 것"과 같은 특정 지식 네트워크를 관리하고 있다. 따라서 숙련된 학습자는 학습할 준비가 되어 있고, 학습 방법을 알며, 학습을 원한다. "무엇을 아는 것" 네트워크의 확장은 자원이 풍부하고 지식이 풍부한 학습자 개발에 기여하고, "아는 방법" 네트워크의 강화는 전략적이고 목표 지향적인 학습자를 개발하며, "이유를 아는" 네트워크의 활성화는 목적이 있고 동기가 부여된 학습자를 개발한다.

슬루^{Slew}(2020)는 학습자의 지식 네트워크 내에서 구조적, 기능적 변화로서 교육의 근본적인 목표를 지적한다. 학습자는 초보자에서 숙련자로 발전할 때 의미 있는 지식을 흡수한다. 전문성은 뇌의 복잡하고 계층적인 인지 구조 발달과 관련이 있다 (Bilalić & Campitelli, 2018).

퍼스키^{Persky}와 로빈슨^{Robinson}(2017)은 숙련자의 몇 가지 특징을 제시한다. 예를 들어, 이들은 숙련자는 더 많이 알고 있고 그들의 지식이 기존 지식 체제에 더 잘 조직되고 통합되어 있다고 주장한다. 그들은 또한 지식을 사용하기 위한 효과적인 전략을 마련하고 있고, 강한 동기가 있으며, 지식이 잘 조직되어 있어서 충분히 자기 조절이 가능하다. 결과적으로 추론하고 결론을 내리고 해결책을 찾는 것이 이들에게는 불가능해 보이지 않는다.

세 가지 두뇌 네트워크(인식, 전략적, 정서적)가 UDL 프레임워크의 표적이 되는 경우 학습자를 숙련된 학습자로 전환할 수 있다.

4) 자기 조절 학습 이론

자기 조절 학습 이론^{Self-Regulated Learning Theory}은 새롭지만 교육 내에서 널리 받아들여지는 학습 이론 중 하나이다. 이것은 메타인지^{metacognition: 초인지}, 자기 통제, 학습 동기, 자율성, 계획, 모니터링, 평가에 의한 학습에서 학생들의 성취를 강조한다 (Zimmerman, 1990, 2000, 2002, 2015; Perry & Rahim, 2011; Panadero, 2017; Zeidner, 2019). 자기 조절 학습은 자기 학습에 대한 모니터링, 통제, 반영을 통한 자기 주도적 학습 목표 과정으로 정의된다(Zimmerman & Schunk, 2008; Zimmerman, 2015). 워커^{Walker}와 러셀^{Russell}(2019)은 자기 조절을 실행 기능 기술 중 하나로 간주하였다.

파나데로^{Panadero}(2017)에 따르면 자기 조절 학습에는 학습 동기를 부여하는 여섯 가지 모델과 다양한 요인이 포함된다. 자기 조절 학습의 메타인지 및 정서 모델 (MASRL: Metacognitive and Affective Model of Self-Regulated Learning) (Efklides, 2011, 2019)은 자기 조절 학습을 학습 과제, 능력, 지식과 기술, 동기, 감정, 판단을 포함하는 복잡하고 역동적인 과정으로 제시한다. 얼마 되지 않았음에도 상당수의 과학 논문들에서 이미 이 모델이 분석되고 있다. 핀트리치^{Pintrich}(2000)는 자기 조절 학습을 능동적 과정으로 기술하고 자기 조절 학습의 모델을 제시한다. 이 모델은 '사전 고려, 계획, 활성화,' '모니터링.' '통제,' '반응과 성찰'이라는 네 가지 단계가 포함된다. 각 단계에는 인지, 동기, 행동, 맥락이라는 네 가지 자기 조절 영역이 있다. 목표 지향성은 이 모델의 기본 구조이며 학습자가 학습 과제를 수행하는 이유이다.

교육자는 자신의 학생이 자기 조절 학습자가 되도록 가르칠 수 있다는 점에 주목하는 것이 중요하다(Schunk & Zimmerman, 1997, 1998). 짐머만Zimmerman(1986, 2000)은 세 가지 자기 조절 학습자 발달 모델, 즉 3단계 분석 모델, 3단계 순환 모델, 다단계 모델을 개발했다. 네 번째이자 최근 모델인 자기 조절 개발의 사회−인지적 다단계 모델은 학습자가 자기 조절 능력을 습득하는 4단계로 구성된다(Zimmerman & Kitsantas, 2005). 이러한 단계는 관찰, 경쟁, 자기 통제, 자기 조절이다. 관찰 단계에서 학습자는 숙련자(예: 교사)의 활동 예에 주의를 기울이다. 경쟁 단계에서 학습자는 보이는 모델을 염두에 두고 수행하지만, 기술 부족으로 인해 정확하게 복사하는 경우는 거의 없다. 교사는 학생이 적절한 숙달 수준에 도달할 때까지 경쟁을 용이하게 할 수 있다. 자기 통제 단계는 학습자가 예제 없이 연습할 수 있을 때 시작된다. 연습은 성찰적이고 체계적이어야 하며 어떠한 자동성에 도달하는 데 도움이 되어야 한다. 학습자의 자기 강화의 양은 이 단계에서의 성공을 결정할 수 있다. 자기 조절 단계에서 학습자는 새롭거나 변화하는 조건에서 수행하고 결과를 모니터링 및 평가하며 향후 수행을 계획한다. 학습자는 자기 조절을 개발하기 위해 4단계를 모두 거칠 필요는 없다. 그러나 이러한 단계들에 있는 것이 바람직하다.

자기 조절 학습자는 자신의 학습 과제에 대하여 감정적, 동기적, 인지적 측면에서 능동적으로 참여하는 것으로 설명될 수 있다(Zimmerman, 2001, 2002). 이들은 자신이 설정한 개인 학습 목표를 달성하기 위해 자기 학습 활동을 채택하고 집중할 수 있다. 이들은 달성할 수 있고 현실적인 학습 목표를 설정하고, 정보를 찾고, 획득하고, 조직하고, 변환하고, 정신 과정을 통제하고 지시하며, 학습 목표를 달성하기 위해 가장 적절한 인지 전략과 행동을 실현할 수 있다. 자기 조절 학습자는 관심이 있고, 자기 동기가 있으며, 조직적이고, 끈기 있고, 부지런하며, 분석적이다. 이들은 적절한 학습 환경을 만드는 방법을 알고 학습 목표에 대한 높은 자기 효능감과 긍정적인 감정(예: 열정)을 키운다. 이들은 필요할 때 교사와 급우로부터 지원과 도움을 두려움 없이 구하고, 학업 과제 조절, 수행 평가, 작업 그룹 구성에 적극적으로 참여한다. 자기 조절 학습자는 학습 과정에서 외부나 내부의 산만함을 피하거나 극복할 수 있다.

자기 조절 학습자는 학습 과정의 주인이 되어 지적 능력을 작업 관련 기술로 전환한다(Zimmerman, 2015). 숙련된 학습자 개발의 운전자로서 교사는 학습자의 자기 조절 실천이 개발될 때 지원과 발판을 제공할 수 있다.

자기 조절 학습에 대한 많은 접근법을 일반화하고 요약하면, 첫째, 학습 계획(학습 과제 분석, 학습 목표 설정 및 학습 전략 계획), 둘째, 계획 실현 진행 모니터링(1단계 계획 실현 및 실현 진행 모니터링), 셋째, 계획 적용의 결과 평가(계획된 학습 전략이 얼마나 잘 작동하는지 결정)라는 자기 조절 학습의 세 가지 중요한 단계가 있음을 알 수 있다. (성찰 과정을 촉진하는 자기 질문을 포함하는) 성찰은 세 단계 모두에서 진행된다.

키트산타스[Kitsantas] 등(2000)은 숙련자와 초보자의 자기 조절 차이를 밝혀냈다. 숙련자는 배운 지식을 언제 어떻게 적용해야 하는지 알고 있는 반면, 초보자는 계획이나 숙고 없이 반응적으로 학습한다. 숙련자는 자신을 위하여 개인적 목표를 좋아하고 설정할 수 있는 것은 필수적이다.

슈타이너[Steiner](2016)는 성취도가 낮은 학습자와 성취도가 높은 학습자 간의 차이를 조사한 결과 학습 시간 관리, 목표 처리, 메타인지 성찰과 같은 자기 조절 학습 전략이 학습자의 시험 성적과 자신감을 높인다는 사실을 발견했다.

자기 조절 학습은 학습 환경의 통제로 인해 성공한 숙련된 학습자 개발에 대한 새로운 관점을 제시하였다. 자기 조절과 숙련된 학습 간의 관계는 학생들이 자기 교육을 숙달하고 관리하는 방법에서 나타난다.

5) 자기 결정 이론

데시[Deci]와 라이언[Ryan](1985, 2012)의 자기 결정 이론[Self-Determination Theory: SDT]은 내적 동기의 자기 결정 동기 이론을 제시하였다. 이것은 나중에 자기 결정 이론으로 성장했으며, 가장 널리 적용되고, 기능적으로 중점이 되고, 경험적으로 뒷받침되는 관점 가운데 한 가지가 되었다.

심리적 구성으로서 자기 결정은 자기 원인, 의지적 행동을 나타낸다(Wehmeyer et al., 2017). 과학 문헌은 자기 결정에 대한 몇 가지 정의를 제시했다. 그러나 표준 기능을 분석한 결과, 자기 결정은 개인이 목표 지향적이고 자기 조절적이며 자율적인 활동을 수행할 수 있게 해 주는 지식, 기술, 가치, 태도의 조합이라는 것이 밝혀졌다. 후

이^{Hui}와 창^{Tsang}(2012)은 자기 결정을 심리적이고 긍정적인 청소년 발달 구성으로 검토했다. 이들은 이러한 것을 자발적인 행동에 참여하는 청년들의 능력과 선택과 결정을 내리는 그들의 자율성으로 정의했다. 르골트^{Legault}와 안즐리흐트^{Inzlicht}(2013)는 독립성이 신경 정서 반응성을 강화하여 성과를 향상시키는 방법을 조사하고 자율적 동기 부여의 중요성을 강조했다.

자기 결정 이론은 학습자의 학습 동기와 효율적인 심리적 기능을 촉진하는 요인을 이해하기 위한 프레임워크를 제공한다. 이는 학습자의 자기 동기 부여와 개인적인 성장을 위한 기초이다. SDT^{자기 결정 이론}는 '역량(성취, 지식, 기술 및 다양한 중요한 작업에 대한 숙달에 대한 욕구), 관련성(타인과 소속되고 연결하려는 욕구), 자율성(자신이 자기 행동을 통제하고 있다고 느낄 필요)'이라는 인간의 세 가지 가장 중요하고 선천적이며 보편적인 욕구의 중요성을 강조한다(Ryan & Deci, 2000, 2016, 2017).

SDT는, 첫째, 내적 동기에 대한 보상, 피드백, 외부 사건, 개인 간 그리고 개인 내 과정의 효과를 설명하는 인지 평가 이론, 둘째, 외적 동기의 내면화와 분화를 명확히 하는 유기체 통합^{integration} 이론, 셋째, 동기 지향의 개인차를 승인하는 인과성 지향 이론, 넷째, 심리적 건강과 완전한 기능에 관한 자율성, 능력 및 관련성의 만족과 좌절에 대해 말하는 기본적인 생리적 요구 이론, 다섯째, 열망, 삶의 목표 및 다양한 결과를 드러내는 목표 내용 이론, 여섯째, 친밀한 관계에서 자기를 설명하는 관계 동기 이론이라는 6개의 작은-이론으로 구성되어 있어서 폭과 깊이가 넓다(Ryan & Deci, 2019).

웨마이어^{Wehmeyer}(1999)는 자기 결정을 교육적 구성으로 이해할 것을 제안하였다. 그는 학습을 통해 자기 결정권을 개발할 수 있다고 제안하고 있다.

교육 환경에 대한 자기 결정 이론의 적용은 생산적인 것으로 입증되었다(Reeve, 2002; Denney & Daviso, 2012; Raley et al., 2018; Hagiwara et al., 2020; Ryan & Deci, 2020). SDT는 일부 학습자가 학습에 참여하고 동기를 부여하는 이유와 학습자의 자율성이 학습을 촉진하고 역량을 개발하는 이유를 설명할 수 있다. 많은 연구에서 장애가 있는 학습자와 없는 학습자의 학업 성취도와 자기 결정 간의 강한 상관 관계를 확인하였으며, 자기 결정 기술 교수에 대한 교사의 관심을 집중시켰다(Mithaug et al., 2003; Gaumer Erickson et al., 2015; Shogren et al., 2015; Shogren & Ward, 2018; Manganelli et al., 2019; Raley et al., 2020). SDT는 학습자를 무엇을 할 가치가 있는지 알고, 자기 관심사에 따라 행동할 수 있고, 학습이 필요한 이유를 충분히 알고, 학습한 내용을 사용할 수 있을 만큼 성숙하다고 평가한다. 그들[학습자들]은 자연스럽게 호기심이 많고 탐구하고 이해하기를 원하기 때문에 이렇게 한다. 그들은 학습을 조직하고 관리할 수 있다(Wehmeyer & Zhao, 2020).

필드Field와 호프만Hoffman(1994)은 자기 결정을 5단계 모델로 발전시켰으며, 자기 결정을 자신을 알고 가치 있게 여기는 기초를 바탕으로 목표를 확인하고 달성하는 능력으로 정의했다. 이 모델은 자기 지식, 자기 평가, 계획, 연기, 결과 및 학습 경험이라는 다섯 가지 주요 구성 요소들을 가지고 있다. 처음 2개의 구성 요소는 자기 인식을 설명하고 다음 2개의 구성 요소는 자기 인식에 근거한 계획 및 학습 기술을 확인한다. 자기 결정의 마지막 요소는 자기 행동에 대한 평가가 포함된다. 이 모델은 학습자의 자기 결정 개발에 적용되어 자기 결정 교육과정 형성 단계들의 기초가 되었다(Hoffman & Field, 2005). 이 모델에 의해 검증된 자기 결정 개발 프로그램은 학습자가 교육에 더 적극적으로 참여하도록 도왔다. 이들은 자신에게 중요한 것이 무엇인지 생각하고, 적절한 목표를 설정하고 그 목표를 달성하고, 자율성, 관련성, 역량과 같은 기본적인 심리적 요구에 답할 수 있었다.

세 가지 기본적인 심리적 요구의 개념은 학습 환경이 최적의 학습을 지원할 것인지를 예측하기 위한 건전한 기반을 제공한다. 학습자는 과제에 도전하고 교사로부터 건설적인 피드백을 받을 때 역량을 경험한다. 학습자는 자신들의 말을 듣고 응답하는 교사 및 또래와 의사소통하고 협력할 때 관련성에 대한 요구를 충족한다. 학습자는 자신들이 주도권을 잡고 수행하는 것에 대하여 교사와 또래로부터 지지받는다고 느낄 때 자율성의 욕구를 충족시킨다. 학습자는 교육 환경이 세 가지 요구 모두를 충족시킬 수 있도록 만들어지고 우호적일 때 자신들의 학습에 참여하며 배우고자 하는 동기가 부여된다.

웨마이어Wehmeyer(1999)는 행동 자율성, 자기 조절 행동, 심리적 권한 부여, 자아실현이라는 네 가지 기본 구성 요소를 가진 자기 결정의 기능적 모델을 확립하였다. 이러한 것들은 자기 결정을 원하는 사람이 개발해야 하는 능력(행동적 자율성 및 자기 조절)과 태도(심리적 권한 부여 및 자아 실현)를 나타낸다. 교수의 자기 결정 학습 모델은 이 모델의 구성 요소에서 개발되었다(Wehmeyer et al., 2000). 이는 학습자를 자기 결정 학습에 참여시키고 학습 과정에서 자기 조절과 자기 지시를 가능하게 하려는 교사를 위한 모델이었다(Shogren et al., 2017). 이 모델은 교육과정을 만들고 교육 자료를 준비하기 위한 패턴으로 사용될 수 있다. 첫 번째 단계는 학습자가 무엇을 배우고 싶어 하고 어떤 교육 목표를 설정해야 하는지 결정하는 데 도움이 된다는 것, 두 번째 단계는 학습에 필요한 것과 학습에 대한 가능한 장벽을 아는 데 도움이 된다는 것, 세 번째 단계는 목표 달성 및 장벽 제거를 위한 조치에 이바지한다는 것이다.

자기 결정 훈련 모델의 개발은 오늘날까지 계속되고 있다. 챔브리스^{Chambless} 등 (2019)은 장애 청소년에게 자기 결정을 가르치는 "교육 및 고용 준비를 촉진하여 성공을 달성^{achieving success by promoting readiness for education and employment}" (ASPIRE) 모델을 제안했다. 이 모델은 자기 결정 개발의 열세 가지 핵심 요소를, 첫째, 선택하기, 둘째, 의사 결정, 셋째, 문제 해결, 넷째, 목표 설정 및 달성, 다섯째, 안전과 위험을 감수하는 독립성, 여섯째, 자기 관찰, 자기 평가, 자기 강화, 일곱째, 독학, 여덟째, 자기 옹호와 지도력, 아홉째, 긍정적인 효능 및 기대, 열째, 자기 지식과 자기 인식, 열한째, 자기 장애에 대한 이해와 자기 장애에 대해 말할 수 있는 능력, 열두째, 편의를 요청할 수 있는 장애 및 능력의 공개, 열셋째, 효과적인 보조 기술을 받고 활용하는 것으로 정의하였다. 이러한 구성 요소 대부분은 웨마이어^{Wehmeyer}(2013), 웨마이어^{Wehmeyer}(2019)의 구성 요소와 중복되며 모든 학습자의 교육을 위한 것이다.

자기 결정 학습자의 특징(예: 기술, 능력, 태도, 신념)을 확인하는 것은 교육자로 하여금 자신의 학생들의 자기 결정을 개발하고 어떠한 자질을 개발할지를 명확히 이해하도록 한다.

웨마이어^{Wehmeyer}(1996), 웨마이어^{Wehmeyer} 등(2007)은 자기 결정 학습자는 네 가지 필수적인 특징을 가지고 있다고 하였다.

① 학습 흥미, 필요, 선호도, 능력에 따른 자율적 행동
② 자기 감시, 자기 지시, 자기 평가, 자기 강화, 학습 목표 설정과 달성, 문제 해결을 포함한 자기 조절 행동
③ 내적 통제 소재(자기 학습을 통제할 수 있다는 믿음), 자기 효능감(원하는 학습 목표를 달성하기에 충분한 기술이 있다는 생각), 긍정적 기대(선택할 때 만족스러운 학습 결과가 달성될 것이라는 믿음)를 통한 심리적 자기 권한 부여
④ 자기 지식(자기 강점과 한계에 대한 지식)과 자기 이해(자기 행동, 생각, 감정을 이해하는 능력)를 활용한 자아실현

이 네 가지 기능적 특징을 가진 학습자는 자기 결정자다. 각 요소는 필요하지만 충분하지는 않다. 학습 환경, 예를 들어 학습자의 연령은 필수 특징의 수준에 영향을 줄 수 있다. 자율적인 학습자는 환경의 영향으로부터 상대적으로 독립적으로 행동하거나 환경에 더 의존적으로 행동할 수 있다. 빅비Bigby와 더글라스Douglas(2020)는 의사 결정 지원을 개념화하고 인지장애 학습자의 필요를 때때로 지원하는 틀의 도식적 표현을 제안했다. 자기 조절 학습자는 환경이 계획에 미치는 영향에 대처하고 환경의 영향에 따라 계획을 수정할 수 있다. 자기 자율적인 학습자Self-empowered learners는 자기 효율성을 느끼고 내부 통제 위치를 나타내거나 역량이 부족하다고 느끼고 종종 외부 통제를 인식할 수 있다. 자아 실현 학습자는 자기 성찰을 통해 자기 이해가 형성되기 때문에 포괄적인 자기 지식을 사용하거나 피상적인 자기 지식에 집중할 수 있다.

자기 결정은 학습자로 하여금 목표 지향적, 자기 조절적, 자율적 학습에 참여할 수 있게 하므로 이러한 네 가지 필수적인 특징을 알고 이해하면 교사가 이를 개발하는 가장 효과적인 전략을 찾는 데 도움이 될 수 있다.

위에서 논의한 자기 결정 학습자의 네 가지 특징들은 몇 가지 자질들과 관련이 있다. 이러한 자질들에 대한 철저한 분류는 없지만 일부 표시들은 가장 일반적이며 (Wehmeyer et al., 2007; du Toit-Brits & van Zyl, 2017; Raley et al., 2020; Shogren, 2020) 자기 결정 학습자self-determined learners를 개발하는 교사를 위한 지침이 될 수 있다. 다음은 이러한 자질들 중 일부에 대한 간략한 설명이다.

선택 결정 기술Choice-making skills은 자기 희망과 선호를 표현하고 자기 건설적인 선택을 만드는 기회를 가지는 자기 결정 학습자의 자질 중 하나다. 이들은 학습의 특정 순간에 다양한 선택에서 항목이나 활동을 선택할 수 있다. 그렇게 하면 상대적으로 독립적인 학습자가 된다. 이들은 어떤 일을 할 것인지?, 어떤 활동을 할 것인지?, 여가 시간을 어떻게 보낼 것인지? 등을 선택한다. 선호도를 말하고 선택하면 학습자는 학습에 더욱 참여하고 관심을 가지게 된다. 자기 결정 학습자는 자기 우선순위를 교사나 급우에게 설명할 수 있으며, 강요 없이 선택한다. 학습자가 선호도에 따라 선택을 표현하면 독립적인 결정을 내릴 수 있다.

의사 결정 기술Decision-making skills은 자기 결정 학습자가 상황을 신속하고 책임감 있게 파악하고, 잠재적 해결책이나 조치를 고려하며, 각 선택의 장단점을 정하고, 결정을 내리도록 한다. 이들은 논리와 직관을 결합하여 올바른 방식으로 생각하고, 교사와 급우의 견해를 고려하며, 자신의 우선순위와 가치를 알 수 있다. 이들은 개방적이고 기꺼이 변화하며 유연하다. 자기 결정 학습자는 현실적이다. 이들은 그러한 상황에서 할 수 있는 것과 할 수 없는 것을 이해한다. 많은 의사 결정 기술이 문제 해결에 도움이 되기 때문에 의사 결정과 문제 해결은 밀접한 관련성을 가진다.

자기 결정 학습자는 문제를 확인하고, 여러 대안적인 가능한 해결책을 수정하고, 가능한 결과를 확인하고, 가장 적절한 해결책을 선택하며, 이러한 해결책을 실현하고, 그 효과를 확인할 수 있다. 이슈가 해결되지 않는 경우 문제 해결 과정에 타인을 참여시키고, 도움을 구하고, 다른 대처 전략을 적용하며, 비판적 사고를 사용하는 등의 방법으로 문제를 해결하려고 한다. 이들은 일반적으로 문제 해결에 대한 긍정적인 기대를 가지며 정서적 스트레스에 저항한다. 자기 결정 학습자는 문제를 해결함으로써 자신이 기대하는 것과 실제 학습에서 얻는 것 사이의 불일치를 줄이거나 없앤다.

목표 설정과 달성 기술은 학습자로 하여금 목표를 결정하고 해당 목표를 달성하기 위한 계획을 개발하며 목표 달성 과정을 모니터링할 수 있게 한다. 자기 결정 학습자는 자신이 배우고자 하는 것이 무엇인지 정의하고, 목표를 명확하게 다듬고, 목표를 목적들로 나누고, 선택과 선택의 가능한 결과를 나열할 수 있다. 또한 최상의 선택을 선택하고 그에 따라 조치를 취하고 진행 상황을 모니터링 및 평가하고 목표를 달성했는지 결정할 수 있다. 그렇지 않은 경우 조정하거나 변경한다. 만일 그렇다면 이들은 스스로를 강화한다. 학습 목표를 설정할 때 위험을 두려워하지 않고 목표를 달성할 때 지원 네트워크를 개발한다. 목표를 설정하고 달성하는 것은 자기 결정 학습자의 노력과 끈기를 통제한다.

자기 관리 기술^{Self-management skills}은 학습자로 하여금 자신의 사고, 감정, 행동을 통제하게 한다. 자기 결정 학습자는 자기 관리의 목적을 설명할 수 있다. 자신을 관리하기 위해 자기 행동을 모니터링하고, 그러한 행동을 사용하는 시기와 이유에 주의를 기울이며, 관찰된 행동을 평가하고, 행동을 지속하거나 변경한다. 이들은 자기 강점을 이해하고, 자기 능력을 극대화할 수 있는 기회를 찾고, 자신을 믿으며, 시간을 계획하고, 자신에게 가장 중요한 것이 무엇인지 알고, 자기 행동에 대한 책임을 지고 책임감을 가진다.

자기 옹호 및 리더십 기술^{Self-advocacy and leadership skills}은 자기 결정 학습자가 자신을

보호하고 더 적극적으로 만드는 데 도움이 된다. 어느 정도 자신을 옹호하지 않으면 학습자는 개인적인 목표를 달성하지 못할 것이다. 자기 결정 학습자는 지식을 얻는 데 충분히 적극적일 수 있으며, 자기 의견 및/또는 권리를 방어하며, 강화를 추구 및 유지하고, 인기가 없거나 다른 아이디어를 표현하며, 원하는 목표를 달성하기 위해 행동을 지속하고, 협상과 타협을 사용할 수 있다. 이들은 자신을 리더로 여기고, 급우들이 자기 의견을 배우고 영향을 미치도록 격려하고, 갈등을 해결하고, 팀워크와 참여를 촉진하고, 아이디어나 제안을 건설적인 방식으로 비평하는 등의 일을 한다. 자기 결정 학습자는 의견을 표현하고 자신과 급우를 위해 말할 수 있다.

높은 자기 효능감과 긍정적인 결과에 대한 기대는 자기 결정 학습자가 지정된 성과 수준에서 수행한다고 믿게 한다. 자기 결정 학습자는 필요한 노력을 투자하면 문제를 해결하고 목표를 달성할 수 있다고 확신한다. 이들은 본질적인 결과를 얻고, 성공적으로 도전을 극복하고, 발전에 집중하고, 완벽이 아닌 탁월함을 위해 노력하며, 자신감이 있고, 실수를 개선의 기회로 보기 때문에 실패나 실수를 두려워하지 않는다. 자기 효능감이 높은 사람들은 대부분 내적 통제 소재를 가지고 있다.

내적 통제 소재는 자기 결정 학습자에게 구체적이며 사건 및 결과에 대한 인식을 의미한다. 교육에서 내적 통제 소재는 학습자가 학업 성공이나 실패의 원인을 인식하는 방식을 나타낸다. 자기 결정 학습자는 성공을 자신의 노력과 능력으로 돌리며, 생애 사건의 자기 통제를 믿으며, 성공과 실패에 대한 책임은 자신에게 있다고 생각하고, 학습 과정을 통제할 수 있고 어렵지 않은 것으로 본다. 이들은 노력으로 성장하고 자기 성과를 스스로 교정할 수 있는 자기 능력을 믿다. 이들은 자신의 실수, 어려움, 좌절을 재빠르게 인식한다. 이들은 낙관적인 태도를 따르고 덜 구조화된 학습 환경에서 번창하며 자기 행동과 결정에 책임을 지고 더 많은 도움과 지원을 제공한다.

자기 결정 학습자의 자기 인식self-awareness은 내부 상태를 명확하게 한다. 자기 결정 학습자는 자기 인식, 자기 자각self-knowing, 자기 이해 탐구를 위하여 자기 통찰력self-insight과 자기 성찰self-reflection을 사용할 수 있다. 이들은 감성 지능을 키우고 교사와 급우가 자신을 어떻게 보는지 인식한다. 이들은 자기 가치, 동기, 심리적 요구 사항을 깊이 이해하고, 현실적이고 자기 비판적이며, 피드백에 개방적이며, 자기 생각과 감정을 쉽게 전달하고, 개인차를 이해하고 수용하며, 좌절과 스트레스를 잘 처리한다. 자기 결정 학습자는 세심한 자기 관찰자가 된다. 이들은 가치 판단을 하고, 자기 수용을 하는 자유를 느낀다.

이러한 자질들은 자기 결정 학습자를 정의하지만, 각각은 자기 결정의 발달의 본질 때문에 필요하지 않다. 자기 결정은 학습자가 자기 결정 기술을 함양하는 학창 시절에만 나타나는 것은 아니다. 자기 결정 발달은 평생 계속된다. 학습자는 성숙 과정에서 다양한 수준의 자기 결정 기술을 경험할 수 있다.

자기 결정을 촉진하기 위해 교사는 자기 결정 학습자의 자질에 대한 교수적 노력을 집중할 수도 있다. 교사는 자기 결정의 중요성을 모든 학습자를 위한 필수적인 교육 결과로 이해해야 한다.

자기 결정 학습자는 내재적 학습 동기에 의해 주도되고 학습 도전을 쉽게 받아들이며, 이는 능동적으로 참여하는 데 도움이 된다. 자신의 학습에 있어 능동적으로 참여하는 것은 21세기 교육 맥락에서 매우 효과적이다(Triling, 2015; Freeman et al., 2014). 학습자는 학습 과정에서 필수적인 역할을 한다. 이들은 교사로부터 정보를 적극적으로 받아들이고 학습 과정에 참여함으로써 지식과 이해를 쌓도록 권장된다. 능동학습과 자기 결정 학습은 학습자가 토론, 쓰기, 발표, 문제 해결 또는 성찰과 같이 작거나 큰 활동에 참여하는 데 서로 일치한다. 딥 액티브 러닝^{deep active learning}의 개념은 최근 능동학습의 개념을 더욱 풍부하게 만들고 있다. 마츠시타^{Matsushita}(2018)는 학습자가 비판적이고 창의적인 사고, 문제 해결, 의사소통, 협업을 자기 주도적으로 적용하는 학습 유형으로 깊이 있는 능동학습이라는 새로운 개념을 제시한다. 능동학습은 포괄적 용어이며 학습 과정에서 UDL 원칙을 적용할 수 있다.

COVID-19 팬데믹 기간 동안 광범위한 학교 휴교로 학습자들은 일시적으로 원격교육을 받고 있으며, 교실 밖에서 적극적인 학습을 시작하였다. 이러한 교육 방해 기간 동안 학습자는 자기 주도적이고 능동적인 학습을 검증하도록 의무화되고 권장되었다. 강의 내용을 학습하고 자기 주도 학습자의 기본적이고 필수적인 기능을 개발하는 것이었다.

숙련된 학습자의 개발에 대한 보다 폭넓은 접근법을 모색하면서 개념적 폭과 통합교육에서의 적용 가능성으로 인해 자기 결정 이론을 이론적 프레임워크로 선택했다.

6) 자기 결정 학습자와 숙련된 학습자의 비교

자기 결정 학습자와 숙련된 학습자의 비교는 자기 결정과 학습 전문성이 어떻게 밀접하게 관련되어 있는지 증명하는 데 도움이 된다. 자기 결정 학습자는 학습 과정의 숙련자가 되는 과정에 있다(Biemiller & Meichenbaum, 2017).

자기 결정 학습자와 숙련된 학습자의 자질을 비교해보면 자기 결정 이론이 숙련된 학습자 개념의 견고한 이론적 배경임을 알 수 있다.

숙련된 학습자 개념에 대한 충분한 이론적 근거를 가지고([그림 2-1] 참조), 우리는 각 학생이 최고가 되기 위해 열망할 수 있는 주요 이정표를 확인하는 데 도움이 될 수 있는 숙련된 학습자의 중요한 특징을 찾기 시작하였다.

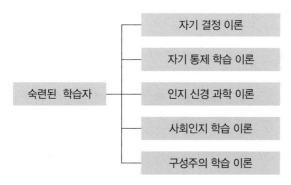

[그림 2-1] 숙련된 학습자 개발을 위한 이론적 배경

3. 통합교육 맥락에서 숙련된 학습자의 특징

COVID-19 전염병은 학교 교육을 방해하였으며, 따라서 통합교육과 숙련된 학습자의 발전은 계속되어야 한다. 숙련된 학습자의 내부는 다양성, 변화, 통합 가치 지속 가능성에 대하여 열린 마음으로 해석되어야 한다.

슈워츠Schwartz와 매닝Manning(2018a, b)에 따르면 학습 과정에서의 적극적인 참여는 숙련된 학습자를 급우들과 구별 짓는다. 우리는 숙련된 학습자의 차이점을 더 넓게 드러내기 위하여 숙련된 학습자의 몇 가지 주요 차이점을 여기에서 고려한다.

숙련된 학습자는 더 빨리 알아차리고 의미 있는 정보를 더 깊이 이해한다. 이들은 정보를 기본 개념 주변 영역으로 더욱 성공적으로 조직화한다. 이들의 지식은 단순히 어떤 분야와 관련된 사실과 공식의 목록이 아니다. 결과적으로 숙련된 학습자는 정보를 보다 효율적인 방식으로 구성, 표현, 해석한다. 이들은 지식의 적용 가능성이라는 맥락을 더 자주 염두에 둔다. 숙련된 학습자는 학습 자료가 인지 자극제로 기능하기 때문에 학습 시 주의 집중 노력을 덜 한다(Posner et al., 2010). 이들은 새로운 상황에서 더 유연하다. 이들은 (이해 수준을 모니터링하고 적절성을 판단하는 능력인) 메타인지를 가질 가능성이 더 높다. 숙련된 학습자는 학습 방법과 가장 잘 배우는 방법을 깊이 배우고 더 잘 알고 싶어한다.

숙련된 학습자의 마음에는 문제 및 가능한 문제 해결 전략 모두 더 강력하게 연결되어 있다. 문제에 직면했을 때 이들은 알려진 정보를 적용하고 유사한 이슈와 이를 효율적으로 해결하기 위한 전략을 기억한다. 쉽게 작동하는 검색 시스템은 각 정보를 암기하지 않고 단기 및 장기 기억을 보다 효율적으로 사용하기 때문에 숙련된 학습자에게 적합하다.

숙련된 학습자는 해결책을 검증하고, 자신의 강점과 한계를 인식하고, 과제 중에 발생된 오류의 발생 지점에 대하여 더 잘 인식하기 때문에 더 강력한 자기 모니터링 기술과 더 나은 자기 지식을 사용한다. 이는 숙련된 학습자로 하여금 자기 학습 관리뿐만 아니라 학습 기회를 시작하고, 자신의 요구, 기술, 관심사에 기초한 개인 학습 목표 설정, 가장 효과적인 학습 전략 선택, 선택한 학습 전략의 효과 평가, 학습 목표나 행동 계획 수정, 학습 상황에 대한 행동 적응을 돕는다. 이들은 자기 성찰에 더 능숙하고 학습에 대해 더 자주 성찰하며, 자신의 진전을 평가하고, 성공은 자기 역량으로 실패는 수정 가능한 원인으로 본다. 숙련된 학습자는 좋은 메타인지 기술과 학습 장벽에 직면했을 때의 강한 회복력 및 끈기로 인한 견고한 자기 조절의 특징이 있다. 이들의 독립적으로 학습하는 능력은 더 잘 발달되며, 창의력과 호기심이 더 자주 나타난다.

더 자주 그리고 의도적으로 숙련된 학습자는 교육을 배우고 관리하는 방법을 이해하기 때문에 학습에 대한 책임을 가진다. 책임감과 선택할 기회는 관련이 있다. 숙련된 학습자는 의미 있는 학습 선택을 찾고 스스로 결정할 수 있는 모든 가능성을 즐긴다. 이들은 자기 학습 요구 사항과 관심, 성향, 능력을 알고 있기 때문에 자신의 선택에 따른 긍정적인 결과와 부정적인 결과를 쉽게 지켜볼 수 있다. 이러한 맥락에서 이들은 학습 과정에서 자신을 능동적 행위자로 인식하고, 학습에 대한 목소리를 가지고, 학습 과정에서 주인 의식을 개발한다. 숙련된 학습자는 선택을 할 수 있을 때 자신들의 학습에 대하여 더 많은 책임감을 느끼는 경향이 있다.

숙련된 학습자는 장애물과 방해 요소에 직면했을 때 너무 일찍 포기하지 않고 상황을 해결하기 위해 새롭고 효과적인 방법을 찾으려고 노력한다. 퍼킨스Perkins(2014)는 21세기에 개발할 가치가 있는 개인 및 대인 관계 기술과 지식 목록을 제공하였으며, 숙련된 학습자는 초기 이해가 부정확하거나 너무 단순할 가능성이 있다는 것을 인식하고 해결책을 찾기 위한 동기를 부여한다는 것을 보여 주었다.

숙련된 학습자는 자기 강점과 개선 영역을 아는 학습자로서 자신을 더 잘 인식한다. 그래서, 이들은 학습하는 동안 자기 모니터링을 하고 선택할 수 있는 더 많은 학습 전략을 가지고 있기 때문에 적응력이 더 뛰어나다.

숙련된 학습자는 더 큰 메타인지적 인식으로 인해 작업 요구 사항에 더 민감한다. 이들은 어떠한 과제가 도전적이며 어떠한 것은 그렇지 않은지 꽤 정확하게 예측할 수 있다. 숙련된 학습자는 자신의 실패 이유를 보다 명확하게 이해하고 오류에 대한 메타인지 인식 검사를 사용하고 조치를 재지정하여 더 나은 해결책을 얻는다. 이들이 자기 자신에게 묻는 가장 중요한 질문은 우리는 어떻게 배우는가? 우리가 배웠다는 것을 어떻게 알 수 있는가? 우리의 미래 학습을 어떻게 지도할 것인가?이다. 더닝크루거 DunningKruger 효과(착각적 우월성)는 비교적 독립적으로 작업 수행을 모니터하고 일반적으로 자기 능력을 과대평가하지 않는 숙련된 학습자에게는 작동하지 않는다. 이러한 차이는 숙련된 학습자와 잘 발달된 메타인지 인식의 의미 있는 구별을 가리킨다.

숙련된 학습자에게는 일반적으로 학습 파트너인 질적으로 우수한 교사가 있다는 점에 유의하는 것이 중요하다(Auerbach et al., 2018). 이들은 스스로 결정을 내리지만 교사의 지원을 구하고 조언을 듣는다. 숙련된 학습자조차도 학습을 향상시키기 위해서는 도움이 필요하다는 것은 특정한 연구 없이도 분명할 것이다.

숙련된 학습자의 발달에 대한 통찰력을 제공하기 위해서는 이들의 내적 자질의 차이점을 이해하는 것이 필요하다. 숙련된 학습자의 차이점 분석은 숙련된 학습자를 개발하려는 교사의 행동 방향을 결정하는 데 매우 유익할 수 있다. 전문성에 대한 숙련된 학습자와 학습자의 비교는 학습자의 자기 개발을 위한 구체적인 지침을 제공하는 데 유용하다. 숙련된 학습자와 급우를 구별하는 것이 무엇인지 아는 것은 교사가 모든 학습자의 다양성에 적절하게 대응하는 데 도움이 될 수 있다. 우리는 모든 학습자가 숙련자가 될 수 있다고 믿기 때문이 아니라 배우는 학습자가 얼마나 성공적인지 밝히는 것을 목표로 하기 때문에 숙련된 학습자의 차이점에 대한 글을 쓴다.

과학자들은 오랫동안 숙련된 학습자에게 어떤 특징이 내재되어 있는지 알아내기 위해 노력하여 왔다. 글레이저[Glaser]와 카이[Chi](1988)는 숙련자의 일곱 가지 주요 특징을 다음과 같이 나누었다. 첫째, 자신의 영역에서 주로 뛰어나다. 둘째, 자신의 영역에서 크고 의미 있는 문제를 인식한다. 셋째, 자신의 영역에서 기술을 빠르게 수행한다. 넷째, 우수한 단기 및 장기 기억력을 가진다. 다섯째, 더 깊은 수준에서 문제를 보고 표현한다. 여섯째, 문제를 분석하는 데 많은 시간을 소비한다. 일곱째, 강력한 자기 모니터링 기술을 가진다. 에릭슨[Ericsson]과 스미스[Smith](1991)는 전문성과 숙련된 수행의 구조에 대한 광범위한 접근법을 검토했다. 이들은 자신의 성과를 평가하고 실패 이유를 설명하는 숙련자의 능력을 강조했다. 와인스타인[Weinstein]과 반 메이터 스톤[Van Mater Stone](1993)은 일반교육 모델이 숙련된 수행의 개념에서 나온다고 단언한다. 그러나 교사는 숙련자가 무언가에 대해 더 많이 알고 있다고 믿는다. 이들은 숙련자를 다섯 가지 특징으로 요약하였다. 더 많이 알고, 조직되고 통합되어[integrated] 있고, 지식에 접근하고 사용하기 위한 효과적이고 효율적인 전략을 가지고 있고, 지식을 습득하고 사용하기 위해 다른 동기를 가지고 있고, 자기 조절을 가지고 있다. 에르트머[Ertmer]와 뉴비[Newby](1996)는 숙련된 학습자를 전략적, 자기 조절적, 성찰적 학습자로 특징지었다. 이들은 학습에 대한 성찰이 숙련된 학습자의 발달에 필수적인 요소임을 인식하였다. 이들은 숙련된 학습자를 실제 상황에서 습득한 지식을 사용하고, 다른 학습 전략을 선택, 통제, 모니터링하여 원하는 학습 목표 달성을 추구하는 전략적인 전략 사용자[strategic strategy users]로 제시하였다. 숙련된 학습자는 자기 통제를 통해 성공적인 학습에 필요한 과정을 통제한다. 자기 조절의 구성 요소는 계획 수립, 실현 모니터링, 달성된 결과 평가이다. 짐머만[Zimmerman](2000)은 (경험이 부족한) 순진한 학습자가 숙련된 학습자와 어떤 점에서 다른지 밝히기 위해 좋은 자기 조절 학습자의 특징을 설명하고 계획, 조직, 자기 관찰, 자기 평가를 강조했다. 브랜드포드[Bransford] 등(2000)은 전문성을 초보자에서 숙련자로 이어지는 연속체라고 정의했다. 이들은 전문성을 개발한 사람들의 연구에서 나온 주요 과학적 발견을 기반으로 숙련된 학습자의 특징을 제시했다. 저자들은 전문성이 지적 수준이나 기억의 일부 특징과 연관되어서는 안 된다고 말했다. 숙련된 학습자는 학습을 지원하고 이해를 향상시키기 위해 광범위하고 적절하며 잘 조직되고 기초적인 기본 개념 지식을 가지고 있다. 두 가지 유형의 숙련된 학습자로 적응형 및 일상형 숙련된 학습자가 구별되었다. 적응형 숙련된 학습자는 조건이 변경될 때 한 영역에서 다른 영역으로 지식을 이전할 수 있는 반면, 일상형 숙련된 학습자는 표준 조건에서만 작동한다. 브랜드포드^{Bransford} 등 (2000)에 따르면 숙련된 학습자는 정보의 중요한 측면을 인지하고 주제를 깊이 이해하며 적용 가능성의 맥락을 분석하고 주의를 기울이는 노력을 거의 하지 않는다. 스턴버그^{Sternberg}(2003)는 성공적인 지능 이론을 바탕으로 숙련된 학습자의 특징을 검토했다. 많은 학습자가 잠재력을 발휘 못하는 것에 대한 안타까움으로 연구자는 숙련된 학습자 특유의 능력을, 첫째, 숙련된 학습자에게 분석하고, 비판하고, 판단하고, 비교 및 대조하고, 평가하고, 사정하는 기회를 제공하는 분석적 능력, 둘째, 숙련된 학습자가 창조하고, 발명하고, 발견하고, 상상하고, 가정하고, 예측하는 데 도움이 되는 창의적 능력, 셋째, 숙련된 학습자가 적용하고, 사용하고, 실현하고, 실현하고, 이용하고, 실현적이게 하는 데 필요한 실현적 능력이라는 세 가지로 제시했다. 연구자에 따르면 숙련된 학습자는 아이디어가 좋은지를 판단하는 분석 능력, 아이디어를 생성하는 창의적 능력, 이러한 아이디어를 실제로 실현하는 실용적 능력이 필요하다. 카이^{Chi}(2006)는 숙련자의 특징에 대한 두 가지 접근법을 분석했는데, 이러한 것은 우연이나 내적 재능에서 비롯되는 것으로서의 전문성에 대한 근본적인 접근법과 모든 사람이 달성할 수 있는 숙련도 수준으로서의 비교 접근법이다. 이 연구자는 숙련자의 뛰어난 일곱 가지 주요 방법으로 문제를 해결하거나 과제를 고안할 때 최선의, 빠른, 정확한 해결책을 생성하는 것, 문제나 상황의 깊은 구조를 인지하는 것, 질적으로 문제를 분석하는 것, 자기 모니터링 기술을 가지는 것, 적절한 전략을 선택하는 것, 자원을 사용할 때 기회적이 되는 것, 최소한의 인지적 노력으로 지식과 전략을 검색하는 것을 강조했다. 울포크^{Woolfolk}(2008)는 숙련된 학습자의 세 가지 특징을 '이들은 학습한 자료에 주의를 집중하고, 정보를 깊이 있게 처리하기 위해 노력하며, 학습에 대한 책임을 진다'로 밝혔다. 라만^{Rahman} 등(2010)은 숙련된 학습자의 중요 특징 중 하나로 메타집중$^{meta-attention}$와 메타이해력$^{meta-comprehension}$을 통한 학습 통제라고 지적하였다. 이들은 숙련된 학습자가 수업 시작 시 특정 목표를 가지고 집중하며, 결과적으로 학습 결과를 모니터링하고 평가하는 데 도움이 되는 특정 목표를 가지고 있음을 명확히 했다. 와일드^{Wild}와 헤크^{Heck}(2011)에 따르면 숙련된 학습자는 학습 자료에 적극적으로 참여하며, 학습에 대한 책임을 가지며, 스스로 동기를 부여하며 학습을 지도함으로써 자기 조절 학습을 실천하는 세 가지 주요 특징들을 가지고 있다. 스토바트^{Stobart}(2014)는 숙련된 학습자의 여섯 가지 특징을 조사하였다. 이들(숙련된 학습자들)은 기술을 개발하고, 성공하기를 원하며, 실제로 지식을 적용하고, 모델을 만들어 정보를 구성하며, 학습을 개선하기 위한 피드백을 찾고, 자기 조절을 향상시킨다. 메이어^{Meyer} 등(2014)은 숙련된 학습자를 목적이 있고, 의욕이 넘치며, 자원이 풍부하고, 지식이 풍부하고, 전략적이고, 목표 지향적이라고 설명하였다. 브레이^{Bray}와 맥클라스키^{McClaskey}(2016)는 숙련된 학습자(대리인이 있는 학습자)가 자기 특징 중 일부를 개발하고 감지하는 방법을 묘사하였다. 이들(숙련된 학습자들)은 학습 환경을 관리하는 방법, 자원을 찾을 위치를 알고, 학습 네트워크에 연결하여 모든 학습 상황에서 협력하고 상담할 수 있는 사람을 알고, 실수로부터 배우고 새로운 이해를 개발할 수 있는 노하우를 이해한다. 퍼스키^{Persky}와 로빈슨^{Robinson}(2017)은 숙달에 집중하고, 지식 기반을 늘리고, 지속해서 연습하고, 새로운 경험에 개방적이고, 학습 목표를 향해 지속하는 숙련된 학습자의 필수 특징으로 내적 동기와 자기 조절을 꼽았다. 윌리엄스^{Williams} 등(2017)은 지각−인지 전문성에 중점을 두었으며, 숙련된 학습자가 급우나 교사가 제공하는 과제 관련 정보를 인식하고 사용하며 다양한 상황에서 확률과 기대치를 사용하고 적용에 중점을 둔다는 점을 강조하였다.

맥도웰^{McDowell}(2019)은 학습자가 숙련자가 되기 위해 개발해야 하는 지식과 기술을 확인하고자 하였으며, 숙련된 학습자를 문제를 해결하기 위해 다양한 상황에서 자기 지식과 기술을 적용하고 학습을 통제하고 개선하기 위해 오리엔테이션, 활성화, 협력 기술을 사용하는 사람으로 정의했다. 연구자에 따르면 숙련된 학습자는 자기 지식을 측정하고 학습 전략을 조정한다. 이들(숙련된 학습자들)은 성과를 측정하고, 다음 단계를 결정하고, 진행 상황을 반영하고, 개선할 전략을 확인한다. 이들은 또한 자신의 이해를 시각화하고 피드백을 주거나 받아서 자기 자신, 급우, 교사의 학습을 향상시킨다.

달링−해먼드^{Darling-Hammond} 등(2020)은 다음과 같은 21세기 기술 개발의 필요성을 강조하였다.

- 비판적 사고와 문제 해결 기술
- 새로운 상황에서 지식을 찾고, 분석하고, 종합하고, 적용하는 능력
- 사람들이 타인과 협력하고 교차 문화적 맥락에서 효과적으로 참여할 수 있게 해 주는 대인 관계 기술
- 업무 및 복잡한 프로젝트를 관리할 수 있는 자기 주도 능력
- 자원을 유능하게 찾고 도구를 사용하는 능력
- 다양한 방식으로 효과적으로 의사소통할 수 있는 능력
- 강력한 자기 조절
- 실행 기능
- 메타인지 기술
- 장애물과 불확실성에 직면할 때의 지략, 인내, 회복력
- 독립적인 학습 능력, 그리고 호기심, 독창성, 창의성

이 기술 목록은 21세기 학습자가 비슷한 능력과 자질을 가지고 있어서 숙련된 학습자와 현저하게 비슷하다는 믿음을 형성한다.

모든 맥락과 문화에 걸쳐 숙련된 학습자를 정의할 수 있는 보편적인 특징의 단일 목록을 제공하는 것은 불가능하다. 신경가소성^{neuroplasticity}과 성장 사고방식에 대한 현재의 지식은 우리의 관심을 보편적 학습 설계와 UDL 지침에 부합하는 숙련된 학습자의 자질로 되돌렸다.

4. UDL 기반 숙련된 학습자의 프로필

보편적 학습 설계 틀에 따르면 숙련된 학습자는 목적이 있고, 의욕이 넘치고, 자원이 풍부하고, 지식이 풍부하고, 전략적이고, 목표 지향적이다. 그러나 이러한 특징들은 확장될 수 있다.

① 숙련된 학습자는 자신이 성취하고자 하는 것과 그것의 중요성을 알고 있다. 이들이 설정하는 목표는 자신들에게 분명하다.

② 숙련된 학습자는 높은 기대를 하고 있으며 자기 목표 달성을 위해 발전할 수 있음을 인식한다.

③ 숙련된 학습자는 관련 자원을 사용하고 전략과 선택을 조정하여 학습 장벽을 줄이는 방법을 알고 있다.

④ 숙련된 학습자는 학습에 노력이 필요하다는 것을 이해하며 숙달 지향적인 피드백을 높이 평가한다.

⑤ 숙련된 학습자는 도전을 자신의 지식을 확장할 수 있는 기회로 본다.

⑥ 숙련된 학습자는 자기 성찰을 사용한다. 자원이 학습 장벽을 극복하는 데 어떻게 도움이 되었는지, 왜 특정한 목표가 충족되지 않았는지, 다음에는 어떠한 선택이 더 적절하게 만들어질 수 있을지에 대하여 성찰한다.

영상에서 응용특수공학센터Center for Applied Special Technology(CAST)의 공동 설립자인 데이비드 로즈David Rose 교수는 숙련된 학습자에 대해 다음과 같이 이야기한다.

① 숙련된 학습자는 목표에 집중하고, 내적 동기의 영향을 받으며, 무엇을 하라고 지시받을 필요가 없다. 이들은 계획이 있고, 문제를 해결하고, 발명하고, 새로운 것을 만드는 방법을 배운다.

② 숙련된 학습자는 지식이 풍부하지만, 더 많은 것을 알고 싶어 한다. 이들은 정보를 찾는 방법과 어떠한 정보가 이들에게 가치 있는지 알고 있다.

③ 숙련된 학습자는 자기 학습에 세심한 주의를 기울이다. 이들은 감정을 투자하고 새로운 것을 배울 때 즐거움을 느낀다. 이들은 누군가가 자신을 도와주기를 기다리지 않는다. 이들은 때때로 실패하더라도 좌절감을 관리하고 동기 부여와 참여를 유지한다.

메이어Meyer 등(2014)은 학습 숙련자가 되기 위한 새로운 통찰력을 제안했다. 연구자들은 숙련된 학습자가 반드시 다른 학습자보다 더 많이 아는 것은 아니라고 경고하고 자신을 지속해서 학습하고 성장하며 개선하는 것으로 정의했다. 이들에 따르면 숙련된 학습의 핵심은 자기 지식이다. 따라서 숙련된 학습자는 자기 인식적이며 능동적이다. 문제를 유연하게 해결하고, 실수 후 변경 또는 적응하고, 학습 전략을 성공적으로 선택하는 방법을 알고 있다. 이들은 학습에 깊이 관여하는 방법을 알고 있다. 사회적 맥락에서 배우고, 타인을 모델로 관찰하고, 피드백을 받은 후 접근법을 변경한다. 숙련된 학습자는 자기 기술과 능력을 정교화하고 향상시키기 위해 노력하며 학습이 지속적인 과정임을 알고 있다.

숙련된 학습자는 CAST(2018)에서 근무한 과학자들이 신경 과학 및 인지 과학을 살펴보았을 때 포괄적으로 정의되어졌다. 이들은 숙련된 학습자의 특징을, 첫째, 목적이 있고 의욕적인 숙련된 학습자, 둘째, 자원이 풍부하고 지식이 풍부한 숙련된 학습자, 셋째, 전략적이고 목표 지향적인 숙련된 학습자라는 세 가지 단위로 통합integrated하였다.

숙련된 학습자의 이러한 세 가지 특징 각각은 자기 결정 이론과 UDL 지침의 네 가지 버전(CAST, 2008, 2011, 2014, 2018)을 기반으로 보다 세부적인 자질들(〈표 2-1〉, 〈표 2-2〉, 〈표 2-3〉, 부록 참조)을 가져왔다. 숙련된 학습자의 자질들을 보다 추상적인 수준에서부터 보다 구체적인 수준에 이르기까지 세 가지 수준(자질 1, 자질 2, 자질 3)으로 제시하였다.

〈표 2-1〉(부록 참조)에 제시된 바와 같이 목적이 있고 의욕이 있는 숙련된 학습자는 관심이 있고 노력과 끈기를 유지하며 자기 조절이 가능하다. 이러한 학습자의 주요 자질은 다음과 같다.

- 이러한 학습자는 선택과 자율성을 통해 주의를 기울이고 참여한다. 진정성, 가치, 관련성을 우선시한다. 또한 장벽, 주의 산만, 위협에 저항한다.
- 이러한 학습자는 지속적이다. 이들은 학습할 때 집중력을 발휘한다. 이들은 필수적인 목표와 목적을 설정하고 적합한 자원을 확인한다. 이들은 협력과 피드백을 가치 있게 생각한다.
- 이러한 학습자는 긍정적인 기대와 믿음을 통해 자기 조절의 예를 보여 준다. 이들은 스트레스에 대처하고 자기 성찰과 자기 평가를 사용한다.

다양한 참여 수단을 제공하는 첫 번째 UDL 원칙은 위에 나열된 목적이 있고 동기 부여된 숙련된 학습자의 자질과 밀접한 관련이 있다.

1) 수완이 풍부하고 지식이 풍부한 숙련된 학습자

이들은 〈표 2-2〉(부록 참조)에 언어와 기호를 인식하고 숙달하며 이해하는 것으로 묘사되어 있다. 이러한 학습자의 주요 자질은 다음과 같다.

- 이러한 학습자는 다양한 양식의 정보에 대한 접근과 조정을 통해 지각한다. 시각과 청각 정보에 대한 대안을 사용한다.
- 이러한 학습자는 언어 기호를 인식하고 기억하며 내면화한다. 이들은 정보 해독, 구문 및 구조 이해를 통해 이를 수행한다.
- 이러한 학습자는 배경 지식, 기본적인 관계, 패턴, 아이디어, 기능을 통해 이해한다. 이들은 과정을 전송하고 일반화하며 시각화한다.

여러 표현 수단을 제공하는 두 번째 UDL 원칙은 위에 나열된 수완이 풍부하고 지식이 풍부한 숙련된 학습자의 자질과 밀접한 관련이 있다.

2) 전략적이고 목표 지향적인 숙련된 학습자

이들은 〈표 2-3〉(부록 참조)에 신체적 행동 조작, 표현 및 의사소통 숙달, 실행 기능 수행으로 설명되어 있다. 이러한 학습자의 주요 자질은 다음과 같다.

- 이러한 학습자는 신체 활동을 좋아한다. 이들은 다양한 학습 방법과 기술을 통해 그것을 추구한다.
- 이러한 학습자는 멀티미디어를 통해 의사소통과 표현을 사용한다. 이들은 여러 도구, 실천, 수행을 좋아한다.
- 이러한 학습자는 자원 관리를 통해 실행 기능을 수행한다. 이들은 목표를 설정하고, 전략을 계획하며, 진행 상황을 모니터링한다.

위에 나열된 전략적이고 목표 지향적인 숙련된 학습자의 이러한 자질은 다양한 행동 및 표현 수단을 제공하는 세 번째 UDL 원칙과 밀접한 관련이 있다.

5. 토론 및 결론

연구자들은 숙련된 학습자 개발을 위한 UDL 전략의 통합교육과 적용에 있어 숙련된 학습자의 어떤 자질이 가장 필수적인지 고려하였다. 연구자들은 이러한 학습자를 개발할 때 교사의 활동을 염두에 두고 우선순위를 평가했다. 예를 들어, 교사의 목표가 학습에 관한 관심을 자극하는 것이라면 숙련된 학습자의 가장 중요한 자질은 "관심"(즉, 관심과 참여를 유지하는 것)이라고 판단했다. 숙련된 학습자의 중요한 속성 중 일부를 확인하고 UDL 지침에서 조사한 세 가지 기본 특징과 어떻게 관련되는지 철저히 분석하는 것은 숙련된 학습자 개발과 관련하여 중요한 활동을 수행하려는 교사에게 로드맵road map: 지도 역할을 할 수 있다.

사회에서 숙련자는 오랜 경험을 통해 특정 주제에 대한 특별한 기술이나 지식을 가지고 있다. 교실에서 숙련된 학습자는 자신의 특정 지식, 기술, 신념을 숙달하여 숙련자가 되는 과정에 있는 사람이다(Persky & Robinson, 2017). 메이어Meyer 등(2014)은 학습은 지속적인 변화와 성장의 과정이기 때문에 전문성을 목적지가 아닌 더욱 숙련되는 과정으로 제시한다.

숙련된 학습자의 발달 과정을 조사한 대부분의 과학자들은 모두는 다 발달할 수 있기 때문에 모든 학생이 숙련된 학습자가 될 수 있다고 믿었다. 숙련된 학습자는 어려움을 극복하기 위한 동기, 연습, 도전에 대한 성찰, 자기 조절, 집행 기능, 상황 인식, 장벽 감소나 극복을 통해 양성된다(Meyer et al., 2014; McClaskey, 2016; Tobin & Behling, 2018). 숙련된 학습의 핵심은 자기 필요, 강점, 도전에 대한 인식을 통해 학습자로서의 자아를 의인화하는 것 같다(Hollins, 2018). 하트만Hartman(2015)은 모든 학생이 숙련된 학습자임을 확인한다. 숙련된 학습자가 되는 것은 권한을 부여하고 지원하는 환경이 요구되므로 이러한 서술은 설명이 필요하다.

학습에 문제가 있는 학생은 독립성 향상, 학습 목표 달성 가능성, 접근 가능한 학습 자료 사용, 기술 및 지식의 향상을 통해 숙련된 학습자로 발전할 수 있는 잠재력을 가져야 한다. 장애 학습자는 모든 학습자와 마찬가지로 통합되어야 하며, 다양한 표현, 행동, 표현 수단에 접근할 수 있어야 한다.

달링-해먼드Darling-Hammond 등(2020)은 지식은 21세기에 빠르게 확장되는 것으로 받아들였다. 새로운 상황에서 지식을 찾고, 분석하고, 종합하고, 적용하는 능력은 오늘날 필수적이다. 이러한 기술의 개발은 학습이 사실의 수용이 아닌 것으로 드러나고 교수가 정보의 전달이 아닌 것으로 드러나는 다른 종류의 교수와 학습을 요구한다.

연구자들은 데시^{Deci}와 라이언^{Ryan}(1985, 2012)의 자기 결정 이론을 통합교육에서의 개념적 폭과 적용 가능성으로 인해 숙련된 학습자의 개념을 위한 이론적 틀로 사용하였다.

목적이 있고 동기가 부여된 숙련된 학습자는 학습에 참여하고 새로운 지식을 원하며 학습 자체에 동기를 부여한다. 이들은 스스로 학습 목표를 설정하는 방법을 알고 있으며, 이러한 목표에 도달할 때 노력과 회복력을 유지한다. 이들은 성공적인 학습을 방해하는 감정적 반응을 모니터링하고 조절한다. 목적이 있고 의욕이 있는 숙련된 학습자는 요청받지 않고도 자기 교육을 반영할 수 있다. 이들은 현재의 강점에 의존하여 무엇이 잘되고 있는지 또는 더 나빠지고 있는지 성찰하고 개선할 영역을 찾는다. 이런 식으로 이들은 학습을 더 개인적으로 만들 수 있다. 학습 자료가 이들에게 반드시 흥미롭지 않을 때, 이들은 그것을 자신들에게 매력적인 무언가에 연결하는 수단을 찾는다.

지식과 자원이 풍부한 숙련된 학습자는 언어와 기호를 숙달하고 이해한다. 이들은 새로운 정보를 찾고 구조화하고 기억하는 데 도움이 되는 도구와 자원을 인식한다. 이들은 교실에서 제시된 새로운 정보를 확인하고, 우선순위를 지정하고, 동화하는 방법과 그 정보를 실천할 수 있는 의미 있고 유용한 지식으로 변환하는 방법을 알고 있다. 수완이 풍부하고 지식이 풍부한 숙련된 학습자는 학습 과정을 지원하는 도구, 방법, 자원을 적용할 수 있으며, 이는 매우 중요하다. 또한 교사에게 학습을 용이하게 하고 작업 숙달에 도움을 줄 학습 비계를 두려움 없이 요청한다. 이들은 명확하게 이해하고 학습 자료를 재개발하거나 재개념화하기 위한 수단을 찾고 있다.

전략적이고 목표 지향적인 숙련된 학습자는 신체 활동을 운영하고, 표현과 의사소통을 숙달하며, 실행 기능을 신경쓴다. 이들은 일반적으로 학습 목표를 염두에 두고 있기 때문에 이러한 목표 달성을 위한 계획을 한다. 그래서 이들은 비효율적인 것으로 판명된 과정을 거부하면서 자신의 학습을 모니터링하고 이를 최적화하기 위한 효과적인 학습 전략을 사용할 필요가 있다. 전략적이고 목표 지향적인 숙련된 학습자는 강력한 메타인지 기술을 개발한다. 이를 위해 자신의 강점과 약점을 평가하며, 강점은 강화하고 약점은 보완하려고 노력한다. 전략적이고 목표 지향적인 학습자는 다양한 도구와 수단을 효과적으로 사용하여 실행 기능을 개발한다. 이들은 학습할 때 능동적이고 전략적이 될 수 있는 가능성을 찾는다.

일부 국가의 교육 체제(예: 리투아니아와 폴란드)에서는 "숙련된 학습자 개발"이라는 개념이 완전히 새로운 것이다. "교사 전문가", "학생 지원 전문가", 결국 "교육 전문가"라는 용어는 이미 사용되고 있지만 "숙련된 학습자"는 아직 사용되지 않았다. 특정한 오스트리아, 핀란드, 리투아니아, 폴란드 학교들은 이미 실행연구를 적용했으며 교사는 이미 숙련된 학습자의 개발을 위해 UDL 원칙을 실현했다. 이 연구를 마치면 숙련된 학습자가 되기 위한 학생들의 발전이 의심할 여지없이 어려웠다고 말할 수 있다. 샤르마[Sharma] 등(2019)은 통합교육 시행에서의 장애물을 조사하였으며, 가장 중요한 장애물인 부적절한 교사 준비를 확인하였다. 오스트리아, 핀란드, 리투아니아, 폴란드의 교사와 연구자는 UDL 전략을 통해 통합교육 원칙을 적용한 특별하고 소중한 경험을 하였다.

요약하면, 교사들은 이러한 자질의 중요성을 이해하는 목적 있고, 의욕 넘치고, 자원 풍부하고, 지식 풍부하고, 전략적이고, 목표 지향적인 학습자를 양성할 수 있다. 개별 맞춤식 학습 환경을 조성하고, 학습을 개발하며, 중요한 기술을 개발하고, 진행 상황을 모니터링함으로써 교사들은 학생들과 협력하여 학생들이 숙련된 학습자가 되도록 도울 수 있다. 이 책의 다음 장에서는 학교에서 더 숙련된 학습자들을 개발하기 위해 학습 프레임워크를 위한 보편적 설계의 원칙을 실현한 방법을 밝힐 것이다.

〈표 2-1〉 목적의식이 있고 동기 부여된 숙련된 학습자의 자질

자질 1	자질 2	자질 3
1. 관심가지기(집중과 참여 유지하기)	1.1. 자율적이기	1.1.1. 스스로 학습 목표 선택하기 1.1.2. 목표 달성 방법 선택, 사용 가능한 도구나 지원 채택하기 1.1.3. 자신의 성취에 대해 자부심을 느끼고 자신의 학습에 대한 연결 상태 유지하기 1.1.4. 올바른 종류의 선택을 선택하고 적절한 수준의 독립성 보여 주기 1.1.5. 도전 수준, 가능한 보상, 또는 인정을 평가하기 1.1.6. 자신의 기술을 실습하고 평가하기 1.1.7. 개인적인 학업 목표 설정하기

	1.2. 진정성, 가치, 관련성 지향하기	1.2.1. 정보를 축적하고 관심과 목표에 관련되고 가치 있는 활동 수행하기 1.2.2. 학습의 유용성과 관련성 믿기 1.2.3. 적극적인 참여, 탐색, 실험을 통해 진정성 있고 의미 있는 활동 수행하기 1.2.4. 학습내용 및 학습활동에 대한 개인평가와 자기성찰 실현하기 1.2.5. 새롭고 특이한 문제를 해결하거나 복잡한 아이디어를 창의적으로 분석할 때 상상력 사용하기
	1.3. 주의를 산만하게 하는 요소, 장애물, 위협 파악하기	1.3.1. 학습 환경에 포함된 잠재적인 위협과 산만함을 극복하거나 줄이기 1.3.2. 새로움 또는 위험의 수준 변경하기 1.3.3. 일상적인 학습 활동과 그 변화의 예측 가능성을 높일 수 있는 도구 사용하기 1.3.4. 고도로 일상화된 활동을 수행할 때 새롭고 놀랍고 예상치 못한 것 검색하기 1.3.5. 적절한 수준의 감각 자극 유지하기 1.3.6. 학급 전체 토론에 적극적으로 참여하기
2. 노력과 끈기 유지하기(학습 시 집중력을 유지하기 위해 관심과 애정을 조절하기)	2.1. 목표와 목적을 중요하게 고려하기	2.1.1. 목표 달성의 보상 예측하기 2.1.2. 산만함에 직면했을 때 노력과 집중력 유지하기 2.1.3. 장기 목표를 단기 목표로 나누기 2.1.4. 스케줄링 도구 사용하기 2.1.5. 원하는 결과 시각화하기 2.1.6. 우수성에 대한 평가 토론 참여하기
	2.2. 자원의 다양화를 통한 도전 최적화하기	2.2.1. 도전되어질 필요성 가지기 2.2.2. 학습 과제를 성공적으로 완료하는 데 필요한 적합하고 유익한 자원 검색하고 찾기 2.2.3. 최적의 동기를 부여할 수 있는 도전 과제 찾기
	2.3. 협력 촉진하기	2.3.1. 효과적으로 의사소통하고 협력하기 2.3.2. 언제 어떻게 지원을 요청해야 하는지 알기 2.3.3. 자체 지원 제공하기 2.3.4. 그룹 작업에 대한 기대치 유지하기
	2.4. 숙달 지향적 피드백 열망하기	2.4.1. 숙달 지향적인, 관련성 있는, 건설적인, 실질적인, 유익한, 접근 가능한, 결과적인, 시기 적절한 피드백 추구하기 2.4.2. 학습에 필수적인 자기 동기 부여와 노력 지원하기 2.4.3. 인내 유지하기 2.4.4. 자기 효능감과 자기 인식 유지하기 2.4.5. 도전을 받았을 때 특정 지원과 전략 사용하기 2.4.6. 미래의 성공하기 위하여 오류와 오답 패턴 확인하기

3. 자기 조절하기(학습에 더 효과적이도록 정서적 및 행동적 반응을 전략적으로 조절하기)	3.1. 기대와 믿음을 통해 동기를 유지하기	3.1.1. 동기를 부여하는 것 알기 3.1.2. 자신의 목표를 달성할 수 있다는 긍정적인 신념 가지기 3.1.3. 목표에 도달했을 때 좌절감, 분노 폭발, 불안에 대처하기 3.1.4. 산만함에 직면하여 성능의 길이 늘리기 3.1.5. 자기 성찰과 자기 강화 빈도 높이기 3.1.6. 강점과 한계 모두 고려하기
	3.2. 개인의 대처 기술 및 전략 육성하기	3.2.1. 일부 내부나 외부 사건에 대한 감정적 반응 대처하기 3.2.2. 외부의 정서적 지원 요청하기 3.2.3. 자제력과 대처 기술을 개발하고 보여 주기 3.2.4. 특정 공포증과 자신의 적성에 대한 부정적인 판단 처리하기
	3.3. 자기 평가와 성찰 사용하기	3.3.1. 그들의 감정과 반응 모니터하기 3.3.2. 메타인지를 의도적으로 사용하기 3.3.3. 서로 다른 최적의 자체 평가 기술을 사용하기 3.3.4. 성능 변화 모니터링하기

〈표 2-2〉 수완이 풍부하고 지식이 풍부한 숙련된 학습자의 자질

자질 1	자질 2	자질 3
1. 인식하기(다양한 양식을 통해 정보에 접근하고 조정하기)	1.1. 정보 표시 방법 선택하기	1.1.1. 정보를 명확하게 인식하기 1.1.2. 개념 내에서 그리고 개념 사이를 효과적으로 연결하기
	1.2. 청각 정보에 대한 대안 사용하기	1.2.1. 필요 시 텍스트 및 시각적 동등물과 서면 표기 사용하기 1.2.2. 강조를 나타내기 위하여 시각적 아날로그를 사용하기
	1.3. 시각적 정보에 대한 대안 사용하기	1.3.1. 이미지, 그래픽, 비디오, 또는 애니메이션에 대한 텍스트나 음성 설명 사용하기 1.3.2. 촉각 동등물 사용하기 1.3.3. 물리적 개체 및 공간 모델 사용하기
2. 언어 및 상징 숙달하기(학습 자료에서 언어 기호를 인식하고 암기하며 사고를 위해 내재화하기)	2.1. 어휘와 기호 이해하기	2.1.1. 그들의 의미에 대한 표현을 연관시키기 2.1.2. 어휘와 기호를 자신의 경험과 사전 지식에 연결하기 2.1.3. 대체 텍스트 설명과 함께 그래픽 기호 사용하기 2.1.4. 복잡한 정보를 단순한 정보로 변환하기 2.1.5. 익숙하지 않은 정보에 직면했을 때 지원 검색하기
	2.2. 구문 및 구조 이해하기	2.2.1. 의미의 단일 요소를 결합하여 새로운 의미를 만들기 2.2.2. 규칙, 구조, 구조적 관련성 이해하기 2.2.3. 이전에 학습한 구조에 연결하기 2.2.4. 요소 간의 관계 만들기

	2.3. 정보 해독 사용하기	2.3.1. 부호화된 형식으로 표시된 정보를 해독하기 2.3.2. 정보를 이해하고 처리하기 2.3.3. 주요 용어 목록 사용하기
	2.4. 언어 전반에 대하여 이해하기	2.4.1. 영역 특정 용어와 표준 용어 모두 사용하기
	2.5. 멀티미디어를 통해 설명하기	2.5.1. 멀티미디어를 사용하여 정보를 보다 이해하기 쉽고 접근 가능하게 만들기
3. 이해하기(접근 가능한 정보를 유용한 지식으로 능동적으로 변환하기)	3.1. 배경 지식 보유하기	3.1.1. 필요한 지식 모으기 3.1.2. 배경 지식 축적하기 3.1.3. 사전 지식 활성화하기 3.1.4. 지식 조직자 사용하기 3.1.5. 개념을 관련 유추와 연결하기 3.1.6. 교차 교육과정 연결 이해하기
	3.2. 기본적인 관계, 패턴, 아이디어, 기능 파악하기	3.2.1. 중요한 것과 중요하지 않은 것 구분하기 3.2.2. 귀중한 정보를 사용 가능한 지식으로 동화하기 3.2.3. 학습된 기술을 사용하여 문제 해결하기
	3.3. 정보 처리 및 시각화 실현하기	3.3.1. 정보를 요약, 분류, 우선순위 지정, 맥락화, 기억하기 위하여 인지 전략 사용하기 3.3.2. 정보 처리 전략을 성공적으로 사용하기 3.3.3. 정보를 더 작은 요소로 나누기 3.3.4. 산만함 제거하기
	3.4. 전송 및 일반화 사용하기	3.4.1. 지식을 새로운 맥락으로 이전하기 3.4.2. (기억을 돕는) 연상 기호 전략 및 장치 사용하기 3.4.3. 검토하고 연습할 기회 추구하기 3.4.4. 관습적인 맥락에 새로운 아이디어 설치하기 3.4.5. 새로운 상황에 대한 학습 일반화하기 3.4.6. 아이디어와 아이디어 간의 연결을 재고하기

〈표 2-3〉 전략적이고 목표 지향적인 숙련된 학습자의 자질

자질 1	자질 2	자질 3
1. 물리적 행동 조작하기(행동에 기반한 학습 전략 사용하기)	1.1. 학습 작업을 수행할 때 다양한 방법을 사용하기	1.1.1. 과제의 운동 요구 관리하기 1.1.2. 행동에 여러 수단 사용하기 1.1.3. 재료와 물리적으로 상호 작용하기
	1.2. 다양한 도구와 기술 활용하기	1.2.1. 도구를 효과적으로 사용하기 1.2.2. 학습에 완전히 참여하기 위한 도구 사용하기

2. 표현 및 의사소통 숙달하기(아이디어 및 개념 표현을 위한 대체 수단 사용하기)	2.1. 의사소통을 위해 멀티미디어 사용하기	2.1.1. 다양한 표현 사용하기 2.1.2. 멀티미디어에서 성공적으로 작성하기 2.1.3. 신체적 조작 사용하기 2.1.4. 소셜 미디어, 대화형 웹 도구 사용하기 2.1.5. 다양한 전략을 사용하여 문제 해결하기
	2.2. 구성 및 작성에 여러 도구 사용하기	2.2.1. 다양한 소프트웨어, 웹, 애플리케이션, 도구 사용하기
	2.3. 연습과 성과에 대한 지원 찾기	2.3.1. 다양한 흐름 추구하기 2.3.2. 독립 실천하기 2.3.3. 수행 기회 찾기 2.3.4. 개인적으로 관련된 방식으로 학습 수행하기 2.3.5. 개인화된 피드백 추구하기 2.3.6. 실제 문제에 대한 새로운 해결책 사용하기
3. 실행 기능 수행하기(목표 설정, 목표 달성을 위한 효과적인 전략 계획, 진행 상황 모니터링, 필요에 따라 접근법 수정, 충동적 반응 극복하기)	3.1. 적절한 목표 설정하기	3.1.1. 작업을 안내할 적절한 목표를 설정하기 3.1.2. 목표를 효과적으로 설정하기 3.1.3. 노력, 자원, 어려움 평가하기
	3.2. 계획 및 다양한 전략 실현하기	3.2.1. 목표 달성을 위한 전략 계획하기 3.2.2. 전략적 계획 사용하기 3.2.3. "멈추고 생각하기" 전략 사용하기 3.2.4. "표시 및 설명" 전략 사용하기 3.2.5. 문제를 이해한 후 단계의 우선순위, 순서, 일정 설정하기 3.2.6. "소리내어 생각하기think-aloud" 전략 사용하기 3.2.7. 장기 목표를 단기 목표로 나누기
	3.3. 정보 및 자원 관리하기	3.3.1. 정보 수집및 구성을 위한 조직자와 모델 사용하기 3.3.2. 정보 분류하고 체계화하기 3.3.3. 메모 사용하기
	3.4. 진행 상황 모니터링하기	3.4.1. 진전에 대한 명확하고 정확한 그림 가지기 3.4.2. 개선해야 할 사항 알기 3.4.3. 더 접근하기 쉽고, 시기 적절하며, 유익하고, 명시적인 피드백 찾기 3.4.4. 진행 상황을 효과적으로 모니터하고, 모니터링 정보를 사용하여 노력과 활동 안내하기 3.4.5. 스스로에게 질문하기 3.4.6. 진행 상황을 보여 주는 발견하기 3.4.7. 질과 완성도에 대한 자기 성찰하기 3.4.8. 다양한 방법으로 자체 평가하기

실행연구의 이론적, 방법론적 검증: 과학적 연구의 방법론

Ona Monkevičienė & Alvyra Galkienė

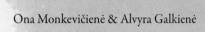

이 장에서는 폴란드, 리투아니아, 핀란드, 오스트리아의 협력 연구팀이 "보편적 학습 설계를 통한 통합교육 개선" 연구를 위해 사용한 실행연구^{action research}의 이론적, 방법론적 증명을 제시한다. 이 장에서는 참여 국가의 다양한 사회문화적 맥락과 무엇이 "보편적 학습 설계의 실현이 어떻게 다양한 교육 맥락에서 통합교육의 실천을 풍부하게 하는가"를 질문하는 연구 문제로 이어지게 했는지에 대해 논의한다. 이 질문은 위에서 언급한 4개국과의 관련성 측면에서 검토되었다. 실행연구는 이론의 발전에 유리하며, 이를 통해 통합교육이 변화되고 반영될 수 있다고 주장할 수 있다. 연구팀이 선택한 실행연구 유형, 즉 협력적이고 중요한 참여 유형에 대해 논의하였다. 실행연구의 주기와 목표 역시 제시되었다. 실행연구의 과정과 방법에 관한 연구팀의 선택을 증명하기 위해 이 장에서는 연구자들에 의해 다르게 해석되는 실행연구 조직의 측면에 대해 자세히 설명하였다. 실행연구는 연구자-교사에 의해서만 수행될 수 있는가? 연구자와 협력하여 교사가 수행하는가? 질적 연구와 양적 연구의 조합을 사용할 수 있는가? 실행연구의 질과 타당성에 대한 문제가 논의된다.

키워드 | 실행연구 · 교육의 변형 · 실행연구 방법

1. 연구의 이론적 관점

이 연구의 이론적 프레임워크는 비고츠키[Vygotsky]가 소개한 사회구성주의 이론과 피아제[Piaget]의 구성주의 아이디어를 지지하고 사회문화적 맥락이 아동 이해의 진정한 구성에 어떠한 영향을 미치는지에 대한 비고츠키[Vygotsky]의 이론을 설명하는 슈르만[Scheurman](2018)의 교육신경과학 이론을 기반으로 한다(Scheurman, 2018). 사회구성주의 이론의 관점에서 지식은 아동이 자신의 사회문화적 환경뿐만 아니라 타인과의 상호 작용에서 공동 구성된다. 교사는 협력자로 간주되며 학습을 위한 비계(숙련자 지원)를 제공한다. 윌슨[Wilson](1996)에 따르면 비고츠키[Vygotsky](1978)의 사회문화적 이론은 세계 이해를 위한 자기 인지 과정과 전략을 구성하는 데 있어 아동의 진정한 학습 경험의 중요성을 강조한다. 이것은 비계, 대화, 협력, 언어와 같은 문화적 도구를 통하여 달성된다. 교육신경과학 이론은 뇌-행동 관계에 대한 과학적 이해를 제시하여 새로운 학습 및 교육 전략의 개발을 가능하게 한다(Jamaludin et al., 2019). 앞에서 논의된 이론들은 보편적 학습 설계에 의해 조사된 접근법과 여러 이론적 렌즈에서 통합교육에 적용되는 개선 사항에 대한 이해를 증명한다(Hackman, 2008, Meyer et al., 2014).

1) 연구 목표 및 목적

이 연구의 목적은 보편적 학습 설계 실현이 다양한 교육적 맥락에서의 통합교육 실천을 어떻게 풍부하게 하는지를 더 잘 이해하는 것이다. 또한, 보편적 학습 설계(UDL) 방법론을 사용하여 다음을 수행하는 것이다.

- 통합학급에서의 교육과정 변형을 드러낸다.
- 학생이 숙련된 학습자가 되도록 촉진하는 교육적 요소를 확인한다.
- 다양한 학생을 위한 교사의 교육적 역량을 드러낸다.
- 교실에서의 기존 통합교육 실천을 재해석한다.

2) 연구의 맥락

이 연구에서는 "통합교육 전략을 적용한 다양한 교육적 맥락에서 교육 절차 변형의 전제조건(Preconditions of Transformation of Education Process in Different Educational Contexts by Applying Inclusive Education Strategies)"(Erasmus+, No. 2018-1-LT01-KA201-046957, 2018-2021) 프로젝트가 실현되었다. 통합교육 개선을 위한 연구 기반 해결책을 모색해 온 4개국 및 다양한 교육 환경의 연구자와 학교 교사가 국제 연구팀을 구성했다. 오스트리아 비엔나대학교University of Vienna, Austria의 연구자들은 비엔나Vienna 지역 학교인 LWS 슈타인브레히가세Steinbrechergasse 교사들과 합류했다. 폴란드 크라코프대학교University of Cracow, Poland 연구자들은 9호 일반교육단지 Zespół Szkół Ogólnokształcących nr9 현지 교사들과 협력했다. 리투아니아 비타우타스 마그누스대학교Lithuania Vytautas Magnus, Lithuania 연구자들은 빌뉴스Vilnius에 있는 학교인 비니아우스 발시우Vilniaus Balsių 학교 교사들과 합류했다. 마지막으로, 핀란드 라플란드Lapland 대학 연구자들은 알렉산테리 케난Aleksanteri Kenan 학교 현지 교사들과 협력했다.

모든 국가는 통합교육 실현에 있어 서로 다른 사회교육적 맥락을 경험하고 있다. 리투아니아와 폴란드의 통합교육은 여전히 활발한 변형 단계에 있다. 오스트리아에서는 통합교육이 초등학교는 1993년부터, 중등학교는 1996년부터 본격적으로 시행되어 왔다(학교조직법School Organization Act). 그러나 이민과 사회적으로 불리한 상황에 대처하는 데 어려움이 있다(Galkienė, 2017). 국가 프로젝트는 1997년부터 핀란드에서 실현되었으며 통합교육의 주요 원칙이 널리 채택되는 데 기여했다. 2014년부터 주로 아동 복지를 보장하는 데 특별한 관심을 기울였다(Galkienė, 2017). 현재 핀란드의 주요 초점은 통합교사의 교육 역량 개발이다.

공동 토론에서 국제 연구팀은 자국의 통합교육 질에 있어 문제 영역들과 개선 방향을 확인하였다. 폴란드의 관심사는 통합교육의 질을 향상시키기 위해 학생들이 학습하는 방식을 사용하여 일상적인 수업을 교사가 적용하는 방법으로 대체하는 데 집중되었다. 리투아니아는 학생들이 숙련된 학습자가 되도록 하는 맥락에서 학생의 자기 조절 학습을 촉진하고 자질과 능력을 개발하는 것에 관한 것이다. 핀란드는 다양한 범위의 학생을 가르칠 수 있는 교사의 전문적인 역량을 개발하는 것을 목표로 하였다. 오스트리아는 이러한 유형의 교육의 질을 높이기 위해 노력함으로써 통합교육의 기존 실천을 재해석하고자 하였다. 연구팀은 또한 특정 문제 영역에서 통합교육을 개선하는 데 도움이 되는 UDL 적용 가능성에 대해서도 논의하였다. 4개국의 연구자와 학교 교사는 학교에서 UDL 접근법을 실현하고 확인된 문제 영역에서 통합교육의 질을 개선하기 위해 변형 효과를 평가하기로 결정하였다.

2. 참여적, 협력적 실행연구의 방법론적 접근

1) 변형적 힘으로서 실행연구

국제 연구팀은 해당 탐구의 목적과 성격을 고려한 후 실행연구를 선택했다. 이러한 선택은 이러한 연구가 통합교육의 질적 향상을 위한 기획, 실현, 조사, 성찰에 적합하기 때문에 만들어졌다. 일반적으로 실행연구가 진행되는 동안 이론이 개발된다. 동시에 과정과 그 결과를 이해하고 특성화하는 데 도움이 되는 실용적인 중재가 도입된다. 사회 제도와 현상은 변화에 대한 시도가 이루어지면 더 쉽게 이해될 수 있다고 믿어진다. 코헨Cohen 등(2013)에 따르면, 실행연구는 변화와 개선을 위한 강력한 수단이다. 이것은 학교에서 변화를 일으킬 수 있는 잠재적인 힘을 가지고 있다(Ferrance, 2000). 로웨Rowe 등(2013)에 따르면, 실행연구는 발달적이거나 교류적인 변화뿐만 아니라 변형적인 변화도 일으킬 수 있다. 변형적인 변화는 기존의 실천, 구조, 과정의 개선뿐만 아니라 가치, 목표, 역할, 관계, 개인, 팀, 조직의 학습과 사고의 변형을 포함하기 때문에 개발적이거나 교류적인 것에 비해 더욱 급진적이다. 연구자들은 실행연구가 통합교육을 개발하기 위한 효율적인 방법론적 접근법이라고 말한다(Charalampous & Papademetriou, 2019; Armstrong & Tsokova, 2019).

2) 실행연구 접근법

다양한 접근법으로 사용할 수 있기 때문에 실행연구는 편리하다. 연구자들은 개별 교사 연구, 협력실행연구, 학교 전체 연구 등(Ferrance, 2000)과 해방적, 참여적, 비판참여적 실행연구 및 교실 실행연구(Kemmis et al., 2014)처럼 유형에 따라 실행연구를 자주 체계화한다. 모든 실행연구 유형에서 참여자들은 질문을 제기하고, 지역 환경에서, 특정 맥락에서 그리고 타인과 새로운 지식을 공유하려는 의도를 가지고 실제 문제를 해결한다. 연구 시행자들은 실행자와 연구자의 역할을 수행한다. 이와 같이 실행연구는 참여적 패러다임 맥락에서 이루어지므로 참여적 실행연구라고 한다. 모랄레스Morales(2016), 다타Datta 등(2015)은 모든 참여자 간의 협력, 공동 학습, 공동 연구 수행과 그룹 성찰, 새로운 지식과 의미 창출과 같은 실행연구의 다른 특징을 확인하였다. 한편, 다른 연구자들은 별도 유형의 실행연구, 즉 협력적 실행연구Collaborative action research를 선정한다(Charalampous & Papademetriou, 2019; Ferrance, 2000).

이 연구에서는 두 가지 유형의 실행연구(참여적, 협력적 실행연구)가 사용되었으며, 참여적 실행연구에 만연한 참여적 접근법에 강조를 두었다. 그러나 실행연구의 절차는 협력적 접근법의 특징 역시 가지고 있다. 그럼에도 불구하고 협력적 접근법은 협력적 실행연구의 절차에서 지배적이었지만 실행연구는 참여적인 패러다임에 자연스럽게 의존하였다.

3) 참여적 실행연구

오스트리아 연구팀은 비판참여적 실행연구Critical Participatory Action Research 를 선택하였다. 이를 수행하면서 학교에서 기존 교육적 실천의 변화를 도입하는 수단으로 교육적 실천에 참여하는 모든 사회 집단을 연결하고 이를 통해 상호 작용하려는 시도가 이루어졌다(Kemmis et al., 2014). 앞에서 언급된 연구자들에 따르면 비판적 참여 실행연구는 세 가지 영역, 실천가가 실습하는 방식(이 경우 교육과정의 교사 및 기타 참가자), 자기 자신의 실천에 대한 자신의 이해, 자신이 실천하는 조건을 변경하는 것을 목표로 한다(Kemmis et al., 2014, p. 63). 참여실행연구는 일반적으로 참여자 자신에 의해 조정되고, 모델은 민주적이며, 이것의 성공은 개인적, 집단적 변화에 중점을 두었다(Jacobs, 2016; Morales, 2016).

참여적 실행연구는 오스트리아 연구팀이 설정한 목표인 UDL 방법론의 관점에서 교실에서 기존의 통합교육 실천을 재해석하기 위한 것을 달성하는 데 유용한 것으로 증명되었다. 참여 교사, 학생, 학부모는 통합교육의 모범 사례와 이를 방해하는 장벽을 확인했다. 이들은 함께 조사 및 실행 계획을 개발하였으며 학습자의 결과를 반영하였다.

4) 협력적 실행연구

폴란드, 리투아니아, 핀란드 연구팀은 학교 및 대학 교사가 공동 연구자으로 활동하는 공동 작업 연구를 사용하였다. 폴란드 그룹은 통합적인 교실이 UDL 방법론을 채택했을 때 발생한 교육과정의 변형을 밝히기 위해 협력적 실행연구Collaborative Action Research 를 사용하였다. 리투아니아 그룹은 UDL 전략을 사용하여 학생이 숙련된 학습자가 되는 것을 촉진하는 교육적 요소를 확인하였다. 핀란드 그룹은 다양한 학생 집단의 교수와 관련된 교육적 역량을 밝히기 위해 이를 사용했다. 오스트리아에서 수행된 참여실행연구에는 대학 연구자와 교사 간의 협력이 포함되었다.

협력적 실행연구는 향상을 위한 명확한 목표를 달성하기 위해 학교에서 정착된 실천을 변화시키는 효율적인 전략이자 교사의 전문적인 역량을 향상시키고 이론과 실천의 경계에서 자유로운 지식을 창출하는 방법으로 간주된다(Alber & Nelson, 2002; Mertler, 2019a; Rowell et al., 2017). 일부 연구자들(Kemmis et al., 2014)은 교사가 실행연구를 직접 수행해야 한다는 입장을 표현하는데, 이러한 유형의 연구는 자기 성찰과 자기 변형 과정을 수반하기 때문이다. 그러나 함께 일하는 교사와 연구자가 수행한 연구는 이러한 접근법과는 모순된다(Charalampous & Papademetriou, 2019; Kapenieks, 2016). 올랜더Olander와 홀름크비스트 올랜더Holmqvist Olander(2013)가 수행한 연구에서 교사들은 연구자들과 함께 수업을 설계하고 성찰했으며, 계획되고 전달된 생물학 수업의 결과는 두 번째, 세 번째 수업을 계획하는 기초 역할을 하였다. 올랜더Olander와 홀름크비스트 올랜더Holmqvist Olander(2013, p. 210)는 교사와 연구자의 협력을 통해 학생들이 모르는 것을 확인하고 효율적인 수업 모델을 설계할 수 있었다고 말한다. 무엇보다도 이러한 협력은 "중요한 도구이며 교사의 전문성 개발을 뒷받침할 잠재력이 있다." 메시우Messiou(2019)가 발표한 연구 결과는 협력적 실행연구가 통합적인 사고의 개발을 장려하고 통합교육 실천을 개선한다는 것을 보여 준다.

더 깊은 성찰로 이어진 학교 교사와 대학 강사의 협력적인 대화는 이 연구에서 제시된 국제적 실행연구인 "보편적 학습 설계를 통한 통합교육 개선"의 필수 기능 가운데 한 가지였다. 폴란드, 리투아니아, 핀란드, 오스트리아 교사와 연구자는 실행연구 과정의 처음 단계부터 마지막까지 공동 연구자로 활동했다. 모든 국가의 대학 연구자들이 참여 학교를 선택하였으며 당국과 교사가 자원하여 프로젝트에 참여할 학교를 선택했다. 이들은 또한 통합교육의 질 및 학교에서의 학생 성취도 모두를 향상시키는 것을 목표로 하는 통합교육의 새로운 전략을 찾고 검사하였다. 위에서 언급한 바와 같이, 대학 연구자와 학교 교사는 함께 자국 통합교육 질에서의 문제점들과 도입되어야 할 변화에 대해 토론하였다. 공동 토론에서 모든 연구자와 학교 교사는 UDL 접근법을 선택했으며, 실현은 각 국가에서 확인된 문제 영역에서 통합교육의 질을 개선하는 데 혁신적인 영향을 미칠 수 있을 것으로 예상하였다. 연구자와 교사 모두 교육과정에 참여하였으며, 이 접근법을 만들고 개발해 온 CAST 조직 강사가 UDL 개념과 실제 측면을 발표하였다. 연구자와 교사는 함께 'UDL의 개념과 원칙' 'UDL 원칙에 근거한 사회교육적 환경 설계' 'UDL 원칙에 근거한 교육 절차 계획하기' '교육 절차에서 UDL에 근거한 학습–교수 방법 실현'과 같은 주제에 초점을 맞춘 CAST, 'UDL 렌즈를 이용한 교수 동영상 관찰 및 분석' 'UDL 에 근거한 교실 환경 및 교수/학습 물품 설계'(2018)와 같은 주제에 중점을 둔 CAST 웨비나webinar에 참여하였다. 연구자와 교사는 학교에서 UDL의 맥락화와 수업 계획에 대한 사용에 대한 통찰력을 공유하였다. 이들은 통합교육의 더 나은 질, 학생에게 가장 적합한 더 많은 학습 방법 및 더 목표 지향적인 학습을 위한 노력이라는 프리즘prism을 통해 이것을 보았다. 실행연구의 매 주기가 끝나면 폴란드, 리투아니아, 핀란드, 오스트리아 연구팀과 공동 토론이 열렸다. 교사들은 연구자들과 이야기를 나누면서 그들 자체의 별도 그룹 내에서 토론하기도 하였다.

　모든 참여 국가의 연구자와 학교 교사는 분석된 문제에 맞는 실행연구 모델을 설계하였으며, 3단계 실행연구를 고안하였고, 각 단계별 목표를 설정하였다. 연구자들과의 논의와 교육 절차에 참여한 다른 사람들(학습자와 부모)로부터의 자료 수집을 하면서, 폴란드, 리투아니아, 핀란드 교사들은 통합교육의 강점, 개선해야 할 영역, 학생들이 학교에서의 학습 성공을 경험하지 못하게 하는 교육 절차에서의 장벽을 확인하였다. 이들은 또한 교육 절차에서의 장벽을 제거할 UDL 기반 행동들을 예견하였다. 연구자들은 교사들과 함께 자료 수집 방법에 대해 논의하였다. 연구자들은 교사들이 제공하는 수업을 관찰하고 이전에 가르친 수업의 결과를 바탕으로 교사들과 새로운 수업 계획에 대해 논의하였다. 수업 중 UDL 접근법의 적용도 교사들 사이에서 논의되었다. 연구자들과 마찬가지로 교사들끼리 각 행동 주기의 결과, 문제, 장벽에 대하여 성찰하였다. 앞에서 언급한 바와 같이 오스트리아에서는 교사, 학생, 학부모, 연구자가 모든 단계에 참여하는 참여실행연구가 이루어졌다.

공동 연구자–교사 접근법의 성공을 보장하기 위해 연구자들은 교사와의 양방향 권한 부여 관계(Datta et al., 2015), 연구 방법, 과정, 역할에 대한 명확한 논의, 교사가 활동을 계획하는 데 도움이 되는 비계(Mertler, 2019b), 교사의 교육 실천을 향상시키는 기반을 형성하기 위한 학습 과정에 대한 성찰과 참여; 상호 신뢰에 기반을 둘 필요가 있고 어려움을 둘러싼 토론에 개방적인 성찰(Insuasty & Jaime Osorio, 2020)이라는 특정 원칙과 조건을 수립할 필요가 있다. 이 모든 조건은 연구에 내포되었으며, 따뜻하고, 개방적이며, 비판적인 대화, 성찰, 비계에 기반을 둔 실행연구에서의 연구자, 교사, 다른 참여자 간의 협력을 이끌었다.

3. 실행연구의 주기

실행연구는 문제와 개선의 여지가 있는 영역을 확인하고, 실행과 실천 계획을 고안하고, 자료 수집을 설정하고, 행동과 변화를 평가하고 반영하며, 행동 계획을 수정하는 순환적인 과정이다. 결과가 발생하기 위해서는 이 모든 것이 고려될 필요가 있다(Charalampous & Papademetriou, 2019; Cohen et al., 2013; Ferrance, 2000). 실행연구의 모델은 다양하다. 폴란드, 리투아니아, 핀란드, 오스트리아의 연구팀은 서로 다른 실행연구 모델을 적용하였지만 한 곳을 제외한 모두는 3개의 주기로 구성되었다(오스트리아는 2개로 구성되었다).

첫 번째 주기는 폴란드, 리투아니아, 핀란드, 오스트리아 학교에서 확인된 통합교육의 문제 영역의 맥락을 분석하고 특정 연구 문제를 확인하는 것을 목표로 하였다. 각 국가의 학교에 UDL 접근법을 적용하여 통합교육을 구성하기 위한 모범 사례를 평가하고 교사와 학생의 관점에서 학생 학습 장벽을 확인하였다(오스트리아 그룹과 폴란드 그룹도 부모의 관점에서 장벽을 확인하였다). UDL 적용이 어떻게 개선에 기여할 수 있는지와 마찬가지로 개선이 가능한 영역이 확인되었다.

두 번째 주기는 첫 번째 주기에서 확인된 학생 학습 장벽을 제거하고 통합교육의 질을 향상시키는 수단으로 UDL 접근법을 적용하였다. 전통적이고 일상적인 교수와 학습은 UDL 원칙에 기반한 교육과정으로 대체되었다. UDL 접근법은 숙련된 학습자로서 학생들의 자질을 개발하는 데 도움이 되도록 적용되었다. 통합교육 실천은 UDL 접근법의 맥락에서 재해석되고 갱신되었다. 통합교육과정과 UDL 접근법 적용 과정에서 교사들은 다양한 학습자 그룹을 가르치는 데 도움이 되는 역량에 대해 함께 생각하였다. 이 두 번째 주기의 성찰에서는 교수와 학습 실천의 변화, 교사, 기타 참가자의 태도, 통합교육의 질을 향상시키는 요인, 학생 학습에 대한 해결되지 않았거나 새로 확인된 장벽에 대해 다루었다.

세 번째 주기에서는 두 번째 주기에서 모델링한 통합교육의 모범 사례를 강화하고 두 번째 주기에서 해결되지 않았거나 새롭게 나타난 학생 학습 장벽을 제거하기 위해 UDL 접근법을 적용하였다. 교수 과정에서 교사와 다른 참여자의 태도와 함께 교수 및 학습 실천에서의 변화, 통합교육의 질을 강화하는 요인, 통합교육 학생 학습의 질을 더욱 향상시키는 것에서 해결되지 않았거나 새로 확인된 도전은 세 번째 주기에 반영되었다. 핀란드 연구자들이 수행한 세 번째 실행연구 주기는 UDL을 적용하여 교실에서 다양한 학생과 함께 작업할 수 있는 교사의 역량을 반영하는 데 중점을 두었다.

코로나 바이러스 발생으로 인해 학교는 연구의 세 번째 주기에서 문제에 직면했다. 원격 학습의 문제는 새로운 질문을 낳았다. 온라인 교실에서 통합 과정을 구성하고 SEN 학습자를 포함한 모든 학생이 접근할 수 있는 방법은 무엇인가? 모든 학생 또는 개별 학습자를 위한 통합을 보장하거나 불가능하게 하는 원격 학습의 장단점은 무엇인가? UDL 접근법은 예상치 못한 문제에 적응하고 경험을 더욱 역동적으로 만드는 데 어떠한 도움이 되는가?

4. 연구방법

실행연구의 자료 수집은 행동 계획을 세우기 전에 특정 문제를 확인하고 개선할 사항을 예측하는 것을 목표로 한다. 이를 실현하기 위해서는 행동과 태도의 변화, 이러한 변화를 가져온 요인(실행계획 실현 후)에 대한 성찰이 필요하다. 축적된 자료를 통해 교실에서 무슨 일이 일어나고 있는지, 교수와 학습 과정의 참가자가 생각하고 작업에 접근하는 방식을 이해할 수 있다. 또한 특정 작업으로 인한 변화를 자극할 수 있는 작업과 해당 결과를 예측하고 달성할 수 있는 방법을 확인하는 데 도움이 된다. 실행연구의 방법론은 오랜 기간에 걸친 질적 패러다임과 관련이 있다. 이러한 이유로 인해 정성적 자료를 수집하고 분석하는 방법을 적용하는 것이 가장 적절해 보였다(Dosemagen & Schwalbach, 2019, p. 163). 그러나 다른 연구자들은 실행연구에 적용되는 방법의 영역을 확장했으며 혼합 연구 접근법(즉, 질적 방법과 양적 방법의 결합)을 사용하였다(Charalampous & Papademetriou, 2019). 정성적 방법을 적용하여 작업을 평가하고 이해하는 동안 정량적 방법으로 결과를 측정하였다(Parker et al., 2017). 이바노바Ivanova와 윙고Wingo(2018)는 실행연구에서 혼합 방법 접근법을 사용하는 개념적, 철학적, 절차적 측면을 증명하였다. 중다방법multi-method 접근법이 그 자체적으로 질적연구 방법들을 적용하거나 질적 연구 방법과 양적 연구 방법을 모두를 결합하는 제시된 연구에 적용되었다(Charalampous & Papademetriou, 2019). 인터뷰, 일기, 비디오 촬영 및 오디오 녹음, 질문지 등 다양한 자료 수집 및 분석 방법이 사용되었다(Ferrance, 2000). 연구 방법에 있어 혼합 접근법을 따르는 경우에도 자료 수집 및 분석의 질적 방법이 우세하다는 점에 유의해야 한다.

중다방법 접근법은 폴란드, 리투아니아, 핀란드 연구팀에 의해 수행된 연구에서 적용되었으며, 질적 연구 접근법은 오스트리아 연구팀에 의해 수행된 연구에서 적용되었다. 적용된 방법들에 대한 더 상세한 설명은 연구 결과들이 제시되는 장들에서 제공된다.

실행연구는 모든 윤리적 요구 사항을 따라서 수행되었다. 사전 동의Informed consent(학생, 학부모, 교사, 학교 당국)는 받아졌다. 비밀보장을 위해 아동과 교사의 이름은 가명으로 처리하였으며 특정인과 연결될 수 있는 상세한 내용은 제시되지 않았다. 연구를 작성하는 동안 연구 참여자에게 연구 결과에 대한 정보가 제공되었다.

5. 실행연구의 질과 타당성

브래드버리Bradbury 등(2019, p. 25)은 실행연구의 질이, 첫째, 명확하게 정의된 목표, 둘째, 파트너십과 참여, 셋째, 실행연구 이론 실천에 대한 기여, 넷째, 적절한 방법과 과정, 다섯째, 실행 가능성, 여섯째, 성찰, 일곱째, 중요성에 의해 보장된다고 언급하였다. 실행연구의 타당성을 보장하기 위해 연구자는 연구의 질을 보장하는 원칙을 준수해야 한다(Dosemagen & Schwalbach, 2019).

폴란드, 리투아니아, 핀란드, 오스트리아에서 수행된 실행연구의 타당성은 조직의 질에 의해 보장된다. 이 연구의 공동 목표와 첫 번째 주기의 목표는 공동 회의에서 논의되고 자세히 설명되었다. 실행연구의 두 번째 주기의 목표는 각 국가의 팀이 첫 번째 주기에 대한 숙고를 거쳐 등장했으며 모든 국가의 합동 회의에서 논의되었다. 세 번째 주기의 목표는 두 번째 주기의 반영을 기반으로 했으며 명확하고 정확한 정의를 보장하기 위해 유추를 통해 논의되었다. 연구 방법과 절차의 타당성은 대학 연구자들에 의해 가정된 이러한 설계에 대한 책임, 연구 과정에서 그리고 자료의 분석과 반영에서 교사와의 적극적인 토론을 통해 확보되었다.

언급된 것처럼 연구에 대한 참여적이고 협력적인 접근법이 모든 단계에서 따라졌다. 실행연구 단계별로 지속적인 성찰을 진행하여 모든 참여자가 실행연구에 참여할 수 있도록 하였다.

통합교육 실천에 변화를 도입하기 위한 UDL의 이론적 접근법의 사용은 이론과 실천 사이의 연결을 보장하였다. 교사들은 UDL 기반 수업 계획을 고안하였으며, 실현 과정 동안 학생들의 수업 참여에 미치는 영향인 학생에게 편리한 학습 선택, 숙련된 학습자의 자질 표현 및 학생 성취도에 영향을 가지는 것이 관찰되었다. 또한 실행연구가 학교에서 직면한 도전에 대처하는 데 도움이 되는지 여부와 교수 및 학습 과정의 모든 참여자에게 어떤 이점을 제공하는지 여부를 관찰하고 반영했다. 이 모든 것은 다양한 사회교육적 맥락에서 다양한 목적을 위한 적용의 관점에서 바로 UDL 접근법을 재해석하기 위한 전제 조건을 생성하였다.

1) 실행연구의 제한점

실행연구의 결과는 맥락 특정적이어서 일반화될 수 없다(Dosemagen & Schwalbach, 2019, p. 162). 한 연구의 결과는 다른 그룹에 대한 예측이나 결론을 내릴 때 적용될 수 없다. 다른 한편으로, 실행연구의 과정은 다양한 지역 맥락에서 얼마나 상당한 변화가 모델링되고 실현될 수 있는지, 대화를 기반으로 하는 창의적인 방법이 실천을 변화시킬 때 어떻게 변혁적인 사회적 학습이 발생하는지를 보여 준다. 실행연구는 지역 맥락에서 복잡한 문제를 해결하는 데 교사의 참여를 장려한다. 무엇보다도 브래드버리[Bradbury] 등(2019, p. 27)에 따르면, "실행연구는 우리 자신의 경험을 진지하게 받아들이는 것이 배움이라는 사실의 위로가 되어 우릴 자유롭게 해 준다."

제4장

UDL 접근법의 렌즈를 통한 폴란드 학교 수업의 전통적인 교수-학습 과정

Jolanta Baran, Tamara Cierpiałowska, & Ewa Dyduch

교육 연구자들은 학교를 보다 통합적인 공간으로 만들고 다양한 (특수)교육적 필요 학생들의 개인 및 집단 개발에 도움이 될 수 있도록 교수-학습 과정에 대한 수정을 오랫동안 옹호해왔다. 이것은 학생들이 빠르게 변하는 세상에서 성인 생활을 더 잘 준비할 수 있도록 하는 역량, 기술, 가치를 개발하기 위한 것이다. 이러한 요구는 새로운 것이 아니며 단순한 요구가 아닌 교육과정의 개혁을 의미한다. 폴란드에서는 여러 해 동안 학교가 다양한 차원에서 역동적인 변화를 겪어 왔으며, 이러한 이유 중 하나는 특수교육적 필요 학생 지원에 있다. 교육 연구자들의 고려 사항과 교사의 일상적 교육 실습에서는 교수-학습 과정을 최적화하기 위해 무엇을 해야 하고 어떻게 해야 할지에 대한 질문이 제기된다. 이러한 최적화를 위해 한 가지 가능한 아이디어는 보편적 학습 설계(UDL) 접근법을 실현하는 것이다. 이 장의 목적은 폴란드 학교 현실이 UDL 원칙에 어느 정도 일치하는지의 질문에 대한 답을 찾는 것이다. UDL 렌즈를 통한 전통적인 학습 과정 분석은 UDL 접근법 해결책이 제공되는 영역과 이를 실현하는 것이 가치 있는 영역을 확인해 준다.

키워드	전통적 교수법, 모음식 통합교육integrated education, 포용식 통합교육inclusive education, 보편적 학습 설계, 교수-학습 과정

1. 서론: 폴란드 현대 학교 교육의 현실과 과제

교육의 향상된 체제로서의 통합은 폴란드에서 아직 완전히 실현되지 않았다. 교육부는 기존 교육을 포용식 통합교육inclusive education으로 전환하는 프로젝트를 진행 중이며 공공의 협의가 여전히 예정되어 있다. 전통적인 폴란드 교육을 통합교육으로 전환하는 과정에서의 중간 연결이 모음식 통합교육integrated education이 되었다.[1] 이러한 형태는 지난 20년 동안 개발되고 실현되었다. 일부 이점에도 불구하고 많은 연구자들은 이러한 것이 특수교육적 필요가 없는 학생 모두에게 예상만큼 효과적으로 작동하지 않았다고 지적했다(예: Gajdzica, 2014; Janiszewska-Nieścioruk, 2009; Parys, 2007).

1990년대 말까지 지배적이었던 분리형 모델(장애 학생을 위한 분리학교 및 다른 교수 방법)에서 모음식 통합integrated 교수(각 장애 학생의 소규모 그룹이 가능한 공동 수업)를 통해 이제 우리는 포용식 통합학교inclusive school의 시대로 접어들고 있다. 이것은 특수한 도움이 필요한 학생들을 공립학교에 모음식 통합시키는integrating 것뿐만 아니라 모든 학생이 다르고 모든 사람이 (매우 다른 출처를 가질 수 있는) 자기 자신의 어려움과 한계를 가지고 있으며 무엇보다도 모든 사람이 자기 잠재력을 가지고 있다는 것을 이해하는 것이며, 이는 집중할 가치가 있고 개발할 수 있다.

오늘날 우리가 관찰하는 것은 특수교육적 필요 학생의 개념 역시 변하고 있다는 것이다. 특수교육은 더 이상 장애, 만성 질환, 또는 가장 재능 있는 학생만을 대상으로 하는 것이 아니라, 현재 학생이 영구적이거나 일시적으로 교사의 개별적인 접근이 필요한 요구 사항을 제시하게 할 수 있는 다른 다양한 요인이 확인된다. 특수교육적 필요 학생의 다양성은 사회 변화와 이주에서 비롯된다.

통합은 3단계 과정을 의미한다(Gajdzica, 2019, p. 32; Szumski, 2019).

---

[1] 이것은 폴란드에서 SEN 아동을 위한 세 가지 가능한 교육 형태 중 하나다. 결합식 통합교육에서는 필수적으로 교수 및 양육 과정이 적절하게 조직되어야 한다. 통합수업은 공립 유치원/학교/환경에서 인증된 특수교육 필요 아동/학생을 위해 마련된다. 통합수업은 (학생) 수가 적으며, 최대 15명의 비장애 학생과 최대 5명의 특수교육 필요 또는 장애 학생이 참석한다. 수업 시간 동안 통합수업에는 소위 선도교사와 지원교사로 불리는 2명의 교사가 있다.

- 개방된 사회적 환경: 통합, (장애를 포함한) 특수교육적 필요가 있는 사람들에게 발달 과제를 수행하고 더 큰 지역 사회에서 기능하며 소속감을 느낄 수 있는 기회를 제공한다.
- 교육 체제의 전략: 교육적 통합, 장애 학생의 발달에 개별적으로 적용되고 최소한으로 제한되는 환경을 고려하여 특수교육적 필요 아동/학생에게 주류^mainstream 유치원/학교와 지역 교육 기관에 대한 접근을 제공한다. 교육적 통합 전략을 구성하는 주요 범주는 다양성, 접근 평등성, 공정성, 모두를 위한 학교, 보편적 (공통) 교육과정, 학생의 조화로운 발달을 고려한 균형 잡힌 학습 목표, 함께 일하는 전문가를 위한 유연한 지원 체제와 포용적인 학교 문화이다. 통합 과정의 참여자는 특수요구학생, 학부모/보호자, 교사, 다른 전문가와 또래 및 지역 사회이다. 통합교육은 이러한 과정에 있는 모든 참여자에게 우호적인 환경 제공을 보장해야 한다.
- 교육적 영향: 통합교육은 특수한 발달 및 교육적 필요 학생을 또래와 공동 교육하는 과정으로 이해되며, 지역 사회에 대한 소속감을 보장하고, 특수교육적 필요로부터 발생한 필요한 지원(기술적, 체계적, 심리사회적, 조직적)을 제공한다. 통합적 접근의 핵심은 학생의 필요에 따라 교수 내용과 방법을 차별화하는 것인데, 이는 개인차 존중의 본질이다.

학교를 새로운 학교로, 예를 들어 폴란드에서 통합학교로 바꾸는 것에 있어 매우 중요한 이슈는 전통적 교수법^traditional didactics을 리모델링하는 것이다. UDL(보편적 학습 설계) 접근법은 변형을 지원할 수 있는 것들 가운데 하나로 인식되기 때문에 (Szumski, 2019) UDL 접근법의 렌즈를 통해 교사의 실습 및 일상의 약점과 강점을 분석하여 다음을 확인할 가치가 있다. 변화가 필요한 현상(제1장의 〈표 1-1〉 참조).

교수법적 교과서^didactics textbooks는 교육이 '가르치고 배우는 …… 양육 활동과 함께' 하는 동안 교육은 훈련 과정과 불가분의 관계가 있다는 것을 강조한다(Półturzycki, 2014, p. 26). 교수 과정은 '학생들에게 교육을 제공하기 위해 …… 학생들에게 의식적이고, 계획적이며, 체계적인 교수법과 교육적 영향의 총체'로 정의된다(Kupisiewicz & Kupisiewicz, 2009, p. 87).

교사는 교수 과정에서 주도적인 역할을 담당한다. 이들은 학생과 함께 계획하고 체계적인 작업을 수행하며, 그 효과는 전통적인 의미에서 '교육과정에서 권장하는 메시지, 기술, 습관을 숙달'하는 것이다(Kupisiewicz & Kupisiewicz, 2009, p. 110). 그러나 보다 현대적인 접근법에서는 교육의 목적은 학습 기술을 개발하는 것으로 강조되므로(Jastrzębska, 2011), 교사 활동의 목적은 지식을 전달하는 것이 아니라 지식의 자기 발견과 지식의 구성을 포함하여(Klus-Stańska, 2019) 학생을 위한 학습을 조직하고 촉진하는(Póturzycki, 2014) 학습 과정에서 학생을 지원하는 것이다.

따라서 가장 효과적인 교육 방법은 학습자의 모든 감각을 활성화할 뿐만 아니라 특정 사례나 문제 해결에 있어 과거에 습득한 지식을 새로운 내용 및 경험과 결합하도록 요구하는 절충적인 방법이라고 여겨진다(Silberman, 2005). 다양한 학생으로 인해 이러한 조건은 이미 언급한 바와 같이 UDL 접근법을 충족한다. 학생들의 학습 방식을 고려하는 것도 중요하다(Silberman, 2005).

따라서 전문성을 위해 교사를 준비시키는 것뿐만 아니라 교사 자신에 대한 지속적인 작업의 중요성이 강조된다. 이들의 교육적, 교수법적, 방법론적, 의사소통 역량을 지속해서 개발하는 것이 중요하다.

교육의 두 번째 과정인 학습은 학생들과 직접적으로 관련되며, 이러한 것은 '경험, 인지, 운동을 바탕으로 새로운 형태의 행동과 행위를 창조하거나 기존에 획득한 형태가 변화하는 과정'이다(Kupisiewicz & Kupisiewicz, 2009; Okoń, 2004, 433; Półturzycki, 2014). 학습은 '현실에 대한 직·간접적인 지식 과정에서 발생하는 특정 메시지, 기술, 습관을 의도적으로 습득하는' 과정이다(Kupisiewicz & Kupisiewicz, 2009, p. 184). 이 과정의 운전자는 주로 학생 자기 활동과 강력한 내적 동기이다(Okoń, 2004). 교수 및 학습 과정은 불가분의 관계로 연결되어 있으며 각 과정에는 부인할 수 없는 중요성이 있다. 그러나 중요한 것은 배포 방법이다. 협력은 이러한 과정에 강하게 관여하며 학생들의 성공을 위한 전제 조건이 된다. 교사가 학생과 상호 작용할 때 학교 행위자 양쪽은 비슷한 역할을 수행한다(Kujawiński, 2010).

- 계획자(예: 학생을 위한 학교 수업 프로그램 및 학교 밖 활동 공동 기획하는 동안)
- 평가자(예: 학생 성과를 공동 평가할 때)
- 관찰자(예: 복잡한 문제 작업을 공동으로 수행할 때 서로 설득하는 동안)
- 조언자(예: 정보 출처의 선택 및 사용에 대해 서로 공동 상담할 때)

- 조력자(예: 매우 어렵거나 모호한 것을 이해하도록 서로 도울 때)
- 연구자(예: 자연적인, 사회적인, 또는 다른 현상을 공동 조사하는 과정에서)
- 창조자/마법사(예: 개방형 문제 작업 또는 다른 어려움을 해결하기 위해 아이디어를 공동으로 만들 때)
- 실현자(예: 복잡한 문제 작업을 공동 실행하는 경우)
- 개시자(예: 일부 중요한 교수적, 교육적, 또는 돌보는 활동을 공동 개시할 때)

따라서 교수-학습 상황에서 교사와 학생이 수행하는 역할은 서로 다르게 계산된 책임에 관계없이 균형을 이룬다. UDL 접근법은 이러한 역할을 존중하고 발전을 돕는다(제1장 참조).

2. UDL 실현 렌즈를 통한 교수-학습 과정 분석에 대한 방법론적 가정

연구 주제의 정의에 따르면 이것은 '이른바 사회적 현실을 나타내는 모든 것, 즉 공동체와 사회적 집단, 사회 제도, 사회적 과정 및 현상'이다(Sztumski, 1995, 7). 이러한 접근법에 따라 여기에 제시된 연구 주제는 17명의 학생(일부 SEN 학생 포함)과 4명의 선생님으로 구성된 하나의 수업(2018/2019 학년도에 연구의 시작이 이루어졌으며, 이러한 것은 초등학교 V 수업)이었다. 목표는 학교 교육이 두 가지 동시적인 하위 절차인 교수(교사 활동 및 성찰)와 학습(학생 활동 및 성찰) 간의 상호적인 관계로 이해되기 때문에 조사된 공동체에서 발생하는 교수-학습 과정을 동시에 포착하는 것이었다. 따라서 연구자의 주요 초점은 UDL 접근법의 주요 특징과 비교할 때 연구 대상 수업의 교수-학습 과정을 조사하는 것이었다(제1장의 〈표 1-1〉 참조). 해당 수업에서 가능한 최선의 방법으로 UDL 접근법을 실현하기 위한 교육 조건을 확인하기 위한 결과가 필요했다. 또한 이러한 목표에는 다음과 같은 몇 가지 단계들이 포함되어야 한다는 것이 연구자들에게 분명했다. 즉, 학습 과정 혁신에서 생기는 장애물과 조건을 확인하는 것이다. 다양한 학급 팀에서 교수-학습 과정을 최적화하였다.

우리는 UDL 접근법의 기본 원칙은 모든 학생의 다양한 요구 사항을 충족하는 질적으로 우수한 통합교육을 구성할 수 있는 기회를 제공하기 때문에 이 접근법이 학습 과정에 차이를 만들고 통합교육을 향한 한 걸음을 내딛는 훌륭한 방법이라는 것을 알게 되었다. 이러한 원칙에는 다음이 포함된다(Meyer et al., 2014).

- 다양한 수행commitment 수단 제공
- 다양한 표상 수단 제공
- 다양한 활동 및 표현 수단 제공

연구를 위한 연구 질문은 다음과 같이 공식화되었다.

- UDL 접근법의 주요 특징과 비교할 때 연구 수업에서 교수–학습 과정은 어떠한 모습인가?

앞의 질문은 UDL 접근법의 특징을 사용하여 추가로 명시되었다.

- 교사와 학생은 교실에서 학생들의 다양성을 어떻게 인식하고 있으며, 이러한 것들이 이들에게 의미하는 바는 무엇인가?
- 교사는 학생들이 수업 목표를 달성할 수 있도록 학습 환경(방법, 지식 출처, 교육 자원)을 어떻게 차별화시키는가?
- 교사와 학생은 협력을 어떻게 인식하고 있으며 이는 이들에게 무엇을 의미하는가?

더 나아가서, 두 번째 주요 질문이 추가되었다.

- UDL 접근법의 실현을 통해 수업에서 교수–학습 과정의 변형을 지원할 수 있는 장벽 대vs 조건은 무엇인가?

이 연구는 실행연구 방법에 중점을 둔 혼합 방법 접근법을 사용하여 수행되었다 (Czerepaniak-Walczak, 2014; Pilch & Bauman, 2010; Sagor, 2008; Szymańska, 2018;

Szymańska et al., 2018). 이러한 방법론은 이론과 실천 사이의 경계를 모호하게 만들었다. 실행연구는 '연구자가 영감을 얻고 사건에 적극적으로 참여하면서 일부 변화를 일으키는 현상에 대한 체계적인 정보 수집이다. 실행연구는 상황을 개선할 수 있는 가능성을 보고, 이를 개선하기 위한 프로젝트를 준비하고, 이를 실행에 옮기고, 이 모든 것의 결과를 관찰할 때 수행된다(Pilch & Bauman, 2010, 307). 실행연구의 의심할 여지없는 이점은 이것의 비공식적 특성으로 인해 교육자의 워크숍을 향상시키고 교육적, 교수적 실천을 제공하는 데 도움이 된다는 사실이다(Pilch & Bauman, 2010; Czerepaniak-Walczak, 2014).

연구 절차의 프레임워크는 실행연구 주기를 참조하여 설계되었으며 다음을 다루었다.

① (아직 언급되지 않은) 연구 이슈
② 실행 계획
- 예: 작업 중 개별 학생의 위치와 교실에서 교사의 위치를 바꾸는 등의 변화를 실현하도록 교사와 학생을 설득한다(전체 학급 교육에서 학생 간의 협력 촉진으로 이동).
- 교사에게 UDL의 원리를 익히고 예를 보여 준다. 기본 수준에서 교실에서 UDL을 실현하는 방법에 대한 우려가 있었다.
③ 이 주기에서 취한 조치에 대한 종합적인 설명
- 학생들에게 선택권을 주고 다른 교실 공간에서 팀워크를 조정하는 방법에 대해 교사에게 제안한다.
- 다음을 통한 학생들에게 (교실) 바닥 전달/학생들의 주도권 활성화
  - 이상적인 교실 공간의 공동 설계
  - 학생들의 교수/학습 과정에 대한 기대치를 반영하도록 함(자유 대화: 참여하고 싶은 이상적인 수업은 무엇인가요?)
- 학생들에게 자기 학습 방식을 인식할 수 있도록 학습 과정에 대한 자가 진단 제공
- 다른 학습 방식을 고려하여 교수 및 학습 활동 간을 차별화하기 위한 방법에 대한 교사들을 위한 제안

자료 수집을 위하여 다음과 같은 기법과 도구가 사용되었다.

- 마르코브스카Markowska와 스자프레니에크Szafraniec(1980), 샌디크Sendyk(2001), 잠코브스카Zamkowska(2009)의 도구들을 편집한 설문지를 기반으로 교사, 학생, 학부모를 조사한다.
- 선택한 수업 중 교사와 학생의 활동을 참가자가 관찰한다.
- 다음 주제에 대한 학생들과의 인터뷰: 참여하고 싶은 이상적인 수업은 무엇인지 묻는다.
- 학생들과 포커스 그룹 인터뷰: 학생들이 자기 학습 방식과 효과적인 학습 전략을 선택하는 능력을 인식하도록 돕는 토론
- UDL의 가치에 대한 교사와의 포커스 그룹 인터뷰와 자기 자신의 교육 실천에서의 실현 선택 및 학생들의 다양한 학습 방식을 고려한 교수-학습 과정에서 교사를 위한 활동 차별화 방법에 대해 제안(목적 선택, 작업 방법, 교수법적 수단, 작업 형식)한다.

인터뷰 내용 및 설문조사로 수집된 양적, 질적 자료를 분석하기 위해 계속적 비교 방법constant comparative method을 사용했다(Creswell, 2013). 연구 과정을 통해 얻은 자료에서 주제와 주제의 특정 맥락을 확인하기 위하여 계속적 비교 방법을 적용하였다.

UDL 렌즈(제1장의 〈표 1-1〉 참조) 또한 결과 분석을 위해 채택되었기 때문에 수집된 자료에 대한 작업을 수행하는 동안 일부 특정 현상이 인식되었다. 주요 관심은 다음과 같았다.

- 교사와 학생의 교실 내 다양성에 대한 인식 및 교육적 어려움의 원인
- 학생의 수업목표 달성을 위한 교사의 학습 환경(방법, 지식 원천, 교육 자원) 차별화
- 학생-학생 및 교사-학생 협력 경험
- 통합교육을 향한 UDL 접근법의 실현을 통해 수업에서 교수-학습 과정의 변형을 지원할 수 있는 장벽 대 강점
- 학교에 대한 학생의 태도와 의무

다음에 제시된 분석들의 정확성과 신뢰성을 보장하기 위하여 소통적인 검증 절차가 적용되었다(Szmidt & Modrzejewska-Świgulska, 2015). 이러한 것은 분석 과정에서 선정된 주제와 실마리를 제시하고 이에 대한 해석을 조율하는 것이다.

　　앞서 언급된 것처럼, 이 연구는 75만 명이 넘는 거주 인구를 가진 폴란드 대도시의 모음식 통합된integrated 환경을 갖춘 공립 초등학교의 한 학급을 대상으로 하였다. 연구 프로젝트가 시작될 때, 즉 2018/2019학년도 12월에는 모음식 통합된integrated 형태의 V 클래스였다. 당시 학생들은 11~12세였다. 연구는 한 학기 이상, 즉 학년이 끝날 때까지 진행되었다.

　　연구 대상을 대표하는 수업 팀은 폴란드에서 시행 중인 교육법에 따라 통합된integrated 형태다(Dyduch, 2012; Dziennik Ustaw, 2015, poz. 1113; Szumski, 2006). 이 학급의 몇몇 학생은 특수교육 필요 평가를 받았다. 이는 이 학생들이 어떤 종류의 장애나 학습장애가 있음을 의미한다. 다른 학생들은 이러한 서류를 가지고 있지 않았지만, 이것이 특별한 것을 포함하여 다르고/다양한 교육적, 발달적 요구가 없음을 의미하지는 않았다. 이들을 정의하기 위하여, 수업에 있는 각 학생의 강점과 약점 역시 확인되었다.

　　연구 과정의 윤리적 기준을 위해, 프로젝트 시작 전에 부모는 자녀가 연구에 참여할 수 있도록 서면 동의를 하도록 요청받았으며 여기에는 학생과의 인터뷰 녹음과 수업 중 학생 행동 관찰이 포함되었다. 또한 연구에서 높은 윤리적 기준을 보장하는 목적은 소위 민감한 자료의 기밀성을 통해 조사 대상자의 익명성을 보장하는 것이었다. 학생들을 인터뷰하는 동안 자발적인 참여 원칙이 매번 적용되었다.

　　활동적인 연구자 공동체는 대부분의 수업 동안 학생들과 동행한 3개의 주요 과목 수업과 1명의 조교를 포함하여 연구된 수업의 4명의 교사와 크라코프Krakków 교육대학 특수적 필요 교육 연구소Institute of Special Needs Education의 연구자 3명으로 구성되었다. 이것은 경험적 자료의 삼각 측량을 가능하게 하였다(Kubinowski, 2010).

3. 통합된 수업에서의 교수-학습 과정: UDL 접근법 렌즈를 통한 교사와 학생 역할 및 활동 분석

선정된 수업에서 UDL 접근법을 적용하기 위한 좋은 조건을 개발하기 위해서는 지금까지 교사와 학생이 참여했던 교수-학습 과정의 주요 특징을 확인할 필요가 있었다. 이러한 방식으로 교사와 학생이 교수-학습 과정에서 일상적인 활동을 변경하도록 장려하는 전략을 지원하기 위한 추가 연구가 계획되었다. 교사 자원의 적절한 확인이 실현 가능하게 하도록, 학생들에 대한 지식을 얻는 것과 함께 자신들의 신념과 전문적 경험은 교사들과의 연구자의 의사소통 전략 및 적용의 선택을 가능하게 하며, 궁극적으로는 연구자의 학교 방문을 위한 계획을 개발하고 교사 자신의 목표들을 협상하게 한다고 가정되었다. 수집된 자료는 UDL 접근법(UDL 렌즈) 사용의 주요 특징과 지정된 연구 질문을 제시하도록 구조화되고 준비되었다.

1) 교실 내 다양성에 대한 교사와 학생의 인식과 교육적 어려움의 원인

UDL 접근법에 따라 교수-학습 과정을 실현하기 위한 전제 조건은 학생들에 대한 좋은 지식이다. 분석에 따르면 교사들은 학생을 잘 알고 있으며 학생의 강점과 약점을 쉽게 파악하고 있었다. 이들은 학생들에 대한 자세한 정보를 제공하였다. SEN 학생의 특징을 묘사할 때 아스퍼거증후군, 난독증, 실어증 등으로 진단받은 장애에 대해 특정 용어가 일반적으로 주어졌다. 또한 적어도 한 가지 긍정적, 부정적 특징이 각 학생별로 할당되었다. 가장 덜 긍정적인 자질들은 3명의 학생에게 주어졌다(각 학생당 한 명만). 즉, '학교에 갈 의향이 있거나 공손하다'와 같은 것들이 언급됐다. 긍정적인 자질조차도, 예를 들어 학생들에 대해 '자주 주의가 산만해지고, 수업 시간에 다른 일을 처리하고, 종종 작업 카드를 잃어버리고, 자기 활동이 낮다.' 와 같은 것들이 언급됐다. 이것은 또한 학생들의 기능에 대한 교사의 서술이 그들의 약점에 의해 지배되고 있다는 사실이 관심을 끌었다.

학생들은 또한 교수-학습 과정에서 성적에 대한 자기 성찰을 보여 주었다. 때때로 학생들의 성숙함은 수업 팀의 내적 다양성을 잘 인식했기 때문에 놀라워 보였다.

베아타^{Beata}: 성적은 학생이 특정 수업을 어떻게 하고 있는지 보여 주는 기능을 수행해야 해요. 평가 기준을 아이들에게 적용하는 것이 중요해요. 글쎄요, 어떤 사람들은 의료 진단서를 가지고 있고, 다른 사람들은 …… 어떤 사람들은 시각화하고, 다른 사람들은 운동 감각 기술을 가지고 있고, 그리고 여전히 다른 사람들은 청각적인 학습자에요. 모두 달라요. 그래서 모든 것은 조정되어야 해요. (연구자 성찰, 1)

학생 다양성을 고려하는 것은 조사된 교사들의 학습 활동의 주요 결정 요인이다. 이러한 그림은 사용된 교수 전략에 대한 조사 질문에 대한 상세한 답변의 해석에서 나타났다. 명심할 것은 무엇보다도 학생과 교사의 다양한 가능성이 요구 사항과 지식 전달 방식을 명확하게 개별화한다는 것이다. 이들은 또한 학생들의 관심사를 거의 고려하지 않는다는 것을 인정하였다. 반면에 이들은 일부 학생의 능력에 따라 교구 선택을 개별화하였다. 교사 계획에서는 학생의 강점보다는 약점에 대해 생각하는 것이 우세하였다.

수집된 자료를 기반으로, 교실 내 학생의 다양성은 무엇보다도 교사가 수업 중에 기대치를 차별화하고 각 학생과 소통하는 방식을 조정하도록 강요하는 도전이라는 인상을 받을 수 있다. 교육적 상호 작용에서 교사 행동의 가장 일반적인 형태는 개별화된 명령 단순화다.

교사의 인식과 활동에서 학생들의 다양성은 팀을 다른 접근법(개별화)이 필요한 사람들과 차이가 없거나 다소 적기 때문에 전체/팀으로 일할 수 있는 사람들로 나눈다.

학생의 강점과 약점에 대한 좋은 오리엔테이션은 교육적 어려움의 원인에 대한 생각의 방식에서의 변화를 일으키지 않는다. 과목은 특별한 도움이 필요한 학생의 교육적 어려움의 원인을 고려한다. 상호 작용 과정에서 교사와 학생 모두 서로의 차이로 인해 학생/동료가 어려움을 겪지 않도록 다양한 지원 방법을 활성화한다는 점은 주목할 가치가 있다.

2) 학생의 수업 목표 성취를 위한 교사의 학습 환경(방법, 지식 출처, 교육 자원) 차별화하기

조사 결과(〈표 4-1〉 참조) 교사들은 교수-학습 과정에서 주로 전통적 방법을 사용하여 학생들의 지식과 역량을 개발하고 있는 것으로 나타났다. 그러나 아동들의 다양성 관점에서 이들은 추가적인 교육과 이미 언급된 것처럼 교육을 단순화하는 것을 우선적으로 적용한다. 그런 다음, 이들은 이해할 수 없는 용어/단어를 설명하고 학생이 능동적이 되거나/과제를 수행하는 것을 돕기 위해 짧고 정확한 지침을 제공할 필요성을 고려하였다. 이들은 선정된 학생을 위해 노출 시간과 특정 활동을 증가시킨다. 이들은 드물게 이론과 실천을 결합할 기회가 있음을 발견하였다.

UDL 접근법 관점에서 교사가 언급한 특정 교육 전략에 대한 평가는 교사가 선택한 활동이 이 개념에 속한다는 사실을 인식하지 못한 채 교수 과정에서 일부 UDL 원칙을 적용한다는 결론으로 이어진다. 그러나 일반적/전통적 접근법을 넘어서는 방식으로 목표 달성을 촉진하는 해결책은 거의 계획 및 실현되지 않았다는 점은 명확히 해야 한다. 그러므로 교사는 때때로 학생들의 개별 학습 방식, 강점/기술, 관심사를 고려하고 제안된 활동을 그에 맞게 조정하고 학생들이 운동이나 작업을 선택할 수 있도록 상황을 구성하였다. 또한 교사가 수업 주제를 실현하는 데 사용하는 일반적인 자

⟨표 4-1⟩ 각 교사에 의해 사용된 전략 비율

답변/항목	교사 및 전략 사용 비율			
	아그네스 Agnes 교사(%)	Bell 교사 (%)	Ceci 교사 (%)	Dali 교사 (%)
대상의 다중 감각 경험 전달하기	0	0	30	72
학생의 능력을 최대한 발휘하여 과제 제공(학생이 과제에 대처함)	18	48	48	30
학생의 관심사에 맞게 활동 조정하기	0	6	18	12
운동을 선택할 기회 만들기	0	12	12	6
실습과 함께 이론 가르치기	18	30	36	60
재료/물체를 이용한 작업	48	0	18	18
짧고 정확한 안내 제공하기	54	42	60	54
이해할 수 없는 단어 설명하기	48	36	60	60
명령/작업 단순화 또는 채택하기	42	42	66	36
추가 지침 제공하기	54	54	54	30
항목 노출 시간 연장하기	12	24	24	12

* 회색은 UDL 전략이다.

료와 도움 외에도 추가적인 자료와 보조 자료를 소개하였다. 이들은 또한 학습한 지식을 실제로 사용하는 예를 제공하기 위해 수업의 목적을 제시하는 것을 참조하였다. 학생들은 교사들이 자신들이 그렇게 할 시간이 부족하다고 말하기 때문에 스스로 지식이나 대안적인 해결책을 찾는 상황을 만드는 것은 주목할 만하다. 하지만 이러한 것은 봉사 활동이나 추가적인 숙제로 가능하다.

교사 전략의 비율 분석은 전통적인 교육이 이들의 활동을 지배하고 있음을 보여 준다(검은 글자). UDL 접근법(회색 글자)으로 분류될 수 있는 전략들은 훨씬 덜 나타난다. 이러한 것들은 아그네스[Agnes] 교사가 사용할 가능성이 가장 낮고 벨라[Bella] 교사가 조금 더 자주 사용한다. 반면에, 대상의 다중 감각 경험을 전달하는 것은 달리아[Dalia] 교사가 자주 사용한다.

인터뷰 전, 연구자들은 학생들이 자기 자신의 학습 방식을 인식하고 학습을 위한 자가 진단을 학생들에게 소개하기 위해 학생들과 함께 수업을 진행하였다. 학생들은 이러한 지식으로부터 실용적인 수업들을 재빠르게 그려 냈다. (앞에서 인용된 것처럼) 학생 중 1명은 '이상적인 수업'에 대해 이야기할 때 이 이슈를 언급하였으며, 그러한 수업에서 무엇이 발생해야만 하는지를 기술하였다.

베아타[Beata]: 특히 많은 비문(새겨진 글자)이 있어야 해요. 선생님은 시각적으로 보는 사람만을 위해 칠판에 많은 글을 쓰거나 화면에 비문을 표시해야 해요. 게다가 선생님은 청각 학습자가 듣고 있기 때문에 그들을 위해 많이 말해야 하고 명확하게 말해야 해요. 그러나 거기에는 운동감각 학습자가 교실을 돌아다닐 수 있도록 2분 운동이 있어야 해요. 그리고 그것은 정말 완벽한 교훈이 될 것이에요. 그게 바로 제가 원하는 것이에요. 저희도 많이 하겠지만 재료는 아이들에게 맞춰져야 해요. (연구자 성찰, 1)

학생들이 자신의 교육 상황에 대해 어떻게 생각하고 교사가 이들과 어떻게 협력하는지를 인식하기 위해 (학생 희망에 따라 개별적으로, 2명으로, 한 번에 3명으로) 학생들을 인터뷰했다. 인터뷰 시작 질문은 다음과 같았다. 참석하고 싶은 수업은 어떤 모습이어야 하는가?

한편, 학생들이 추가 질문이 필요할 때 묻는 보조적이고 세부적인 질문은 다음과 같았다.

- 멋진 교실은 어떤 모습일까요?
- 여러분과 여러분의 또래가 기분이 좋아지는 곳, 잘 배울 수 있는 곳은 어디인가요?

많은 학생이 아이디어가 전혀 없다는 것으로 드러났다. 아무런 아이디어도 가지지 않았다는 예는 다음 주어진 서술에 나와 있다.

아담^Adam: 모르겠어요. 그렇게 말하기 어려워요. 저는 모르겠어요. (연구자 성찰, 11)

일부 학생은 이상적인 교실 공간에 대해 생각할 때 현재 상태가 좋다는 (심지어 그것이 최선의 그리고 유일한 가능한 선택이라는) 믿음을 제시했기 때문에 어떠한 변화도 필요하지 않다고 생각했다.

셀라^Cela: 첫 번째 형태에서 우리는 그런 반원형에 앉아 있었지만, 더 이상은 그렇지 않아요. 확실히 최고의 아이디어는 지금과 같아요. 그런 줄에서, 보드 맞은 편 그런 줄에 설치된 벤치에 앉아 있어요. 이것이 최고의 아이디어에요. 이것은 확실히 최고의 배치에요. (연구자 성찰, 3)

베아타^Beata: 이대로가 저에게 어울려요. (연구자 성찰, 1)

도로타^Dorota: 그렇지 않았다면 작동하지 않았을 것이에요. (연구자 성찰, 4)

학생들 서술 가운데 많은 부분은 자신의 선호 색상과 관련 있었다.

셀라^Cela: 벽이 빨간색이면 좋겠어요. (연구자 성찰, 2)

에딜라^Edyta: 교실이 더 다채롭고 밝았으면 좋겠어요. 저는 파스텔 색상을 좋아해요. (연구자 성찰, 5)

일부 학생은 아이디어가 있었지만 관련된 문제를 빠르게 인식했다.

플로라^Flora: 안락의자에 앉으면 재미있을 것 같아요. 하지만 애들이 학습에 집중하기는 어려울 것이에요. 퍼프가 있으면 좋겠지만 학습에 도움이 될지는 모르겠어요. (연구자 성찰, 9)

일부 학생은 자기 교실이 그렇게 많이 이상적인 공간은 아니라는 아이디어와 학교 공간과 학교 주변 지역에 대한 더 넓은 아이디어를 공유했다. 그러나 이 모든 것은 '안 될 것 같다' 또는 '그러나 가능하지 않을 것 같다'는 단서 하에 있었다.

도로타[Dorota]: 미니바는 학교에 있어야 해요. 더 현대식 수업이 있으면 멋질 거예요. 그러나 그것은 꽤 불가능해요. (연구자 성찰, 4)

플로라[Flora]: 거기(학교 옆)에는 차선이 있고 여기에 미니 공원을 만들어 수업 사이의 휴식 시간에 진정할 수 있어요. 그러나 그것은 아마도 실현하기 어려울 것이에요. (연구자 성찰, 9)

이상적인 교실은 공간뿐만 아니라 무엇보다도 자선 활동을 포함하는 가치 있는 활동을 수행하는 것이었다.

도로타[Dorota]: 우리 학교가, 예를 들어 대피소를 위한 작업에 참여하거나 가난한 사람들을 돕기 위해. (연구자 성찰, 4)

플로라[Flora]: 예를 들어, 급우들과 팀 빌딩[team-building](집단 발전)의 밤을 주선할 수 있어요. 제가 전에 다니던 학교에서 우리 폴란드어 선생님은 2주마다 그러한 문학의 밤을 조직했어요. 저희는 시를 읽은 다음 약간의 간식을 받았어요. (연구자 성찰, 9)

학생들과의 인터뷰에서 드러난 이상적인 교실 공간의 모습은 많은 학생이 자신이 알고 있고 익숙했던 전형적인 학교 수업을 이상적으로 인식하고 있다는 성찰로 이어진다. 여기서는 다음 서술을 예로 사용할 수 있다.

베아타[Beata]: 우선, 이 교실은 애들의 다양한 그림이 걸려 있는 것으로 장식되어 있어요. 그리고 이 교실은 많이 달라져야 해요. 그리고 일반적으로 다양한 수업을 위한 그러한 장비가 있어야 해요. 수학의 경우 큰 삼각형이 있어야 해요. 지리학 교실에는 다양한 지도가 있고 일반적으로 벽에는 아이들이 자세히 볼 수 있도록 지도가 있었으면 해요. 이미 부분적으로 있어요. 그리고 그게 다예요. 지금처럼 보여야 할 것 같아요. (연구자 성찰, 1)

주요 질문과 관련하여 학생들과의 인터뷰 과정에서 얻은 이야기를 분석한 결과, 지금까지 참여했던 수업 이외의 다른 수업은 상상할 수 없었다는 결론에 도달했다. 학교 일과에 대한 이러한 믿음은 그가 설계하고 싶은 지리학의 '이상적인 수업'에 대한 학생 중 한 사람의 서술로 예시될 수 있다.

> 셀라Cela: 처음에 선생님이 "오늘은 이것저것 주제로 수업을 할 거야."라고 말해야 하고 학생들은 "아, 멋지네요."라고 말해야 해요. 그런 다음 칠판에 수업 주제를 적고 지도책과 지도를 열고 도시와 해당 국가를 찾아요……. 그렇고 그런 페이지에서 학생들에게 "교과서를 펼쳐 주세요."라고 말하고 애들은 거기에서 읽을 것이에요. 수업이 끝날 때 저는 종이에 존재를 확인하고 학생들에게, 예를 들어 연습장, 교과서, 공책에서 숙제를 하도록 요청할 거예요. (연구자 성찰, 2)
>
> 연구자 질문: 이렇게 완벽한 수업을 더 멋지게 만들기 위해 무엇을 더 가져올 수 있나요?

학생은 이상적인 수업에 대한 설명을 계속하고 다음과 같이 대답했다.

> 셀라Cela: 여전히 공책을 가져올 수 있어요. (연구자 성찰, 2)

이상적인 수업 중에 학생들의 지식을 어떻게 테스트할 수 있는지 물었을 때 한 학생은 이렇게 말했다.

> 고시아Gosia: 학생들은 선생님의 질문에 대답해야 해요. (연구자 성찰, 7)

이 인터뷰에서 연구자는 학생이 기꺼이 참여할 수 있는 수업에 대한 아이디어가 있다고 가정되고, 가장 흥미롭고, 가장 멋지고, 무제한적이라고 생각하는 방식으로 개념화하고 설계할 수 있음을 반복적으로 강조했다. 즉, 학생은 이상적인 수업이 어떻게 보일지를 스스로 결정할 수 있었다.

일부 학생은 교수-학습 과정을 어떻게 변화시킬 것인지에 대한 자기 생각을 밝혔지만, 동시에 이러한 생각을 실현하는 것과 관련된 다양한 문제도 지적했다.

> 아담Adam: 체육 시간에 한 사람이 오늘 어떤 운동을 하는지 생각해 내고 다음 체육 시간에 다른 사

람이 운동을 제안할 수 있어요. 그러나 그러한 수업 중에는 불가능해요. (연구자 성찰, 11)

플로라Flora: 학교에서 가르치는 모든 과목과 관련된 다른 수학여행이 있으면 좋겠지만, 선생님들은 그때 우리가 전체 교육과정을 배울 수 없을 것이라고 말해요. (연구자 성찰, 9)

연구자들이 학생들에게 보다 유연하고 창의적인 교육 방법에 대한 기회를 제시했을 때에도 일부 학생은 그러한 제안에 대해 주저하는 것을 분명히 나타내거나 비판하기까지 하였다.

연구자는 역사 수업에서 그러한 상황을 상상해 보려고 한다. 예를 들어, "선생님이 들어와 이렇게 말씀하십니다. '오늘 우리는 16세기에 대해 이야기할 거예요. 우리는 기본적이고 중요한 이슈를 함께 논의했으며 이제 여러분 각자가 관심 있는 16세기의 이슈를 선택할 수 있어요. 모든 사람이 동시에 같은 것을 배울 필요는 없어요. 아마도 누군가는 당시에 벌어졌던 전쟁에 관심이 있을 것이에요. 그리고 다른 누군가는 그 시대에 널리 퍼진 예술에 관심을 가질 수 있어요. 그것에 대하여 어떻게 생각하나요?"라고 할 수 있다.

베아타Beata: 제 생각엔…… 아니에요! 저는 그건 나쁜 아이디어라고 생각해요. 왜냐하면 그렇게 되면 지식이 조각나기 때문이에요……. 그리고 어떤 사람들은 그것을 알고 어떤 사람들은 그것을 모르지만 그들은 다른 것을 알 것이에요. 다시 말하지만, 그 사람들은 이 사람들이 소유한 지식이 없어요. 지식은 조각날 것이에요. 그건 좋은 생각이 아니에요! (연구자 성찰, 1)

교사는 전통적인 교수법을 사용하였다. 지식은 전달된다('주어진다'). 문제되는 방법을 사용하더라도 교사는 권위주의적인 방식으로 지식 탐색을 지시하고, 지식 탐색 방법을 강요하고, 이 과정을 통제하는 사람이다. 이들은 학생들이 대안적인 해결책을 찾아 보는 것을 거의 장려하지 않았다.

교사의 조사 서술에서 교수-학습 과정에서 교사의 지배적이고 따라서 전통적인 역할에 대한 그림이 나타났다. 불균형한 교육적 상호 작용이 대두되었다. 수업의 각 단계에서 교사는 일반적으로 학생들의 학습 과정을 지시하고 통제하는 역할을 가정하였다. 학생들은 교사가 대답하는 문제 질문들을 물어보지만, 이러한 상황을 학생이 독립적으로 행동하도록 격려하거나 학생이 일부 선택된 지식이나 활동 분야에서 숙련자가 되도록 허락하는 경험을 가지도록 독립적인 인지 작업을 수행하는 이러한 행동은 과외 활동, 예를 들어 비공식적인 방과 후 활동(소위 학생의 관심 개발을 위한 팀)으로 전환되었다.

이미 입증된 것처럼, 교사 조사는 교수 과정에서 이론과 실습을 결합하는 적용에 대한 자료를 제공했다(〈표 4-1〉 참조). 교사의 반응과 학생의 서술에 따르면 교사가 이러한 교수 전략을 실현하려고 시도하더라도 특정 상황이나 조건에서 특정 지식을 적용할 가능성의 표시나 예로서 오히려 수업 초기 단계에서 발생한다. 학생들에게 수업의 목적을 제시하는 것과 관련이 있다. 경우에 따라 특정 내용이나 행동은 특정 인간 활동을 나타내므로 수업 주제를 실현하는 동안 실제로 지식의 적용을 문맥상으로 설명하였다.

3) 학생-학생 및 교사-학생 협력의 경험

학생들의 서술에 나타나는 교수-학습 과정의 중요하거나 아마도 핵심적인 측면은 수업 동안의 협력이며, 이는 중요할 뿐만 아니라 실현하기 어려운 영역으로 인식되었다.

> **휴버트**Hubert: 협력하면 좋겠지만 협력할 수 없는 사람들이에요. 우리 반에서는 협력이 정말 어려워요. 예를 들어, 우리는 다음과 같은 배열을 가질 수 있어요. 월요일에 누군가가 누군가와 함께 앉고, 화요일에 다른 누군가가 다른 누군가와 함께 앉고, 누군가가 원하면 그는 혼자 앉아요. 그러나 어떤 애들은 원하지 않아요. (연구자 성찰, 6)

연구자들은 교수-학습 과정에서 교사와 학생의 역할 이슈도 제기하였다. 학생들은 교수-학습 과정의 주도적 역할이 교사에게 있다는 의견이 강했다.

> **베아타**Beata: 선생님이 가르쳐 주는 게 제일 좋은 것 같아요. (연구자 성찰, 1)

교사의 리더십 역할을 줄이는 동시에 학습 과정에서 자기 헌신과 활동을 강화하는 방법에 대해 성찰하도록 격려받은 학생들은 자신의 학교 경험을 기반으로 한 일상에서 벗어날 수 없었다. 이것이 어떻게 바뀔 수 있는지에 대해 숙고하도록 연구자들의 격려를 받은 학생들은 주제에 대한 자기 자신의 사고의 높은 경직성을 보여 주는 제안을 했다.

> 베아타[Beata]: 선생님이 다음과 같이 말씀하실 수 있어요. 이제 교과서에서 44쪽과 45쪽을 읽으면 아이들이 스스로 내용을 배울 것예요. 그런 다음 선생님은 우리가 읽어야 할 장이 있다고 말할 것예요. 선생님은 우리에게 시작 페이지와 끝 페이지 번호를 알려 줄 것이고 애들은 이런 식으로 배울 수 있어요. 애들은 교과서에서 읽을 수 있어요. 애들은 연습할 거예요. (연구자 성찰. 1)

이상적인 수업에 대한 서술에서 학생들은 이상적인 교사의 프로필에 대해서도 설명했다.

> 플로라[Flora]: 그/그녀는 확실히 멋져야 해요. 그리고 우리는 선생님과 이렇게 우호적인 관계를 맺을 때 좋아요. 항상 할 말이 있기 때문이에요. (연구자 성찰, 9)
>
> 셀라[Cela]: 선생님은 소리를 지르지 말고 듣기 좋은 목소리로 말해야 해요. (연구자 성찰, 2)
>
> 플로라[Flora]: 의무 때문이 아니라 항상 선생님이 학생에게 바닥을 양보해야 한다면 좋을 것이에요. 그러나 학생들에게 장난이나 그런 짓을 하지 말고 현명한 말을 하라고 가르쳐야 해요. (연구자 성찰, 9)

협력에 대한 학생과 교사의 의견은 전통적인 교수-학습 과정에 대한 자신들의 경험과 생각을 나타낸다. 이들은 학생-학생 협력이 조건부로 인식되고 개인의 또래 관계와 소위 타인의 '좋아요 및 싫어요'에 기반한다는 것을 보여 준다. 그러나 교사-학생 협력은 교사의 권위, 좋은 개인적 특성 및 학생들의 직업적 역할에 대한 전통적인 인식을 바탕으로 구축되고 있다. 이러한 사실은 통합교육의 장애물로 해석될 수 있다. 이러한 전통적인 교육 절차의 변형은 UDL 접근법 실현을 통해 달성할 수 있다.

4) 통합교육을 향한 UDL 접근법 실현을 통한 수업에서 교수–학습 과정의 변형을 지원할 수 있는 장벽 대 강점

프로젝트의 첫 번째 단계에서는 회의(참가자의 동의 하에 녹화됨)가 구성되어 교사가 UDL 접근법을 숙지하고 이에 대한 의견을 수렴할 뿐만 아니라 선호하는 교육 방식을 포함하여 학교에서의 일상 업무에 대해 논의했다. 교사들은 자신의 교수 전략에 익숙했기 때문에 제안된 변화에 대해 다소 확신이 없고 불신하는 것처럼 보였다. 이들은 공식적인 어려움과 자신들의 관점에서 변화를 방해하는 객관적인 장벽을 나열하였다. 교사와의 녹음된 인터뷰 분석을 통해 예상되는 장벽이 확인되었다. 교육체제에 내재된 장벽으로, 주로 교육에 관한 공문 및 규정, 통제 및 관리 엄격함에 대한 교사의 관여도와 관련 있었다.

교사들은 학생들이 어떠한 지식을 가지고 있으며 이러한 지식을 어떻게 사용할 수 있는지에 대하여 높은 책임감을 느꼈으며, 다년간의 숙련된 경험을 통해 개발한 자기 자신의 교수법을 강력하게 선호하였다.

아그네스[Agnes] 교사: 특정한 조건이 있고 우리는 그 조건에 갇힌 느낌이 듭니다. (연구자 성찰, 14)

벨라[Bella] 교사: 저는 아프지 않은 교사입니다. 저는 항상 일을 하고 교육과정(교육부에서 제정한 소위 '핵심 교육과정')을 제대로 실현하는 데 어려움이 있습니다. (연구자 성찰, 15)

여기 교사들에게 내재된 장벽은 그들의 신념과 직업적 경험과 관련하여 개인적인 것이었다. 학생들에게 그룹으로 작업할 수 있는 더 나은 기회를 제공하자는 제안 후 일부 교사는 그룹 작업이 교실을 시끄럽게 만들어 자신들이 싫어하는 혼돈의 인상을 준다는 것을 발견했다.

아그네스[Agnes] 교사: 소음 때문에 짜증이 납니다. (연구자 성찰, 14)

세실[Cecil] 교사: 그룹은 기뻐했고 저는 속상했습니다. 저는 그들에게 과제를 주었습니다. 혼돈과 소음이 있었습니다. (연구자 성찰, 16)

아그네스[Agnes] 교사: 모든 학생이 수업에서 성공하는 것은 불가능합니다. 저는 제가 살면서는 이러한 수업은 하지 않을 겁니다. (연구자 성찰, 14)

학생과 함께 작업하는 방식의 변화로 인한 불편함은 교사들이 교실에서 일시적인 소음과 명백한 질서의 결여는 오래 지속되면 안 되며, 이러한 것이 창의적인 행동의 표현이라는 것을 수용하는 것을 어렵게 하였으며, 학생 활동 및 수행과 관련된 가능한 긍정적인 결과와 학생과 교사 모두의 만족을 보는 것을 실패하게 하였다.

5) 학교에 대한 학생의 태도와 의무

수집된 경험적 자료, 즉 조사의 학생 서술은 학부모의 것과 비교되었다. 학부모 중 어느 누구도 자녀가 학교 가는 것을 좋아하지 않는다고 말한 경우는 없었지만, 학생 중 1명은 단호하게 부정적인 대답을 하였다. 설문조사에 참여한 거의 모든 학생은 학교에서 안전함을 느꼈으며, 모든 학부모는 이 사실에 대해 전적으로 확신했다. 수업 중 동기와 활동에 대해 질문했을 때 소수의 학생만이 동기 부여와 활동에 익숙하다고 대답했다. 대부분은 학교에서 학습에 매우 많이 몰두하지는 않았음을 고백했다. 거의 절반은 수학, 역사, 또는 폴란드어 수업보다는 미술, 체육 수업을 더 강하게 선호하는 것 같았다.

(1) 교사의 전문적인 자격과 이에 대한 학생 및 학부모의 의견

연구에 참여한 교사 팀은 매우 우수한 전문적 자격과 경험을 가지고 있었다. 이들은 자신의 전문성 개발과 지식에 대하여 신경 쓰고 있었다. 예를 들어, 이들은 자폐증과 아스퍼거증후군이 있는 아동과 청소년의 치료 및 교육, 청각장애 학생 교육, 지적장애 학생 교육과 같은 다양한 학생 집단 교수를 위한 실제적인 지침을 제공하는 많은 과정을 수강했다(〈표 4-2〉 참조).

폐쇄형 및 반구조화된 질문 외에도 설문조사 양식 역시 개방형 질문을 포함하였다. 개방형 질문의 일부로서 학생들은 자신의 교사에 대한 묘사를 요청받았다. 이들이 가장 자주 사용한 용어는 개인적, 전문적 역량 모두에 관한 것이었으며, '학습에 도움이 되는' '친절한' '참을성 있는' '좋은' '신뢰할 수 있는' '일관성 있는' '배려심 있는' '냉정한' '쾌활한' '친절한' '평화로운'과 같은 것이었다.

한편, 학부모는 자녀와 함께 일하는 교육자의 전문적 역량으로 학생의 요구를 이해하고, 틀에 얽매이지 않는 방식으로 가르치고, 학생들의 갈등과 어려운 행동을 잘 처리하고 있다고 강조했다. 이들은 특정 교사와 관련해 긍정적, 부정적 개인 특성 모두를 나열했을 뿐만 아니라, "멋지고, 현명하고, 유머 감각이 있고, 평온하게 가르치고, 참을성 있고, 인내하고, 공정하게 대하며, 요구 사항이 많으며, 그들 가운데 1명은 학생들에게 고함을 지르며, 1명은 자신의 의견을 표현하지 않는다."라고 말하면서 이들을 일반화하기도 하였다. 학생과 학부모 모두의 서술은 교사 모두에 대한 학생들의 긍정적인 감정의 평가에서는 일관적이었다.

〈표 4-2〉 교사의 전문적인 자격

기호	교직 총경력	학력(교직 수준)	추가 과목
아그네스Agnes 교사	29년	교육학부, 문학석사	청각장애 학생 교육 대학원 연구 지적장애 학생 교육 자격 과정
벨라Bella 교사	15년	이학석사	대학원 과정: IT 응용 교육학 과정 청각장애 및 지적장애 학생 교육 연구 자격 과정 자폐 스펙트럼 학생과 함께 일하는 수많은 과정
세실Cecil 교사	22년	문학석사	대학원 과정: 자폐증 및 아스퍼거 증후군 아동 및 청소년의 치료와 교육, 청각장애 및 지적장애 학생 교육 자격 과정 보완대체 의사소통-학회, 다양한 과정, 안전 훈 련(약물, 공격성 , 사이버 괴롭힘), 학생 동기
달리아Dalia 교사	2년	문학사, 문학석사	대학원 연구: 자폐증 및 아스퍼거 증후군 아동 및 청소년 치료와 교육 난독증 학생과 함께 일하고, 또래 폭력 예방과 갈등 해결하는 과정

4. 논의 및 결론: 할 만한 가치 있는 것

UDL 접근 렌즈를 사용하여 반영된 제시된 결과는 통합교육으로의 변형에 대한 몇 가지 중요한 장벽을 나타낸다([그림 4-1] 참조). 첫 번째는 교실 내 다양성에 대한 교사와 학생의 인식과 교육적 어려움의 원인이라고 불렸으며, 교사가 다양한 기능 수준에서 학생들과 협력하는 방식을 보여 줌으로써 강조되었다. 이 연구는 설문 조사로 시작되었으며 그 결과 학급 학생들은 개인 및 특수교육적 필요, 동기 및 학습 방식뿐만 아니라 명시적인 관심사 측면에서 다양한 팀이었다. 이들은 또한 학습 동기, 기술,

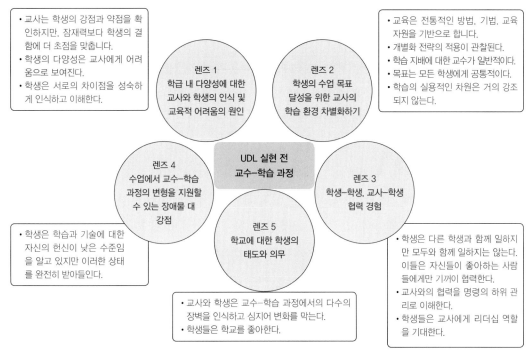

[그림 4-1] 전통적인 교수-학습 과정(UDL 렌즈를 통한 분석)

학습 방식 및 관심 측면에서 다양한 것으로 발견되었다. 이들 중에는 주로 예술적 관심(음악, 예술)을 가진 학생들이 있었던 반면, 역사, 정보 기술, 또는 지리에 대한 관심은 개별적으로 확인되었다.

교사 및 학생과의 일상적인 대화 및 인터뷰에서 교사와 학생이 현재 학교 환경, 즉 관습적이고 관례적인 교수-학습과 조화를 이루고 있음을 발견하였다. 이들은 이러한 환경에서 안전하다고 느꼈다. 이러한 보수적인 접근은 1999년 교육 시스템의 첫 대대적인 변화 이후 교육부가 2년마다 도입한 개혁의 부정적인 영향의 결과라고 볼 수 있다. 교사들 역시 세계의 문화적 변화를 따르고 있었으며, 변화의 증가하는 속도를 인식하면서 불안정한 느낌과 변화에 적응해야 하는 끊임없는 요구에 지쳐 보였으며, 이는 가짜 변화로 드러나거나 새로운 역량, 지식 업데이트 등을 요구할 것이다(Śliwerski, 2013; Knasiecka-Falbierska, 2013). 학생들 역시 편안함을 주는 관습적인 활동에 익숙하다고 밝혔다. 교수-학습 및 학교 생활에 관한 변화에 대한 제안에 대해 질문을 받았을 때, 이들 모두 현상 유지를 받아들이거나 연구자들이 제안한 변화에 대한 우려를 표명했다. 이들의 서술은 또한 변화의 성공에 대한 믿음의 부족을 보여 주었다.

교사와 학생이 보여 주는 비관론은 오히려 개인 개발을 요구하고 교수-학습 과정에서 새로운 전략의 적용을 요구하는 교육을 통한 적응과 해방을 위한 새로운 전략을 개발해야 할 필요성에 대한 두려움일 수 있다(Czerepaniak-Walczak, 2006).

수집된 자료를 통해 교사의 일상과 학생의 태도에 내재된 요인을 확인할 수 있었으며, 그 영속성은 UDL 접근법 실현을 장려하여 설문 조사 대상 학급의 현실 변화를 시작하는 데 중요한 장벽으로 간주되었다. 이는 학생이 수업 목표를 달성하기 위해 교사가 학습 환경(방법, 지식의 원천, 교육 자원)을 차별화하는 과정에서 발생하는 여러 장애물 중 일부일 뿐이라고 가정하였다. 학생들의 개별 및 특수 요구와 관련하여 예비 연구는 학생들과 함께 작업하는 동안 방법의 사용 및 적응에 대해 교사를 인터뷰했다. 이들의 서술은 다소 전통적인 교수 전략의 사용과 교사들은 학생들 작업의 개인화에 주의를 충분히 기울이지 않으며, 덜 전통적인 활동 수단과 형태의 사용을 확인해 주었다. 그러나 이들은 학생들의 다양성을 고려하고 절차를 수정하려고 시도한다. 매우 자주 이러한 것은 추가 교수/정보 제공 및 지침 단순화와 관련되었다. 한편, 학생들의 가장 적은 빈도의 활동은 자기 관심사와 일치하는 활동으로, 스스로 연습/과제를 선택할 수 있는 기회가 제공되었다. 따라서 조사는 교사들이 학생들의 필요와 능력에 맞게 조정하려고 노력했지만 전통적이고 일상적인 교육 전략을 사용했음을 보여 주었다. 이러한 전략 중 가장 일반적인 것은 추가 지침 및 정보 제공과 지침의 단순화였다. 이 활동 연구 기간의 교수 및 학습 과정은 지도 교사에 대한 학생들의 다소 수동적인 태도로 특징지어졌다. 학급 교사와 학생을 대상으로 진행한 인터뷰에서는 기존의 학교 현실과 교수-학습 과정을 용인하고 심지어는 완전히 수용하는 것으로 나타났다. 더군다나 UDL 접근법의 실현과 관련된 제안된 변경의 성공에 대한 불신과 그에 대한 두려움도 인식되었다. 이것은 익숙하고 예측 가능한 현실에 있음으로써 주는 안정감을 잃을 것이라는 두려움과 관련이 있었다.

따라서 수집된 결과를 분석한 결과 교사와 학생 모두 전통적이고 일상적인 교수-학습 방법에 익숙하고 변화에 대한 두려움을 느꼈으며 UDL 전략의 실현을 방해하는 많은 장벽을 보았으며 이를 극복할 필요성을 느끼지 못하였다. 일반적으로 말하자면, 이들은 변화의 필요성을 인식하지 못하였으며 그것이 말이 된다고 생각하지도 않았다.

자료에 나타난 학생-학생, 교사-학생 협력 경험은 변화하는 그룹에서 학생들에게 더 많은 협업 기회를 제공하고 다양한 동료와 협력하여 서로에게서 배우는 또래 관계 경험을 넓힐 필요가 있다는 결론을 이끌어 냈다. 교실에서 다양한 교육적, 사회적 경험을 통해 협력을 향상하게 시키기 위한 것이다. 이것은 학생들이 일부 또래와의 협력만을 선호하고 선택하기 때문이다. 이들은 그룹을 변화시키고 싶어 하지 않는다. 이들은 또한 교사가 교수-학습 과정에서 주도적인 위치를 차지하기를 기대하며, 이는 교사가 덜 자기 주도적이고 교육에 대한 개인적인 목표를 덜 인식하게 만든다.

통합교육을 향한 UDL 접근법의 실현을 통해 수업에서 교수-학습 과정의 변형을 지원할 수 있는 장벽 대 강점을 인식하기 위해 인터뷰 및 조사 자료를 분석했다. 교육 체제를 반영하는 형식적 장벽이 매우 강해 보였지만 개인의 신념과 직업적 경험에 내재된 일부 장벽도 교사의 의견에 나타났다. 따라서 통합교육 및 UDL 실현을 향한 변화를 위한 도구는 교사의 책임, 자격, 학생 성공을 위해 노력하려는 의지에서 볼 수 있다.

또한, 학교와 자신들의 의무에 대한 학생들의 태도는 전도유망해 보이며 일상적인 학교 일과의 교수-학습 과정에서 UDL을 실현함으로써 변화를 촉진할 수 있으며 통합교육으로의 변형에 대한 낙관적인 결과를 제공할 수 있다.

대부분의 학생은 학교에서 안전하다고 느끼고 학교에 다니는 것을 좋아한다고 주장하였지만, 절반 이상은 학교 의무에 대해서는 꺼리는 태도를 보였다. 학생들은 특히 수업에서의 노력 형태 및 내용과 관련하여 자신의 학습 방식과 선호도를 알고 있는 것으로 나타났다.

학생들은 학교와 교실에서 기분이 좋았지만 일부는 학습 의욕이 없었으며, 대부분은 낮은 성적을 두려워했다. 이것은 학교에서의 복지, 개인적인 선호도와 학습 기회, 관심사와 학교 의무에 대한 태도를 나타내는 서술에 의해 입증되었다. 한편, 조사에 응한 4명의 교사 중 3명은 비교적 근무 기간이 길고 전문적인 경험이 풍부했다. 이들은 자신들에게 제기된 질문들에 답해야만 한다는 사실이, 자신들이 모든 학생을 충분히 잘 알지 못하고 있으며, 학생들에게 언제나 적절한 교육적 전략을 적용하는 것은 아닐지도 모른다는 성찰에 이르게 했음을 인정했다.

연구 프로젝트는 학생 자신이 학교와 학교 상황 및 학교에서의 복지에 대해 긍정적이라는 사실에 대하여 학부모와 학생 간의 의견 차이를 드러냈다. 학부모에 따르면 학교에 대한 자녀의 태도는 긍정적이었다. 그러나 학교와 교사를 좋아하고 학교에서 안전하다고 느끼는 학생은 부모가 생각하는 것보다 약간 적었다. 대부분의 학생은 방과 후 급우들과 약속 잡는 것이 종종 불가능하다는 것을 인정했지만 학교에서 친구들 사이에 적어도 몇 명의 친구가 있다고 느꼈다. 유사한 주제에 대한 폴란드 연구자들의 많은 연구를 참조하면 이러한 결과는 전형적인 것으로 인식될 수 있다 (Chrzanowska, 2019 또는 Domagała-Zyśk, 2018 보고서 참조).

교사 및 학생의 태도는 UDL 접근법 실현을 방해하거나 심지어 방해한다고 생각하는 다양한 장벽에 초점을 맞춤으로써 정당해졌다. 이 가운데 교육에 관한 공문 및 규정에 주로 관련된 교육 체제에 내재된 장벽, 통제와 관리의 엄격성에 얽힌 교사의 느낌, 교사의 신념과 관련된 장벽, 교사의 전문적인 경험이 가장 많이 언급되었다.

선정된 학교와 수업에서 수행된 연구 프로젝트는 UDL 접근법의 적용을 촉진시키고 통합교육을 위한 변형을 향해 다양한 학급 팀에서 교수-학습 과정을 최적화하기 위한 시도에서 이 분야의 교사와 학생을 지원하는 데 있어 장벽과 도전을 인식하는 것을 주 목표로 하였다. 진행 중인 변화를 관찰하고 문서화하면 조사의 모든 참여자가 UDL 접근법의 가치에 대해 생각하고 변형을 선호하는 방식으로 교육을 조직할 수 있다고 확신할 것이라고 가정했다. 이러한 이점들은 각 학생이 자기 능력과 어려움에 관계없이 충분히 참여할 수 있고 개인과 그룹 모두에서 최적의 개발을 위한 엔진이 될 수 있도록 충분히 보편적인 학습 환경을 만드는 데 있다. 무엇보다도 목표는 학습 내용의 수동적인 수용자로부터 자기 자신의 학습 과정을 통제, 계획, 조직, 관리할 수 있으며, 책임감 있으며, 창의적이고, 타인과 협력하여 다양한 문제를 해결할 수 있는 능동적인 학습자이자 자기 자신의 지식의 개발자로서 학생의 태도의 변형을 시작하는 것이었다. 반면에 교사의 경우 학생들에게서 관찰되는 변화의 영향으로 생각과 교육 활동의 리모델링, 즉 전통적으로 이해되는 교사의 역할로부터 중재자가 되는 사람으로의 이전이라는 이점이 있다. 다양한 학생 집단에서 교수-학습 과정을 위한 최적의 조건을 만드는 촉진자다. 이러한 변화는 이용 가능한 문헌 출처에서 확인된 바와 같이 무엇보다도 UDL 접근법을 사용하여 가능하다(Capp, 2017; Paiva de Oliveira et al., 2019; Scott, 2018). 우리의 연구 결과는 변화를 향한 수업을 지시하고 지원하기 위한 강력한 주장이다.

학생과 교사가 변화에 대한 필요성을 표명하지 않았음에도 불구하고 교사와 학생이 지속적인 공동 노력과 연구 활동에 관심을 표명하면 할수록 연구자로서 우리는 UDL 해결책의 실현은 학생과 교사에게 교수 및 학습 과정에 있어 규칙적인 일과를 수정할 수 있는 훌륭한 기회를 제공한다고 더 확신하게 되었다. 이러한 경험은 차례로 학습 중인 학급과 전체 학교에서 통합교육의 원칙을 실현하는 데 도움이 될 수 있다. 또한 우리는 교사들이 교육 체제의 다가오는 변화와 통합으로의 변형에 대해 인식하고 있음을 분명히 발견하였다.

제5장

UDL 접근법 실행의 결과로서의
통합교육을 향한
교수-학습 과정의 혁신

Jolanta Baran, Tamara Cierpiałowska, & Ewa Dyduch

이 장은 수업을 폴란드에서 진행된 통합하는 형식에 관한 실행연구 프로젝트의 가정, 실현 및 결과물에 대해 논의한다. 이 프로젝트의 주요 목표는 보편적 학습 설계(UDL) 접근법에 기반한 학습-교수 과정에서의 변화를 촉발하고 이에 따라 통합교육을 촉진하는 것이었다. 이 실행연구는 한 학기 동안 지속되었다.

이 장에서는 폴란드의 한 통합된^{integrated} 형식의 학급에서 수행한 실행연구 프로젝트의 가정, 실행 및 결과물에 대해 설명한다. 이 프로젝트의 주요 목표는 보편적 학습 설계(UDL) 접근법을 기반으로 학습-교수 과정의 변화를 촉발하여 통합교육을 촉진하는 것이었다. 실행연구는 한 학기 동안 진행되었다.

주로 다양한 정보를 삼각 검증하고, 관점을 종합한 정성적 경험 자료를 사용하여 수집된 입력에서 특별한 주제와 얽힌 실타래를 식별하고, 이를 조율된 방식으로 제시하고 해석하였다.

UDL 접근법의 실행은 교수-학습 과정에 긍정적인 영향을 미치고 이를 최적화하여 학생들의 활동성, 헌신, 자립심, 책임감을 향상시키고 협력을 발전시켜 교육에 대한 포용성을 키우는 것으로 나타났다. 또한 교사가 교육 성공의 본질에 대한 사고방식을 바꾸도록 자극하고 일상적인 실천을 지원한다.

| 키워드 | 교육의 혁신, 보편적 학습 설계, 교수-학습 과정, 통합교육 |

1. 서론: 폴란드의 통합된 수업에서 UDL 접근을 통한 교수-학습 과정의 변화에 대한 이론적 배경

통합교육은 교육과정을 현대화할 수 있는 기회를 제공한다. 그러나 이를 위해서는 교사의 적절한 역량과 학생이 개인의 학습 목표와 자기 결정권을 정의할 수 있는 기회가 필요하다(EADSNE, 2011). EADSNE^{European Agency for Development in Special Needs Education}(2011)에서 정의한 교육의 질 향상을 위한 핵심 원칙에 따라 교사는 수업에 구성주의적 접근법을 사용하고 수업 과정을 보다 유연하게 만들기 위한 적절한 해결책을 사용할 것을 권장한다. 학생들은 교수-학습 과정에서 적극적인 파트너가 되고 이질적인 팀에서 동료와의 협력과 관련된 다양한 역할을 수행하도록 동기를 부여받는다.

이용 가능한 연구들은 이러한 해결책을 홍보하는 것이 효과적이라는 것을 확인시켜 준다(Mitchell, 2016; Szumski, 2019). 또한 일부 자료에서는 통합교육에 유리한 조건을 조성하는 데 사용할 만한 전략과 접근법을 제안하는데, 여기에는 보편적 학습 설계(UDL) 접근법이 포함된다(Baran, 2018; Mitchell, 2016; Olechowska, 2016; Szumski, 2019).

폴란드의 교육 체제 변화의 불가피성에도 불구하고 지금까지 개발된 교육 형태를 무시하고 하나의 해결책만 홍보하려는 새로운 경향의 결과로 제공되는 교육의 다양성을 유지할 위험에 주목한다.

이러한 접근법의 결과로 교육에서 '프로그램적 및 조직적 통일'을 볼 수 있으며(Janiszewska-Nieścioruk & Zaorska, 2014, p. 24), 이러한 현상은 역설적으로 학생 다양성, 통합 및 존중, 교수-학습 과정에서 다양한 접근법의 사용의 이점을 누리는 것을 부정한다(Bąbka & Korzeniowska, 2020).

많은 실무자와 연구자의 의견에 따르면 폴란드에서는 이미 통합교육이 시행되고 있으며 이러한 주장을 바탕으로 예를 들어 공립, 통합 및 통합교육에서 학생들의 성과에 대한 비교 연구가 수행된다. 그러나 발표된 연구 보고서에서는 이러한 통합교육이 실제로 어떤 모습인지, 어떤 방법이 사용되는지 등에 대한 설명은 찾아보기 어렵다(Domagała-Zyśk, 2018). 따라서 측정, 분석 및 예측이 실제로 의도한 사실을 기술하고 있는지 여부에 대한 의문이 제기된다. 또한 다양한 교수 학습 방법이 있고 이를 사용할 수 있는 경우 통합적이라고 간주되는 여러 학교의 다양한 학급을 비교하는 것이 적절할 수 있는지에 대해서도 고려해야 한다.

또 다른 문제는 혁신을 실현하고 진화 과정의 변화를 유지하기 위한 실천에 대한 연구(실행연구)를 말한다. 교사의 업무에 변화를 도입하는 것은 항상 진화적인 과제이다. 아렌즈Arends(1995)에 따르면, 교육기관의 변화 과정에서 연구의 방향을 제시하는 잘 정립된 두 가지 이론적 방향, 즉 변화에 대한 사람들의 반응을 고려하는 심리학적 이론과 본 연구에서 특정 학교의 운영 조건 분석뿐만 아니라 법적 규정과 함께 교육 체제에서의 지위와 위치에 관심을 갖는 시스템 이론이 있다. 또한 하향식 개혁의 실행은 지속 가능하고 의도한 효과를 거의 가져 오지 않는 것으로 알려져 있다. 이는 교육 실제를 변화시키는 데 성공하기 위한 매우 중요한 논거이다.

제4장에서 제시된 UDL 렌즈([그림 4-1] 참조)를 통해 식별된 장벽 분석은 우리 프로젝트의 다음 주기 실행연구의 시작점이된다. 이는 다양한 학급 팀에서 교수-학습 과정을 최적화하여 교육을 통합교육으로 변화시키는 것을 목표로 UDL 접근법의 적용을 촉진하고이 분야의 교사와 학생을 지원하는 것을 목표로 했다. 진행 중인 변화를 관찰하고 문서화하면 설문조사에 참여한 모든 참가자가 UDL 접근법의 가치에 대해 확신하고 변화를 선호하는 방식으로 교육을 조직할 수 있다고 가정했다. 이러한 이점은 능력과 어려움에 관계없이 모든 학생이 충분히 참여할 수 있을 만큼 보편적인 학습 환경을 조성하고, 이를 개인과 소속 그룹 모두의 최적 발달을 위한 도구로 만드는 데 있다. 또한 학생들의 태도를 학습 콘텐츠의 수동적 수용자에서 능동적 학습자, 자신의 지식을 구축하는 사람, 자신의 학습 과정을 통제, 계획, 조직 및 관리할 수 있는 사람, 책임감 있고 창의적이며 다른 사람과 협력하여 다양한 문제를 해결할 수 있는 사람으로 변화시키는 것이 목표였다. 반면에, 교사의 경우 학생들에게서 관찰 된 변화의 영향으로 사고 및 교육 활동의 리모델링, 즉 전통적으로 이해되는 교사의 역할에서 벗어나 중재자 및 촉진자가되어 다양한 학생 그룹의 교수-학습 과정에 최적의 조건을 만드는 역할로 전환하는 데 이점을 볼 수 있다. 이러한 변화는 무엇보다도 사용 가능한 문헌 출처(Capp, 2017; Paiva de Oliveira et al., 2019; Scot, 2018)에서 확인된 바와 같이 UDL 접근법을 사용했기 때문에 가능하지만 자체 연구 결과도 있다.

주요 연구 문제는 교수-학습 과정에서 일어나는 변화의 본질이었기 때문에 다음과 같은 질문에 대한 답을 찾았다. 교수-학습 과정과 이 주제에 대한 교사와 학생의 성찰은 'UDL 접근법 실행의 결과로 어떻게 변화하고 있는가?'이다.

교사, 경영진 및 학생들과의 공동 토론 결과 연구 프로젝트를 계속하고 특정 수정 (UDL 접근법 실현으로 구성)을 실현하려는 시도를 할 수 있는 허가를 얻었다. 연구 대상 수업에서 교수-학습 과정의 변화를 시작하게 된 계기는 교사들에게 UDL 접근법에 대한 지식을 제공하고(이후 확장), 구체적인 UDL 접근법을 제시하며, 그 정도까지 동기를 자극함으로써 교사들을 안내하는 것이었다. 앞서 언급한 우려에도 불구하고 교사와 학생이 개방적인 태도와 준비된 자세를 보여 줬기 때문에 가능했다. 또한 교사들은 다가오는 교육 체제의 변화와 통합을 향한 변화에 대한 인식을 보여 주었다.

무엇보다도 대학 연구자, 교사, 학생들이 정기적으로 모이는 과정에서 일종의 커뮤니티를 형성하고 서로에게서 배울 수 있었기 때문에 가능했다. 우리는 다른 참여자들이 변화의 과정에서 겪었던 고민에 대해 알게 되었고, 무엇보다도 건설적인 아이디어를 공유함으로써 서로에게 힘을 실어 주었다. 상호 학습은 지역적 차원뿐만 아니라 국제적 차원에서도 이루어졌다. 파트너 대학과 학교를 방문하여 서로의 좋은 교육 사례를 배우고, 더 넓게는 다양성에 대한 새로운 시각을 배울 수 있었다. 이를 통해 학생의 다양성을 훨씬 더 가치 있는 것으로 보고 이해하기 시작했고, 통합이 교육의 변화를 위한 올바른 방향이라는 확신이 점점 더 커졌다.

실행연구^{action research}를 통해 수행된 분석을 통해 폴란드어, 수학, 역사 수업에서 UDL 접근법 도입의 영향으로 일어난 변화를 포착할 수 있었다. 이러한 변화는 특히 수업 목표에 대한 학생들의 인식 향상과 수업 목표를 달성하는 다양한 방법 및 이와 관련된 다양한 형태의 과제에 대한 기회 제공과 관련이 있다.

교사들이 수정한 결과, 전체 수업에서 점차 벗어나 학생들이 팀워크에 참여하게 되었다. 학생들은 점점 더 의식적으로 참여하게 되었고, 점점 더 적극적인 학습자가 되었다. 학생들 스스로도 말했듯이, 습득한 지식의 유용성이 드러나면서 동기 부여를 받았고, 수행 및 표현할 수 있는 선택지가 다양해지면서 더욱 매력적으로 느껴졌다고 한다.

교사들이 UDL 전략의 실행에 도움이 되는 요소를 파악하기 시작했다는 점에 주목해야 한다. 그러한 요인 중 하나는 2개의 수업 시간을 하나의 블록으로 결합하여 수업에서 더 자유롭게 행동하는 동시에 목표를 더 완벽하게 달성할 수 있는 기회를 창출 할 수 있는 능력이었다. 교사들이 주목한 또 다른 요인은 투명한 수업 내 작업 규칙을 정의하여 학생들의 활동을 구조화했다는 점이다.

　장기적인 상담의 지원을 받은 교사와 학생 모두 UDL 접근법의 실행에 따른 변화의 가치를 깨닫기 시작했다. 그 결과 지속적인 변화에 대한 두려움이 사라지거나 줄어들었다.

　동시에 교사들은 UDL 접근법의 실행을 방해하는 장벽을 발견하는 것을 포기하지 않았다. 또한 폴란드 교육 시스템에서 시행 중인 공식적, 법적 해결책과 (제한된) 자원(예: 교실 장비, 교구)으로 인해 발생하는 외부 장애물에 직면하고 현재의 경험을 보다 철저히 분석했다. 또한 학생들이 영구적인 팀에서 일하는 것을 선호하기 때문에 다른 학생들과 협력하기 위해 새로운 관계를 맺는 것에 저항하는 것도 장벽이었다.

　이러한 장벽에 직면한 교사와 학생들은 적극적인 태도, 즉 장벽을 극복하기 위해 노력했다. 학생들의 눈에 보이는 헌신과 만족감은 교사들에게 동기 부여가 되었다.

2. UDL 접근법을 실행할 때 교수-학습 과정이 어떻게 변화하는지에 대한 연구: 폴란드의 한 통합된 수업 사례

　지역적으로 잘 알려져 있고 외부 개혁가보다 더 큰 신뢰를 구축하는 특정 기관의 특정 팀이 제안한 혁신적인 풀뿌리 이니셔티브가 성공할 가능성이 더 높지만, 나타날 수 있는 장벽을 고려해야 한다. 따라서 이론적 및 경험적 전제(Arends, 1995; Baran, 2000)에 따르면, 연구를 위해 선택한 학급에서 UDL 접근법을 실행할 때 그 학급에서 일하는 교사들을 대상으로 다음과 같은 장벽이 예상될 수 있다.

- 특정 학교의 교사들은 다른 곳에서 시도된 방법에 대해 회의적이며 신뢰도가 낮다고 생각한다.
- 교사는 지역 상황(학교, 지역, 문화 등)에 대해 잘 알고 있다고 생각하는 개혁가에 대해 더 많은 신뢰를 가지고 있다.
- 외부인, 즉 특정 학교에 속하지 않은 기관의 대표인 과학자 및 연구자는 교사에게 신뢰할 수 없는 것처럼 보인다.
- 지역 참가자가 도입한 변화에 대한 적어도 부분적인 지식을 기반으로 하는 이러

한 방법의 도입이 더 효과적이다.

또한 풀러^{Fuller}가 제시한 혁신에 대한 교사의 태도, 즉 인식, 정보, 개인화, 행동, 결과, 협력, 합리화의 단계(Arends, 1995)에 따라 UDL 접근법의 요소를 적용하려는 시도 기간, 연구자와의 접촉 빈도, 수업 방식 변화에 대한 학생의 반응이 매우 중요하다고 생각했다. 즉, 혁신을 실행하는 동안 교수-학습 과정을 연구하고, 수업 중 교사와 학생의 활동을 모니터링하고, 그들이 교수-학습 활동과 상호 작용 모두에서 변화를 인식하고 있는지, 그것이 유용하고 위로가 되며 어떤 종류의 성공을 가져다주는 것으로 발견하는지 관찰하는 것이 연구의 좋은 방향이 될 수 있다는 것을 의미한다. 이러한 요소는 수업 중에 사용되는 새로운 전략의 기원과 성격에도 불구하고 교사와 학생 모두 변화에 대한 긍정적인 인식과 혁신을 지속하려는 의지를 뒷받침할 수 있다.

주요 연구 질문이 공식화하였다. UDL 접근법 실행의 결과로 교수-학습 과정과 이 주제에 대한 교사와 학생의 성찰이 통합교육으로 어떻게 변화하고 있는가? 실행연구 방법론에 따라 실행 계획이 설계되었다.

- 학생들에게 수업의 목표를 인식시키고 학교에서 얻은 지식을 실생활에 실제로 적용할 수 있는 옵션을 강조한다.
- 학생들이 목표를 달성하고, 행동을 취하고, 자신을 표현하는 방법을 선택할 수 있도록 교사에게 제안한다.
- 작업 스타일 (개인, 짝으로, 학생들이 직접 구성한 소그룹)을 선택하여 학생들 간의 협력을 강화한다.
- UDL 전략 실행의 결과로 교사와 학생의 교수/학습 과정에 대한 성찰적 평가를 시작한다.

일정 기간의 조치를 취한 후 다음 단계가 계획에 포함되었다.

- 교사들이 보다 혁신적이고 다양한 방법으로 학생의 성과를 평가할 수 있도록 교육한다.
- 학생들에게 자기 평가 및 자기 통제를 훈련한다(외적 동기에서 벗어나 내적 동기를

적용하도록 장려).
- 학생들을 활성화하고 자기 성찰(성찰적 학습)을 자극하는 데 도움이 되는 도구로서 '수업가이드'를 공동 개발한다.

무엇보다도 연구자들이 제안한 몇 가지 UDL 전략을 교사가 실행하는 데 중점을 두었다.

- 학생들에게 수업의 목표를 제시하는 데 중점을 둔다.
- 학생에게 목표 달성을 위한 선택권을 부여하여 다양한 행동 방식을 제공한다.
- 협력을 장려한다.
- 교사가 UDL 원칙을 고려하여 교육을 계획하고 실행하도록 장려하고 동원한다.
- 교사에게 방법론적 지원과 수업 중 발생하는 문제에 대한 지속적인 토론을 제공한다.

선정된 4명의 교사는 연구자들의 지도 아래 6학년 통합 학급 한곳에서 UDL 접근법을 실행하기 시작했다. 연구진의 지시에 따라 교실에서 UDL 접근법을 사용하면 주어진 과목(폴란드어, 수학, 역사)에 대한 학생들의 흥미가 향상되고 학습 동기가 향상되어 능동적인 학습자, 즉 스스로/독립적으로 학습하는 전문가가 될 수 있다고 가정했다.

정기적인 관찰, 대화, 인터뷰를 통해 상당히 풍부한 정보를 수집하여 변화가 일어나고 있음을 확인했다. 이러한 변화는 대략 연구 중반부터 뚜렷하게 나타나기 시작했다. 그러나 처음 학교를 정기적으로 방문했을 때 교사들과의 인터뷰에서는 제안된 업무 전략을 지속하는 것에 대한 저항이 분명하게 나타났다. UDL 가정에 따른 업무 효율성의 필요성에 대한 불확실성과 확신 부족에 대한 태도는 첫 번째 수업이 끝난 후 디브리핑에서 한 교사가 한 말로 표현했다.

세실Cecil 교사: 모두가 수업 목표를 이해했는지 잘 모르겠습니다. 이 수업의 많은 학생에게는 어려운 문제예요. (연구자와의 성찰, 29)

다른 교사들도 설문조사 양식에 수업을 요약하여 작성했다.

> 벨라[Bella] 교사: 가끔 방해가 되는 소음이 있었습니다. (연구자와의 인터뷰, 28)
>
> 아그네스[Agnes] 교사: 수업 중에 얻은 지식의 유용성 …… 아마도 그들이 알아차렸을 거예요. (연구자와의 성찰, 27)

시작된 활동의 성공을 보장할 수 없다고 주장 할 때 교사는 일반적으로 학교 운영에서 특정 학생의 어려움, 장애 및 개인화 된 접근법의 필요성과 같은 구체적인 예를 언급했다. 그들은 장벽을 공식화했다.

> 세실[Cecil] 교사: (수업 관찰 중) 모든 사람의 장벽은 스트레스가 많은 상황에서 자신을 통제하지 못하는 학생의 행동이었습니다. 다른 사람들의 집중을 방해해요. 학생들의 활동은 (수업 내용이 아닌) 다른 것을 향하고 있어요. (연구자와의 면담, 29)
>
> 아그네스[Agnes] 교사: 일부 학생에게는 글쓰기와 과제를 따라가는 것이 문제가 됩니다. (연구자와의 인터뷰, 27)

교사들의 진술에 따르면 교사들은 직업적 경험에서 학생들의 어려움과 약점에 지나치게 초점을 맞추고 있으며, 이는 교수-학습 과정에서 혁신을 실현한 결과 가능한 좋은 변화에 대한 긍정적 인 인식에 큰 장애가 될 수 있다. 외적인 어려움을 드러낼 때, 그들은 아마도 그들이 사용하는 교육 루틴 덕분에 뒷받침될 수 있는 편안함에 대한 훌륭한 정당성을 찾을 수 있다.

수집된 모든 자료의 내용을 분석한 후 연구자들의 최종 합의를 거쳐 6차시 교수-학습 과정에 UDL 접근법을 실현한 결과 나타난 문제/현상의 구체적이고 추가로 제시된 범주를 식별할 수 있었다. 이 자료들은 주요 주제, 주제와 보다 구체적인 하위 주제로 두 가지 수준에서 배열되었다.

1) 변화 가치에 대한 인식

(1) 실현의 감각

교사들은 저항에도 불구하고 교실에서 학생들과 함께 작업하는 동안 발생하는 현상을 관찰하고 UDL 접근법의 일부로 제안 된 특정 조치를 언급했다. 교사들이 스스로 결론을 내리기 시작했다는 신호 중 하나는 다음과 같은 성찰에서 나타나 변화를 위한 동원을 알리는 신호였다.

> **벨라**[Bella] **교사**: 학생들이 수업의 목적에 주의를 기울이지 않았다고 생각해요. …… 다음 번에는 다르게 시도해 볼 것이다. 수업의 목적과 그러한 수업을 수행해야 할 필요성을 강조하겠어요. (연구자와의 성찰, 28)

불과 2주 후, 수업 후 서면 보고서에서 교사들은 이미 학생들이 수업의 목표를 이해했다는 사실에 대한 자신감을 표명했지만 수업 방식이 적절했는지, 모든 학생이 그것을 좋아했는지에 대해서는 여전히 의구심을 가지고 있었다.

한 달 동안 정기적으로 교실을 방문하여 개인 인터뷰를 한 후 한 학생이 역사 수업을 마치고 이렇게 말했다.

> **페트리크**[Patryk]: 네, 수업의 요점은 알았지만 선생님이 모두에게 질문을 많이 하셔서 좋았어요. …… 자신이 어디에서 왔는지 아는 것은 실생활에서 유용할 수 있기 때문에 배울 가치가 있었어요. …… 발표하는 동안 멋진 그림이 있었어요. (연구자와의 성찰, 20)
>
> **카밀**[Kamil]: 선생님은 그들이 무엇을 할 것인지 정확히 설명해 주셨어요. (연구자와의 성찰, 21)

따라서 무엇보다도 수업 및 학습의 목표를 세우고 학생들의 필요에 맞게 제시하는 방식을 조정하는 등 변화의 가치를 곧바로 확인할 수 있었다.

> **세실**[Cecil] **교사**: 학생들은 시험 중에 이러한 지식이 필요하다는 것을 알고 있었다고 생각합니다. 학생들은 수업에 적극적으로 참여했어요. (연구자와의 인터뷰, 29)
>
> **카밀**[Kamil]: 선생님은 수업 후에 우리가 알게 될 내용을 정확히 말해 주셨어요. (연구자와의 인터뷰, 21)

수업을 진행하면서 교사가 의식적으로 학생들에게 수업의 목적을 설명하는 동시에 습득한 지식의 유용성을 보여 주고, 이를 달성하기 위한 다양한 방법을 제시하고 활용할 수 있도록 지도하고 있다는 사실이 점점 더 분명해졌다. 다음과 같은 교사의 의견이 주목되었다.

> 벨라Bella 교사: 다른 접근법이 호기심과 활동을 자극하는 등 인식이 성장하고 있다는 신호라고 생각해요. (연구자와의 인터뷰, 28)

(2) 지식과 기술의 실제 적용을 보여 주는 감각에 대한 인식

교사들에게 던진 질문 중 하나는 학생들이 수업 중에 습득한 지식의 유용성을 알아차렸는지에 대한 평가에 관한 것이었으며, 이는 학생들이 활동에 대한 동기를 부여받았는지에 대한 요청과 연결되었다. 한 교사의 답변에 따르면 이러한 문제와 학생들에게 제안한 행동 제안 사이에 밀접한 연관성이 있음을 알 수 있다.

> 아그네스Agnes 교사: 그들 중 일부는 확실히(암시적으로: 수업에서 얻은 지식의 유용성을 보고 동기를 부여받았습니다), 특히 그룹 작업과 '추측' 요소를 좋아하기 때문에 …… 제 생각에는 학생들이 지식을 실제로 적용할 수 있는 것이 중요해요. 그것은 내용 이해의 신호입니다. (연구자와의 성찰, 27)

이 문제에 대한 학생들의 진술도 중요하다.

> 미라Mira: 어른이 되어서도 유용하게 쓸 수 있을 것 같아요. 언젠가 아이가 생기면 설명해 줄 수 있으니까 유용하게 쓸 수 있을 것 같아요. (연구자와의 대화, 19)
>
> 이고르Igor: (역사에서 배운) 과거와 현재를 연결하는 방법을 알 수 있어서 좋았어요(과거와 현재를 연결해 볼 수 있어서). (연구자와의 성찰, 24)

교사들은 지식뿐만 아니라 경험을 통해 입증된 다양한 교구를 사용하여 UDL의 가정에 적응하기 시작했으며, 원칙적으로 이러한 행동이나 학생들과의 작업 형태에 대한 결정에 어떤 제안도 기대하지 않았다. 연구자와의 토론에서 그들은 종종 다음 수업에서 무엇을 할 것인지 발표했으며 일반적으로 계획의 타당성에 대한 확신을 보여주었다. 이러한 대화는 수업 전, 그러나 대부분 수업 후에 연구자들에게 프로젝트에 참여하는 교사들에게 자세한 지침이 필요하지 않다는 것을 매우 빠르게 확인시켜주었다. 그들의 역량과 전문적인 경험 덕분에 그들은 수업에서 일상을 순조롭게 바꾸기 시작했다. 학생들의 활동성과 흥미가 높아지고 자신의 업무에 대한 책임감이 커지면서 교사들의 접근법이 강화된 것을 알 수 있었다. 한 교사는 학습 과정에 대한 학생들의 인식 변화에 대해 다음과 같이 말했다.

> 아그네스Agnes 교사: 매 수업이 새로운 것을 가져다준다고 생각해요. 저는 학생들이 자신이 하고 있는 일에 대한 의미와 책임감을 느끼기를 바랍니다. (연구자와의 인터뷰, 27)

(3) 수업에서 사용할 수 있는 다양한 형태의 행동 및 표현과 그 효과에 대한 만족도

매번 수업을 거듭할 때마다 교사와 학생들은 수업 활동의 변화와 관련된 경험을 계속 수집하기 위해 노력했다. 교사들은 연구진에게 학생들이 실현되는 작업 방식에 대해 스스로 질문하기 시작했다는 신호를 보냈다. 따라서 완전히 새로운 것은 아니지만 지금까지 자주 사용되지 않았던 활동 형태에 대한 만족도가 눈에 띄게 높아졌다. 한 학생과의 인터뷰에서 긍정적인 정서적 경험에 대한 그의 경험을 볼 수 있다.

> 연구자: 이번 수업에 만족하십니까?
> 미라Mira: 네, 정말 재미있었어요.
> 연구자: 왜 재미있었나요?
> 미라Mira: 글쎄요, 어렵지 않았고, 그냥…… 그냥…… 너무 재미있었어요. (연구자와의 대화, 19)

교사 중 1명은 수업 보고서와 자신의 결론을 작성했다.

> 벨라Bella 교사: 학생들은 개별적으로 또는 그룹으로 작업했습니다. 과제 수준은 다양했어요. 학생들은 장소와 실행 계획을 선택해야 했습니다. 학생들은 매우 적극적이었고 모두가 바쁘게 일했으며 그것은 매우 흥미로운 경험이었어요. …… 처음에는 학생들이 아무런 아

이디어가 없었고 사전에 준비된 예제를 사용했지만 수업 중에 창의력이 자극되었어요. …… 다음 수업에서도 똑같이 하려고 노력하겠지만 (추가: 다음 주제부터) 더 많은 예시를 제시하여 '근거'를 마련할 거예요. (연구자와의 성찰, 28)

나머지 교사들은 학생들이 스스로 지식을 얻기 위해 습득한 경험을 확인하고 행동 방법을 제시하며 만족감을 드러냈다.

세실Cecil 교사: (학생들은) 지식을 얻는 방법에는 여러 가지가 있다는 것을 이미 알고 있어요(보기, 듣기, 움직임, 스스로 만들기). (연구자와의 인터뷰, 29)

아그네스Agnes 교사: 저는 활성화 방법을 사용하죠. (연구자와의 성찰, 27)

인터뷰 중 학생이 수업에 대한 만족도를 표현한 또 다른 예이다.

루섹Lucek: 오, 멋지네요……. 아주 좋은 설명이네요. …… 수업은 아주 잘 진행되었고, 이보다 더 좋을 수는 없었을 것 같아요. (연구자와의 인터뷰, 23)

같은 학생은 다음 수업이 끝난 후 자신이 선택한 직업과 그 이유에 대해 물었을 때 다음과 같이 말했습니다.

루섹Lucek: 저는 지도를 집어 들었습니다. 나는 글보다 지도로 작업하는 것을 선호해요. …… 나는 (물건의 이름)을 좋아하지 않지만 이 방법(행동)을 정말 좋아합니다. (연구자와의 성찰, 23)

(4) 협력의 가치에 대한 인식

전통적인 교육은 주로 집단 또는 개별 작업이 우세한 전체 수업이다. 이는 교사 중 한 사람의 진술에서도 확인할 수 있다.

아그네스Agnes 교사: 우리 교사들은 이런 종류의 전체 수업 방식을 좋아해요. …… 대화하고 강의하는 형태의 경제적이며 전통적인 수업 방식이기도 하고, 시간을 절약할 수 있어요. (연구자와의 인터뷰, 27)

그러나 그룹 작업은 프로젝트에 참여한 교사나 학생들에게는 알려지지 않았지만 수업 중에 자주 발생하지 않았다. 이 사실에 대한 이유는 추후 설명할 것이며, 여기서는 설문조사에 참여한 여섯 번 수업의 교수-학습 과정 참여자들이 그룹 작업에 대한 인식과 저항을 깨는 것에 주목할 것이다. 프로젝트가 시작될 때 관찰한 바에 따르면 교사들은 학생들의 작업을 그룹으로 구성하는 경험을 후속 조치하는 데 그다지 열중하지 않았다. 대부분 이미 10여 년 이상의 경력을 가진 연구자들과의 인터뷰에서 그들은 수업의 질서와 일종의 침묵이 학생들의 집중력을 촉진할 뿐만 아니라 기능에 어려움이 있는 일부 학생들에게는 필요하고 다른 학생들이 선호하는 것이라고 여러 번 강조했다.

> 이고르Igor: 제가 그들(다른 학생들)을 싫어하는 것은 아닙니다. 누군가와 함께 일할 때, 때로는 다른 사람이 시끄럽게 하고 때로는 다툼이 있기 때문에 그렇습니다. 저는 평화롭고 조용한 것을 좋아해요. (연구자와의 인터뷰, 24세)

첫 수업이 끝난 후 교사들은 그룹 작업의 단점을 명확하게 지적했다.

> 세실Cecil 교사: 일부 학생들은 그룹 커뮤니케이션에 문제가 있었는데, (프로젝트에 대한) 서로 다른 아이디어가 있었기 때문에 어려움을 극복하는 것은 타협하는 능력이에요. (연구자와의 성찰, 29)
>
> 아그네스Agnes 교사: 더 나은, 더 뛰어난 업무 규율을 갖추기 위해 노력할 거예요. (연구자와의 성찰, 27)

이 진술은 학생들이 그룹에서 협력 기술에 대한 훈련이 필요하며 타협점을 찾는 것이 배워야 할 중요한 기술이며 그렇게 할 수 있는 기회는 그룹 작업을 통해 제공된다는 것을 보여 주었다.

점차적으로 교사와 학생 모두 그룹 작업의 다양한 특성을 인식하고 협력의 새로운 어려움에 주의를 덜 기울이고 이러한 형태의 활동을 유지하려고 노력하면서 반드시 타협에 도달하는 방법을 모색했다. 교사와 학생 모두 지식, 기술(실용적 지식 처리)을 습득하고 검증하는 인지적 역량, 협력하고 지식을 공유하고 도움을 주는 사회적 기술

등의 발달과 관련된 자질을 지적하기 시작했다.

> 세실Cecil 교사: 그룹 작업(공동 프로젝트 그리기)이라는 아이디어가 이 주제에서 유익한 것으로
> 입증되었어요. 학생들은 수업 내용을 즐겁게 암기합니다. …… 작업은 창의적이었고, 학
> 생들은 자신들의 건물(과제에 명시된 시설)이 어디에 위치할지 스스로 계획할 수 있었어
> 요. (연구자와의 성찰, 29)

> 아그네스Agnes 교사: 그들(학생들)은 짝이나 소그룹으로 일할 수 있다는 사실 덕분에 협동하는
> 법을 배웠고, 이것은 나중에 인생에서 매우 중요해요. (연구자와의 인터뷰, 27)

흥미롭게도 학생들은 교사보다 그룹 작업에 대해 훨씬 더 많이 이야기했지만, 그들
에게 제기된 질문은 이 문제와 직접적으로 관련된 방식으로 표현되었다는 점에 유의
해야 한다.

> 카밀Kamil: 내가 틀린 말을 하면 다른 사람도 함께 생각할 수 있기 때문에 그만한 가치가 있어요.
> (연구자와의 성찰, 21)

> 아담Adam: 무언가를 배우고 다른 사람에게 질문을 던질 수 있었어요. (연구자와 함께 성찰, 26)

> 페트리크Patryk: 예를 들어, 그룹으로 일하고 무언가를 만들어 내는 방법과 같이 독창적인 방법을
> 배울 수 있어요. (연구자와 성찰, 20)

> 아담Adam: 함께 일하고, 서로를 알아가고, 우리의 강점과 약점을 배울 수 있기 때문이죠. 예를 들
> 어, X는 발명을 더 잘하고 글쓰기와 그림 그리기를 더 잘한다는 것을 알아요. (연구자와
> 의 대화, 26)

> 페트리크Patryk: (함께 일하면서) 서로 배우고 서로 도울 수 있어요(학생). (연구자와의 대화, 20)

> 루섹Lucek: 글쎄요, 앞으로는 혼자 일할 일이 없을 테니까요. 직장에서도 유용하게 쓰일 수 있으
> 니까요. (연구자와의 대화, 23)

2) UDL 접근법 실현에 도움이 되는 요소 식별

프로젝트 실행을 요약하기 위해 수행 된 포커스 그룹 인터뷰Focus group interview에서
교사들에 대한 중요한 관찰을 수집하여 무엇보다도 UDL 접근법 실현 경험에 대한 만

족도를 표현했다. 흥미롭게도 의견 중에는 분명히 긍정적인 결론이 있었다. 또한, 제시된 주장과 교사들의 목소리에서 느껴지는 긍정적인 감정을 바탕으로 교실에서 관찰된 활동의 변화에 만족할 뿐만 아니라 유쾌하게 놀랐으며 학생들과 함께 일하면서 경험 한 피로감 대신 일종의 편안함을 확인할 수 있었다는 의견을 추측 할 수 있다. 한 교사의 전통적인 교육에 대한 언급이 중요한 것 같다.

> 세실Cecil 교사: 지금까지 저는 수업 시간에 아무것도 가져가지 않는 아이들이 있다는 사실에 겁이 났어요. …… 전통적인 수업을 할 때는 항상 아이들을 동원할 수 없어요. (연구자와의 성찰, 29)

녹취된 인터뷰를 통해 분석한 교사들의 성찰을 주제별로 정리했다.

(1) 2개의 수업 시간을 하나의 단원으로 결합하여 수업 주제에 대한 시간 연장하기

앞서 인용한 바와 같이 전통적인 교육이 '경제적'이라는 진술은 다음 진술에서 소위 시간 관리를 사용하는 교사들이 UDL 접근법과 대조하고 있다.

> 벨라Bella 교사: 저는 학생들과 두 시간 연속으로 수업을 해야만 이 일(UDL 전략 실행)을 할 수 있습니다. 교장 선생님이 화요일에 (제 과목을 위해) 한 시간을 더 주셨기 때문에 기쁩니다. (연구자와의 성찰, 28)

다른 교사들도 이러한 신념을 공유하면서 특히 예상치 못한 조직적 또는 교육적 문제가 종종 발생하고 학생들에게 다른 정보가 제공되어 시간이 걸리기 때문에 45분 수업 단위로는 주제를 완료하기에 충분하지 않다는 점을 인정했다. 우리는 교사가 주간 수업 회의(주당 1 시간)까지 특정 문제를 해결할 때까지 기다릴 수 없고 기다려서도 안 된다는 것을 인정해야 하며, 그 결과 교육 문제와 같은 몇 가지 중요한 문제를 논의한 후 주제 토론 시간을 줄이고 소위 경제 전략에 의지했다. 프로젝트에 참여한 모든 교사의 의견은 교사가 특정 날짜에 2시간씩 2개의 수업 블록을 가지고 있으면 모든 수업 단계를 실현하면서 더 효과적으로 수행할 수 있다는 점에서 만장일치로 의견이 일치했다.

> 세실^{Cecil} 교사: 교사는 시간이 있고, 어떤 학생에게든 다가갈 수 있어요. (연구자와의 성찰, 29)
>
> 아그네스^{Agnes} 교사: 학생들이 첫 시간 동안 과제를 하기 전에, 두 번째 시간 동안 교사가 요약을 발표하고, 토론을 하고, 평가를 합니다. (연구자와의 성찰, 27)

이러한 일일 일정이 없는 경우 교사 중 1명은 다음과 같은 해결책을 채택했다.

> 세실^{Cecil} 교사: 수업이 있는데 디브리핑할 시간이 없을 때는 이틀 후에 수업이 있을 때 하죠. 그게 나쁘다고 생각하지 않아요. (연구자와의 성찰, 29)

교사들은 시간과의 경쟁이 지식의 지속 가능성과 교수-학습 과정에 대한 학생들의 헌신에 얼마나 중요한지 알고 있기 때문에 수업 중에 학생과 개별적으로 접촉하여 학생들에게 더 많은 행동 시간을 줄 수 있는 기회를 갖기를 원한다. 교사들의 말에서 수업 단위를 구성하는 것이 가능한 방식으로 시간표를 재구성해야 한다는 가정, 즉 특정 날짜에 특정 주제에 대한 2개의 수업, 소위 단위가 있다는 가정이 나타났다. 이렇게 하면 교사와 학생 모두 편안함을 느끼며 UDL 접근법에 따라 수업을 진행할 수 있다.

(2) 수업 목표를 명확히 명시하고 투명한 수업 내 작업 규칙을 수립하여 학생들의 활동을 구조화하기

교사들은 학생들에게 수업의 목표를 명확하게 공식화하여 제시하고 그러한 목표를 달성하기 위한 방법을 선택할 수 있도록 요청받았다. 디브리핑 인터뷰에서 교사들은 처음에는 연구자들이 이 부분에 그렇게 신경을 쓴다는 사실에 놀랐지만, 시간이 지나면서 이러한 조건이 학생들의 동기를 확실히 향상시킨다는 것을 관찰했다고 인정했다.

> 벨라^{Bella} 교사: 처음에는 연구자들이 왜 반복하고 반복하고 반복하고 싶어하는지 궁금했어요. 그러나 그것에 대해 뭔가가 있어요. …… 그리고 실제로 그것이 필요한 이유(수업에서 배울 내용), …… 그리고 그것이 동기 부여의 원천이에요. 이 프로젝트는 많은 것을 이해하는

데 도움이 되었어요. (연구자와의 성찰, 28)

세실Cecil 교사: 아이들은 무엇을 위해 알고 싶어 하죠? (연구자와의 성찰, 29)

아그네스Agnes 교사: 학생들도 이 목표를 다양한 방법으로 제시하는 것이 필요하고, 그것이 정말 효과가 있다는 것을 알 수 있고, 이 동기가 어딘가에 자리 잡고 있다는 것을 알 수 있기 때문에 모든 노력을 가치 있게 만듭니다. (연구자와의 인터뷰, 27)

수업의 목적에 대한 주제를 마무리하고 다양한 직업적 경험의 예를 사용하면서 교사 중 1명과 다른 교사가 다음과 같이 말했습니다.

세실Cecil 교사: 하지만 그렇게 새롭지는 않아요. (연구자와의 인터뷰, 29)

인터뷰 중 다양한 주제에 대해 이야기하는 동안 교사들은 혼란과 소음의 부족뿐만 아니라 수업의 구체적인 질서, 일부 학생의 예상치 못한 어려운 행동으로 인한 방해 부족, 눈에 보이는 집중력과 작업 및 토론 문화에 대해 언급하면서 교실 내 규율의 중요성을 지적했다. 즉, 교사들은 조직 뿐만 아니라 교수-학습 과정을 관리하고 완전히 통제할 책임도 느낀다.

세실Cecil 교사: 수업에 갈 때, 학생들의 기분이 어떤지, 무슨 일이 있는지…… 상황을 정리하고, 제가 달성하고자 하는 것이 무엇인지, 이 수업에서 무엇을 배울 수 있을지 신경을 써요. (연구자와의 성찰, 29)

UDL 접근법의 결과로 교실의 혼란에 대한 두려움은 학생들이 직접 '목소리'를 내고, 다양한 형태의 작업과 무엇보다도 그룹 작업을 도입한 결과 완전히 예측 가능한 수업을 위해 계약 / 원칙을 도입하는 것이 유용하다고 생각하게 만들었다. 다음 문장을 예로 들어 보겠다.

아그네스Agnes 교사: 저는 학생들이 떠드는 것을 좋아하고 어떤 사람들은 이것을 매우 불안해하기 때문에 주제에서 벗어난 발언을 모두 잘라 냈어요. 그래서 저는 칠판에 수업 중 어떻게 행동해야 하는지 기본 규칙을 적어 놓습니다. (연구자와의 인터뷰, 27)

인터뷰에 참여한 학생들은 수업 중 발생한 상황과 수업 과정에 대해 다음과 같이 말했다.

> 휴버트Hubert: 시끄럽지 않았고, …… 모두가 무언가를 말할 수 있었어요. (연구자와의 인터뷰, 22세)
>
> 아담Adam: 어떻게 해야 할지 알고 있었고 다른 학생도 방해하지 않았기 때문에 잘 진행되었어요. (연구자와의 성찰, 26)
>
> 페트리크Patryk: 저는 모든 것을 바로 이해하지 못해서 선생님이 설명해 주셔야 했어요. (연구자와의 인터뷰, 20)
>
> 휴버트Hubert: 작년보다 학생들이 더 예의 바르고 선생님들도 최선을 다하고 있어요. (연구자와의 인터뷰, 22)

학생들의 진술을 통해 교사가 목표를 명확히 설정하고 수업 내 활동 규칙을 투명하게 제시하면서 활동을 구조화 하여 UDL 규칙을 준수할 경우, 학생들은 교사의 기대에 만족하고 긍정적으로 반응하는 동시에 성공에 대한 자유로운 선택권을 가지며 행동에 대한 동기를 느끼고 교실 내에서 다른 학생들과 협력할 수 있다는 것을 확인할 수 있었다.

3) 변화를 가로막는 장벽을 파악하고 이를 극복하기 위한 노력

포커스 인터뷰 중 교사들에게 직접 던진 질문은 교수-학습 과정의 변화를 가로막는 현재 및 예상되는 장벽에 관한 것이었다. 이 질문으로 촉발된 토론을 통해 기존 교육 체제의 단점을 확인할 수 있었다. 교사들이 명시적으로 언급하지 않은 장애물과 어려움을 포함하여 새롭거나 제안된 해결책의 완전한 적용을 크게 제한하거나 시작된 변화를 포기하는 이유가 될 수 있는 장애물과 어려움은 다음 설명에서 연구자들이 제시한다.

(1) UDL 규칙에 따른 수업 계획 및 준비에 많은 시간이 소요됨(학생의 학습 효과가 수업 준비와 관련된 교사의 업무량과 항상 같지는 않음)

수업 중에 교사가 학생들을 위해 준비한 자료를 최대한 활용하는 느낌은 시간이 많이 걸리는 작업과 UDL 접근법의 사용을 결합하는 중요한 요소로 밝혀졌다. 과제 연습이 학생들의 흥미를 유발하지 않는다면, 즉 아무도 그것을 하기로 결정하지 않는다면, 교사는 이것을 준비를 위한 시간 낭비로 인식하고 제안된 활동의 유용성, 지식에 대한 중요성에 대한 과소 평가 또는 인식 부족으로 인식한다.

> 아그네스Agnes 교사: 교사가 수업을 위해 준비하고, 연습하고, 제안서의 과제를 준비하는 데 시간이 걸립니다. …… 학생들이 항상 모든 것을 사용하거나 수행하기를 원하지는 않는다는 것이 밝혀졌어요. (연구자와의 성찰, 27)

이 예는 교사가 수업 중에 핵심 교육과정에서 발생하는 모든 목표를 한 번에 달성하는 것이 얼마나 중요한지 보여 준다. 특정 수업 중에 특정 지식이 '발견'되거나 학생들이 계획된 과제, 연습, 활동 양식을 통해 특정 기술을 습득했다는 사실을 알게 되면 교사는 수업 준비에 들인 시간에 대한 '보상'을 받게 된다.

(2) UDL 규칙에 따른 수업에 필요한 시간

UDL 접근법이 시간 낭비라고 비난하는 것은 앞에서 설명한 UDL 접근법의 적용에 도움이 되는 요소, 즉 수업 주제를 2시간 단위로 실현하는 데 도움이 되는 요소와 관련이 있다. 이러한 비난은 UDL 접근법의 가정에 따른 작업의 낮은 효율성에 대한 믿음 또는 오히려 우려에 지나지 않는다. 안타깝게도 교사들은 수업에서 수행되는 연습 횟수가 효과를 보여 준다고 확신한다. 이는 학생의 독립적인 지식 추구와 학습 과정에 대한 헌신과 관련된 활동의 질에 내재된 가치를 놓친 것처럼 보이지만, 우리가 알다시피 훨씬 더 오래 지속되는 결과를 가져온다. 그러나 교사들이 의견, 장벽을 표현하는 방식에서 중요한 것은 평가와 부정적 논쟁이 아니라 그 발생에 대한 일종의 이성적 수용이었다. 따라서 다음과 같이 언어화할 수 있는 태도가 드러난다. 장벽이 존재한다는 것은 사실이지만 여전히 행동할 수 있다. 다음 문장이 그 증거이다.

> 세실Cecil 교사: 수업 시간은 45분밖에 되지 않습니다. 이것은 매우 짧은 시간이며 더 흥미로운 작업 방식을 방해합니다. (연구자와의 인터뷰, 29)
>
> 아그네스Agnes 교사: 확실히 UDL 접근법은 교육과정을 느리게 만듭니다. …… 효율적이지 않아

요. (연구자와의 성찰, 27)

(3) 핵심 교육과정의 '독재'

수년 동안 대중과 과학계에서는 폴란드 학교의 전통적인 교육 방식에 대한 비판과 외부 통제와 관련된 핵심 교육과정을 엄격하게 시행해야 한다는 비판에 초점을 맞춰 왔다. 특정 교육 단계를 마친 학생들은 제3자 교육 감독 기관에서 개발한 시험을 치르게 된다. 교사는 학생이 이러한 시험에 합격했는지 여부와 방법, 즉 어떤 성적으로 합격했는지에 대한 책임을 진다. 또한 학교는 지역 및 국가 수준에서 순위가 매겨지며 이러한 목록은 나중에 게시된다. 교사들과의 포커스 그룹 인터뷰에서 중요한 진술이 나왔다.

> 세실[Cecil] 교사: 학생들은 (핵심 교육과정인) 모든 것을 배워야 하며, 관심 있는 것, 인생에 도움이 될 수 있는 것만 배워야 합니다. (연구자와의 인터뷰, 29)

이 사실은 폴란드 학교에서 UDL의 실행을 방해하는 또 다른 장벽으로 논의되었다. 의견을 강화하기 위해 교사가 (교육) 시스템의 포로라고 느끼는 것을 나타내는 이미 인용한 단어를 여기서 다시 한번 언급할 가치가 있다.

(4) 교육 당국이 전체 자료를 바탕으로 학생들을 가르치도록 압력을 가하는 경우

핵심 교육과정의 독재는 교육 당국이 계획된 교재의 실현 기한을 엄격하게 준수하는 것과 관련이 있으며, 이는 외부 시험에 의해 추가로 확인된다. 또한 학생의 부모는 교사가 '효과적으로 일하고 있는지'를 확인하는 것이 일반적이다.

> 아그네스[Agnes] 교사: 우리가 그들(학생)에게 더 많은 유연성을 주면 모든 것(국가 교육부가 정한 핵심 교육과정)을 마스터하지 않고 시험을 치르는 것이 필요해요. (연구자와의 인터뷰, 27)

(5) 교사의 역할에 대한 오해

교사는 교육과정 외에도 다양한 학교 문서 작성과 관련된 관료주의와 교육 감독에 필요한 문서 작성에 많은 시간을 할애하기 때문에 많은 전문적인 의무에 부담을 느낀다. 특히 교육 관리자와 같은 많은 사람이 교사 및 교사의 행동과 완전히 독립적 인 교수–학습 과정에서 발생하는 상황과 객관적인 어려움에 대해 교사에게 책임을 묻기 때문에 학생의 학부모와의 협력은 매우 힘들 수 있다. 교사의 역할이 학생과 관련 된 다른 행위자/체제의 역할과 혼동되어 동등한 책임을 지는 것은 교사 중 1명이 제 기한 불만이다.

> 세실^{Cecil} 교사: 우리는 학교에서 일어나는 모든 일, 예를 들어 (학생들의) 나쁜 행동, 성적 부진에
> 대해 책임이 있습니다. (연구자와의 인터뷰, 29)

(6) 기말고사를 잘 준비하라는 학부모의 압력

기말고사를 위해 자녀를 잘 준비시켜야 한다는 부모의 압력 학생의 부모가 교사의 업무를 통제하는 것은 자녀가 학교에서 무엇보다 먼저 배우고 두려움 없이 기말고사 를 치를 수 있도록 해야 한다는 압력에서도 나타난다.

> 아그네스^{Agnes} 교사: 학부모의 기대치는 다양합니다. 어떤 부모는 우리가 숙제를 많이 하기를 바라
> 는 반면, 다른 부모는 학교가 아이들의 삶의 전부는 아니라고 믿어요. (연구자와의 성찰, 27)
> 세실^{Cecil} 교사: 학부모는 자료(교육과정) 실행이 잘 되었는지, (학생들이) 잘 숙달했는지 물어요.
> (연구자와의 성찰, 29)

(7) 높은 순위로 '교육적 성공'을 확인하는 방법

학생이 최종 시험을 치르는 결과는 높은 점수를 얻는 것이며, 이를 위해서는 지식 뿐만 아니라 소위 시험 효율성도 필요하다(Chrzanowska, 2015, 581; Gajdzica, 2013). 대부분의 부모는 (초등)학교에서 학생이 최고 성적을 달성하는 것으로 표현되는 교육 적 성공에 따라 자녀의 미래를 계획하기 때문에 이러한 기대는 부모의 기대이다. 높 은 성취도는 부모가 염두에 두고 있는 특정 중등 학교에 입학할 수 있는 보증수표가 된다.

> 세실^{Cecil} 교사: 학부모 입장에서는 자녀가 중등 종합학교에 입학할 수 있을 만큼 높은 성적을 받
> 는 것이 중요합니다. (연구자와의 인터뷰, 29)

교사는 학부모의 강한 압박을 느끼며 학생의 성공과 실패에 대해 책임을 져야 한다는 것을 알게 된다.

(8) 학생들은 항상 같은 팀 내에서만 협력하고 싶어 하는 습관과 새로운 관계에 폐쇄적인 태도를 드러낸다

UDL 접근법을 실행하는 동안 교사들은 학생들에게 공동 작업의 일환으로 그룹에 들어갈 수 있는 다양한 방법을 제공했다. 안타깝게도 학생들은 큰 저항을 겪은 후에야 다른 구성의 팀에서 일하는 데 동의했다. 인터뷰 중에 학생들은 다음과 같은 방식으로 연구자들을 설득하려고 노력했다.

> 루섹Lucek : 우리가 교실 반대편에있는 누군가와 협력한다면 …… 아마도 잘 풀리지 않을 거예요. (연구자와의 성찰, 23)
>
> 아담Adam: 우리는 어떤 그룹에서 일하고 싶은지 선택할 수 있었어요. 저는 제 크루들과 함께 일했어요. 우리는 친구이고 수업이 끝나면 서로 배웅하죠. (연구자와의 인터뷰, 26)

여느 커뮤니티와 마찬가지로 협업을 꺼려하고 독립적으로 활동하는 것을 선택한 학생들도 있었다.

> 이고르Igor: 저는 혼자서 공부하는 것을 선호해요. 이것이 제가 가장 좋아하는 공부 스타일이에요. 다음 수업에서도 같은 방식으로 진행할 거예요. (연구자와의 인터뷰, 24)

3. UDL 접근법 적용에 따른 통합교육 교수-학습 과정에서의 교사 및 학생의 인식 변화 및 성찰

연구 결과는 교사와 학생 모두에게 분명하게 보이기 시작한 태도를 언급하는 진술로 요약할 수 있다. 가르치고 배우는 과정에 변화를 도입할 가치가 있으며 일상을 깨뜨릴 가치가 있다. 긍정적인 결과를 가져오기 때문에 변화를 두려워해서는 안 된다.

이 연구를 통해 폴란드어, 수학, 역사 수업에서 UDL 접근법 실행의 영향으로 드러난 교사와 학생의 변화하는 태도를 포착할 수 있었다. 교사들은 학생들에게 수업 목표를 인식시키는 것을 더 중요하게 생각하기 시작했고, 수업 목표를 달성하는 방법을 차별화할 수 있는 기회를 만들고 다양한 형태의 과제를 더 자주 사용했다. 그 결과 전체 수업을 점차 포기하고 학생들의 참여를 통한 팀워크를 선호하게 되었다. 처음에 교사들은 수업 중 보다 편안한 분위기와 정해진 시간 내에 핵심 교육과정을 달성하지 못할 것에 대한 두려움으로 인해 불편함을 느꼈다. 그러나 시간이 지남에 따라 교사와 학생 모두 만족감을 느끼기 시작했으며, 특히 학생들의 수행 동기가 높아지면서 수업 중 동기 부여와 활동이 활발해졌다. 이러한 변화의 결과로 변화의 가치를 인정받게 되었다.

교사들은 수업 및 학습 목표에 대한 인식이 잘 작동하고 의미가 있다고 답했다. 폴란드어, 수학, 역사 수업이 끝난 후 진행된 인터뷰에서 학생들은 배운 지식의 실제 적용에 대한 인식을 드러내거나 미래에 대한 유용성을 언급했다. 학생들은 수업 초반에 교사가 구체적인 목표를 세우고 나중에 배운 내용의 유용성을 파악한 것에 대해 높이 평가했다. 교사와 학생들은 지식과 기술의 실제 적용을 보여 주는 것이 의미가 있다고 분명히 말했다.

UDL 접근법에 따라 교사들은 학생들의 다양한 형태의 수업 내 수행과 표현을 신중하게 적용할 수 있는 지침을 제공받았다. 그 결과 전문적인 경험 습득과 병행하여 개발한 전략과 작업 방식 외에도 수업 방식과 학생을 활동에 참여시키는 방식(프로젝트, 모델, 계획, 도면, 다양하고 진화하는 작업 그룹에서의 학생 작업)을 모두 수정하는 상황이 발생했다. 이러한 조치의 결과를 인식하고 감사하게 된 학생과 교사는 더 다양한 형태의 수업 활동과 표현이 가능하다는 것에 만족감을 표하기 시작했다.

연구 기간 동안 수집된 경험적 자료를 기반으로 한 UDL 접근법 적용 결과의 평가는 수행된 실현 활동에 도움이 되는 요인을 식별하는 데에도 적용된다.

교사들은 2개의 수업 시간을 하나의 블록으로 통합하고, 명확하게 정의된 목표를 바탕으로 학생들의 활동을 구조화하고 수업 내 활동에 대한 투명한 규칙을 마련하여 수업 과목을 완료하는 시간을 연장할 필요성을 언급했다.

연구 프로젝트 수행 중 교사들의 진술에서 주제와 소주제가 논의되고 확인된 부분을 일반화하여 살펴보면, 교사와 학생들의 경험을 통해 기존의 교수 과정을 구성주의적으로 이해한 학생들의 학습 과정으로 전환하는 것에 대한 가치 인식을 확인하기 시작했다고 결론지을 수 있다.

이 현상은 UDL 접근법의 적용뿐만 아니라 무엇보다도 교육학의 급진적인 이론적 변화로 인해 생성된 실습 권장 사항으로 인해 바람직하고 예상되기 때문에 주목해야 한다.

- 학생의 활동 영역과 교사의 관심 영역의 변화(통제와 자기 통제의 다른 영역, 성과 중심이 아닌 지식 습득 과정에서의 방향성, 통제 대신 모니터링 등)
- 콘텐츠, 시간 및 공간 관리의 변화(경직된 관리 및 외부 계획 대신 유연성, 콘텐츠 개인화, 공간 및 소스의 광범위한 가용성 등의 원칙이 작동하기 시작함)
- 개별화에 집중 (개별 자원을 존중하지 않는 집단 교육보다 지식 형성에 더 많은 것으로 판명 됨) (KlusStańska, 2019, p. 15)

교수-학습 과정에서 관찰한 변화와 그에 따른 학생들의 변화에 대한 교사들의 긍정적인 성찰과 더불어 변화를 가로막는 장벽에 대한 인식과 이를 극복하고자 하는 열망도 확인할 수 있었다.

교사들의 의견을 종합한 결과, 무엇보다도 시간이 많이 소요되는 UDL 규칙에 따른 수업 계획 및 준비에 대한 불편함이 가장 큰 문제점으로 지적되었다. 학생들의 학습 결과물이 수업 준비와 관련된 교사의 업무량과 항상 같지는 않다는 점이 강조되었다. 특히 공식 문서 작성, 다양한 유형의 보고서 작성 등 다양한 추가 업무에 대한 부담이 없다면 교사가 노력과 혜택의 불균형성에 대해 불평하지 않을 것이라고 가정 할 수 있다. 그들은 새로운 경험을 습득하면 UDL 접근법의 규칙에 따라 수업 개발을위한 경제적 전략을 개발할 것이라는 사실을 고려하지 않았다.

그들이 언급한 또 다른 장벽은 핵심 교육과정의 위압적인 성격, 즉 공식적으로 정해진 기간 내에 모든 학생에게 핵심 교육과정을 실시해야 한다는 측면에서 교사에게 요구되는 장관급 규정이었다. 또한 전체 교육과정을 이수해야 한다는 교육 당국의 압박은 또 다른 장벽으로 작용했다. 이 사실은 특히 적용된 외부 통제에 실제로 반영되어 있다. 교사 역할에 대한 오해는 교사들에게 추가적인 비교육적 의무를 부과하는 증거로 교사들이 공식화 한 또 다른 주장이다. 그들의 의견에 따르면, 학생의 학부모뿐만 아니라 교육적 감독도 학교 경영진과 교사에게 자신의 역량을 넘어서는 기대치를 부과하며, 이는 때때로 모든 학생의 실패에 대해 교사만 비난하는 등 교사의 직업을 훼손하는 결과로 이어진다. 이러한 현상은 매우 복잡하고 광범위한 사회적, 법적 맥락을 가지고 있지만 교사가 표현한 신념은 타당성이 없는 것은 아니지만 전문적인 책임을 선택된 활동 범위로만 제한하려는 시도를 고려하지 않다(Groenwald, 2013).

교사들은 학생 부모의 기대치를 언급하면서 UDL 접근법을 실현하는 데 있어 또 다른 장벽을 정의하는데, 이는 교사의 성과에 대한 교사의 책임이며, 학부모가 자녀를 기말 시험에 잘 준비하도록 압력을 가하는 것을 지적한다.

소위 시험 효율성은 폴란드 학교의 악몽으로, 교사의 행동의 자유를 제한하고 학생들에게 많은 노력을 강요한다. 이러한 현상은 '교육적 성공'과 높은 순위의 연관성을 동반하며, 설문 조사에 참여한 교사들은 UDL 접근법 실행의 또 다른 장벽으로 간주한다. 안타깝게도 폴란드의 교육 현실은 아직 학생, 교사, 학교의 성공에 대한 이러한 시각에서 벗어나지 못하고 있다. 이러한 순위는 많은 소셜 미디어, 특히 언론과 웹에서 흔히 볼 수 있고 광고되고 있다. 또한 세계 당국에 제출되는 보고서에도 다음과 같은 순위를 기대하고 있다.

연구 프로젝트의 이 부분을 종합하면, 다양한 작업 그룹에 무작위로 배정된 학생들이 보여 준 팀워크의 어려움에 주목해야 한다. 수업 중 학생들의 말과 행동은 그들이 기꺼이 협력할 의향이 있음을 보여 주었지만, 이는 규칙적인 동료 커뮤니티에서만 가능했다. 그들은 팀을 바꾸는 것을 좋아하지 않았고 새로운 팀에서 일하는 경험의 가치를 인식하지 못했다. 이 현상은 학생들이 영구적인 팀에서 일하는 습관을 고수하려는 강한 성향을 보이고 새로운 관계에 폐쇄적이라는 결론으로 이어진다.

이 결론에 포커스 그룹 인터뷰 중에 나온 교사의 증상을 나타내는 발언을 추가할 가치가 있다.

세실Cecil 교사: 그들(학생들)은 성공에 목말라 있어요. (연구자와의 인터뷰. 29)

4. 토론 및 결론: UDL 접근법 실행에 따른 통합교육을 향한 교수-학습 과정의 변화

주기로 나누어 진행된 실행연구 결과의 최종 해석과 일반화는 확인되고 문서화된 변화의 메커니즘과 그 과정을 결정하는 요인을 보여 주는 체계를 참조하여 제시된다 ([그림 5-1] 참조).

앞에 제시된 연구에서도 알 수 있듯이, 변화의 원인은 혁신의 성공에 매우 중요하다. 변화의 과정은 프로세스 내부에서 식별된 요인과 외부에서 작용하는 요인 모두에 의해 영향을 받으며, 이는 변화가 일어나는 맥락을 제공한다. 자극은 일반적으로 외부에서 오지만, 변화가 어느 정도, 어떻게, 어떤 속도로 일어날지는 행위자에 따라

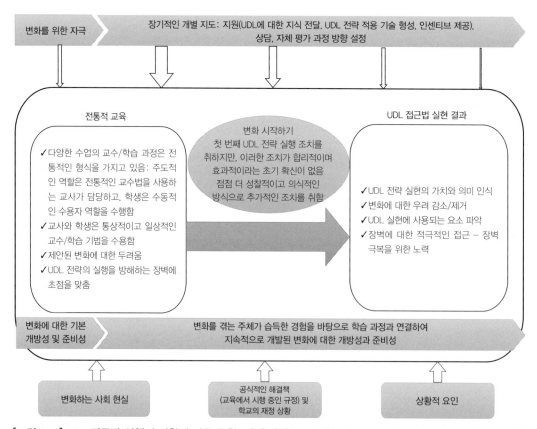

[그림 5-1] UDL 접근법 실행의 영향에 따른 통합교육을 향한 교수-학습 과정의 변화 메커니즘 및 결정 요인(흰색: 변화의 메커니즘, 회색: 변화의 동인, 상단의 세로 화살표: 두께가 감소하는 것: 과외 점유율 감소)

달라진다(Lubrańska, 2004). 개방성과 변화에 대한 의지는 기본 엔진으로 고려해야 할 내부 요소이다. 개방성과 변화에 대한 준비성은 처음에는 성격 특성과 관련이 있으며, 두 번째로 획득한 경험을 기반으로 하며 변화를 생성하는 개체의 지속적인 개발에서 나타난다(Lubrańska, 2004). 이는 현대 인류의 존재를 특징짓는 평생 학습 과정의 필수적인 특징이다. 변화에 대한 준비성은 내적 요인, 즉 처음에는 변화의 의미와 효과에 대한 확신이 부족하더라도 행동을 착수, 시작한 다음, 변화의 가치와 감각을 인식하고 혁신 활동을 지속하려는 결심, 교수/학습 과정에 도입된 변화의 긍정적 영향을 경험하는 것과 연결된다. 따라서 변화를 일으키기 위해서는 충분한 준비가 되어 있지 않더라도 행동으로 옮기는 것이 중요하며, 그 행동의 효과로 인해 동력이 발생하기 때문이다.

연구 대상 학급에서 UDL 접근법을 사용하여 변화를 촉진하는 외부 요인으로 확인된 것 중에는 교사와 학생을 프로젝트에 참여하도록 초대하는 등 행동을 취하도록 자극을 제공하는 것이 있었다. 이러한 자극을 지속시킨 또 다른 요인은 장기적인 튜터링을 통해 교사와 학생에게 지원(예: UDL 접근법에 대한 지식 제공, 선택한 전략으로 작업하는 능력 형성, 추가 행동에 대한 동기 부여 유지)과 조언 및 결과 평가를 제공한 것이었다. 변화를 주도하는 중요한 외부 요인은 웰빙, 창의성, 지식, 책임감 및 독립성, 협력 및 현대 문제 해결 능력과 같은 가치에 대한 인식을 포함하여 변화하는 사회적 현실이기도 한다(참조: Szempruch, 2012). 수행된 실행연구의 결과는 교육법 수정 및 학교 재정 여건 개선을 포함하여 보다 유리한 공식적인 해결책을 만드는 것도 중요하다는 것을 확인했다. 발표된 연구에서 변화의 과정을 분명히 방해하는 요인은 폴란드에서 시행중인 공식적인 해결책으로, 교사에게 '과부하'된 핵심 교육과정과 교사가 대상이 되는 외부 통제 체제를 실현하도록 의무화했다. 이로 인해 교사들은 수업에 보다 유연하고 혁신적인 형태의 행동이 도입되면 자신의 업무가 부정적으로 평가될까 봐 두려워했다. 자체 연구를 통해 수집된 의견에 대한 분석은 구스키[Guskey](2002)가 개발한 전문 교사 개발 모델의 연구 결과와 일치한다. 교육의 변화는 교사의 전문적 훈련과 개발을 통해 이루어질 수 있다. 그러나 이는 교사가 새로운 전략 등을 시도한 결과 학생의 성취도와 성과에 변화가 있음을 인식하기 시작할 때 일어날 것이다. 학생에게 일어나는 변화는 혁신의 제안된 적용에 대한 신념과 태도를 바꾸고 학생 교육 및 학습 과정에서 자신의 행동을 수정하는 것이다.

시작된 변화는 시작된 조치를 계속해야 할 필요성이 확인되지 않으면 영구적인 것으로 간주하기 어렵다. 다른 모든 과정과 마찬가지로 교수/학습 체제에서 제시된 변화 과정은 변화하는 현실과 관련된 방식으로 지속되고 진화해야 한다. 교육의 변화는 더 넓은 사회적 과정과 그 변화의 일부이므로(Szempruch, 2012) 교육에 관련된 모든 주체의 운영이라는 사회적 맥락과 분리하여 경직된 방식으로 교수/학습 체제의 혁신을 지속하는 것은 불가능하다(코로나 팬데믹으로 인한 전 세계적 상황에서도 알 수 있듯이). 교육의 변화는 본질적으로 진화적이지만, 그 결과로 나타나는 변화는 현재의 교수/학습 과정의 질서를 뒤바꾸는 것처럼 보인다는 점에서 혁명적으로 보일 수 있다.

현대 학교에서 학생들의 요구와 능력이 매우 다양하다는 점을 감안할 때, 통합교육의 성공적인 실행을 위해 가능한 한 폭넓은 조건을 조성하기 위해 노력할 필요가 있다. 학교는 모든 학생이 21세기를 위한 인지 발달과 지식 습득을 촉진할 수 있는 환경이어야 하지만, 가장 중요한 것은 협력하고 문제를 해결하며 최대한 넓은 의미에서 다양성에 열려 있는 능력을 포함하여 특히 또래와의 관계를 구축하고 발전시킬 수 있는 장소가 되어야 한다는 것이다. UDL 개념을 기반으로 한 전략의 실현은 학생들이 끊임없이 변화하는 현대 세계의 도전에 대처할 수 있도록 준비시키기 위해 학교 교육에서 추진해야 할 변화의 좋은 방향인 것 같다.

UDL 가정을 준수하는 교육과정의 실현은 모든 수준의 교육을 만든다.

- 어려움에 관계없이 모든 학생에게 매력적인 형태로 제공된다.
- 학생의 선호도와 능력에 맞게 유연하게 조정할 수 있다.
- 제한된 역량을 가진 학생을 포함한 모든 학생이 직관적으로 접근할 수 있다.
- 시각 또는 청각 장애가 있는 학생의 지각적 접근 가능하다.
- 학생의 필요에 맞게 배치된 공간에서 실현되어 친숙하다(예: 자극의 수를 제한하고 필요한 학생에게는 침묵을 허용하는 등).
- 사용하기 쉬운 교재 사용으로 인해 복잡하지 않다(Domagała-Zyśk, 2017, p. 14).

UDL 모델에 따라 실행되는 통합교육의 확실한 가치는 학생들이 추구하고자 하는 특정 목표의 선택, 학습 형태(개인, 짝 또는 그룹 작업)의 선택, 사용하고자 하는 교훈적 수단의 선택 또는 습득한 지식이나 기술의 표현 형태 선택 등 다양한 측면에서 선택할 수 있는 기회라는 점이다. 따라서 학생들은 진정한 헌신을 통해 자신의 교육과정에 대한 책임을 질 뿐만 아니라 또래 과외를 통해 학교 친구들을 도울 수 있는 기회를 갖게 된다.

이러한 맥락에서 교사의 역할도 변화하고 있다. 가르치는 사람이라는 비대칭적인 위치에서 학생들 스스로의 활동을 돕는 튜터tutor이자 파트너가 되는 것이다.

그러나 이 모든 것은 학교 현실의 상당한 변화를 필요로 한다. 이런 노력을 기울일 가치가 있을까? 앞에서 언급한 이유 때문에 대답은 '그렇다'이다. 그러나 교육의 변화는 하향식 접근법이나 급진적인 방식으로 도입할 수 없다는 사실을 직시해야 한다. 학교 현실을 재설계해야 한다. 기존의 장벽을 하나씩 식별하여 이를 반영하고 조치를 취하고 수정하며 그 효과를 평가하고 시작부터 교육 리엔지니어링reengineering 과정을 시작해야 한다.

제6장

팬데믹 기간에도 불구하고
통합교육의 성공 요인으로서
UDL 접근법의 사용

Jolanta Baran, Tamara Cierpiałowska, & Ewa Dyduch

이 장에서 보고하는 실행연구는 한 학기 동안 진행되었다. 이 시기는 코로나 팬데믹으로 인해 학교가 대면 활동을 중단하고 온라인 학습을 실시하는 새로운 시기였다. 따라서 역동적으로 변화하는 교육 현실(그리고 그 이후)에 적합한 연구 목적과 문제를 공식화할 필요가 있었다. 이 장에서는 팬데믹 기간 동안 교육에 미치는 위험에 대한 이론적 배경을 제공한다. 폴란드 수업에서 실행연구 방법으로 수행된 연구 프로젝트의 가정, 실행 및 결과도 논의된다. 주로 정성적인 경험적 자료는 다양한 정보 출처에 의해 삼각 측량되었으며, 수집된 입력에 나타나는 특정 주제와 실타래thread를 식별하고 조율된 방식으로 제시하고 해석하는 데 사용된 관점을 조정했다. 수행된 분석은 팬데믹 기간의 어려운 경험에도 불구하고 UDL 접근법의 적용이 통합교육의 성공을 촉진한다는 결론으로 이어진다. UDL 접근법의 실행이 교수-학습 과정에 긍정적인 영향을 미치고, 이를 최적화하여 학생들의 활동, 헌신, 자립심, 책임감을 향상시키며, 협력을 발전시켜 교육에 통합성을 불어넣는다는 것이 입증되었다. 일시적인 우려와는 달리 온라인 학습으로의 전환 필요성으로 인해 교사와 학생들이 직면한 특별한 상황은 학습 과정에서 UDL 접근법의 실현이 가져온 변화를 강화했다.

키워드	통합교육, 보편적 학습 설계, 코로나, 온라인 교육, 교수-학습 과정

1. 팬데믹 시대의 교육: 교수–학습 과정의 변화를 위한 위험과 기회

코로나 팬데믹과 휴교령으로 인해 교사와 학생(그리고 학부모)은 새롭고 매우 어려운 상황에 처했다. 이는 새로운 근무 환경에 빠르게 적응해야 하는 교육 환경 전체에 큰 도전을 가져왔다. 사실 팬데믹과 그 한계는 인간 활동의 많은 영역에서 어려운 상황(Sliż, 2020)과 심지어 충격(Cellary, 2020)의 측면에서 볼 수 있으며, 특히 이러한 충격은 교육에 영향을 미쳤다.

제미엘니아크[Jemielniak](2020, p. 35)이 다소 유머러스하게 지적했듯이, 전통적인 학습에서 온라인 학습으로의 갑작스러운 전환의 필요성은 '변화의 속도가 타이타닉 재난에 참여하여 수영을 배우는 것과 비교할 수 있을 정도로' 격렬하고 충격적으로 발생했다. 2020년 봄에 교육계에서 일어난 일을 긴급 온라인 학습, 즉 이전에 전통적인 방식으로 시행되던 '교육 형태의 사이버 공간으로의 긴급 이전'이라고 불렀다(Kraśniewski, 2020, p. 40). 팬데믹 기간 동안 온라인 교육이 생명줄 역할을 했지만, 과학자와 실무자 모두 교육을 기존 방식에서 온라인 방식으로 변경하는 데는 여러 가지 위험이 따른다는 데 동의한다. 많은 학교가 학교 내 교육에서 온라인 교육으로 교육 형태를 바꾸기 시작했다. 그러나 안타깝게도 폴란드에서는 특히 팬데믹 초기에 모든 학생이 온라인 학습을 충분히 활용할 수 있는 기회를 갖지 못했으며, 일부 학생은 컴퓨터 장비가 없거나 다른 가족 구성원과 공유해야 했기 때문에 온라인 학습을 충분히 활용할 수 없었다. 이러한 상황은 디지털 배제의 위험(Cellary, 2020)과 함께 교육 비용의 증가를 가져왔다. 이러한 상황에서 혁신적인 해결책을 찾고 오랫동안 온라인 교육을 수행해 온 사람들의 경험을 활용할 가치가 있다(Tomczyk, 2020). 학생들이 집에 머물면서 온라인 교육에 참여하는 것과 관련된 위험 중에는 일련의 걱정스러운 문제가 있다. 첫 번째는 이러한 상황이 정신에 미치는 부정적인 영향과 관련이 있다. 모든 사람, 특히 어린 나이에 지금까지 알려지지 않은 이 새로운 상황은 정신 건강에 위협이 될 수 있으며 불안과 불확실성을 동반할 수 있다(Poleszak & Pyżalski, 2020). 또한 조직적인 문제를 통제하기가 어렵다. 따라서 지금까지 폴란드 학교에서는 교사의 지도와 통제를 많이 받았던 학생들이 스스로 조직을 관리하고 자제력을 키워야 했다.

온라인 교육은 또한 또래 관계를 느슨하게 하고 사회적 고립을 유발한다(Pyżalski & Poleszak, 2020). 특히 또래와의 사회적 접촉이 제한되면 아동의 복지와 정서 발달에 심각한 결과를 초래할 수 있으므로 학생들이 다른 아이들과의 관계를 유지하도록 지원하는 것이 매우 중요하다. 실제 사회 상황에 참여하지 않으면 아이는 점차적으로 사회 상황을 이해하지 못한다. 그 결과 외로움과 오해를 느끼고 반항과 공격성이 나타날 수 있다. 그렇기 때문에, 예를 들어 그룹 작업이 필요한 방식으로 온라인 교육 과제를 계획하는 등 협력 기회를 만드는 것이 매우 중요하다.

몇 시간 동안 모니터 앞에 앉아 있으면 근골격계 질환을 유발하고 시각장애를 유발한다는 사실을 과소 평가할 수 없다. 장시간 앉아서 타이핑, 마우스 사용과 같은 균일한 동작을 지속적으로 반복하면 근육이 정적인 방식으로 긴장되고 추간판에 압력이 가해진다. 따라서 컴퓨터에 너무 오래 그리고 너무 자주 앉아 있는 사람들은 척추 결함, 척추 측만증, 목, 어깨 둘레, 등(특히 요추) 및 손에 통증이 있을 가능성이 더 높다. 모니터에서 나오는 강렬하고 장시간의 빛 자극은 눈에 부담을 주어 눈이 충혈, 작열감, 눈물을 흘리며 시력이 흐려진다(Garwol, 2017; Kukułka, 2006). 또한 인터넷을 사용하여 컴퓨터 앞에서 몇 시간을 보내는 어린이는 인터넷을 신탁으로 취급하고 그 내용을 무차별적으로 믿기 시작하여 (그들의 관점에서) 무한한 가능성에 전적인 확신을 가질 수 있다. 자신과 주변 세계를 창조하는 대신 도식적으로 생각하고 행동하기 시작할 수 있다. 다른 사람과의 접촉이 부족하고 가상 세계에 대한 지식이 제한되어 있기 때문에 현실 세계에 대한 지식이 불완전할 수 있다. 과도한 현대 미디어 사용은 신체적, 정신적 건강뿐만 아니라 주의력, 기억력, 지적 능력, 창의성 및 시간 관리에도 부정적인 영향을 미친다(Furmanek, 2014; Piecuch, 2016).

온라인 교육과 밀접하게 연결된 인터넷의 방대한 정보에 대한 접근은 한편으로는 교육의 연속성을 위한 기회이다. 다른 한편으로, 셀러리[Cellary](2020, p. 22)가 지적한 것처럼 '인터넷에는 좋은 것과 나쁜 것, 아름답고 흉한 것, 윤리적이며 비윤리적, 소중하고 그렇지 않은 것, 중요하고 무효한 것 등 모든 것과 모든 것에 대한 부정이 포함되어 있다는 것을 잊지 말아야 한다'는 것을 잊지 말아야 한다. 제미엘니아크[Jemielniak](2020, p. 36)은 '온라인 교육에 참여하는 학생들은 온라인 수업에 참석하는 동시에 좋아하는 게임이나 낮잠과 같은 다른 활동도 처리하는 멀티태스킹의 유혹을 받을 수 있다'고 주장한다.

긴 시간 동안 온라인 수업에 참여하는 것은 매우 피곤한 일이다. 인간의 뇌는 이러한 형태의 다른 사람과의 접촉에 적응하지 못한다. '사운드 또는 비디오 전송의 작은 왜곡과 상대방의 신체 모방이나 말을 관찰할 수 없거나 심지어 관찰할 수 없는 경우에도 상당한 추가 지각 노력이 필요하다'(Jemielniak, 2020, p. 36; Kaczmarzyk, 2020). 성인 못지않게 어린이들도 가족의 건강과 경제적 상황에 대한 위험과 관련된 긴장과 불안을 느끼는 동시에 무력감과 상황에 대한 영향력 부족을 경험하는 것은 사소한 일이 아니다.

온라인 학습은 학생뿐만 아니라 교사에게도 위험과 관련이 있다. 물론 학생들과 마찬가지로 사회적, 신체적 불편함에 지친 교사들도 자신의 생명과 사랑하는 사람들에 대한 위험감과 관련된 불안을 경험한다. 그들은 자신의 학생과 학생의 부모를 포함하여 큰 책임감을 동반한다.

폴란드의 온라인 교육에 대한 보고서에 따르면 '교사들은 특히 온라인 학습 초기에 기술적 역량 부족으로 인해 이해할 수 있는 불편함을 경험했으며, 온라인 학습 도구를 모르거나 충분히 알지 못했고, 당연히 이러한 상황에서 도구를 사용하는 데 능숙하지 않았다'(Kraśniewski, 2020, p. 46). '많은 교사가 심지어 새로운 기술과 새로운 미디어에 대한 매우 강한 두려움을 경험했다'(Skowron, 2020, p. 140).

교사들의 또 다른 문제는 온라인 교육 시대에 일과 가정의 경계가 완전히 허물어졌다는 것이다. '많은 교사가 자신의 자녀를 돌보고, 스스로 돌봄을 조직하고, 점심을 요리하고, 학습을 돕고, 여가 시간을 조직하면서 일했다'(Jemielniak, 2020, p. 35). 게다가 거의 하루 종일 일하는 것은 훨씬 덜 효과적이거나 심지어 비효율적이라는 것이 잘 알려져 있다. '교사들의 과제는 지식의 전달뿐만 아니라 학습 결과의 검증과 평가였다. 그리고 이것은 초등교육부터 대학교육에 이르기까지 모든 수준의 교육에서 중요한 문제로 인식되었다'(Kraśniewski, 2020, p. 41). 학습에 대한 평가의 형태가 있어야 한다(Sterna, 2020). 교사의 상황은 법적 및 공식적 수준에서 교사의 의무에 대한 정확한 규정이 부족하다는 사실로 인해 거의 개선되지 않는다(Koncewicz, 2020).

온라인 교육 상황에서 어느 정도 스스로 정보를 검색하고 어떤 것이 가치 있고 어떤 것이 그렇지 않은지 결정하는 데 기반을 둔 교사는 고유한 작업에 직면한다. 비록 그들이 지배적인 위치를 잃고 더 이상 정보, 지식 및 기술의 주요 원천이 아니지만, 셀러리^{Cellary}(2020, p. 22)에 따르면 그들은 '기준점 및 주문 요소'로 남아 있어야 하며 학생들이 '매력적이지만 피상적인 것에 시간을 낭비하기보다는 중요하고 미래 지향적인 것을 배우는 데 집중'할 수 있도록 도와야 한다. 따라서 모든 수준의 교육 직업은 '가까운 장래에 가장 변화하는 직업 중 하나가 되고 있다'(Cellary, 2020, p. 22). 역설적이게도 교사, 학생, 학부모가 매일 온라인 교육/학습에 맞서 싸워야 하는 어려운 현실은 교육 분야에서 많은 이점을 가져올 수 있다(Walter, 2020). 팬데믹은 교사, 학생의 디지털 역량과 위기 상황에 대한 학교의 준비 정도를 가늠하는 리트머스 시험지일 뿐만 아니라 공감, 인간성, 평범한 인간의 친절에 대한 시험이기도 하며, 이러한 가치의 중요성을 인식하게 해 준다.

학교 폐쇄 상황은 많은 교장과 교사의 디지털 학교에 대한 접근법을 확실히 바꿀 것이다. 적절한 장비로 교육기관을 개조하고 학교의 미래를 위한 실질적인 역량 개발의 시기를 시작하기 위해 동원될 것이다. 온라인 학습의 경험은 또한 학생들에게 기성품 콘텐츠를 제공하는 강의에서 벗어나 정보를 찾고, 선택하고, 비판적으로 사고하는 등 보다 독립적인 학습을 선호하는 전통적인 교육 방식에서 벗어나는 데 기여할 수 있다.

또래로부터의 물리적 고립은 다른 사람이 얼마나 중요한지, 다른 사람과의 관계가 얼마나 필요한지 깨닫게 하고 관계를 돌보는 방법을 가르쳐 줄 수도 있다. 또한 온라인 교육으로의 전환은 교육에 대한 패러다임의 변화를 가져올 것이며, 교육에서 가장 중요한 것은 핵심 교육과정이나 평가, 사실관계가 아니라 학습을 스스로 계획하고 조직하는 것이며, 이는 인간의 삶 전체에 유익할 수 있다는 것을 이해하게 될 것이다.

2. 팬데믹 기간 중 온라인 교육에서의 UDL 접근법 실현 경험에 관한 연구

이 연구의 대상은 공립 초등학교의 6학년 한 학급이었다. 연구는 2019/2020년도 봄 학기에 진행되었다. 이 모음식 통합integrated 학급에는 17명의 학생과 4명의 교사로 구성된 팀이 있었는데, 이는 이 학생 그룹에 SEN이 있는 학생이 일부 포함되어 있다는 것을 의미한다. 학교 교육은 교수(교사 활동 및 성찰)와 학습(학생 활동 및 성찰)이라는 두 가지 동시 하위 과정 간의 상호 작용 관계로 이해되기 때문에 조사 대상 커뮤니티에서 일어나는 교수–학습 과정을 동시에 포착하는 것이 목표였다. 따라서 연구자들은 수업 과정에서 일어난 변화의 과정, 즉 이 교실에서 UDL 접근법의 실행에 영향을 받은 학생과 교사 간의 학습에 초점을 맞추었다(Creswell, 2013; Rose et al., 2005).

가정에 따라 이 연구는 실행연구 방법을 사용하여 수행되었다(Czerepaniak-Walczak, 2014; Pilch & Bauman, 2010; Sagor, 2008; Szymańska et al., 2018; Szymańska, 2018). 여기에 보고된 실행연구 프로젝트는 2020년 2월 말, 폴란드를 포함한 유럽에서 코로나 팬데믹이 발생했을 때 시작되었다. 봉쇄 상황이 너무 놀라웠기 때문에 연구자들은 처음에 연구 프로젝트를 중단해야 할까 봐 걱정했다. 폴란드 학교들은 다양한 형태의 온라인 교육을 매우 신속하게 시행했지만, 교육 당국부터 교사, 학부모, 그리고 무엇보다도 새로운 상황에서 지식과 기술을 습득하는 과정에서 이전보다 훨씬 더 많은 참여를 해야 하는 학생에 이르기까지 교육적 과정에 관련된 모든 사람에게는 매우 어려운 상황이었다.

다양한 학생 그룹을 대상으로 UDL을 실현하려는 시도에 대한 연구 프로젝트를 수행한 이전 경험을 통해 교수 학습 과정에 대한 장벽과 긍정적인 혁신 결과를 확인했다(제4장, 제5장 참조). 따라서 변화를 뒷받침하는 조건과 그 활성 메커니즘을 파악하기 위해 추가 연구를 수행하기로 결정했다. 학생들과 함께 작업하는 전략에 대한 교사 지원 및 컨설팅은 UDL 접근법의 실현을 기반으로 하기로 결정했다. 따라서 연구 가정에는 다음과 같은 목표와 문제가 포함되었다.

- 교사와 학생은 교수/학습 과정을 변화시키고 이전 경험에서 시작된 변화를 추가 프로젝트와 연구를 통해 후속 조치하려는 의지를 어떻게 보여 줄 수 있는가?
- 교사는 학생들에게 어느 정도까지 선택권을 부여하는가[학습 목적, 학습 형태, 지식 및 기술 습득 방법(교수 자료 및 방법, 지식 및 기술 평가 방법 포함)]?
- 실행 과정에서 교사와 학생, 학생과 학생 간의 관계는 어떻게 변화하며 협력은 어떻게 발전하는가?

코로나 팬데믹으로 인해 폴란드 학교들이 3월 초부터 학년 말까지 온라인 학습으로 전환함에 따라, 상황의 영향과 교수–학습 형태의 강제적 변화로 인해 UDL 접근법을 실현하는 동안의 영향과 그 효과에 관한 추가 연구 문제가 공식화하였다.

- 교사와 학생들은 온라인 교육 중에 어떤 방식으로 그리고 어느 정도까지 자신의 경험을 활용하고 교수–학습 과정에 UDL 접근법을 계속 적용했는가?
- UDL 전략 적용 경험이 온라인 교육 기간 동안 교수–학습 과정에 어떤 방식으로, 어떤 영향을 미쳤는가?
- 온라인 교육과정에서 UDL 접근법을 적용하는 데 어려움이 있었으며, 어려움이 있었다면 어떤 것이었는가?

　연구자들은 교사들에게 UDL 전략에 대해 상기시키고 온라인 형태의 교육 활동을 통해서도 이러한 전략을 실현하도록 장려할 것이라고 가정했다.

　수집된 자료의 내용은 상수 비교 방법을 통해 분석했다(Creswell, 2013). 이 방법은 연구 과정을 통해 얻은 자료에서 주제와 특정 실타래를 식별하는 데 적용되었으며, 이전에 전사 및 인코딩되었다.

　다음에 제시된 분석의 정확성과 신뢰성을 보장하기 위해 의사소통적 검증 절차가 적용되었다(Szmidt & Modrzejewska-Świgulska, 2015). 이 절차는 분석 과정에서 선택한 주제와 실타래를 제시하고 이를 통해 도출된 해석을 조정하는 것으로 구성된다.

　2020년 3월 초 전국적인 봉쇄령과 관련하여 폴란드 학교가 폐쇄된 것은 전례가 없는 일이며, 교육과정에 관련된 모든 주체가 극도로 어려움을 겪었다는 점에 유의해야 한다. 한 교사는 학생과 교사뿐만 아니라 교육 당국, 교장, 학생의 학부모까지 직접적으로 언급되는 상황을 설명했다.

세실Cecil 교사: 우리 중 누구도 이에 대비하지 못했어요. (연구자와의 인터뷰, 48)
　　　그럼에도 불구하고 교사들은 신속하게 원격 교육을 실시했습니다.
아그네스Agnes 교사: 휴교령이 내려진 지 일주일이 지난 후부터 이미 줌 플랫폼을 통해 수업을 시작했어요. (연구자와의 인터뷰, 46)

　다른 교사들도 온라인 교육 목적으로 이 플랫폼platform을 사용했다. 연구자인 우리는 온라인 교육이 UDL 접근법의 가정을 고려해야 한다는 점을 중요하게 생각했지만, 이 어려운 시기에 교수/학습 과정에 지나치게 간섭하지 않고 교사들이 이 특별한 온라인 형태의 업무에서 UDL 접근법을 계속 실행하도록 장려하는 것으로 제한하고 가능한 한 이러한 측면에서 교사들을 지원하기로 결정했다.

이러한 분석의 기초가 되는 경험적 자료는 다음과 같은 기법을 사용하여 얻었다.

- 폴란드의 언어, 수학, 역사 교사들은 온라인 수업에서 UDL 원칙을 적용하는 것에 대한 성찰과 관련된 설문조사 양식을 작성했다.
- 여교사가 그러한 필요를 표시하면 전화로 개별적인 방법론적 지원을 제공하고 원격 학습 수업 과정에서 나타난 현재 문제를 논의했으며 이러한 전화 상담은 한 달에 한 번 이상 진행되었다.
- 학기 말에는 의사를 밝힌 학생들을 대상으로 줌 플랫폼을 통해 개별 인터뷰를 진행하여 원격 교육 기간 동안 UDL 전략으로 인해 풍부해진 학습 경험에 대해 논의했다.
- 줌 플랫폼을 통해 교사와의 요약 포커스 그룹 인터뷰가 진행되었다.

이러한 방식으로 수집된 자료를 분석한 결과 다음과 같은 결과가 도출되었으며, 이는 실행연구 2주기의 발자취에 따라 두 단계로 정리되었다.

1) 원격 교육에서 UDL 방법의 적용

교사들은 지금까지 경험해보지 못한 원격 교육 운영으로 전환하면서 겪은 어려움에도 불구하고, 비록 이전만큼 집중적이지는 않았지만 UDL 원칙에 따라 교수/학습 과정을 수행하기 위해 계속 노력했다.

이러한 노력의 일환으로 학생들이 이해할 수 있는 목표를 제시하고 그 유용성을 강조하는 것이 중요했다. 교사는 학생들이 수업 목표를 쉽게 제시할 수 있도록 하여 학생들이 의식적으로 교수–학습 과정에 참여할 수 있도록 했다.

> 벨라Bella 교사: 학생들에게 무엇을 배우고 왜 배우는지 정확히 설명했어요. 학생들은 목표를 좋아했어요. (연구자와의 인터뷰. 47)

또한 학생들의 입장에서는 수업 목표를 명확하고 투명하게 알려 주는 방식이 좋았다는 것을 학생들의 발언으로 확인할 수 있다.

> 니나^{Nina}: 수업 초반에 선생님들께서 우리가 무엇을 할 것인지, 무엇을 배울 것인지 말씀해 주셨
> 어요. (연구자와의 인터뷰, 41세)
>
> 카밀^{Kamil}: 선생님들은 우리가 무엇을 어떻게 배울지 말씀해 주셨어요. (연구자와의 인터뷰, 43)

교사와 학생의 진술을 분석한 결과, 온라인 교육 환경에서도 UDL의 주요 원칙 중
하나인 이론을 실제로 실현하는 것이 가능하다는 결론을 내릴 수 있었다.

교사는 학생들의 더 많은 활동을 장려하기 위해 다양한 형태의 행동과 표현을 사용
한다. UDL 접근 원칙의 적용 덕분에 교사들은 원격 교육을 더욱 풍성하게 하기 위해
학생들에게 다양한 형태의 활동과 표현을 제공하려고 노력했다. 그들은 적어도 일부
수업에서 학생들에게 목표를 달성하는 방법이나 작업 형태를 최대한 폭넓게 선택할
수 있도록 노력했다. 한 학생은 다음과 같은 방식으로 UDL에 따른 원격 교육의 본질
을 다음과 같이 보고한다.

> 미라^{Mira}: 예를 들어, 수학 수업에서 몇 가지 프로젝트가 있었어요. 예를 들어, 십자말 풀이, 단어
> 퍼즐 또는 리버스 등 세 가지 옵션 중에서 선택할 수 있는 과제가 있었어요. (연구자와의
> 인터뷰, 36)

폴란드어 교사는 폴란드의 판타지 문학 작가인 Stanislaw Lem에 대한 수업을 예로
들며, 폴란드어 발전에 기여하는 것이 수업의 목표였다고 설명한다.

> 아그네스^{Agnes} 교사: 창의력을 활성화하는 것입니다. 주제는 '우리는 스타니스와프 렘^{Stanislaw Lem}의
> 세계에서 창의적이다'였습니다. 학생들에게 다섯 가지 선택지를 줬어요. 학생들은 수업 밖에
> 서 서로 연결되고 함께 작업할 수 있어서 엄청나게 행복해했어요. 물론 강제적인 것은 아니
> 었습니다. 제가 권장하긴 했지만 준비할 필요는 없었고, 그룹으로 작업할 수도 있고 개별적
> 으로 작업할 수도 있었습니다. …… 대부분은 그룹으로 일했습니다. (연구자와의 성찰, 46)

UDL 접근법이 적용된 또 다른 수업도 매우 흥미로웠는데, 이번에는 역사 수업이

었는데, 이 과목의 교사는 다음과 같이 설명한다.

> 세실^{Cecil} 교사: 학생들은 세 가지 유형의 과제 1 중에서 선택할 수 있었어요. 첫 번째 과제는 계산, 약간의 수학 혹은 약간의 역사를 좋아하는 사람들을 위한 것이었고, 두 번째 과제는 그리기를 좋아하는 사람들을 위한 것이었어요. 학생들은 우리가 사용한 용어로 역사 용어집을 만들고 이를 설명하는 그림을 그려야 했어요. 세 번째 과제는 전기 사전을 만드는 것이었어요. 선택한 인물에 대한 제목이나 문장을 검색해야 했어요. (연구자와의 대화, 48)

셋째, UDL 원칙에 따라 교사들은 약속을 지원하는 한 형태로서 협력을 장려했다. 또 다른 UDL 원칙, 즉 수업 내 작업의 한 형태로 인식되는 협력을 장려하는 것이 매우 중요하다는 것이 밝혀졌다. 또한 거리두기는 학생들의 헌신을 가장 효과적으로 지원한다.

> 미라^{Mira}: 혼자서 할 수도 있고 누군가와 팀을 이루어 할 수도 있습니다. 저는 그룹을 선택했는데, 서로 돕고 배울 수 있고 더 재미있기 때문입니다. (연구자와의 인터뷰, 36)

학생들은 주로 Zoom 플랫폼을 통해 함께 작업했다. 한 학생은 UDL 접근법으로 강화된 원격 교육과 관련된 협업 형태에 대해 다음과 같이 자세히 설명했다. "우리는 줌 플랫폼을 통해 회의를 진행했습니다. 회의 시간을 정하면 제가 링크를 보내곤 했습니다. '그룹을 구성한 규모는 어느 정도였나요?'라는 연구자의 질문에 학생은 다음과 같이 설명했다.

> 미라^{Mira}: 저희가 원하는 규모라면 얼마든지 가능했어요. 보통 4명이서요. 저희는 공동 작업을 많이 해요. (연구자와의 대화, 36)

UDL 원칙에 기반한 원격 교육 체제를 통한 공동 작업은 타협을 배울 수 있는 기회였다. 다음 문장을 예로 들 수 있다.

> 카밀^{Kamil}: 우리는 어떻게 할 것인지 함께 결정했어요. 우리는 어떻게 할 것인지 합의에 도달했습

니다. 그런 다음 투표를 했어요. (연구자와의 인터뷰, 43)

직접 접촉할 수 있는 방법이 없었기 때문에 학생들은 공동체의 가치를 인식하게 되었으며, 이는 다음과 같이 학생들의 성찰에 기록되어 있다.

미라Mira: 사실, 우리는 서로를 더 좋아하게 되었고, 모두가 지금 무슨 일이 일어나고 있는지 알고 싶어 해요. (연구자와의 성찰, 36)

인스턴트 메시징을 통한 회의는 학습 자체와 관련이 있을 뿐만 아니라 설문 조사에 참여한 청소년들 간의 사회적 접촉에 대한 욕구도 충족시켜 주었다. '서로 보고 싶습니까?'라는 연구자의 질문에 학생들은 긍정적인 대답을 했다. 한 학생의 다음과 같은 대답을 예로 들 수 있다.

미라Mira: 네, 아주 많이요! 그리고 때때로 우리는 Zoom 플랫폼을 통해 만나기로 약속해요. 자주요. (연구자와의 인터뷰, 36)

설문조사에 참여한 학급의 교사들은 학생들이 하나의 커뮤니티에 속해 있다는 느낌을 유지하도록 주의를 기울였다. 학생들이 매우 좋아했던 흥미로운 아이디어는 수학여행 중에 찍은 사진을 둘러보는 수업이었다.

세실Cecil 교사: '다시 한번 경험해 보자'는 원칙에 따른 수업이었어요. (연구자와의 인터뷰, 48)

온라인 수업에서는 학생들 간의 협력뿐만 아니라 교사와 학생 간의 협력도 매우 중요했는데, 조사 대상 수업의 경우 연구 과정에서 얻은 자료 분석에서 알 수 있듯이 형식적인 프레임워크를 훨씬 뛰어넘는 협력이 이루어졌다. 학생들은 교사의 도움이 필요할 때 언제든지 교사와 연락할 수 있었다.

카밀Kamil: 교사의 도움이 필요한 경우 교사와 일대일 미팅을 할 수 있는 옵션이 있었어요. (연구자와의 인터뷰, 43)

> 벨라Bella 교사: 저녁 시간에도 아이들과 소통할 수 있었어요. (연구자와의 인터뷰, 47)

학생들의 협력과 다른 사람과의 접촉에 대한 요구는 사례마다 다양했다. 어쨌든 교사들은 학생들에게 개별적으로 접근하여 더 집중적인 접촉이 필요한 학생들을 수용했다.

> 벨라Bella 교사: N은 편지를 쓰고 전화를 걸었고 그런 종류의 관심과 연락이 정말 필요했어요. 저는 그녀와 함께 많은 일을 했고, 함께 문제를 해결했으며, 전화 통화도 했습니다. (연구자와의 인터뷰, 47)

과외와 관련된 긍정적인 경험(교사 및 동료)은 원격 교육의 가치에 대한 초기 우려에도 불구하고 목표를 달성할 수 있었으며 일부 학생의 경우 원격 교육 성과가 예상외로 좋았다는 것을 의미했다. 다음 인용문에서 알 수 있듯이 설문조사에 참여한 교사들은 원격 수업에 대해 매우 긍정적인 의견을 가지고 있었다.

> 벨라Bella 교사: 6학년 6반은 다른 형태의 수업과 비교할 수 있기 때문에 시험에 매우 잘 통과했어요. 저는 우리 아이들이 VI 수업에 참석하는 것에 깊은 인상을 받았습니다. …… 수업 중 작업은 재미있었어요. 아이들은 일하고 자발적으로 질문에 답했습니다. 아이들은 항상 웹 카메라를 켜고 있었습니다. …… 수업 6에 참석한 아이들이 인상적이었어요. (연구자와의 인터뷰, 47)

아마도 그 이유 중 하나는 학생들이 이전보다 훨씬 더 많이 '자기 주도적으로' 학습할 수 있게 되었다는 점이며, 이는 UDL의 철학과도 맞닿아 있다.

> 레나Lena: 과제를 할 시간이 더 많았어요. 집에 있으니까 더 편했어요. 일찍 일어날 필요가 없었어요. 글쓰기에 더 많은 시간을 할애할 수 있었죠. (연구자와의 인터뷰, 37)

교사들은 또한 학생들의 교육 장소 이전과 관련하여 학부모의 상황이 얼마나 어려워졌는지 인식하면서 항상 학생의 학부모와 매우 좋은 연락을 유지했다.

세실^{Cecil} 교사: 전화가 자주 왔기 때문에 실제로 '전화로' 그분들(학부모)과 최신 정보를 공유하고 있었어요. …… 우리는 항상 전화 통화를 하고 있었는데, 무슨 일이 있든 이 학부모들은 이 기간 동안 거의 두세 번 이상 저에게 전화를 걸어서 이야기를 나눴어요. (연구자와의 인터뷰, 48)

따라서 팬데믹 기간 중 온라인 교육은 교사, 학생, 학부모, 특히 학생들 간의 긴밀한 협력이 없었다면 성공할 수 없었을 것이다. 협력의 경험은 학생들에게 일종의 자본인 협력의 가치를 인식하게 하고, 이는 미래에 활용되기를 희망한다. 그룹 내 협력 경험과 관련된 긍정적인 평가로 인해 학생들은 학교에서 교육을 재개한 후 가능한 한 서로 협력하려고 노력할 것이라고 선언했다.

레나^{Lena}: 더 많은 작업 그룹. (연구자와의 인터뷰, 37)

카밀^{Kamil}: 그룹으로 일하고 싶어요. 일이 더 쉽기 때문이죠. (연구자와의 인터뷰, 43)

온라인 교육에 참여할 때 교사와 학생은 필연적으로 최신 교구를 사용했으며, 이는 UDL 원칙에 부합하는 것이다. 흥미롭게도 학생과 교사 모두 인터뷰 중에 일종의 역설이 나타났다. 학생들은 얼마 후 현대 기술에 대한 무료 액세스에 지루함을 느끼고 전통적인 (하드 카피) 형식의 책을 찾기 시작했는데, 연구자들에 따르면 이는 긍정적인 현상이며 UDL 원칙과 완전히 일치하지는 않지만 '오래된 모든 것이 다시 새롭다'고 설명할 수 있다.

세실^{Cecil} 교사: 교과서에서 찾아야 했고, 교과서를 살펴봐야 했는데, 어떤 사람들은 교과서를 보지 않는 경우가 많기 때문에(이전에 교과서를 보지 않기 때문에) 여기서는…… 이런 식으로 명확하게 교과서를 가지고 작업해야 했습니다. 때때로 우리가 그들에게 모든 것을 접시에 담아 주는 것처럼 느껴지기 때문에 좋은 것 같아요. …… 나는 나 자신을 찾는 것은 나고 교과서를 훑어 보는 것은 나라는 방식으로 교육받은 것을 기억합니다. 그래서 저는 그것이 좋다고 생각하며 언젠가는 계속할 가치가 있다고 생각합니다. (연구자와의 인터뷰, 48)

따라서 온라인 작업은 학생들이 학교 교과서라는 전통적이지만 가치 있는 출처에서 스스로 정보를 검색하도록 강요했다.

2) UDL 접근법에 대한 이전 경험이 온라인 교육에 미치는 긍정적인 영향

온라인 교육 기간 동안 교수/학습 과정에서 UDL 접근법 실현과 관련된 교사와 학생의 이전 경험은 교사와 학생의 기능의 교육적 측면뿐만 아니라 사회적 측면에도 긍정적인 영향을 미쳤다.

수행된 분석을 통해 온라인 교육 시대에 본격적인 학습 과정 학습을 계속하기 위해 높은 수준의 동기 부여와 헌신을 유지한다는 결론을 내릴 수 있다. 연구자들이 폴란드 학교의 온라인 교육을 평가한 보고서(Pyżalski, 2020)를 추적한 결과, 프로젝트에 참여한 교사들은 학교 폐쇄에도 불구하고 수업을 계속하고 교육과정을 완전히 이행하기 위해 많은 노력을 기울인 교사 그룹에 속한다는 결론을 내릴 수 있었다. 여기에는 분명 많은 작업이 수반되었지만, 교사들 스스로도 강조했듯이 6학년 학생들은 UDL 접근법에 부합하는 활동과 과제를 요구했다.

> 달리아Dalia 교사: 우리 학교에서는 모든 수업과 모든 추가 및 보충 시간, 그리고 그룹으로 나뉜 모든 시간을 체계적으로 구성했어요. 사실, 학생들은 충분한 시간을 가졌습니다. 학생들은 기꺼이 참여했습니다. (연구자와의 인터뷰, 49)

교사들 역시 설문조사에 참여한 학생들이 체계적이고 적극적으로 수업 활동에 참여했기 때문에 학생들의 수업 참여도에 대해 매우 긍정적으로 평가하고 있다.

> 세실Cecil 교사: 전반적으로 온라인 수업의 특징은 출석률이 매우 높았다는 점입니다. 1명을 제외하고 나머지 아이들은 전체 학급에 대해 이야기하고 있어요……. 우리에게는 이 아이들이 웹 카메라를 통해 보여 주고 다른 형태와 비교할 수 있기 때문에 아이들을 볼 때 훨씬 더 쉽고 즐겁게 일할 수 있다는 이점이 있었어요. 예를 들어, 중등 종합학교에서는 아무도 보지 않고 화면과 대화하고 반응이 너무 약합니다. 그런데 여기서는 대화도 하고 의견

도 교환하고 아이들이 보이기 때문에 일하기가 쉬웠어요. (연구자와의 인터뷰, 48)

한 교사는 학생들의 학습 의지를 다음과 같이 직접 정의했다.

벨라^{Bella} 교사: 다들 정말 열심히 배우려고 하더라고요. (연구자와의 인터뷰, 47)

학생들의 참여, 동원, 온라인 학습 의지는 온라인 수업을 신속하게 실현하고 매우 신뢰할 수 있는 방식으로 진행한 교사들의 헌신과 확실히 관련이 있다.

벨라^{Bella} 교사: 온라인 수업이 너무 많아서 '아, 이미 5개가 있는데 여섯 번째 수업은 (교장 선생님께) 보고할 수 없겠구나' 하고 이미 세고 있을 때도 있었어요. 교장 선생님이 온라인 수업은 최대 5회까지만 가능하며, 하루 한도를 초과해서는 안 된다고 하셨기 때문입니다. 저희의 경우 반대 방향으로 진행했습니다. 원격 교육이 너무 많아서 너무 많지 않도록 조심해야 했죠. 네, 이 시점에서 우리 모두는 매우 열심히 노력했던 것 같아요. (연구자와의 인터뷰, 47세)

교사들은 프로젝트가 적용된 6학년 6반과 다른 학급을 비교하며 6학년 6반 학생들이 평균 이상의 성과를 보였고 높은 몰입도를 가지고 학습에 임했다는 점을 강조했다.

학습 과정에서 UDL을 강화한 이전 경험을 통해 학생들은 스스로 학습 과정을 계획하고, 조직하고, 관리하는 능력을 향상시킬 수 있었다. 봉쇄 조치는 학생들이 스스로 결정을 내리는 등 더욱 독립적으로 행동할 수 있는 기회를 제공했다. 특히 초기에는 쉽지 않았지만 시간이 지나면서 학생들이 잘 해내고 있다는 것이 밝혀졌다. 초기의 어려움에도 불구하고 학생들은 점점 더 독립적으로 되었다.

벨라^{Bella} 교사: 처음에는 연결 문제도 있었습니다. H 학생의 엄마는 H도 독립적으로 일해야 한다는 결론에 도달하기 전에. 나중에 H는 독립적으로 일하는 방법을 정말 아름답게 배웠습니다. 하지만 처음에 그는 무서워했고 그의 엄마는 무서워했어요. 엄마는 일하고 그는 혼자였으니까요. 네, 처음에는 조직이 힘들었지만 모든 것이 아름답게 나왔습니다. 얼마 후 H가 혼자서 모든 것을 아름답게 보냈을 때 저는 감명을 받았어요. …… 처음에는 다른 아이들에게 엄마가 (온라인 과제를) 보내는 것을 도왔는지, 아빠가 보내는 것을 도왔는지, 혼자서 보냈는지 매번 물어봤어요. 나중에 아이들은 스스로 많은 것을 할 수 있다고 스스로 자랑했어요. (연구자와의 인터뷰, 47)

달리아^{Dalia} 교사: 온라인 교육을 통해 아이들이 독립적으로 일하는 법을 배웠어요. (연구자와의 인터뷰, 49)

한 여학생이 온라인 학습 과정을 통해 자신의 독립성이 어떻게 발전했는지 다음과 같은 방식으로 보고한다.

니나^{Nina}: 이제 저는 더 독립적이어야 했고, 타이밍과 해야 할 일을 결정해야 했어요. (연구자의 질문: '그래서 어떻게 됐나요? 성공했나요?'). 네, 성공했어요. (연구자와의 성찰, 41)

많은 학생, 심지어 일상생활에 더 큰 어려움을 겪는 학생도 원격 교육이 학습 계획을 세우고 교육을 조직하는 데 도움이 된다는 점에 주목하는 교사도 이러한 관찰을 공유한다.

세실^{Cecil} 교사: 일부 아이들은 시간을 정리하고 계획하는 법을 배웠어요. 아스퍼거 증후군을 앓고 있는 한 학생의 예를 들어보면, 진단서가 있는 아이들도 원격 수업이 도움이 된다고 부모님들이 말씀해 주셨어요. 처음에는 정리가 전혀 안 된 채 엉망진창이었고, 길을 잃고, 이 문제를 어떻게 해결해야 할지 몰랐으며, 새로운 환경에 적응한 후에야 PC에 필기장을 열었어요. (그 후) 그는 과제를 제때에 보내고 정기적으로 연결했어요. (연구자와의 인터뷰, 48)

벨라^{Bella} 교사: 학교보다 온라인 교육 시스템에서 훨씬 더 잘하는 학생들이 있었어요. 그런 학생들이 있었는데 정말 놀랐어요……. 온라인 학습에서 더 동기 부여를 받았다고 하더라고요……. 정말 날개를 단 사람들이 있었어요. (연구자와의 인터뷰, 47)

벨라^{Bella} 교사: 하루가 끝날 무렵, 그녀는 그것을 체계적으로 수행했어요. …… 이것으로 많은 도움을 받은 사람들이 있었고, 그들은 스스로 일하기 위해 동원하고 또한 할 수 있다고 믿었어요. (연구자와의 성찰, 47)

일부 교사는 관찰된 변화를 교사-학생 관계에서 교사의 지배력이 줄어든 것과 직접적으로 연관시켰는데, 그 이유는 UDL 원칙이 추가적으로 강화된 온라인 교육에서는 교사의 역할이 덜 지배적이 되기 때문이다. 한 교사는 이를 직설적으로 표현했다.

아그네스^Agnes 교사: 글쎄요, 저는 일종의 멘토였어요. (연구자와의 인터뷰, 46)

학생들은 교수/학습 과정에서 자신의 역할이 늘어나는 것을 받아들인다.

레나^Lena: 선생님들은 우리가 해결해야 할 문제를 알려 주셨고, 우리는 그것을 스스로 정리해야
했어요. (연구자와의 성찰, 37)

UDL 접근법에 대한 이전 경험 덕분에 학생들의 독립성, 책임감, 창의성 및 문제 해결 능력 개발에도 눈에 띄는 변화가 있었던 것 같다. 학생들이 교수–학습 과정에 책임감 있게 참여한다는 증거는 원거리에서 IT 도구를 다루는 데 도움이 필요할 때 다른 동료나 심지어 교사의 지원을 통해 나타났다.

아그네스^Agnes 교사: 학생들은 매우 친절하게 대해 주었고, 제가 IT에 서툰 사람이라는 것을 알기
때문에 매우 충성스럽게 저를 도와주었어요. 그리고 L은 간단히 '선생님, 여기를 클릭하
고 저기를 클릭하세요'라고 말하곤 했죠. 저는 그렇게 했고 항상 작동했어요. (연구자와
의 인터뷰, 46)

한 교사는 학생들의 책임감을 일깨우고 외적 동기에서 내적 동기로 전환하는 메커니즘을 공개했다.

벨라^Bella 교사: 연결하고 싶지 않고 문제를 풀고 싶지 않은 학생들은 (나쁜 성적으로) 처벌하지
않았어요. 교장 선생님이 'F를 주지 말라'고 하셨을 때 처음에는 반항하기도 했어요. 그
럼…… 그들의 일에 맡기고, 우리는 그들에게 물어보고, 훈계하고, 등등. 그러나 (요점은)
그들이 책임감을 느껴야하고 이제는 차이를 보아야 한다는 것입니다. 지금은 더 힘들고
이제 그들의 어깨에 달려 있어요. (연구자와의 인터뷰, 47)

중요한 것은 학생들의 자기 인식과 자존감 수준도 높아지고 있다는 점인데, 이는 이전에는 다른 사람의 말에 집중하기 어렵고 수업 중 활동량이 적은 ADHD로 알려졌던 한 여학생의 다음과 같은 진술에서도 확인할 수 있다.

> 레나[Lena]: 확실히 지금은 더 철저해졌어요. 왜냐하면 지금은 문제를 포기하고 있고 (여기서 질문을 통해) 이것이 제 책임이라는 느낌이 들기 때문입니다. (연구자와의 성찰, 37)

UDL 방식을 도입한 결과, 온라인 교육 체제 하에서 학생들의 창의력도 높아졌다. 이는 다음과 같은 진술로 증명되었다.

> 레나[Lena]: 우리는 과제를 공유했어요. 수학 수업에서는 수학 십자말풀이를 하거나 리버스나 수수께끼 같은 것을 할 수 있었어요. 더 빠르고 다양한 아이디어가 나왔어요. 모두가 자신의 아이디어를 제출하고 투표를 진행해요. (연구자와의 인터뷰, 37)

3) 온라인 교육 체제에서 UDL 접근법이 제한적으로 실현되는 이유

교사들은 온라인 교육이 어려운 시기에 교수/학습 과정에서 UDL 접근법 실행 경험을 활용하는 것이 학습 커뮤니티에 긍정적인 영향을 미친다는 이점을 분명히 인식하고 있었지만, 지난 학기 동안 의도한 만큼 UDL 접근법을 자주 적용하지는 못했음을 인정했다.

온라인 교육에서 UDL 전략이 제한적으로 실현된 이유에 대해 교사들은 무엇보다도 온라인 교육으로 전환할 때 해결해야 하는 기술적 문제를 지적했다. 특히 교사와 학생이 온라인 도구를 익혀야 하는 초반에는 상황이 어려웠지만, 돌이켜 보면 교사와 학생의 자존감이 높아진 것은 분명 긍정적이었다.

> 벨라[Bella] 교사: 우리 중 누구도 이런 상황에 대비하지 못했죠. 그래서 우리는 이러한 기술을 꽤 빨리 습득했다고 생각하지만, 모두에게 쉬운 일은 아니었습니다. 저희도 시작하기 전에는 스트레스를 많이 받았어요. (연구자와의 인터뷰, 47)

원격 교육과정에서 인터넷 혼잡으로 인한 연결 끊김과 같은 객관적인 기술적 장애가 처음에는 더 자주 나타났고 다행히도 덜 자주 나타나게 되었다는 사실을 인식하는 것이 중요하다. 모든 가정에서 아이들은 배우고 부모는 온라인으로 일했기 때문에 동시에 많은 사람이 인터넷을 집중적으로 사용했다. 이는 일반적으로 교육에 중요한 장애물이었고, UDL 전략으로 강화된 교수–학습 환경, 즉 더 다양한 성격의 환경에서는 매우 중요한 장애물이 될 수 있다.

> 니나Nina: 안타깝게도 수업 중에 인터넷 지연이 자주 발생했어요. (학생들이 인터넷에 연결이 끊겼다는 의미에서). (연구자와의 인터뷰, 41)

직접 접촉하지 않는 상황에서 발생하는 기술적 문제와 관련된 또 다른 문제는 토론의 어려움이며, 이는 UDL 접근법과 불가분의 관계에 있습니다.

> 벨라Bella 교사: 그룹이 과제를 준비할 때 모든 사람이 동시에 말하기를 원했어요. 4명 또는 3명이었는데…… 그리고 갑자기 그들 중 한 사람의 자리에서, 예를 들어 믹서기나 진공 청소기가 켜져 있거나 벽 뒤에서 집을 꾸미는 활동이 이루어지고 있기도 해요. …… 거기에서 작업 한 내용을 그룹으로 보고하기가 어려웠어요. (연구자와의 성찰, 47)

학생들이 느낀 어려움은 기존 교육에서처럼 교사와의 직접적인 접촉이 부족하여 학생들이 겪는 어려움에 대해 즉각적인 답변을 제공하거나 최소한 의구심을 해소할 수 없다는 점이었다.

> 니나Nina: 이전에는 선생님과 더 많이 접촉할 수 있었어요. 예를 들어, 과제 확인이나 지시 사항 등 선생님께 도움을 요청할 기회가 더 많았는데, 온라인 교육에서는 이런 식으로 즉각적인 대응이 어려웠어요. 학교에서는 더 쉬웠어요. (연구자와의 인터뷰, 41)

이는 온라인 커뮤니케이션 환경에서 수업에 집중하지 않는 학생을 훈육할 수 있는 일반적인 도구가 없어진 교사들의 말을 통해서도 확인할 수 있다.

세실Cecil 교사: 학생들에 대한 권한이 줄어든 것 같았어요……. 능력이 줄어든 것 같았어요. (연구자와의 성찰, 48세)

직접적인 접촉이 부족하다는 것은 교사가 학생을 훈육하기 위한 전략의 레퍼토리가 제한적이라는 것을 의미했지만, 교사 자신은 무력하지 않았을 뿐만 아니라 다른 학생들의 지원도 경험했습니다.

벨라Bella 교사: 가끔 학급에서 음소거를 적용하기도 했지만, 이것은 정말 훌륭한 도구입니다. (연구자와의 인터뷰, 47)

학생들과 물리적으로 직접 접촉하지 않으면 업무 준비를 통제하기 어렵다. 교사 중 1명은 이를 조직적 혼돈이라고 부르기도 한다.

세실Cecil 교사: 그들은 이 수업 (UDL 강화) 동안 (많이) 이야기하는 것을 좋아했고, 혼란스러워졌고, 결국 학교에서 그런 수업에서 상황을 숙달하기가 더 쉬워요. (연구자와의 성찰, 48)

개별 학생들의 진술에는 UDL 원칙에 따라 작업하는 것을 포함하여 원격 교육 체제에서 어려움에 대한 또 다른 이유가 있다. 원격 교육 초기에 일부 학생은 스마트폰으로 좋아하는 게임을 하거나 교사가 제공한 데스크톱(칠판)에 유머러스한 말이나 그림을 그려 다른 학생들의 주의를 분산시켰다.

카밀Kamil: 수업 중에 게임을 하는 반 친구들 때문에 수업에 방해가 되었어요. (연구자와의 인터뷰, 43)

흥미롭게도, 그룹에 대한 책임감 때문에 학생들이 서로를 훈육하도록 장려한다.

아그네스Agnes 교사: 누군가 칠판에 낙서를 했을 때, 나중에 어디를 막아야 하는지 알게 되었지만 여전히 (서로에게) 소리를 질렀습니다. (연구자와의 인터뷰, 46)

분석 결과 팬데믹 상황으로 인한 객관적인 어려움도 드러났습니다. 학생과 교사 모두 UDL 원칙이 '자연스러운' 일부 업무 형태가 완전히 불가능해졌다고 지적했습니다.

니나[Nina]: 무엇보다도 수학여행과 공연이 그리워요. (연구자와의 인터뷰, 41)

교사들도 학생들의 의견에 동의했다.

벨라[Bella] **교사**: 학교가 있었다면 우리는 영화관에 가고 여기저기 소풍을 갔을 텐데, 현재 상황에 서는 불가능했습니다. 그들은 매일 수업을 받았어요. (연구자와의 인터뷰, 47)

설문조사에 참여한 교사들에 따르면, 특히 학년 말에 학생들이 창의적으로 일하고 싶어 하는 열망이 더 커진 이유도 바로 이 때문이라고 한다.

벨라[Bella] **교사**: 학생들은 이미 지쳐 있었어요……. 모든 것을 충분히 경험했고, 흥미로운 아이디 어를 낼 힘도 없었고, 그저 지쳐 있었죠. (연구자와의 인터뷰, 47)

수업을 진행하는 이유 중 교사가 지배적인 역할을 하고 학생들에게 작업 유형, 방법 론 및 형식을 강요하는 UDL 원칙을 존중하지 않고 보다 지시적인 방식으로 교사들은 과부하된 핵심 교육과정을 완전하고 완벽하게 실현해야 할 필요성을 계속 지적했다.

아그네스[Agnes] **교사**: 핵심 교육과정을 서둘러야 했어요. (연구자와의 성찰, 46)
아그네스[Agnes] **교사**: 몇 가지 아이디어가 더 있었지만 시간 제약으로 인해 모두 실현하지 못했 어요. …… 교육과정 실행이 뒤처지고 있습니다. …… 교육과정이 광범위해서 연말까지 가장 많이 실행하고 싶었어요. …… 그리고 저는 이런 식으로 봅니다. 아직 해야 할 일이 너무 많고 연말이 코앞인데……. 몇 가지 아이디어가 더 있었지만 시간 제약으로 인해 모 두 실행하지 못했어요. (연구자와의 성찰, 46)

따라서 교사는 이 주제에 대한 연구자와의 수많은 인터뷰에도 불구하고 UDL 원칙 에 따라 수업을 진행하는 것이 전체 교육과정을 완전히 실행할 수 없다는 믿음을 계속 해서 품고 있다. 수년에 걸쳐 개발되고 교육 당국에 의해 강요된 운영 모델은 학생들에게 작업의 내용, 방법 및 형태를 선택할 수 있는 더 많은 자유를 주는 것이 학생들에게 훨씬 더 좋을 수 있으며 학생들의 기억에 거의 남지 않는 전체 교육과정을 실행하는 것보다 지식, 기술 및 사회적 역량의 실제 수준에 긍정적인 영향을 미칠 수 있다는 생각을 받아들이지 못하도록 만든다.

3. 토론 및 결론: 통합교육을 향한 단계로서 온라인 교육에서 UDL 접근법 실현에 따른 교수–학습 과정의 새로운 경험

이 장에서 제시된 실행연구 결과에 대한 분석을 요약하면 몇 가지 결론을 도출할 수 있다.

우선, 팬데믹의 어려운 시기에 교사와 학생들은 이전에 UDL 전략을 실행하면서 얻은 경험을 교수학습 과정에서 활용했다. 그들 스스로 언급했듯이, 그들은 전통적인 형태의 학교 교육에서만큼 자주하지는 않았지만. 그럼에도 불구하고 교사들은 학생들이 최대한 이해하기 쉬운 방식으로 목표를 설정하고 학생들이 습득한 지식과 기술을 현재와 미래의 삶에서 자신의 삶에 사용할 수 있는 유용성과 옵션을 볼 수 있도록 모든 노력을 기울였다. 직접적인 접촉이 부족하여 이 작업이 어려웠지만 교사는 이론을 실습으로 전환하고 학생들은 수업 중에 습득한 지식과 기술을 자신의 실제 활동에 사용하기 위해 노력했다.

또한 교사들은 학생들에게 다양한 형태의 행동과 표현을 선택할 수 있는 기회를 제공하려고 노력했다. 교사들이 스스로 인정했듯이 모든 수업에서 이런 일이 발생하지는 않았다. 이 사실은 UDL 접근법 실현이 지속적이고 불완전한 과정이며, 개발하기 위해서는 덜 집중적이지만 지속적인 방법론적 지원이 필요하다는 것을 증명한다. 이 과정을 자극하는 중요한 요소는 교사 스스로 학생들에게 다양한 형태의 행동과 표현을 선택할 수 있는 기회를 제공하는 것이 학생들의 더 높은 활동과 참여를 낳는다는 것을 알고 있다는 것이다. 학생들은 이러한 점을 매우 높이 평가하고 기꺼이 자신에게 주어진 선택권을 사용했다.

핵심적인 측면이자 동시에 UDL 접근법과 불가분의 관계에 있는 교수–학습 과정의 주요 가치는 특히 원격 학습 시 협력이라는 것이 밝혀졌다. 이것은 다양한 차원에서 일어났다. 즉, 학생들 간의 협력, 학생과 교사 간의 협력, 교사와 학부모 간의 협력 등 다양한 차원에서 이루어졌다. 수행된 분석을 통해 이러한 협력이 학생, 교사 및 학부모의 요구에 따라 다른 형태를 취했다는 결론을 내릴 수 있다. 학생들은 수업 중뿐만 아니라 방과 후에도 기꺼이 협력 커뮤니티를 형성했다.

　교사들은 학생 참여를 지원하는 한 형태로 이 협업을 장려했다. 교사가 학생과의 접촉에 대해 평균 이상으로 개방적인 태도를 보인 것은 높이 평가할 만하다. 학생들은 수업 외의 거의 모든 시간에 교사와 그룹 또는 개별적으로 접촉할 수 있는 기회를 가졌다. 교사와 학부모 간의 원활한 접촉 또한 매우 중요했는데, 학부모는 학생의 교육 환경을 옮기고 사회적 및 또래 상호 작용의 장벽에 부딪히는 데 여러 가지 어려움을 겪었기 때문이다. 따라서 학생, 교사, 학부모의 긴밀하고 지속적인 협력은 UDL 접근법의 핵심 원칙 중 하나이며(Meyer et al., 2014; Rose et al., 2014), 원격 학습 과정의 핵심 성공 요인임이 입증되었다.

　둘째, 분석 결과 교사와 학생이 교수-학습 과정에서 UDL 접근법을 실현한 이전 경험이 원격 교수/학습의 질에 긍정적인 영향을 미친 것으로 나타났다. UDL 접근법은 온라인 교수/학습 과정을 계속 진행하려는 교사와 학생의 동기를 높은 수준으로 유지했다. 봉쇄 조치와 함께 팬데믹 초기 교육 전반에 대한 보고서 결과를 고려할 때, 설문 조사에 참여한 교사뿐만 아니라 학생들도 교수-학습 과정이 그 가치를 잃지 않도록 가능한 한 모든 노력을 기울였다는 점에 주목해야 한다.

　연구 과정에서 수집된 내러티브 자료를 분석한 결과, 조사 대상 학급과 교사가 기능하는 상황이 어떠한 제한을 초래하지 않았을 뿐만 아니라 오히려 학생들이 스스로 학습 과정을 계획하고 (공동)조직하고 관리하는 기술을 개발하는 데 부분적으로 기여했다는 결론을 내릴 수 있었다.

　학생들에게 더 높은 수준의 주도권을 넘겨주는 것은 부분적으로는 UDL 접근법을 일찍부터 안내한 교사들의 의식적인 결정에 기인하고 부분적으로는 교사와 학생 간의 직접적인 접촉이 부족하기 때문에 강요된 것으로, 학생들의 독립성, 책임감, 창의성 및 문제 해결 능력 개발을 촉진하는 요소로 판명되었다.

　이 모든 것은 교사의 가르침에 대한 높은 책임감뿐만 아니라 자신과 그룹의 학습 결과에 대한 학생의 책임감 분위기에서 이루어졌다. 특히 흥미롭고 강조할 만한 점은 학생들 간의 상호 지원(또래 튜터링)tutoring이 발전했다는 점이다.

연구 기간 동안 수집된 자료에는 교수-학습 과정에서 일어난 긍정적인 변화를 확인하고 평가하는 한편, 원격 교육에서 UDL 접근법이 제한적으로 실현된 이유에 관한 주제도 포함되어 있다는 점에 유의해야 한다. 이러한 한계는 주로 모든 수업에서 학생들에게 다양한 형태의 행동과 표현을 선택할 수 있는 기회를 제공하는 차원과 관련이 있었다. 이러한 어려움의 원인 중 교사들은 특히 기존 교육에서 원격 교육으로 전환하는 초기에 경험한 모든 기술적 문제를 먼저 지적했다.

이는 인터넷 연결의 품질이 일정하지 않아 과부하가 걸리거나 교사와 학생이 다양한 새로운 원격 학습 도구를 막 사용하기 시작했기 때문에 발생했다. 예를 들어, 화상 연결을 통한 토론은 교실에서 교사와 학생이 직접 대면할 때만큼 원활하고 자연스럽지 않기 때문에 수업 중 토론을 진행하기가 어려웠다. 또한 직접적인 '실시간' 접촉이 없기 때문에 수업 중에 역동적으로 변화하는 학생들의 요구에 신속하게 대응하는 데에도 어려움이 있었다.

교사들은 또한 원격 교육 상황에서, 예를 들어 수업 중에 논의된 내용에 충분히 집중하지 않는 학생을 훈육하는 데 사용되는 일반적인 도구가 부족하다고 느꼈다고 지적했다. 이러한 상황에서 교사들은 다른 학생들이 자발적으로 서로를 훈육하는 것에 의지할 수 있다는 점에 유의해야 한다. 교사와 학생의 진술서에는 팬데믹 기간과 관련된 교수-학습 과정 실행의 객관적인 어려움도 기록되어 있다. 예를 들어, 문화기관이나 다른 장소로의 여행이나 소풍을 계획하는 것은 불가능하지만 야외 학습은 UDL 접근법과 완벽하게 호환된다(Meyer et al., 2014). 일부 우려의 원인은 선택한 학급에서 실행연구 프로젝트가 거의 시작될 때부터 몇 가지 어려움이 지속되었다는 것이다. 남아 있는 어려움 중에는 주로 교육과정의 100%를 제 시간에 가르칠 수 없다는 교사의 두려움이 포함된다. 교사들은 이전 연구(제5장 참조)에 비해 훨씬 약해지긴 했지만 여전히 UDL 접근법 기반 수업은 시간이 많이 걸리기 때문에 전체 교육과정을 완전히 가르칠 수 없을 것이라는 믿음을 보였지만, 이것이 업무 신뢰성을 위한 전제조건이라고 확신하고 있었다. 그러나 점차적으로, 특히 젊은 교사들 사이에서 그들의 사고방식이 바뀌기 시작하고 교육은 전체 내용을 가르치는 것이 아니라 역동적으로 진화하는 세상에서 학생들이 평생 선택, 지식의 습득 및 업데이트, 책임감과 독립성, 다른 사람들과 협력하는 능력을 추구할 수 있는 능력을 개발하도록 교육하는 것임을 이해하는 것을 관찰할 수 있다.

그간 보여 준 변화의 과정 역시 다양한 상황적 요인의 영향을 받는다는 점은 주목할 만하다. 이 프로젝트의 경우 코로나 팬데믹이 그러한 요인으로 밝혀졌고, 이는 일반적으로 교육의 형태에 근본적으로 영향을 미쳤다. 이처럼 극단적으로 다른 현실에서 일어나는 변화는 위협적이었지만, 역설적으로 어려운 상황은 조사 대상 학급의 교수–학습 과정을 변화시키는 데 어느 정도 긍정적인 영향을 미쳤다. 교사와 학생들이 강조했듯이 이는 변화가 더 일찍 시작되고 실현되었기 때문에 일어난 일이다. 이 프로젝트의 경우 코로나 팬데믹이 그러한 요인으로 작용하여 교육 전반의 형태에 근본적인 영향을 미쳤다. 극도로 달라진 현실 속에서 일어나는 변화는 위협적이었지만, 역설적으로 어려운 상황이 조사 대상 학급의 교수–학습 과정을 변화시키는 데 어느 정도 긍정적인 영향을 미쳤다. 교사와 학생들이 강조했듯이, 이러한 변화가 일찍부터 시작되고 시행되었기 때문에 이런 일이 일어났다.

팬데믹 기간 동안 교육이 처한 상황은 교사, 학생, 학부모에게 여러 가지 도전 과제를 안겨 주었다. 루바츠^{Lubacz}(2020, p. 5)가 지적했듯이 '교사와 학습자는 원격 정보 도구의 기술적 측면을 비교적 빠르게 습득한다'고 말하지만 이것이 온라인 학습의 유일한 문제는 아니다. 학습자와의 관계, 학습자 간의 교수 관계의 질에 특히 주의를 기울여야 한다.

각 학생, 특히 특수교육이 필요한 학생의 개인 및 사회적 역량을 개발하고 향상시키는 가장 효과적인 전략 중 하나는 그룹 작업(협동 학습, 협업 학습)이다. 그룹 작업의 본질은 다음과 같다.

- 파트너십: 개체의 조정
- 상호 의존성: 그룹의 모든 구성원은 그룹 목표를 달성하기 위해 노력하고 개인 목표를 달성하기 위해 서로를 돕는다.
- 개인 책임: 그룹의 각 구성원은 자신의 학습에 대한 책임이 있으며, 이를 통해 그룹 목표를 달성하는 데 도움이 된다.
- 협동심: 학생들은 문제를 토론하고 해결하며 서로 협력한다.
- 친사회적 태도 및 휴머니즘: 도움, 지원, 연대, 이타주의.
- 평가: 그룹 구성원은 작업 결과를 확인하고 평가하고 필요한 변경을 수행한다. 협력 교육에는 명확한 배제 특성이 있다(Bąbka & Korzeniowska, 2020).

그룹 작업의 기본은 그룹 구성원 간의 커뮤니케이션 관계 네트워크로 연결된 작업에 대한 공동 작업이다. 서로 소통하면 생각과 아이디어를 교환하고 과제/문제를 해결할 수 있을 뿐만 아니라 능동적인 지식을 창출할 수 있다. 예를 들어, 학생의 인지 패턴을 생성하는 능동적 지식을 생성한다. 학생이 작업 과정에서 자신이 본 것, 한 것, 하고 싶은 것 또는 다른 사람이 하기를 바라는 것을 말하거나 이름을 붙이려고 한다.

- 운영 지식 창출: 다양한 생활 상황에서 실질적으로 사용되는 지식이다.
- 조직적 기술 개발: 활동 시작, 활동 자극, 실행 계획 및 조정.

그룹 작업 과정에서 학생들은 서로에게서 배우는 데 자신을 지원한다는 점은 주목할 가치가 있습니다. 협력에 대한 학생들의 동기를 부여하고 다양한 팀으로 작업을 배치하는 것은 교육의 질을 향상시키는 핵심 원칙과 일치한다(EADSNE, 2011).

통합교실에서 일하는 교사는 학생뿐만 아니라 학부모와도 협력해야 업무를 완벽하게 수행할 수 있다. 팬데믹이 발생하기 전까지는 부모가 이렇게 대규모로 '자녀의 교육자 역할'을 맡을 것으로 예상된 적이 없었다(Amilkiewicz-Marek, 2020, p. 129). 이는 모든 학생에게 중요하지만 특별한 교육적 도움이 필요한 학생에게는 특히 중요하다. 이러한 협력은 임시방편적이어서는 안 되고, '아동, 행동 및 학습 진도에 대한 상호 정보에 국한되어서는 안 되며, 아동의 모든 요구 사항을 포괄적으로 다루어야 한다'(Plichta, 2020, p. 71).

가정과 학교가 잘 협력하는 것은 현대 학교가 수행해야 할 기본 과제 중 하나이다. 학부모와의 협력은 학급 팬 페이지, 전자 저널, SMS, 전화 또는 이메일 등 다양한 형태를 취할 수 있는 학부모 지원의 일종이다. 덕분에 학부모는 교육적 과정에 직접 참여한다. 이 두 환경의 상호 작용은 교사, 부모 및 학생 간의 적절한 관계를 보장하며, 이는 자녀의 학습 과정에서 필요하며 무엇보다도 적절한 발달에 필요하다. 따라서 부모가 자녀 교육에 적극적으로 참여하여 자녀의 교수–학습 과정을 공동으로 결정하는 것이 바람직하고 적절하다 (Pawlak, 2003).

교사 간의 관계는 다양한 차원을 가질 수 있지만 모음식 통합교육integrated education과 포함식 통합교육inclusive deucation에서는 교사가 다른 사람들과의 건설적인 협력에 개방적이어야 한다. 따라서 교사의 전문성과 모든 학생에게 최고 수준의 교육을 제공해야 하는 의무는 교사가 강한 소속감을 가질 것을 요구하며, 대인 커뮤니케이션의 맥락에서 교사와의 관계는 지배적 행동(예: 주도, 대처, 행동, 조정)과 의존성(승인, 지원/도움, 협력, 헌신) 모두에 관한 것이다.

폴레자크^Poleszak과 피잘스키^Pyżalski가 지적한 것처럼(2020) 팬데믹 상황이 교사와 학부모 사이에 더 나은 관계를 구축할 수 있는 기회가 되기를 기대한다. 팬데믹의 경험은 이를 분명하게 보여 주었지만, 우리는 종종 교사가 교육의 질에 얼마나 중요한지 잊곤 한다. 폴란드 학교에서는 온라인 수업을 구성하고 진행하는 방식에 큰 차이가 있었다. 이러한 차이는 여러 가지 요인과 관련이 있었다. 그러나 이는 기술 시설, 인터넷 접속 품질 또는 교사의 디지털 역량에만 국한된 것이 아니다. 그보다 더 중요하지는 않더라도 교사의 참여와 방법론적 기술 그리고 교수 학습 과정을 조직하는 새로운 방법을 모색하려는 교사의 유연성, 개방성, 의지도 똑같이 중요한 것으로 보인다. 2019/2020년도 온라인 학습 과정에 대한 예비 평가에 따르면 팬데믹 이전에 학생들의 발달을 진정으로 지원했던 교사들, 이미 학생들에게 선택권을 준 교사들은 학생들의 협력을 촉진하고 학생들이 교육 목표를 이해하고 교육과정에서 습득한 지식과 기술의 유용성을 확인하도록 노력한 것으로 나타났다. UDL 접근법을 실현하는 동안 우리가 조사한 교사들은 확실히 이 그룹에 속한다(Mach, 2020).

학생들의 학습 활동과 개인 역량에도 중요한 변화가 일어났다. 가르침을 받던 학생들은 스스로 학습하는 사람이 되었다. 그들은 (확실히 완성된 과정이 아니기 때문에) 정보를 선택하고 비판적으로 평가하고 그것에 대해 간략하게 생각할 수 있는 사람이되었다. 따라서 팬데믹 기간 동안의 교육은 학생들의 독립성, 역량, 창의성을 높일 수 있는 기회임이 입증되었다. 교사가 '멈췄을 때' 학생들은 '움직였다'(Ścibor, 2020, p. 59).

이 장에서 설명한 실행연구의 결과는 교육 및 사회 개발을 위해 다양한 학습자와 함께 일할 때 UDL의 효과와 이 철학을 적용함으로써 얻을 수 있는 이점을 확인시켜준다(이것이 바로 우리가 궁극적으로 UDL을 이해하는 방식이기 때문이다). 앞에서 언급한 자료에서와 같이 UDL은 학습 과정을 개혁하고 최적화하며 포용에 유리한 조건을 조성하는 데 기여한다는 것이 설명되어 있다. 그러나 채택된 연구 가정은 학습 과정의 일부 측면에만 연구자들의 관심을 집중시켰다는 점에 유의해야 한다. 얻은 결과와 경험적 자료를 수집하는 과정에서 관찰 된 현상에 대한 성찰은 새로운 질문을 불러일으키고 일상적인 학교 업무에서 UDL 접근법의 실현에 대한 연구에 대한 추가 관점을 열어 준다.

여기에 제시된 성찰은 온라인 교육에도 불구하고 통합교육이라는 아이디어를 유지할뿐만 아니라 발전시키는 방법에 대한 필요한 논의의 서곡 일뿐이다. 무엇이 온라인 교육의 최적화를 촉진하는지에 대한 질문은 팬데믹 이후에도 '세상은 더 이상 우리가 알고 있는 것과 같지 않을 것'(Lubacz, 2020, p. 5)이라는 말이 나올 정도로 잘 정립되어 있다. 또한, 새로운 정상으로 돌아갈 것으로 예상되는 기간이 지나면 온라인 교육의 긍정적인 경험을 활용하고 부분적으로 학교 벽 안의 전통적인 교육과 연결할 가치가 있다.

흥미롭게도 코로나 팬데믹 시기는 '2천 년 전에 장단점이 공식화하였기 때문에 교육 형식에 대한 문제가 얼마나 시사적인지 놀라울 정도로 보여 준다'(Bartol, 2020, p. 9)는 지적이 있다. 이것은 당시 시작된 고대 철학자들 간의 논쟁으로, 지식 전달의 두 가지 모델과 관련이 있다. 플라톤Plato은 학생과 교사 사이의 유일한 가치 있는 접촉 형태는 직접적인 접촉과 구두 의사소통이라고 주장한 반면, 소크라테스Socrate는 직접 만나지 않고도 다른 사람의 정신에 접촉할 수 있는 쓰인 글도 인정했다. 교육의 오랜 역사를 통해 이 두 가지 지식 전달 모델이 완벽하게 공존하고 서로를 보완할 수 있음을 알 수 있다. 팬데믹이 종식된 후에도 학교 교육과 온라인 교육은 마찬가지일 것이다.

팬데믹 이후의 교육에서는 언제 어디서나 그렇듯이 황금률의 고대 원칙이 통할 것 같다. 거의 모든 교육 단계에서 이론적으로 가능한 성찰적이지 않은 가상 세계로의 이동은 교육과정 자체뿐만 아니라 우리 모두를 비인간화할 것이다. 반면에 긴급 상황에서 습득한 기술과 경험을 고집스럽고 완전히 거부하는 것은 현대 사회가 제기하는 도전에 대한 우리의 평온하고 오해의 증거가 될 것이며, 마지막으로 제한적이라고 말하지 않는 지적 게으름의 증거가 될 것이다. 가장 생산적이고 흥미롭고 가장 매력적인 것은 다양한 것으로, 첨단 기술 시대에 만들어지는 세계에서 최신 대처 방법을 사용하면서 입증된 오랜 패턴을 사용하는 것을 선택할 수 있는 기회를 제공한다. (Bartol, 2020, p. 12).

고대 철학자들의 생각을 참조하고 이 실행연구 책에 제시된 결과를 참조하면 더 많은 성찰을 할 수 있다. 코로나 팬데믹 초기 단계의 UDL 기반 온라인 학습은 주기적으로 교수-학습 과정을 유지하는 데 기여했다. 본격적인 교수-학습 과정으로서 온라인 수업을 개발하고 지속하려는 교사와 학생의 높은 수준의 동기 부여가 관찰되었다. 이를 통해 교사, 학생, 학부모 간, 학생들 간의 효과적인 협력 관계를 유지할 수 있었다. 또한 학생들이 스스로 학습 과정을 계획, 구성 및 관리하는 능력이 향상되고 자립심, 책임감, 창의력 및 문제 해결 능력이 발달하는 것으로 나타났다. 그 결과 학생들은 더욱 적극적으로 학습에 임하게 되었다(자기 주도적 학습 향상). 반면에, 교사는 조력자 역할을 맡아 다양한 학생 그룹에서 교수−학습 과정을 위한 최적의 조건을 만들기 위해 노력했다. 이러한 전반적인 변화는 통합교육의 기반을 실현하는 데 도움이 되었다.

다른 한편으로, 예상치 못한 팬데믹[1]의 장기화로 인한 온라인 학습의 장기화는 교수−학습 과정과 통합교육에 실질적인 위협이 되고 있다는 점을 분명히 해야 한다. 교사, 학생, 학부모 모두 장기간의 위기 상황에 지쳐 있으며, 학교 건물에서 교사와 학생 간의 직접적인 접촉을 기반으로 하는 교육으로의 복귀를 원하고 있다.

미래를 고려할 때, UDL 철학은 학교라는 울타리 안에서 교육으로 돌아온 후에도 매우 유용한 도구가 될 수 있다는 점에 주목할 필요가 있다. 학생들이 다시 함께하고 협력하는 법을 배우기 위해서는 여러 가지 혁신적인 행동이 필요하다는 점을 인식하는 것이 중요하다. 또한 교사는 교육적 과정뿐만 아니라 학습 커뮤니티의 다양성을 기반으로 시너지를 창출하고 구축해야 한다. 이 매우 어려운 과제를 해결하기 위해서는 교육 환경이 가장 보편적이고 최적의 방식으로 구성되도록 모든 노력을 기울여야 하며(UDL 원칙에 기반), 학생과 교사가 학교 현실에서 기능하는 방법을 다시 배우고 팬데믹 기간 이후 더욱 다양한 요구가 있을 것으로 보이는 학생들이 학교 공동체를 재창조하는 데 접근하고 참여할 수 있도록 해야 하며, 이는 살아 있는 통합을 위한 도전이다.

---

1) 이 책이 집필될 때, 교육의 세 번째 학기가 온라인 형식으로 진행되고 있었다.

173

제7장

지식과 자원이 풍부한 학습자 개발

Alvyra Galkienė & Ona Monkevičienė

이 장에서는 리투아니아 교육 시스템^{Lithuanian education system}가 통합교육으로 전환하는 맥락에서 수행된 연구를 소개한다. 이 장에서 소개된 연구는 보편적 학습 설계(UDL) 접근법에서 학생들이 지식과 자원이 풍부한 숙련된 학습자^{Knowledgeable and resourceful expert learners}가 되는 데 기여하는 교육적 요소를 밝히는 것을 목표로 한다. UDL 프레임워크는 교사와 학교를 위한 체계적인 추론 도구로 선택되어 일반교육 맥락에서 모든 학생의 숙련된 학습자로서의 자질 개발을 달성하고 통합교육의 질을 보장하는 데 도움을 준다. 이 장에서는 연구의 이론적 접근법, 결과 해석과 관련된 리투아니아 교육 및 연구가 수행된 학교의 맥락, 기타 중요한 방법론적 측면에 대해서도 간략하게 소개한다. 연구 자료에 따르면 UDL 접근법을 적용하면 교사가 교육과정을 수정하여 학생들에게 지식과 자원이 풍부한 숙련된 학습자로서의 자질을 개발하는 데 도움이 되었다. 이 장에서 구조화된 방식으로 제시된 결과는 학생들이 능동적으로 지각하고, 자기 주도적이며, 지식을 창조하고, 공동 창조하는 학습자, 학습자 스스로 깊은 이해를 구성하는 학습자가 되는 과정과 교육적 요인에 기여한 것을 보여 준다. 이 연구 자료는 교사들이 학생들의 이러한 자질을 함양하는 데 있어 장벽을 인식하고 극복하기 위해 사용하는 방법을 보여 준다. 또한 지식과 자원이 풍부한 숙련된 학습자로서의 자질을 증진하기 위해 UDL 접근법을 적용하고 수업을 설계할 때 교사들의 성향에 나타나는 새로운 변화를 밝혔다.

키워드	통합교육, 보편적 학습 설계, 학습 장벽, 자기 주도적 학습, 지식과 자원이 풍부한 학습자

1. 서론

개별 통합과 모두를 위한 통합의 개념의 실천은 많은 국가의 교육 시스템에서 경쟁하고 있다(제1장 참조). 개별 통합의 접근법은 특히 학생의 학습 과정에서 학생의 성취와 역할을 고려할 때 널리 퍼지기 시작했다. 학생, 특히 특수교육이 필요한 학생은 교사와 학생의 역할과 책임의 관점에서 능동적이고 자기 주도적이거나 심도 있는 학습 능력이 부족한 수동적인 주체로 인식되는 경우가 많다. 이러한 측면과 교육의 실질적인 조직 관련된 장벽을 제거하지 못한 학교는 모두를 위한 통합에 기반을 둔 교육에서 더 높은 수준의 통합성을 달성하지 못했다. 이와 관련하여 일부 연구에서는 UDL 접근법을 적용함으로써 이러한 교육 실제를 변화시킬 수 있다는 것을 보여 주었다(Meyer et al., 2014).

UDL은 모든 학생이 접근할 수 있는 유연한 교육 환경을 구축하는 것과 밀접한 관련이 있으며(Meyer et al., 2014), 학생이 지원이 필요할 때 발판을 형성하는 것과도 밀접한 관련이 있다(Sanger, 2020). UDL 개념에서 학생의 다양성은 가장 넓은 의미에서 이해되며, 모든 학생의 정보 인식 및 사용 과정이 서로 다르다는 것이 특징이다(Rapp, 2014). 학생의 차이가 갖는 특성은 교육 모델링의 다양성을 미리 결정한다. '다양한 표현 수단을 제공하라'(제1장 참조)는 UDL 원칙을 적용하면 학생들이 정보에 익숙해지고, 정보를 인식하고 이해하며, 지식을 구성할 수 있는 여건을 마련할 수 있다. 유연한 교육과정, 수단, 정보 기술의 적용은 난독증, 자폐 스펙트럼 및 기타 장애의 경우 정보 접근성 및 인지 과정 관리를 위한 비계 역할을 하는 읽기 텍스트(Brand & Dalton, 2012)와 시각화된 내레이션(Cohn, 2020)에 대한 이해를 증진한다(Hartmann, 2015; Meo, 2008; Rosita et al., 2020; Wainwright et al., 2020).

지식이 풍부하고 자원이 풍부한 숙련된 학습자는 정보를 능동적으로 인식하고 이를 심층 지식으로 변환하는 것으로 구별된다(Meyer et al., 2014). 글, 아이디어, 구조 및 통합 관계의 의미와 상호 연결에 초점을 맞춘 새로운 정보의 능동적이고 심층적인 처리, 다양한 관점에서 인지된 정보를 분석하고 재구성하기 위한 고차원적인 인지 전략의 사용, 새로운 지식과 이전 지식의 연결, 자신의 학습에 대한 성찰은 숙련된 학습자의 전형적인 특징이다(Asikainen & Gijbels, 2017; Bran, 2014; Golightly & Raath, 2015; Marton & Saljo, 2008; Peng & Chen, 2019; Samuels-Peretz et al., 2017). 이 연구자들에 따르면, 개인의 심층적 이해를 위해서는 정보 지각 및 재구성 전략과 내재적 동기 사이의 상호 작용이 필요하다. 숙련된 학습자는 자신의 지식을 이해하려는 명시적인 의도를 가지고 있어야 하며, 자신의 지식을 창조하는 데 참여해야 한다(Golightly & Raath, 2015).

깊은 개인적 이해력은 자기 주도적인 학생이 더 성공적으로 구축할 수 있다. 자기 주도적 학습 과정은 학생의 학습 주도권을 포함하며, 학생은 자신의 이해력 개발에 대한 책임을 지고, 인지 과정을 스스로 관리하고, 자신의 고유한 강점과 지식 개발의 필요성을 인식하고, 이해력 개발을 위한 개인 목표를 설정하고, 다양한 정보 소스를 활용하고, 가장 수용 가능하고 효율적인 학습 전략을 선택하고, 학습 결과를 스스로 평가한다(Salleh et al., 2019; Walt, 2019; Yang et al., 2020). 자기 주도적 학습자는 정보 검색, 정보 재구성, 학습자 그룹 내 핵심 아이디어 토론, 새로운 의미 창출, 성찰 등과 같은 메타인지적, 인지적, 사회적 자율 학습 전략을 사용한다(Koc, 2019; Kim et al., 2019). 이전 연구에 따르면 자기 주도적인 학생은 대면 또는 원격 학습과 같은 다양한 학습 상황에 쉽게 적응하는 것으로 나타났다(Houston, 2018; Kim et al., 2019; Lasfeto & Ulfa, 2020; Yang et al., 2020). 교사는 중재자의 역할을 맡아 학습 환경을 조성하고, 절차를 예측하며, 학생이 스스로 이해할 수 있는 방법을 제시한다(Kim et al., 2019; Sukardjo & Salam, 2020; Walt, 2019).

지식과 자원이 풍부한 학습자로서 학생은 개인 지식을 창출할 뿐만 아니라 지식의 공동 창출에 효율적으로 참여할 수 있는 능력을 갖추고 있다. 포이리−라실라^Poyry-Lassila 등(2017)과 산토사^Santosa 등(2020)은 협업적 공동 창조를 위한 세 가지 필수 조건으로 접촉 또는 온라인 학습을 위한 공유 공간, 적극적으로 학습하는 학생 그룹, 공유 대상(아이디어, 경험 및 지식의 원천)을 구분했다. 공유 지식의 생성은 학생들이 서로 또는 교사와 토론하면서 이미 보유하고 있거나 새로 찾은 정보를 교환하고 학습 전략을 공유할 때 발생한다. 이질적인 그룹은 공유 지식의 공동 생성에 더 유리하다(Gratton, 2019). 그러나 모든 학생 간의 긍정적인 상호 작용이 필요하며, 교사는 학생들이 협업 및 공유 지식의 공동 창출 전략을 학습할 수 있는 발판을 사용해야 한다 (Moore et al., 2020).

리투아니아에서도 전 세계와 마찬가지로 학생들의 다양한 요구와 교사의 가능성을 고려하여 자기 주도적 학습자, 즉 개별적으로 깊이 있는 진정한 지식을 구성하고 팀으로 협력하여 행동할 수 있는 학습자를 교육하고 개발하는 것을 교육 체제의 목표로 설정한다(즉, 지식과 자원이 풍부한 숙련된 학습자를 교육하는 것)(UPK, 2016). 리투아니아의 2013~2022년 교육 국가 전략(국가 교육 전략 2013)은 교육의 접근성을 높이고 모든 사람에게 동등한 가능성을 개발하는 것을 목표로 설정했다. 그러나 이러한 목표의 이행은 지금까지 기대했던 결과를 가져오지 않았으며 연구자, 교육 정책 입안자 및 실무자의 더 많은 관심이 필요하다. 2018 국제학업성취도평가(PISA) 결과 (OECD, 2019, I~III권)에 따르면 리투아니아 학생들의 읽기, 수학, 과학 평균 성취도는 여전히 다른 OECD 국가 학생들의 평균에 미치지 못하는 것으로 나타났다. 고차원적 사고 능력이 필요한 과제(예: '평가하고 성찰하기' 영역)를 완료하는 데 가장 낮은 결과가 관찰되었으며, '이해하기' 영역에서 가장 높은 점수를 받았다. 레벨 2를 달성하지 못한 학생(즉, 정보 인식 및 재구성에 어려움을 경험한 학생)의 비율은 OECD 평균보다 높았다. 따라서 학생이 지식이 풍부하고 풍부한 숙련된 학습자가 될 수 있도록 고차원적 사고력(새로운 맥락에서 정보를 분석, 비교, 평가, 결론 내리기, 검색하기)을 개발하는 것은 국가 교육 시스템에서 관련 필수 요소이다.

이는 통합교육을 집중적으로 시행하고 높은 수준의 교육을 위해 노력하는 과정에서 특히 중요한 문제가 되고 있는데, 이는 교육적 과정에 모든 학생의 완전한 참여와 자신의 이해를 구성하는 학생 숙련된 학습자의 자질 개발이 충분히 보장되지 않았기 때문이다(Galkienė, 2017). 리투아니아에서는 학생의 학습과 학습을 자극하는 수단과 환경 조성보다는 학생을 가르치는 데 더 많은 관심을 기울여 왔으며(Maniušis, 2018), 학생들은 일반적으로 스스로 지식을 창출하면서 자기 조절과 심층 학습 능력이 부족하다(Degutytė-Kančauskienė, 2020). 학교와 교사는 모든 학생(SEN 학생 포함)이 주류 교육에서 학습하고 지식과 자원이 풍부한 학습자가 될 수 있는 여건을 조성하기 위한 교육적 전략을 모색하고 있다. UDL(제1장 참조)은 통합교육의 새로운 접근법 중 하나이며, 실천 연구에 참여하고 UDL 지침(Novak, 2016)을 따르는 교사들이 모든 학생이 교육을 받고 자신의 능력 내에서 다른 학생들과 함께 최적으로 발달하며 숙련된 학습자가 될 수 있도록 구체적인 목표, 방법, 수단 및 환경을 모델링하기 때문에 다양한 사회 문화적 맥락에서 실제 적용 및 재해석할 수 있는 여지가 열려 있다.

통합학교 맥락에서 지식과 자원이 풍부한 학습자를 개발하는 데 UDL 접근법을 적용하는 것이 미치는 영향을 평가하기 위해 다음과 같은 연구 질문을 공식화하였다.

- UDL 접근법을 적용하면 지식과 자원이 풍부한 숙련된 학습자의 어떤 자질과 능력이 개발되는가?
- 교육적 요인이 UDL 접근법을 적용하여 지식과 자원이 풍부한 숙련된 학습자의 개발을 촉진하는 방법은 무엇인가?

2. 연구의 방법론적 접근법

UDL 접근법에 따라 통합교육의 학교 실제를 변화시킴으로써 학생들이 지식과 자원이 풍부한 숙련된 학습자로서의 자질을 개발하는 데 기여하는 교육적 요소를 조사하기 위해 협력적 실행 과정을 선택했다(제3장 참조). 계획된 지역 연구의 성격과 교사들의 적극적이고 자기 성찰적이며 자기 변혁적이고 조사적인 역할은 실행연구의 본질과 완전히 일치했다(Ferrance, 2000; Mertler, 2019; Rowell et al., 2017). 이 연구의 교사와 학교장 그리고 교사와 저자들은 실행연구의 준비 단계부터 마지막 주기가 끝날 때까지 실행연구 과정에 대해 적극적으로 논의하고 성찰했다. 차라람포우스Charalampous와 파파데메트리오우Papademetriou(2019)는 교사가 협력적 대화에 참여하면 더 깊은 성찰을 촉진한다고 말했다. 협력적 실행연구는 기존의 일상적인 실제를 변화시키면서 효율적이며, 특히 교육의 질을 개선하기 위한 새로운 전략(이 경우 UDL 접근법)의 영향을 시험하고자 할 때 효과적이다(Insuasty & Jaime Osorio, 2020; Rowell et al., 2017).

우리의 협력적 실행연구는 3주기로 구성되었다(제3장 참조). 첫 번째 주기는 지식이 풍부하고 자원이 풍부한 학습자의 개발에 유리하거나 불리한 학교의 통합교육 요소를 식별하는 것을 목표로 했으며, 두 번째 주기는 첫 번째 주기에서 식별된 학생의 학습 장벽을 제거하는 것을 목표로 했으며, 세 번째 주기의 목표는 UDL 접근법을 적용한 성공적인 사례를 강화하고 원격 교육의 장벽을 제거하는 것이었다. 실행연구는 빌뉴스 발시아이 기본학교^Vilnius Balsiai Basic School 교사들이 연구자들과 협력하여 수행했다. 이 학교와 연구에 참여한 6학년(7학년) 학생들의 수학 및 읽기 성취도는 리투아니아 학생들의 평균 성취도보다 훨씬 높았다. 그러나 리투아니아 전역과 마찬가지로 고차적 인지 능력이 필요한 과제의 완료 수준은 다른 과제에 비해 현저히 낮았다 (Report on Higher-order Thinking Skills 2019, the National School Student Assessment). 따라서 지식과 자원이 풍부한 숙련된 학습자의 개발과 관련된 동일한 문제가 이 학교에도 있다.

이 학교는 연구 대상 학급을 포함한 각 학급에 여러 명의 SEN 학생과 다국어 환경의 학생 또는 다른 이유로 인해 학습에 어려움을 겪는 학생이 있기 때문에 통합교육 개선에 상당한 관심을 기울이고 있다. UDL 접근법에 익숙해지고 이를 처음 적용한 영어와 리투아니아어 교사가 연구에 참여했다. 실행연구의 두 번째 실행 주기가 끝난 후 코로나 바이러스로 인한 격리가 시행되었고 모든 학교가 원격 수업으로 전환되었다. 이미 접촉 교육 환경에서 UDL 접근법을 적용한 교육의 원리를 발견한 교사들은 온라인 수업을 진행하면서 UDL 틀에 따라 수업을 구성해야 하는 또 하나의 도전에 직면하게 되었다.

실행연구에는 다음과 같은 정성적 자료 수집 방법이 적용되었다.

- 오디오 녹음을 통한 수업 관찰 및 코멘트^comment 작성: 총 38회의 수업을 관찰했다(1주기 10회, 2주기 14회 수업은 교실에서, 3주기 14회 수업은 온라인에서 관찰).
- 수업 후 학생들과의 반구조화된 인터뷰(개별 및 그룹): 모든 면대면 수업을 관찰한 후, 관찰 대상으로 선정된 학생들과 대화를 나누며 자신의 학습에 대해 성찰하도록 안내했으며, 43건의 인터뷰는 오디오 녹음을 하였다.
- 수업에 대한 학생의 성찰: 온라인 수업이 끝난 후 교사들은 학생들에게 수업 중 학습에 대한 성찰을 적어 달라고 요청했으며, 37건의 성찰 기록을 하였다.
- 수업 후 교사와 연구자의 성찰 오디오 녹음: 연구자들은 매 수업이 끝난 후 교사들과 수업을 구성하는 과정에서 UDL 원칙을 어떻게 따랐는지, 지식과 자원을 갖춘 학습자를 육성하는 목표를 어떻게 추구했는지, 장애물 없는 학습 환경을 어떻게 조성했는지 등에 대해 이야기를 나누고 수업 개선 가능성에 대해서도 논

의했다(38개의 오디오 녹음).

- 교사 및 연구자 그룹 토론 오디오 녹음: 연구자와 교사들은 지식과 자원을 갖춘 학습자 개발을 목표로 하는 통합교육에 대한 교사들의 태도 변화와 실천, 도전과 대처 방법, 발견, 협력, 학습에 대해 논의했다(오디오 녹음 3건).

수집된 자료의 질적 분석을 위해 적용된 방법에는 코헨^{Cohen} 등(2013)에 따른 내용 분석과 브라운^{Braun}과 클라크^{Clarke}(2017)에 따른 주제 분석이 포함되었다.

3. 협력적 실행연구: 진화적이고 획기적인 변화의 과정

첫 번째 실행연구 주기(제2장 참조)는 지식과 자원이 풍부한 학습자를 교육하기 위한 맥락을 파악하는 것을 목표로 했다. 실행연구를 수행한 교사들은 리투아니아의 한 학교에서 UDL 접근법에 따른 통합교육 개선과 관련된 긍정적인 요소와 장벽을 확인했다.

교사들의 개인적 경험은 서로 달랐으며([그림 7-1] 참조), 이 경험은 지식과 자원이 풍부한 학습자를 교육한다는 UDL 접근법의 목표를 지향하는 통합교육 개선에 부분적으로만 유리하게 작용했다. 두 교사 모두 UDL 접근법에 익숙하지는 않았지만, 통합교육에 대한 다양한 경험을 축적하고 있었다.

알마^{Alma} 교사: 저는 무에서 시작했어요. 실행연구에 참여했을 때 처음으로 UDL이라는 시스템에 대해 들었어요.

연구자: 통합교육에 대해 어떤 태도를 가지고 있었나요?

알마^{Alma} 교사: 이것도 배워야 했어요. 20년 넘게 교직에 몸담았지만, 이렇게 다양한 아이가 각기 다른 욕구를 가지고 있는 집단은 처음이었어요. 그래서 저에게 이 시기는 발견의 시기였어요. (교사 인터뷰, 3)

고다^{Goda} 교사: 이전에도 통합교육에 대한 경험이 있었어요. 하지만 UDL 접근법을 적용한 경험은 없었어요. 2년 전 Rita(특수교육자)가 우리 학교에서 일했을 때, 우리는 지속적으로 협력했습니다. (교사 인터뷰, 3)

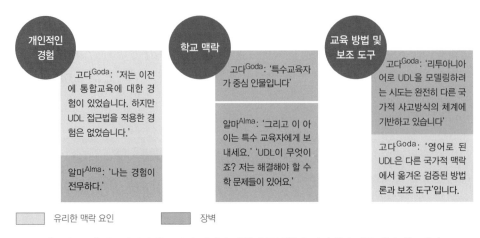

[그림 7-1] 리투아니아 학교에서 지식과 자원이 풍부한 숙련된 학습자를 개발하는 맥락

최근 리투아니아 학교에서는 가능한 한 많은 SEN 학생을 주류 수업에서 가르치려는 시도가 이루어지고 있다. 그러나 교사들은 여전히 통합교육에 대한 실질적인 경험이 부족하다. 학교 환경([그림 7-1] 참조)은 통합교육 실천을 발전시키는 데 불리한 경우가 많다. 특수교육자, 언어 치료사 및 심리학자들은 교사들과 협력하여 주류 학급에서 SEN 학생들을 교육할 수 있는 방법과 수단을 함께 모색하는 것이 좋다. 그러나 이러한 전문가들은 전통적으로 사무실에서 학생에게 개별적인 지원을 제공하는 경향이 있으며, 교사들은 혼자 남겨진 느낌을 받는다. 리투아니아의 한 학교에서 실행연구에 참여한 교사들은 리투아니아의 많은 교사와 마찬가지로, 학생 학습에 대한 개별적인 지원이 모두를 위한 통합교육을 촉진하지 못한다는 것을 이해했지만, 실행연구 초기에는 전문가의 도움을 우선시했다.

고다Goda 교사: 우리는 전문가의 지원을 받지 않아요. 특수교육자는 학생에게 학습 지원을 제공하는 중심인물이예요. …… 그 아이를 위해 발판을 만들어 달라고 계속 요청했기 때문이에요.

알마Alma 교사: 토마스(특수교육자)가 우리 학교에서 일할 때 모든 서류 작업은 학기 초에 끝났어요. 모든 (SEN) 아동의 수를 세고 설명하고 교육 방법에 대한 계획을 세웠어요. 하지만 …… 그게 전부였어요. 그리고 나서 [수업에서] 그 아이를 특수교육자에게 보내곤 했죠.

고다Goda 교사: 언어 치료사는 그녀의 병동, 어딘가에 따로 상주했어요. 하지만 특별한 도움은 전혀 없었어요. (교사 인터뷰, 2)

교사들은 단 2명의 교사만이 UDL 접근법을 적용하여 통합교육을 개선하는 데 참여했을 때 동료 교사들의 지원이 부족했다는 점을 인정했다. 일부 교사는 학생보다는 학습 자체와 가르치는 주체가 중심이 되는 주제 중심의 지식 전달 패러다임에 따라 계속 작업했다.

> 알마Alma 교사: 수학 교사들과 이야기를 나눴는데, 그들은 '무슨 UDL을 말하는 거예요? 수학 문제를 풀어야 해요'라고 하더군요. 그게 다예요. 수학적 문제가 있어요. (교사들과의 인터뷰, 3)

분리주의적 태도는 부모를 통해 학교 환경에 침투하기 때문에 국내 사회에서 여전히 명백한 사회적·교육적 배제에 대한 생각은 학교에서 통합교육을 가로막는 장벽이 된다.

> 알마Alma 교사: 당신은 그 전체 학생 수에서 아이에게 프로그램을 적용합니다. 당신은 관용적인 친구나 정의로운 아이를 배정하고, 그의 아버지는 약한 학습자가 그의 아들 또는 딸 옆에 앉아 있다는 사실에 모순되지 않을 것입니다. (교사 인터뷰, 1)

교사들의 경험은 지역사회 전체가 이 과정에 참여한다면 통합교육 실행을 개선하는 것이 더 성공적일 수 있음을 보여 준다.

실행연구를 수행한 교사들은 교육 방법 및 보조 도구와 관련된 장벽을 강조했다([그림 7-1] 참조). 영어는 외국 저자가 각색한 교과서 및 기타 보조 자료를 사용하여 가르치기 때문에 교재에 사용된 방법은 다른 사고방식에 기반하며, 이는 UDL 접근법에 더 가깝고 통합교육에 더 유리하다. 그러나 리투아니아어 교과서는 통합교육에 걸림돌로 작용한다. 교사들은 UDL 접근법을 따르고 새로운 방법과 보조 도구를 개발하여 이러한 장벽을 제거해야 한다. 이 모든 것은 집중적인 고려와 노력 그리고 많은 시간 투자가 필요하다.

> 고다Goda 교사: 리투아니아어 수업을 진행하는 동안 우리는 완전히 다른 국가적 사고 체계를 기반으로 학습을 모델링하는 방법에 대한 몇 가지 실험을 수행해요. 그것은 근본적으로 다른 다른 매체, 즉 반UDL을 옮겨야 합니다. 예를 들어, 30년 전에 출판된 리투아니아어 교

과서가 있고 리투아니아어를 위한 새로운 교과서가 있습니다. 지식을 이전해야 했어요. 이것은 이론이에요. 많은 이론 (교과서의 페이지를 보여 준다) ……. 그리고 연습이 시작됩니다. 그들은 모두 동일한 구조를 가지고 있고 우리의 지식 전달 매체는 매우 성공적이었어요. 영어의 경우 이미 검증된 방법론과 지원으로 다른 국가적 맥락으로 옮길 수 있었어요. (교사 인터뷰, 3)

두 번째 실행연구 주기에서 교사들은 지식과 자원이 풍부한 학습자 교육을 목표로 통합교육의 질을 향상시키기 위해 '다양한 표현 수단 제공'이라는 UDL 원칙을 적용했다. UDL([그림 7-2] 참조)에 대해 더 깊이 들어가면서 교사들은 도전에 직면했다. 알마^{Alma} 교사는 다양한 요구를 가진 학생들을 바라보는 태도, 자신의 교육 관점, 행동과 사고 습관을 UDL이라는 프리즘을 통해 바라보면서 혁신적인 변화를 겪었다. 교사의 자명하고 정착된 실제를 비판적 성찰을 통해 재구성하는 과정에는 보통 긴장이 뒤따른다.

알마^{Alma} 교사: 하지만 CAST의 모든 글은 저에게 많은 부분과 다른 수준에서 거의 이해되지 않아요. 많이 알아야 하잖아요. 자신을 평가할 때 아무것도 모른다는 것을 깨닫기 위해 이 실행연구를 시작해야 한다고 생각했어요. 저 자신이 스스로가 하지 않는 것에 대해 평가해야 해요. 저는 다시 배워야 한다는 것을 깨달았습니다. 그래서 그 당시에는 교사로서, 전문가로서 자존감이 매우 낮았어요. (교사 인터뷰, 3)

알마^{Alma} 교사는 UDL 아이디어를 실제로 검증하고, 학생들을 지식과 자원이 풍부한 학습자로 발전시킬 수 있는 새로운 가능성을 발견하고 끊임없이 성찰함으로써 임계점을 극복했다.

알마^{Alma} 교사: 하지만 나중에 그 학습은 자연스럽게 이루어졌습니다. 모르는 것이 있으면 유튜브에 들어가서 동영상을 시청해요. 그런 다음 이를 수업에 적용하기 시작하고 이렇게 하는 방법이나 저렇게 하는 방법을 발견합니다. 이 실행연구는 저에게 교육의 과정을 다른 방식으로 이해할 수 있는 새로운 기회를 열어 주었습니다. 이 과정은 학생에게 학습 방법이나 학습한 내용을 보여 주는 방법에 대한 다양한 선택권을 제공해요. 저는 여러 가지

방법으로 정보를 제시하고 학습을 위한 선택지를 만드는 방법을 시도해 보았어요. (교사 인터뷰, 3)

UDL에 대해 자세히 알아보기

고다Goda: 'UDL은 이 방법을 이론적으로 인식하고 매일 적용하는 데 시간이 필요합니다.'

알마Alma: 'CAST 맥락은 거의 모든 것이 다르고 수준이 달라서 이해하기 어려웠습니다.' '내가 아무것도 모른다는 것을 깨달았고 자존감이 떨어졌습니다.'

실제 적용하기

고다Goda: '모든 교사는 반UDL 시스템을 UDL 환경으로 전환하면서 만들어야만 하는 길을 가고 있다'고 생각합니다.

알마Alma: '수업에서 적용하기 시작하고 그 방법을 발견했습니다.' '... 학습을 위한 선택지를 만드는 방법을 시도해 보았습니다.'

공동 학습하기

고다Goda: '알마Alma와 저는 정말 많이 상의했습니다. '당신[연구자]는 건설적이고 간결한 방식으로 우리에게 정보를 제공했습니다.'

알마Alma: '수업을 참관한 후 연구자들과 함께 반성하는 시간이 매우 유용했습니다.'

[그림 7-2] UDL의 원리를 마스터하여 지식과 수완이 풍부한 숙련된 학습자를 점진적으로 개발할 수 있는 방법의 모색

고다Goda 교사는 UDL의 이론적 구성에 기반을 두고 지식과 자원이 풍부한 학습자를 개발하는 것을 목표로 하는 자신의 수업에서 느리고 진화적인 변화의 과정을 경험했다. 딥 러닝deep learning의 전형적인 특징인 UDL에 대해 더 깊이 알아가는 데는 시간이 많이 걸렸다.

고다Goda 교사: 저는 돌파구보다는 진화를 경험했어요. UDL은 이 방법을 이론적으로 인식하고 매일 적용하는 데 시간이 필요해요. 저의 경우에는 시간이 조금 더 필요했죠. 그것이 제 작업 언어였다면 더 쉬웠을 거예요. 시스템이기 때문이에요. 시스템을 적용하는 것은 개별 요소를 적용하는 것과는 다릅니다. (교사와의 인터뷰, 3)

이전에 습득한 통합교육 경험은 교사에게 큰 도움이 되었다. 지식과 자원이 풍부한 학습자를 교육하고 개발한다는 UDL의 목표에 비추어 통합교육의 개선을 평가하면서 교사는 교육적 과정의 본질을 변화시키면서 지속적이고 느리고 깊이 있는 전진을 강조했다.

> 고다^{Goda} 교사: 저는 반UDL 시스템을 UDL 환경으로 전환하면서 모든 교사가 만들어야 하는 길을 가고 있어요. 저는 대부분의 원칙을 항상 적용하고 있으며, 가능한 한 우리 교육 시스템을 바꾸고 싶습니다. (교사 인터뷰, 3)

교사는 공동 학습([그림 7-2] 참조), 수업 중과 수업 후 서로의 지속적인 협의, 수업 계획 수립, 분석된 자료나 녹화 수업 시청을 통한 성찰 등의 이점에 대해 강조했다. 또한 교사들은 연구자들과의 토론이 UDL의 핵심 원리를 집중적으로 이해하고 학습 활동에서 학생들의 능동적 지각, 깊은 이해, 사고의 특징을 파악하는 데 도움이 되어 매우 유용하다고 생각했다. 또한 수업 참관 후의 성찰 시간도 매우 유용했다고 평가했다.

세 번째 실행연구 주기에서는 '다양한 표현 수단을 제공하라'는 UDL 원칙에 따라 발견된 통합교육 방법을 원격 교육(코로나 팬데믹으로 인한)의 맥락에서 적용해야 하는 과제가 등장했다. 지식과 자원이 풍부한 학습자를 개발한다는 목표를 변화된 조건에서 달성해야 했다.

실행연구를 수행하는 동안 교사들은 새로운 도전에 대처하고 습득한 경험을 원격 교육 시스템으로 이전하는 데 도움이 되는 개인적인 강점을 구상했다([그림 7-3] 참조). 예를 들어, 알마^{Alma} 교사의 강점은 변화에 대한 개방성이었으며, 이를 통해 교육 과정에 대한 태도를 수정할 수 있었다. 숙련된 학습자로서의 학생의 발전과 교사와 학생의 권한과 책임 사이의 관계에 대한 교사의 입장은 변화를 겪었다. 교사는 UDL을 통해 학생의 지각이 더 활발해지고, 학생은 더 깊은 개인적 이해를 구축하며, 학습 방법을 선택할 수 있는 자신의 학습에 대한 전문가로 보인다는 것을 이해했다.

> 알마^{Alma} 교사: 저는 변화에 매우 개방적인 것 같아요. 이러한 개방성은 아이들이 스스로 학습 방법을 선택할 수 있도록 하는 것이 중요하다는 것을 이해하는 데 도움이 되었어요. 그러나 (대면 및 비대면) 교육의 맥락에서 이를 달성하는 방법을 스스로 발견해야 했어요. 저는 학생과 학생의 향상에 더 집중하게 되었고, 학생의 학습에 대한 더 많은 책임을 어깨에 짊어지게 되었어요. (교사 인터뷰, 3)

혁신에 대한 개방성과 원격 교육 환경으로의 전환의 필요성을 느낀 이 교사는 학생들에게 학습 방식이나 도구에 대한 더 많은 선택권을 제공할 수 있는 디지털 학습 기술을 찾게 되었다. 이 교사는 모든 학생의 통합성을 높이고, 자기 주도적 학습을 촉진하며, 학생이 가장 적합한 학습 방법을 선택할 수 있도록 하여 학습 성공을 보장하는 가상 환경을 발견하고 학생을 지원했다.

> 알마Alma 교사: 저는 온라인 영어 학습을 위한 비디오 레코드와 디지털 도구의 힘을 발견했어요.
> 비디오 레코드에는 자막이 있어요. 멈춰서 읽을 수도 있고, 사전을 켜고 단어를 입력하면
> 즉시 번역을 보거나 발음을 들을 수 있어요. 글을 쓰는 동안 철자를 확인하기위한 모든
> 도구를 켤 수도 있습니다. (선생님과의 인터뷰, 3)

개인 역량

고다Goda: '저는 항상 학생들에게 스스로 학습하도록 독려해왔지만, 예전에는 좀 더 초보적인 방식으로 학습을 진행하였습니다. 그리고 여기서 저는 진화를 겪었습니다.

알마Alma: '저는 변화에 매우 개방적입니다'. '저는 통합교육 과정에 대하여 다른 이해를 가지고 있습니다. 즉 학습 방법의 선택을 하는 것으로 이해하고 있습니다.'

학생 전문가 학습자

고다Goda: '학생들이 정보를 검색하는 방법, 무엇을 왜 선택하는지, 자신에게 가장 적합한 것이 무엇인지 등 모든 학생을 더 주의 깊게 관찰하기 시작했습니다'.

알마Alma: '이제 저는 학생들의 학습에 대한 더 많은 책임을 학생들의 어깨에 두게 되었습니다'.

모두를 위한 통합

고다Goda: '제 교실에서의 통합은 더 심도 깊은 것으로 바뀌었습니다. 저는 모든 학생을 학습 전문가로 교육하는 UDL 원칙의 대부분을 통합의 기초로 적용합니다.

알마Alma: '온라인 영어 학습을 위한 비디오 기록과 디지털 도구의 힘을 발견했습니다'.

[그림 7-3] UDL 원칙을 적용하여 지식이 풍부하고 수완이 풍부한 숙련된 학습자 개발에 대한 성숙된 태도

태도의 변화를 겪은 고다Goda 교사의 개인적인 강점([그림 7-3] 참조)은 학생들의 자기 주도적 학습을 촉진한 것이다. UDL 접근법을 적용하면서 교사는 별도의 사무실에서 근무하던 특수교육자가 학생을 개별적으로 지원하는 것에 중점을 두지 않고, 학습 방법을 스스로 탐색하고 선택할 수 있는 기회를 제공함으로써 모든 학생이 공동 학습 과정에 참여하는 환경을 조성할 수 있게 되었다.

> 고다Goda 교사: 저는 항상 학생들에게 독립적인 학습을 장려해 왔지만, 좀 더 원초적인 방식으로

진행했었죠. 그리고 여기서 저는 진화를 겪었습니다. 학생들이 정보를 검색하는 방법, 무엇을 왜 선택하는지, 자신에게 가장 적합한 것이 무엇인지 등 모든 학생을 더 세심하게 관찰하기 시작했어요. 지금은 어려움을 겪는 학생들을 더욱 주의 깊게 관찰합니다. 이제 학생들에게 더 많은 도움을 제공해요. 제 교실의 통합성은 더 깊은 교실로 바뀌었어요. 더 높은 수준의 고려와 계획이 가능해졌어요. 모든 학생을 학습 전문가로 교육하는 UDL 원칙의 대부분을 통합의 기초로 적용합니다. (교사 인터뷰, 3)

일반화하여 말하자면, 지식과 자원이 풍부한 숙련된 학습자를 육성하기 위한 실행 연구는 교사들로 하여금 다양한 요구를 가진 학생들 간의 차이와 가능성을 더 주의 깊게 바라보게 하고, 다양한 정보 표현 수단을 모색하는 데 도움이 되었다고 할 수 있다. 교사의 태도와 실제의 변화를 위한 진화적 또는 획기적 경로는 교사의 개인적 경험 및 학교 상황과 같은 조건에 의해 미리 결정되었다.

4. 학생들이 지식과 자원이 풍부한 숙련된 학습자가 되기 위한 교육 실제

1) 학습자의 능동적 인식: 학생의 능동적인 정보 인식 과정 자극하기

능동적으로 인식하는 학습자는 보는 것뿐만 아니라 듣는 것도 능동적으로 인식한다. 인식 과정을 정서적으로 관리하고 자신의 경험과 관심사에 따라 정보를 능동적으로 선택하는 것도 이러한 학습자의 특징이다. 다양한 요구를 가진 학생들을 가르치면서 교사들은 학생 개개인의 정보 인식 과정을 자극하여 학습 효율을 높일 수 있는 방법을 모색했다. 실행 연구를 진행하면서 교사들은 UDL 접근법에 따라 수업을 구성하고 학생들이 능동적으로 정보를 인식하도록 교육하고 모든 학생을 포용할 수 있는 방향을 발견했다. 이러한 방향은 다음과 같다.

2) 다양한 방식의 정보를 활용하여 정보 인식을 활성화하는 게임화

연구 자료에 따르면 다양한 방식으로 제공되는 정보와 게임화는 일반적으로 수동적인 학생들의 인식을 자극하는 것으로 나타났다. 다음에 제공된 수업 조각은 정보를 제시하는 방법(비디오 및 오디오 자료), 학습의 게임화(퀴즈 구성) 및 추가 동기 부여(정답에 대한 플러스)를 통해 타다스^Tadas의 인식이 활성화되었음을 증명한다. 이 수업의 목표 중 하나는 리투아니아 민요 '루타 잘리오지(녹색의 루스)'가 노동요라는 것을 증명하기 위해 고대 작품과 도구를 기억하는 것이었다. 선생님은 화면에 몇 장의 사진을 보여 주었고, 아이들은 보이는 도구와 그 용도를 맞히도록 했다.

고다^Goda 교사: 여러분을 퀴즈에 초대합니다. 어떤 작업 도구가 보이는지 맞혀야 해요. 이름도 맞혀야 합니다. …… 가장 잘 맞힌 학생 3명에게는 플러스가 주어집니다. 아는 도구가 보이면 손을 들어 보세요. (오래된 스크래치 쟁기를 보여 준 학생들은 거의 만장일치로 정답을 맞혔습니다. 스크래치 쟁기다.)

타다스^Tadas: 판자. (스핀들[1]을 보여 줬다.)

고다^Goda 교사: 좋아, 판자긴 한데 어디에 쓰이는 거지? (아무도 이 도구를 제대로 맞추지 못했다. 교사가 이름을 알려 주고 용도를 설명했다.)

타다스^Tadas: 낫이에요. (낫을 보여 주었다.)

고다^Goda 교사: 아니.

타다스^Tadas: 잠깐만요, 이건 낫이에요! (다른 학생들은 앞서 도구의 이름을 정확하게 맞혔다. 타다스^Tadas는 점수를 얻지 못했다. 손을 들지는 않았지만 적극적으로 추측에 참여했고 다른 학생에 비해 더 적극적이었다.) (관찰, 12)

이 수업의 일부분은 학생의 참여와 개념에 대한 적극적인 탐색을 보여 준다. 타다스^Tadas는 비슷한 개념의 이름(낫)을 제시하고 올바른 단어('잠깐만요, 이것은……')를 탐색한 후 '낫'이라는 단어를 찾았고, 도구의 재료(보드)에도 이름을 붙였다. 작업 도구의 사진은 도구의 기능에 대한 학생들의 인지를 활성화하고 이전에 들어 본 도구

---

1) 스핀들(spindle)은 공작기계에서 공작물을 회전시키기 위한 축이다.

의 이름을 기억할 수 있게 했다. 또한 퀴즈를 통해 타다스^{Tadas}에 대한 인식도 활성화되었다. 학생은 손을 들지 않고도 최대한 빨리 이름을 말하려고 애썼다. 교사는 '가장 큰 장점은 경쟁 학습'이라고 말했다(교사와의 성찰, p. 12). 교사는 또한 유쾌한 경쟁이 각 학생이 더 잘 배우는 데 도움이 된다는 것을 알아차렸다. 대면 수업에서 교사는 정보를 인식하는 다양한 방식[예: 능동분사와 수동분사를 시연하는 것('튀긴 달걀^{frying eggs}'과 '튀겨진 달걀^{fried eggs}'을 몸으로 표현하는 등)]을 포함했다. 다양한 교수 방식에 노출되면 그중 하나가 다른 교수 방식보다 학생들의 정보 인식 과정을 더 강하게 활성화할 가능성이 높아진다. 또한 정보를 전달하는 한 가지 방법이 다른 학생보다 한 학생에게 더 유리할 수 있다. 따라서 다양한 방식의 채널과 게임화를 통해 정보를 받으면 학생들의 인식을 수동적인 것에서 능동적인 것으로 바꿀 수 있다.

3) 개인적 경험의 관련 맥락을 통한 일반적인 개념과 표현의 의미에 대한 통찰력

개인 경험의 관련 맥락을 통한 일반적인 개념 및 표현의 의미에 대한 통찰 학습 자료가 학습자와 관련된 개인 경험과 연결될 때 정보 인식 과정이 활성화된다. 이것은 학습 과정에서 모든 학생의 참여를 증가시키고 성공적인 학습을 보장한다. 학생들의 영어(비원어민) 어휘력을 보다 적극적으로 확장하고 구동사의 의미를 더 잘 이해할 수 있도록 알마^{Alma} 교사는 학생들과 관련된 주제를 선택하고(self-isolation) 능동적 표현을 사용하여 발표하도록 독려했다. 아이들에게 케이트 우드포드^{Kate Woodford}의 '미친 듯이 벽을 기어오르기(봉쇄 기간 중의 생활)^{Stir-crazy and Climbing the wall(Life during lockdown)}'라는 글을 읽고, 관련 문구를 암기하고, 일부를 자신에게 적용하고, 격리 기간 동안 자기 자가격리 경험을 설명하도록 요청했다.

바이다^{Vaida}: 세상에는 코로나 바이러스가 있습니다. 모든 사람은 제재에 놓였습니다.

알마^{Alma} 교사: 이것이 마이너스인지 플러스인지 엘제^{Elzė} 자신의 의견을 표현해 보세요.

엘제^{Elzė}: 이것은 마이너스예요. 이것은 집에 있는 것을 좋아하지 않는 사람들에게 좋지 않아요. 그리고 그들은 일자리를 잃고 있어요.

알마^{Alma} 교사: 네, 맞아요. 마이카스^{Maikas}, 문장을 주세요.

마이카스^{Maikas}: 문장을 표시할까요?

알마^{Alma} 교사: 네, 부탁해요. …… 다른 학생들이 보고 들으면 토론하기가 더 쉬울 거예요.

마이카스^{Maikas}: 이 강제 격리 속에서 저는 학교 수업에 익숙해지고 있어요.

알마^{Alma} 교사: 네, '익숙해지고 있다'라는 표현을 사용하셨어요. 무슨 뜻인가요?

마이카스^{Maikas}: 배우려고 한다는 말이에요.

알마^{Alma} 교사: 좋아요. 바이다^{Vaida}, 이것은 긍정적일까요? 아니면 부정적일까요?

바이다^{Vaida}: 긍정적이라고 생각해요. (관찰. 35)

개인적인 경험을 바탕으로 새로운 표현을 배우는 것은 아이들이 이러한 표현의 의미를 더 잘 이해하는 데 도움이 되었다. 자가격리가 전국적으로 시행된 후, 자가격리는 모든 사람에게 관련된 경험이 되었다. 학생들은 자신의 경험에 대해 이야기하고 이 상태의 긍정적 측면과 부정적 측면에 대한 의견을 표현하는 것이 흥미로웠다고 한다. 이러한 이유로 학생들은 이전에 들어 보지 못한 많은 표현의 의미를 명확히 하고 암기하고 문장에서 올바르게 사용하려고 시도했다. 교사에 따르면 모든 학생, 심지어 약한 학생들(예: 마이카스^{Maikas}는 다국어 환경 출신이라 다른 학생들에 비해 영어 실력이 낮음)도 문장에서 표현(구문 동사)을 외우고 올바르게 사용했다. 원격 학습은 디지털 글에 접근하고, 과제를 완료하고, 다른 사람들에게 보여 주고, 댓글을 달기에 매우 편리한 것으로 나타났다. 온라인 수업 중에 교사는 주제에 대한 독립적인 의사소통에 상당한 시간을 할애하여 학생들이 미리 준비하고 학습자가 구두 의사소통 기술을 성공적으로 개발할 수 있도록 했다.

개인적인 경험과 무관한 정보에 대한 인식은 일반적으로 학생뿐만 아니라 교사에게도 어려운 과제이며, 후자는 이를 정보 인식의 장벽으로 간주하고 사전에 교육 해결책을 찾아야 한다. 코로나 팬데믹으로 인해 온라인으로 수업을 진행해야 한다면 어떻게 해야 하는가? 리투아니아어 교사는 UDL 접근법을 적용하여 온라인 학습의 맥락에서 다른 사람의 생생한 경험을 통해 개인적인 경험과는 거리가 먼 정보의 정서적 측면을 강조하고 다양한 양식과 수단을 사용하여 정보를 제시하는 등 수업을 구성하는 데 적합한 해결책을 찾았다.

온라인 수업을 관찰한 결과, 학생들은 자신의 경험과 동떨어진 정보를 다른 사람의 생생한 경험을 통해 감정적으로 감지하고 더 잘 이해하는 것으로 나타났다. 숙련된 학습자로서 학생들은 자신의 감정을 불러일으키는 정보를 인식하고 식별하며, 이러한 정보를 더 잘 기억하고 행동에 변화를 줄 수 있다. 이는 다음 수업의 예를 통해 잘 설명된다. 리투아니아어 교사는 소련 정부에 의해 시베리아 및 기타 외딴 지역으로 추방된 리투아니아인들(1940~1950년)의 창의적인 의미를 이해하는 데 있어 7학년 학생들이 그러한 경험이 없었기 때문에 어려움을 겪을 것이라고 예견했다. 교사에 따르면, 망명 당시의 살아 있는 증인이나 망명 당시의 남은 증인들과 접촉한 젊은 이(추방된 지역에 여전히 거주하거나 그곳에서 리투아니아 사람들의 무덤을 찾고 청소하는 데 참여하는 등)가 학생들에게 망명과 그들의 운명에 대해 이야기하면 망명자들의 창작 작품의 의미가 학생들에게 더 가까이 다가갈 수 있을 것이라고 생각했다. 교사는 '미션 시베리아Mission Siberia' 원정대의 일원을 추방 장소로 초대하여 온라인 수업에 참여했다.

수업이 끝난 후 학생들의 성찰문을 보면 추방된 사람들에 대한 통계 자료가 살아 움직이는 것 같았다. 피우스Pijus는 '이렇게 많은 사람이 추방된 줄 몰랐다. 숫자가 조금 낮을 줄 알았다'고 말했고, 모르타Morta는 '추방된 사람들의 숫자가 인상 깊었다'고 말했다(학생들과의 성찰, 29쪽). 아이들의 발언에서 감정적 경험의 측면을 느낄 수 있었고, '미션 시베리아' 탐험대 참가자들의 이야기를 통해 이를 떠올릴 수 있었다. 카우나스의 인구 규모와 수용소가 점령한 영토를 프랑스와 비교하면서 추방된 사람들의 수를 순수한 통계 수치가 아이들의 머릿속에 생생한 이미지로 바뀌었고, 국가적 비극과 고통의 규모를 더 잘 이해하는 데 기여했다. 학생들의 성찰은 또한 추방자들의 무감정한 숫자가 이름과 성, 자신의 운명을 가진 살아 있는 인물이 되었다는 것을 보여 주었다. 코트리나Kotryna는 자신의 이해에 대해 성찰하며 다음과 같이 표현했다. "나는 이 사람들이 통계 수치가 아니라는 것을 이해했다. 그들에게는 가족이 있으니 나도 그들의 이름과 운명을 읽는 데 동참할 수 있을 것 같다'(학생들과의 성찰, 29). 아이들의 성찰적 고찰은 '미션 시베리아' 참가자가 매년 아침부터 저녁까지 마을 광장에서 망명자들의 이름과 성, 운명(귀환, 미귀환, 생사불명)을 낭독하는 추모 캠페인 '말하고, 듣고, 보존하라'에 대해 이야기하면서 촉발되었다. 코트리나Kotryna가 이름과 운명 낭독에 동참한 것은 감정을 강하게 자극하고 지각된 정보가 가치관과 행동을 변화시킬 수 있다는 것을 증명한다. 이 수업은 또한 원격 학습이 다른 사람의 생활 경험의 전달을 약화시키지 않는다는 것을 보여 주었다. 오히려 이미지, 사운드 및 비디오를 사용하면 풍부한 정보를 전달할 수 있고 청중에게 남는 인상을 강화할 수 있다.

　또 다른 온라인 수업에서는 다양한 방식과 수단을 통해 정보를 제시하는 것이 완전히 새로운 경험을 습득하고 새로운 아이디어를 생성하는 데 유용하다는 사실이 밝혀졌다. 소련 점령기(1944~1953년) 해방을 위해 노력한 유격전을 다룬 창작 작품의 의미와 태도, 경험을 학생들이 더 잘 이해할 수 있도록 하기 위한 원격 수업에서 교사는 유격대원의 삶을 담은 영상과 사진, 파워포인트의 도식, 내레이션을 사용했다. 그런 다음 모든 학생이 유격대에 참여했던 작가 브로니우스 크리빅카스Bronius Krivickas가 쓴 복잡한 작품인 'Apie laisvės kovą ir didvyriškumą(자유 투쟁과 영웅주의에 관하여)'에서 발췌한 내용을 큰 소리로 읽었다. 이어진 토론에서는 학생들이 다양한 방식으로 접한 유격대 전투에 대한 정보를 작가의 작품에 표현된 아이디어와 어떻게 연결했는지 명확하게 보여 주었다. 학생들은 다음과 같이 다양한 의견을 제시했다.

소피아Sofija: 그는 유격대원을 존경해요. (작가의 감정과 태도에 대해)

피우스Pijus: 유격대원이 더 강하게 싸우도록 격려하기 위해 쓴 것 같아요. (작가의 유격대 참여에 대해)

타다스Tadas: 아마 죽음이 다가오고 있기 때문일 거예요. (작가가 곧 죽을 수 있다고 느꼈기 때문에 작가가 죽은 후에 남긴 유산에 대해 생각한다.)

바이다Vaida: 다른 세대에 사람들이 자유를 위해 어떻게 싸웠는지 보여 주고 싶었던 것 같아요. (창작 작품의 영속적 가치에 대해)

안타나스Antanas: 저는 유격대원의 끈기가 존경스러워요. 그들은 적들이 더 강하다는 것을 알고 있었지만 그럼에도 불구하고 자유를 위해 계속 싸웠어요. (유격대원의 전투 묘사가 주는 영감에 대해) (관찰, 31)

　이 수업의 단편들은 당파 싸움이 제7학년 학생들에게 매우 멀고 완전히 새롭고 이해하기 어려운 경험이기 때문에 교사가 당파 작가들의 창작 작품의 의미를 인식하는 데 발생할 수 있는 장벽을 성공적으로 예측했음을 보여 준다. 학생들이 이 현상에 대해 배우고 이해하도록 돕기 위해 그녀는 정보를 제시하는 다른 방법을 사용했다. 당파적 작가의 경험을 이해한 학생들은 나중에 작가의 작품 뒤에 숨은 아이디어, 고려 사항 및 언어적 표현에 대한 성공적인 통찰에 기여했다. 학생들의 성찰을 통해 주제를 더 잘 이해하는 데 무엇이 도움이 되었는지 파악할 수 있다. 정보가 다양한 방식으로 제시되었기 때문에 학생들은 개인적으로 적합한 방식으로 정보를 이해할 수 있었고, 그러한 방식을 상상하는 데 완벽하게 성공했다.

> 바이다^{Vaida}: 저는 수업을 주의 깊게 읽고 따라가며 영화 발췌본을 보고 선생님의 슬라이드에서 핵심적인 내용을 적었어요. 덕분에 배운 내용을 더 잘 기억하고 이해할 수 있었기 때문에 도움이 되었어요.
>
> 소피아^{Sofija}: 교재가 저에게 가장 적절하고 쉬운 방법으로 제시되어 있기 때문에 교재를 사용했어요.
>
> 테오필리우스^{Teofilius}: 교과서요. 듣는 것보다 읽는 것이 더 쉽기 때문에요.
>
> 마이카스^{Maikas}: 이 과제를 위해 인터넷 웹사이트(www.partizanai.org)를 사용했습니다. 리투아니아 유격대에 대한 더 많은 정보를 찾는 데 도움이 되었어요.
>
> 코트리나^{Kotryna}: 저는 연습장과 펜을 사용했고…… 제가 적는 것을 더 잘 기억하기 때문에 매우 주의 깊게 들었어요. (학생들과의 성찰. 31쪽).

바이다^{Vaida}는 비디오, 서면 텍스트, 구두 정보, 회로도 및 자신의 메모 등 여러 가지 학습 방식에 의존했다. 다른 학생들은 다른 방식을 우선시했다. 소피아^{Sofija}는 교과서(읽기)가 학습자의 연령에 맞게 정보가 조정되어 있고 정확하기 때문에, 테오필리우스^{Teofilius}는 듣는 동안 집중하기 어렵기 때문에 글 읽기를, 마이카스^{Maikas}는 인터넷 정보는 시각적이고 매력적이기 때문에, 코트리나^{Kotryna}는 운동 감각적 측면(정보를 적는 것)을 선호했다. 따라서 UDL 접근법을 적용하여 학생들은 제공된 정보를 다른 방식으로 수신할 수 있는 가능성을 성공적으로 활용하고 이 경험을 성공적으로 반영했다. 원격학습은 학생들이 수용 가능한 다양한 양식의 채널을 통해 새로운 경험을 습득할 수 있는 유리한 조건을 만든다.

4) 자기 주도적 학습자: 교사 주도형 학생 학습을 자기 주도적 지식 창출로 전환하기

UDL 접근법의 적용은 교사의 직접적인 리더십을 점차 줄이고 학생들의 자기 주도적 학습을 장려하는 데 도움이 되었다. 실행연구를 통해 학생들의 자기 주도적 학습 가능성을 높이고 학생들의 성찰을 촉진하는 수업 구성의 몇 가지 측면이 확인되었다. 대면 학습의 맥락에서는 서로의 학습을 촉진하는 모둠 또는 그룹 활동과 다양한 방식의 정보 발표를 사용하여 자기 주도적 학습 상황을 만들었다. 원격 학습 기간 동안에는 기술적 한계와 사회적 상호 작용을 제한하는 격리로 인해 새로운 것을 배우기 위한 그룹 활동이 거의 사용되지 않았다. 하지만 모둠별 정보 제공과 게임화를 통해 자기 주도적 학습 상황을 조성하고 학생들이 스스로 완성한 과제를 점검하고 수정할 수 있게 되었다. UDL 원칙을 적용한 통합교육 환경 조성은 모든 학생의 자기 주도적 학습 능력 개발을 향상시켜 학습의 성공률을 높였다.

5) 멀티모드 정보 발표와 팀 학습의 맥락에서 자기 주도적으로 단어 의미 발견하기

학생들의 자기 주도적 학습은 학습 자료가 제시되고 학습 과정이 다양한 방식으로 구성되어 학생들이 새로운 정보를 독립적으로 명확히 하고 이해할 수 있는 조건을 조성하는 상황에서 장려된다. 이러한 학습 상황의 생성은 관찰된 영어 수업 중 하나에 설명되어 있다(관찰, 14). 이 수업의 목표는 '음식과 관련된 새로운 단어/문구를 배우는 것'이었다. 학생들이 모르는 영어 단어와 구문의 의미를 스스로 명확히 알 수 있도록 제이미 올리버[Jamie Oliver]의 '15분 식사' 동영상을 시청하도록 했다. 영상을 시청하는 동안 한 그룹은 재료의 단어를 적고, 다른 그룹은 음식 준비 동작과 관련된 동사를 고르는 과제를 부여했다. 이후 두 그룹이 함께 문장을 만들었는데, 한 그룹은 음식 준비 동작을, 다른 그룹은 재료에 대한 동작을 제시했다. 3명의 관찰 대상 여학생은 비디오 자료를 성공적으로 사용하여 음식 준비에 대한 어휘를 개발했다. 그들은 비디오 자료가 단어와 구의 의미를 독립적으로 '발견'하는 데 도움이 되었다고 성찰문을 통해 강조했다. 여학생들은 비디오를 통해 단어를 듣고 수행하는 사람의 사물이나 행동을 볼 수 있었기 때문에 서로 다른 방식으로 받은 정보의 동시성을 이해하고 명확하게 이해할 수 있었다. 청각과 시각을 통해 정보를 동시에 받아들이는 것은 단어의 의미를 '제재[Lockdown]'하고 학생들이 스스로 단어를 학습하는 데 도움이 된다. 예를 들어, 바이다[Vaida]는 "비디오가 가장 유용했습니다. 그들이 하는 말을 듣고 보고 이런 식으로 단어를 이해하게 되니까요."라고 말했다. 한 팀이 동사를 제시하고 다른 팀이 관련 재료를 제공하는 팀워크는 여학생들이 단어를 조합하는 데 도움이 되었다. 저스테Justė는 '특정 음식 단어를 요리 동작과 연결할 수 있었어요'라고 말했다. 어려움이나 장애물에 대한 질문에 소녀들은 듣고 이해한 단어를 적는 문제를 확인했다. 소피아Sofija는 "단어를 적는 것이 가장 어려웠다. …… 모든 단어를 이해했지만 실수 없이 적는 것이 어려웠다(학생들과의 성찰, 14)."라고 말했다. 숙련된 학습자로서 여학생들의 경험은 적절하게 선택된 비디오 자료가 자기 주도적으로 어휘를 풍부하게 하는데 도움이 된다는 것을 보여 준다. 그러나 학생들이 새로운 단어의 철자를 배우는 데 도움이 되는 비계Scaffolds에 대한 생각은 수업에서 전혀 없었다. 소피아Sofija는, 예를 들어 "팀원이 내가 모르는 단어의 철자를 가르쳐 주었어요."(학생과의 성찰, 14)라고 말하며 팀워크가 이 어려움을 극복하는 데 부분적으로 기여했다고 말했다. 따라서 새로운 정보를 받아들이는 방식을 적절히 활용하고, 특히 두 가지 이상의 방식을 수업에 적용하는 경우 서로에게서 배우는 데 유리한 팀워크는 학생들의 자기 주도적 학습을 촉진하고 숙련된 학습자가 되는 데 도움이 된다. 교사는 자기 주도적 학습 상황을 모델링함으로써 학생들이 어떤 장애물에 부딪힐 수 있는지 예측하고 장애물에 대처하는 데 유용한 비계를 만들어야 한다.

6) 원격 학습의 맥락에서 다양한 정보 수신 수단과 게임화를 활용한 자기 주도적 지식 창출

코로나 팬데믹 상황에서 영어 교사인 알마Alma는 원격 학습 환경에서 자신의 지식을 자기 주도적으로 구성할 수 있도록 상황 모델링을 개선했다. 과거 단순 시제를 사용하여 유명한 사람에 대해 영어로 말하는 법을 배우는 수업 목표를 추구하면서 교사는 다양한 양식의 채널을 통해 정보를 받는 복잡한 상황을 만들었다. 그녀는 과거 단순 시제를 사용하여 답변이 필요한 질문(관련 언어 구조 및 사용 이해)을 준비하고 학생들이 비디오 '크리스토퍼 콜롬버스Christopher Columbus 1451-1506'을 보면서 질문에 대한 답변 (어휘, 구문)을 찾도록 제안했다. 어린이를 위한 교육용 비디오를 시청하면서 질문에 대한 답을 찾을 것을 제안했다. 학생들은 이미지를 보고 연설을 듣고, 비디오를 멈추고 자막을 읽고, 필요한 단어를 적거나, 돌아가서 문구를 여러 번 들을 수도 있다. 이처럼 학생들이 다양한 방식으로 정보를 받아들이고, 정보 수신 대상(영상)

을 관리하며, 자신의 속도와 스타일에 맞게 학습할 수 있는 환경이 조성되었다. 학생의 이해력 수준에 따라 영상과 오디오를 동시에 사용하는 복합적인 방식으로 정보를 인지할 수도 있고, 영상과 자막에 더 집중할 수 있도록 하여 학습을 용이하게 할 수도 있다. 학생들이 과제를 완료한 후 교사는 티모티쥬스[Timotiejus]에게 질문했다.

> 알마[Alma] 교사: 그는 어디로 항해할 계획이었나요? (리투아니아어로) 남미로요, 아니면 다른 곳으로요?
>
> 티모티쥬스[Timotiejus]: 미국으로. (SEN 학생은 크리스토퍼 콜럼버스가 처음에 항해하고 싶었던 곳을 이해하지 못하고 대신 그가 도달한 목적지를 지명했다.)
>
> 알마[Alma] 교사: 다른 사람들은 어떻게 생각하나요? 여러분은 무엇을 이해했나요?
>
> 소피아[Sofija]: 그는 인도로 항해할 계획이었어요.
>
> 알마[Alma] 교사: 왜 그랬을까요? (리투아니아어로) 그들은 왜 투자했나요?
>
> 바이다[Vaida]: 그들은 새로운 것을 원했어요.
>
> 알마[Alma] 교사: 코트리나[Kotryna], 몇 척의 배가 이동했나요?
>
> 코트리나[Kotryna](리투아니아어): 적어두지 않았어요.
>
> 알마[Alma] 교사: 하지만 비디오를 보았잖아요.
>
> 코트리나[Kotryna]: 세 척의 배가 항해했어요. (관찰, 32)

이 수업 조각은 다양한 방식으로 제공되는 정보와 검색의 모델링된 상황이 학생들의 자기 주도적 학습을 장려한다는 것을 보여 주었다. 대부분의 학생들이 질문에 정답을 제공했다. 소피아[Sofija]와 바이다[Vaida]는 정보를 정확하게 이해하고 과거 단순 시제를 사용했다. 코트리나[Kotryna]는 보면서 답을 표시하지 않았지만 시각적 정보를 참고하여 정답을 제시할 수 있었다. 언어 이해력에 문제가 있는 티모티쥬스[Timotiejus]는 교사의 질문과 영상을 모두 제대로 이해하지 못했다. 교사가 질문을 서면으로 제시하고 발음했다면 더 쉽게 이해할 수 있었을 것이다. 항해 계획을 세우기 위해 발판도 도움이 되었을 것이다. 학생 자신도 이미지와 키워드가 많은 도움이 된다는 것을 잘 알고 있다. 원격 학습은 방해가 되지 않고 다양한 방법으로 정보를 얻는 데 도움이 되었다. 수업을 성찰하면서 교사는 목표에 맞는 방식으로 복합 정보 획득 채널을 사용했으며 학생들의 정보 인식 기술을 개발하는 동시에 효율적인 것으로 입증되었다고 설명했다. 알마Alma 교사의 말을 빌리자면, '정보에 대한 인식은 수많은 채널을 통해 이루어진다. 이전에는 글을 찾아서 인쇄하여 교실로 가져 오는 것으로 충분하다고 생각했다 …… 이제 나는 그들이 많은 시각적 정보와 동일한 주제에 대한 상당한 시각적 향상이 필요하다는 것을 이해한다. 이제 나는 그들에게 관련 주제에 대한 비디오를 보여 주려고 한다. 어휘 발달이나 문법 통합을 위해'(교사와의 성찰, 32). 정보를 제시하는 새로운 방법을 제공함으로써 교사는 모든 학생이 개인적으로 적절한 양식을 선택할 수 있도록 전체 수업에 집중하고 있음을 분명히 알 수 있다. 이는 학생들의 자기 주도적 학습을 촉진했다.

'과거완료 시제의 형성을 수정하기'를 목표로 한 또 다른 수업을 진행하면서 교사는 지식의 선택과 체계화를 위한 사고 도구인 게임화라는 복합적인 정보 표현 방법을 적용했다. 교사는 재미있는 동영상 '문법 게임쇼Grammar Gameshow(The past perfect Episode13)'를 시청할 것을 제안했는데, 이 영상은 청소년을 대상으로 '마인드 파이트mindfight' 형식으로 정보를 제시한다. '과거완료는 어떻게 형성되는가' '언제 사용하는가' '시간 표현' 등 세 가지 표제어를 중심으로 과거완료에 대한 필수 정보를 정리하고 선택해 세 칸으로 구성된 표를 작성해 보도록 했다. 이 수업 조각은 학생들이 과제를 성공적으로 수행했음을 보여 준다.

알마Alma 교사: 이 시제가 어떻게 형성되는지 설명해 볼 사람?

그라이트Grite: Had + 동사의 세 번째 형태.

알마Alma 교사: 좋아요. [학생들을 위해 화면에 표시되는 표에 정보를 씁니다.] 어떻게 사용하나요? 누가 읽고 싶어요?

소피아Sofija: 시간까지 무슨 일이 있었나요?

알마Alma 교사: 과거의 다른 행동 있기 전에 과거에 무슨 일이 있었는지 특정해 봅시다. [표에 씁니다.] 좋아요. 예를 들어 볼래요?

소피아Sofija: 저녁 식사가 시작되기 전에 이야기를 나눴어요.

알마Alma 교사: 이제 시간 표현을 해 보세요.

바이다Vaida: 괜찮을지 모르겠지만 'by the time(시간까지)'라고 썼어요.

알마Alma 교사: 좋아요, 'when(때)'도 맞아요. [그녀는 표에 씁니다]. (관찰, 33)

이 수업 조각은 교사의 위치 변화 (정보 전달자에서 학생의 학습 코디네이터로), 적극적인 정보 검색 및 선택, 의미있는 작은 단위로 나누고 동시에 일반적인 그림을 보는 것이 권장된다는 것을 분명히 증명한다. 학생들은 신체 언어, 음성 언어 및 자막이 포함된 에피소드가 포함된 인터랙티브 게임을 시청하면서 과거사에 대한 정보를 이해하고 선택했으며, 다양한 방식으로 제시된 감성적이고 유쾌한 정보를 통해 이해도를 높일 수 있었다. 교사가 제공한 3개의 열로 된 표는 학생들이 주요 참고 사항을 잊지 않도록 도와주고, 비디오를 선택적으로 시청할 수 있도록 하며, 받은 정보를 다시 생각하도록 장려하는 매우 유용한 사고 도구였다. 교사는 학생들과 함께 표를 작성하면서 학생들이 의미 있는 단원을 암기하고 나중에 사용할 수 있도록 했다. 학생들은 가장 적절한 학습 방법에 대해 고민하면서 동영상 시청을 강조했다. 마이카스[Maikas]는 '선생님이 설명이 있는 동영상을 보내 주면 좋겠다'고 말했고, 엘제[Elzé]는 '동영상을 보는 것이 가장 쉽게 정보를 얻을 수 있는 방법이기 때문에 좋아한다'고 긍정했다(학생들과의 성찰, 33). 이처럼 인터넷 학습 자료에서 스스로 정보를 얻는 것이 학생에게 적합하고 이해도를 높이는 데 도움이 된다.

7) 원격 학습 플랫폼의 도구를 사용하여 완료된 과제를 자기 주도적으로 확인하고 수정하기

교사가 사용하는 플랫폼인 구글 클래스룸을 통해 학생들의 자기 주도적 원격 학습이 크게 향상되었다. 원격 학습의 가능성에 대해 고민하던 교사는 '구글 클래스룸을 발견했다'고 설명했다. '여기에서는 모든 것이 편리하다. 아이들이 볼 수 있는 아이들의 작품과 댓글을 수정할 수 있다. 그리고 아이들은 수정하고 다시 보낼 수 있다'(교사와의 성찰, 2). 학생들의 성찰문은 실시간 워크시트 연습이 도움이 되었으며, 특히 온라인 연습이 수준에 따라 배정되었을 때 도움이 되었다는 것을 보여 주었다. 완료 후 학생은 연습 문제를 살펴볼 수 있다. 실수가 자동으로 표시되므로 학생은 결과가 만족스러울 때까지 과제를 다시 실행한 다음 교사에게 보내 평가를 받을 수 있다. 이러한 방식으로 자기 주도적 학습이 이루어지며, 숙련된 학습자로서 성찰할 수 있다. 그라이트[Grite]는 '학습하는 동안 실시간 워크시트에서 과제를 하면 과제를 완료하고 자신의 실수를 알 수 있어서 정말 좋아요'(학생과의 성찰, p. 38)라고 말했다.

8) 깊은 개인적 이해력 구축하기: 패턴 파악 및 지식 정리 도구와 비계 활용하기

학습자의 깊은 이해는 받아들인 정보를 재구성하여 이전 지식과 연결하고, 정보를 반영하는 방식과 관점을 바꾸고, 새로운 아이디어와 의미를 상상하고, 개별적인 부분과 전체를 이해함으로써 구축된다. 통합교육의 맥락에서 적용되는 지식 구성 도구와 비계는 모든 학습자가 더 깊은 개인 지식을 구성하는 데 도움이 된다.

9) 정보 및 보유 경험의 재구성을 위한 모델 파악, 팀 학습의 사고 촉진 환경에서의 명확화 및 사용

7학년은 광범위한 실제 경험을 가지고 있지만 과학에 기반한 개념, 구조 및 체제로 체계화되어 있지 않다. 숙련된 학습자로서 학생들이 이러한 경험을 재구성하기 위해 모델을 사용할 수 있는 능력은 지식과 이해를 심화시키는 경향이 있다. 학생들의 숙련된 학습자 자질을 개발하기 위해 노력한 교사들은 정보 재구성을 위해 구조적 모델을 성공적으로 사용했다. 학생들이 작품 분석을 준비하는 수업을 관찰한 결과, 시각적 사고라는 적절한 도구와 그룹 작업, 다양한 정보 소스의 활용 가능성을 통해 학생들이 보유하고 있는 비구조화된 지식을 명확한 논리를 가진 체계로 체계화할 수 있었던 과정을 확인할 수 있었다. 교사는 학생들에게 과거에 공연된 작품을 계절에 따라 그룹화하도록 요청했다. '과거 작품의 원을 그려 보세요. 1년의 사계절에 따라 네 부분으로 나눕니다. 각 파트에는 적어도 두 가지 활동이 있어야 합니다. 인터넷, 친구의 도움, 교과서를 활용하세요.' 현대의 도시 어린이들은 거의 한 세기 전에 수행된 작품을 사계절에 적용하는 데 심각한 어려움에 직면한다. 그들은 (마을 사람들에게는 일반적이지 않은) 농업 작업에 대해 잘 알지 못하며 그것이 수행된 계절을 알지 못한다. 바이도타스[Vaidotas], 타다스[Tadas], 안타나스[Antanas]는 같은 그룹의 구성원이었다.

바이도타스[Vaidotas]: 봄에 그들은 무엇을 했나요?

타다스[Tadas]: 쟁기질을 했어요.

바이도타스^{Vaidotas}가 토론에서 주도권을 잡았다.

바이도타스^{Vaidotas}: 겨울은 어땠나요? 겨울에는요? 그들은 나무를 베었어요. (학생의 말이 맞다.
　　사람들은 농사일이 끝난 후 겨울에 나무를 관리하곤 했다.)

안타나스^{Antanas}: 겨울에도 나무를 베나요?

타다스^{Tadas}: 그럼 언제 나무를 베나요?

바이도타스^{Vaidotas}: 그들은 자릅니다······. (학생이 인터넷에서 정보를 검색한다.)

안타나스^{Antanas}: 가을에 나무를 베어요.

타다스^{Tadas}: 그럼 가을에 나무를 베나요? 아니면 겨울에?

바이도타스^{Vaidotas}: 겨울에 땅을 갈았어요. (학생이 틀렸다.)

타다스^{Tadas}: 겨울에는 쟁기질을 할 수 없어요. 땅이 얼어붙었거든요.

바이도타스^{Vaidotas}: 그래, 겨울. 겨울에는 무엇을 하나요?

타다스^{Tadas}: 사람들은 나무를 베어요.

바이도타스^{Vaidotas}: 적어보자. 그들은 나무를 자른다.

바이도타스^{Vaidotas}: 그들은 겨울에 낚시를 해요. 얼음 위에서요.

바이도타스^{Vaidotas}가 선생님에게 묻습니다. 겨울에도 낚시를 할 수 있나요?

고다^{Goda} 교사: 네.

바이도타스^{Vaidotas}: 쟁기는 언제 갈아요?

고다^{Goda} 교사: 두 번 쟁기질을 해요. 봄과 가을에요.

바이도타스^{Vaidotas}: 그건 몰랐어요. (관찰, 17)

이 경우 학생들은 시각적 사고 도구인 '과거의 일의 원^{The circle of works in the past}'을 사용하여 부정확한 경험적 지식을 논리적 체계로 재구성하고, 서로 토론하고, 자신의 생각을 뒷받침하는 근거를 제시하고, 인터넷을 참고하고, 교사에게 확인했다. 학생들은 성공적으로 과제를 완료했다. 처음에는 부정확했던 지식이 지식 구성이라는 공통의 과정을 통해 탄탄한 체계적 지식으로 바뀌었고, 이는 모든 학생에게 유익한 경험이 되었다.

10) 자신의 지식을 구성하고 성찰하기 위한 지식 정리 도구와 비계 사용

목표에 맞게 만들어진 UDL 맥락은 아동이 제공된 실제 예시에서 비교 대상의 특징을 추상화하는 방법을 생각하고 전략적으로 사용하도록 장려한다. 이는 나중에 설명하는 상황을 통해 알 수 있다. 학생들은 공식 편지와 비공식 편지 쓰는 법을 배우고 있었다. 교사는 아이들에게 '오늘 우리는 과학자로서 예시(편지)를 분석하고 표를 작성할 것이다. 공식 편지와 비공식 편지의 차이점을 명확히 할 것이다'. 아이들은 그룹으로 작업했다. 처음에는 코트리나[Kotryna], 바이다[Vaida], 저스테[Justé]가 혼란스러운 토론을 벌였지만 바이다[Vaida]가 과제를 수행하는 전략적인 방법을 찾아 다른 소녀들에게 설명했다. '처음에는 편지에 쓰여진 내용을 읽었다. 그런 다음 그것을 설명할 단어를 선택했습니다. 또는 예시를 썼다'(관찰, 11). 바이다[Vaida]는 편지의 시작 부분을 읽고, 비공식 편지와 공식 편지가 어떻게 시작되는지 생각하고, 내용을 읽고 글의 언어를 특징짓는 단어를 찾고, 결말을 읽고 차이점을 생각해 보는 등 편지를 일관되게 비교하고 특징을 추상화할 수 있는 방법을 이해했다. 자신의 학습을 되돌아보며 바이다[Vaida]는 '비공식 편지-공식 편지' 비교표라는 지식 정리 도구의 이점을 긍정적으로 평가했다. 바이다[Vaida]는 인접한 두 개의 열이 차이점을 더 명확하게 구분하고 특징을 추상화하는 데 도움이 되었다고 말한다. '저 표입니다. 우리는 (한 열에) 한 가지를 썼고 (다른 열에) 다른 것을 썼고 모든 것을 볼 수 있습니다'(학생들과의 성찰, 11). 제시된 예는 발판(이 경우에는 아이들의 사고를 촉진하는 유용한 표)을 통해 학생들이 독립적으로 작업하도록 유도하는 학습 상황이 아이들의 새로운 사고 전략의 독립적 개발을 촉진하고 이해를 심화시킨다는 것을 보여 준다.

11) 원격 학습의 맥락에서 사고 도구를 적용하여 보유 지식과 새로 습득한 지식에 대한 성찰

교사는 학습자가 이미 알고 있는 지식과 새롭게 학습하는 정보를 인지하는 능력, 즉 전문적 학습자의 능력 개발을 촉진하고 영어 의사소통 능력을 향상시키기 위해 학생들에게 질문과 답변을 글과 구두 정보로 제공하는 '300 영어 질문과 답변' 동영상을 시청하도록 했다. 교사는 동영상을 3분간 시청한 후 '알았다'와 '몰랐다'라는 2개의 열이 있는 표를 그려 보라고 제안했다. 또한 학생들에게 한 열에는 세 가지 질문과 답을, 다른 열에도 세 가지 질문과 답을 적으라고 요청했다.

알마^Alma 교사: 여러분이 알고 있는 것부터 시작하죠.

아우구스티나^Augustina: 스페인의 수도는 어디인가요?

알마^Alma 교사: 완전한 문장으로 말해 보세요.

아우구스티나^Augustina: 스페인의 수도는 마드리드라고 알고 있어요.

알마^Alma 교사: 양식(표)을 사용하세요. 나는 이미 알고 있었어요…….

아우구스티나^Augustina: 저는 스페인의 수도가 마드리드라는 것을 이미 알고 있어요.

알마^Alma 교사: 그리고 새로운 것은 무엇인가요?

타다스^Tadas: 개미가 자기 몸무게의 50배를 들어 올릴 수 있다는 건 몰랐어요.

알마^Alma 교사: 어떤 것은 알고 있었지만 다른 것은 왜 몰랐나요?

타다스^Tadas: 일반적인 지식은 알고 있었지만 구체적인 사실은 몰랐어요. (관찰, 36)

이 수업 단편은 학생들이 알고 있는 것과 모르는 것에 대해 생각해 보게 하는 데 매우 적합한 활동이었음을 보여 준다. 비디오는 학생들 스스로 이러한 구분을 하고, 적절한 문장의 시작을 선택하여 질문에 답하고, 각 답을 적절한 칸에 작성하는 데 편리했다. 새로운 정보를 인식하고 이미 알고 있는 정보와 연결하는 과정은 개인에 대한 깊은 이해를 구축하는 데 기여한다.

12) 학생의 진정한 지식 창출과 지식의 공동 창출의 균형 맞추기

UDL 접근법에 따라 학급의 모든 학생을 위한 공유 학습 맥락이 만들어졌지만, 특히 학습 대안의 창출과 다양한 방법과 수단을 사용하여 학습할 수 있는 가능성에 상당한 주의를 기울였다. 혼자서, 짝을 지어, 그룹으로 또는 모두 함께 학습할 수 있다는 것은 개인과 집단이 균형을 이루며 지식을 창출하는 데 기여한다. 실행연구를 통해 교사들은 개인적 지식 창출과 집단적 지식 창출을 병행하여 수업을 구성할 수 있는 방법을 발견했다. 모든 학생은 서로의 학습을 지원하기 위해 다양한 전제 조건을 사용하여 지식의 공동 창조에 함께하였다.

13) 대면 학습의 일반적인 맥락에서 자신만의 스타일로 학습할 수 있는 생성된 가능성 활용하기

수업을 관찰한 결과, 아이들의 그룹 작업, 시각적 사고 도구('비공식 편지–공식 편지'라는 제목의 비교표), 추가 도움 도구('비교표 작성 방법 예시')를 비계로 사용하여 아이들의 사고를 촉진하는 것이 학생들이 자신의 학습 스타일로 학습하는 데 유리한 조건을 조성한다는 것을 알 수 있었다. 제시된 상황은 저스테[Juste]가 UDL 맥락에서 자신의 학습 스타일을 어떻게 사용했는지 보여 준다. 그녀는 능동적인 학습자, 의사소통, 질문 제기, 전체 학급을 위한 비계 사용(정보 체계화, 추가 정보 등)에 가장 성공적이었다. 그녀는 글자의 글과 비교표의 두 부분의 이름을 큰 소리로 읽고, 그룹 친구들에게 질문[예: '이게 공식적인 건가요, 비공식적인 건가요(텍스트를 보여 주는 것)?']을 하고, 자신이 올바른 방향으로 생각하고 있는지 친구들과 확인했다. 영어로 공식적인 편지로 불만을 제기하는 방법에 대한 질문에 조원들이 대답하지 않자 학생은 손을 들고 교사에게 물었고, 교사는 '불만을 제기하라'고 대답했다. 따라서 새로운 개념을 도입하여 학생의 어휘력이 확장되었다. 이 학생은 추가 도움말 도구를 적극적으로 사용했다. 그룹 친구들의 도움을 받아 비공식 편지의 작별 문구를 '부탁해요'에서 '사랑해요' '안녕'으로 수정했다. 그리고 선생님의 설명에 따라 자신만의 형식으로 공식 편지를 완성했다. '(친애하는 선생님/부인께) 성실히, (친애하는 미스터/미세스께) 진심으로'(관찰, 11). 자신의 학습을 되돌아보며 저스테[Juste]는 '그룹원들과 토론할 수 있기 때문에' 독립적인 정보 검색이 자신에게 적합한 학습 방법이라고 강조했다. 독서는 암기력을 높이는 데 도움이 될 수 있고, 그룹 구성원들도 도움을 줄 수 있다. 혼자서 공부하다 보면 모르는 것을 알게 되기도 하고 선생님께 물어볼 수도 있다. 선생님이 모든 것을 알려주면 '아, 이건 기억할 수 있겠구나, 저건 알 수 있겠구나'라고 생각하게 되죠. 이건 배울 필요가 없겠구나. 그리고 필요한 모든 것을 배우지 않아도 됩니다'(학생들과의 성찰, 11). 논의된 단편에서 알 수 있듯이, 그녀는 협업 학습을 통해 자신만의 스타일로 학습하는 데 유리한 학습 환경을 조성했다.

14) 원격 학습의 일반적인 맥락에서 지식의 지원적 구축

학생들이 공통의 이해를 구성하기 위해 상호 지원을 사용하는 능력은 숙련된 학습자의 가장 관련성이 높은 능력 중 하나이다. 접촉 학습을 하는 동안 교사들은 정보 검색이나 재구성을 위해 조별 또는 그룹 작업을 자주 사용했다. 그러나 원격 학습의 조건은 심각한 장벽을 만들었다. 영어 교사가 지식을 공동 구성하기 위해 발견한 방법 중 하나는 학습을 지원하는 동반자를 지정하는 것이었다. 알마^Alma 교사는 학생들이 주어진 표제어(명사)의 의미에 따라 이를 설명하는 단어를 선택해야 하는 영어 어휘 연습 문제를 풀도록 제안했다. 학생들에게 이 과제는 짝을 이루어 해야 한다고 설명했다. 한 명은 적절한 단어나 구를 선택하고 다른 한 명은 과제가 제대로 완료되었는지 관찰했다. 첫 번째 학습자는 언제든지 파트너에게 도움을 요청할 수 있었다. 그러나 첫 번째 학생이 과제를 독립적으로 해결할 수 있는 경우에는 도움이 필요하지 않을 수 있다.

배정된 쌍이다. 저스테^Justé와 그녀의 조수 아우구스티나. 저스테^Justé가 올바른 단어를 선택했다. '밝은 욕실'. 아우구스티나^Augustina의 도움은 필요하지 않았다. 그 다음에는 아우구스티나^Augustina가 과제를 수행해야 했고 코트리나^Kotryna가 그녀를 도와야 했다.

아우구스티나^Augustina: '무역 세계'일 거예요.

알마^Alma 교사: 가능하지만 별로 좋지 않아.

아우구스티나^Augustina: 도움이 필요해요.

코트리나^Kotryna: 난…… 모르겠어.

알마^Alma 교사: '지노마스 파사울리스'의 영어 번역은 뭐지?

코트리나^Kotryna: 알려진 세계.

알마^Alma 교사: 이제 스테포나스^Steponas의 차례예요. 그리고 타다스^Tadas는 그의 조수예요.

스테포나스^Steponas: 저는 '알려진 우화'를 썼어요. 하지만 '알려진'은 이미 쓰였어요.

알마^Alma 교사: 어떤 종류의 우화도 가능하죠?

타다스^Tadas: 유명한 우화요. (관찰, 27)

짝을 지어 일하면 학생들은 더 안전하다고 느끼고 필요한 경우 도움을 받을 수 있다는 것을 알 수 있다. 학생들은 책임을 공유한다. 도움을 제공하도록 배정된 학습 동반자는 세심한 주의를 기울이고 첫 번째 학생의 선택에 귀를 기울이며 필요한 경우 서둘러 도움을 제공한다. 학생은 도움을 요청할 수 있는 사람과 도움을 제공할 수 있는 사람(즉, 전문가)의 이중적인 위치에 놓이게 된다. 교사들에 따르면 이러한 비계는 모든 학생에게 효율적이다. "약한 학생도 강한 학생을 도울 수 있어요. 저는 그것이 효과가 있다는 것을 알았어요. 반드시 유능한 학생과 약한 학생을 그룹화할 필요는 없어요. 학생의 머릿속 어딘가에서 아이디어가 떠오르면 돼요. '나는 할 수 있다. 나는 할 수 있다.'"(교사와의 성찰, 27). 이러한 비계는 숙련된 학습자인 학생이 자신의 지식의 한계에 도달했을 때를 이해하고 도움을 요청하는 데 도움이 된다. 또한 학생들은 다른 사람이 제공한 정보의 정확성을 평가하는 방법을 배운다.

15) 원격 학습의 맥락에서 가능한 한 큰 개인적 기여를 추구하는 정보의 집단적 체계화

이 수업의 목표는 리투아니아어의 부사 분사에 대한 학생들의 지식을 체계화하는 것이었다. 학생들이 수업에 적극적으로 참여하고 스스로 정보를 발표하도록 유도하기 위해 교사는 '합산기Totalizar' 게임을 제안했다. 학급 전체가 한 팀이 되어 부사 분사의 형성과 용법에 대한 모든 정보를 발표하도록 요청받았다. 정답을 맞히면 플러스가 주어지고 플러스가 5개면 10점을 받을 수 있는 등 개인의 기여도 고려했다. 이 활동에는 숙련된 학습자에게 다음과 같은 인지 전략이 필요했다. 부사 분사에 대해 알고 있는 내용을 기억하고 이 정보를 소리 내어 말하기, 반복되는 정보로 인해 감점을 받을 수 있음을 명심하기, 대부분의 정보가 주어졌을 때 언급되지 않은 내용에 대해 생각하기 등이었다. 학생들은 매우 적극적이었다. 타다스Tadas와 그라이트Grite가 함께 말했다.

타다스Tadas, 그라이트Grite: 시제가 있어요.
고다Goda 교사: 타다스Tadas와 그라이트Grite가 정답을 맞췄네요. 각각 플러스 점수를 받아요.
레바Leva: 접미사가 있어요.

고다^{Goda} **교사**: 어떤 접미사가 있는지 구체적으로 말해 줄 수 있어요?

레바^{Leva}: 반분사, –and, –us와 같은 접미사가 있어요.

고다^{Goda} **교사**: 맞아요, 이 두 가지뿐이죠? 소프트 기호[2]를 추가할 수 있어요.

잠시 멈춘다. 학생들이 생각하고 있다.

고다^{Goda} **교사**: 또 부사 분사에 대해 아는 사람 있어요?

소피아^{Sofija}: 거절되고 활용되지 않아요. …… 이것은 시제 형태만 있고 다른 것은 없어요. (관찰. 28)

'합산기' 게임의 마지막에 교사는 부사 분사의 형성과 용법을 요약한 표를 공개했다. 학생들은 공동의 노력을 통해 부사 분사에 대한 모든 정보를 체계화할 수 있다는 것을 확인하고 진정한 숙련된 학습자가 된 기분을 느낄 수 있었다. 체계화된 정보를 제시하는 것은 교사가 아니라 학생들이 함께 기억하고, 생각하고, 체계화한다는 점에서 '합산기'의 원리는 학습을 거꾸로 뒤집었다(교사는 학생들의 답을 채점하고, 오답을 다시 생각하도록 자극하는 질문을 하고, 사소한 규정을 만들었다). 이 게임을 통해 학생들의 사고력, 활동력, 주의 집중력이 향상되었으며, 원격 수업 조건에서 학급 전체의 공동 목표가 설정되면 팀워크도 가능하다는 것을 증명했다. 반면, 학습 플랫폼을 통한 원격 학습의 한계는 학생들을 소그룹으로 묶어 서로 소통하는 것이 불가능하다는 점이다. 리투아니아에서는 이 기술적 문제가 연구가 진행된 후에야 해결되었다.

5. 학습 장벽을 극복하고 지식과 자원이 풍부한 학생으로 거듭나기

연구 과정에서 마이카스^{Maikas}와 티모티쥬스^{Timotiejus}가 직면한 학습 장벽이 특히 분명해졌다. 이 두 학생은 정보 인식 및 처리와 관련된 문제에 직면한 것으로 나타났다. 마이카스^{Maikas}는 러시아어만 사용하는 가정에서 살고 있다. 그러나 그의 가족은 소

---

2) 소프트 기호(ь, ъ)는 다양한 슬라브어에서 사용되는 키릴 문자이다.

년이 리투아니아어를 교육 언어로 사용하는 유치원에 다니고 나중에 리투아니아어 학교에 다녀야 한다고 결정했다. 소년은 리투아니아어 구어를 매우 빨리 배웠고 매우 잘 사용할 수 있지만, 특히 리투아니아어와 영어를 배우는 데 어려움을 겪고 있다. 교사들은 이 학생이 직면한 학습 문제의 근본적인 원인 중 하나로 이중 언어 구사력을 꼽았다.

티모티쥬스Timotiejus는 마이카스Maikas와 마찬가지로 언어 사용과 관련된 문제에 직면한다. 그러나 그의 문제의 원인은 청각 장애로 인공 와우로 보완할 수 있다. 특수교육적 필요의 표준화된 평가에 대한 보고서에 따르면 티모티쥬스Timotiejus는 집중력, 시각적 변별력, 결과 달성에 대한 끈기가 뛰어나지만 어휘 이해력, 언어 인식력이 낮고 추상적인 아이디어를 말로 표현하는 데 어려움을 겪어 학습에 장애가 있다고 강조하고 있다. 그의 언어는 문법적으로 부정확하다.

1) 교육적 장벽을 극복하면서 바람직한 학습 방법과 그 적용을 찾아 표현하기

교육을 계획하는 동안 UDL 접근법을 적용하는 교사는 가능한 장벽을 예측하고 목표에 맞는 방식으로 대처할 방법을 계획한다. 듣기 및 언어 지각의 장벽을 제거하기 위한 고전적인 발판은 시각, 촉각 및 기타 감각 양식 채널을 통해 정보를 제시하는 것과 관련이 있다. 다양한 맥락에서 사고와 지식의 창의적 적용을 목표로 하는 다양한 유형의 수단, 방법 및 과제는 언어 이해와 암기에 특히 중요하다.

이 연구에서 나타난 선택적 인식은 현재 상황에 적응하는 학생의 능력을 의미한다. 자신의 학습에 대한 태도를 모델링하면 학생은 특정 순간에 사용할 수 있는 정보에 접근할 수 있다.

관찰 영어 수업이 시작될 때 학생들은 동사 철자를 수정하고 몇 가지 예를 적었다. 나중에 전체 수업은 공식 및 비공식 편지 쓰기를 분석하는 것을 목표로 했다. 이 주제를 분석하는 동안 작성된 텍스트를 사용하고 교사—학생 간 토론이 진행되었다. 서면 텍스트는 티모티쥬스Timotiejus의 요구에 부합하는 방법을 통해 할당되었지만, 수업 중에 사용 된 언어는 복잡성으로 인해 그에게 심각한 장애물을 만들었다. 문법 형식의 수정에 사용 된 자료와 그에게 편리한 학습 방법(주석과 필기의 조합)을 통해 그는 정보를 이해하고 암기할 수 있었다. 수업이 시작될 때 동사의 철자가 곧 수정되었다는 사실에도 불구하고 티모티쥬스Timotiejus는 수업이 끝난 후 활동의 결과로 이 측면을 강조했다.

　　티모티쥬스Timotiejus: 동사 –ing과 to를 쓴 것이 기억나요. (관찰, 3).

　　이는 비계의 다양성과 학생의 필요에 대한 관심의 관련성을 입증하며, 이는 학생이 자신의 학습에 대한 성찰을 통해 달성할 수 있다. 고전적인 비계(이 경우 시각화)가 항상 기본 정보를 이해하는 데 충분한 방법은 아니라는 것은 분명하다. 자신의 학습 활동을 인식하고 학습에 대한 긍정적인 태도를 가진 학생은 자신에게 접근 가능한 정보의 일부라도 사용할 수 있지만, 정보에 대한 선택적 인식은 학생의 학습 과정에서 상당한 격차를 만든다.

　　한편, 교사는 자신의 독창성과 창의력을 발휘하여 이해와 암기를 향상시키는 발판으로 교육과정의 일상적인 리더십을 지속적으로 채울 수 있다. 예를 들어, 생생한 언어 표현은 목표한 방식으로 콘텐츠의 의미와 관련될 수 있다.

　　알마Alma 교사: 만약 '–zap'이라는 동작이 한 번 일어났다면. 어떤 시제를 사용할까요?
　　그라이트Grite: 과거 단순이요.
　　알마Alma 교사: 과거에 무한한 시간에 어떤 일이 일어났다고 말하고 싶다면 (그녀는 천천히 말하고 단어를 길게 말합니다) 과거 연속을 사용해요. (관찰, 24).

　　학생들과 대화할 때 감정적이고 의미 있는 표현은 학생들의 주의를 끌 수 있고, 교사의 감정을 관찰하면서 언어의 리듬과 시간의 흐름을 연결하고 논의된 동사의 문법적 형태의 의미를 구별할 수 있게 해 준다.

2) 장벽을 극복하는 과정에서의 신뢰 기반 협업 환경

　　학습 과정에서 UDL을 적용하면 자신감과 상호 지원에 기반한 관계 형성을 장려할 수 있다. 이러한 관계는 모든 학생의 동등한 참여를 강화하고 지식의 인식과 적용을

위한 발판이 된다. 연구 결과에 따르면 특수교육이 필요한 학생의 사고 표현의 자유
는 실수에 대한 두려움을 무력화시키고 정회원의 지위를 보장하는 명확한 대인 관계
자신감의 영향을 크게 받는 것으로 나타났다.

UDL은 공동 작업하는 학생이 필요한 정보를 다른 사람과 받고 공유할 수 있는 다
양한 방법을 사용할 수 있는 가능성을 수용한다. 학생과 가까운 맥락에 통합된 과제
를 통해 지식 적응력을 이해하고 자유롭게 사용할 수 있다.

관찰한 수업에서 리투아니아 교사는 '카루셀Carrousel' 방법을 사용하여 학생들의 능
동분사에 대한 지식을 통합했다. 학생들은 4명으로 팀을 구성했다. 각 팀은 별도의
책상에 앉았다. 각 책상에는 수업 목표를 지향하는 다양한 과제가 놓여 있다. 과제
는 단계적으로 수행된다. 각 단계마다 리더가 지정된다. 이러한 방식으로 모든 학생
에게 학습 활동의 리더가 될 수 있는 기회가 제공된다. 한 과제에 5분이 할당되었다.
5분이 지나면 팀원들은 리더와 팀원 전체의 작업에 대한 평가를 지시서에 적고 다른
과제를 수행하기 위해 다른 책상으로 자리를 바꾼다.

바이다Vaida는 티모티쥬스Timotiejus의 팀에서 첫 번째 과제를 맡은 리더이다. 티모티
쥬스Timotiejus 는 마지막 단계 과제의 리더이다. 첫 번째 책상에 앉은 학생들은 분사의
접미사를 명확히 하고 교과서에서 정보를 검색했다. 티모티쥬스Timotiejus는 자신의 의
견을 표현하지 않았다. 그는 팀에 합류하여 작업에 대한 피드백만 제공한다. 팀은 다
른 책상으로 이동한다. 무대의 리더가 바뀌고 이번에는 마리자Marija가 리더가 된다.
그녀는 티모티쥬스Timotiejus가 활동에 참여하도록 독려한다.

마리자Marija: 티모티쥬스Timotiejus. 우리도 도와줘. 이게 피동분사로 보이니?

티모티쥬스Timotiejus: 이건 수동태예요.

티모티쥬스Timotiejus는 자신의 의견을 표현하고 분사를 능동분사와 피동분사로 나누어 어디에
적어야 하는지 보여 준다. 팀이 다른 책상으로 이동하면 수동 분사를 사용하여 광고 슬로건을 만
드는 것이 과제다.

바이다Vaida: 우리는 샴푸에 대한 슬로건을 만들고 싶어……. 머리를 잘 감겨 주고 쉽게 헹굴 수
있어.

티모티쥬스Timotiejus는 이 창작 활동에 거의 참여하지 않지만 글을 읽습니다. 팀이 다른 책상으로 자리를 옮기면 티모티쥬스Timotiejus가 과제의 리더가 되어 수동분사를 시연합니다.

티모티쥬스Timotiejus: 지금 시연해야 하나요? (선생님께 물어보며 다시 확인한다.)
마리자Marija: 이제 시연해야 해.
티모티쥬스Timotiejus: 알았어. 할게요.

공연 아이디어 브레인스토밍이 진행됩니다.

티모티쥬스Timotiejus: 튀김. 튀김입니다. 이 제안은 옳지 않습니다.

소녀들은 그것을 바꿉니다. 튀김 오믈렛 …… 수동분사를 사용해야 합니다. 학생들은 아이디어를 더 자세히 설명하고 올바른 형태의 분사를 찾습니다. 튀긴 오믈렛 [현재 튀기고있는 오믈렛]. 교사가 토론에 참여합니다.

고다Goda **교사**: 튀긴 오믈렛을 어떻게 보여 줄 수 있을까요?

티모티쥬스Timotiejus는 모두가 생각하고 있는 이 아이디어를 어떻게 실현할 수 있을지 매우 적극적으로 생각하고 열심히 연기합니다. (관찰, 9).

수업이 끝난 후 학생들은 수업이 매우 효율적이었다고 평가했다. 이 경우 모든 학생에게 '캐러셀'이라는 하나의 방법이 제공되었다. 그러나 그 실현은 학생들의 요구에 맞는 다양한 구성 요소에 기반을 두고 있다. 팀 내에서 각 구성원이 동등하게 위임된 책임(각 구성원이 무대와 참가자의 리더)을 맡을 때 동등한 동기 부여 상태는 자존감과 대인 관계 신뢰를 향상시킨다. 이 사례의 경우, 언어 지각에 어려움이 있는 학생은 동료들로부터 수많은 지적을 받았지만 약자의 지위가 아닌 동등한 학습 파트너로 느꼈다고 한다. 아이디어를 찾는 상황에서 필요한 분사 대신 '튀기다, 튀겨지다'라는 동사를 제시하는 명백한 실수를 했을 때도 동사를 바꿔 '튀기다, 튀겨지다 > 튀겨지다 > 튀겨지다'로 분석하는 분사의 형태를 파악하는 등 사고의 논리를 따라가는 데 큰 도움이 되었다.

교과서, 전화 인터넷, 교사가 준비한 자료 및 다른 학습자의 지식과 같은 일반적인 학습 보조 도구를 사용하여 시각(읽는 동안), 청각(듣는 동안) 및 운동 감각(행동하는 동안)과 같은 정보를 분석하고 인식하는 다양한 양식의 감각을 사용할 수 있는 조건이 만들어진다. 학생들은 모든 경우에 적응하여 지식을 인식하고 처리하고 표현한다(티모티쥬스Timotiejus는 복잡한 언어 구성이 필요하기 때문에 슬로건을 만드는 것이 어려웠지만, 공동 활동의 결과를 자신과 다른 사람들에게 읽어 주면서 슬로건을 살펴본다).

앉은 자세를 바꾸고 책상에서 다른 책상으로 이동할 수 있는 가능성은 학생들이 작업하는 동안 시간을 추적하도록 장려할 뿐만 아니라 (학생들은 5분마다 시선이 바뀜) 정보를 듣고 이해할 가능성을 높인다. 학생들은 분석된 현상의 본질을 깊이 이해할 수 있는 기회가 여러 번 제공되었을 뿐만 아니라 학습의 즐거움을 경험했기 때문에 이 수업을 매우 좋게 평가했다.

교사가 일관되게 조정하는 협업은 학습 문제에 대처하는 비계 역할을 할 수 있다. 공동 작업 그룹 또는 짝을 만든 교사는 특정 짝의 작업을 예측하여 인식 조건을 만들고 실패를 방지한다.

알마Alma 교사: 이제 소피아Sofija와 티모티쥬스Timotiejus가 함께 답할 차례야.

소피아Sofija(가장 똑똑한 학생 중 1명)는 리투아니아어로 이 스포츠가 팀으로 진행된다고 설명한다.

알마Alma 교사: 티모티쥬스Timotiejus, 팀으로 하는 스포츠에 대해 알고 있나요? 또 다른 종목은요?

마이카스Maikas가 변형을 제안한다.

티모티쥬스Timotiejus: 그럼 야구.
알마Alma 교사: 이제 소피아Sofija는 티모티쥬스Timotiejus와 함께 여섯 번째 질문을 생각해 보아요.

소피아Sofija가 질문을 만들었다.

알마Alma **교사**: 티모티쥬스Timotiejus, 동의하니?

티모티쥬스Timotiejus: 예, 물론이요. (영어로 대답한다.)(관찰, 29)

협업 상황에서는 기술 수준의 차이를 강조하지 않고 그에 따라 과제를 할당함으로써 약한 학생에게 도움을 제공할 수 있는 여건을 조성할 수 있다는 것은 분명한다. 학업적으로 가장 강한 학생과 어려움을 겪고 있는 학생이 같은 역할을 수행하지만, 이 경우 과제는 약한 학습자에게 더 유리하다. 스포츠에 관심이 많은 소년은 즉시 답을 생각하고 영어로 발표한다. 한편, 사고 모델링과 그 표현이 필요한 과제는 아이디어 공유가 비계의 중요한 역할을 할 것으로 예상하여 두 학습자 모두에게 주어진다. 소피아Sofija가 질문을 공식화하면 티모티쥬스Timotiejus는 이를 숙고하고 찬성 또는 반대만 하면 되었다. 리투아니아어로 된 교사와 학생의 삽입물을 통해 과제를 원활하게 완료할 수 있다. 리투아니아어로 된 이 정보는 티모티쥬스Timotiejus와 다른 학생들이 과제 및 수행 활동의 내용뿐만 아니라 사용된 어휘를 더 잘 이해할 수 있는 비계 역할을 한다.

정기적으로 학습에 어려움을 겪는 학생에게 배정된 학생 간 지원 및 지원 제공자의 역할은 학생 자신의 관점뿐만 아니라 함께 행동하는 친구의 관점에서도 과제를 완료하는 동안 자신감을 높이고 올바른 결정에 대한 책임감을 활성화한다.

알마Alma **교사**: 티모티쥬스Timotiejus, 이제 시작할래? 마이카스Maikas, 네가 도우미가 되어 줄래?

마이카스Maikas: 네, 해 볼게요. (관찰, 30)

교사의 자신감을 표현하는 과제는 주의력 관리 문제를 경험하고 타인과의 인정과 사회적 관계를 끊임없이 추구하는 학생이 목표 정보 처리를 위해 내면의 힘을 동원하는 데 도움이된다. 교사에 따르면 또래 지원은 숙련된 학습자가 되는 과정에서 두 가지 중요한 역할을 수행한다. 한편으로는, 개인 관계에서 학습 장벽을 극복하는 매우 효율적인 방법이며, 다른 한편으로는 자신의 성향을 파악하고 사회적 관계를 향상시킨다.

알마Alma **교사**: 하지만, 예를 들어 이 특정 주제에서 조나스Jonas는 체계적으로 설명할 수 있기 때문에 티모티쥬스Timotiejus를 많이 도울 수 있어요. 그는 가르치는 재능이 있습니다. 친구들에게 무언가를 설명하는 것을 정말 좋아하죠. 그리고 더 유창하고 풍부한 조나스^{Jonas}의 문장으로 티모티쥬스^{Timotiejus}가 말하는 것을 들으면 협업이 성공적이라는 것을 알 수 있어요. (선생님과의 성찰, 30쪽).

학생들의 협업 상황은 사회적 관계를 형성하고 자제력 발달에 영향을 미친다. 지지적인 학습 환경의 우호적인 정서적 배경은 의지력과 인내력을 향상시킨다. 수업 내용에 대한 거부감을 불러일으키듯 학업적으로 도전할 때에도 학생은 인지와 참여에 자발적으로 집중할 수 있는 내적 힘을 찾게 된다. 원격 수업 중 '마이카스^{Maikas}가 일어서서 앉았다가 어딘가로 갔다가 바로 돌아오는' 모습을 볼 수 있다. (관찰, 25). 사회적 관계와 관련된 장벽을 극복하면 인지 과정뿐만 아니라 학습하는 동안 자제력도 강화되는 경향이 있음이 분명하다.

협력 학습 중 지지 현상은 학생들의 자존감과 관련된 매우 민감한 문제라는 점을 고려해야 한다. 교사와 학생이 제공하는 지원은 받는 사람에 따라 다르게 접근한다.

연구자: 원 안에 서서 아이들이 질문을 할 때 모든 질문을 이해했나요?

티모티쥬스^{Timotiejus}: 선생님이 도와주시고 설명해 주셨어요.

연구자: 선생님이 설명해 주었을 때 기분이 좋았나요?

티모티쥬스^{Timotiejus}: 네.

또래와의 관계에서 친구의 도움을 인정하지만, 또래와의 동등한 관계와 자신의 기여를 강조하려고 노력한다.

티모티쥬스^{Timotiejus}: …… 조나스^{Joans}가 나를 도와줄 때…… 친구들이 나를 도와줄 때…… 우리는 조금 논의하고 거기에 어떤 단어를 쓸지 함께 생각했어요. …… 우리는 서로 도왔어요. (학생과의 성찰, 6).

이 연구 결과에 따르면 다른 학생이 있는 상황에서 학생을 직접적으로 지원하는 것이 학습자에게 도움이 될 수 있다. 무언가를 이해하지 못하는 것은 자연스러운 현상으로 인식되고 이 문제에 대한 적용 가능한 해결책은 교사의 지원이기 때문에 이 학습자를 당황하게 하지 않는다. 학생은 동료의 도움을 다르게 평가한다. 학습자는 도움을 받아들이고 감사하지만 이러한 지원을 받아들이는 것은 약자의 역할을 받아들이는 것을 의미하기 때문에 특정 형태의 협업에 할당한다. 이를 피하기 위해 학생은 자신의 동등한 지위에 대해 민감하게 염려하고 친구에게 자신의 도움을 강조한다.

3) 인지 과정에서의 잠재적 장벽의 발현

실행연구의 세 번째 주기의 시작은 코로나 팬데믹으로 인한 새로운 외부 도전으로 표시되었다. 전국적인 격리 조치가 도입된 후 리투아니아의 학교는 문을 닫고 원격 학습이 시작되었다. 이 새로운 학습 경험은 학생뿐만 아니라 교사에게도 도전이 되었다. 그러나 연구자들이 온라인 수업을 관찰하고 교사들과 토론한 결과, 잠재적 장벽이 존재한다는 사실을 발견할 수 있었다. 이러한 잠재적 장벽은 교사의 주의를 다른 곳으로 돌리게 하고 학생의 실패의 본질을 파악하지 못하게 한다.

사회적 환경에 학습 장벽을 두는 것은 잘못된 결정의 빈번한 특징이다. 원격 수업이 시작되었을 때 마이카스^Maikas와 티모티쥬스^Timotiejus는 소극적인 참여의 징후를 보였다. 수업에 참여했지만 적극적인 참여의 흔적을 보이지 않았고 프로필 사진 뒤에 얼굴을 숨기고 있었다. 마이카스^Maikas는 히틀러의 얼굴 뒤에 자신을 숨긴 반면, 티모티쥬스^Timotiejus의 프로필에는 큰 소리로 트럼프를 외치는 사진이 있었다. 이러한 학생들의 마스킹은 교사들에게 학생들의 안녕에 대한 신호이다. 교사와 연구자들은 매번 수업을 관찰한 후 성찰하는 시간을 가졌다. 이러한 학습자의 입장은 가능한 장벽의 성격과 이를 제거하는 변형에 대한 심층 분석을 수행하기위한 신호로 간주되었다. 앞서 관찰한 수업에서 공개적으로 실패한 후 마이카스^Maikas는 파괴적인 방식으로 행동하기 시작하지만 학습 과정에서 물러나지 않는 것을 알 수 있었다.

연구자: 마이카스^Maikas가 리더의 자질을 많이 가지고 있다는 것을 알았어요. 마이카스^Maikas의 성격은 그의 강점입니다. 그러나 그는 실패나 패배에 대처할 수 없기 때문에 자신을 가두거나 나쁜 행동을 하기 시작해요. 아마도 그는 또한 홍보를 두려워할 거예요.

마이카스^Maikas: 분명히 그것을 보여 주었어요. 선생님이 물었고 그는 연결을 끊었다가 다시 연결했어요. (교사와의 성찰. 25).

학생의 행동은 성격의 표현과 행복 사이의 싸움을 보여 준다. 그의 성격은 수업 중 적극적인 참여를 장려하고 다른 사람들과 함께 배우고 싶어 하지만, 대중의 실패에 대한 두려움은 특정 장벽을 만들 가능성이 높다. 강하지만 보편적으로 비난받는 성격인 히틀러와의 외부 동일시를 통해 그는 자신에게 주의를 끌고 자신을 억압하는 상황에 대한 저항을 표현할 수 있다. 한편, 교사는 외부적인 이유에 더 초점을 맞추고 마이카스^{Maikas}가 학습을 회피하는 것을 학습 장벽과 연결하지 않고도 설명할 수 있다고 생각한다.

> 알마^{Alma} 교사: 마이카스^{Maikas}가 리투아니아인에 대해 끊임없이 항의하기 때문에 부모가 그를 리투아니아 학교에 보내지 않았다면 더 간단했을 거예요.
>
> 연구자: 영어는 리투아니아어가 아니에요. 그는 리더가 되고 싶지만 성공하지 못하고 러시아에 대해 더 많이 알고 관련 문구를 던집니다. 그의 성격으로 그의 리더십에 대한 틈새를 보여 주는 것이 중요해요. (선생님과의 성찰, 25)

상황 분석을 통해 교육 환경과 학생의 학습 능력 사용 사이의 연관성을 확인할 수 있다. 학생의 자기 표현 가능성을 제한하는 환경은 학생의 인지 활동을 위한 전제 조건을 억제하고 비전통적 행동을 유발하여 학습 발판을 만드는 동시에 교육적 해결책을 찾는 것을 복잡하게 만든다.

티모티쥬스^{Timotiejus}의 상황은 다릅니다. 그의 학습 문제의 원인은 청각 장애로 인한 언어 이해력의 한계가 분명한다. 그러나 수업에 적극적으로 참여하는 문제는 앞에서 논의한 학생인 마이카스^{Maikas}와 매우 유사하다. 연구자들과 함께 성찰하는 동안 사회적 이유가 강조되며, 이 경우 교사가 강조한다.

> 알마^{Alma} 교사: 그의 가족은 그에게 더 편리하기 때문에 SMS를 통해 티모티쥬스^{Timotiejus}와 의사소통해요. 그렇다면 그의 언어는 어떻게 발달하나요?
>
> 연구자: 엄마는 자신이 아이의 요구에 응답한다고 생각하지만 그것이 아이의 언어 발달을 방해한다는 것을 깨닫지 못해요.
>
> 알마^{Alma} 교사: 그렇다면 영어는 말할 것도 없고 리투아니아어가 발달하지 않는 이유가 분명해지네요.

연구자: 수업 중에 그에게 지식을 제공하는 것이 중요해요. 그는 슈퍼맨, 트럼프 뒤에 숨어 있어요. 그는 열등감으로 고통받고 있습니다.

알마Alma **교사**: 아무도 수업에서 그를 괴롭히지 않아요. 가족에 그러한 태도가 있다면 해결책이 없는 상황이에요. 그의 어머니는 그의 높은 학업 성취도를 목표로하지 않아요. (교사와의 면담, 26)

학생들의 이해하기 어려운 행동은 교사가 다른 교육 참여자, 즉 학생의 가족과 책임을 나누기 위해 후퇴하도록 장려한다. 그러나 관찰 결과는 학습자의 웰빙에 문제가 있음을 증명하며, 이는 언어 발달을 제한할 뿐만 아니라 인지 과정에 참여하는 데 방해가 된다. 티모티쥬스Timotiejus 학생의 어머니의 행동은 이 학생의 정보 접근성을 높이기 위한 제안으로 간주될 수 있다.

잠재적 장벽에 대처하기 위한 비계는 교사가 유연하게 결정을 변경하여 파악된 원인에 발판을 마련하도록 장려한다. 학생의 행동을 종합적으로 분석한 후 교사는 학생들의 성공적인 학습 경험을 위한 조건을 조성하려고 시도한다. 교사는 마이카스Maikas의 언어 인식을 강화하기 위해 마이카스Maikas의 캐릭터 특징을 비계로 사용했다. 마이카스Maikas에게 관심을 기울이고, 말을 걸고, 교사의 동료로 초대함으로써 주목받고자 하는 그의 욕구를 지속적으로 강화했다.

알마Alma **교사**: 마이카스Maikas, 도와줄래? 연도를 선택하고 말하세요. (교사가 영어로 과제를 부여합니다).

마이카스Maikas: 1년을 선택할까요? (리투아니아어로 과제를 설명하고 영어로 연도를 말합니다).

알마Alma **교사**: 좋아요. 지난번에 우리는 연도를 2개의 숫자로 말한다고 수정했어요.

마이카스Maikas: 아, 2개의 숫자로요. (마이카스Maikas가 스스로 수정합니다). (관찰, 34)

교사는 지속적으로 유사한 방법을 사용하고 학생에 대한 자신감을 보여 주며 학생이 대처할 수 있는 과제를 할당한다. 학생의 감정 상태와 자기 표현은 자존감을 높이고 주의 집중을 촉진하며 자신에게 유리한 이해 형태를 찾는다. 마이카스Maikas는 항상 먼저 과제를 하겠다고 제안하고 명확하지 않은 것이 있으면 용감하게 선생님에게 물어본다. 교사는 그의 성공을 강조하고 그를 칭찬하는 것을 피하지 않는다. 주요 장애물, 즉 학습 과정에 참여하는 것을 피하는 것이 극복되었다. 감정 상태의 변화는 그의 화면의 일부 장식 요소인 즐거운 애니메이션 어린이 그림으로 확인된다. 남은 관찰 기간 동안 마이카스Maikas는 항상 제대로 연결하면서 수업에 참여했다. 그는 관심을 끌기 위해 어떤 수단도 사용하지 않았지만 불분명한 모든 것을 용감하게 명확히 했다.

티모티쥬스Timotiejus는 여전히 숙제를 하지 않고, 다른 배경 뒤에 숨어 있으며, 수업 중에는 거의 말을 하지 않는다. 교사가 직접 질문을 받으면 분석 주제와 관련이 없는 추상적인 답변을 제공한다. 학생이 수업 중에 분석되는 내용을 이해하지 못하는 것이 분명하다. 교사는 티모티쥬스Timotiejus에게 수업이 끝난 후에도 남아서 앞으로의 학습에 대해 이야기해 달라고 요청한다. 티모티쥬스Timotiejus는 시키는 대로 한다.

> 알마Alma 교사: 티모티쥬스Timotiejus, 사운드 좀 켜 줄래? 카메라가 없나요?
>
> 티모티쥬스Timotiejus: 아니요, 없어요.
>
> 알마Alma 교사: 기사의 갑옷만 보여요. 네 이야기나 다른 말은 못 들었어. 무슨 일이 있었던 거니?
>
> 티모티쥬스Timotiejus: 모르겠어요, 제가 알아내기가 좀 복잡해요.
>
> 알마Alma 교사: 그래, 하지만 노력해야 해. 자, 잘 봐. 어떻게 하는지 보여 줄게요. …… 이거 봤어?
>
> 티모티쥬스Timotiejus: 모르겠어요, 모르겠어요.
>
> 선생님은 계속해서 과제를 하나씩 열어 보고 학생에게 과제를 완료하는 방법을 설명한다.
>
> 티모티쥬스Timotiejus: 아, 이거요. 네, 알지만 아직 해 보지 않았어요. (관찰, 23).

교사는 모든 과제를 개별적으로 설명한다. 그녀는 티모티쥬스Timotiejus로부터 모든 과제를 수행하겠다는 약속을 받았지만, 교사는 그에게 개별 상담을 제공하려는 첫 번째 시도가 아니기 때문에 이 대화가 유익한지 확신하지 못하다. 연구자와 교사의 성찰 중에 수업 전에 학생과 회의를 조직하여 주요 개념을 설명하고 곧 사용할 문제와 수업 중에 분석 할 문제를 설명하는 것이 제안되었다. 또한 비슷한 문제를 보이는 마이카스Maikas도 회의에 초대하는 것이 좋겠다고 제안했다. 선생님도 이에 동의했다. 토론하는 동안 학생이 수업 중에 사용되는 온라인 학습 플랫폼을 사용하는 방법을 알고 있는지 의심스러운 점이 있다. 그러나 교사는 모든 수업을 구성하는 데 플랫폼이 사용되도록 한다. 원격 학습을 시작하기 전에 학교는 모든 학생에게 특별 교육과정을 조직하고 '구글 클래스 룸^{Google Classroom}' 사용 규칙을 설명했다.

선생님은 티모티쥬스를 포함한 3명의 학생을 아침 상담에 초대했다. 그러나 수업이 시작되기 전 티모티쥬스^{Timotiejus}는 연결되지 않았다. 연구자와 교사의 성찰 과정에서 기술 부족뿐만 아니라 그의 복지^{well-being}도 티모티쥬스^{Timotiejus}의 학습 장벽이 되었다고 가정했다. 학생을 격려하기 위해 중재자를 사용하기로 결정했다. 연구자 중 1명이 티모티쥬스^{Timotiejus}에게 편지를 써서 그에 대한 자신감과 현재 상황에 대한 이해를 표현하고 직면한 어려움에 대해 공개적으로 성찰하도록 초대했다. 수업이 끝난 후 교사는 티모티쥬스^{Timotiejus}를 초대하여 그를 도울 수 있는 방법에 대해 대화를 나눈다.

> 알마^{Alma} 교사: 이 정치인 대신 얼굴을 볼 수 있을까요? …… 오, 좋아요. 이제 더 좋네요.
> 알마^{Alma} 교사: 티모티쥬스^{Timotiejus}, 숙제를 할 때 어떤 문제에 있고 무엇이 복잡한가요?
> 티모티쥬스^{Timotiejus}: 나는 숙제를 할 수 없어요. 숙제를 너무 많이 내 주세요. 관리를 못하고 있어요. 어느 날 숙제를 하다가 못 하고, 또 못 하고, 또 다시. (관찰, 23)

교사가 '구글 클래스룸'을 열고 특정 과제를 보여 주면서 이러한 과제를 쉽게 완료할 수 있는 도구를 보여 준다. 티모티쥬스^{Timotiejus}는 자신의 화면에서 완전히 다른 보기를 볼 수 있으며 그러한 도구가 전혀 없다고 주장한다. 학생이 주요 학습 플랫폼에 대한 충분한 지식을 가지고 있지 않다는 것이 밝혀졌다. 제시간에 제공되지 않은 언어 이해의 장벽을 제거하기 위한 발판이 지식에 대한 이해뿐만 아니라 학생의 자존감에도 영향을 미치는 다른 장벽의 출현을 초래한 것은 분명하다. 학습 도구 관리라는 기본적인 문제를 해결하면서 학생의 상황은 서서히 변화하기 시작했다. 기본 기술을 습득하기 위해 제공되는 지원은 인지의 길을 열 뿐만 아니라 학생의 강한 개인적 자질의 표현을 촉진한다. 티모티쥬스^{Timotiejus}의 후퇴와 위축은 결과를 추구하려는 결단력, 좋은 집중력, 사고력으로 대체되었다.

> 고다^{Goda} 교사: 아이들의 주도성에 감사해요. 티모티쥬스^{Timotiejus}는 복잡한 문법 형식을 선택했어요. '정말 어려운 싸움에 들어가고 있구나.'라고 생각해요. 그러나 다른 아이들과 함께 분석하고 생각해요. (교사와의 성찰, 37)

장벽의 잠재적 원인과 그에 대한 반응이 확인되면 직접적인 결과를 제거할 뿐만 아니라 학생의 내면의 힘을 활성화하고 지식을 소유하며 특정 자질 부족을 극복하고 학생에 대한 교사의 자신감과 신뢰를 높일 수 있는 방법을 발견하는 데 유리한 조건을 만든다.

4) 교사의 성향, 장벽 및 극복 방향

교사의 성향은 학생과 교사의 내적 경험뿐만 아니라 교육 환경의 조건에 의해서도 형성된다. 국가, 지역 또는 학교 정책과 학습 성과에 부과되는 요구 사항은 교사의 통합적 성향을 구축하는 데 심각한 장애물이 될 수 있다. 교사는 전체 교육 시스템의 우선순위와 일반적인 교육 형태를 고려한다

학업 성취도에 따른 학교 등급뿐만 아니라 지역 사회에서의 학교 명성과 학업 결과에 대한 강조는 학습 장애 학생의 차이를 강화하고 강조한다. 학교의 일반적인 학업 성적과 영재 학생의 학업 성적을 악화시키지 않고 학습 장애 학생을 성공적으로 교육할 수 있을지에 대한 불안감이 교사의 성향을 방해한다.

> 고다^{Goda} 교사: 국제적인 조사(TIMS 등) 결과에서 우리 학교는 전국 평균을 상회하는 것으로 나타났고, 이 수준을 유지하고 싶어요. 리세움^{lyceum} 입학 시험이 다가올 것이고 8학년 학생들에게 중요할 것입니다. (연구자들과의 성찰, 36)

초등학교가 끝나면 학생들은 체육관에서 교육을 받게 된다. 따라서 체육관에서 널리 퍼져있는 교육 요구 사항과 교육 방식은 교사가 수업에서 교육을 모델링하는 동안 관련 기준을 구성한다. 감당하기 어려운 부하는 학생들의 지식 검색 노력을 방해하고 새로운 모델을 만든다. 학생이 전문가가 될 수 있도록 교육을 계획하는 동안 교사의 아이디어도 방해받는다.

모든 학습자의 성공적인 교육을 위해 노력하는 동시에 다양한 능력을 가진 학생들의 가능성에 대한 호환성에 대한 불안감은 교사들의 공감을 불러일으킨다. 하지만 영재 학생과 비영재 학생의 학습 능력을 탐색하고 인지하고 개발할 수 있는 충분한 시간과 공간을 어떻게 확보할 수 있을지에 대한 의문이 생긴다.

알마^{Alma} **교사**: 이 학급에는 똑똑한 학생, 즉 '너겟'이 많아서 남학생들이 자신을 드러내기가 어려워요.

고다^{Goda} **교사**: 매우 창의적인 수업입니다. 가능성을 제시하면 아이들이 마음을 활짝 열어요. 지루할 것 같았던 민요 수업을 끝낼 수 없어요. 지금은 시노그래피^{scenography}로 노래하고 있어요. (연구자들과의 성찰, 36).

창의적 활동은 학생 개개인의 능력을 발휘할 수 있는 여건을 조성하지만, 이를 발휘할 수 있는 환경도 매우 중요하다. 학습자들이 역할을 분담하고 공동의 목표를 달성할 수 있는 능력은 특별한 도움이 필요한 학습자를 위한 학습 기회를 마련하는 데 매우 중요하다. 학생들의 서로 다른 참여 능력에 따라 공동으로 추구하는 결과의 표현이 달라지는 것은 당연하다. 결과를 평가하는 과정에서 표준화된 기준 기반의 기준점 적용에 대한 딜레마에 직면하게 된다. 표준화된 기준점을 적용하면 학습에 어려움을 겪는 학생은 높은 점수를 받을 수 없다. 그러나 교사가 기준을 도입하지 않으면 교육과정에서 모든 학생에 대한 정의와 관련된 또 다른 딜레마가 발생한다. 학생들의 다양성을 마주하는 과정에서 교사는 자신의 내적 태도 장벽에 부딪히게 되고, 이는 학생들에게도 장벽이 될 수 있다.

고다^{Goda} **교사**: 티모티쥬스^{Timotiejus}도 노래는 못하지만 목소리가 정말 아름다워요. 티모티쥬스^{Timotiejus}를 눌러야 하나요?

연구자: 때로는 대안이 필요하죠. 만약 제가 수업시간에 앞에 서서 노래를 불러야 한다면 바보가 될까 봐 노래를 부르지 않을 거예요. 노래를 부르고, 시를 읽고, 집에서 노래를 녹음해서 수업 시간에 틀어 주거나, 실기 과제를 이론 과제로 대체하는 등의 대안도 필요합니다.

고다^{Goda} **교사**: 티모티쥬스^{Timotiejus}가 노래를 불러요. 그러면 수업에 참여한 학습자들은 어떻게 될까요? 당황하지 않을까요?

연구자: 글쎄요, 우리는 대안을 사용하는 법을 배우고 있습니다. 아이들과 더 많은 이야기를 나눠 봐야 할 것 같아요. (교사와의 성찰, 14).

교육과정에 대한 성찰은 UDL 접근법의 가장 중요한 구성 요소 중 하나다. 이 구성 요소는 교사의 성향을 구축하는 데에도 가장 중요하다. 연구 결과, UDL 접근법을 활용하는 교사의 포용적 경험 형성 단계에서 교사들의 개방적이고 공동체적인 협업은 자신의 결정을 검증하고 상황에 대한 적절한 해석을 찾을 수 있게 하며, 교사가 장벽을 극복하고 성향을 변화시키는 데 적절한 간접적 발판이 될 수 있음을 보여 준다.

학생을 지지하는 교사의 성향은 외부 환경을 보완하는 중요한 발판이 된. 실행연구를 진행하면서 학생들의 다양성을 수용하는 교사의 성향이 발달했다. 이를 통해 장애물 없는 환경을 조성할 수 있는 방법을 찾아 모든 학생이 자신의 개성을 드러낼 수 있는 여건을 제공하고, 정의의 원칙을 위반하지 않으면서도 교육에서 차별 금지 원칙을 실현할 수 있게 되었다. 학생에 대한 신뢰를 바탕으로 한 교사의 성향은 협력적인 교사-학생 관계를 형성하며, 이는 학생의 자신감을 높이고 최상의 학업 결과를 추구하는 데 매우 중요하다. 교사가 명확하게 표현하는 지원은 이러한 관계를 유지하는 데 크게 기여한다. 협력 관계에서는 부적절하고 무책임하게 완료된 과제조차도 학생이 자신의 실수를 두려워하지 않고 용감하고 책임감 있게 정보를 모델링하고 그로부터 배울 수 있도록 도와주는 학습 도구로 바뀔 수 있다.

> **알마**Alma **교사**: 선생님은 너가 활동에 매우 적극적으로 참여해 주어서 매우 행복해. 다양한 예술 활동을 했는데 작품 중 한 가지를 개선할 수 있다면. (정확한 작품명을 말하며).
>
> **마이카스**Maikas: 음(열정 없이).
>
> **알마**Alma **교사**: 복사 붙여넣기 변형이 있어요. 이것은 네것이 아니야. 한 번 더 살펴보고 수정하세요. 선생님이 평가할 수 있도록 요구 사항에 따라 수정하세요. 괜찮나요?
>
> **마이카스**Maikas: 좋아요(열정적으로).
>
> **알마**Alma **교사**: 질문이 있으신가요?
>
> **마이카스**Maikas: 아니요(영어로 대답하고 정중하고 활기차게 선생님과 작별 인사를 합니다). (관찰. 37)

교사가 표현하는 학생에 대한 신뢰와 학습 의지가 없음을 강조하는 대신 완성된 과제를 개선할 수 있는 구체적인 도구를 제안하는 것은 학생이 의식적인 지식 분석과 모델링을 통해 올바른 결과를 추구하도록 유도한다. 협업 관계에서 학생이 성취한 성공은 학생의 인지 활동과 교사의 포괄적 역량 강화에 강력한 촉매제가 된다. 자신의 활동을 끊임없이 성찰하고 전문성을 키우기 위해 노력하는 교사에게 '학생은 어떻게 학습하는가'라는 질문에 대한 답을 찾는 것은 '학생이 무엇을 배웠는가'라는 질문에 답하는 것만큼이나 중요하다. 지원/비계가 목표가 되고 지속적으로 반영되는 교사-학생 관계는 성공적인 학습의 과정에서 적절한 지표가 된다. 다른 학습자에 비해 학습 특성이 더 심각한 두 학습자가 직면한 정보 처리 및 활용 장벽에 대한 분석은 학생이 숙련된 학습자가 되는 것을 방해하는 학습 장벽이 학습자의 개인차보다는 교육 기관의 결정, 교육과정 및 보조 도구에 있다는 UDL의 핵심 원칙을 확인시켜 준다(Meyer et al., 2014). 분석 결과는 또한 기술 및 교육과정 장벽이 제거된 후 개별 장벽이 저절로 감소하는 경향이 있다는 마이어Meier와 로시Rossi(2020)의 결론을 확인시켜 준다.

6. 토론 및 결론: 통합교육 요소와 지식과 자원이 풍부한 학습자의 연결 고리

　연구의 결과를 통해 교사는 지식과 자원이 풍부한 학생을 교육하는 동시에 학생의 학습에 대해 생각하고 이를 바탕으로 통합교육과정을 계획하고 조직한다는 결론을 내릴 수 있었다. 모든 학생이 정보 인식, 언어 및 기호 사용, 정보 이해력에서 숙련된 학습자가 될 수 있다는 교사의 믿음과 목표 방식으로 구성된 학습 과정은 숙련된 학습자에게 부여 된 자질과 능력을 표현하고 개발할 수 있는 조건을 만든다. 학생이 숙련된 학습자가 되는 데 있어 중요한 변화는 교사의 성향에 영향을 미친다. 교사는 점점더 모든 학생이 SEN을 가지고 있더라도 정보 인식, 재구성 및 이해에 있어 전문가가될 수 있다고 믿게 된다. 연구 결과에 따르면 UDL 접근법을 적용하면 교사가 SEN을 포함한 모든 학생이 학습 전문가가 될 수 있는 기회, 즉 스스로 깊은 이해를 구성하고 자기 주도적이며 지식을 창조하고 공동 창조할 준비가 된 학습자를 적극적으로 인식하는 데 도움이 되는 실제의 개발을 촉진할 수 있는 것으로 나타났다. 학습 전문가 능력이 향상되면 학생들은 공동 학습 과정에 더 적극적으로 참여하고 더 큰 학습 성공을 경험하게 된다. 따라서 UDL 접근법을 적용하면 모두를 위한 통합의 질이 향상된다.

　학생, 교사, 연구자의 수업 관찰과 성찰을 분석한 결과, 숙련된 학습자로서의 학생의 자질과 능력이 드러나고 향상되었으며, 어떤 통합교육 실제가 학생의 발달에 유리

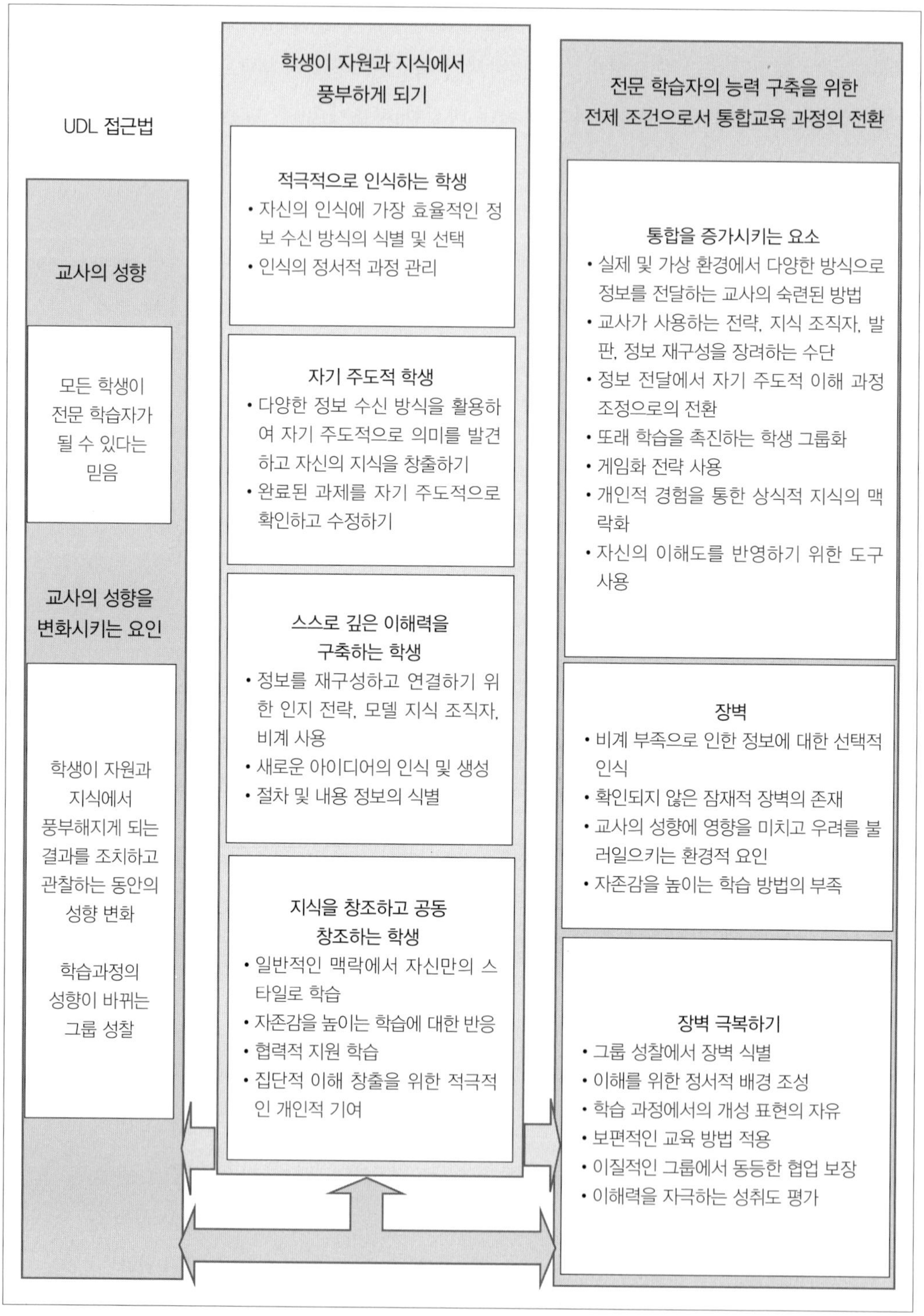

UDL 접근법

교사의 성향

모든 학생이 전문 학습자가 될 수 있다는 믿음

교사의 성향을 변화시키는 요인

학생이 자원과 지식에서 풍부해지게 되는 결과를 조치하고 관찰하는 동안의 성향 변화

학습과정의 성향이 바뀌는 그룹 성찰

학생이 자원과 지식에서 풍부하게 되기

적극적으로 인식하는 학생
- 자신의 인식에 가장 효율적인 정보 수신 방식의 식별 및 선택
- 인식의 정서적 과정 관리

자기 주도적 학생
- 다양한 정보 수신 방식을 활용하여 자기 주도적으로 의미를 발견하고 자신의 지식을 창출하기
- 완료된 과제를 자기 주도적으로 확인하고 수정하기

스스로 깊은 이해력을 구축하는 학생
- 정보를 재구성하고 연결하기 위한 인지 전략, 모델 지식 조직자, 비계 사용
- 새로운 아이디어의 인식 및 생성
- 절차 및 내용 정보의 식별

지식을 창조하고 공동 창조하는 학생
- 일반적인 맥락에서 자신만의 스타일로 학습
- 자존감을 높이는 학습에 대한 반응
- 협력적 지원 학습
- 집단적 이해 창출을 위한 적극적인 개인적 기여

전문 학습자의 능력 구축을 위한 전제 조건으로서 통합교육 과정의 전환

통합을 증가시키는 요소
- 실제 및 가상 환경에서 다양한 방식으로 정보를 전달하는 교사의 숙련된 방법
- 교사가 사용하는 전략, 지식 조직자, 발판, 정보 재구성을 장려하는 수단
- 정보 전달에서 자기 주도적 이해 과정 조정으로의 전환
- 또래 학습을 촉진하는 학생 그룹화
- 게임화 전략 사용
- 개인적 경험을 통한 상식적 지식의 맥락화
- 자신의 이해도를 반영하기 위한 도구 사용

장벽
- 비계 부족으로 인한 정보에 대한 선택적 인식
- 확인되지 않은 잠재적 장벽의 존재
- 교사의 성향에 영향을 미치고 우려를 불러일으키는 환경적 요인
- 자존감을 높이는 학습 방법의 부족

장벽 극복하기
- 그룹 성찰에서 장벽 식별
- 이해를 위한 정서적 배경 조성
- 학습 과정에서의 개성 표현의 자유
- 보편적인 교육 방법 적용
- 이질적인 그룹에서 동등한 협업 보장
- 이해력을 자극하는 성취도 평가

[그림 7-4] UDL 전략을 적용할 때 학생이 수완과 지식을 갖추게 되는 포용성 증가 요인의 상호 작용

한 맥락이 되었는지를 확인할 수 있었다. UDL 접근법을 적용한 학생의 숙련된 학습 자화에 대한 실행연구의 일반화된 결과는 [그림 7-4]에 나와 있다.

학생들이 자신의 학습 과정에 대해 끊임없이 성찰하는 조건에서 UDL 접근법 내에서 포괄적인 교육을 조직하면서 자신의 인식에 가장 유리한 양식의 정보를 선택하고 활용하는 능력이 점점 더 눈에 띄게 되었다. 새로운 정보에 대한 심층적 이해, 인지적 관계 형성 및 학습 성공 달성에 대한 정서적 배경의 중요성이 특히 분명해졌다. 가르시아-캄포스^{García-Campos} 등(2020)이 다른 영역에서 수행한 연구에서 얻은 자료에서도 정서적 배경의 중요성을 확인했으며, 정서 기반 선택이 실행기능의 효율성에 미치는 영향에 대해 강조했다. 이번 연구 결과는 정서적으로 통합적인 학습 배경이 학생들이 학습하는 동안 자신의 인식 과정을 사고하고 관리하며 행동을 변화시키는 데 어떻게 도움이 되는지 이해하는 능력을 자극한다는 지식에 새로운 자료를 추가했다. 얻은 자료는 감정이 사고에 동화되어 효율적인 사고방식을 우선시하고 추론에 의존할 수 있다는 메이어^{Mayer} 등(2011)의 이론적 가정을 확인시켜 준다.

연구 자료에 따르면 다양한 사고 도구, 지식 정리 도구, 추가 지원 방법, 절차적 단계 및 심층 비계 전략을 적용함으로써 학생들의 깊은 이해를 구축하는 것이 장려되었다. 이를 통해 SEN 학생을 포함한 모든 학생이 새로 받은 정보를 다양한 관점에서 접근하고, 새로운 정보와 이미 보유한 정보를 재구성하고 체계화하며, 의미와 핵심 아이디어를 구상하는 데 다양한 방법을 사용하도록 장려했다. 일부 연구에 따르면 개인적, 사회적으로 의미 있는 맥락(Gronseth et al., 2020; Preus, 2012)과 토론하면서 동료와 생각을 공유하는 것(Moore et al., 2020)을 포함한 진정한 교육은 SEN 학생들이 더 깊은 지식을 구성하도록 장려한다. UDL 접근법을 적용하면 학생들의 깊은 이해를 효율적으로 구성하는 데 기여하는 모든 방법을 포함할 수 있다.

연구 결과, 교사가 중재자 및 촉진자 역할을 맡는 UDL 기반 교육이 학생들의 자기주도적 학습을 촉진한다는 사실이 입증되었다. 학생들은 주도적으로 새로운 정보를 명확히 하고, 스스로 학습에 대한 책임감을 보여 주었으며, 학습한 내용을 더 잘 이해하는 데 도움이 되는 인지 과정을 적용하고 반영했다. 레일리^{Raley} 등(2018)이 보고한 연구 결과와 유사하게, 학습 장애가 있는 학생들도 적절하게 조성된 맥락에서 자기 주도적 학습 기술을 습득할 수 있음을 보여 준다. 이 실행연구에서 교사들은 레일리^{Raley} 등(2018)의 연구처럼 학생들에게 자기 주도적 학습 기술을 특별히 가르치지는 않았지만, 자신의 학습 목표, 과정 및 결과에 대한 일관된 성찰을 통해 학생들이 이러한 기술을 향상시킬 수 있었다. 이러한 통찰은 학생 중심의 교육 환경에서 학습하면 자기 주도적 행동, 자기 통제 전략의 사용, 더 많은 노력 투자를 장려한다는 슈베더Schweder(2020)의 연구 결론을 통해 확인되었다.

또 다른 연구 결과는 협업 학습의 맥락에서 집단 이해의 과정을 밝혀냈다. 우리는 협력적 통합 활동을 지원할 때 각 참가자의 강점이 집단적 이해와 공통 지식을 창출하는 데 사용되어 집단적 이해가 풍부해진다는 것을 확인했다. 피셔Fisher 등(2020)이 제시한 협업 학습 상황의 개선 주기는 개인의 능력 향상에서 시작하여 집단 능력 향상으로 끝나고 다시 개인의 능력으로 이동한다. 모로코Morocco 등(2001)은 SEN 학생이 학급 친구들과의 토론에 참여하는 것이 중요하다고 강조했고, 무어Moore 등(2020)은 또래 매개 협력 그룹을 통해 이해 전략을 사용하는 것을 확인했다. 우리의 연구에 따르면 이질적인 집단에서 집단적 이해를 창출하는 과정은, 예를 들어 UDL 접근법을 사용하여 유리한 통합교육적 조건이 조성될 때 강화될 수 있다.

그 결과 학생들이 교육과정에 완전히 참여하고 숙련된 학습자에게 부여된 능력을 개발하는 데 방해가되는 교육 장벽이 밝혀졌다. 메이어Meyer 등(2014), 종Zhong(2012), 메이어Meyer와 로시Rossi(2020)는 불리한 교육 환경, 교육과정 접근성의 한계, 학생들의 학습 기술 부족, 개인적 자질 등을 이러한 장벽이 발생하는 원인으로 강조했다. 우리의 연구는 학생들의 다양성에 개방적인 교사의 성향을 형성하는 데 방해가 되는 장벽을 밝혀냈다. 반즈Barnes(2019)와 바이스Weiss 등(2019)에 따르면, 이러한 성향은 통합적인 학생 커뮤니티를 구축하고 연구 주제를 가르치는 데 필수적이다. 우리의 연구를 통해 우리는 교사의 아동 중심적 성향과 표준화된 학생의 성취도에 기반한 질에 초점을 맞춘 교육 체제에 대한 충성도 사이의 긴장을 확인할 수 있었다. 이러한 긴장은 교사의 통합적 가치, 즉 모든 학생의 가능성에 대한 믿음(Nieminen & Pesonen, 2020)과 교육 모델링 시 학생의 다양성에 대한 고려(Van Boxtel & Sugita, 2019)를 가로막는다. 교사의 통합적 활동에서 관찰된 표준화된 성취에 대한 집중의 제한적 영향은 이전 연구 결과에서도 확인되었다(Farrell et al., 2007; Florian et al., 2016).

연구 결과, 학습 장벽을 극복하는 데 있어 교사의 행동과 학생의 자기 효능감이 중요한 요소로 부각되었다. 학습 장벽을 극복하는 과정에서 나타나는 선택적 정보 지각 현상은 자기 주도적 학습의 맥락에서 학생의 내재적 동기와 숙달을 통해 설명할 수 있다(Ryan & Deci, 2020). 청각 장애로 인해 미리 정해져 있던 언어 이해의 장벽은 학생이 자신에게 유리한 학습 방법에 대한 인식과 참여 동기에 의해 낮아졌다. 복잡한 말의 흐름에서 접근 가능한 정보를 '골라내기' 한 학생은 학습 장벽을 제거하지 못했지만 부분적으로 학습 목표를 달성할 수 있었다. 모든 학생을 위한 배리어프리barrier-free 환경을 구축하는 동시에 교육을 차별화할 수 있는 교사의 역량이 필수적이다(Griful-Freixenet et al., 2020). 연구 결과에 따르면 교육 차별화의 형태는 다양한 형태를 취할 수 있다. 학생들이 교육과정에 자연스럽게 참여할 수 있도록 하는 교사는 보편적인 교육 방법을 사용하는 것이 특히 효율적이다. 예를 들어, 학생이 선호하는 학습 방법을 발견했을 때 그러한 교사는 대인 관계 지원을 사용하지만 교육 차별화의 구성 요소는 그러한 학생을 일반적인 학습 경험에서 분리하지 않는다. 학생과 대등한 협력 관계를 형성하는 교사의 성향, 장벽을 극복하는 과정에서 동료들과 성찰적 경험을 하는 교사의 성향은 사회-교육적 관계를 강화하며 '보이지 않는 교사의 손'에 의해 만들어지는 사회생태학에 대한 파머Farmer 등(2018)의 통찰을 보완한다. 실행 연구 결과, 모든 학생이 자신의 가능성의 한계 내에서 숙련된 학습자가 될 수 있다는 교사들의 신념이 형성되고 있음을 확인할 수 있었다. 연구 결과에 대한 성찰에서 알마Alma 교사는 다음과 같이 말했다. "숙련된 학습자의 개발은 이전에는 그런 아이들을 영재 또는 책벌레라고 부르곤 했습니다. 그리고 이제…… 마이카스Maikas는 전문가가 될 수 있다. 티모티쥬스Timotiejus도 자신의 가능성의 한계 내에서 전문가가 될 수 있다는 것이 밝혀졌다".

제8장

전략적이고 목표 지향적인 학생: 기대와 현실

Rasa Nedzinskaitė-Mačiūnienė & Gerda Šimienė

숙련된 학습자의 특성은 최근 연구 문헌에서 널리 논의되고 있다. 숙련된 학습자는 자기 주도적이고, 자율적이며, 동기가 부여되고, 수완이 풍부하고, 지식이 풍부하며, 효과적이고 효율적으로 학습할 수 있고, 성실하고 자신감 있게 학업 과제에 접근하며, 원하는 학업 목표를 달성하기 위해 적절한 전략을 사용하는 학습자를 말한다. 목표 설정 행위는 종종 학생의 학습 기술 및 학습 과정에 대한 더 깊은 참여와 관련이 있으며, 적절한 학습 전략의 선택은 학습 관리 능력을 향상시킨다. 이러한 측면에서 숙련된 학습자의 전략적이고 목표 지향적인 학습이라는 후자의 측면은 보다 심층적인 조사와 분석이 필요하다. 따라서 이 장에서는 학생들이 지식과 기술 습득을 위해 노력하면서 전략적이고 목표 지향적인 학습을 할 수 있도록 안내하고 학업 성취도를 최적화하기 위해 다양한 학습 전략을 통합하고 적용하는 방법을 제시한다.

키워드	숙련된 학습자, 보편적 학습 설계, 전략적 네트워크, 목표 지향적 학생

1. 소개

오늘날의 글로벌화된 세상에서 학생들의 프로필과 역량은 급격하게 변화했다. 게다가 급속한 기술 발전은 이전과는 완전히 다른 기술과 능력을 요구한다. 그렇기 때문에 오늘날 학생 교육은 그 어느 때보다 더 복잡해졌다. 현대의 학생들에게는 비판적 사고, 학습 능력, 개인적 목표 설정 및 추구, 성찰 등과 같은 기술을 갖추는 것이 중요하다. 따라서 학생의 학업 및 자기계발에 대한 다양한 개념이 존재하는데, 예를 들어 자기 조절형(Zimmerman, 2002), 자기 주도형(Brookfield, 1985; Van der Walt, 2019), 자기 관리형(Niemi & Jahnukainen, 2020) 및 기타 자기 학습에 대한 개념이 있다. 어떤 개념을 따르든 모두 숙련된 학습자의 특성과 관련이 있다. 가장 넓은 의미에서 숙련된 학습자는 학습 과정에서 효과적으로 학습할 수 있는 사람이다. 노박^Novak(2019)에 따르면, 숙련된 학습자는 최고의 학생을 의미하지는 않지만, 홍미와 동기 부여, 자신의 선택에 대한 책임감을 갖고 목표를 달성할 때까지 새로운 전략을 계속 시도하는 학생을 의미한다. 즉, 학생의 학습, 요구 및 능력의 차이에 관계없이 모든 학생이 숙련된 학습자가 되어야 한다는 것이 목표이다.

현재 리투아니아^Lithuania는 국가 차원에서 학생 중심 교육의 중요성을 강조하고 있다(2013−2022년 국가 교육 전략, 2013). 특수교육적 필요(SEN)가 있는 학생뿐만 아니라 모든 학생의 학습 요구에 부응하는 것이 양질의 교육을 나타내는 하나의 지표가 되고 있다(The 'Good School' Concept, 2015). '학생 개개인의 요구에 부응하는 것은 교육과정의 효과를 개선하는 데 기본이 된다'(Rose & Strangman, 2007, p. 388)고 믿어진다. 또한, 리투아니아의 주류 학교에서 SEN을 가진 학생의 비율을 보면 통합교육의 중요성을 알 수 있다. 2018년 일반교육 학교에서 특수교육이 필요한 학생은 12.5%를 차지했다(Review on the state of Education in Lithuania, 2019). 리투아니아 교육 현황 리뷰(2019)에 제공된 설문조사 자료에 따르면, 유아 교육 기관을 포함한 일반교육 기관에서 SEN 아동의 수가 지속적으로 증가하고 있다. 따라서 일반교육 기관에서 SEN 학생을 위한 교육 여건을 조성하는 것이 목표이다. 리투아니아는 국가 차원에서 모든 학생을 위한 통합교육 체제를 추구하고 있지만, 기존의 실제로는 각 학생의 학습 요구, 관심사 및 기회에 대한 대응을 보장할 수 없다. 예를 들어, 국제학업성취도평가The Programme for International Student Assessments: PISA의 교사 지원 및 적용 교육 지표에 따르면 학생의 관점에서 교사는 여전히 학습 지원을 제공하거나 학생의 필요에 맞게 교육과정을 조정하는 것을 꺼려하는 것으로 나타났다(OECD, 2016). 리투아니아 학생들은 대부분 자신의 학습 요구에 대한 교사의 관심이 부족하다고 답했다. OECD PISA(2016) 자료에 따르면, 교사들은 학생들이 학습에 어려움을 겪고 있음에도 불구하고 일반적으로 수업의 구조와 활동을 변경하는 것을 꺼리는 것으로 나타났다. 학생의 12.3%만이 각 수업에서 학생이 학습에 어려움을 겪을 때 교사가 수업의 구조를 변경했다고 답했다. 리투아니아 학생의 비슷한 비율(12.4%)은 교사가 특정 학급 프로필과 필요에 따라 수업을 조정한다고 답했다(OECD, 2016).

국가 차원에서 현대 교육적 현실에 대응하여 모든 학생을 교육과정에 포함시키는 데 초점을 맞추고 있다. 국가 문서(예: Good School Concept, 2015; Law on Education, 2011; The National Education Strategy for 2013−2022, 2013)에서 학생들의 학습 능력, 학습에 대한 책임감, 학습을 계획하고 성찰하는 능력, 학습 과정과 결과를 계획하고 성찰하는 능력, 측정 가능한 학습 목표를 설정하는 능력을 개발하려는 목표를 강조하고 있다는 점은 주목할 만하다. 즉, 전략적이고 목표 지향적인 학생을 교육하는 것이 최우선 목표이다.

일반적으로 학습 과정에서 효과적이고 효율적으로 학습하고, 성실하고 자신감 있게 학업 과제에 접근하며, 원하는 학업 목표를 달성하기 위해 적절한 전략을 사용할 수 있는 학생을 말한다. 전략적이고 목표 지향적인 학생은 학습 과정을 계획하고, 모니터링하고, 평가하고, 책임감을 가질 가능성이 더 높다(Van Blerkom, 2012). 그러나 교육 현황에 대한 연구(Stonkuvienė & Nauckūnaitė, 2010)와 학습자의 성취도에 대한 국제 연구(OECD, 2017)는 교육에 대한 열망과 현실, 원하는 학습 결과와 실제 학습 결과 사이에 존재하는 불일치를 보여 주고 있다. 따라서 국제 및 국내 연구 결과를 고려하여 교육 정책은 학생 중심 교육에 초점을 맞추고 있다.

보편적 학습 설계(UDL)는 학생 중심의 교육 체제를 보장하고 모든 학생의 학습 요구, 관심사 및 기회에 대응하기 위한 가능한 접근법 중 하나로 간주될 수 있다. 일부 연구자(Ok et al., 2017; Rao et al., 2014)는 UDL을 다양한 분야와 다양한 목적을 위한 유망한 프레임워크Framework로 규정한다. 그 결과 UDL 프레임워크는 교육 분야에서 상당한 주목을 받고 있다. 우리의 경우, 모든 학생이 전략적이고 목표 지향적인 학습자가 될 수 있는 유용한 프레임워크로 UDL을 보고 있다. UDL 프레임워크에서 전략적이고 목표 지향적인 학습자는 학습 계획을 수립하고, 학습을 최적화하기 위한 효과적인 전략과 전술을 고안하고, 학습을 촉진하기 위한 지원과 도구를 구성하고, 숙달을 향한 진행 상황을 모니터링하고, 학습자로서 자신의 강점과 약점을 인식하고, 비효율적인 계획과 전략을 포기하는 학습자이다(Meyer et al., 2014).

전략적 학습은 주로 기술, 의지, 자기 조절 요소를 결합한 학습 모델로 정의된다(Weinstein, 2009). 주로 학습의 '방법'에 초점을 맞추고 학습자가 환경에서 의도적인 행동을 계획, 조직, 실행 및 모니터링할 수 있도록 하는 뇌의 전략적 네트워크[network]를 기반으로 한다(Meyer et al., 2014). 일반적으로 이 전략적 네트워크는 우리가 다양한 작업을 계획하거나 수행하는 방법을 처리한다. 그러나 학생들이 학습하는 이유(정서적 네트워크)와 학습해야 하는 내용(인식 네트워크)을 인식할 때에만 전략적 네트워크(어떻게 학습할 것인가?)가 뇌에서 활성화된다. 이 네트워크는 새로 배운 정보나 습득한 기술을 어떻게 활용할 것인지에 대한 전략을 학생의 머릿속에서 개발하는 데 도움이 된다(Novak, 2019). 즉, 전략적이고 목표 지향적인 학습자가 되기 위해서는 무엇보다도 학생들은 목적의식과 동기 부여가 있어야 하며, 수완과 지식이 풍부한 학습자가 되어야 한다(Meyer et al., 2014).

앞에서 언급한 과정에서 다양한 비계[scaffolding] 방법을 활용하여 학생들이 전략적이고 목표 지향적인 학습자가 될 수 있도록 안내하는 교사의 역할은 매우 중요하다(CAST, 2017; Meyer et al., 2014). 앞서 언급한 점을 고려하여 본 연구에서는, 리투아니아의 맥락에서 전략적이고 목표 지향적인 학생의 특징이 무엇이며, UDL 프레임워크에 기반한 교사 조직 학습 과정이 학생들의 전략적이고 목표 지향적인 학습 능력을 개발하는 데 어떻게 도움이 되는지 조사하는 데 중점을 두었다.

2. 실행연구의 방법론적 토대

이 장은 더 큰 규모의 연구 결과를 바탕으로 한다(제3장 참조). 이 분석은 빌뉴스[Vilnius]에 위치한 한 학교에서 수행된 협력적 실행연구를 기반으로 한다. 이 장의 기반이 되는 자료는 관찰, 인터뷰, 성찰, 설문조사 등 다양한 데에서 수집되었다. 연구는

2018/2019년도와 2019/2020년도에 시행되었다. 첫 번째 주기에서는 전략적이고 목표 지향적인 학습자가 되어 가는 학생들이 직면한 학습 장벽에 대한 연구 자료를 수집했다. 두 번째와 세 번째 주기 동안에는 UDL 프레임워크를 적용하여 전략적이고 목표 지향적인 학생의 발달과 이 과정이 교사가 설계한 학습 및 교수 환경에 의해 어떻게 영향을 받고 영향을 받는지에 대한 연구 자료를 수집했다.

　교육과정을 관찰하기 위해 존슨−해리스Johnson−Harris(2014)의 관찰 도구를 적용하여 교사가 설계한 교실 환경의 수준(UDL이 아닌 수준, UDL을 향한 수준, 포괄적인 수준)을 파악할 수 있도록 했다(〈표 8-1〉 참조).

　학생 피드백Feedback을 얻기 위해 노박Novak(2019)의 UDL 학생 피드백 설문조사 도구를 사용했다. 후자의 도구는 UDL 체크포인트checkpoint(CAST, 2018)와 직접적으로 연결되어 있고 UDL 진행 루브릭Rubric(Novak & Rodriguez, 2018)과 함께 사용할 수 있기 때문에 사용되었다. 따라서 학생 피드백은 교사가 설계한 설정을 모니터링하기 위한 도구와 직접적으로 연관되고 보완되었다(특히 관찰 중에 학생과 교사의 진도를 파악할 수 있었기 때문이다).

〈표 8-1〉 관찰 도구

UDL 수준	지표
	다양한 방식으로 정보와의 상호 작용
UDL을 향하여	신체 동작을 통한 학습 활동을 위한 다양한 옵션; 학습 활동을 위한 다양한 도구
포괄적인 UDL	학생의 학습 프로필에 맞춘 학습 경험; 학생 스스로 창의적이고 혁신적인 방식으로 학습 활동에 참여
	다양한 방식으로 정보 표현
UDL을 향하여	형성 평가; 수행 및 평가 활동을 위한 다양한 옵션; 수행 및 평가 활동을 위한 다양한 도구의 가용성
포괄적인 UDL	과제 및 평가는 학생의 학습 프로필에 맞게 조정되고; 학생 스스로 창의적이고 혁신적인 방식으로 과제 및 평가 활동에 참여
	집행 기능
UDL을 향하여	시간 및 근무지 관리; 주의력 기술 이용
포괄적인 UDL	개인 학습 목표 설정; 개인 학습 목표 달성; 학습 결과 및 성과에 대한 피드백 및 평가; 개인 학습 목표 달성을 위한 자료, 리소스, 도구 구성 지원

학생들과의 인터뷰는 전략적이고 목표 지향적인 기술 개발에 중점을 둔 UDL 지침에 따라 진행되었다. 학생들과의 인터뷰를 통해 학생들이 전략적이고 목표 지향적으로 변해가는 과정에서 관찰 자료를 보다 정확하게 해석할 수 있었다. 교사들과의 인터뷰는 주로 숙련된 학습자를 개발하는 동안의 경험, 학생들이 전문성을 개발할 수 있는 유리한 환경을 조성할 수 있는 전문 교사로서의 성장, 전략적이고 목표 지향적인 학생들을 개발하는 동안 UDL 전략을 기반으로 교육과정을 구성하는 동안 직면했던 기회와 도전에 초점을 맞추었다.

이 연구는 초등(1~4학년) 및 중등(5~8학년) 교육 프로그램을 제공하는 리투아니아의 한 중등학교에서 실시되었다. 이 학교에는 1,176명의 학생이 있다. 연구에는 6학년과 7학년 학생 27명(남학생 15명, 여학생 12명, SEN 학생 2명, 만 12세)과 여교사 2명이 참여했다. 청각 장애(인공와우)와 특정 학습(읽기/쓰기) 장애를 가진 SEN 학생 2명이 있었다. 3명의 학생은 신체적 · 사회적 · 심리적 트라우마^{trauma}를 경험한 적이 있었다. 이 학급에는 슬라브계 학생이 여러 명 있었다. 5명의 학생은 영재로 분류되었고 4명의 학생은 학습 동기가 낮았다.

연구 맥락에서 교사들은 연구 시작(1주기)에 처음으로 UDL 전략을 접했고, 연구 전체 기간(2주기 및 3주기)에 걸쳐 이를 적용했다는 점을 강조한다. 이 장에서는 협력적 실행연구의 두 번째와 세 번째 주기에 대한 일반화된 개요를 제시한다. 전자는 실제 교실 환경에서 수행된 반면, 후자는 코로나 팬데믹$^{COVID-19\ pandemic}$ 상황(즉, 원격 학습 관찰) 하에서 조직되었다.

3. 기대가 현실이 되는 방법

이 장의 주요 요점은 교사가 만든 학습 환경에서 학생이 어떻게 전략적이고 목표 지향적인 학습자가 되는지를 공개하는 것이다. 또한 교사가 전략적이고 목표 지향적인 학습자가 되는 과정에서 학생의 학습을 조직하고 발판을 마련하는 방법에 중점을 두었다. 실행연구의 1주기에서는 학습 과정을 촉진하는 다양한 전략에 대한 인식 부족, 도전과 혁신에 대한 회피, 자신의 학습에 대한 인식 부족, 학습과 진도에 대한 성찰 부족, 자기 평가 전략에 대한 인식 부족, 대중 연설/발표에 대한 불안과 같은 학습 장벽이 확인되었다는 점에 주목할 필요가 있다.

UDL 전략에 따르면, 교사는 장벽을 파악해야만 학생의 학습 과정을 지원하기 위한 다양한 기술을 발판으로 삼을 수 있다(CAST, 2018). UDL 프레임워크 내에서 전략적이고 목표 지향적인 학습자가 되기 위한 기본 원칙은 다양한 행동 및 표현 수단의 제공과 관련이 있다(CAST, 2018). 이 원칙에 따라 학생들은 목표 설정, 진행 상황 및 성취도 모니터링, 학습 목표 달성을 위한 학습 전략 개발 및 실행, 정보 및 리소스 처리와 같은 실행 기능에 대한 전략적 전문성을 개발한다(CAST, 2018; Meyer et al., 2014). 이외에도 전략적이고 목표 지향적인 학습자에게는 구성과 구성을 촉진하고 연습과 수행을 지원하여 유창성을 키울 수 있는 다양한 미디어와 도구를 수용하는 표현 및 커뮤니케이션 옵션이 제공되어야 한다. 마지막으로, 학생들은 학습 목표 달성을 촉진하는 다양한 형태의 미디어와 도구에 접근할 수 있어야 한다. 그 후, UDL 프레임워크를 따르는 잠재적인 이론 및 실습 기반 가정이 제공된다(Meyer et al., 2014). 신체적 행동(학생이 다양한 방식으로 정보와 상호 작용하는 것), 표현 및 의사소통(학생이 다양한 방식으로 지식을 표현하고 정보를 숙달하는 것), 실행 기능(학습 과정에서의 실행 기능)이 그것이다.

1) 가정 1: 교육 환경을 통해 신체 활동 및 탐색을 위한 옵션 제공

학생마다 운동 능력과 신체 움직임이 크게 다르므로 교사는 학생이 자유롭게 움직이고, 신체 위치, 실내 또는 실외 공간을 변경하고, 다양한 보조 기술을 이용할 수 있는 환경을 설계해야 한다(CAST, 2018). 신체적 행동과 여러 기술 및 도구 측면에서 다양한 선택에 노출되면 학생에게 선택의 기회가 제공되어 자신의 행동에 대한 책임과 자기 조절을 할 수 있다. 이러한 방식으로 교사는 학생들이 행동과 표현의 차원에서 숙련된 학습자가 될 수 있는 환경을 조성한다.

사례 연구에서 학습 경험과 활동은 대부분 교사가 지시하는 과제로 제한되었다. 주목할 만한 점은 학생들에게 교실 안팎에서 탐색할 수 있는 충분한 공간이 제공되었다는 점이다. 학생들은 과제 수행 장소를 선택할 수 있는 다양한 대안을 제공받았다. 교사가 가장 자주 선택한 장소는 책상에 앉아 작업하기, 교실 뒤쪽에서 작업하기, 창가에 서서 작업하기, 칠판이나 스마트보드에서 작업하기, 복도에서 작업하기 등 교실 내 다양한 장소였다. 일부 과제의 경우 교사들은 책상을 재배치하여 학생들을 '원탁에 앉게' 하는 등 다양한 방식으로 수업을 진행했다. UDL 전략을 실현하고 모든 학생이 학습 과정에 참여하도록 하기 위해 교사들은 학생들이 각자의 속도와 선호도에 따라 공부할 수 있도록 기존 기술과 학교/교실 공간을 활용할 수 있는 다양한 가능성을 모색했다.

가장 눈에 띄는 사례 중 하나는 리투아니아어 언어와 문학 수업이었다.

리투아니아어 언어 및 문학 수업(하루의 마지막 수업). 학생들은 집중하지 못하고 계속 떠들고 돌아다닌다. 고다Goda 교사는 학생들에게 리투아니아어 분사에 대한 지식을 표현하기 위해 몸동작을 곁들인 문법 챈트chant를 만들어 보라고 요청한다. 이 동작 챈트 대신에 교사는 학생들에게 스마트폰을 사용하여 수업 주제인 분사와 관련된 온라인 퀴즈를 풀라고 제안한다. 출석한 24명의 학생 중 9명의 학생이 두 번째 옵션을 선택했다. 4명의 학생은 교실을 나와 복도에서 스마트폰으로 작업을 하고, 5명의 학생은 교실 뒤편으로 가서 온라인 과제를 수행한다. 그러나 동료들이 노래를 부르는 소리를 듣고 마음을 바꿔 '노래 부르기' 그룹에 합류한다.

결국 모든 학생이 적극적으로 활동에 참여하고 움직임을 통해 학습하는 경험을 하게 된다. (현장 노트, 2019)

주목할 점은 교사가 제공한 옵션 중 하나를 선택했음에도 불구하고 학생들이 자신의 선호도에 따라 신체 행동을 변경할 수 있었다는 점이다. 따라서 교사는 동작을 통한 학습 경험과 활동을 맞춤화하기 위해 충분한 수의 학습 모드를 제공한 반면, 학생들은 여러 학습 모드를 시도할 수 있는 기회를 활용하여 자신의 학습 요구와 역량에 가장 적합한 학습 모드를 선택했다고 볼 수 있다. 반면, 학생 개개인의 요구와 역량이 항상 고려되지 않아 학습 활동을 성공적으로 완료하는 데 장애가 될 수 있는 여지가 있었다.

예를 들면, 다음과 같다.

영어 수업에서 마이카스Maikas(영어 수업에 학습 장애가 있는 학생: 연구자 주)는 종종 교사의 말을 이해하지 못한다. 마이카스Maikas는 러시아어를 사용하는 가정 출신이다. 대부분의 경우 교사는 마이카스Maikas에게 리투아니아어로 무엇을 해야 하는지 알려 준다. 예를 들어, 알마Alma 교사는 과제를 완료하는 동안 마이카스^{Maikas}에게 영어로 '제발 책을 덮어 주세요'라고 말한다. 하지만 마이카스^{Maikas}는 이를 이해하지 못한다. 책상 친구[1]가 마이카스^{Maikas}의 교과서를 집어 들고 닫는다. (현장 노트, 2019)

리투아니아어 언어와 문학 수업에서 인공와우를 이식한 티모티쥬스^{Timotiejus} 학생은 구두로 자신을 표현하는 데 많은 어려움을 겪는다. 동사 반복 과제를 할 때 고다^{Goda} 교사는 일반적으로 공책을 펴고 이전 수업에서 나눠준 유인물을 집어 큰 소리로 읽으라고 제안한다. 수업에 참석하지 않은 학생에게는 교사가 유인물을 따로 나누어 준다. (현장 노트, 2019)

관찰된 두 가지 에피소드^{Episode} 모두 학생들이 과제를 완료하는 데 도움이 필요했음을 나타낸다. 전자의 경우 도움이 필요한 학생이 동료로부터 도움을 받은 반면, 후자의 경우 교사가 학생을 지원했다. 그러나 학습 요구와 장애에 관계없이 모든 학생에게 동일한 수반 조치가 제공되었다는 것이 연구에서 밝혀졌다.

실행 연구의 2주기 동안 교사들이 교실 안팎에서 학생들에게 충분한 탐색 공간을 제공했다는 점은 주목할 만하다. 과제 수행 장소와 관련하여 학생들에게 다양한 대안을 제시했다. 책상에서 작업하기, 교실 뒤쪽에서 작업하기, 창가에 서서 작업하기, 칠판이나 스마트보드에서 작업하기, 복도에서 작업하기 등 교실 내 다양한 장소가 가장 인기 있는 선택지 중 하나였다. 일부 과제의 경우 교사가 책상을 재배치하여 학생들이 '원탁에 앉게' 하는 등의 방식으로 진행하기도 했다. 교사가 제공하는 다양한 학습 공간과 움직임을 통한 학습 기회를 통해 학생들은 자신의 교육적 필요와 역량에 따라 물리적 환경을 활용할 수 있었으며, 이를 통해 모든 학생이 학습 과정에 보다 효율적으로 참여할 수 있었다.

다양한 도구(예: 사전, 참고 서적, 맞춤법 검사기, 태블릿, 스마트폰 등)와 보조 기술을 사용하면 학습 시연에 대한 장벽을 제거하는 데 도움이 될 수 있다(Ralabate, 2016). 우리의 사례 연구에서 교사는 UDL의 요소를 실습에 적용하여 학생들이 자기 지식을 표현하기 위한 올바른 기술과 도구를 선택하는 능력을 개발할 수 있게 했다고 말할 수 있다. 교사들은 수업 교재와 워크북 외에도 일반적으로 멀티미디어, 인터랙티브 화이트보드, 스마트폰과 같은 도구를 교실에서 사용했다. 때때로 학생들은 칠판

---

1) 책상 친구는 책상을 같이 사용하는 또래를 말한다.

과 스마트보드에서 과제를 완료할 기회를 가졌다. 덜 자주 사용되는 도구 중에는 영어 수업 중에 주로 사용되는 플립차트가 있다. 교사들은 또한 가방, 사탕, 모자 등과 같은 실물을 사용하여 학생들에게 학습 과정을 보다 활동적이고 매력적으로 만들었다. 예를 들어, 학생들은 종종 멀티미디어나 교과서의 도움을 받아 과제를 완료할 수 있는 선택권을 받았다. 때때로 교사는 과제를 완료하기 위해 특정 도구(예: 스마트폰)를 사용하도록 지시했지만 일부 학생은 사용을 거부했다.

> 영어 수업(주제: 건강에 좋은 음식과 건강에 해로운 음식)에서 새로운 정보를 보강하는 작업에서 학생들은 건강한 음식 레시피(건강 제품으로 인정되는 제품 포함)를 만드는 작업을 받는다. 학생들은 그룹 작업에서 전화기를 사용하도록 지시받는다. 마이카스Maikas(영어 수업에서 학습에 어려움이 있음: 연구자 주)는 과제를 완료하는 동안 전화를 한 번도 사용하지 않는다. 그룹의 다른 구성원은 전화를 사용하고 마이카스Maikas는 반 친구들과 공동 토론에 적극적으로 참여한다. (필드 노트, 2019)

관찰한 교사는 학생에게 스마트폰 사용을 요구하지 않았고, 학생 스스로 결정할 수 있는 여지를 남겨 두었다. 즉, 휴대폰 사용은 수업의 목적이 아니라 목표를 달성하기 위한 수단일 뿐이었다. 따라서 학생은 과제를 완료하기 위해 추가적인 수단이 필요한지 여부를 자유롭게 결정할 수 있었다. 또한 이 에피소드는 학생이 개별적으로 기술을 사용하는 것보다 다른 사람들과 토론할 때 수업에서 제공된 정보를 더 잘 암기하고 통합할 수 있었다는 것을 시사한다. 이를 통해 교사가 설계한 학습 환경이 학생의 개별적인 요구와 학습 선호도에 부합한다는 가정을 하게 되었다.

이 연구의 2주기 동안, 선택의 기회를 가짐으로써 학생들이 자신의 학습을 보여 줄 수 있는 자신감과 용기가 높아진 것으로 나타났다. 그 결과, 이 연구 기간 동안 관찰된 12개의 수업 중 학생들이 기꺼이 손을 들고 '할 수 있다!'라고 외치기 시작했다. (과제를 발표하기 위해: 연구자 노트) 수업 중 다양한 과제를 수행하면서 학습 과정에 대한 흥미와 참여를 보여 주었다.

리투아니아어 언어와 문학 수업에서 고다Goda 교사는 동사 반복 과제를 제시하고 학생들이 교실 뒤쪽이나 복도에서 휴대폰을 사용하거나 교사와 함께 반복하는 등 수행 방법을 선택할 수 있도록 한다. 과제를 시작할 때 반의 절반 이상이 스마트폰을 선택하지만, 동시에 교사가 나머지 학생들과 함께 키네스테틱을 사용하여 동사를 반복하는 모습을 지켜본다. 교사를 관찰하면서 그들은 휴대폰을 버리고 교사가 이끄는 반복을 위해 책상으로 돌아간다. (현장 노트, 2020)

이 관찰 에피소드는 학생들이 과제를 완료하는 방법을 선택할 수 있게 함으로써 자신에게 가장 적합한 방법을 선택할 수 있는 능력을 키웠다는 점을 강조한다. 학생들은 교사와 상의하지 않고 과제를 수행하는 방법과 과제를 완료하는 데 사용할 도구와 기술을 개별적으로 선택했다. 또한 학생들은 자신의 선택을 변경할 수 있었다. 학생들이 보조 도구와 기술을 자유롭게 선택할 수 있도록 교사가 만든 환경을 통해 학생들은 학습 자료를 가장 편리하게 다루는 전략을 개발할 수 있었고, 이는 학생들이 전략적이고 목표 지향적인 학습자로 성장하는 데 중요한 단계가 되었다.

리투아니아어 언어 및 문학 수업에서 알마^Alma 교사는 워크북^workbook의 X 페이지 또는 수업 교재에서 정보 통합 과제를 완료할 수 있도록 선택권을 제공한다. 사룬^Šarūnė(보통 학생: 연구자 주)는 처음에 교과서에 있는 과제를 하기로 결정한다. 반 친구들이 무엇을 해야 하는지 물어보면 그녀는 과제를 반복해서 설명한다. 그러나 잠시 후 그녀는 마음을 바꾸고 워크북에서 과제를 수행하기 시작한다. 과제를 확인할 때는 자신이 완료한 과제에 추가한다. (현장 노트, 2020)

이 분석 에피소드에서 학생은 자료를 통합하는 가장 적절한 방법을 찾아 자신의 선택을 어떻게 바꿀 수 있는지 보여 주었다. UDL 전략에 따라 교사는 학생들이 과제 완수를 위해 보조 도구와 기술을 사용할 수 있는 몇 가지 옵션을 제공하려고 시도했으며, 이는 학생들이 과제 완수를 위한 대체 자료를 선택하고, 학습한 자료를 통합하고, 학습한 내용을 시연하는 데 도움이 되었다.

다양한 보조 도구와 기술을 선택하면서 학생들은 과제를 완수함으로써 창의성과 독창성을 발휘했다는 점을 언급할 가치가 있다. 예를 들어, 리투아니아어 언어와 문학 수업 중에 일부 학생은 돌이나 특별한 옷과 장신구 같은 실물을 교실로 가져와 리투아니아 국가 노래를 연주하는 데 사용했다.

그러나 학생들이 동시에 여러 가지 과제를 수행함으로써 지식을 통합하도록 장려하는 수업 계획을 고안하는 것은 교사들에게 여전히 어려운 과제였다. 반면, UDL 전략은 다양한 형태뿐만 아니라 다양한 과제 내용을 포함하는 선택권을 제공함으로써 모든 학생이 개별 학습 요구, 능력 및 개인 목표에 따라 학습 과정에 참여할 수 있는 동등한 기회를 보장했다. 주어진 과제에 반응하여 교실에서 발표할 수 있고, 학습 상황에 맞는 다양한 신체적 행동을 취하며, 학습 환경에서 다양한 도구와 학습 기술을 사용하고 실험할 준비가 되어 있는 것이 전략적이고 목표 지향적인 학습자의 특징이다.

코로나 팬데믹은 교육과정에서 UDL 전략을 실행하는 데 전례 없는 도전을 제기했다. 학생과 교사 모두 온라인 교육과 학습에 적응해야 하는 상황에 직면했다. 일반적으로 디지털 도구와 자원을 사용하여 UDL 전략의 실행을 계속하는 반면, 교사와 학생은 교육 문제를 해결하고 통합교육에 대한 새로운 접근법을 실현해야 했다.

실행연구의 세 번째 주기가 시작될 무렵, 코로나로 인한 학교 봉쇄라는 극한 상황에서 다양한 보조 도구와 기술을 사용해야 하는 상황은 학생들의 학습 표현에 또 다른 장벽을 만드는 것 같았다.

리투아니아어 언어와 문학 수업 중 고다Goda 교사는 조나스Jonas에게 카메라와 마이크를 켜라고 경고한다. 조나스Jonas는 마이크는 켜지만 카메라는 켜지 않다.

조나스Jonas: 제 컴퓨터에는 카메라가 없어요.

고다Goda: 그러니 담임 선생님께 알려서 모든 선생님께 일시적으로 카메라가 없다는 사실을 알려야 해요. 학교에서 카메라를 빌려줄 수도 있지만 부모님이 담임 선생님께 연락해서 문제를 설명해야 해요. 그렇게 했나요?

조나스Jonas: 아니요.

고다Goda: 그러니 카메라가 필요하니 부모님이 직접 하셔야 해요. 오늘 할 거예요?

조나스Jonas: 다음에 카메라 가져올게요. (관찰, 2020)

이 관찰은 학생들이 수업 중에 기술을 사용하는 동안 어려움을 경험했음을 보여 준다. 학생들은 새로운 상황에 갑작스럽게 적응할 준비가 되어 있지 않았고 기술 관련 문제를 해결하는 데 있어 자율성이 부족해 보였다. 학교에서는 학생들이 집에서 사용할 수 있도록 필요한 장비를 제공했지만, 학생과 학부모가 그 기회를 충분히 활용하지 않아 교육과정을 중단할 여지를 남긴 것이 분명했다.

한편, 학생들은 학습 과정에 참여하려는 노력을 충분히 기울이지 않았기 때문에 교사들이 모든 학생을 참여시키는 데 어려움을 겪었다.

> 알마^{Alma} 교사: 바이도타스^{Vaidotas}, 마이크 좀 켜 줄래? 몇 분이 지나도 바이도타스^{Vaidotas}는 마
> 이크를 켜지 않았다. '바이도타스^{Vaidotas}, 마이크를 켜 주겠니? 우리 모두 토론에 참여해
> 야 해'. 바이도타스^{Vaidotas}가 마이크를 킨다. (관찰, 2020)

이 관찰에 따르면 학생들은 수업 중에 카메라와 마이크를 사용할 의향이 없거나 준
비가 되어 있지 않았기 때문에 교사는 개별 학생에게 발언하는 데 수업 시간을 낭비
하게 되었다. 따라서 팬데믹 기간 동안 다양한 도구와 보조 기술을 사용하는 것이 학
생들의 능동적인 학습 과정에 심각한 장애물로 남았다고 주장할 수 있다.

학생들이 학습 과정에서 보조 기술을 적절하게 사용하는 것을 꺼려하는 것과 상관
없이 교사들은 포스터 만들기, 촬영, 오디오 및 비디오 녹화, 파워포인트^{Power Point} 발
표 만들기, 실시간 워크시트^{worksheet}, 패드릿^{padlet} 사용 등 전략적이고 목표 지향적인
학습자로서의 기술을 보여 줄 수 있는 다양한 창의적인 과제를 학생들에게 제공했
다. 교사들은 다양한 보조 기술을 사용함으로써 SEN을 포함한 학생들을 학습 과정에
더 효과적으로 참여시킬 수 있었다는 점에 주목했다.

> 고다^{Goda} 교사: 저는 수업의 대화형 콘텐츠를 책임감 있는 방식으로 제시하는 것이 수업 성공의
> 기본이라고 생각해요. 콘텐츠가 훌륭하고 다양한 방식으로 제공되어야 하며 그렇지 않으
> 면 효과가 없어요. 즉, 교수자는 교육과정의 질과 다양성, 다양한 방식으로 제시하여 모
> 든 학생에게 가장 유익한 수업이 될 수 있도록 책임져야 해요. (교사 인터뷰, 2021)

주목할 만한 점은 교사들이 수업 과정에서 UDL 전략을 실현하면서 다양한 교수 도
구와 기술을 사용하여 교육 내용을 제시하고 탐색하려고 노력했다는 점이다. 이는
학생의 강점, 관심사, 선호도에 따라 학습 경험을 조정하고 학생과 학급 전체의 학습
프로필을 파악해야 했기 때문에 교사에게 큰 도전이었다. 따라서 교사는 학습 결과
가 진정성 있고, 실제 청중과 소통하며, 참가자에게 명확한 목적을 반영할 수 있도록
활동을 설계해야 한다(CAST, 2018).

연구 자료에 따르면 교사들은 학생들이 교육과정 자료에 반응하고 탐색할 수 있는

다양한 방법을 제공하고 다양한 운동 동작, 도구 및 보조 기술을 사용하여 과제를 완료할 수 있는 적절한 학습 환경을 개발하여 학생들이 목표 지향적이고 전략적인 학습자로 성장할 수 있는 긍정적인 환경을 조성한 것으로 나타났다. 교사들은 학생들이 전략적이고 목표 지향적인 학습 전문가로 성장할 수 있도록 도왔을 뿐만 아니라 모든 학생들을 교육과정에 참여시키는 과정에서 전문 교사로서 성장했다. 실제 행동에 대한 다양한 옵션을 제공함으로써 UDL 전략을 성공적으로 실현할 수 있었다. 이는 학생들이 자신의 교육적 필요, 관심사 및 선호도에 가장 적합한 도구, 기술 및 행동을 선택할 수 있도록 권한을 부여하는 동시에 이루어졌다. 교사들은 학생들이 다양한 보조 도구와 기술을 통해 자신의 선택을 개인화하고 지식과 기술을 표현할 기회를 가질 수 있는 환경을 조성했다.

2) 가정 2: 표현 및 의사소통을 위한 옵션 제공

학생마다 개인의 학습 목표, 학습 전략, 능력, 교육적 필요, 관심사 및 선호도에 따라 서로 다른 종류의 의사소통을 적용한다. 따라서 UDL 프레임워크에 따르면 학생에게 다양한 표현 및 의사소통 방식을 제공하는 교육 환경을 개발하는 것이 중요하다 (CAST, 2018; Meyer et al., 2014). 이를 통해 학생들은 멀티미디어 문화에서 의사소통과 문해력에 의미 있는 다양한 미디어를 활용할 수 있다. 또한 학생들은 전통적인 말하기 및 쓰기 과제를 통해 자신을 표현하는 능력과 학습 과정에서 다양한 미디어에 대한 친숙도와 사용 능력 모두 다양하다. 따라서 교사는 습득한 지식과 기술을 완성하고 발표할 수 있는 다양한 미디어와 도구를 제공할 준비가 되어 있어야 하며, 학생의 다양한 개별 및 공동 작업 방식에 대한 대안을 제공하고, 적시에 일관성 있고 유연하며 개인화된 비계 및 수행 피드백을 사용하여 유창성을 키울 수 있도록 도와야 한다.

실행연구 2주기 동안 교사들과의 인터뷰를 분석한 결과, 학생들은 다양한 정보 소스를 찾으려 하지 않고 구글이나 위키피디아^wikipedia를 사용하는 데만 국한되어 있는 것으로 나타났다. 구두 전달은 일반적으로 구두 발표의 형태를 취한다. 이는 학생들이 학습 결과를 보여 줄 수 있는 다양한 방법을 습득하지 못했음을 의미한다. 따라서 교사는 학생들이 그림, 영화 디자인, 음악 작곡, 모형 제작, 스토리보드 및 기타 매체와 같은 다양한 매체를 통해 습득한 정보나 기술을 창의적으로 전달할 수 있는 방법을 모색하도록 장려해야 한다. 따라서 표현과 소통의 문제는 UDL에서 특히 중요한 또 다른 차원이다. 관찰하는 동안, 우리는 상기 UDL 차원의 특정 요소만이 교육 실무에 적용된다는 것을 확인했다.

통합교육에서는 학생들이 표현과 의사소통에 사용할 수 있고 각자의 교육적 필요, 능력, 흥미에 부합하는 대체 미디어에 노출될 수 있는 교육 환경을 조성하는 것이 무엇보다 중요한다. 실행연구의 2주기 동안 수집된 연구 자료를 분석한 결과, 교사들은 학생들이 공연을 완성하고 발표할 수 있는 미디어와 도구를 충분히 선택할 수 있도록 제공했다. 교육과정을 관찰한 결과, 교사가 다양한 미디어와 도구를 제시하는 두 가지 경향을 구분하는 데 도움이 되었다. 실제 교실 환경에서 교사들은 학생들이 교과서나 워크북의 필기 과제를 완료하거나 칠판에 글을 쓰거나 스마트보드에서 필기 과제를 완료하거나 학급에서 구두 발표를 하는 등 보다 전통적인 표현 및 의사소통 방식으로 제한하는 경향이 있었다.

예를 들어, 리투아니아어 언어와 문학 수업에서 다음과 같다.

> 고다Goda 교사는 노트북이나 스마트보드에서 다양한 방법으로 과제를 완료할 수 있도록 하고, 과제 완료를 평가하는 방법도 다양하게 활용한다. 스마트보드에서 과제를 완료하기로 결정한 학생은 칠판에서 과제를 열어 정답을 즉시 확인할 수 있다. 노트북에서 과제를 수행하기로 선택한 사람들이 모두 과제를 확인할 때 말할 기회가 있는 것은 아니다. 일부는 자발적으로 하고 다른 일부는 단순히 메모를 따른다. (현장 노트, 2019)

이 관찰 에피소드는 전통적인 과제 수행 방법 외에도 학생들이 습득한 지식과 기술을 표현할 수 있는 대체 매체(스마트보드)를 제공한 교사의 모습을 보여 준다. 이러한 대안의 선택은 다양한 교육적 요구를 가진 학생들의 표현과 의사소통에 대한 매체별 장벽을 줄이고 모든 학생이 학습 내용을 표현하고 의사소통하는 데 필수적인 최적의 매체와 도구를 선택하는 데 필요한 다양한 기술을 개발할 수 있는 기회를 늘릴 수 있다.

UDL 전략을 실행하면서 교사들은 민요 부르기, 소그룹으로 포스터 발표하기, 다양한 항목 목록 작성하기(예: 건강에 좋은 음식 목록) 등 학생들이 자신의 지식과 기술을 보여 줄 수 있는 다양한 미디어 대안과 도구를 제공했다. 또한 교사들은 학생들이 게임과 퀴즈에 참여하여 지식과 기술을 발휘할 수 있는 몇 가지 기회를 제공했다. 때때로 학생들은 과제 완수에 필요한 정보를 인터넷에서 검색하도록 권장되었다. 그러나 실행연구의 2주기 동안 수집된 연구 자료를 분석하는 동안 교사가 학생들이 교실 학습을 시연하는 방법을 선택할 수 있는 다양한 옵션을 항상 제공하지는 않는 것으로 나타났다. 예를 들어, 모든 학생이 게임이나 퀴즈(예: 카훗)에 참여하는 것은 아니었다. 영어 수업 중 한 수업에서 티모티쥬스Timotiejus(SEN 학생: 연구자 주)는 다른 학생들이 게임을 하는 동안 지루하게 책상에 기대어 있었다(현장 노트, 2019).

또 다른 에피소드는 일부 학생들이 자신의 지식과 기술을 표현하는 데 흥미와 동기가 부족하여 교육과정에 참여하지 않는 비슷한 상황을 보여 준다.

> 리투아니아어 언어와 문학 수업에서 고다Goda 교사는 '가방' 방법[가방을 떨어뜨리면 학생들이 올바른 동사 형태를 사용하여 빠르게 대답해야 하는 방식]을 적용한다. 타다스Tadas(강한 학생: 연구자 주)는 게임에 적극적으로 참여하며 인터뷰 중에 '이런 것이 좋다'고 게임을 설명한다. 반면, 티모티쥬스Timotiejus는 게임을 하지 않고 활동 중에 책상 위에 누워 있다. (현장 노트, 2019)

인터뷰 후반에 티모티쥬스Timotiejus는 게임(카훗, '가방' 등)이나 창의적인 과제(노래 작곡, 춤 만들기 등)보다는 다양한 계획과 프로젝트를 선호한다고 말했지만, 앞의 에피소드를 보면 다른 학생들과 마찬가지로 교실에서 똑같은 과제를 수행해야 했음을 알 수 있다.

한편 소피아Sofija는 인터뷰 중에 틈 메우기, 짝 맞추기, 단어 맞추기 등의 기계적인 과제는 너무 쉽고 지루하며 좀 더 복잡하고 도전적인 창의적인 과제를 선호한다고 지적했지만, 다른 학생들과 동일한 과제와 옵션이 주어졌다.

> **소피아Sofija**: 지금은 프로젝트나 다른 어떤 것도 할 수 있는 가능성이 없어요. 그리고 (프로젝트에 대해 이야기: 연구자 주) 프로젝트를 해야 한다면 학급 전체를 위해 설정되어 있어요. (학생과의 인터뷰, 2019년)

인터뷰 중에 학생들은 '글쎄요…… 조금은……'(소피아Sofija, 2019), '글쎄요…… 질문을 받으면……'(사룬Sarūnė, 2019) 등 각 수업에서 배운 것을 시연할 기회가 거의 주어지지 않았다는 견해를 표명하기도 했다.

제시된 사례는 일부 학생이 습득한 지식과 기술을 표현하고 소통하는 데 있어 학습 장벽에 부딪혀서 지식과 기술을 완성하고 발표할 수 있는 다양한 미디어와 도구에 충분히 노출되지 못하여 숙련된 학습자로 성장하는 과정이 저해되었음을 강조한다. 전략적이고 목표 지향적인 학습자의 특징 중 하나로 꼽히는 학생의 역량, 흥미, 요구에 부합하는 적절한 미디어와 도구를 의도적으로 선택하는 능력은 UDL 전략을 실행하는 데 있어 교사들에게 큰 어려움으로 작용했다.

전략적이고 목표 지향적인 학생은 개별적으로 또는 다른 사람과 협력하여 작업할 수 있는 능력이 특징이다. 다른 사람과의 상호 작용은 학생들이 다양한 상황에서 지식과 기술을 습득하고 적용하는 데 도움이 된다. 동등한 파트너십을 기반으로 하는 공동 작업은 학생들이 개인 학습 목표를 설정하고 학습 전략을 선택할 뿐만 아니라 공동 작업 그룹 구성원과 공유하고 조정하도록 장려하여 모든 학생이 교육과정에 참여할 수 있도록 보장한다.

이 실행연구(2주기) 동안 교사는 학생들이 개별적으로, 짝을 지어 또는 협력 그룹으로 학습을 구성할 수 있는 다양한 옵션을 제공했다. 다양한 그룹 구성이 사용되었으며, 교사 또는 학생이 협력하는 짝과 그룹을 구성했다. 과제 유형에 따라 교사는 때때로 짝을 이루어 학업 성취도가 높은 학생과 학업 성취도가 느린 학생을 짝을 이루기도 했다. 예를 들어, 학생들은 교사의 지시에 따라 짝을 이루어 과제를 수행할 사람을 자유롭게 선택하거나, '12시 친구'를 선택하거나, 행운의 돌림판을 돌리는 등 다양한 방식으로 그룹 또는 짝 작업을 수행했다.

이 연구 작업을 관찰하는 동안 학생들이 개별적으로, 짝 또는 그룹으로 과제를 수행하고 자신의 지식을 입증하는 방법을 선택할 수 있었다는 점에 주목했다. 사례 연구에서 대부분의 학생은 짝 또는 그룹으로 과제를 완료하기로 선택했다. 일부 학생은 함께 과제를 수행할 사람을 선택할 수 있는 기회가 주어지면 다양한 이유로 다른 그룹을 선택하는 것을 관찰했다.

소피아[Sofija]: …… 가장 재미있고, 일손이 적고, 가장 쉽고…… 시간이 빠르다.

사룬[Šarūnė]: …… 여전히 더 흥미롭고 …… 주제를 더 명확히 할 수 있어요. (학생들과의 인터뷰, 2019)

앞의 예는 일부 학생의 경우 동료 작업과 관련된 과제를 수행할 때 정보를 더 잘 통합하고 교사에게 더 쉽게 제시할 수 있었음을 보여 준다. 다른 학생들과의 상호 작용은 학생들이 다양한 맥락에서 지식과 기술을 습득하고 적용하는 데 도움이 되었다. 예를 들어, 영어 수업(주제: 건강에 좋은 음식과 건강에 해로운 음식)을 예로 들 수 있다.

> 알마^Alma 교사는 학생들이 개별적으로 또는 짝을 지어 과제를 완료하도록 허용했다. 영어 수업에서 학습에 어려움을 겪는 마이카스^Maikas는 같은 반 친구인 타다스^Tadas(인터뷰 중에 영어 과목이 학교에서 가장 잘하는 과목이라고 밝힘: 연구자 주)와 함께 과제를 완수하기로 선택한다. 과제가 끝날 무렵, 이전에는 완성된 과제를 발표하는 데 소극적이었던 마이카스^Maikas가 이 과제를 직접 발표하겠다고 제안한다. (현장 노트, 2019)

앞의 예에서 볼 수 있듯이, 협동 학습은 학생들이 자신과 다른 사람의 목표 및 성과 달성을 극대화할 수 있을 때 긍정적인 상호 의존성을 장려한다. 또한 협동 학습을 통해 학생들은 개별 학생의 성과가 향상될수록 그룹 성과가 향상된다는 것을 이해할 수 있다. 그룹과 짝을 이루어 학습하면 개인의 필요와 능력에 따라 모든 학생이 학습 과정에 참여할 수 있으며, 이는 숙련된 학습자에게 필수적인 사회성 및 협업 기술을 개발하는 데에도 도움이 된다.

또한 교사는 학생들이 짝을 이루도록 지원하고 짝을 이루지 못한 학생을 합류시킨다는 점도 중요하다. 예를 들어, 리투아니아어 언어와 문학 수업에서의 일이다.

> **고다^Goda 교사**: 자, 이 과제를 수행하려면 12시 방향의 친구를 찾아야 합니다. 가서 12시 방향 친구를 골라 봐. 사울리우스^Saulius, 찾았니?
>
> **사울리우스^Saulius**: 못 찾았어.
>
> **고다^Goda 교사**: 자, 12시 방향 친구를 아직 못 찾은 사람? 리우타우라스^Liutauras? 사울리우스^Saulius, 리우타우라스^Liutauras한테 가자 12시 방향 친구가 없으니까. 마이카스^Maikas, 왜 혼자 있어? 아무도 없어? 없어? 좋아, 내가 친구가 되어 줄게. (관찰, 2019)

이 에피소드는 교사가 과제에 진정으로 참여했음을 보여 준다. 협업 학습의 원칙에 따라 교사는 팀의 일원이 되어 학생들과 소통하는 담론에서 적극적인 역할을 수행했다.

이 연구에 따르면 학생들은 조나스^Jonas처럼 개별적으로 과제를 완수하는 것을 선호하는 학생들도 있었지만, 대체로 그룹이나 짝을 지어 협업하는 것을 더 선호했다. 학생 인터뷰를 통해 얻은 자료에 따르면 학생들은 교사의 지시를 받는 것보다 학습 파트너를 선택하는 것을 더 선호했다.

> 타다스^Tadas: ⋯⋯ 상호 작용이 가능한 것들(카훗과 같은 온라인 도구에 대해 이야기한다: 연구자 주)에서요. 때로는 완료 시간이 정해져 있기도 하죠.
> 사룬^Šarūnė: ⋯⋯ 플러스를 모을 때요. ⋯⋯ 적극적인 참여를 위해 (학생들과의 인터뷰, 2019)

학생 인터뷰에서 알 수 있듯이 학생들은 그룹으로 학습한 내용을 표현할 수 있는 다양한 옵션을 좋아했으며, 학습 과정에 적극적으로 참여했다. 이를 통해 그룹/짝의 모든 구성원이 동료 티칭을 통해 작업할 수 있었다. 동료 티칭은 학습을 배우는 과정에서 사용되는 기법 중 하나이며 UDL 전략의 중요한 요소이다. 따라서 교사들은 동료 교수 또는 협업을 기반으로 짝과 그룹을 구성함으로써 학생들이 공통 학습 목표를 설정하고 그룹/짝 구성원의 요구와 능력에 맞는 전략을 선택할 수 있는 숙련된 학습자로 변모하는 데 도움이 되는 교육 환경을 조성했다. 교육자는 UDL 프레임워크에 따라 비계를 통해 학생의 전략적 네트워크를 활용하고 학습을 보여 주는 방식에 유연성을 제공해야 한다. 따라서 비계과 피드백은 모든 학생의 통합을 추구하는 교육과정에서 매우 중요하다. 전략적이고 목표 지향적인 학습자의 특징 중 하나는 독립적으로 그리고 동료와의 네트워킹을 통해 문제를 해결하는 능력이다. 이 경우 비계은 학생들이 상호 작용적이고 목표 지향적이며 전략적이고 해결책 지향적인 학습자로 성장할 수 있는 교육 환경을 조성할 때 교사가 사용하는 필수 전략으로 보인다.

수집된 자료에 따르면 교사들은 교육과정에서 비계 및 피드백 전략을 일관되고 정기적으로 사용했다. 가장 자주 적용된 비계 전략은 시각 자료 사용, 읽기, 배경 지식 및 학생 경험과의 연결, 모델링, 그래픽 구성, 의도적인 그룹 또는 짝 작업, 모국어 사용(영어 수업에서)이었다. 학생 인터뷰를 분석한 결과, 학생들은 시각 자료, 그래픽 구성 도구, 의도적인 그룹/짝 작업이 학습에 가장 도움이 된다고 답했다.

소피아[Sofija]: 대답해야 할 질문이 많고, 때로는 선생님이 그 주제에 대해 어떤 작업을 하는 방법

이나…… 예를 들어, 슬라이드를 준비하는 방법……. (학생과의 인터뷰, 2019)

비계는 일관되고 정기적인 피드백을 통해 강화되었다. 주목할 만한 점은 교사들이 교육적인 피드백과 차별화된 피드백을 모두 제공했다는 점이다. 학생 인터뷰와 설문 조사 분석 결과, 학생들은 교사가 가장 어려운 부분을 이끌어내는 과제 설명, 학생들의 질문에 대한 답변, 교실을 돌아다니며 추가 설명 제공, 학생들의 진도 확인, 학생들의 수행 및 과제 완료에서 가장 눈에 띄는 오류 종합 및 분석 등 다양한 방식으로 효율적인 교육적 피드백을 제공받은 것으로 나타났다. 또한 교사들은 학생 개개인이 직면한 특정 과제에 초점을 맞춘 차별화된 피드백을 제공했다.

리투아니아어 언어와 문학 수업에서 고다[Goda] 교사는 일부 학생(수업 내용을 이해하는 데 어려움을 겪은 코트리나[Kotryna]와 티모티쥬스[Timotiejus])에게 이메일로 추가 자료와 설명을 받을 수 있음을 상기시켰다. (현장 노트, 2020)

이 에피소드는 교사가 SEN 학생에게 적절한 비계를 제공하여 모든 학생이 학습 과정에 성공적으로 포함되도록 하는 데 관심을 기울였음을 보여 준다. 교사는 비계와 피드백을 제공함으로써 학생들이 자신의 학습에 책임을 지고 자신의 강점과 약점을 인식하는 자율적이고 독립적인 학습자로 성장할 수 있는 유리한 교육 환경을 조성했다.

코로나 팬데믹(실행연구의 3주기)을 고려할 때, 교사들이 표현과 소통을 위해 제공하는 대체 미디어와 도구의 범위가 상당히 늘어났다. 학생들은 이야기와 동화를 만들고, 파워포인트 프레젠테이션을 만들고, 자신의 공연을 비디오 및 오디오로 녹화하고, 개별 프로젝트와 포스터를 개발하고, 패드렛과 실시간 워크시트를 사용하도록 권장되었다. 또한 학생들은 가상 교실의 채팅방에서 구두로 질문에 답하거나 답을 작성하여 자신의 학습과 성과를 보여 줄 수도 있다. 실행연구가 끝날 무렵, 교사들은 이미 학생들에게 성과 발표를 위한 도구 및 미디어 사용과 관련하여 여러 가지 옵션을 제공하는 데 성공했으며, 이는 교사들이 전문 교사로서 상당한 성장을 이루었음을 보여 준다.

영어 수업(주제: '동화 2')을 시작할 때, 알마^Alma 교사는 학생들에게 선택한 동화를 살펴보고 다른 결말을 구성하는 과제를 어떻게 발표할 수 있는지 세 가지 옵션을 상기시킨다. 동화의 발표 장면을 촬영하거나, 구글 드라이브에 작성하거나, 이메일로 보내는 방법이 있었다. 대부분의 학생들은 구글 드라이브에 동화를 업로드하는 방법을 선택했다. (현장 노트, 2020)

원격 학습 기간 동안 학생들은 학습 결과를 발표할 수 있는 더 다양한 매체를 제공받은 것은 분명하다. 그러나 학생들은 익숙하지 않은 옵션을 선택하려는 의지나 준비가 되어 있지 않았고 가장 익숙한 옵션을 선택했다. 교사들은 학생들이 학습을 완료하고 발표할 수 있도록 다양한 미디어와 도구의 선택 폭을 넓혀 학습 장벽을 최소화하려고 노력했지만, 이 연구는 학생들이 익숙하지 않은 옵션을 선택할 준비가 충분히 되어 있지 않다는 것을 증명했다.

또한 코로나 팬데믹과 같은 극한 상황은 가상 교실에서 협업 학습을 사용하는 빈도를 다소 제한하는 것으로 나타났다. 그러나 연구 자료는 이 학습 방법이 더 효과적으로 구성되었음을 보여 주었다.

고다^Goda 교사가 새로운 주제인 '파달리비스^Padalyvis'(부사 분사: 연구자 주)를 발표한다. 한 학생이 분사를 말하고 다른 학생을 선택하면, 그 학생은 분사를 부사 분사로 바꿔야 하는 과제를 학생들에게 부여한다. 모든 아이들이 과제 완수에 적극적으로 참여한다. (현장 노트, 2020)

제시된 과제의 유희적 성격으로 인해 학생들은 과제 완수에 더욱 적극적으로 참여할 수 있었고 학습 동기와 수업 참여도가 높아졌다. 학생들이 파트너를 선택할 수 있는 기회를 제공함으로써 자신감을 높이고 실수에 대한 두려움을 없애는 분위기를 조성하는 데 도움이 되었다고 결론지을 수 있다.

전략적이고 목표 지향적인 학습자의 특징 중 하나는 독립적으로 문제를 해결하고 또래들과 네트워크를 형성할 수 있는 능력이다. 이 사례에서 비계는 학생들이 상호작용적이고 목표 지향적이며 전략적이고 해결 지향적인 학습자로 성장할 수 있는 교육 환경을 조성할 때 교사가 사용한 필수 전략으로 보인다. 이러한 측면에서 교사들은 학생들이 겪을 수 있는 학습 장벽을 예측하고 고려하며 학생들과 함께 어려움을 논의함으로써 전문 교사로서도 성숙해졌다.

영어 수업(주제: 과거완료)에서 학생들은 과제를 수행할 때 계속해서 실수를 한다. 알마Alma 교사는 학생들에게 분석된 시제 형식의 형성과 사용을 수정할 수 있는 플랫폼platform을 상기시킨다. 그녀는 학생들이 로그인할 시간을 주고 제공된 자료를 함께 검토하면서 분석된 주제에서 가장 중요한 측면을 학생들에게서 이끌어낸다. (현장 노트, 2020)

이 상황은 교사가 학생들에게 플랫폼을 제공함으로써 학생들이 주제에 대한 지식을 뒷받침하는 데 도움을 주었고, 따라서 학생들이 학습에 대한 책임을 지고 자신의 강점과 약점을 인식할 수 있는 유리한 환경을 조성했음을 시사한다.

교사들은 학생들에게 지원과 피드백을 제공하는 것 외에도 동료들이 반 친구들에게 건설적인 피드백을 제공하도록 장려했다.

온라인 영어 수업(주제: '동화 2')에서 알마Alma 교사는 잘 알려진 동화의 다른 결말을 만드는 과제를 소개하고 학생들이 동료에게 피드백을 제공할 때 적용해야 하는 기준인 단어 수(150단어), 예상치 못한 수준, 어휘-문법적 정확성을 제시한다. 마이카스Maikas는 자신의 이야기를 매우 어렵게 읽는다. 교사는 그가 단어를 발음하는 데 많은 도움을 준다. 그 후 학생들은 피드백을 제공하도록 권장된다. 저스테Justė는 별다른 설명 없이 3~4점 정도의 점수만 준다. 그녀는 평가 기준에 대해 언급하지 않습니다. 교사는 학생의 개인적인 의견일 뿐이라는 점을 강조한다. 다른 학생들도 자신의 이야기를 발표하고 동일한 피드백을 받는다. 수업 내내 교사는 의견을 요청하지만 학생들은 무슨 말을 해야 할지 모른다. (현장 노트, 2020)

이 에피소드는 교사가 과제 완료뿐만 아니라 평가와 피드백에도 학생들을 참여시키려고 노력했음을 보여 준다. 이를 위해 교사는 학생들이 피드백을 작성할 때 사용할 수 있는 기준 체제를 개발했다. 학생들은 아직 동료에게 평가와 피드백을 제공하는 데 익숙하지 않았다. 그러나 학생들이 프로세스의 모든 단계에 참여하도록 하는 새로운 실제는 교사와 학생 모두가 숙련된 학습자로 성장하는 매우 긍정적인 예가 될 수 있다. 교사는 학생들이 평가 기준에 따라 반 친구들을 평가할 수 있도록 함으로써 학생들의 자존감과 자기 조절 능력을 키우고 학습에 대한 책임감을 갖게 함으로써 학생들이 전략적이고 목표 지향적인 숙련된 학습자의 특징을 개발할 수 있도록 돕는다.

실행연구의 3주기가 끝날 때 교사들의 인터뷰에서도 동일한 아이디어가 강조된다.

알마^{Alma} **교사**: 교사로서 우리는 항상 가르치겠다는 목표를 가지고 수업에 임해요. 하지만 학생
들이 무언가를 배울지 여부는 학생들 스스로에게 달려 있어요. 우리는 학생들을 대신해
서 배울 수 없고, 그들을 돕고, 안내하고, 조언할 수 있을 뿐(즉, 비계: 연구자 주), 학생들
스스로가 배울 수 있을 뿐입니다. 이 장벽은 학생들이 주도권을 잡을 때만 극복 할 수 있
어요. (교사 인터뷰, 2021)

교실에서 자신의 역할에 대한 교사들의 이해는 실행연구를 통해 상당히 달라졌
다. 교사들은 학생들이 과제를 수행하고 발표할 수 있도록 미디어와 도구의 사용을
상당히 확대하고, 학생들이 협동 작업을 위한 그룹과 짝을 선택할 때 신중하게 지원
했으며, 학생의 다양성 분석과 학습 과정에서 학생들이 겪을 수 있는 어려움에 대한
예측을 바탕으로 학생 지시를 최소화하고 이를 비계로 대체했다. 이러한 UDL 프레
임워크의 실현은 교사들이 장벽을 제거하고 모든 학생에게 비계 지원을 제공하는 방
법에 대해 고민하는 데 도움이 되었으며, 이를 통해 전문 교사로 성장하는 과정을 드
러냈다.

3) 가정 3: 실행 기능을 위한 옵션 제공

UDL 프레임워크(Novak, 2019)에 따르면 실행 기능을 위한 옵션을 제공한다는 것
은 과제를 시작할 때 목표와 팁을 제시하거나 과제 수행을 위한 체크리스트를 학생들
에게 제공하여 과제를 수행하는 동안 어떻게 정리해야 하는지 알려 주고 과제를 완료
하기 전에 자신의 작업에 대한 성찰과 피드백을 제공해야 함을 의미한다. 이러한 행
동과 표현 과정에서 교사의 전폭적인 지원은 필수적이다.

랄라베이트^{Ralabate}(2016)에 따르면 실행 기능을 성공적으로 실현하기 위한 첫 번째
옵션은 학습 목표를 설정하는 것으로, 모든 학생이 목표를 달성할 수 있는 기회를 제
공할 수 있을 만큼 유연해야 하며, 수업에서 다루는 목표 지식과 기술에 대한 명확한
이해를 제공하여 학생에게 동기를 부여하는 역할을 해야 한다고 한다. 명확하고 유
연한 수업 목표는 학생들이 개인 학습 목표를 더 쉽게 설정하여 성공적인 목표 지향
적이고 전략적인 학습자가 될 수 있도록 도와준다.

실행연구의 2주기 관찰 자료에 따르면 교사는 학생들이 학습 목표를 설정하고 목

표를 달성하기 위한 방법을 선택하는 데 도움을 주는 것으로 확인되었지만, 이 관찰은 단편적이고 체계적이지 않은 증거에 근거한 것이다. 수업이 시작될 때 교사는 수업 목표를 소개했지만 학생들이 항상 자신의 개인적인 목표와 연관 짓도록 유도하지는 않았다. 또한 수업이 끝날 때 목표를 다시 말하지 않았고 목표 달성에 대해 강조하거나 토론하지 않았다.

인터뷰에서 교사들은 이를 인정했다.

> 알마Alma 교사: 우리 체제는 절대적으로 교사 중심이기 때문에 학생들이 무엇을 어떻게 해야 하는지 교사가 알려 주기를 기대하기 때문에 학생들이 개인적인 목표를 설정하도록 격려하는 것은 매우 어렵습니다. 일반적으로 학생들이 개인적인 목표를 설정하는 경우는 드물어요. (교사 인터뷰, 2019)

학생 인터뷰에서도 이 사실을 확인할 수 있었다.

> 연구자: 선생님이 수업의 목표를 소개한 후, 수업에서 무엇을 배우고 싶은지 스스로 목표를 생각했나요?
>
> 조나스Jonas: 네.
>
> 연구자: 그게 뭐였나요?
>
> 조나스Jonas: 모르겠어요. 뭔가를 배우려고요. (학생과의 인터뷰, 2019년)

이 에피소드는 리투아니아의 상황에서 학생들이 항상 개인적인 목표를 설정하는 데 익숙하지 않으며 이러한 목표가 일반적으로 무엇인지 알지 못하는 경우가 많다는 것을 보여 준다. 교사가 수업 초반에 목표를 발표하고 학생들이 개인 학습 목표를 세우도록 독려했지만, 학생들이 수업이 끝날 때 항상 목표를 다시 생각하지는 않았다. 또한 학생 개개인이 설정한 개인 목표가 다른 학생에게 강요되어 모두의 수업 목표가 되는 경우도 있었다.

> 영어 수업에서 수업 목표(주제: 건강한 식습관)를 발표한 후, 알마Alma 교사는 학생들에게 개인 목표를 설정하도록 독려한다. 단 2명의 학생만이 개인 학습 목표를 발표할 수 있었다. 타다스

Tadas는 '건강한 식습관에 대해 더 많이 배우기'라는 목표를 설정한 반면, 소피아^{Sofija}는 '새로운 단어 몇 개 배우기'라는 다른 목표를 설정했다. 교사는 나머지 학생들에게 모든 학생이 배워야 할 새로운 단어의 정확한 개수를 생각하도록 권장한다. 교사는 약 5분 동안 대부분의 학생에게 몇 개의 새로운 단어를 배우고 싶은지 물어본다. (현장 노트, 2019)

UDL의 경우 학습자가 효과적인 목표 설정 기술을 개발하는 것이 중요하다. 인터뷰 중에 학생들은 장기적인(이 경우에는 한 학기 동안) 학습 목표를 설정하는 것을 꺼린다고 말했다.

소피아^{Sofija}: 글쎄요. 학습뿐만 아니라요.
타다스^{Tadas}: 작년에 잘하지 못했던 과학을 더 잘하고 싶었어요. (학생과의 인터뷰, 2019년)

특정 수업의 목표에 관해서는 학생들이 다음과 같이 주장했다.

타다스^{Tadas}: 잘 모르겠어요……. (잠시 멈춤: 연구자 주) …… 음……. 선생님이 말씀하시는 주제를 배우거나 이미 배운 것을 향상시키는 것이에요.
소피아^{Sofija}: 글쎄요, 항상 그렇지는 않아요. …… 수업의 어떤 부분을 가르치느냐에 따라 다르죠. 예를 들어, 리투아니아어에서는 항상 그런 것은 아니고 때로는 그렇지 않아요. 저는 수학에 대해 전혀 생각하지 않아요. (학생과의 인터뷰, 2019)

이러한 에피소드를 통해 학생들이 개인 학습 목표 설정의 중요성을 충분히 인식하지 못하고 학습 목표에 의미를 부여하지 않았다는 가정을 하게 되었다. 학생들이 학습 목표를 설정하도록 교사들이 노력하고 격려했음에도 불구하고 학생들은 이를 진지하게 받아들이지 않았다. 학생들이 목표를 설정하고 달성하기 위해 노력하는 능력을 개발하는 것은 특정 과제의 목적이나 학생의 개인 목표와 어떻게 관련 될 수 있는지 설명함으로써 촉진되지 않았다. 학생들이 개인 학습 목표를 설정하고 이를 달성하기 위한 다양한 방법을 모색하기 시작했는데, 이는 목표 지향적 학습자로 성숙해 가고 있다는 중요한 신호였지만 체계적으로 이루어지지 않았다. 따라서 실행연구의 2주기 동안 학생들이 전략적이고 목표 지향적인 학습자로 변화하는 과정에서 개인 목표 설정 영역은 여전히 민감한 문제로 남아있었다.

학생이 개인 학습 목표를 설정한 후에는 이러한 목표를 달성하는 방법에 대한 전략을 계획해야 한다. 목표 지향적이고 전략적인 학습자는 목표에 도달하기 위한 전략적 계획을 세우고 필요한 시간과 자원에 대해 생각해 볼 수 있다. 따라서 학생이 개별 학습 목표를 계획하고 달성할 수 있도록 적절한 학습 환경이 제공되어야 한다. UDL 프레임워크에 따르면 학습 전략은 학생이 특정 기술을 사용하여 과제를 보다 효과적으로 수행함으로써 설정된 학습 목표를 실현하기 위해 학습을 조직화하는 방법이다. 이 경우 교육과정의 내용이 아니라 학생의 학습 능력에 중점을 두었다. 다양한 전략을 활용하여 학생의 '학습하는 법 학습하기' 능력을 개발하면 실행 기능을 강화하여 전략적 학습자로 성장할 수 있는 전제 조건이 마련된다.

주목할 만한 점은 수집된 실행연구 자료(2주기)를 통해 수업 중 학생들의 다양한 학습 전략 사용 능력이 자극되었지만, 이러한 활동이 정기적으로 이루어지지 않았다는 점이다. 교사가 학생이 학습 계획을 세우는 데 전적으로 참여하도록 장려하기보다는 학생이 따라야 할 세부 계획을 제공하는 경우가 더 흔했다. 그럼에도 불구하고 연구 결과에 따르면 학생들은 발표, 프로젝트, 에세이 작성과 같은 창의적인 숙제를 수행할 때 학습 전략을 선택하고 실행하는 데 성공했다.

> 영어 수업(주제: 건강에 좋은 음식과 건강에 해로운 음식)에서 알마^Alma 교사는 건강에 좋은 음식과 건강에 해로운 음식 상위 열 가지 목록을 찾아서 작성하는 숙제를 내주었다. 과제를 완료하는 데는 어떤 자료든 사용할 수 있지만, 발표는 학생의 선택에 따라 수행된다. (현장 노트, 2019)

이 에피소드는 학습 전략의 선택이 종종 그 실행을 위한 적절한 도구를 선택하는 능력과 연관되어 있음을 보여 준다. 따라서 자신의 성과와 학습 성취를 입증하기 위한 전략에 부합하는 적절한 도구를 선택하는 능력은 숙련된 학습자가 되고자 하는 전략적이고 목표 지향적인 학습자의 특징이다.

UDL 프레임워크에 따르면 또 다른 실행 기능은 자신의 학습 활동과 학습 결과를 성찰하는 능력과 관련이 있다. 연구 자료는 학생들이 실행연구 기간 동안 성찰적 학습자로 성장할 수 있는 기회를 가졌음을 보여 준다. 학생들은 학습한 내용을 성찰하면서 새롭게 알게 된 지식과 학습 내용, 학습 요구 사항과 이를 해결할 수 있는 방법을 파악하고, 학습한 내용과 인식을 교사 및 동료들과 공유할 수 있었다. 인터뷰 중에 학생들은 다음과 같은 내용을 언급했다.

소피아[Sofija]: 집에 돌아가면 더 많은 것을 할 수 있을 것 같고, 다른 것을 할 수 있을 것 같고…….

타다스[Tadas]: 음 ……. 좋지 않아요. 어쩌면…… 숙제를 할 때. 하지만 그다지 많지는 않아요.

사룬[Šarūnė]: 글쎄요, 주말에 뭔가 더 잘하거나 더 많은 것을 배울 수 있을 거라고 생각했어요……. (학생 인터뷰, 2019)

학생들의 성찰이 다소 피상적이고 학습 조건(예: 주말에 더 많이 공부했다, 숙제를 할 때 등)에 더 초점을 맞추거나 학습에 대한 성찰의 비정의적 측면(예: 더 나은 것, 더 많은 것, 다른 것 등)을 제공한다는 점이 주목할 만하다.

학생들의 성찰 능력은 교사가 채택한 평가 전략과 밀접과 관련이 있었다. 이 연구는 수업을 계획할 때 교사들이 학생들의 평가를 신중하게 고려한다는 것을 보여 주었다. 수업 목표와 절차를 제시하면서 과제와 평가 기준을 명확하게 명시했다. 교사들이 학습 목표에 따라 형성 평가를 계획하고 실행했다는 점은 주목할 만하다. 학생들과의 인터뷰를 통해 학생들이 과제와 평가 기준 및 절차에 대해 명확하게 이해하고 있음을 확인할 수 있었다.

예를 들어, 다음과 같이 주장했다.

피우스[Pijus]: 과제가 항상 마음에 드는 것은 아니지만, 무엇을 어떻게 해야 하는지 항상 알고 있어요……. …… 선생님은 항상 우리가 해야 할 일과 과제를 완료한 후 무엇을 얻을 수 있는지 알려 주세요. …… 저는 플러스 체제가 마음에 듭니다. 항상 플러스를 모아서 더 나은 점수를 받을 수 있습니다. (학생과의 인터뷰, 2019년)

조나스[Jonas]: 예, 시험 전에 다른 점수와 플러스, 때로는 마이너스를 수집할 수 있습니다. (웃음: 연구자 주) 그리고 저는 그것을 좋아합니다. 이미 좋은 점수를 받았다는 것을 알기 때문에 시험을 보는 것이 그렇게 두렵지 않습니다. (학생과의 인터뷰, 2019년)

이 에피소드는 학생들이 교사가 명확한 평가 기준을 제공한다는 사실을 높이 평가하고, 이를 통해 학습에 도움이 되었다는 것을 보여 준다. 그러나 교사가 평가 계획이나 평가 기준 개발에 학생을 거의 참여시키지 않았다는 점은 주목할 만하다.

실행연구의 3주기를 실행하는 동안(즉, 코로나 팬데믹으로 인한 봉쇄 기간 동안) 교사와 학생 모두 개인 학습 목표 설정을 학습 과정의 중요한 부분으로 간주하기 시작했고, 심지어 이를 목표 달성 반영과 연결하기까지 했다는 증거가 일부 있는 것으로 보인다.

> 알마[Alma] 교사: 프로젝트가 시작된 지 2년이 지난 후, 우리는 학생들이 각 수업을 시작할 때 개인 학습 목표를 설정하고 달성 여부를 반영하는 것이 매우 중요하다는 점을 강조하기 시작했습니다. 그리고 나서 우리(교사: 연구자 주)는 '성공했습니까? 무엇이 성공하는 데 도움이 되었나요? 왜 성공하지 못했나요? 무엇을 더 잘할 수 있었나요? (교사 인터뷰, 2021).

교사들은 학생들이 목표를 설정하는 것뿐만 아니라 목표 달성에 대해 성찰하도록 격려했다. 개인 학습 목표 달성에 대한 성찰은 학생들이 학습 과정을 계획하고 설정된 목표를 달성하기 위한 적절한 전략을 선택하고 적용하는 데 도움이 되었으며, 교사에게는 수업 내용을 어떻게 계획해야 하는지 방향을 제시하여 모든 학생이 혜택을 받고 목표 지향적 학습자로 성숙할 수 있는 기회를 얻을 수 있도록 했다.

또한 학생들이 자신의 학습과 목표 설정에 대해 성찰하도록 장려함으로써 교사들은 학생들이 학습과 수행을 위한 전략을 선택하거나 조정할 수 있는 능력을 개발할 수 있었다는 것을 보여 준다.

> 온라인 영어 수업(주제: 동화 2)에서 바이도타스[Vaidotas]는 자신의 동화를 발표하기 전에 동화를 완성하는 데 사용한 방법과 전략을 설명한다. '제가 진저브레드 맨에 대한 이야기를 선택한 이유는 그가 사람처럼 가장 현실적으로 보였기 때문이에요. 결말은 매우 짧지만, 저는 이야기 전체에 많은 추가 정보를 넣었어요…… 맞아요. 너무 길고 처음 보았지만, 다시 읽으면서 너무 길거나 불필요한 것도 제거했어요.' (현장 노트, 2020)

이는 학생이 자신의 관심사에 맞는 동화를 선택하고, 새로운 정보를 사전에 제시된

글ready-mode과 종합하고, 최종 결과물을 수정 및 편집하는 등 과제 완수를 위한 다양한 전략을 선택할 수 있는 능력을 보여 주는데, 이는 학생이 전략적 학습자로 성장하는 데 필수적인 UDL 프레임워크에 따르면 학생의 학습 전략 선택 능력이다.

교사들의 인터뷰를 통해 수집한 자료는 목표 설정과 적절한 학습 전략 선택에 대한 성찰의 중요성을 강조한다.

> 고다Goda 교사: 학생들에게 가장 큰 어려움은 학습 계획(개인별 수업 목표 설정 등)을 세우고, 제안되거나 선택된 학습 방법이 모두 학습에 똑같이 적합하고 도움이 되는 것은 아니라는 것을 깨달은 후 학습 방식을 바꾸는 것이에요. 그리고 '리플렉서스' 프로그램을 사용하기 시작했을 때, 그들(학생들: 연구자 주)이 수업 시간에 (목표 설정 및 전략 선택과 관련된: 연구자 주) 문제에 대해 더 많이 논의하기 시작한 것은 매우 흥미로웠어요. (교사 인터뷰, 2021)

이 에피소드는 학생들이 개인 목표를 설정하고 이를 달성하기 위한 전략을 선택하도록 자극을 많이 받을수록 더 많은 이점을 깨닫게 된다는 것을 보여 준다. 따라서 학생들이 학습에 대한 책임감과 학습 진도 및 학습 결과를 계획하는 데 더 많은 경험을 쌓았다고 주장할 수 있다.

연구 자료를 추가로 분석한 결과, 교사들은 학습 자원과 자료를 다양화하고 학습 과정에서 사용할 수 있는 다양한 도구를 제공한 것으로 나타났다. 교과서, 워크북, 유인물, 칠판과 스마트보드의 과제 등 전통적인 교육 수단이 교실에 널리 사용되었다는 점은 주목할 만하다. 수업 중에 교사는 동일하거나 유사한 과제를 설정하고 학생들에게 동일하거나 유사한 학습 자료를 제공했다. 또한 학생들이 자신의 성과와 과제 완료를 발표하기 위해 가장 자주 선택한 도구는 파워포인트 발표라는 점이 주목할 만하다.

> 온라인 리투아니아어 언어 및 문학 수업(코로나 펜데믹 상황. 주제: '자유의 수호자')에서 대다수의 학생이 파워포인트를 사용하여 프로젝트를 발표했습니다. 소수의 학생은 프로젝트를 발표하지 않았습니다. '파워포인트 발표를 하고 싶지 않다면 글을 쓰거나 포스터를 만들어서 보내 주세요'. (관찰, 2020)

교과서, 워크북, 유인물 등과 같은 전통적인 도구가 여전히 수업에 사용되는 주요 도구이지만, 봉쇄 조치로 인해 학생들이 과제를 완료하고 발표하고 학습 성과를 보여 주기 위해 더 다양한 도구를 선택하도록 자극했다는 점에 주목할 필요가 있다. 영어 수업에서 학생들은 가상 교실의 채팅방을 자주 사용하여 교사의 질문에 응답하고 학습 자료, 콘텐츠, 수행해야 할 과제 등에 대해 질문했다. 또한 구글 드라이브, 이메일 및 가상 교실을 사용하여 완료한 과제를 교사에게 제출할 수 있었다. 리투아니아어 언어와 문학 수업에서 학생들은 파워포인트 발표를 만들고, 포스터를 디자인하고, 작문을 작성하여 온라인 교실 플랫폼에 업로드하는 등의 작업을 수행했다. 학생들이 과제를 완료하고 성과를 보여 주는 데 사용되는 다양한 미디어와 도구에 노출되면 학습과 선택에 대한 책임감, 학습과 성과를 계획하는 능력, 과제 완수에 대한 동기 부여에 대한 참여도가 높아지는 등 숙련된 학습자의 특징과 관련된 능력이 발달한다.

실행연구의 3주기 결과, 교사들이 다양한 평가 도구를 사용하기 시작하여 학생들이 학습을 실행하도록 장려하는 것으로 나타났다.

> 온라인 리투아니아어 언어 및 문학 수업(주제: '자유의 수호자')에서 고다[Goda] 교사는 학생 프로젝트 발표에 대한 명확한 평가 기준을 설정했다. 내용, 주요 사실, 청중에게 미치는 영향(청중과의 의사소통 능력), 언어의 정확성. 청중이 가산점을 받을 수 있는 추가 기준은 국가의 자유를 수호하기 위한 개인적 또는 가족적 경험을 활용하고 발표 후 또래에게 적극적으로 질문하는 것이다. 또래 발표의 긍정적인 측면만 평가하는 낙관주의자(4~5명)와 단점을 지적하고 또래 작품을 비판하는 비관주의자(4~5명)의 두 가지 평가자 그룹이 구성되었다. 학생들은 낙관론자 또는 비관론자 그룹을 선택하는 데 적극적으로 참여한다. (현장 노트, 2020)

이 에피소드는 학생들이 다른 학생들의 작업에 대한 피드백과 평가를 제공하도록 장려되었지만, 자신이 제공한 평가를 입증하거나 설명할 만큼 충분히 장려되지는 않았음을 보여 준다. 그럼에도 불구하고 학생들은 교사와 동료의 질문에 적극적으로 응답하고 자신의 의견과 판단을 표현함으로써 피드백과 평가를 기꺼이 제공했다. 주목할 만한 점은 학생들이 비관론자나 낙관론자 등 수행해야 할 역할이 주어졌을 때와 같이 장난스럽고 비인격적인 환경에서도 피드백 제공에 참여했다는 점이다. 피드백 제공 및 평가에 대한 학생들의 적극적인 참여는 학생들이 학습자로 성장하는 데 유리한 조건을 만들었다.

　교사가 과제 수행에 대한 평가 기준을 설정하는 연습을 통해 학습자가 자신의 과제를 평가하고 자신의 수행을 모든 평가 기준에 맞출 수 있는 방법을 찾는 데 도움이 되었으며, 이는 연구진에게도 긍정적인 평가를 받았다. 그러나 평가 기준을 설계하는 과정에서 교사가 학생을 참여시키지 않았다는 점에 유의해야 한다. 그러나 연구 자료를 분석한 결과, 교사가 개발한 설정이 학생들의 실행 기능을 위한 옵션을 제공한다는 측면에서 민감하고 강력한 측면을 드러내는 데 도움이 되었다. 학습 목표를 설정하고 이를 실행하기 위한 적절한 전략을 선택하는 것은 교사의 추가 고려가 필요한 영역으로 간주되는 반면, 관련성 있고 지속적인 평가를 제공하는 영역은 교사가 가장 잘 마스터할 수 있는 영역으로 간주된다.

　관찰 및 인터뷰 자료 분석을 요약하면, 연구자들은 목표 지향적이고 전략적인 학습자의 특징이 긍정적으로 발달했다고 말할 수 있다. 학생들은 목표를 달성하고 과제를 수행하기 위한 전략을 계획하고, 과제를 완료하고 발표하기 위한 적절한 도구와 매체를 선택하며, 또래에게 피드백을 제공하는 실행 능력을 비교적 잘 발달시켰다. 한편, 목적의식적인 학습 목표 설정, 목표 달성을 위한 수단 선택, 자신의 학습 경험에 대한 성찰은 학생들의 발전이 두드러지지만 여전히 개선이 필요한 영역으로 볼 수 있다.

　이 실행연구를 통해 교실에서 교육과정을 계획하고 실행하는 교사들의 모습에서 주목할 만한 변화를 확인할 수 있었다. 교사들은 교육과정에서 학생들의 성과를 촉진하기 위해 미디어, 도구 및 보조 기술의 사용을 상당히 확대하고, 학생 비계 및 피드백 제공에 대한 전문성을 넓혔으며, 학생들이 개인 학습 목표를 설정하고 그에 맞는 학습 전략과 학습 자원 및 도구를 선택할 수 있도록 안내했다. UDL 실행의 일부 측면(예: 성찰 등)은 여전히 추가 개발이 필요하지만, 교사들은 기본적인 UDL 전략에 기반하여 교수 과정을 진행할 수 있는 전문 교사로서 성숙했다고 결론지을 수 있다.

4. 토론 및 결론: 전략적이고 목표 지향적인 학생 육성하기

이 장에서는 리투아니아의 맥락에서 UDL 프레임워크를 사용하여 어떻게 학생 중심의 교육과정을 만들 수 있는지, 특히 각 학생이 자신의 능력, 필요, 관심사 등에 관계없이 어떻게 전략적이고 목표 지향적인 학생이 될 수 있는지에 대한 요약된 연구 증거를 제시하고자 했다. UDL 전략에 따르면, 학생은 목적의식이 있고 동기가 부여된 학습자, 지식과 자원이 풍부한 학습자가 갖춰야 할 능력을 미리 습득한 경우에만 전략적이고 목표 지향적인 학생이 될 수 있다. 즉, 학생이 '왜' 그리고 '무엇을' 배우는지 알면 '어떻게' 학습할지 선택할 수 있다.

전자의 질문(왜 그리고 무엇을)에 대한 답은 학습 과정에서 두뇌의 여러 부분, 즉 정서와 인식 네트워크의 활성화와 관련이 있다(Meyer et al., 2014). 이러한 네트워크의 활성화는 전략적 네트워크의 작동에 필수적인 기반이다. 이 전략적 네트워크는 '목표를 설정하고, 전략을 식별하고, 집중하고, 진행 상황을 모니터링하고, 실행 과정을 수정할 수 있게 함으로써 우리의 행동을 안내한다'(Rose & Strangman, 2007, p. 383). 즉, UDL 프레임워크에 따르면 뇌의 이 전략적 네트워크는 전략적이고 목표 지향적인 학생의 능력을 드러낸다(Meyer et al., 2014).

리투아니아의 한 학교에서 수행된 실행연구 결과에 따르면, 학생들은 교육과정에서 목표 지향적이고 전략적인 참여자로서 자신을 완전히 드러내지 못했다고 말할 수 있다. UDL 접근법을 적용하는 맥락에서 전략적이고 목표 지향적인 학습자의 능력은 다음과 같다. 과제에 응답하고, 활동을 위해 다양한 양식의 미디어와 보조 도구를 선택하고 적용하며, 이 활동의 결과와 지식을 시연한다. 학생들이 계획, 적용 및 성찰하는 능력을 향상시키고, 학습 목표 달성을 위한 전략을 개발하고, 자신의 학습 강점에 맞는 학습 전략을 선택하고, 목표 달성을 위해 적용된 전략의 효율성을 스스로 평가할 필요성은 여전히 관련이 있다. 분석 결과, 학생들은 개인별 학습 목표를 설정하고 여러 학습 전략을 활용하여 학습을 계획하는 과정에서 여전히 비계와 지원이 필요한 것으로 나타났다. 앞서 연구 사례에서 언급했듯이 목표 설정, 자기 평가, 학습 관리 및 기타 기술은 개선이 필요하다. 슝크Schunk와 라이스Rice(1991)가 지적한 바와 같이, 학생들이 자신의 학습 과정을 성찰하고 분석할 뿐만 아니라 자기평가를 할 수 있으려면 먼저 명확한 학습 목표가 설정되어야 한다. 교육과정의 결과에서 목표 설정의 중요성은 닷슨Dotson(2016)의 연구에서 밝혀졌다. 이 연구에 따르면 목표 설정은 4학년 때의 읽기 능력에 비해 5학년 학생들의 읽기 능력을 크게 향상시킨 것으로 나타났다. 학습 목표를 설정하면 학생의 학습 성취도가 향상된다(Dotson, 2016). 학습 과정을 시작할 때 교육과정에서 달성할 것이 이미 알려져 있으므로 학습자는 교실에서 모든 학습 활동을 설계 할 수 있다.

　학습 성과를 결정하는 요인을 찾을 때 해티[Hattie](2017)의 연구 결과를 기억하는 것이 중요하다. 80,000개의 연구에 대한 메타 분석에 따르면 학생의 성취도를 잠재적으로 크게 높이는 주요 요인은 교사의 성취도 추정치(효과 크기: 1.62), 교사의 집단적 효능감(효과 크기: 1.57), 학생의 자기보고 성적(효과 크기: 1.33)인 것으로 나타났다. 자기보고 성적은 학생이 과제물의 질이나 주어진 목표에 대한 숙달 수준을 평가하는 방식이다. 또한, 의도적이고 동기 부여된 학습의 일환으로 학습 목표를 설정하면 학습자는 자신의 학습 '프로필'에 맞는 학습 전략을 즉시 계획하고 선택하게 된다. 학습 전략의 선택은 학습 활동과 결과를 계획, 수행 및 평가하는 동안 사람이 어떻게 생각하고 행동하는지를 강조한다(Schumaker & Deshler, 2006). 학습 전략을 세우면 학습 과정에서 자신의 능력(강점)에 맞는 행동 양식을 비판적으로 선택할 수 있기 때문에 학습 전략이 학습 성공을 결정한다(Rovers et al., 2018). 이러한 전략의 선택은 자신의 성과에 대해 원활한(효과적인) 자기 평가를 위한 조건을 만들어 학습의 성공으로 이어진다. 따라서 학습 과정의 효과적인 계획, 조직, 운영, 성찰 및 자기 평가는 학습을 시작할 때 설정한 학습 목표와 직접적으로 관련이 있다. 따라서 학습 초기에 학습 목표가 없으면 다른 능력이 효과적으로 발달하지 못한다. 본 연구의 경우, 리투아니아의 맥락에서 목표 지향적인 학생을 만들기 위해서는 교육과정을 목표 설정에 기반을 두는 것이 중요한다.

　교사가 학생을 바라보는 시각은 학생의 학습에 영향을 미친다(Hattie, 2017). 교사는 학생이 학습하는 방식과 교사의 수업이 지식 습득 과정뿐만 아니라 연습을 통한 학습 기술 개발 과정과 환경을 조사하고 경험하는 데 어떤 영향을 미치는지 이해하는 것이 중요하다. 학생의 두뇌의 전략적 네트워크에 의존하면 교사가 학생의 학습 환경을 지원하는 데 도움이 된다. 교사는 학생의 주의를 끌고, 다양한 학습 스타일을 고려하고, 학습 내용을 학생에게 의미 있고 관련성 있게 만들고, 현재 지식과 경험에 연결하고, 적용하고 의미를 개인화할 수 있도록 함으로써 학생의 전략적 네트워크를 자극할 수 있다. 따라서 교사는 학습자가 의도적인 행동을 계획, 조직, 시작, 순서, 조정 및 모니터링할 수 있도록 적절한 환경을 조성하여 두뇌의 전략적 네트워크를 활성화하는 것이 중요하다.

연구 결과에 따르면 교사가 적용한 전략적이고 목표 지향적인 학습자를 개발하는 방법은 UDL 접근법의 원칙과 부분적으로만 일치하여 이 분야의 숙련된 학습자에게 귀속되는 능력 형성이 더디다는 것을 보여 준다. 그러나 본 연구의 경우, 과제에 대한 신체적 반응, 학습 환경 탐색, 다양한 과제 완료 및 발표를 위한 다중 미디어 사용 등 교육과정에서 학생들에게 대안을 제시하는 교사 교육 실제에 분명한 변화가 있었다. 따라서 이러한 영역에서 이 연구에서 목표 지향적이고 전략적인 학습자의 명백한 표현을 확인한 것은 놀라운 일이 아니다. 교사가 만든 조건에서 학생들은 과제에 응답하고 다양한 학습 방식을 선택하여 사용했다(독립적으로 또는 협동 학습 그룹에서).

본격적인 숙련된 학습자가 되려면 UDL 전략에 따라 교사의 관심이 모든 영역에 집중되도록 해야 한다. 예를 들어, 관찰된 교사 활동에서 교사는 학습자가 다양한 방식으로 정보와 상호 작용할 수 있도록 돕는 경우가 가장 많았다. 이러한 연구 결과는 슈레플러Schreffler 등(2018)의 연구에서도 뒷받침된다. 이 연구에 따르면 교사들은 '학생들이 자신의 이해를 표현할 수 있는 다양한 옵션을 사용하는 데 있어 역량 구축에 가장 많은 개선의 여지가 있는 것으로 나타났다'(p. 362).

UDL 전략에 따르면, 교사는 리투아니아 상황에서 실행 기능 영역을 개선하여 목표 지향적이고 전략적인 학생을 개발할 여지가 있다. 한편, 숙련된 학습자가 되기 위한 본질은 '필수 학습 구성 요소인 학습할 정보의 인식, 해당 정보를 처리하기 위한 전략의 적용, 학습 과제에 대한 참여'라는 세 가지 UDL 영역 사이에 일관성이 존재하는 것이다(Rose & Strangman, 2007, p. 382).

리투아니아 학교에서는 UDL 전략을 기반으로 전략적이고 목표 지향적인 학생을 육성할 수 있는 교육과정을 만들기 위한 교사들의 노력이 관찰되었다. 이 연구의 첫 번째 주기에서는 UDL 실행에 대해 다소 비판적인 입장을 보였음에도 불구하고 교사들은 실행연구가 끝날 무렵 UDL 프레임워크의 가치를 인정했다. 'UDL은 교육 체제 자체를 바꾼다'(고다Goda 교사, 교사들과의 인터뷰, 2021). 또한 교사들은 교사로서 (미미하지만) 어떤 변화를 겪었다고 말했다. '나는 나의 절제된 발전이 일어났다는 것을 주목한다'(고다Goda 교사, 교사들과의 인터뷰, 2021). 또한 교사들은 학생 참여를 위한 조건을 제공하고, 학습 내용을 다양한 방식으로 제시하며, 학생들이 다양한 방식으로 지식과 기술 습득을 입증할 수 있도록 하는 등 UDL의 핵심 구성 요소에 지속적으로 기반을 두는 것의 가치를 확인했다.

그들은 또한 학생 중심 교육 체제와 실천을 개발하는 데 유용한 프레임워크로서 UDL을 확립했다. 그러나 학교에서 새로운 실제를 실현하는 과정은 항상 복잡한 과정이다. 학교 맥락에서 새로운 실제로서 UDL을 실현하는 것은 많은 학자에 의해 탐구되어 왔다(Abell et al., 2011; Schreffler et al., 2018; Scott, 2018; Van Boxtel & Sugita, 2019). 앞서 언급한 전략을 교육 현장에 성공적으로 실현하려면 학교 행정부의 지원, 연구 및 전문성 개발 프로그램에서 UDL 전략에 대한 친숙함이 필요하다(Scott, 2018). 다른 새로운 교육 실제와 마찬가지로 교사의 태도와 신념이 관련되어 있다. 따라서 리투아니아에서 성공적인 UDL 전략을 실현하기 위해서는 연구 과정에서 미래의 교사들에게 이 전략을 익히는 것이 중요하다. 리투아니아의 사례 연구에서 알 수 있듯이, UDL 전략의 적용은 각 학생의 교육적 요구에 부응하여 교육 실제를 변화시켰다. UDL은 리투아니아와 같이 통합교육 체제를 만들고 발전시키는 다른 국가에 우수한 교육 접근성을 제공할 수 있다.

UDL 실현: 목적의식이 있고 동기가 부여된 학생의 개발

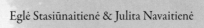

Eglė Stasiūnaitienė & Julita Navaitienė

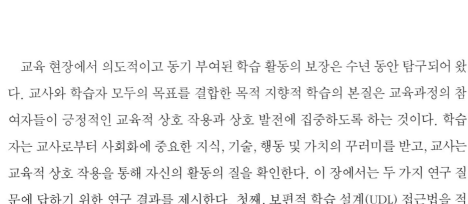

교육 현장에서 의도적이고 동기 부여된 학습 활동의 보장은 수년 동안 탐구되어 왔다. 교사와 학습자 모두의 목표를 결합한 목적 지향적 학습의 본질은 교육과정의 참여자들이 긍정적인 교육적 상호 작용과 상호 발전에 집중하도록 하는 것이다. 학습자는 교사로부터 사회화에 중요한 지식, 기술, 행동 및 가치의 꾸러미를 받고, 교사는 교육적 상호 작용을 통해 자신의 활동의 질을 확인한다. 이 장에서는 두 가지 연구 질문에 답하기 위한 연구 결과를 제시한다. 첫째, 보편적 학습 설계(UDL) 접근법을 적용하면 목적의식이 있고 동기가 부여된 숙련된 학습자의 어떤 자질과 능력이 개발되는가? 둘째, UDL 접근법을 적용하여 목적의식이 있고 동기가 부여된 숙련된 학습자의 개발을 촉진하는 교육적 요소는 무엇인가? 이러한 질문에 답하기 위해 리투아니아 교육^{Lithuanian education}의 맥락에서 일어나는 과정을 연구했다.

| 키워드 | 목적의식이 있는 학생, 동기 부여가 있는 학생, 학습 전략, 보편적 학습 설계 |

1. 소개

학생의 진정성과 학습자 정체성의 다양성은 교사가 설정하는 중요한 목표를 결정한다. 학생은 사회적 경험, 능력, 신체적, 정서적 발달 및 기술에서 차이가 있으며, 목적의식 있는 학습과 도전에 대한 적절한 반응을 유도하는 내적, 외적 동기 부여 요인도 다르다. 학생이 도전을 극복하는 데 지원을 받으면 개별 목표를 수립하고 학습 성공을 달성할 수 있는 기회가 만들어진다(Meyer et al., 2014). 목표 추구형 학생은 의미를 추구하고 학습 내용의 '왜'와 같은 학습의 '이유'를 묻는다. 이러한 학생들은 자기조절 능력이 뛰어나며 자신의 학습 활동이 학습 목표를 어떻게 달성하는지 명확하게 인식할 수 있다(Meyer et al., 2014).

크림민Crimmin(2012)에 따르면 학습 목표가 필수적인 실제 지식 및 기술과 직접적으로 연관되어 있을 때, 학생들은 개인 및 학습 진도에 대한 열정과 동기를 갖게 된다. 동기가 부여된 학생은 종종 교육 내용을 의미 있고 수용 가능한 연습 및 경험과 연관시킨다. 열정과 관심은 동기 부여된 학습자의 필수적인 자질이다.

스코글렌테트Skoglundet 등(2020)은 학생들의 긍정적인 행동과 목표 지향적 능동적 학습에 대한 태도 사이의 연관성을 명확하게 밝혀냈다. 학습자 스스로 설정한 목표는 계획된 학습 활동에서 결정적인 요소가 된다. 학생의 개별 목표는 일반적으로 학습의 의미뿐만 아니라 관심사와 필요에 따라 달라진다. 필Peel(2020)의 연구에 따르면 교사는 목표 설정된 교육과 학습자의 일상적인 학습 활동 참여를 결합할 수 있는 잠재력이 있다. 학생 동기는 학습 과정에 적극적으로 참여하려는 학생의 욕구를 다룬다. 학생의 학습 동기는 학업 활동을 의미 있고 가치 있는 것으로 여기고 이를 통해 의도한 학업적 이점을 얻으려는 학생의 경향으로 해석된다. 디바거Debarger 등(2017)은 체험 및 실습 중심의 교육과정은 학생들이 학습 과정에 더 많이 참여하도록 도울 수 있으며, 교육과정에서의 도전은 학생들의 동기를 강화하고 성과를 향상시킬 수 있다고 지적한다. 메이어Meyer 등(2014)은 목적의식이 있고 동기가 부여된 자기 주도적 학습자는 다음과 같은 특성을 가지고 있다고 말한다. 학습 목표를 달성하기 위해 자원을 계획하고 노력과 회복력을 유지하는 방법을 이해하고, 학습 과정을 촉진하는 복잡하고 창의적인 학습 목표를 수립하려고 하며, 학습 과정뿐만 아니라 자신의 성취와 수행 결과도 중요하다는 것을 깨닫고, 성공적인 학습과 학습 과정 참여에 장벽으로 작용할 수 있는 자신의 정서적-심리적 반응을 모니터링, 분석, 조절하는 것 등이다.

리투아니아의 교육 현실에서는 교사가 학생들의 이러한 능력을 충분히 중재하고 개발하지 못하는 것이 일반적이다. 2013~2022년 국가 교육 전략(The National Education Strategy for 2013-2022, 2013)과 좋은 학교 개념(2015)을 포함한 리투아니아 교육 문서(Low on Education, 2011)는 '모두를 위한 학교school for all'에 대한 아이디어와 학생의 개별적인 필요를 고려하고 학습 지원의 중요성을 강조하고 있다. 학생의 학업 성취도 향상이 국가적 우선순위이기 때문에 국가 발전 전략 '리투아니아 2030Lithuania 2030'(2012)은 2020년까지 리투아니아 15세 청소년의 50% 이상이 OECD PISA(2015)에 명시된 읽기, 수학, 과학 문해력 수준 중 세 번째(6점 만점)를 달성해야 한다는 목표를 가지고 있다. 그러나 이러한 기대는 실현되지 않았고, 학생들은 여전히 50% 아래에 머물러 있으며 과학 문해력 지표는 오히려 하락했다. 연례 보고서(2020)는 모든 학생의 개별적인 필요를 인식하고 적절한 조치를 통해 이를 충족하고 모니터링해야 한다고 지적한다. 리투아니아 공화국 교육법(The law on Education of Republic of Lithuania, 2011)에 따르면 학습 성취도 평가의 목적은 학습자가 자신의 학습 진도를 스스로 점검하고, 성취도를 확인하며, 추가 학습이나 활동에 대한 결정을 내리는 때에 도움을 주는 데 있다고 명시되어 있다. 학습자가 학습 과정에서 자신의 필요를 깨닫는 목적의식적이고 자기 주도적인 학습자가 리투아니아 교육 시스템에서 여전히 적절한 목표임은 분명하다. 이러한 요구가 법적 문서에 정의되어 있음에도 불구하고 현실은 학생들이 학습 진행 상황을 인식하지 못해 종종 동기를 잃는다는 것을 보여 준다. 따라서 학생들이 학습과 진도를 나가고 성취도를 평가하기 위해 여러 가지 전략을 선택할 수 있는 것은 매우 중요하다.

보편적 학습 설계(UDL)는 학생의 동기 부여와 목적의식이 있는 학습자를 개발하는 데 도움이 되는 교수 학습 전략이다. UDL은 교사가 모든 학생이 성공적으로 학습하고 진도를 나갈 수 있도록 교수/학습 자료를 계획하고 실현하도록 한다. 이 학습 설계를 적용하는 교사는 학생이 실패하여 진도가 나가지 않거나 학습에 어려움을 겪기 시작할 때까지 기다리지 않고 학습 과정 초기에 학생의 요구에 부합하도록 교수 계획을 준비한다(Meyer et al., 2014). 위에 설명한 문제점을 고려하여 리투아니아 실무에서 UDL 전략을 검증했다. 이 전략이 동기 부여와 목적의식이 있는 학습자를 개발하기 위한 전제 조건을 만들어 통합교육의 실천을 보장하는 방법을 조사했다.

2. 연구의 방법론적 토대

이 장에 제시된 자료 분석은 더 큰 규모의 연구 결과이다(제3장 참조). 이 분석은 2018/2019~2019/2020 학년도 빌뉴스 발시아이 기본학교$^{Vilnius\ Balsiai\ Basic\ School}$에서 이루어진 협력 사례와 현장 기록을 기반으로 한다. 이 연구에는 6~7학년 학생(여학생 12명, 남학생 15명 포함)과 교사(여성 2명)가 참여했다. 연구 기간 동안 학생과 교사 모두 처음으로 UDL에 대해 알게 되었고 이 전략의 원리를 실제로 검증했다. 연구의 맥락은 교사들이 연구 초기(주기 1)에 처음으로 UDL 전략을 접하고 전체 연구 기간(주기 2, 3) 동안 이를 적용했다는 것이다. 실행연구 주기는 제3장에서 제시하고 논의한다. 이 장에서는 수업(자연스러운 교실 환경)과 원격 학습(코로나 팬데믹 상황)의 설문 조사 자료 분석을 결합하여 실행연구에 대한 요약을 제공한다. 자료 수집 방법에는 관찰, 학생 및 교사 인터뷰, 교사 및 연구자 성찰이 사용되었다.

우리는 다음 질문에 답하는 목표를 설정했다. 첫째, UDL 접근법을 적용하면 목적 의식과 동기 부여가 있는 학습 전문가의 어떤 자질과 능력이 개발되는가? 둘째, 교육 적 요인이 UDL 접근법을 사용하여 목적의식과 동기 부여가 있는 학습자의 개발을 어떻게 촉진하는가? 이러한 질문에 답하기 위해 우리는 어떤 현상, 상호 작용, 대화, 행동 표현 등이 학생과 교사 활동의 다양한 측면을 파악하여 목적성 있는 학습과 동기 부여를 결정하고 동기 부여된 학생의 자질과 기술을 향상시킬 수 있는지를 분석할 수 있었다. 연구 자료를 분석한 결과 세 가지 그룹으로 요약되는 중요한 결과가 도출되었으며, 이는 동기를 부여하고 목적의식을 가진 학습자를 개발하는 데 중요한 역할을 한다. UDL 전략의 원칙을 고려하여 이러한 그룹을 관심, 노력, 끈기, 자기 조절로 정의했다. 다음 섹션에서는 학생과 교사의 관점에서 교육과정에서 흥미, 자기 조절, 노력 및 끈기를 어떻게 개발할 수 있는지 논의한다.

3. '관심 있는 학습자'가 된다는 것은 무엇을 의미하는가

흥미는 학습자가 질문을 하고 학습 활동에 참여하도록 장려한다. 이는 학생들에게 긍정적인 에너지를 제공하여 교육과정에 대한 주의력과 참여도를 높인다. 학습 활동에 대한 흥미와 교사가 제공하는 교육적 시나리오에 대한 적극적인 참여는 더 높은 학업 성취도를 달성하고 학습자가 변화할 수 있도록 한다. 우리는 다음과 같은 전제조건이 학습자의 흥미를 지원하는 데 중요하다는 것을 확인했다. 관심/질문하기, 적극적으로 참여하기, 조사하기, 선택하기, 독립적으로 작업하기.

동기 부여가 강한 학습자의 특성은 관심을 갖고 질문하는 학습자와 관련이 있다. 학습자의 참여에 대한 관찰 자료를 종합하고 해석한 결과, 목적의식이 있고 동기 부여가 강한 학습자의 능력을 더 명확하게 파악할 수 있었다. 학습자가 질문을 할 때 학습자는 의미 있는 학습에 참여한다. 질문을 하는 학습자는 학습 잠재력도 향상된다. 연구 기간 동안 학습자들은 질문의 필요성을 보여 주었다. 어떤 경우에는 학습자의 질문을 통해 해당 주제에 대해 더 깊이 있게 배우고 싶은 욕구가 드러나기도 했다.

원격 리투아니아어 언어 및 문학 수업이 진행 중이다(코로나 펜데믹 상황). 코트리나[Kotryna]가 리투아니아의 당파 운동에 대한 주제를 발표한다. 발표가 끝난 후 리우타우라스[Liutauras]가 '질문이 있는데요, 새로 알게 된 것이 있나요?"라고 묻는다. 코트리나[Kotryna]는 '약 2만 명에 달하는 많은 사람들이 죽었다는 사실을 알게 되었습니다'라고 대답한다. 교사가 '유격대 운동의 긍정적인 결과가 보이지 않나요?"라고 대화에 참여한다. 코트리나[Kotryna], '그들은 소련군의 진격을 막았어요'. (관찰, 2020년 5월 7일)

교사는 질문으로 학생들에게 동기를 부여하고 학생들이 주제에 참여하고 토론하도록 초대한다. 토론 참여를 통한 학습과 교사 및 서로에게 질문을 제공함으로써 학생들의 동기 부여와 관심이 강화되었다. 학습자 질문의 목적은 주어진 내용을 이해하고, 작업의 목표를 자세히 설명하고, 활동의 내용을 찾고, 선택한 전략의 타당성을 찾고, 작업의 기능 등을 설명한다.

함께 일하고 목표를 달성하는 방법을 배울 때 적극적으로 참여하는 학습자는 개인적인 변화의 중요한 원천이 된다. 이러한 방식으로 새로운 개인 및 그룹 경험을 구성하고, 개인 지식을 창출하며, 협력을 통해 개인 및 사회적 기술을 확립할 수 있다. 학습자가 수업 활동에 적극적으로 참여하면 학습과 대인 관계에서 스스로 역량을 강화할 수 있다. 이 연구에서 관찰한 수업에서 학습자의 적극적인 참여는 학습자의 몰입도를 높일 뿐만 아니라 비판적으로 사고하도록 동기를 부여했다.

> 영어 수업에서 교사는 음식이 담긴 용기가 있는 슬라이드를 보여 준다. 교사는 학생들에게 어떤 용기에 무엇을 담을 수 있는지 친구와 이야기해 보라고 지시한다. 학생들은 제공된 양식에 용기 종류에 대한 정확한 정보를 영어로 입력해야 한다. 몇 가지 단어와 예시가 제공된다. 학생들은 서로 상의하고 휴대폰을 사용하여 올바른 단어를 검색한다. 그들은 어떤 종류의 용기에 수프를 저장할 수 있는지 토론한다. 학생들은 몇 가지 용기의 이름을 함께 반복한다. 토론하는 동안 올바른 용기 이름이 선택된다. (관찰, 2019년 12월 5일)

관찰된 교육적 과정은 개인 및 그룹 학습 모두에 중점을 두었다. 개인의 성장과 성공과 그룹에 대한 책임감의 균형을 맞추기 위해서는 학습 활동에 대한 개인의 역량 강화보다는 집단적 역량 강화에 초점을 맞춘 교육적 접근법이 중요하다. 협업 학습은 개인과 그룹 모두의 스트레스를 줄여 주며, 이는 학습 과정에 동기 부여를 위한 전제 조건이기도 하다.

학습에 관심이 있는 학생은 주변 세계를 조사하고 중요하다고 생각하는 것을 발견할 수 있는 능력이 특징이다. 학생들은 필연적으로 탐구를 통해 학습한다. 탐구 기반 학습은 재미있고 매력적이며 학습자가 아이디어를 공유하고 발견한 내용을 토론하고 기존 정보를 적용할 수 있는 새로운 방법을 모색하도록 동기를 부여하는 동시에 의사 결정을 내리고 다른 사람과 협력하여 작업함으로써 학생들의 흥미를 강화할 수 있는 기회를 제공한다.

> 리투아니아어 언어와 문학 수업이 진행 중이다. 수업 주제는 로이스 로리에리의 책 '발신자'의 내용을 분석하는 것이다. 학생들은 배포된 텍스트와 이전 수업의 작업을 바탕으로 분석을 수행한다. 학생들은 오늘날 사회와 관련된 두 가지 이상의 문제를 찾아야 한다……. 발신자sender(주인공의 특성: 연구자 주)와 현재 사회에서 몇 가지 예를 찾아야 한다. (관찰, 2019년 12월 12일)

이 상황은 관찰된 교육적 과정에서 탐구와 결합된 능동적 학습이 학습 전략으로 어떻게 적용되었는지를 보여 준다. 이는 주로 학생의 전문 기술 개발과 관련된 경험적 형태의 탐구 학습이다. 학생들은 학습에 대한 메타인지적 이해를 탐구하고 발전시키면서 교과 내용에 대한 이해뿐만 아니라 새로운 기술과 자신에 대한 이해도 발전시킨다.

우리는 근거에 입각하고 의식적인 선택을 하는 것이 학습자의 메타인지와 자신감을 키운다는 사실을 확인했다. 선택은 학습자가 학습 과정에 더 신중하게 참여하도록 유도한다. 학습자가 학습 방법과 학습을 입증하는 방법을 선택할 수 있다는 것은 학습자가 자신의 학습에 대한 책임감을 높일 수 있는 방법이었다.

> 알마^{Alma} 교사: 저는 교사의 설명과 함께 두 가지 이상의 형식(텍스트, 자막이 있는 동영상, 녹음된 텍스트)으로 자료를 제시하려고 노력했어요. 이를 통해 학생마다 관심사와 선호도에 맞는 한 가지 이상의 학습 자료 형식이 제공되어 흥미를 유지할 수 있었습니다…….
> 기술을 사용하여 실제 자료(BBC 및 CNN 웹사이트, 웹캐스트, 유튜브^{YouTube} 채널)에 대한 접근을 제공함으로써 흥미를 높일 수 있었습니다. 학습 자료는 (코로나 상황에) 더 활기차게 되었고 단순히 종이 형식(패들릿, 라이브 워크 시트, 대화형 작업이 있는 교육 웹 사이트)에만 국한되지 않았어요. 선택한 웹사이트의 대부분은 텍스트를 음성으로 변환하거나 구술 텍스트를 녹음하는 기능을 갖추고 있어 학생들이 정확한 발음을 배우고 지식 격차나 언어 장애가 있는 사람들을 도울 수 있는 기회를 제공했어요. (교사 성찰, 2021년 4월 8일)

모든 학생에게 보편적인 학습 전략은 있을 수 없다. 다양한 교수 학습 방법과 그 조합을 선택할 수 있는 능력은 집중력과 흥미를 유지하고, 지식 암기를 용이하게 하며, 학습 동기에 영향을 미치고, 학생 전문가의 기술을 향상시키는 데 도움이 된다.

독립적인 작업과 자신감은 학생을 동기를 부여하고 개별적으로 실험하는 학습자로 발전시킨다. 독립 학습의 긍정적인 측면 중 하나는 학습자가 자신감을 가지고 최소한의 안내를 받으며 스스로 작업할 수 있다는 것이다. 학습 과정의 자율성은 학습자가 스스로 학습을 계획하고 관리할 수 있는 더 큰 기회로 이어진다. 이러한 방식으로 독립적인 선택에 대한 책임감을 기르기 위한 전제 조건이 만들어진다.

알마^{Alma} 교사: 흥미로운 관찰은……. 영재학생들이 '매 수업마다 조를 짜서 무언가를 만들어야 하는 것이 지겨워서 가끔은 앉아서 단어를 채우는 연습을 하는 것이 매우 좋아요'라고 말했을 때였다. '가끔은 혼자서 하고 싶을 때도 있고, 그룹으로 일하고 싶지 않을 때도 있어요'…… 때로는 중복될 수도 있습니다(연구자 주: 협업). (교사 성찰문, 2020년 3월 26일)

학생이 독립적일수록 학습 목표를 설정하고, 의사 결정을 내리고, 학습 요구 사항을 파악하고, 자신의 학습을 구성하고 실행하는 데 책임을 지고, 학습 목표에 대한 진행 상황을 모니터링하고, 학습 결과를 자가 평가하기가 더 쉬워진다.

혁신과 도전을 도입하면 호기심을 키우고 흥미를 유지할 수 있다. 혁신은 그 자체로 도전이다. 혁신은 변화를 의미하며, 학생들은 변화를 추구하고 새로운 아이디어와 행동을 소중히 여긴다. 다음 예는 에드워드 드 보노^{Edward de Bono}의 여섯 가지 사고 모자를 사용하여 학생들이 활동에 참여하는 방법을 보여 준다.

교사가 여섯 가지 색의 모자를 나눠준다. 학생들은 모자의 색깔에 따라 감정을 표현하거나 동료가 수행한 과제에 정해진 방식으로 반응한다. 빨간 모자를 쓴 학생은 서평에서 느낀 감정을 표현하고, 초록색 모자를 쓴 학생은 서평에서 독창적인 생각을 찾고, 흰색 모자는 중립을 지키고, 검은색 모자는 비평하고, 노란색 모자는 동료의 작업에 감사하고, 파란색 모자는 학급 전체의 활동을 요약하는 것을 의미한다. (관찰, 2019년 11월 5일)

일부 학습자에게는 혁신과 도전을 받아들이는 것이 위험으로 여겨질 수 있다. 그룹 커뮤니케이션 경험, 실패에 대한 두려움, 미완성 숙제의 평가를 기다리는 것, 부적절한 행동의 시연 등은 교육과정의 위험과 관련될 수 있다.

고다^{Goda} 교사: 매우 창의적인 수업이에요. 그런 기회를 주면 아이들은 많이 열립니다. 저는 아직 민요 수업을 마치지 않는데, 매우 지루할 것 같았는데 지금은 전혀 지루하지 않고 저에게는 정말 편안해요. 그들(학생들: 연구자 주)은 정말 마음을 열어 줘요. 스테포나스^{Steponas}는 돌을 가져와서 혼자 노래하고 싶었고……. 그는 '조약돌 위에 서기^{Stok ant akmenelio}'라는 노래를 솔로로 불렀어요. 그는 그 돌을 들고 반에서 최고로 평가받았어요. 최고는 아니었지만 학생이 혼자 노래했습니다! 그는 조용하고 노래 실력이 아주 좋지는 않지만(학생들: 연구자 주) (평가: 연구자 주) 매우 다르게……. 그 재능을 드러내는 것은 매우 가치 있는 일이에요. (교사 인터뷰, 2020년 5월 10일)

학습 과정에서 제공되는 혁신과 도전을 받아들임으로써 학생들은 개인적인 편안함의 한계를 뛰어넘을 수 있다. 환경과 안전하고 적절한 관계를 맺고 유지하며 환경의 압력을 두려워하지 않는 능력은 목적의식이 있고 동기가 부여된 학습자의 특징 중 하나이다.

4. 학습자의 관심 유지

흥미는 학업 성공에 필수적인 동기 부여 요소이며, 흥미를 유발하려는 교사의 시도가 중요하며, 흥미를 자극하면 학습자가 더욱 몰입하고 동기를 부여할 수 있다. 학습자가 선택한 과제, 참여에 대한 보상, 학습 방법과 도구의 다양성, 지식의 적용 가능성, 학습 목표 설정에 대한 학습자의 참여 등 교육과정의 전제 조건은 학생의 흥미를 지원하는 데 중요한다.

교사의 과제 중 하나는 학습자를 위한 과제를 만드는 것이다. 교사는 학습자가 받아들일 수 있는 도전과제와 학습 조건을 만들 수 있을 만큼 창의적이고 유연해야 한다.

고다[Goda] 교사: 아이들이 기꺼이 참여하고자 하는 의지가 있는 한 아이들의 주도성(UDL 적용: 연구자 주)은 강화되며, 그 과정은 현재 진행형이에요. 오늘 코트리나[Kotryna](학생은 리더의 자질이 없음: 연구자 주)가 민요를 소개했어요. 그것은 모두(학생: 연구자 주)의 로맨스였다. 스카프, 긴 치마, 움직임, 편곡 그리고……. 나는 갑자기 그녀가 시작한 것을 보게 되었어요. 나는 갑자기 코트리나[Kotryna]의 손에 주도권이 있음을 알게 되었어요. 모든 것이 여전히 좋아요. 그리고 그녀는 가운데 서 있어요(학습의: 연구자 주). 매일 학습의 기쁨과 주도권을 갖는 것은 불가능하지만, 매일이 아니더라도 아이들이 주도권만 가질 수 있다면 좋겠다고 생각해요. (교사 인터뷰, 2020년 5월 10일)

이 경우 과제는 역할, 시간, 환경, 경험 및 적절한 어휘의 의도적인 사용과 관련이 있다. 과제를 완료할 때 학생들은 기본 지식과 기술을 사용하고 이를 민속 및 전통에 대한 새로 제시된 정보와 연관시켜야 한다. 이렇게 하면 학생의 생각과 감정을 불러일으켜 현상의 의미를 더 깊이 탐구하고 현상과의 관계를 이해하도록 장려한다. 학습자의 과제는 학습 내용을 학습하는 것뿐만 아니라 이 내용과 자신의 경험 사이의 관계를 인식하는 것이다. 이는 흥미를 불러일으키고 행동하려는 욕구를 불러일으킨다.

노력에 대한 보상은 외적 동기를 강화하는 데 중요한 요소이다. 교사가 적용한 상은 수업 관찰 중에 확인되었으며, 이는 수업에 대한 적극적인 참여와 노력에 대한 플러스 체제 또는 공개 칭찬을 통해 나타났다. 플러스를 통해 학습자는 누적 점수의 일부를 누적할 수 있었다.

> 고다^Goda 교사: '세 번째 시간 친구와 함께 앉아 세 가지 별명을 써 보세요.' [교사가 파트너(교사는 파트너가 없는 학습자와 함께했다.)를 도와준다. 아이들이 공부하고 있다. 그라이트^Grite와 모니카^Monika가 자신이 쓴 글을 읽습니다.]
>
> 고다^Goda 교사: '둘 다 플러스.' (관찰, 2020년 1월 30일)

관찰된 수업에서 플러스-마이너스 시스템이나 구두 칭찬이 지배적이었다. 교실 동기 부여 체제를 개선하여 학생들이 성공감을 느끼고 지원을 받을 수 있도록 동기 부여 도구 역할을 하는 다른 대안을 모색하는 것이 좋다.

학습을 위한 다양한 방법과 도구는 학급의 전반적인 안녕과 학생들의 학업 성공에 매우 중요하다. 연구 대상 수업을 조사하는 동안 교육과정에서 사용되는 다양한 교수법은 교육 내용을 다양한 방식으로 전달하기 위한 전제 조건을 만들었다. 예를 들어, 리투아니아어와 문학에 대한 한 수업에서 우리는 학습자들이 수업에 참여하고 적극적으로 참여할 수 있는 학습 방법을 확인했다. 학습 방법에는 조별 과제(연구자 주: 그림, 시) 발표, 책 상영의 일부인 동영상 발표, 텍스트 분석, 짝 작업, 문장 맞추기, 명확성을 위한 교사의 추가 질문, 완벽한 미래 사회에 대한 작품 그리기 등이 포함되었다. 교사는 교육과정에서 학생들과 끊임없이 소통하며 개별 과제를 모델링하고 창의적으로 학습을 독려했다.

> 알마^Alma 교사: 저는 제 자신이 변화한 것을 봅니다. 예전에는 '아, 여기서 뭘 만들까? 어떤 노래

를 만들까? 아, 초등학교 학생들이나 5학년 학생들이나 그런 노래를 만들게 하자……'라
고 생각했는데, 기회를 주면 …… 원하는 대로, 원하는 대로 하되, 이런 구조를 사용해야
하고, 이런 주제를 지켜야 하고, 배운 것을 보여 줘야 하고, 노래나 영상이 괜찮아 보이
면…… 영상 제작과 같은 파격적인 시도를 하는 아이들이 있습니다. 이전에는 보통 파워
포인트 발표나 포스터로 끝났어요. (교사 인터뷰, 2020년 5월 10일)

교수법의 조화는 수업 과정을 창의적으로 구성할 뿐만 아니라 학생들의 개별적인
정보 획득 및 이해 방식을 고려하기 위한 훌륭한 전략으로 부상했다. 동일한 방법이
한 교육적 상황에서 교수법의 기능을 수행하거나 다른 교육적 상황에서 구성 방법론
적 부분이 될 수 있으며, 즉 다른 방법의 필수적인 부분이 될 수 있다.

교육적 과정에서 지식 적용 가능성의 가능성은 기존 지식의 적용과 새로운 지식의
창출을 장려하는 상호 작용과 활동을 통해 만들어진다. 이 경우 학습은 건설적이고
자기 조절적인 것이 된다. 이는 학생들이 지식을 구성하고 해석하며 실제 문제를 해
결할 수 있는 기회를 제공한다.

영어 수업 중에 학습자는 상점에서 대화하는 녹음된 내용을 듣습니다. 학습자는 무슨 말을 하
고 무엇을 살지 메모합니다. 교사는 누가 들었고 무엇을 살 것인지 묻습니다. 학습자는 과제에 대
한 답이 포함된 텍스트를 검토합니다. 교사는 녹음에서 추가 질문을 합니다. 상점에 갈 때 무엇을
살 것인지 목록을 작성합니다. 녹음에서 배운 단어를 사용하여 구매할 것입니다. 지금 바로 시작
할 수 있습니다(목록 만들기: 연구자 주). (관찰, 2019년 12월 11일)

교사는 이 과제를 설정하여 학습자의 지식을 통합했다. 수업 내용은 쇼핑이라는
일상적인 상황으로 접근했다. 학습자들은 습득한 지식의 실제 사용처를 발견함으로
써 정보를 더 잘 유지할 수 있었다. 따라서 학습은 더욱 동기 부여되고 목적의식이 생
겼다.

안전한 공간과 안전한 관계를 조성하는 것은 수업 중 학습 목표 설정에 학습자의
참여를 보장하는 가장 중요한 요소 중 하나였다. 학생들의 동기 부여 강화는 교사가
학습 목표를 명확히하기 위해 할당한 시간에 영향을 받는다. 그러면 학생들은 학습
의 의미를 파악하고, 특정 활동에 참여해야 하는 이유를 더 잘 이해할 수 있으며, 이

활동의 부가가치를 발견할 수 있다. 교사는 학생의 학습과 성취에 대한 책임을 학생과 공유한다.

> 알마Alma 교사: 저에게 가장 눈에 띄는 변화는 책임이 학생에게 이양되고 이전된다는 것입니다. 과거에는 리더가 교사였고 전체 퍼레이드를 이끌었습니다. 이제는 퍼레이드를 이끌면서 학생들(학생들: 연구자 주)이 비유적으로 말해서 스스로를 이끌기 시작하도록 만들고 있습니다. 그리고 그들은 그것에 익숙해지기 시작하…… 집에서도 똑같이 할 수 있는 방법에 대해 생각하기 시작합니다. 예를 들어, 이해하지 못한 것이 있으면 더 깊이 파고들고, 학습을 약간 조정할 수 있는 방법을 찾고, 그것(학습 내용, 작업 등: 연구자 주)을 할당하는 것은 교사뿐만 아니라…… 이 시스템(UDL)은 학생들이 스스로에 대해 더 책임감을 느끼고 교사가 전적으로 (과정의) 통제권이 아니라는 것을 인식할 수 있게 해 줍니다. (교사 인터뷰, 2020년 5월 10일)

교사는 의도한 학습 목표에 가장 적합한 교수 전략, 도구 및 활동을 설계할 수 있다. 우리는 교사가 창의적으로 수업을 구성하고, 교육 활동을 번갈아 가며 조정하고, 학생의 좌석과 위치를 바꾸고, 협력과 좋은 미기후를 촉진함으로써 그룹 및 개인 목표를 위한 조건이 만들어지는 것을 확인했다. 학습자에게는 도전적인 학습 과제인 학습 목표를 설정하고 달성하면서 집중하고 결과 지향적인 방식으로 학습하는 것이 중요한다.

> 영어 수업에서 교사가 '이 수업의 목적이 무엇일까요?'라고 묻습니다. 아이들은 침묵합니다. 교사는 니키타Nikita(학생이 동기가 없는 상태: 연구자 주)의 목표는 몇 가지 단어를 배우고 이를 일관된 문장에 적용하는 것이라고 말하며 학생들을 돕습니다. '다른 사람들의 목적은 무엇인가요?'라는 질문에 학생들은 대답하지 않습니다. (관찰, 2019년 11월 21일)

연구 과정에서 우리는 학생들이 개별 학습 목표를 정의할 수 있는 충분한 기술을 갖추지 못했다는 점에 주목했다. 이러한 상황에서 중요한 교육적 측면은 목표 수립과 목표 달성의 성공에 대해 교사가 정기적으로 상기시키는 것이다. 개인 학습 목표를 수립하는 것은 일상적인 학습 기술이 되어야 한다는 점에 유의하는 것이 중요한다.

5. 노력과 끈기 개발하기

학습은 집중적이고 힘든 작업이며 에너지, 집중력 및 목적에 맞는 계획이 필요한 과정이다. 학습자의 인내심은 일을 계속하거나 의도적으로 행동해야 할 때뿐만 아니라 흥미롭지 않거나 어려운 활동에 참여해야 할 때에도 중요하다. 이 경우 어려움과 실패에 직면할 가능성이 있다. 모든 학습자가 학습에서 동일한 노력과 활동을 유지하는 데 성공하는 것은 아니다. 노력과 끈기는 방해에 반응하지 않고, 대안을 찾고, 필요할 때 도움을 요청하고, 어려운 과제를 수행하고 극복하는 등의 학생의 능력을 결합한다. 소음, 다양한 학습 스타일, 시간에 대한 집중력, 커뮤니케이션 스타일, 수업 구성, 수업 강도, 구조 등은 교육과정에서 학생에게 장애물이 될 수 있다. 동기 부여가 된 학생은 이러한 상황에 적절하게 반응하거나 대응할 수 있는 능력을 개발하는 것이 중요하다.

아이들은 주어진 글의 별도 부분을 읽습니다. 마이카스Maikas는 읽다가 악센트를 강조할 때 실수를 하면 교사가 바로잡고 마이카스Maikas는 천천히 읽기 시작합니다. 교실에 정적이 흐릅니다 (학생이 읽기에 어려움을 겪고 있기 때문에 학급의 지원이 느껴진다: 연구자 주). 교내 어딘가에서 음악이 흘러나오고 있습니다. 교실에서 들리는 음악이 학생들의 주의를 분산시킵니다. 마지막 수업이지만 학생들은 여전히 집중하고 있습니다. (관찰, 2020년 1월 11일)

또 다른 예는 시간 관리에서 학생의 잠재력을 활용하는 것이다.

고다Goda 교사는 '다른 사람의 말을 들을 수 있겠니?'라고 묻는다. 학생 중 1명이 '15분밖에 안 남았어요'라고 대답합니다. (아직 과제가 몇 개 더 남았다: 연구자 주)
피우스Pijus는 3분 안에 자신의 작품을 읽겠다고 약속합니다. 피우스Pijus는 표정으로 글을 읽으며 반 친구들을 계속 바라봅니다. 반 아이들은 그의 말에 귀를 기울입니다. 피우스Pijus가 글을 다 읽으면 반 아이들은 박수를 보냅니다. (관찰, 2019년 11월 9일)

특정 자극에 대한 적절한 반응 또는 무반응은 습관의 문제다. 앞의 인용문에서 다른 학생들에 비해 짧은 시간 때문에 시간 제한이 방해가 될 수 있다. 여기에서 학생의 집중력과 학습 상황을 '관리'하는 능력을 확인할 수 있다.

대안을 찾는 것은 교육과정에서 제공되는 대안에 반응하고 선택할 수 있는 능력이다. 이는 동기 부여가 있는 학생의 발달을 위한 중요한 조건이다. 선택의 기회는 학생의 창의력과 학습 참여를 발전시킨다.

> 학생들은 리투아니아의 자유 투쟁가들에 대한 정보를 제공하는 과제를 받았습니다. 학생들은 편지, 에세이, 메시지 등 자료를 제시하는 방법을 선택할 수 있었습니다. 한 학생은 에세이를 제출하기로 선택했고, 대부분의 학생들은 발표를 했습니다. …… 리우타우라스^{Liutauras}가 자신의 작품을 발표합니다. 글과 사진이 있습니다. 그는 가족의 이야기를 기억합니다. 짧은 비디오가 있습니다. 리우타우라스^{Liutauras}가 비디오를 보여 줍니다. (관찰, 2020년 5월 7일)

대안을 찾는 데는 학습자의 시간과 에너지가 더 많이 필요하므로 대안을 선택하는 것이 항상 사용되는 것은 아니며 목표를 달성하기 위한 더 간단한 방법이 선택된다. 새로운 학습 및 활동 모델을 선택하지 않는 것은 비정형적이고 비표준적인 선택으로 인해 학습자가 불안감을 느꼈던 이전의 부정적인 학습 경험의 영향도 받을 수 있다.

> 교사는 이전 수업에서 학생들과 토론했던 내용을 떠올립니다. 숙제를 완료하는 방법에는 이야기하기, 이야기 쓰기, 이야기 촬영 글쓰기의 세 가지가 있었다는 것을 기억합니다. 모든 학생은 이야기 쓰기를 선택했습니다. 관찰된 교육과정에서 학생들은 자신의 학습과 성과를 발표하는 데 있어 평소에 자주 사용하고 검증된 방법을 적용하는 경향이 더 많았습니다. 학생들의 동기를 개발하는 데 있어 비정형 학습 및 활동 시연 모델에 대한 학생들의 의도적인 자발적 의사 결정이 중요합니다. (연구자 성찰, 2019년 12월 5일)

필요할 때 지원을 요청하는 것은 동기 부여를 개발하기 위한 중요한 전제 조건이다. 학습 과정의 모든 상황이 계획한 것을 달성하는 데 도움이 되는 것은 아니다. 교육과정에서 학생은 다른 사람의 도움이 필요한 상황에 직면해야 한다. 따라서 동기 부여가 있고 목적의식이 있는 학습자는 다른 사람의 도움의 필요성을 이해하고 도움을 요청할 수 있어야 하며, 이는 학습 과정을 지원하고 계획된 활동을 실현하는 데 중요하다.

> 원격 영어 수업(코로나 팬데믹 기간). 마이카스^{Maikas}: '아, 카메라를 켤 수가 없어요, 계속 꺼져요'. 마이카스^{Maikas}는 자주 발음이 틀린 채로 여러 번 멈추면서 자신이 쓴 글을 읽고 있습니다. 선생님이 듣고 있습니다. 마이카스^{Maikas}: 영어로 '메두올리스'(연구자 주: 진저브레드)가 뭔가요? 선생님이 알려줍니다. 교사가 마이카스^{Maikas}에게 이야기의 끝이 무엇인지 영어로 묻습니다. 마이카스^{Maikas}는 아무 말도 하지 않고 침묵을 지킵니다. 그는 오랫동안 침묵합니다. (연구자 주: 그가 교사의 질문을 이해하지 못했는지, 아니면 말을 끊었는지 불분명하다). 마이카스^{Maikas}가 다시 합류하여 리투아니아어로 '내 전화가 방전되었습니다. 곧 끝을 말씀드리겠습니다'라고 말합니다. 그는 한참을 긁적거리며 한숨을 쉬다가 마침내 읽기 시작합니다. 교사는 질문을 통해 그를 돕고 그녀는 영어로 질문합니다. (관찰, 2020년 5월 19일)

이 에피소드는 학생과 교사의 상호 작용에서 신뢰에 기반한 관계가 어떻게 드러나는지 보여 준다. 학생은 실수하고 질문해도 안전하다고 느끼고, 교사는 학생이 공연하는 동안 자상하고 도움을 준다. 또한 학생과 학생의 상호 작용을 통해 자신의 작품을 발표하는 데 어려움을 겪는 학생에게 그룹이 자상하고 진심 어린 지지를 보내는 모습이 드러난다.

학습 기술을 개발할 때 동기 부여가 된 학생은 과제를 완료하고 목표를 달성하는 데 시간과 자원을 의도적으로 투자한다. 장기적으로 이것은 지속적인 습관이 되어 자신의 작업의 생산성과 완성도에 대한 만족감과 자신의 결정에 대한 자신감을 제공해야 한다. 학생들은 과제를 성공적으로 해결하고 스스로 설정한 목표를 달성할 수 있다는 것을 느끼고 깨달을 때 자신감을 갖게 된다.

> 알마^{Alma} 교사: 스테포나스^{Steponas}는 건강식에 관한 프로젝트를 위해 자신을 한 번 촬영하고 검토한 후 '아, 내가 발음이 틀렸구나, 저기서 말도 안 되는 말을 했구나'라고 말하며 결과가 마음에 들 때까지 네 번이나 자신을 촬영했어요. 그리고 그가 네 번이나 촬영했다고 모두에게 말했을 때, 그는 아이들이 자신의 작품을 개선하도록 격려하는 것을 보았어요……. 아이들이 이미 그 작품이 얼마나 좋은지 스스로 결정할 수 있을만큼 충분히 성숙했다는 사실에 눈을 뜨게 되었습니다. (교사 인터뷰, 2020년 3월 26일)

학습해야 할 지식의 특수성, 학습자의 경험 및 정서적, 신체적 건강, 학습 활동의 다양성과 특수성에 영향을 받기 때문에 언뜻 보기에 어려운 목표를 효과적으로 학습하고 극복하는 방법에 대한 단일 레시피는 없다.

바이다Vaida의 발표가 있습니다. 그녀는 '1.5시트sheets가 아닌 1.5장을 썼다'고 말합니다. 그녀는 롤링의 책 해리포터와 비밀의 방을 검토했습니다. 교사는 '바이다Vaida가 9학년처럼 썼다'고 말합니다. 학급원은 바이다Vaida가 쓴 긴 글을 듣고 싶다고 선언합니다. 그녀는 매끄럽고 표현력 있게 글을 읽습니다. 그녀의 복습은 학급 전체에 흥미를 불러일으키고, 모두가 귀를 기울이며(심지어 맨 뒤에 앉은 학생들도) 학급은 조용해집니다. 누군가 말을 하려고 하면 다른 학생들에 의해 침묵합니다. 바이다Vaida가 책을 다 읽으면 학급은 박수를 보냅니다. 빨간 모자를 쓴 티모티쥬스Timotiejus가 '브라보!'라고 큰 소리로 외칩니다(2019년 11월 14일 관찰).

동기 부여가 있고 목적이 있는 학생이 됨으로써 학생은 시간을 관리하고 할당하는 전략, 작업을 완료하는 방법, 기억에 남는 정보에 최대한 많은 의미를 부여하고 다양한 비유, 은유, 요약, 다이어그램, 이미지 등을 사용하는 방법을 배운다.

고다Goda 교사: 티모티쥬스Timotiejus가 여전히 가장 어려운 문법 과제를 극복하려고 노력하는 방법을 찾아요. ······ 저는 감사하게 생각해요. ······ 그는 친구들과 함께 생각하기 위해 노력합니다. ······ 그리고 저는 생각합니다. 티모티쥬스Timotiejus가 그렇게 어려운 싸움에 들어가게 한다는 것을, 모든 것이 괜찮다는 것을 깨닫습니다. ······ (교사 인터뷰, 2020년 5월 10일)

제시된 에피소드에서 학생의 동기 부여는 분명히 강화되었으며 학습 활동에 집중했다. 실패에 직면하면 부적절한 감정과 행동이 강화되고 학습 과정에서 수동성이 강화될 수 있다. 반대로 설정된 목표를 달성한 경우, 특히 과제가 복잡하고 학생이 여러 번의 시도 끝에 완료하기 위해 많은 에너지와 시간을 할애한 경우 긍정적인 감정, 좋은 기분, 행복, 만족감 및 기타 감정이 나타난다.

6. 학습자의 노력과 끈기를 위한 전제 조건 만들기

　교사는 목적의식이 있고 동기가 부여된 학습자가 끈기를 키울 수 있도록 돕는 데 중요한 역할을 하며, 조직 전략, 시간 관리, 현실적인 목표 설정 등 학습자의 특정 기술을 육성할 수 있다. 학습자의 진도를 모니터링하고 협업을 촉진하는 교사의 활동은 학습자가 동기 부여와 목적의식을 갖기 위한 과정에서 학습자의 노력과 끈기를 확인하려는 시도에서 관찰되었다.

　학습자의 진도를 모니터링하는 것은 교사의 가장 중요한 목표 중 하나이다. 교사는 성실하고, 자신의 감정을 받아들이고, 학생을 인정하고, 지지를 보여 줌으로써 학생의 성장을 돕는다. 학생이 실수를 하거나 주어진 과제를 수행하지 못했을 때에도 학생을 인정하고 호의적으로 대하는 것이 뒤따른다. 학생은 교사 및 급우와의 개인적인 관계가 질문에 대한 답변이나 과제 완료에 영향을 받지 않는다는 것을 경험해야 한다. 또한 교사가 자신의 답변이 최고라고 생각하든 그렇지 않든 상관없이 자신의 답변이 진지하게 받아들여진다는 것을 학생들이 경험하는 것도 중요하다.

> 알마^{Alma} 교사: …… 특히 이 반에는 특수교육 필요학생(SEN)이 2명, 재능이 뛰어난 아이들이 6명 그리고 완전히 의욕이 없는 아이들도 몇 명 있는 등 한계가 있는 아이들이 있기 때문에 저에게는 매우 어렵습니다. 아이들이 아는 것과 알아야 할 것 사이의 격차가 커지면서 동기 부여가 증가하지 않고 5학년 때만큼 즐기지 못하고 6학년이 되면 자신이 실패했다는 것을 깨닫게 돼요. 7학년이 되면 이미 그 격차가 벌어지고 있어서 걱정입니다. (교사 인터뷰, 2020년 5월 10일)

　관찰된 교육적 맥락에서 학생들의 노력과 선택한 작업 방식은 칭찬했지만, 그들의 마음이나 지능은 칭찬하지 않았다. 서면 코멘트^{comment}도 적용되어 학생이 올바르게 수행하고 있는지 확인하고 작업을 개선하는 데 중점을 두었다. 교사의 명백한 활동은 실수나 부족한 부분을 파악하고 학생이 이러한 실수를 수정하려는 동기를 향상시키는 것과 관련이 있었다.

　협업을 촉진하는 것은 학습자가 그룹의 다른 구성원과의 일정한 역할과 관계를 통해 의미 있는 활동을 할 수 있는 전제 조건을 만든다. 짝을 지어 학습하기, 삼삼오오 학습하기, 그룹으로 학습하기, 교사와 짝을 지어 학습하기, 역할을 통해 학습하기, 교실에서 큰 그룹으로 모두 함께 학습하기 등 협력의 모델을 명확하게 알아볼 수 있었다.

> 리투아니아어 언어와 문학 수업. 고다^{Goda} 교사: 안타나스^{Antanas}, 친구를 찾았니? 스테포나스^{Steponas}는 못 찾았나요? 누가 자유로워? 스테포나스^{Steponas}: 저는 자유로워요. 교사: '첫 시간 친구랑 같이 앉자. 나는 너와 한 짝이 될거야'. (관찰, 2019년 1월 11일)

그룹으로서의 수업의 집중력, 연대감 및 성공은 목표 달성과 모든 그룹 구성원과의 좋은 관계 유지 사이의 균형에 달려 있다. 관찰된 교육과정에서 교사는 일반적으로 그룹 형성을 위한 전제 조건을 보장하고 그룹으로서 수업이 성공적으로 기능하도록 유지하는 데 성공했다.

> 고다^{Goda} 교사: 수업 초반에 학생들을 참여시키거나 수업 내내 학생들의 참여를 유지하는 것이 학생들의 학습 동기를 부여하는 데 가장 중요한 부분이었어요. 수업 초반에 사진, 비디오, 휴리스틱, 실용적인 '보너스'를 통해 흥미를 유발하는 것도 큰 도움이 되었지만, 연기 및 연극 방식, 야외 활동 수업, 다양한 그룹 작업 조합 등 수업 모델을 자주 바꾸면 학생들이 다음에 어떤 일이 일어날지 모르기 때문에 집중할 수 있었기 때문에 훨씬 더 효과적이었습니다. (교사 성찰문, '20년 4월 7일)

협력 학습 방법의 장점은 개인의 정서적 필요와 감정을 고려하도록 장려한다는 것이다. 교사가 자신의 행동과 진지한 정서적 관계, 그리고 협력하려는 의지로 좋은 모범을 보이는 것이 중요하다. 학급이 팀과 신뢰의 그룹이 되려면 교사가 팀의 일원이 되어야 한다.

7. 자기 주도 학습 지원

반응이나 상태를 관리하는 능력은 자기 주도적 학습과 자기 계발의 중요한 측면이다. 여기에는 환경 속에서 행동함으로써 외부 반응이나 내부 상태를 관리하고 다른 사람과의 관계를 구축하고 유지하는 능력이 포함된다. 개인은 본질적으로 다른 사람의 모범을 관찰하고 배우며 자신만의 긍정적인 행동 패턴을 형성하는 경향이 있다. 교육과정에는 학습자가 자기 조절 기술을 개발하고 유지하기 어려운 상황이 있다. 자기 조절 기술이 약하면 학습자의 낮은 동기 부여 수준에 영향을 미칠 수 있다. 자기 조절 능력이 뛰어난 학습자는 자기 주도적 학습을 최적화할 수 있다. 자기 평가, 감정 관리, 긍정적 기대, 학습 방법 선택, 자신의 강점과 약점 파악 등의 능력이 발달하고 자신의 학습에 대해 성찰할 수 있다.

학생들이 안전하고 호의적인 상호 작용을 유지하는 학습 환경에서는 학생들이 각자의 견해, 경험 및 조언을 공유할 수 있다. 안전하다고 느끼는 학생들은 서로에게 도전하고 자신의 자기 평가를 포함하여 자신의 의견과 평가를 표현할 수 있다. 적극적인 참여는 비슷한 사회 집단의 학생들을 연결하여 학습 동기를 부여할 수 있는 여건을 조성한다.

흰 모자의 선장은 교실 앞에 와서 의자에 앉아 평가서를 읽습니다. 그들 중 일부만이 논쟁을 기반으로합니다. …… 검은 모자는 평가뿐만 아니라 비판도 해야 했습니다. 처음에 저스테^{Justė}는 그러한 평가가 이루어진 이유를 자세히 설명한 다음 평가 자체만 발표합니다. 녹색 모자는 평가하여 비판합니다.

피우스^{Pijus}: '그는 더 표현력 있게 말해야 했어'.

학생: '눈을 더 마주치는 게 좋을 것 같아요'. (관찰, 2019년 11월 28일)

학생이 학생을 평가한다'는 원칙에 따라 학생들의 활동에 대한 공동 활동 및 비공식 평가는 참여와 적극적인 참여를 장려한다. 이 활동에서 평가자는 같은 반 학생의 학습 격차를 인식할 뿐만 아니라 자신의 의견을 표현하고 입증할 수 있는 능력이 드러난다. 이러한 방식으로 다른 학생의 과제를 평가하는 학생은 개인적인 관점에서 평가를 제공한다. 이를 통해 학생은 자신의 성취도를 평가하고 자신의 약점과 강점을 인식한다.

긍정적인 기대는 교육과정에서 학생의 감정 표현과 관련이 있다. 다음 구절은 교사가 학생의 경험과 감정을 활동과 창의성에 통합하는 방법을 보여 준다. 이를 통해 동기 부여와 참여 수준은 물론 긍정적인 기대치가 강화된다. 학생들이 스스로 활동을 선택할 수 있고, 그 활동이 자신의 관심사에 초점을 맞추고, 그 활동에 창의성이 수반될 때 학습이 즐거워진다는 것을 알 수 있다.

> 고다^{Goda} 교사: 여러분이 가 본 적이 있거나 꿈꿔 온 나라로 이사 간다고 상상해 보세요. 눈을 감고 편안하게 앉아 특정 장소, 만나는 사람, 하는 일을 상상해 보세요. 여행하는 방법에는 머리와 생각이 날 거예요(눈을 감고 있는 모르타^{Morta}, 웃고 있는 마이카스^{Maikas}, 교실을 나갔다가 다시 돌아오는 피우스^{Pijus}). 이제 서서히 상상 속의 장소와 사람들에게 작별 인사를 하고, 생각에서 벗어나 카메라를 켜 보세요. 어떻게 진행되었나요?
>
> 피우스^{Pijus}: 잠깐 해봤어요.
>
> 아르나스^{Arnas}: 성공했어요. 뭔가를 봤어요.
>
> 고다^{Goda} 교사: 스테포나스^{Steponas}, 지도에 어디 있었는지 보여줘봐요(연구자 주: 학생이 잘 보여 주지 못함).
>
> 스테포나스^{Steponas}: 벨기에^{Belgium}에 가서 제가 정말 좋아하는 공원에 갔어요. 엄마랑 얘기했어요.
>
> 고다^{Goda} 교사: 좋았어?
>
> 바이다^{Vaida}: 네, 정말 좋았어요.
>
> 고다^{Goda} 교사: 리파^{Liepa}, 어디 갔었어?
>
> 모르타^{Morta}: 불가리아^{Bulgaria}의 화이트 베이$^{White Bay}$에서 바다를 찍고 사람들과 이야기를 나눴어요.
>
> 마리자^{Marija}: 호주^{Austraia}에 있었는데 산과 폭포에 있었어요. 꿈같은 여행이었어요.
>
> 티모티쥬스^{Timotiejus}: 잘 풀리지 않았어요. 저는 꿈에 그리던 포르투갈^{Portugal}로 여행했어요.

교사가 성찰할 시간을 충분히 주고 학생들이 꿈꾸고 기억하도록 격려하는 것은 분명하다. 이는 학생들의 창의력과 환상을 자유롭게 한다. 학생들은 감정과 진정성 있고 감성적인 경험으로 채색된 기억의 놀이에 안전함을 느끼고 적극적으로 참여하게 된다.

직관과 통찰의 과정은 때때로 학습자가 사물을 다르게 보는 데 도움이 된다. 통찰력과 직관은 종종 경험과 감정에 기반한다. 창의적인 사고와 기억은 학습 맥락을 풍부하게 하고 보다 개인적인 것으로 만들기 위해 사용된다.

학습 방법을 선택하면 학생의 학습 동기와 책임감이 강화된다. 우리는 교사가 학습 활동, 지식 추구 및 통합을 위한 여러 가지 대안을 제시하는 교육 상황을 관찰했다. 이를 통해 학생들은 목표 달성을 위해 올바른 선택을 하는 데 필요한 기술을 개발할 수 있었다.

> 교사는 학습자가 '숙제: 상황을 계속 진행하거나 다른 과제를 선택할 수 있다(화면에 과제 표시)'를 선택할 수 있도록 했다. 두 번째 과제는 더 어렵다. 원하는 것을 선택하세요. 두 번째 과제에 대한 점수를 받게 됩니다'. (관찰, 2019년 11월 7일)

이 상황에서 교사는 더 복잡한 숙제와 더 쉬운 숙제 중에서 선택할 수 있다. 학생들은 자신의 능력과 창의력을 표현할 필요성을 평가할 수 있고 추가 점수를 얻을 수 있다. 선택의 놀라운 이점은 과제가 다양해짐에 따라 동기 부여가 되지 않고 소극적인 태도를 취하기 어렵다는 것이다.

> 주어진 과제: 학생들은 5분 안에 주어진 놀이 리뷰인 이유를 200단어로 작성해야 합니다. 벤치, 교실 끝의 창턱, 복도 등 원하는 곳에 쓸 수 있습니다. 테이블에는 4명의 학생만 남아 있습니다. 크리스투파스Kristupas는 가운데 줄의 첫 번째 책상에 혼자 남아 있습니다. 일부는 복도로 나가고 다른 일부는 창턱에서 작업하기로 선택합니다. (관찰, 2019 년 11 월 28 일)

학습 방법을 선택할 수 있는 가능성은 교육과정에서 학생의 독립성의 한계를 확장한다. 독립적으로 활동을 선택한 학생은 활동 결과에 대해 더 많은 책임을 지고 자신의 학습 과정을 더 깊이 있고 개별적으로 분석할 수 있다.

자신의 강점과 약점을 인식하고 자신의 학습에 대한 성찰은 학습 목표 달성에 도움이 된다. 이번 연구에서 학생들은 자기 성찰에 대한 능력과 성향이 크게 다르다는 것을 알 수 있었다. 어떤 학생은 이러한 과정이 더 순조롭게 진행되었고 필요한 자기 성찰 기술이 더 빨리 발달했다. 다른 학생들은 이를 성공적으로 수행하기 위해 명확한 지침과 조언이 필요했다. 개별 학습 목표는 학생들이 학습에 참여하고 동기를 부여하는 데 도움이 될 뿐만 아니라 독립심과 책임감을 키우고 동기를 강화하는 데도 도움이 된다는 것을 확인할 수 있었다.

고다Goda 교사는 학생들이 우정의 케이크 과제Friendship Cake Task에 얼마나 많은 시간을 투자했는지 묻습니다. 한 학생이 여러 개의 케이크를 그렸는데 이 케이크를 선택했다고 대답합니다. 학생은 조원들이 각자 그림을 그린 다음 어떤 케이크를 선물할지 함께 고민하고 결정했다고 설명합니다. (연구자 성찰문, 2019년 12월 13일)

이 상황은 학생 그룹이 자신의 잠재력을 최대한 활용하고 과제에 대한 최상의 결과를 모색했음을 보여 준다. 학생들의 강한 자질이 입증되었다. 성찰을 위한 질문은 보통 수업이 끝날 때 주어졌다. 때로는 구두로, 때로는 서면으로 질문을 던지기도 했다. 다음은 학생들이 다음 질문에 대한 답변으로 작성한 성찰문 중 몇 가지 예시이다. '수업 중에 무엇을 성공했나요? 무엇을 실패했나요? 무엇이 어려웠나요? 어려움을 극복하는 데 무엇이 도움이 되었나요? 수업 중에 어떤 점이 흥미로웠나요?'

소피아Sofija: 규칙은 쉬웠고, 몇몇 단어의 철자가 어려웠지만 친구들이 단어의 철자를 설명해 주었어요. 배우는 동안 저는 교과서와 펜을 사용했어요. 나는 칠판에 있는 모든 것에 올바르게 대답했지만 팔다리를 배우지 못했습니다. 나는 숙제를 하지 않았어요. ……

리우타우라스Liutauras: 저는 도시의 문장이 무엇을 의미하는지 궁금했는데, 혼자 앉아있어서 친구들이 도와주지 않았어요. 선생님께 표지판(연구자 주: 국장)이 무엇을 의미하는지 설명해 달라고 부탁했고, 교과서가 도움이 되었습니다. 다른 방법이 없었어요. 도시의 문장 중 일부에 대해 대답할 수 있어서 재미있었어요. 어쨌든 수업은 긴장되지 않았어요. (학생들의 성찰문, 2020년 5월 27일)

'당파 운동Partison Movement'이라는 제목의 이 단원의 일반화에 대한 성찰은 다음 질문에서 시작되었다. '이 단원에서 배운 내용을 더 잘 이해하기 위해 무엇을 어떻게 사용했나요? 이것이 왜 도움이 되었나요?'

사울리우스Saulius: 수업의 글을 주의 깊게 읽고 따라하고, 영화 발췌본을 보고, 선생님이 보여 주신 슬라이드에서 핵심적인 내용을 적었습니다. 정보를 적어 두면 배운 내용을 더 잘 기억하고 이해할 수 있어서 도움이 되었어요. 공책에 적고 기억해 두었어요. (학생 소감, 2020년 5월 20일)

여기서 교사가 권장하고 지원하는 학생 성찰 연습은 학생들이 새로운 자료를 학습한 후 배운 내용과 부족한 부분을 지속적으로 확인하는 '성찰적 행동'에 가깝다. 이러한 학습 방식은 학생이 의식적으로 학습하고 학습 결과를 향상시키는 데 충분해 보일 수 있다. 하지만 이러한 성찰 방식은 '학습했다/확인했다'라는 단선적인 원칙에 따라 작동하기 때문에 매우 정적이다. 성찰은 자동으로 이루어지지만, 의도적으로 성찰을 장려하고 심화시키는 것이 좋다.

8. 학생의 자기 규제 강화

학습 과정을 체계적으로 구성함으로써 교사는 학생의 행동, 감정 및 사고를 관찰, 조절 및 통제하는 능력을 향상시킬 수 있다. 학습자의 강점을 고려한 개별 목표 모델링, 학습자의 인지, 행동 및 정서적 변화 모니터링, 학습자의 자기 성찰 활성화와 같은 전제 조건은 학습자의 자기 조절 능력을 개발하는 데 중요하다.

적절한 자기평가는 사회적 환경에서 성공적으로 기능하고 다른 사람들과 건강하고 안전한 관계를 맺을 수 있도록 해 준다. 자기 평가는 인지적 및 개인적 표현의 질적 요소이다. 연구 기간 동안 학생들의 긍정적인 자존감을 강화하고 그룹에서 안전한 사회적 관계의 균형을 맞추기 위한 교사의 노력을 관찰 할 수 있었다.

> 알마Alma 교사는 마이카스Maikas가 과제의 본질을 반복하도록 돕는다. 그녀는 그에게 이벤트에 대해 언급된 주요 단어를 상기시킵니다. '축제가 진행되고 있습니다. …… 이벤트는 다음을 제공합니다. …….' 교사는 칠판에 영어로 글을 씁니다. 그녀는 학생들에게 메모를 해달라고 요청하고 마이카스Maikas와 티모티쥬스Timotiejus(특수교육 필요학생)에게 과제가 무엇인지, 무엇을 어떻게 해야 하는지 설명합니다. 그녀는 학생들이 교과서를 펼칠 때까지 기다렸다가 과제를 설명합니다. (관찰. 2019년 12월 11일)

학습 요구 사항, 개인적 특성 및 업무 수행 방식에 대한 선의와 통찰력은 긍정적인 자존감을 강화하기 위한 전제 조건으로 작용한다. 관찰된 교육적 맥락은 교사의 긍정적인 관계의 특성을 드러내는데, 의사소통의 어조, 과제나 질문의 자비로운 반복,

긍정적 평가 전에 미완성되거나 제대로 수행되지 않은 과제를 수정하도록 격려, 그룹 관계와 선의의 균형을 맞추기 위한 노력 등이 그것이다.

학습자의 강점을 고려하여 개별 목표를 설정하는 것은 동기 부여의 전제 조건과 매우 유사하게 작용한다. 교육과정의 각 참가자는 구체적인 학습 목표를 설정하고 이를 달성하기 위해 노력함으로써 기대에 부응한다. 관찰한 수업에서는 학습자의 목표를 설정하고 강점과 약점을 분석하는 데 있어 의도적인 의사소통이 이루어지고 있음을 확인할 수 있었다. 관찰된 수업의 맥락을 통해 학습 목표를 수립하는 교사의 몇 가지 활동 전략이 드러났다. 교사는 서면(시각적 정보 제공 및 수신 방식)으로 목표를 제공하고, 구두(구두 정보 제공 및 수신 방식)로 목표를 공식화했으며, 학생의 개인적 특성, 능력 및 학습 요구에 따라 목표를 더 작고 매우 구체적인 목표로 나누었다. 학생들이 서로 도와가며 개별 목표를 수립하는 상황도 있었다.

> 알마^{Alma} 교사: 수업이 목표 설정에서 시작되면 이제 학생들은 자신의 희망과 가능성의 수준에 따라 스스로에게 목표를 말하는 것 같아요. '아마도 세 단어를 배우고 이해할 것입니다……. 아마도 그 문구를 문장이나 대화에 적용 할 수 있을 것이에요.' …… 이것으로부터 아이들이 스스로 책임을 지고 약간의 계획을 세우고 …… 수업이 끝날 때 다시 생각하고 설정된 목표를 달성했는지 분석할 수 있으며 '아, 세 단어를 사용했습니다. 성공했습니다'라고 말할 수 있다는 것을 이미 이해할 수 있어요. 그러나 '더 좋게 또는 더 많이 만들기 위해 무엇을 할 수 있었습니까?'라는 질문을 하면 '아, 주요 생각에 밑줄을 그었다면 도움이 되었을 것입니다'라는 작은 방법론적 제안을 하기 시작해요. 그들이 그런 말을 할 때, 당신은 그들에게 도움이 되었을 두세 가지를 골라 낼 수 있어요. 그런 다음 다음 레슨에서 그것을 시도하고 작동하는 것을 지켜보세요. 이것이 바로 가르치면서 배우는 것이고, 아이들에게서 왜 실패했는지에 대한 조언을 얻을 수 있어요(교사 인터뷰, 2020년 5월 10일).

관찰한 각 수업에 대해 학습 목표를 공식화하였다. 이러한 방식으로 교사들은 학습 목표를 공식화하는 기술을 개발할 수 있는 조건을 만들었다. 이는 점차 교실 활동의 일부가 되어 수업의 시작(수업 목표 수립)과 끝(목표 달성 방법 분석)에 학생들이 정기적으로 연습하게 되었다.

학습자의 인지, 행동, 정서적 변화를 모니터링하면 교사의 가치와 태도가 학생의 행동 변화와 학습 진도에 어떤 영향을 미치는지 파악할 수 있다. 교사는 학생의 상황을 어떻게 '보고' 있나요? 교사에게 학생의 진도와 사고 및 가치관의 변화는 얼마나 중요한가요?

　　알마^Alma 교사: 저에게 가장 좋은 예는 마이카스^Maikas입니다. 방학이 끝나고 쉬고 돌아온 마이카스^Maikas의 업무 수준은 완전히 달라졌습니다. 이제 그의 눈은 타 오르고 있고 그는 (공부)하고 싶어합니다. …… 휴일 전 마지막 달에 무슨 일이 있었는지 말하기 어렵고 아이가 육체적으로 지친 것을 볼 수 있어요. …… 이제 그는 회복되었고 자신이 원하는 것을 말하고 어떻게 했을지 말하며 더 이상 책상에 누워 있지 않아요.

　　고다^Goda 교사: 지금 제 코스에는 어려운 주제가 있어요. …… 그들은 설명해야 합니다. …… 어른에게는 어려울 거예요. …… 그리고 당신이 생각하는 것처럼 지금 십대는 …… 모든 것을 메모해야 해요. …… 모르겠어요. 당신은 거기에서 정신을 잃을 수 있고 …… 나에게는 충분하다고 말하는 십대를 이해해요. …… 로그아웃하고 싶어요. …… 잠시 후 다시 참여하면 …… 우리 모두에게 도전이 될 주제가 있을 거에요. (교사 인터뷰, 2020년 5월 10일)

　　이 사례는 교사가 학생의 상황을 공감적으로 반영한 방법을 보여 준다. 학생들의 정서적, 신체적 건강에 대한 교사들의 관심과 배려, 통찰력을 엿볼 수 있다. 교사들은 이러한 배려를 통해 학습자의 동기를 강화하고 학습을 향상시키기 위한 강력한 전제조건인 공감적 교육 관계의 기반을 만들었다.

　　학습자의 자기 성찰^self-reflection은 학습자의 동기 부여와 자기 조절력을 강화하는 데 중요한 역할을 한다. 학습자가 자신의 경험과 학습 과정을 성찰하고 그 과정에서 성취하고자 하는 바를 이해하도록 돕기 위해 교사는 다양한 자기 평가 전략과 도구를 사용할 수 있다. 관찰한 교육과정에서는 교사가 학습자의 성찰 능력을 강화하는 데 도움이 되는 다양한 지원 질문이 주로 사용되었다. 에드워드 드 보노^Edward de Bono의 여섯 가지 사고 모자, 학습 과정 중과 학습이 끝날 때 의도적인 성찰을 위해 낙관주의자와 비관주의자의 역할 부여 등의 교육 전략도 교육과정에 사용되었다.

　　'자유 수호의 가장 중요한 시기 기억하기'(코로나 팬데믹 상황)를 주제로 한 리투아니아어 언어 및 문학 온라인 수업이 진행 중입니다. 학생들은 준비된 과제에 대해 보고합니다. 교사가 평가 기준을 제시합니다. 내용, 중요한 사실, 독창성, 유머, 급우와의 의사소통 능력 및 언어의 정확성을 평가합니다. 글은 올바른 언어로 작성해야 하며 정확하게 말하는 것이 중요합니다. 가족이나 친척 경험에 대한 정보를 제공하고 수업 중에 학생들이 적극적으로 질문하면 추가 점수가 부여됩니다. 학생들은 '낙관주의자' '비관주의자' 또는 '점원'의 역할을 선택해야 합니다. '낙관주의자'는 과제의 긍정적인 면을 관찰하고, '비관주의자'는 부정적인 면을 찾으며, '서기'는 사실을 기록합니다. (관찰, 2020년 4월 4일)

교육과정을 보면 교사가 역할을 분담하고 명확한 질문을 던짐으로써 수업에서 평가와 성찰 과정을 조율하는 것을 알 수 있다. 짝 또는 소그룹으로 토론이 이루어지며, 학생들의 발표를 통해 학습 목표를 파악하고 자신의 태도와 기대치를 '시험해 볼 수 있도록' 장려한다. 또한 학습자들이 해석과 개인적인 태도를 공유할 수 있도록 도와준다.

리투아니아어와 문학 및 문학 수업이 진행 중입니다.

고다^{Goda} 교사: 1분 동안 말할 시간이 있어요. 손을 들어 보세요. 어느 조가 준비됐나요?

흰 모자의 선장이 학급 앞에 와서 의자에 앉아 성적을 읽습니다. 일부 추정치는 논증에 의해 뒷받침됩니다.

노란 모자는 '소피아^{Sofija}의 발표가 완벽했기 때문에 10점을 받았다' '리우타우라스^{Liutauras}는 매우 경박했다' '피우스^{Pijus}도 10점을 받았다'고 말합니다. (관찰, 2019년 1월 28일)

여기서 교사는 짝 또는 소그룹으로 토론을 시작하고 학습자가 자신의 학습 목표에 대해 성찰적으로 이야기하고 다른 사람들과 공유하도록 장려했다. 토론은 협업 학습 전략으로도 사용되었다. 긍정적인 경험과 부정적인 경험에 대한 인식, 경험했지만 표현하지 못했던 감정, 성공과 실패에 대한 명명 및 표현을 통해 학생들은 학습 장벽에 대한 반응을 조절할 수 있었다. 우리는 성찰을 교육과정에 정기적으로 통합하는 것이 교사들의 광범위한 교육적 실제의 명백한 부분임을 확인했다.

9. 논의 및 결론

UDL 접근법을 적용하여 목적의식과 동기 부여가 있는 숙련된 학습자의 자질과 능력을 개발할 수 있는 방법은 무엇이며, 교육적 요인이 목적의식과 동기 부여가 있는 숙련된 학습자의 개발을 촉진하는 방법은 무엇인지에 대한 답을 찾기 위해 학생들이 목적의식과 동기 부여가 있는 학습자가 되기 위한 교육적 전제조건을 확인했다. 학습자들은 관심을 보이고, 협력하고, 조사하고, 적극적으로 참여하고, 학습 과정에 참여했다. 이러한 자질은 그룹 작업 역량 개발을 연구한 맥고완[Macgowan]과 웡[Wong](2017)에 의해 중요한 것으로 간주된다. 연구 목표를 추구하고 UDL 전략의 특징을 일반적인 교육과정에 도입한 후 학습자들이 자신의 경험과 조언을 공유하는 교육적 상호 작용이 이루어졌고, 이는 학습자들의 동기를 강화하고 동기 부여와 목적의식을 높이는 데 기여했다. 바리노[Barrineau] 등(2009)에 따르면 동기 부여가 된 학습자들은 서로에게 배울 과제를 만들어 학습 성과를 함께 계획, 실행 및 평가한다. 맥고완[Macgowan]과 웡[Wong](2017), 지르쿠스[Zirkus]와 모건[Morgan](2020)은 협업 학습이 개인의 발전만큼이나 중요하며, 자신감을 높이고(Chen, 2020) 개인의 잠재력을 향상시키며(Pejuan & Antonijuan, 2019), 교사는 이 과정에서 적절하고 존중하는 행동의 롤모델이 된다고 강조한다(Apaydin & Seçkin, 2013). 도전은 분석된 현상에 대한 깊은 이해를 가능하게 하고 학생과 환경과의 관계를 향상시키며(Davis & Sumara, 2002; Kaukko & Wilkinson, 2020), 학습과 행동의 의도적 선택은 동기를 강화할 수 있다(Anderson, 2016). 학습자의 끈기, 어려움에 직면한 후에도 시작한 활동을 지속하려는 욕구, 효율적인 목표 지향적 노력은 학습자가 개별 학습 목표를 추구하면서 활용할 수 있는 개별 학습 전략의 중요한 부분으로 인식되고 있다(Saphier et al., 2008).

관찰된 수업의 맥락을 평가하면서 학습자는 학습 결과를 제시하는 테스트되고 일반적인 방법을 선택했다. 또한 코로나 대유행 기간 동안 일부 수업이 관찰되었으며 에브너[Ebner]와 게겐푸르트너[Gegenfurtner](2019)에 따르면 이러한 상황에서 학습자는 학습에 덜 참여했을 수 있다. 학습 목표 및 달성 설정은 복잡한 학습 과제이다. 따라서 학생은 동기 부여된 기여를 제공하고 노력할 준비가 되어 있어야 한다(Crimmin, 2012; Ng, 2020; Sullo, 2009). 연구의 맥락에서 교사와 학습자의 목표 구성 및 양립성에 대한 개선의 필요성이 확인되었다. 휴이트[Huitt](2003)의 연구 자료는 학생들이 자기 학습 목표를 독립적으로 선택해야 한다고 강조한다. 그렇게 하면 더 많은 노력을 투자하고 더 집중적으로 작업하며 배운 내용을 더 잘 유지하고 적용할 수 있기 때문이다. 킹[King]과 번스[Bunce](2020)가 발표한 연구 결과는 학습 목표에 대한 긍정적인 태도와 과제에 대한 관심이 학습 동기에 영향을 주어 학습자의 주의력을 강화하고 학업 성취도를 유지할 수 있다는 수행 연구의 자료를 입증한다(Alexander, 2017; Wong & Wong, 2019). 윌리엄[Wiliam](2011)이 공동 창작이라고 부르는 교사와 학생이 함께 계획한 교육과정은 의심할 여지 없이 학습자를 숙련된 학습자로 성공적으로 전환하는 전제 조건이다. 현재 연구에서 목표 기반 교육을 공식화하려는 교사의 의도적인 노력이 관찰되었지만 학습자 목표 설정은 완전히 실현되지 않은 UDL 전략의 요소로 남아 있었다.

관찰된 수업의 맥락을 평가한 결과, 학습자들은 학습 결과를 발표하는 데 있어 검증되고 일반적인 방법을 선택했다. 또한 코로나 팬데믹 기간 동안 일부 수업이 관찰되었으며, 에브너[Ebner]와 게겐푸르트너[Gegenfurtner](2019)에 따르면 이러한 상황에서는 학습자의 학습 참여도가 떨어졌을 수 있다고 한다. 학습 목표와 성취도를 설정하는 것은 복잡한 학습 과제이므로 학생은 동기를 부여하고 노력할 준비가 되어 있어야 한다(Crimmin, 2012; Ng, 2020; Sullo, 2009). 연구 결과, 교사와 학습자의 목표 구성과 그 호환성을 개선해야 할 필요성이 확인되었다. 휴이트[Huitt](2003)의 연구 자료는 학생들이 학습 목표를 독립적으로 선택해야 더 많은 노력을 투자하고, 더 집중적으로 학습하며, 학습한 내용을 더 잘 유지하고 적용할 수 있다고 강조한다. 킹[King]과 번스[Bunce](2020)가 발표한 연구 결과는 학습 목표에 대한 긍정적인 태도와 과제에 대한 관심이 학습 동기에 영향을 미쳐 학생들의 주의력을 강화하고 학업 성취도를 유지할 수 있다는 연구 자료를 입증한다(Wong & Wong, 2019; Alexander, 2017). 교사와 학생이 함께 계획한 교육과정, 즉 윌리엄[Wiliam](2011)이 공동 창조라고 부르는 교육과정은 의심할 여지없이 학습자가 숙련된 학습자로 성공적으로 전환하는 전제 조건이다. 본 연구에서는 목표 기반 교육을 공식화하려는 교사의 의도적인 노력이 관찰되었지만 학습자 목표 설정은 완전히 실현되지 않은 UDL 전략의 요소로 남아 있었다.

그러나 브룸[Broom](2015), 바르톨루치[Bartolucci]와 바티니[Batini](2020)는 학생 개인의 성장과 성공과 집단에 대한 책임감의 균형을 맞추기 위해 교육학이 집단이 아닌 개인의 역량 강화를 지향할 필요가 있다고 주장하기 때문에 이러한 연구를 계획할 가치가 있다. 이 연구에 참여한 학생들은 이러한 장벽에 대처할 수 있는 개별적인 특징과 능력이 특징적이었다. 본 연구에서는 학생들이 집중력을 유지하거나 시작한 과제를 완료하는 데 어려움을 겪을 때 에피소드가 발견되었다. 소음, 충동성, 모순, 무례한 행동 및 기타 행동에 대한 활동과 성향의 증가도 발견되었다. 할라한^{Hallahan} 등(2015)은 자기 조절력 약화의 유사한 특징을 구분한 반면, 리만^{Liman}과 테펠리^{Tepeli}(2019)와 장^{Zhang} 등(2020)은 학습 성공을 추구하면서 학생의 행동, 감정, 사고를 관찰하고 통제하는 기술을 향상시키려는 교사의 역할이 특히 중요하다고 강조한다. 강력한 자기 조절은 지식의 독립적 축적, 획득한 경험의 활용, 학습에 대한 자기 평가 및 성찰과 직접적으로 연결된다(Hall & Simeral, 2017).

학습자가 자신의 학습에 대한 메타인지적 이해를 탐구하고 발전시킬 때 교과 내용에 대한 이해뿐만 아니라 새로운 기술과 자기 이해를 창출할 뿐만 아니라(Cook-Sather, 2009; 2016), 자신의 경험을 인식하여 행동하는 법을 배우게 된다(Chapman & Mitchell, 2020). 학문적 지식이 실습과 결합되고 경험이 반영될 때 학습자의 관심사에 부합하기 때문에 더욱 의미 있는 학습이 된다(Bovill, 2020, Kressler & Kressler, 2020; Morley, 2008).

자기 평가, 감정 관리, 자신의 강점과 약점을 알고 자신의 학습에 대한 성찰이 학생의 동기 부여 학습자가 되기 위한 중요한 능력임은 분명하지만 성찰 내용과 관찰 자료를 분석 한 결과 이러한 영역은 개선이 필요하다는 것을 알 수 있다. 리투아니아 교육 체제 문화에서 성찰은 하나의 현상으로 인식되어 왔지만, 교육 실천 전반에 걸쳐 교수-학습의 질적 변화를 위한 전략으로 자주 사용되지는 않았다. 흥미는 학업 성공의 필수적인 동기 부여 요소이므로 본 연구에서 흥미를 유발하려는 교사의 시도는 정당하고 분명했다. 교사들은 교수 전략, 도구 및 활동을 계획했으며, 그에 따르면 설정된 학습 목표를 가장 잘 충족했다. 이것은 디바거^{Debarger} 등(2017)도 강조한다. 리투아니아 교육현장에 통합교육 전략으로서 UDL을 도입할 때, 학습자 스스로 학습 목표를 설정하는 데 더 많은 관심을 기울이고 학습자가 과제를 선택하도록 하면서 수업의 체계성과 주기성을 위해 노력할 때 참여에 대한 보상을 주는 것이 유용할 것이다.

이번 연구를 통해 학습자의 진도를 모니터링하고, 협업을 촉진하며, 학습자가 질문을 할 때 지원하는 과정에서 교사의 전문성에 대한 자료를 파악할 수 있었다. 학습자의 관심사에 대한 시의적절한 반응, 학습자가 자신의 작업의 강점과 약점을 파악하도록 격려하고 스스로 개선할 수 있는 방법을 수립하는 것은 교사-학습자 대화에서 가장 질 높은 반응이다(Byman & Kansanen, 2008; Boekaerts & Cascallar, 2006). 특히 교사가 학습자의 성장에 기여하는 경우, 교사가 자신의 감정에 솔직하고 개방적이며 학습자를 수용하고 무조건적인 동의를 보여 줄 때 학습자의 자존감이 향상된다(Coffey & Warren, 2020; Russo et al., 2019). 이 연구에서 관찰된 교사들의 활동은 학생들과의 신뢰 기반 관계에서 규칙적이고 장기적인 노력을 통해 동기 부여된 학습자의 자질과 능력에 대한 '포트폴리오'를 성찰 능력과 목표 지향적인 방식으로 보완하는 것이 분명하게 드러났다. 교사들이 UDL을 통해 통합교육 실천 역량을 강화했다는 점도 주목할 만하다.

UDL로 다양성을 위한 교육하기: 교사 역량 분석

Suvi Lakkala & Outi Kyrö-Ämmälä

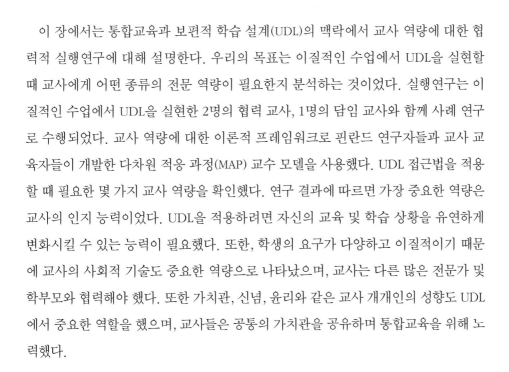

이 장에서는 통합교육과 보편적 학습 설계(UDL)의 맥락에서 교사 역량에 대한 협력적 실행연구에 대해 설명한다. 우리의 목표는 이질적인 수업에서 UDL을 실현할 때 교사에게 어떤 종류의 전문 역량이 필요한지 분석하는 것이었다. 실행연구는 이질적인 수업에서 UDL을 실현한 2명의 협력 교사, 1명의 담임 교사와 함께 사례 연구로 수행되었다. 교사 역량에 대한 이론적 프레임워크로 핀란드 연구자들과 교사 교육자들이 개발한 다차원 적응 과정(MAP) 교수 모델을 사용했다. UDL 접근법을 적용할 때 필요한 몇 가지 교사 역량을 확인했다. 연구 결과에 따르면 가장 중요한 역량은 교사의 인지 능력이었다. UDL을 적용하려면 자신의 교육 및 학습 상황을 유연하게 변화시킬 수 있는 능력이 필요했다. 또한, 학생의 요구가 다양하고 이질적이기 때문에 교사의 사회적 기술도 중요한 역량으로 나타났으며, 교사는 다른 많은 전문가 및 학부모와 협력해야 했다. 또한 가치관, 신념, 윤리와 같은 교사 개개인의 성향도 UDL에서 중요한 역할을 했으며, 교사들은 공통의 가치관을 공유하며 통합교육을 위해 노력했다.

키워드	실행연구, 통합교육, UDL, 교사 역량, 교사의 가치관, 교사의 기술

1. 소개

통합교육의 목표는 학생들이 자신의 학습 커뮤니티에서 학습할 수 있는 프로세스를 만들고(Slee, 2014), 학생들이 학습 잠재력을 최대한 발휘할 수 있도록 하는 것이다(Booth & Ainscow, 2011). 또한 많은 학생에게 소속감은 학교 공동체에 대한 느낌을 의미하기도 한다(Qvortrup & Qvortrup, 2018).

그러나 수업에서 통합교육이 어떻게 이루어져야 하는지에 대한 문헌은 부족하다(Florian & Spratt, 2013). 많은 연구자들은 특히 통합교육이 복잡한 현실과 학생들의 이질성을 단순화하기 때문에 실제적인 실현과 관련하여 비판해 왔다(예: Norwich, 2013 참조). 이질적인 수업에서 교사는 종종 시간, 자료, 물리적 수업 공간 및 인력과 같은 자원의 장애물에 직면한다(Lingard & Mills, 2007). 많은 교사는 그룹 또는 혼자 공부하는 학생의 다양한 관심사와 선호도를 고려해야 하는 어려움을 겪는다(Joseph et al., 2013). 주류 학급의 교사가 다양한 학생을 가르칠 수 없다면 다양한 요구를 가진 많은 학생이 지원 없이 방치될 위험이 있다(Lumby & Coleman, 2016). 예를 들어, 히에노넨스Hienonens 등(2018)의 대규모 종단 연구에서 특수교육 필요학생(SEN) 학생과 추가 요구가 있는 학생이 있는 학급의 학습 성과를 비교한 결과, 두 그룹 모두 SEN 학생이 없는 학급의 학생들보다 평균적으로 낮은 성적을 기록했다.

주류 학급에서 통합교육을 실시하려면 모든 학생을 위한 학습 환경을 유연하게 구성할 수 있는 교사가 필요하다. 바이세Buyse 등(2008)에 따르면 핵심 역학 관계는 실제로 교사의 전문적 기술과 지원 능력에 있으며, 이는 학교 분위기, 학습 과정, 학업 성취도 및 교실 내 비갈등 관계에 긍정적인 영향을 미친다. 스프라트Spratt와 플로리안Florian(2015)은 통합적 교사의 관련 역량을 '모든 사람'의 맥락에서 각 개인을 지원할 수 있는 능력으로 보고 있다. 티젠버그Tjernberg와 헤임달 맷슨Heimdahl Mattson(2014)은 통합교육을 실행하는 교사는 학생의 능력에 대한 긍정적인 믿음을 가지고 있으며 모든 사람을 가르치기 위해 최선을 다한다고 주장한다. 통합교육의 맥락에서 교사는 성찰적인 실천가가 될 수 있고 통합적 가치에 따라 자신의 업무를 개발할 수 있는 교육 설계자로 볼 수 있다(참조: Nielsen & Andreasen, 2013).

이 장에서는 통합교육을 실시하고 있는 학교에서 다양한 학생을 가르칠 때 어떤 종류의 교사 역량이 필요한지에 대해 알아보고자 한다. 코스터[Koster]와 덴게린크[Dengerink](2008)에 따르면 교사 역량에는 교사가 특정 교수학습 상황에서 전문적이고 효과적으로 행동할 수 있는 지식, 기술, 태도, 가치 및 개인적 특성의 조합이 포함된다. 이 장에서는 통합교육과 보편적 학습 설계(UDL)의 맥락에서 교사 역량에 대한 협력적 실행연구를 설명한다. UDL의 주요 목표는 모든 수준의 교육 환경을 보다 통합적으로 만드는 것이다. UDL 접근법의 가치는 학습자의 가변성과 다양성에 대한 인식을 나타낸다(Rose et al., 2014). 따라서 UDL은 통합교육에 대한 상당히 포괄적인 교육학적 접근법으로 볼 수 있다(Jimenez & Hudson, 2019 참조). 따라서 통합적 이상과 실천 사이의 간극을 메우는 데 도움이 될 수 있다. 통합교육 환경에 대한 연구는 점점 늘어나고 있지만, 자격을 갖춘 통합적 교사의 기술과 지식에 초점을 맞춘 연구는 여전히 부족하다(예: Florian & Black-Hawkins, 2011 참조). 이 연구를 통해 이러한 격차를 메우고자 하였다.

이 연구는 핀란드의 이질적인 학급에서 UDL을 실현한 2명의 협력 교사와 1명의 담임 교사와 함께 사례 연구로 수행되었다. 이 장에서는 연구에 참여한 성인들의 교육적 활동을 분석한다. 우리는 교사들의 수업을 연구하는 연구자로서, 그리고 교사들이 수업에 UDL을 시도하면서 교육학을 발전시킬 수 있도록 돕는 멘토[mentors]로서 교사들과 협력했다.

2. MAP 모델에서의 UDL 및 교사 역량

이 연구에서 교사 역량을 분석할 때 핀란드 연구자들이 '핀란드의 교사교육 학생 선발: 미래를 위한 기대되는 직업[Student Selection to Teacher Education in Finland-Anticipatory Work for Future]' 프로젝트에서 개발한 이론 중심의 다차원적응과정(multidimensional adapted process: MAP) 교수 모델을 활용할 것이다(Metsäpelto 외., 2020). MAP 모델은 블뢰메케[Blömeke], 구스타프손[Gustafsson], 셰이블슨[Shavelson] (2015)의 연구를 기반으로 핀란드 대학 기반 교사 교육의 맥락에서 개발되었다. 핀란드 교사 교육 기관의 교사 교육자 및 연구자들이 문헌 검토를 통해 모델 개발에 참여했다. 블뢰메케[Blömeke]와 마찬가지로 이들은 교사의 역량을 수평적, 수직적으로 확장되는 다차원적 연속체로 보고 있다.

MAP 모델은 교사의 역량 차원과 교육적 실천을 적용할 때 사용되는 상황별 기술을 결합한다. 마지막으로, 이 모델은 학생 수준에 대한 교사의 효율성을 고려한다([그림 10-1] 참조).

우리의 목적은 연구 수업에서 교사, 보조교사, 학생이 관찰한 성과와 수업에서 일어난 교수학습에 대한 인식을 분석하여 교사 역량의 인지적 요소와 비인지적 요소, 즉 영향-동기 잠재적 요소를 파악하는 것이다.

이 연구에서 UDL 접근법은 관찰 가능한 전문적 실제 모델을 나타낸다. 이를 분석하여 UDL과 관련된 상황별 기술을 발견하고 이를 통해 교사의 역량을 끌어낼 것이다. MAP 모델은 학생의 학습 경험, 동기 부여 및 웰빙well-being을 교사의 효과성을 나타내는 신호로 간주한다. 학생들의 인식은 연구 수업에서 실현된 UDL 접근법의 효과를 나타내는 중요한 지표이다.

MAP 모델은 개인 및 집단 수준, 조직 수준은 물론 지역, 국가 및 글로벌 수준에서의 교육적 실제를 식별한다(Metsäpelto et al., 2020). 국가적 차원에서 핀란드의 의무교육은 매우 만장일치로 조직되어 있으며, 교육 및 교육 정책에 적용되는 일반 원칙은 의회, 교육문화부 및 의회의 일부인 핀란드 국가교육위원회에서 계획, 개요 및 실행한다(Ministry of Education and Culture, n.d.-a). 그러나 지역적으로 핀란드 지방자치 단체는 특정 지역의 특성으로 간주되는 일부 교육과정 기능을 적용할 수 있다[Finnish National Agency of Education(FNAE), 2016].

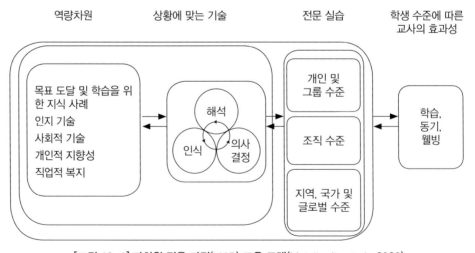

[그림 10-1] 다차원 적응 과정(MAP) 교육 모델(Metsäpelto et al., 2020)

핀란드에서는 모든 사람이 자신의 능력과 특별한 필요에 따라 무료로 교육을 받을 권리가 있다. 의무 교육은 어린이가 만 6세가 되는 해에 시작하여 만 17세가 되는 해에 끝난다. 의무 교육을 마친 모든 학생은 일반 또는 직업 고등 교육에서 학업을 계속할 권리가 있다. 기본 교육법(Basic Education Act)(628/1998)은 기본 교육(의무 교육)의 원칙과 규범을 정하고 있다. 학생들을 대상으로 하는 국가 시험은 없으며, 학교에서의 학습 결과 평가는 격려와 지원의 성격이 강하다(Ministry of Education and Culture, nd−b). 의무 교육은 국가 기초 교육 핵심 교육과정에 의해 운영되며, 이는 지역 교육과정의 국가적 프레임워크를 형성한다. 지역 교육 제공자는 지역 교육과정을 책임지고 해당 지자체에 거주하는 모든 사람에게 유아 교육 및 보육, 예비 초등 교육, 기초 교육을 제공한다(Ministry of Education and Culture, nd−a; Finnish National Board of Education, nd 참조). 핀란드 교육 정책은 교사가 학교의 다른 교사 및 전문가와 협력하여 학생을 위한 지원을 조직할 것을 기대한다. 일반적으로 핀란드 교사의 교육적 위치는 자율적이라고 할 수 있는데, 이는 교사가 많은 교육적 문제와 실천에 대해 스스로 결정할 수 있는 자유가 있기 때문이다.

우리 사례의 교육적 실제와 관련된 것은 개인, 그룹 및 조직 수준뿐만 아니라 지역 수준이다. 이러한 수준을 고려함으로써 우리는 UDL 교육에 특징적인 교사 역량을 발견하고자 한다. 또한, 교사 역량의 차원을 파악하기 위해 통합적 교수법과 UDL 교수법을 병행할 것이다(Jimenez & Hudson, 2019 참조).

3. 협력적 실행연구 근거

이 연구는 실천 중심의 종단적 사례 연구(Yin, 2014)로, 담임 교사와 특수교육 교사 2명이 협력 교사로 같은 학급을 가르치고, 그들의 동료인 담임 교사가 이질적인 학급에서 UDL 접근법을 실현한 연구이다. 이 연구 전략은 사람들이 사회적으로 구성한 지식을 존재론적 출발점으로 삼는 협력적 실행연구로 특징 지을 수 있다(Brydon-Miller et al., 2003). 이 실행연구는 관찰, 인터뷰, 멘토링 토론, 설문조사 등 다양한 자료 수집 방법과 자료로 구성된다.

오리엔테이션 주기인 2017/2018년도에 연구자들은 연구 수업에 참여한 학생과 협력 교사에 대한 연구 자료를 수집했다. 협력 교사의 교육적 실천을 관찰하고 이론적 틀에서 파악했다. 그런 다음 2018년 가을 학기 동안 협력 교사들은 UDL의 원리를 이해하기 위한 교육을 받았다. 2019년 1월과 2월에 교사들은 각자의 교실에서 UDL 시간을 개발하고 시험했다. 연구자들은 파일럿들로부터 자료를 수집하고 연구자들과 멘토링 토론을 진행했다. 첫 번째 주기의 최종 결과는 UDL 시범 수업의 분석을 바탕으로 다음 실행연구 주기를 스케치하는 것이었다.

두 번째 주기에서 협력 교사들은 학생들과 함께 주제별 기간으로 UDL을 적용했다. 협력 교사와 연구자들은 UDL 수업에 대한 더 많은 피드백을 얻기 위해 2019년 가을 학기에 1학년 학생 한 학급과 담임 교사를 초대하여 UDL 수업에 참여하기로 결정했다. 두 번째 실행연구 주기에서는 수업에서 UDL을 실현하는 데 필요한 교사 역량에 대한 최종 개념화를 위한 실제 자료를 생성했다.

세 번째 주기는 2020년 봄 학기에 진행되었으며, 연구자들은 실제 교육 현장과 거리를 두고 교사 역량에 대한 이론적 프레임워크(Yin, 2014)에서 자료를 분석하기 시작했다. 연구 수업에서 교사들의 UDL 개발 및 실행에 대한 분석은 MAP 모델을 활용하여 수행되었다. 이러한 개념은 UDL 원칙의 각 하위 섹션 마지막에 소개되어 있다.

이 연구는 인구 밀도가 낮은 핀란드 북부에서 진행되었다. 이 지역의 인구 구조는 학교가 직면한 도전 과제를 제시한다. 예를 들어 중앙 병원과 같은 지원 서비스는 가장 가까운 마을에서 100km 이상 떨어진 곳에 위치해 있다. 따라서 학생들을 위한 지원을 최대한 효과적으로 조직하기 위해서는 교사와 지역 당국의 혁신과 협력이 필요한다. 또한 이 학교는 핀란드에서 유일하게 원주민이 살고 있는 핀란드 라플란드 Lapland의 사미Sami 지역에 위치하고 있다. 따라서 교육은 문화적으로 민감해야 하며 모든 학생이 자신과 다른 학생들의 뿌리를 존중하도록 장려해야 한다. 연구 대상 학급은 특수교육 필요 학생을 포함하여 다양한 요구를 가진 학생들이 있다는 점에서 이질적이었다. 실행연구는 2017년 가을에 초등학교 1학년(7세) 한 학급에서 시작되었다. 이 학급에는 담임 교사와 특수교사 2명이 협력 교사로 수업을 진행하며 협업을 시작했다. 핀란드 학교에는 교사가 학급에서 교육적 리더 역할을 할 때 교사의 업무를 지원하는 보조조교(Teaching Assistants: TA)가 있다. 조교는 전체 학급을 지원하거나 특정 SEN 학생을 위한 개인 보조교사로 임명될 수 있다. 연구 수업에는 전체 그룹을 위한 2명의 조교와 특정 학생을 위한 개인 보조교사로 2명의 조교가 있었다.

핀란드의 종합학교에는 3단계 학습 지원 시스템이 있어 주류 환경에서 학생들을 위한 교육 지원을 조직할 수 있는 유연한 조건을 제공한다. 특수 요구 계층은 핀란드 의무 교육에서 세 번째이자 가장 강력한 형태의 학습 지원으로, 여러 전문가로 구성된 학생 복지 그룹과 학부모의 검토를 거쳐 공식적인 행정 결정과 전문가의 보고서가 필요하다(FNAE, 2016). 강화 지원이라고 하는 두 번째 단계는 학업에 경미한 어려움이 있거나 소외될 위험이 있는 학생을 위한 지원이다. 이 단계에 대한 결정은 학부모와 함께 여러 전문가로 구성된 학생 복지 그룹에서 합의해야 한다(FNAE, 2016). 일반 지원은 모든 학생을 대상으로 한다(FNAE, 2016).

　　2017~2018학년도에 17명의 학생이 있었고, 이 중 8명은 특수교육 지원(SEN)과 개별 교육계획(IEP)이 결정되었다. SEN 학생 중 4명은 연장 의무 교육을 받고 있었으며, 이 중 한 학생의 IEP는 활동 영역별로 배치되어 있었다. 이 학급의 한 학생은 심화 지원 단계에 있었다. 일반 지원 단계에 속한 학생은 9명이었다. 연구 기간 동안 일부 지원 결정이 지원 계층을 위아래로 이동하고 일부 학생이 전학하거나 새로운 학생이 학급에 들어오는 등 일부 변화가 발생했다. 2학년에는 18명의 학생이, 3학년에는 20명의 학생이 학급에 있었다.

　　실행연구의 두 번째 주기인 2019년 가을의 실제 UDL 기간 동안 협력 교사들은 파트너 학급을 초대했다. 더 많은 피드백을 얻고 UDL에 대한 지식을 전파하는 것이 목적이었다. 파트너 수업에는 1학년 학생 20명, 담임 교사 1명, 조교 1명이 참여했다. 학생 중 1명은 심화 지원 단계에 속했고 2명은 핀란드어를 사용하지 않는 학생이었다. 따라서 2019년 가을 UDL 기간에는 총 3명의 교사, 전체 그룹을 위한 3명의 조교사, 2명의 개인 조교사, 40명의 학생이 있었다.

　　연구 계약은 시 교육청, 학교 교장, 교사들과 함께 이루어졌다. 연구자와 교사들은 조교, 학생, 학부모에게 수업에서 어떤 일이 일어나고 있는지 신중하게 알렸다. 보조교사, 학부모, 학생은 연구 목표와 출판 방법에 대한 관련 정보와 원할 때 언제든지 연구 참여를 철회할 수 있다는 내용이 포함된 사전 동의서를 받았다(Cohen et al., 2011). 연구 결과에서 학생들에게는 가명을 부여하고, 참여자들은 협력 교사, 담임 교사 및 보조교사라는 직책으로 불렀다.

4. 핀란드 사례: 교사 역량 측면에서 본 UDL 원칙

UDL 프레임워크는 전체적으로 하나의 실체이지만, 각 UDL 원칙을 한 번에 하나씩 살펴보면서 그 결과를 소개하겠다. 먼저 교사의 교육적 실천과 교육과정에서의 발달을 살펴볼 것이다. 이러한 탐색을 통해 선택한 교육적 실천에 필요한 상황별 기술을 발견할 것이다. 또한 UDL 수업 전후 학생들의 학습에 대한 인식을 분석하고, 학생들의 학습 경험과 동기 부여에 나타난 변화를 조사할 것이다. 마지막으로, 선행연구를 바탕으로 본 연구에서 발견한 교사 역량과 기대되는 교사 역량과의 연관성을 MAP 모형에 따라 해석하고, 이를 바탕으로 선행연구를 고찰한다. 이 연구의 절차는 [그림 10-2]에 설명되어 있다.

다음 하위 섹션에서는 실행연구의 첫 번째와 두 번째 주기에 따른 교사의 개발 및 스킬에 대해 설명한다. 실행연구의 세 번째 주기는 각 하위 섹션의 마지막에 MAP 모델에 따라 기술 및 기대되는 교사 역량과의 연관성을 개념화할 때 가시화된다.

1) 안전하고 동기를 부여하는 학습 환경을 조성하는 협력 교사

우리는 다중 참여 수단이라는 UDL 원칙과 관련된 협력 교사의 교육적 실제를 면밀히 조사하는 것으로 검토를 시작할 것이다. 이 원칙은 '학습의 이유', 즉 학생들의 학습에 대한 동기와 참여를 높이기 위한 수단을 설명한다.

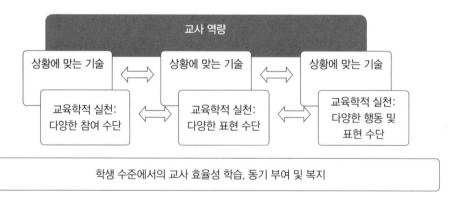

[그림 10-2] 교사 역량 MAP 모델 프레임의 연구 절차

2017년 가을 학기가 한창 진행 중일 때 처음으로 교사들의 연구 수업을 방문했다. 1학년 학생들은 지금까지 몇 개의 글자와 숫자만 배운 상태였기 때문에 학업이 그리 진척되지 않은 상태였다. 하지만 저희의 시선을 사로잡은 것은 학생들과 동료 교사, 보조교사들의 평온한 태도였다. 수업 중에는 다양한 작업 방법이 사용되었지만 학생들은 항상 무엇을 해야 하는지 알고 있는 것 같았다. 때로는 과제에 대해 서로 상의하거나 교사 또는 보조교사와 논의하기도 했지만 수업 분위기는 평화롭고 편안하게 유지되었다. 협력 교사들은 가을 학기의 주요 목표는 학생들에게 공부하는 방법과 함께 일하는 방법을 가르치는 것이라고 말했다(관찰 및 멘토링 토론, 2017년 10월 12일).

　2017년 봄, 특수교육적 필요 아동과 일반 지원 계층 아동의 공동 수업에 대한 학교 당국의 허가를 받은 후 협력 교사들은 작업 계획을 세우기 시작했다. 처음부터 교사들은 학부모를 수업에 참여시키는 데 투자했다. 두 번째 수업일 저녁에 부모와 보호자를 학부모 회의에 초대하여 교육 원칙에 대해 설명했다. 그들의 목표는 다양한 아이들이 각자의 잠재력에 따라 함께 공부할 수 있도록 가르치고 학생들을 관용적인 사람으로 키우는 것이었다. 협력 교사는 학부모의 의견과 지식을 존중하는 것이 중요하다고 강조했다. 학부모 회의에서 학부모들에게 여행에 대한 아이디어를 구하고 다양한 봉사활동에 대해 물어보았다. 또한 학부모를 학급에 초대하여 방문자가 이 지역의 중요한 생계 수단인 순록 사육과 같은 자신의 일에 대해 설명해 달라고 요청하기도 했다.

> 학부모 회의에서 몇몇 아버지는 이렇게 말했습니다. '와우!' 부모님들은 '이 행복은 언제 끝날까요?'(멘토링 토론에 참여한 협력 교사, 2017년 10월 12일)라고 물었습니다.
> 예를 들어, 숲으로 소풍을 갔을 때 순록을 키우는 아버지 중 한 분이 오셔서 순록을 키우는 일의 여덟 계절에 대해 이야기해 주셨어요. (멘토링 토론에 참여한 협력 교사, 2018년 11월 22일)

　협력 교사는 핀란드 핵심 교육과정(FNAE, 2016)에 언급된 일곱 가지 범교과적 기술, 특히 사고력 및 학습 능력에서 기본 지침을 얻었다. 이 지침의 목표는 학생들이 정보와 아이디어를 관찰하고 검색, 평가, 수정, 생산 및 공유할 뿐만 아니라 학습자로서 자신을 성찰하고 환경과 상호 작용하는 방법을 배우는 것이다(FNAE, 2016).

요점은 범교과적 기술이 있고 그 안에는 단일 학교 과목이 있다는 것입니다. 예를 들어, 학생의 메타인지 능력의 의미, 학습을 평가하는 방법을 배우는 방법 등이 있습니다. 결국, 학습자로서 자신을 보는 법을 배우고 자신의 강점을 보는 것이 가장 중요합니다. (멘토링 토론에 참여한 협력 교사, 2017년 10월 12일)

첫 학기가 시작될 무렵, 협력 교사들은 많은 학생, 특히 학습이나 집중에 어려움을 겪는 학생들이 자존감이 낮다는 사실을 발견했다. 이에 따라 협력 교사들은 학생들의 강점에 초점을 맞추고 끈기를 키우며 성공의 경험을 제공하는 긍정적인 교육법을 적용하기로 했다.

우리는 긍정적인 교육학을 적용하려고 노력했습니다. 이는 우리가 이 아이들을 지원하기 위해 끊임없이 노력한다는 것을 의미합니다. 아이들의 자존감은 매우 약합니다. 거의 매번 '나는 나쁘다' '나는 할 수 없다' '나는 아무 쓸모없는 사람이다'라고 말하죠. (멘토링 토론에 참여한 협력 교사, 2017년 10월 12일)

연구 수업에 참여한 모든 성인들은 아동 중심적이고 긍정적인 사고방식을 가지고 있었다. 그들은 학습 및 기타 어려움에도 불구하고 학생들과 그들의 배움의 기회를 믿었다. 실제로 그들은 학습보다 가르치는 데 어려움을 느꼈다. 그렇기 때문에 그들은 학생들의 학습 과정을 지속적으로 모니터링했다. 또한 가능한 한 긍정적인 피드백을 주려고 노력했다.

협력 교사: 아마도 가장 중요한 것은 우리가 결정한 것, 즉 아이가 배울 것이라고 믿는 것이 아닐까 생각합니다. (멘토링 토론에 참여한 협력 교사, 2019년 11월 8일)
'SEN 학생들은 스스로 작업을 시작할 수 없었습니다. …… 두 번의 수업은 SEN 학생들에게는 너무 짧은 시간이었습니다. 특수교사와 보조교사는 이러한 어려움을 알아차리고 다음 번에는 SEN 학생의 관점에서 학습 꾸러미에 대해 더 많이 생각하기로 했습니다. (협력 교사 노트, 2019년 1월 17일)

협력 교사는 학생들에게 곰돌이 푸 이야기를 소개하고 학생들이 자기 평가를 배울 때 이야기 속 캐릭터를 사용했다([그림 10-3] 참조). 목표는 학생의 인지 수준에 맞는 방식으로 학생들의 메타인지 능력을 체계적으로 개발하는 것이었다. 아이들은 학습 과제를 수행한 후 자신의 느낌에 따라 다양한 캐릭터에 공감할 수 있었다. 또한 학생들이 서로의 평가를 들을 수 있어 학습 과정에 대한 확인이 더욱 강화되었다.

　　학생들이 원 안에 앉아 있습니다. 테이블 위에는 곰돌이 푸 이야기에 등장하는 각 캐릭터의 부드러운 장난감이 놓여 있습니다. 각 장난감에는 장난감의 캐릭터와 일치하는 이모티콘도 있습니다.

　　자기 평가 시작: 학생들은 자신의 이름이 적힌 나무 옷핀을 이전 학교 과제에서 수행한 느낌에 해당하는 장난감 피규어에 고정합니다. 그런 다음 각 학생이 자신의 해결책에 대한 이유를 제시합니다. 예를 들어, 안나[Anna]는 이전 연습을 하는 동안 실수로 워크시트에서 같은 단어를 두 번이나 선택했기 때문에 좌절했습니다. 그녀는 전체적으로 적절하게 분석하고 평가하였습니다. (관찰, 2018년 1월 15일)

[그림 10-3] 학생들의 자기 평가를 돕는 장난감 캐릭터

　　협력 교사들은 학생들의 사회적 기술을 가르치고 그룹 내부의 긍정적인 사회적 관계에 주의를 기울였다. 그들은 학생들의 실제 의사 결정 상황을 활용하고 학생들과 심도 있는 토론을 했다. 전반적으로 협력 교사들은 평화롭게 수업을 진행하고 무엇보다도 학생들에게 공부하는 방법을 가르치는 것이 최우선이라는 의식적인 결정을 내렸다.

쉬는 시간 동안 학생들은 순록 무리가 된 척했습니다. 누가 선두 순록이 될 것인지에 대한 고민이 있었습니다. 순록이 많으면 무리가 무너지기 때문이라고 아이들은 말했습니다. 협력 교사는 학생들에게 문제 해결을 위해 어떤 제안을 할 수 있는지 물었습니다. 학생들은 여러 가지 방안을 논의했습니다. 결국 아이들은 모두 자기 차례에 선두 순록이 되기로 결정했습니다. (관찰, 2018년 11월 22일)

두 번째 해에 이 수업에 온 여학생의 두 가지 사례를 보면 학생들의 내부 관계가 강하고 협력 교사가 학생들에게 사회적 기술과 공동체의식을 가르쳤음을 알 수 있다.

처음에 니나^{Nina}에게는 어려움과 도전이 있었어요. 그녀는 화를 내고 바닥에 누워 발로 차기도 했죠. 하지만 다른 학생들은 전혀 방해받지 않았어요. 한번은 제가 앞에서 가르치고 있었어요. 학생들이 벤치에 일렬로 앉아 있었습니다. 니나^{Nina}가 교실 뒤쪽에서 아주 큰 소리로 소리를 지르고 있었어요. 아무도 고개를 돌리지 않고 제 가르침에만 집중했어요. (멘토링 토론에 참여한 협력 교사, 2018년 11월 22일)

이전 상황에서 학생들은 특수교육실무사$^{special\ needs\ assistant}$가 니나^{Nina}의 짜증을 처리할 것이라는 것을 알고 있었다. 그들은 신중했고 아무것도 눈치채지 못하는 척했다. 또 다른 예는 학생들이 새로운 여학생에게 공감을 느끼고 그녀가 수업에서 편안함을 느끼기를 원한다는 것을 보여 준다.

니나^{Nina}가 참여 거부를 해서 낮잠을 자고 싶지 않았을 때(니나^{Nina}는 학교에서 첫 달 동안 수업 시간에 쉬어야 했다.) 다이아몬드 순간과 같았습니다. 교사와 개인 보조교사는 그녀가 잠자리에 드는 데 동의하도록 만들 수 없었습니다. 그런 다음 행동에 많은 어려움을 겪고있는 한 소년이 일어나서 니나^{Nina}의 손을 잡고 '이제 니나^{Nina}, 이제 낮잠을 자자'라고 말했습니다. 그리고 소녀는 그를 따라 화장실까지 잘 따라갔습니다. (멘토링 토론에 참여한 협력 교사, 2018년 11월 22일)

이제 학생 수준에서 교사의 효과를 살펴보겠다. MAP 모델에 따르면, 이는 학생들의 학습, 동기 부여 및 복지를 통해 입증될 수 있다(Metsäpelto et al., 2020). 우리는 '학생으로서의 나$^{I\ as\ a\ school\ child}$'라는 연구 기반의 핀란드 설문조사를 사용했다(Aro et al.,

2014). 1학년 봄 학기 초(2018년 1월 15일)와 2019년 2학년 봄 학기 말(2019년 5월 7일)에 설문조사를 실시했다. 당시에는 모든 아이가 글을 읽을 수 없었기 때문에 개별적으로 인터뷰를 진행했다. 학생들은 리커트 척도^{Likert scale}로 평가하여 명제에 답했다. 언어적 지시를 뒷받침하기 위해 웃는 얼굴(동의함)부터 슬픈 얼굴(동의하지 않음)까지 다양한 이모티콘을 사용했다. 학생들의 학교 참여도를 평가하기 위해 설문조사에서 세 가지 항목을 선택했다. 학생들의 경험은 1학년 때 이미 상당히 긍정적이었지만 2학년 말에는 더욱 긍정적이었다. 하지만 2018년에는 자폐성 장애 학생 두 명이 상당히 부정적인 감정을 느꼈다. 그들의 대답은 학교, 학급 또는 학교 전체에 가는 것이 즐겁지 않다는 것을 보여 주었다. 학생들의 학교 즐거움에 관한 답변은 〈표 10-1〉에 나와 있다. 학생들의 두 번째 학년도인 2019년 봄 학기에는 학급 내 또래 관계를 지도화했다. 질문이 포함된 소시오그램은 [그림 10-4]와 [그림 10-5]에 나와 있다. 소시오그램^{sociograms}은 각 학생이 얼마나 많은 언급을 받았는지 설명하는 영역으로 나뉜다. SEN, 강화 및 일반 지지를 받은 학생의 동공은 다른 색으로 표시된다. 처음에는 학생들에게 팀워크를 통해 공부하고 있다고 상상하도록 지시하고 함께 공부하고 싶은 반 친구 3명의 이름을 말하도록 했다. 니나^{Nina}를 제외한 모든 학생은 적어도 한 번 이상 이름을 불렀다([그림 10-3] 참조). 그러나 소시오그램의 결과는 지원 계층이 다른 학생들 사이에 언급이 있고 대부분의 모든 학생이 언급을 받았기 때문에 좋은 것으로 간주할 수 있다. 니나^{Nina}가 언급을 받지 못한 이유는 아마도 학습 장애가 심했기 때문일 것이다. 학교에서 니나^{Nina}의 가장 중요한 목표는 몇 분 동안 한 자리에 앉아 이야기를 듣거나 화장실에 갈 때 필요한 것을 처리하는 등 교사의 지시를 따르는 법을 배우는 것이었다. 그녀는 또한 짧은 단어를 통해 자신을 표현하는 법을 배우고 있었다.

〈표 10-1〉 학교에 가는 것이 즐거운 이유에 대한 협력교사의 학생 답변

항목	년도	동의함	때때로 동의함	비동의함	Σ
나는 학교에 가는 것이 좋아요.	2018	81.3%(13)	12.5%(12)	6.3%(1)	100.0%(16)
	2019	85.7%(12)	14.3%(2)	–	100.0%(14)
나는 수업이 좋아요.	2018	87.5%(14)	–	12.5%(2)	100.0%(16)
	2019	100.0%(14)	–	–	100.0%(14)
우리 학교는 좋은 학교에요	2018	81.3%(13)	5.3%(1)	10.5%(2)	100.0%(16)
	2019	92.9%(13)	7.1%(1)	–	100.0%(14)

학생들에게 던진 두 번째 질문은 '쉬는 시간에 누구와 놀고 싶지 않은가'였다([그림 10-5] 참조). 그 결과 ADHD를 앓고 있는 소년 요하네스[Johannes](여덟 번 언급)가 가장 놀고 싶지 않은 놀이 친구로 나타났다. 이 결과는 놀이 중 갈등을 유발할 수 있는 그의 행동 증상으로 설명할 수 있다. 두 번째로 원치 않는 놀이 친구는 역시 자폐성 장애 학생인 어마[Irma](3건 언급)였다. 그 외에는 특정 학생에 대한 언급이 한두 번밖에 없

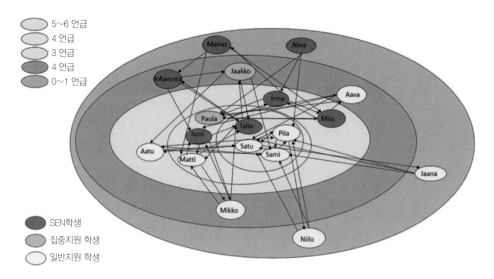

[그림 10-4] 협력 교사의 수업, 질문에 답하는 소시오그램: 우리 반에서는 조별 과제를 하면서 공부합니다. 같은 반 친구 3명 중 어떤 친구를 그룹으로 선택하고 싶어요?

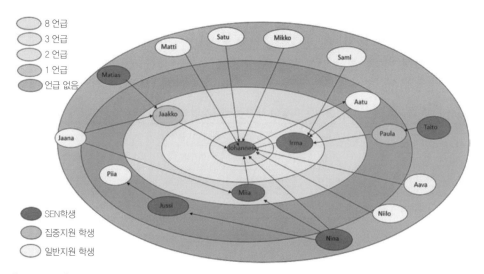

[그림 10-5] 협력 교사의 수업, 질문에 답하는 소시오그램: 휴식 시간 동안 누구와 놀고 싶지 않나요?

었으며, 이들은 세 가지 지원 계층을 모두 가진 학생이었다.

　　두 소시오그램의 차이는 학교에는 다양한 수준의 학생들이 포함되는 다양한 사회적 영역이 존재한다는 것을 보여 준다(Qvortrup & Qvortrup, 2018 참조). 설문조사와 소시오그램에 비추어 볼 때, 학급 분위기는 대체로 좋았지만 여전히 몇 가지 문제가 있는 것으로 나타났다.

　　다음 섹션에서는 선행 문헌에 비추어 협력 교사의 교육적 실천을 개념화하여 학급 공동체를 구축하고 학생들의 학습 참여를 유도하는 데 필요한 교사 역량이 무엇인지 살펴볼 것이다.

(1) 교사의 역량과 다양한 참여 수단

　　요약하면, 협력 교사의 교육적 실천을 분석한 결과, 협력 교사는 UDL 접근법이 도입되기 전에도 다양한 참여 수단이라는 원칙과 관련하여 UDL 접근법에서 사용되는 것과 동일한 종류의 교육적 해결책을 사용했다. 이 교수법은 통합교육에 관한 이전 연구와도 공감을 불러일으킨다.

　　MAP 모델에서 필요한 역량은 비인지적 역량, 특히 교사의 사회성 및 의사소통 능력과 개인적 성향의 차원에 배치된다(Metsäpelto et al., 2020). 여기에는 관계 기술, 정서적 역량, 다양성 역량, 문화 간 역량 및 상호 작용의 다섯 가지 하위 범주가 포함된다. 이들은 모두 우리 연구에서 협력 교사의 교육학적 프로필에 부합한다. 우선, 협력 교사들은 학생들의 요구에 매우 민감했고 학생들을 지원하는 데 적극적으로 참여했다(예: Tjernberg & Mattson, 2014 참조). 협력 교사들은 학생들의 말에 귀를 기울이고 소속감을 강화했는데(Qvortrup & Qvortrup, 2018), 이는 통합교육에서 필수적인 특징이자 학생들의 웰빙과 학습에 기여하는 요소로 간주된다(Burke & Claughton, 2019). 이러한 교육적 행동은 기술로서 학생에 대한 교사의 헌신과 책임감으로 해석할 수 있다(예: Shani & Hebel, 2016 참조). 결국 이러한 기술의 근간이 되는 역량은 교사의 개인적 가치, 태도, 신념 및 경험이다(예: Levin & He, 2008).

　　MAP 모델의 개인적 성향에서는 일반적인 적응 패턴과 같은 교사의 개인적 성향뿐만 아니라 신념, 가치, 윤리 및 교사의 동기 부여 지향에 의해 구성된 자아 개념도 여기에 포함된다. 이러한 측면은 교사가 학생을 학문적 지식의 전달자로 간주하여 거리감 있고 정보 지향적인 대신 학생에게 정서적 지원을 제공하도록 유도했다

(Lakkala et al., 2020). 문헌에 보고된 조사에 따르면 교사의 정서적 지원은 학생들의 광범위한 사회적 역량과 과제 지향적 역량을 예측한다(Hamre & Pianta, 2005).

　MAP 모델에서 교사의 인지적 사고 능력은 학생의 메타인지 능력을 촉진하는 교육적 행동과 공명한다. 이는 교사가 자신의 가르침을 성찰하고 학생의 필요에 따라 조정하는 능력에 대해 이야기한다(Lingard & Mills, 2007). 이 차원은 정보 처리, 비판적 사고 및 문제 해결, 창의성, 의사소통, 논증 및 추론, 메타인지 능력의 다섯 가지 하위 차원으로 구성된다. 협력 교사들은 학생들의 자기 이해와 메타인지 능력을 향상시키기 위해 학생들의 인지 발달에 맞는 방식으로 자기 평가를 가르칠 때 다양한 참여 수단을 사용한다는 UDL 원칙을 따랐다(Elder, 2010). 교사들은 학생들에게 학업 성취도를 높일 수 있는 능력을 가르침으로써 사회적 불평등도 예방했다(참조: Lingard & Mills, 2007). 이 과정에서 그들은 통합교육학[inclusive pedagogies]도 연관된 특징인 학습자로서의 학생의 변화를 강조했다(Florian & Spratt, 2013). 또한 정보 제공과 격려적 피드백(Ryan & Deci, 2016)을 적용하여 교육과정과 학습자 간의 상호 작용을 가능하게 하였는데, 이는 UDL 접근법의 핵심 아이디어 중 하나이다(Rose, 2014).

　협력교사 교육학에서의 UDL 접근법에서는 명확하게 설명되지 않는 한 가지 측면은 부모 및 보호자와의 협력이다. 이와는 대조적으로 이러한 측면은 통합교육학에서 잘 설명된다. 예를 들어, '통합을 위한 교사 교육[Teacher Education for Inclusion]'이라는 잘 알려진 국제 프로젝트에서 협업 능력은 중요한 통합적 교사의 기술로 확인되었다(Watkins & Donnelly, 2012). 우리의 경우, 협력 교사들은 부모 및 보호자와의 좋은 관계와 상호 협력에 투자했다.

　결론적으로, 발달적 관점에서 볼 때 협력 교사들은 이미 첫 번째 UDL 원칙을 실현할 수 있는 역량을 갖추고 있었다. 유일하게 발견할 수 있었던 발전적인 측면은 멘토링 토론을 통해 협력 교사와 연구자 모두에게 이 UDL 원칙의 본질적인 특징과 다른 개념적 프레임워크와의 연관성이 더 명확해졌다는 점이다. 다음에는 두 번째 UDL 원리인 다양한 표상 수단으로 분석을 이어가면서 이 UDL 원리와 관련된 교사들의 교육적 행동을 살펴볼 것이다.

2) 교사들의 교육적 실제 개발

이 연구에서 다중표현수단이라고 하는 UDL 원칙은 '학습의 내용'을 다루며, 학생들이 정보를 인식하는 데 있어 학습 장벽을 낮추는 수단을 설명한다(Rose et al., 2014). 학습 내용에 접근할 수 있는 가장 적절한 방법을 찾는 것은 교사의 책임이다.

다음 결과는 부분적으로 UDL 접근법을 연구하고 학생들과 함께 시험해 본 협력 교사의 수업에서 교육적 행동을 설명한다(2019년 봄 학기). 일부 자료는 협력 교사가 1학년 학생 한 학급과 담임 교사, 보조교사 1명을 초대하여 UDL 수업에 참여하도록 한 기간(2019년 11월)의 자료를 발췌한 것이다.

때때로 협력 교사들은 기술을 가르치거나 학생의 자기 효능감, 사회적 기술 및 인내심을 향상시키기 위해 학교 수업 중 자연스러운 기회를 활용하는 임베디드 교수법embedded instruction을 사용했다(예: Kurth & Gross, 2015 참조). 예를 들어, 스토리텔링 세션에서 학생들이 구두 이해력을 연습할 때 교사는 학습에 심각한 어려움이 있거나 의사소통에 커뮤니케이터communicator를 사용하는 두 학생에게 어떤 질문을 할 것인지 미리 계획하여 모두가 성공의 경험을 할 수 있도록 했다(관찰, 2018년 1월 15일). 또 다른 예는 협력 교사가 주의력 결핍이 있는 학생이 가르치는 정보에 접근할 수 있도록 한 방법을 설명한다.

> 아이들이 줄지어 벤치에 앉으면 교사가 이야기를 읽기 시작합니다. 요하네스Johannes가 자리에서 이리저리 움직이는 것을 제외하고는 모두 경청합니다. 요하네스Johannes가 보조교사에게 무언가를 속삭입니다. 조교가 고개를 끄덕이자 요하네스Johannes는 색칠공부 그림과 연필을 가져옵니다. 그는 자리로 돌아와 이야기를 들으며 그림을 그립니다. (관찰, 2018년 1월 15일)

대부분의 협력 교사 수업, 특히 읽기 또는 수학 수업에서 학생들은 학습 요구에 맞는 적시에 목표에 맞는 지원을 받기 위해 색으로 명명된 그룹으로 작업했다. 여러 번 교사들은 학생들을 세 그룹으로 나누어 다양한 연습 과제를 제시했다([그림 10-6] 참조). 이 과제들은 같은 주제를 변형한 것이었다. 과제는 학생들의 학습 프로필에 따라 맞춤화되었다. 협력 교사는 또한 아이들이 게임을 하거나 수학 연습 또는 기능적 과제를 수행하는 정거장station 작업과 같은 다른 종류의 그룹을 사용했다.

[사진 10-2] 파란색, 녹색 및 빨간색 그룹, 협력 교사 수업을 위한 수학 및 읽기 수업 중
유연한 그룹화를 위한 지침

협력 교사의 목표는 학생들이 성공할 수 있는 과제를 제공함으로써 학생들의 자기
효능감을 강화하는 것이었다. 협력 교사 중 1명은 다음과 같이 말했다.

규모. 맞춤. 차별화. 어떤 일을 하든 아이의 눈높이에 맞춰서 아이가 성공을 경험할 수 있도록
해야 해요. 그리고 아이가 과제에 실패하더라도 '이봐, 우리가 함께 이 문제를 극복했어!'라고 느
낄 수 있어야 해요. (멘토링 토론에 참여한 협력 교사, 2018년 11월 22일)

협력 교사들은 2019년 봄 학기부터 학급에서 UDL을 실험하기 시작했다. 그들의
주제는 인체와 그 기능에 관한 것이었다. 그들은 목표 지원을 위해 유연한 그룹화(파
란색, 녹색, 빨간색 그룹)를 사용했다. 첫 번째 실험에서는 녹색 그룹의 자폐성 장애 학
생들이 지침과 학습 과제를 이해하는 데 어려움을 겪는 것으로 나타났다. 다음 UDL
실험을 위해 협력 교사는 전체 그룹이 더 쉽게 접근할 수 있도록 학습 과제를 개발했
다. 예를 들어, 학생들은 '옛날 옛적에…… 인생은Once upon a time…… the life' 애니메이션
영화의 일부를 시청하는 등 수업의 시작과 끝이 서로 달랐다(협력 교사 노트, 2019년
1월 31일). 그들은 모두를 위해 더 구체적인 학습 자료를 계획했다. 그럼에도 불구하
고 그들은 SEN 학생들의 심각한 학습 어려움 때문에 맞춤형 자료도 계속 준비했다.
또한 수업이 진행되는 동안 협력 교사와 보조교사는 그룹을 세심하게 안내했다. 그들

은 또한 학생들의 학습에 더 많은 시간을 할애했다.

우리는 학생들이 집에서 가져온 아기 사진을 보면서 서로를 시작하는 시간을 가졌습니다. 멋진 순간이었습니다! 우리는 많은 이야기를 나눴습니다. 그런 다음 소그룹으로 실습 세션을 가졌습니다. 모든 그룹은 같은 주제에 대해 맞춤형 연습을 했습니다. 녹색 그룹(SEN 학생)은 읽기 쉬운 글을 사용하여 잘 입증된 패턴을 따라하기 시작했습니다. 다른 두 그룹은 책에서 자율적으로 주제를 공부했습니다. 다양한 연습이 끝난 후에는 인체 기능에 관한 애니메이션 영화를 시청했습니다. (협력 교사 노트, 2019년 1월 31일)

[그림 10-7] 수업, 그림 지시 및 교사의 수업에 대한 학습 과제에 대한 옵션.

협력 교사들은 UDL 실험을 계속 발전시켰다. 주제는 동일하지만 학생들에게 학습 과제에 대한 선택권을 부여하기 시작했다. 이 옵션을 통해 학생들은 자신이 가장 잘 배울 수 있는 학습 방법을 선택할 수 있었다. 지침은 구두와 그림으로 모두 제공되었다([그림 10-7] 참조).

자신의 학급에서 UDL 실험을 실시한 후, 협력 교사들은 두 차례에 걸쳐 실제 UDL 기간을 실시했다. 그들은 1학년 학생 한 학급과 담당 교사, 보조교사를 초청하여 이 수업에 참여하도록 했다. 2019년 11월에는 라피쉬^{Lappish} 동물에 대한 주제로 시작했다. UDL 세션이 시작될 때 학생들은 구두 및 시각적 설명을 통해 지침을 받았으며, 소규모 이질적인 그룹으로 나뉘었다. 각 소그룹에는 일반 지원 단계에 해당하는 학생 1명, 3학년 학생 1명, 심화 지원 단계에 해당하는 학생 1명, SEN(3학년) 학생 1명,

1학년 학생 1명이 있었다. 다양한 능력과 연령대의 학생들이 있었기 때문에 서로 다른 주제에 대해 지식/결과를 산출하는 다양한 방법을 선택할 수 있었다.

> 학생들은 이질적인 소그룹(1학년과 3학년)으로 나뉩니다. 교사 중 한 명이 그날의 주제에 대해 설명하고 작업하는 방법을 보여 줍니다. 학생들은 아이패드(동물 다큐멘터리 영화)나 책에서 정보를 검색할 수 있습니다. 글을 읽을 줄 아는 학생들이 큰 소리로 책을 읽어 주면 어린 학생이나 글을 읽지 못하는 아이들은 들을 수 있습니다. 아이들은 메모를 하거나, 플레이도우를 만들거나, 그림을 그릴 수 있습니다(연구 중인 라피쉬 동물). (관찰, 협력 교사 수업 및 1학년 학생, 2019년 11월 8일)

두 번째 UDL 기간 동안 교사들은 자신의 수업과 학생들의 학습에 대해 계속 성찰했다. 일부 그룹은 강력한 지도가 필요했지만, 성인들은 학생들이 자율적으로 선택할 수 있는 공간을 제공하려고 노력했다. 학생들은 이전과 마찬가지로 다양한 연령대가 섞인 소그룹으로 동물 이야기를 만들었다.

> 미아Mia, 쥬시Jussi, 이르마Irma, 마티아스Matias로 구성된 소그룹은 함께 공부하는 방법에 대해 많은 지도가 필요했습니다. 오늘의 과제(서로의 이야기를 만들어 내는 것)를 위한 주제를 정하는 것조차 어려웠습니다. 어른의 강력한 지도가 필요했습니다. 일부 아이들은 협동하는 법을 배우기 위해 많은 지도가 필요할 것입니다. 교사의 역할에서와 마찬가지로, 제가 생각하는 방향으로 아이들을 많이 지도하지 않고 아이들의 시각이 드러날 수 있도록 노력하는 것이 어려웠습니다. (협력 교사 및 1학년 담임 노트, 2019년 11월 22일)

학생들이 이야기의 주제를 고안한 후 마인드맵의 개념에 대해 소개했다. 마인드맵의 도움으로 학생들은 이야기의 줄거리를 만들었다([그림 10-8] 참조).

[그림 10-9]는 학생들이 이야기를 구성할 때 교사가 패턴과 중요한 특징을 강조했음을 보여 준다. 마인드맵은 학생들이 이야기의 핵심 개념과 기본 구조를 학습하는 데 도움이 되었다. 그룹 학생들은 각자의 시작점에서 일부는 말로, 일부는 그림으로, 일부는 글로 이야기 만들기에 참여할 수 있었다(협력 교사 및 1학년 교사 노트, 2019년 11월 22일).

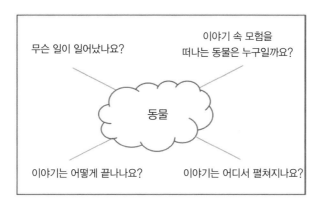

[그림 10-8] 담임교사와 1학년 담임교사의 학생들을 위해 제시된 이야기 마인드맵

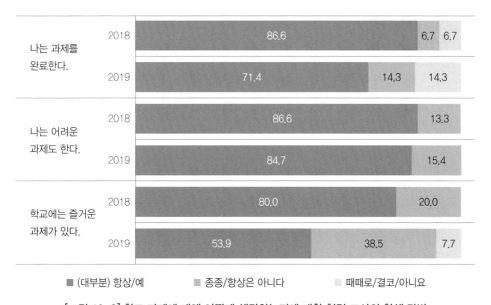

[그림 10-9] 학교 과제에 대해 어떻게 생각하는지에 대한 협력 교사의 학생 답변

　협력 교사의 수업에서 학습 내용 표현에 대한 학생들의 경험은 '학창 시절의 나[I as a school child]' 설문조사(Aro et al., 2014)를 통해 두 차례에 걸쳐 조사했다. 학생들에게 학교에서 즐거운 과제가 있는지, 어려운 과제도 하는지, 과제를 끝까지 해내는지 등을 물었다. 학생들(2018년 – N = 15명, 2019년 – N = 14명)은 리커트 척도로 평가하여 문항에 답했다. 결과는 [그림 10-9]에 나와 있다.

　두 해 모두 절반 이상의 학생들이 모든 문항에 매우 긍정적으로 답했다. 그러나 학교에서 즐거운 과제에 대해 매우 긍정적인 태도를 가진 학생의 수는 2학년 동안 감소했다. 학생들이 과제를 마쳤는지에 대한 질문에서는 2학년에서 매우 부정적인 답변의 수가 약간 증가했다. 어려운 과제도 하는지에 대한 질문에는 두 해의 설문조사에서 2명의 학생이 가끔만 하거나 전혀 하지 않는다고 답했다. 두 학생 모두 SEN을 가진 학생이었다. 세 가지 질문 모두에서 가장 부정적인 답변을 한 학생은 두 해 모두 같은 SEN 학생이었다. 교사들에 따르면 이 학생들은 학교 교육에 대해 높은 존경심을 가지고 있지 않았다. 그러나 우리는 그들의 자존감이 낮은 이유가 부분적으로 부적절한 과제 때문이라고 예상할 수 있다.

UDL 수업이 끝난 후, 1학년과 3학년 학생들(N = 37)은 설문조사에 응답하여 UDL 수업 중 자신의 학습을 평가했다. 평가를 위해 UDL 원칙에 따라 '학습자로서의 나는 이렇습니다This is I as learner'라는 설문지를 구성했다([부록 10-1]). 이 중 3개 문항은 다중 표현 수단과 상호 연결되었으며, 그 결과는 [그림 10-10]에 나와 있다. 분석할 때 원래의 다섯 가지 범주를 '1 - 동의 또는 거의 동의' '2 - 모르겠다' '3 - 상당히 동의하지 않거나 동의하지 않는' 세 가지 답변 범주로 통합했다.

[그림 10-10]에서 학생들의 UDL 수업에 대한 경험은 대체로 매우 긍정적이라는 것을 알 수 있다. 그러나 UDL 수업에 대한 경험이 그다지 긍정적이지 않은 학생들도 있었다. 배운 것이 없거나, 배워야 할 내용을 이해하지 못했거나, 수업이 지루하다고 답한 학생은 3~5명 정도였다. 피어슨 상관관계 검증(Rodgers & Nicewander, 1988)를 통해 여러 학생의 답변 사이의 연관성을 분석했다. 3단계 지원(일반 지원, 심화 지원, 특별 지원)의 모든 수준에서 공부하는 학생들 모두 긍정과 부정에 모두 답변하는 등 답변과 학생의 지원 수준 간에 통계적으로 유의미한 차이를 발견하지 못했다([부록 10-2]의 〈표 10-2〉 참조). 또한, 학생이 1학년인지 3학년인지에 대해서는 통계적

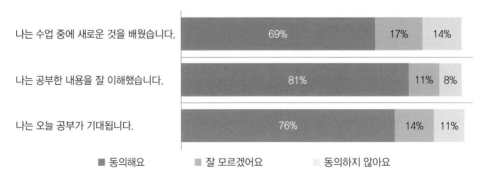

[그림 10-10] 협력 교사와 1학년 학생의 UDL 수업 후 학습에 대한 자기 평가

으로 유의미한 차이가 없었다. 대신, 학생이 얼마나 흥분했는지와 학습할 내용을 얼마나 잘 이해했는지 간에 약간의 양의 상관관계가 있는 것으로 나타났다(r = 0.356*, p = 0.033). 이 양의 상관관계는 동기 부여의 관련성을 나타내는 것으로 추정된다.

(1) 교사 역량과 다양한 표상 수단

MAP 모델에서 다양한 표상 방법의 실현은 교수 학습을 위한 지식 기반이라는 교사 역량에 해당한다. 이 교사 역량의 중요한 하위 차원은 특히 내용 지식, 교육학적 지식, 교육학적 내용 지식이다. 이러한 지식은 교사의 이전 경험과 교실에서의 행동, 그리고 그러한 경험에 대한 성찰을 바탕으로 구축된 교사의 형식적 지식과 경험적 지식을 결합한다(van Driel et al., 2001).

연구 결과에 따르면, 교사들은 학생들을 격려하고 학습을 지원하는 학습 환경과 분위기를 조성했다. 그들은 학습서를 사용하지 않고 교육과정을 기반으로 가르쳤으며, 이를 신중하게 수정하고 실행했다(Lakkala & Määttä, 2011 참조). 교사들은 의미 있는 맥락에서 자체 제작한 실제 과제를 사용했다. 그들은 개별적으로나 집단적으로 수업에 대해 성찰했고, 이를 통해 교사로서 자신의 행동을 평가하고 학생들의 학습 과정을 개발하는 데 성공했다. 그들은 학습할 주제에 대한 학생들의 사전 지식을 고려하고 학생들의 필요와 준비 상태에 따라 다양한 자료, 과제 및 콘텐츠를 사용했다. 협력 교사들은 UDL을 시험하는 동안 모든 학습 과제를 맞춤화하는 대신 선택적 학습 방법을 제공하면 학생들이 자신의 학습 역량을 활용하는 방법을 배울 수 있다는 사실을 깨달았다. 이는 결과적으로 학생들의 사고력 발달과 학습 학습을 촉진한다.

또한, 다양한 표상 방식이라는 UDL의 원리는 MAP 모형의 인지적 사고력이라는 교사 역량과도 연계되어 있다. 교사들은 교수 전략을 변경할 때 비판적으로 분석, 평가, 재구성, 지식을 창조 및 확장하고 목표를 달성하기 위해 문제를 해결하는 새로운 방법을 찾는 능력을 보여 주었다(Krathwohl, 2002 참조). MAP 모델에서 이 역량에는 정보 처리, 비판적 사고 및 문제 해결, 창의성, 논증 및 추론을 포함한 의사소통, 메타인지라는 다섯 가지 하위 차원이 포함된다. 교사들은 학생들이 학습 내용을 쉽게 이해할 수 있도록 매우 정확하게 언어화했다. 그들은 학습 상황에서 개방형 질문, 반복 및 풍부한 언어를 사용했다. 또한 피안타[Pianta] 등(2008)은 학습 과정에서 교육적 지원이 중요하다는 것을 인식하고 있다.

그 결과, 교사들은 맞춤형 과제에서 새로운 교수법으로 수업 방식을 바꿀 수 있었다. 연구 수업에서 UDL을 사용함으로써 학생들은 자신과 자신의 견해에 대한 자신감을 가질 수 있었다. 소그룹으로 학생들을 가르칠 때 교사들은 학생들의 질문에 여지를 주고 답을 찾고, 다른 사람의 견해를 경청하고, 이전 지식을 성찰하도록 영감을 주었다. 교사들은 많은 피드백을 제공하여 학생들이 생각하고 숙고하도록 도전하고 동료 피드백을 장려했다(Hamre et al., 2013 참조). 파카리넨Pakarinen 등(2010)의 연구에서는 고품질의 수업 지원이 교실에서 학생들의 과제 중심 학습을 증가시킨다는 사실을 입증했다. 교사의 의사소통 및 논증 능력은 고차원적 사고 능력과 공명하며, 이는 교사의 업무에 매우 중요한 요소로 간주된다(Metsäpelto et al., 2020).

요약하자면, 우리는 협력 교사의 실제와 UDL의 가이드라인guideline 사이에 차이가 있음을 발견했다. UDL 가이드라인에서는 학습자의 다양성에 대해 이야기할 때 혼합 능력 그룹을 강조한다(예: Ralabate, 2016 참조). 또한 통합적 교수법에서는 학생 그룹을 혼합 능력 그룹과 함께 사용할 수 있다(Kurth & Gross, 2015). 이 연구에서는 혼합 그룹에서 UDL을 실현했음에도 불구하고 협력 교사는 맞춤형 과제를 계속 사용했기 때문에 서로 다른 능력을 가진 학생들이 각자의 소그룹에서 작업하기도 했다. 그런 다음 협력 교사는 비계를 사용하여 학생들이 자신의 근거리 학습 영역에서 작업할 수 있도록했다 (Vygotsky, 1978). 협력 교사는 유연한 그룹화를 정적이지 않은 그룹화로 정의했다(Radencich & McKay, 1995 참조). 협력 교사들은 서로 다른 그룹을 서로 다른 교수 기법, 과제 및 지원으로 그룹화하고 사용함으로써 이질적인 그룹을 위한 최적의 학습 환경을 조성하기 위해 노력했다(Ford, 2005). 많은 연구에서 대상 학생을 위한 맞춤형 과제를 긍정적으로 바라보지만, 특정 그룹에 배정된 학생과 그 이유(예: 발달, 정서 또는 행동 문제)를 학생 스스로가 인지할 때 낙인감을 느낄 가능성이 있다. 또는 차이에 대해 이해하기 쉽게 이야기하고, 차이를 인간의 자연스러운 일부로 받아들이고, 차이가 학생의 교육에 어떤 의미가 있는지 받아들이고, 차별화의 이점을 강조함으로써 특별한 치료가 필요한 것으로 식별되는 것과 관련된 낙인을 줄일 수 있다(예: Kaufman & Badar, 2013 참조).

다음으로는 세 번째 UDL 원칙인 다양한 행동 및 표현 수단과 관련된 교육적 행동과 교사의 역량에 대해 살펴보고자 한다.

3) 교사는 여러 전문가 팀을 통해 교육을 관리하여 학생들의 행동을 가능하게 한다

UDL 모델의 세 번째 원칙은 다양한 행동 및 표현 수단이다. 이 원칙은 '학습 방법'을 다루며 신체적 행동, 표현, 의사소통 및 실행 기능에 대한 옵션을 제공하는 데 중점을 둡니다. 목표는 모든 학생이 전략적이고 목표 지향적인 학습자가 될 수 있도록 지원하는 것이며(Rose et al., 2014), 이는 통합적 교육학의 원칙이기도 하다(Florian & Spratt, 2013). 학습 과정에 접근할 때 교사는 다양한 방법, 자료, 의사소통 및 표현 기법을 활용한다. 학생은 자신의 지식을 내면화하고 구축할 때 목표 설정, 계획, 전략 선택 및 전체 학습 과정 모니터링의 의미를 의식해야 한다(CAST, 2018).

모든 학생을 지원한다는 측면에서 교실에 성인 강사가 여러 명 있었다는 점이 중요했다. 강사가 많으면 다양한 의사소통 방법과 자료, 표현 기법을 활용하기가 더 쉬웠기 때문이다. 예를 들어, 어떤 학생은 작업을 시작하는 데 어려움을 겪었는데, 교사나 보조교사가 그 학생을 도와 즉시 앞으로 나아갈 수 있도록 지도할 수 있었다(관찰, 2019년 11월 8일).

매주 협력 교사들은 한 주간의 계획을 폴더에 작성하여 조교들도 볼 수 있도록 했다. 이 계획에는 다른 과목의 주간 학습 과제뿐만 아니라 학생들의 치료 또는 의사 방문 등이 포함되었다. 수업에 참여한 성인들 간의 업무 분담이 명확했고, 보조교사 중 한 명이 말했듯이 보조교사들은 자신의 기술이 존중받는다고 느꼈다.

> 저에게 중요한 것은 우리 팀이에요. 우리는 함께 일하고 필요에 따라 유연하게 상대방의 입장이 되어 주기도 해요. 특히 우리 모두는 각자의 강점을 살릴 수 있습니다. 누군가가 잘하는 분야는 그 사람이 맡을 수 있어요. 다른 보조교사들은 우리가 이 수업에서 일할 수 있는 기회를 갖는 동안 질투하는 것 같아요. (멘토링 토론에 참여한 보조교사, 2017년 10월 12일)

협력 교사와 보조교사는 각자의 지식과 기술을 갖춘 강력하고 다양한 전문가 공동체를 형성했다. 협력 교사와 보조교사는 체계적이고 자발적인 토론을 통해 서로의 아이디어, 기술 및 지식을 공유하고 소통했다(2017년 10월 12일, 협력 교사의 수업 참관).

협력 교사들은 교육과정을 따랐지만 학습서는 사용하지 않았다. 모든 학생들은 각기 다른 학습 과제를 완수할 때마다 점진적으로 포트폴리오를 구축했다. 학생들은 학기 중 6번이나 새로운 포트폴리오를 받았다. 포트폴리오와 연습 문제의 몇 가지 예는 [그림 10-11]에 나와 있다.

각 포트폴리오에는 협력 교사가 학생의 학습 진도에 대한 간단한 평가서를 동봉했다. 학부모들도 가정에서 자녀의 학습에 대한 평가를 포트폴리오에 작성했다.

수업 중에 협력 교사들은 다양한 연습 및 학습 방법을 만들고 허용했다. 다음 예에서 볼 수 있듯이 학습 상황의 계획은 학생들에 대한 지식을 바탕으로 이루어졌다. 교사들은 아이들의 일반적인 심리 발달 과정과 일반적인 어려움을 알고 있었기 때문에 이론을 실제로 실현하고 학교 생활 중 발생할 수 있는 어려움을 확인할 수 있었다. 또한 학생들이 스스로 과제나 연습 방법을 결정할 수 있도록 했다. 학생들은 비디오를 보고, 읽고, 토론하고, 모델링하고, 그림을 그린 다음 그 결과를 다른 학생들에게 소개했다(관찰, 2019년 11월 8일).

> 모든 학생들은 조별 발표에서 배운 내용(UDL 기간, 라피쉬 동물)을 자신이 가장 즐겁고 편안하게 느끼는 방식으로 발표할 수 있는 기회를 가졌어요. 읽기나 움직임 등 다른 학생들보다 발표가 느린 학생들도 안심하고 발표할 수 있는 기회가 주어졌습니다. 재능이 있는 학생은 자신의 속도에 맞춰 진행하면서 다른 학생에게 정확한 지시를 내릴 수 있도록 했어요. (관찰, 담임교사 및 1학년 교사의 학생, 2019년 11월 8일)

[그림 10-11] 협력 교사의 학생 포트폴리오 및 연습 문제

UDL을 적용하기 시작한 후 학생들은 스스로 학습 상황을 구성할 수 있었다. 일부 학생들에게는 어려운 일이었고, 친구를 따라가는 등 자신의 능력이 아닌 다른 이유에 따라 결정을 내리는 경우도 있었다. 그런 경우 혼자서 과제를 완수하는 데 어려움을 겪을 수 있으므로 어른들이 적절한 과제를 안내해 주었다. 교사들은 학생의 실행 기능이 아직 낮은 수준이라면 더 많은 지도가 필요하다고 생각했다.

> 협력 교사 1(특수교사)과 보조교사는 이전 수업을 통해 더 현명해진 상태에서 SEN 학생에게 더 적합하도록 과제와 가르칠 주제를 조정했어요. 이번에는 교사의 도움을 더 많이 받아 주제를 제시했어요. (보조 교사 및 1학년 교사 노트, 2019년 1월 24일)

학생들은 낮은 수준의 기술을 발판으로 삼아 학생들이 실행 처리를 덜 필요로하도록 가르치거나 높은 수준의 실행 기술과 전략을 발판으로 삼아 가르쳤다. 메타인지 기술 외에도 협력 교사들은 학생들의 사회적 기술과 그룹 작업 기술을 증진하기 위해 노력했다.

> **협력 교사 1**: 자폐성 장애 학생들도 짝을 지어 작업하고 싶었지만 방법을 몰랐어요. 아이들은 함께 일한다는 것이 무엇을 의미하는지 이해하지 못했고, 그것이 학습에 장애가 되었어요. 최근에 저희는 짝을 지어 작업하는 연습을 하고 있어요.
> **협력 교사 2**: 네, 모둠 활동은 효과가 있지만, 말하기 과제를 하면 정말 영리한 학생 몇 명이 다른 학생들을 쉽게 지배할 수 있어요. …… 이것은 모두가 서로의 말을 경청하는, 개발해야 할 기술이에요. (멘토링 토론에 참여한 협력 교사, 2019년 5월 7일)

학생들의 경험을 분석하기 위해 협력 교사의 학생들은 필요할 때 도움을 받는지, 격려를 받는지, 교사가 공정/공평한지 평가하는 설문조사(Aro 외. 2014)에 응답했다. 학생들(2018학년 − N = 15명, 2019학년 − N = 14명)은 5점에서 3점으로 축소한 리커트 척도로 각 명제를 평가하여 답변했다. 답변에 따르면 2018년에는 대부분의 학생이 필요한 지원을 받고 있다고 느낀다고 답했다. 2019년에는 상황이 더 나아졌다. 모든 협력 교사의 학생들이 도움을 요청할 때 항상 또는 자주 도움을 받았다고 답했다. 또한 2018년에 비해 2019년에는 세 가지 문항 모두에서 가장 부정적인 답변의 수가 감

〈표 10-3〉학급에서 도움, 격려, 공정성을 받는지에 대한 협력교사 학생의 답변

진술문	년도	항상/자주	때때로	매우 드물게/전혀	합계
내가 도움을 요청할 때 도움을 받는다.	2018	80.0%(12)	13.3%(2)	6.7%(1)	100.0%(15)
	2019	100.0%(14)	-	-	100.0%(14)
나는 격려받는다.	2018	66.7%(10)	13.3%(2)(	20.0%(3)	100.0%(15)
	2019	64.3%(9)	28.6%(4)	7.1%(1)	100.0%(14)
선생님은 나에게 공평하다.	2018	86.6%(13)	-	13.4%(2)	100.0%(15)
	2019	78.4%(11)	14.4%(2)	7.2%(1)	100.0%(14)

소했다. 답변은 〈표 10-3〉에 나와 있다.

결과를 좀 더 구체적으로 살펴보면, 피어슨 상관관계로 자료를 분석했을 때 통계적으로 유의미한 차이는 발견되지 않았다([부록 10-2]의 〈표 10-4〉참조).

2019년 가을에 실제 UDL 수업을 진행한 후, 1학년 학생들과 보조교사의 3학년 학생들(N = 37)을 대상으로 '학습자로서 나는 이렇다'라는 설문조사를 실시하여 UDL 수업에 대한 자신의 경험을 평가했다([부록 10-1]). 분석 과정에서 원래 다섯 가지 범주를 세 가지 범주로 통합했다. 결과는 [그림 10-12]에 나와 있다.

[그림 10-12]에서 교육과 지원에 대한 학생들의 긍정적인 태도를 확인할 수 있다. 학년 또는 지원 수준과 답변 간의 상관관계를 피어슨 상관관계로 분석했을 때 통계적으로 유의미한 차이는 발견되지 않았다(〈표 10-5〉, [부록 10-2] 참조). 개별적으로 답변을 조사한 경우에도 학년 또는 지원 수준과 답변 간의 차이를 찾을 수 없었으며, 설문지에서 가장 부정적인 답변을 한 학생은 일반 지원을 받는 1학년 학생 1명과 특별

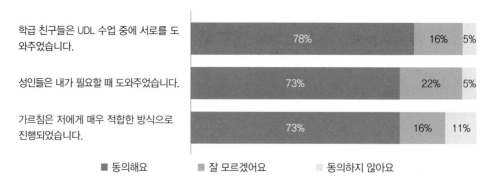

[그림 10-12] 협력 교사와 1학년 교사의 학생에 대한 UDL 수업 후 교수 및 지원에 대한 자체 평가

지원을 받는 3학년 학생 1명 등 2명이었다. 대신 가르침의 적절성과 학생들이 성인들이 자신을 돕는다고 인식하는 정도 사이의 상관관계는 통계적으로 유의미했다($r = 0.509{**}$, $p = 0.001$). 그런 의미에서 성인들의 도움과 지지가 학습 과정에서 매우 의미 있다고 볼 수 있다.

(1) 교사의 역량과 다양한 행동 및 표현 수단

이 섹션에서는 MAP 모델을 활용하여 다양한 행동 및 표현 수단이라는 UDL 원칙을 적용할 때 어떤 종류의 교사의 역량이 필요한지 살펴본다.

다중 행동 및 표현 수단은 MAP 모델의 교수 학습을 위한 지식 기반 차원과 상호 연결된 전체 교수 학습 과정에 관한 지식에 대한 철저한 통제가 중요함을 보여 준다. 이 차원에는 내용 지식, 교육학적 지식, 교육학적 내용 지식, 실천적 지식, 상황적 지식의 하위 차원이 포함되며, 이는 교수를 위한 주요 지식 기반을 형성하는 것으로 볼 수 있다(Shulman, 1987 참조). 교사의 교수학습 지식 기반이 구조화되어 있을수록 다양한 학습 상황과 이질적인 교실에서 보다 쉽게 적용할 수 있다. 교사들은 모든 학습자의 성취에 대해 높은 기대치를 가지고 있었다. UDL의 원칙에 따라 교사들은 학습 장애에 집중하는 대신 모든 학습자의 학업적, 실용적, 사회적, 정서적 학습을 촉진했다(CAST, 2018). 그들은 학생이 개념을 잘 이해했는지 확인하기 위해 학생에게 답을 설명하도록 요청했다. 또한 이러한 의사소통을 통해 다른 학생들도 서로의 표현을 통해 배울 수 있었다.

성찰, 창의성, 명확한 의사소통 능력은 MAP 모델의 교사의 인지적 사고 능력과 공감을 불러일으킨다(Mesäpelto et al., 2020). 이 차원은 정보 처리, 비판적 사고 및 문제 해결, 창의성, 논증과 추론을 포함한 의사소통, 메타인지 등 다섯 가지 하위 차원으로 구성된다. 이 연구에서는 교사의 수업에 대한 성찰이 교사의 교육적 행동을 발전시켰다. 교사의 성찰 능력은 유럽 교사 교육 원칙(European commission, 2005)과 같은 많은 문서에서 강조되고 있다. 또한, 통합적 교사의 프로필에는 개인의 전문성 개발의 가치가 언급되어 있다(European Agency for Development in Special Needs Education, 2012). 교사는 학생에게 적합한 행동과 표현을 수정하기 위해 아이디어를 검토하고, 주장을 분석하고, 정보를 종합하여 비판적으로 사고하고 문제를 해결하는 성찰적 실천가로 간주할 수 있다(Binkley et al., 2012; Bagnato et al., 2013).

MAP 모델에서 사회적 기술에는 네 가지 하위 범주가 포함된다. 관계 기술, 정서적 역량, 다양성 역량, 문화 간 역량은 모두 연구 수업의 협력 교사와 보조교사들의 교육적 실천과 활동에서 강조되는 요소이다. 교사와 보조교사는 교실 공동체에서 불평등한 대우와 소외 과정을 방지하고 각 학생의 존엄성을 지지하고 존중하는 방식으로 학습의 개인차에 대한 대응을 촉진하는 태도로 민감하게 함께 일했다(Booth & Ainscow, 2011; Spratt & Florian, 2015 참조). 우리 학교의 경우 핀란드 원주민인 사미족 Sámi people이 사는 지역에 학교가 위치해 있었기 때문에 문화적 맥락에 대한 인식이 특히 중요했다. 교사들은 다문화적 맥락을 민감하게 탐색하고 소통해야 했다(Bennett, 2009). 여기서 논의할 마지막 주제는 전문가 간의 협업이다.

덴햄Denham(2005)에 따르면 개인은 효과적인 협업을 위해 높은 수준의 관계 및 정서적 기술이 필요하다. 교사들은 학급의 소규모 전문 팀에서 교육적 리더십을 발휘했다. 교사와 조교 간의 효율적인 의사소통과 지식 전달을 포함하여 여러 부분이 함께 맞아야 했다(Lakkala et al., 2016 참조). 연구 수업에서는 각자의 전문 지식과 기술을 가진 모든 전문가가 존중받았고, 모든 직원이 교육을 계획하고 실행하는 과정에 참여할 수 있었다.

통합교육학은 혼자 가르치는 전통적인 패러다임에서 벗어나지만(예: Lakkala & Kyrö-Ämmälä, 2017 참조), UDL 접근법에서도 조직 수준의 교육적 실천을 인정할 것으로 예상할 수 있다. MAP 모델은 개인 및 그룹 수준, 조직 수준, 지역, 국가 및 글로벌 수준의 세 가지 수준의 교육적 실제를 구분한다(Metsäpelto et al., 2020). 통합교육학 및 UDL과 관련된 교육적 리더십과 관련하여 조직 수준은 동료, 다른 전문가 및 학부모와 협력할 수 있는 교사의 능력과 관련된 중요한 수준으로 나타난다.

연구 결과, 교사들은 학생들을 위한 다양한 학습 환경을 조성하는 데 매우 유능했다. 특히 교사들은 학생들의 학습과 웰빙을 향상시키기 위해 다른 전문가들과 긍정적인 직업적 관계를 구축하는 데 자신의 능력을 활용했다. 이런 점에서 우리의 실행연구는 교사들의 교육학에 새로운 요소를 가져다주지는 못했다. 그러나 적용 사례에 대한 연구자들과의 성찰을 통해 교사들은 상황별 기술과 그 이면에 있는 역량에 대한 인식을 높일 수 있었다(Metsäpelto et al., 2020).

5. 논의 및 결론

이 장에서는 이론적 틀 안에서 연구 결과를 요약한다. 여기서 우리는 실행연구의 마지막 단계에 도달한다. 우리는 실천에서 거리를 두고 이론적 렌즈를 통해 교사의 행동을 살펴본다. 연구 결과를 바탕으로 UDL 원리를 적용할 때 교육과정에서 요구되는 교사의 역량을 제시한다.

연구 결과에서는 특히 통합교육의 맥락에서 UDL 접근법을 실현할 때 필요한 교사 역량의 가장 분명한 특징에 초점을 맞추었다. 결과 섹션에서는 교사가 자신의 수업 시간, 장소, 맥락에 맞게 관찰하고 해석하고 의사 결정을 내리는 일상적인 상황의 몇 가지 예를 제시하여 자료를 소개했다(Braun & Clarke, 2006). 일상적인 상황을 분석함으로써 특정 교사 역량과 병행할 수 있는 교사의 상황별 기술(Metsäpelto et al., 2020)을 파악할 수 있었다. 분석 결과는 [그림 10-13]에 요약되어 있다.

분석 결과, 교사 역량의 가장 광범위한 차원은 교사의 인지적 사고력이며, 이는 UDL의 세 가지 원칙과 모두 연결되어 있는 것으로 나타났다. 이 차원은 [그림 10-13]

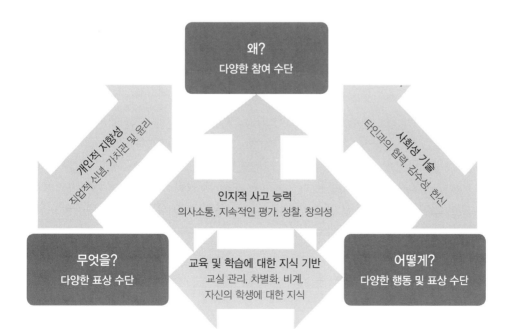

[그림 10-13] 원칙을 적용할 때 필요한 교사 역량

의 가운데에 배치되어 있다. UDL을 실행할 때 교사는 항상 자신의 행동을 평가하고 경험을 통해 배우는 동시에 교직과 실천에 대한 새로운 통찰을 확장하는 성찰적 실천가(Jay & Johnson, 2002)가 되어야 합니다(Finlay, 2008). 또한, 교사가 메타인지 기술과 자기 평가를 가르치는 방법을 알고 있을 때 학생들에게도 도움이 되기 때문에 교사의 성찰과 메타인지 기술은 매우 중요하다(예: Annevirta et al., 2007 참조). 인지적 사고 기술에는 의사소통 기술도 포함된다. 수준 높은 학습 상황에서 교사는 생각과 아이디어를 정확하게 전달하고 표현하며 믿을 수 있는 방식으로 주장을 표현할 수 있어야 한다(Deardorff, 2006).

교사의 개인적 지향성teacher's personal orientation이라는 교사의 역량 차원은 [그림 10-13]의 왼쪽에 배치했다. 교사의 직업적 신념, 가치 및 윤리는 일상적인 상황에서 교사가 내리는 결정을 안내한다(Metsäpelto et al., 2020). 다양한 참여 수단이라는 UDL 원칙을 조사했을 때, 학생과 학습에 대한 교사의 헌신과 책임감이 조사 결과에서 가장 중요하게 나타났다. 통합적 교육에서 교사는 모든 아동이 배울 수 있고, 교육받을 가치가 있으며, 교사가 차이를 만들 수 있는 역량을 가지고 있다고 믿는다(Florian & Spratt, 2013; Rouse, 2010). 모든 아동이 안전한 학습 환경을 누릴 권리에 대한 강한 의지를 포함하는 가치관을 가진 교사는 교실에서 학생들의 복지를 돌볼 가능성이 높다(Metsäpelto et al., 2020). 또한 교사의 개인적 지향은 학습 장벽을 낮추면서 각 학습자의 문제를 면밀히 파악해야 한다는 다중 표현 수단이라는 UDL 원칙과도 연결된다(Rose et al., 2014).

교사의 사회적 기술이라는 교사의 역량 차원은 [그림 10-13]의 오른쪽에 배치했다. 학생들의 소속감과 이질적인 집단의 응집력을 향상시키는 교사의 능력은 학생들이 사회 공동체와 학업에 참여하게 하는 데 중요하다. 소속감과 긍정적이고 따뜻한 수업 분위기는 학생의 웰빙과 학습의 질에 중요한 전제 조건이다(Pakarinen et al., 2010). 이는 통합교육의 핵심 요소로 간주된다(Bossaert et al., 2013). 이전 연구(Lakkala & Kyrö-Ämmälä, 2017)에 따르면 협력 교사, 학부모 및 기타 전문가 간의 협업은 통합 교육의 핵심이다. 동료의 도움을 받아 학급을 관리할 수 있으면 다양한 행동과 표현 수단을 더 쉽게 적용할 수 있다. 협업을 통해 학생의 학습 과정을 유연하게 지원하는 체제를 구축할 수 있다. 이러한 방식으로 교사의 탄탄한 사회성 및 의사소통 능력은 성인과의 상호 작용에서도 중요하다(예: Lakkala & Kyrö-Ämmälä, 2017 참조).

교수와 학습을 위한 교사의 지식기반이라는 마지막 교사 역량 차원은 [그림 10-13] 의 하단에 배치했다. 교수와 학습을 위한 교사의 지식 기반은 다양한 표상 수단과 다양한 행동 및 표현 수단이라는 UDL 원칙과 연결된다. 다양한 학생을 가르칠 때 교사는 다양한 교수법을 활용하고 교육과정을 수정하는데, 이를 위해서는 교과에 대한 탁월한 지식이 필요하다(Tomlinson, 1999). 이 연구에서 교사의 교수 학습 지식 기반에는 다음과 같은 세 가지 하위 차원이 포함되었다. 첫째, 내용 지식으로 교사의 주제에 대한 전문성을 나타내며 영역별 지식(예: 사실, 개념, 현상)뿐만 아니라 가르칠 교과 내용에 대한 교사의 이해(Baumert & Kunter, 2013; Shulman, 1987), 둘째, 교사가 교실을 관리하고 학습 이론을 실제로 실현하며 학생의 학습 과정을 촉진하는 교육학적 지식(Guerriero & Révai, 2017; Shulman, 1987), 셋째, 교과 전문 지식(내용)과 교육적 역량(교수)의 조합인 교육학적 내용 지식(Kuusisto & Tirri, 2014) 등이 있다.

(1) 논의

우리의 연구 목표는 MAP 교수 모형의 이론적 맥락에서 UDL 모델을 실현하는 교사의 교육적 실천을 살펴보는 것이었다(Metsäpelto 외., 2020). 우리는 2개의 이질적인 학급에서 통합교육의 맥락에서 UDL을 실현할 때 필요한 교사 역량을 연구했다. 주요 연구 질문은 교사들이 UDL 접근법을 사용하여 가르칠 때 어떤 역량이 필요한지 알아보는 것이었다. 연구 대상 학급과 교사는 교사들의 주도적인 참여로 연구 사례로 선정되었다. 특수교사가 특수학급이 다른 학생들과 고립되어 외로움을 경험하면서 교사들의 협력이 시작되었다. 교사들은 연구 기반 지식을 활용하여 통합교육을 개발하고자 했다. 전문가로서 성장하고자 하는 교사들의 의지는 우리로 하여금 이들과 함께 실행연구 과정을 수행할 수 있는 좋은 기회를 제공했다. 협력 교사들은 수업에 새로운 통찰력을 도입했다고 느낀 후, 더 큰 규모로 UDL 원칙을 시도해보고자 했다. 그래서 협력 교사들은 세 번째 교사와 그녀의 학급을 UDL 수업에 참여하도록 초대했다. 결과적으로 우리 연구의 신뢰성과 특히 일반화 가능성을 검토할 때, 실행연구의 결과는 매우 동기가 부여되고 숙련된 교사들의 행동을 기반으로 구축되었다는 점에 유의해야 한다.

어떤 면에서 협력 교사의 수업은 전형적인 핀란드 교실이 아니었다. 우선, 교실에는 2명의 교사와 여러 명의 보조교사 등 비정상적으로 많은 성인이 있었다. 또한 특별한 도움이 필요하지 않은 학생들 외에도 특별한 교육적 도움이 필요한 학생이 많았기 때문에 그룹은 비정상적으로 이질적이었다.

협력 수업의 세 번째 특이한 점은 학습 교재를 사용하지 않고 보조교사와 함께 학생의 필요에 따라 교육과정을 수정하여 학습 자료를 직접 만들었다는 점이다.

다음에는 더 넓은 맥락에서 UDL 접근법을 살펴보겠다. 교사들의 교육적 실천을 분석할 때, 우리는 UDL 접근법이 조직, 지역, 국가 및 글로벌 수준을 무시하고 개인 및 그룹 수준의 교육에만 거의 집중하고 있으며, 이는 차례로 MAP 모델에서 고려되는 것을 발견했다. 한편으로, 많은 조사에서 교사의 효과성은 최적의 학습 환경을 구성하는 방법과 학습 과정을 지원하는 방법과 같은 수업 과정의 질을 통해 정의되는 경우가 많다(Ball et al., 2009 참조). 그러나 다른 한편으로는 개인 및 그룹 수준에서의 가르침에 집중함으로써 교사 직업의 의미 있는 부분이 무시된다. 오늘날 교사는 다른 전문가 및 학부모와 함께 여러 기관의 팀에서 활동하는 동료로 간주된다(Florian & Spratt, 2013; Lakkala & Kyrö-Ämmälä, 2017; Watkins & Donnelly, 2012). 예를 들어, 저희 연구 수업에서 협력 교사와 학부모의 협력은 자녀의 학업에 대한 학부모의 헌신을 증가시켰다. 이러한 협업은 교실 분위기와 학생들의 성과에 긍정적으로 반영되었다. 또한 학부모가 교사의 노력에 감사를 표하자 교사들의 복지에도 긍정적인 영향을 미쳤다.

이 주제에 대해 계속 이야기하자면, 통합교육을 향한 노력으로 교사의 위치가 독불장군에서 동료로 바뀌었지만, 통합교육은 교사 혼자서 수행할 수 없다는 것이 매우 분명해졌다(예: Lakkala & Kyrö-Ämmälä, 2017 참조). 반대로 많은 연구자와 학자는 통합교육이 학교 전체 또는 국가 차원의 문제라고 주장한다(예: Hargreaves & Shirley, 2009; Jahnukainen, 2015 참조). 통합교육에는 기관 차원의 협력과 공통 전략이 필요하지만(Booth & Ainscow, 2011), 교사 1명이 모든 학습자의 동등한 학습 가능성을 실현할 수 있는 여건을 조성할 수 있는 힘은 없다. 또 다른 문제는 통합교육의 특성에서 발생한다. 학습자의 요구에 대응하기 위해서는 유연하고 변형 가능한 해결책이 필요하다. 제도적 차원의 유연성은 학교 내 전문가들을 위한 토론과 협력의 장을 요구한다(Lakkala et al., 2016). 통합교육의 관점에서 볼 때, 기관이 절차를 '완료'하려는 경향이 있고 기존 교육 체제를 고수하며 융통성이 없는 것처럼 보일 수 있다는 점은 문제가 될 수 있다(Haustätter Sarroma, 2014 참조). 앞에서 언급했듯이, 지배적인 학습 개넘과 같은 더 넓은 교육적 맥락은 개인 및 그룹 수준의 교육적 실제에 영향을 미친다. 우리의 경우, 교사의 교육은 사회 구성주의 학습 개념에 따라 특성화될 수 있다. 사회 구성주의의 뿌리는 피아제^{Piaget}, 비고츠키^{Vygotsky}, 듀이^{Dewey}의 이론으로 거슬러 올라가지만 1980년대 이후 교육에 대한 영향력이 커졌다. 사회 구성주의는 학습자가 권위자로부터 지식을 모방하는 대신 다른 사람들과 함께 현실적인 상황에서 자신의 지식을 구성하도록 장려한다는 것을 의미한다(Kugelmass, 2007; Vygotsky, 1978). 학생은 이전 지식과 경험을 바탕으로 새로운 지식을 구성하므로 교사는 학생의 현재 지식 구조를 잘 알고 있어야 한다. 이 연구에서 협력 교사는 학생에 대한 탁월한 지식을 바탕으로 학생의 요구와 강점에 따라 교수법과 학습 환경을 수정할 수 있었다.

핀란드의 교육 정책은 사례 연구에서 교사의 교육적 행동에 영향을 미친다. 핀란드에서는 교사가 교육과정 실행과 관련하여 높은 수준의 전문적 자율성을 갖다. 핀란드 교사는 자신의 업무에 영향을 미치고 발전시킬 수 있는 많은 기회를 가진다. 무엇보다도 교사는 수업에 사용하는 교수법, 학습 자료 및 평가 전략을 결정할 수 있다(Sahlberg, 2010; Ministry of Education and Cilture, 2016). 또한 핀란드 핵심 교육과정은 학생의 학습 과정을 촉진하고 장려하는 측면에서 평가의 의미를 강조한다(FNAE, 2016). 따라서 핀란드 교사들은 학생들이 스스로 유능한 학습자라는 개념을 갖도록 지원하는 데 주의를 기울이도록 훈련받는다. 따라서 국가 공식 규범이 본 연구에 참여한 교사들이 수업에 긍정적인 피드백을 원칙적으로 적용하도록 유도한 것으로 보인다. 또한 핀란드의 모든 종합학교 교사들은 석사 수준의 교사 교육을 받았으며, 이를 통해 연구 기반 교육을 다양한 방식으로 활용할 수 있다(Ministry of Education and Cilture, 2016 참조).

MAP 모델 도표의 마지막 단계는 학생의 학습, 동기 부여 및 웰빙을 강조한다(Metsäpelto et al., 2020). 이 연구에서는 '학창 시절의 나^{I as a school child}'(Aro et al., 2014), '학습자로서의 나^{I as a learner}', 사회측정척도를 통한 자기평가를 통해 학생들의 학업 경험을 조사했다. '학생으로서의 나' 설문조사는 첫 번째 UDL 실험 전후에 실시되었지만 뚜렷한 변화를 감지할 수 없었다. 그러나 이 측정은 협력 교사의 학생들이 학습자이자 학생으로서 자신에 대해 어떻게 느끼는지에 대해 매우 긍정적인 인상을 주었다. 반면에, 측정 결과 부정적인 태도를 보이는 학생들도 있었는데, 이들은 대부분 SEN 학생들이었다. 개인 수준에서 답변을 해석 할 때 일부 아동이 부정적으로 대답하는 경향이있을 가능성에주의를 기울일 수 있지만 부정적인 반응은 아동의 실제 경험을 반영 할 수도 있다 (Aro et al., 2014). 그러나 사회성 측정 결과, 협력 교사의 학생들은 학습 과제에서 서로의 도움에 감사하는 마음을 갖게 되었지만 쉬는 시간에는 거만하고 괴팍한 반 친구와 함께 놀고 싶어 하지 않는 것으로 나타났다. 이전 연구에서도 같은 종류의 결과가 발견되었다. 행동 문제가 있는 학생은 학교 공동체에서 교사와 학생 모두에게 가장 거부감을 느끼는 학생이다(예: Dodge et al., 2003 참조).

그럼에도 불구하고 실행연구 과정에서 우리는 많은 학생의 삶에서 놀라운 진전을 확인할 수 있었다. 예를 들어, 비공식적인 상황에서 다른 아이들에게 거부당하던 한 학생은 사회성이 발달하고 자신이 배울 수 있고 학교에서 돌봄을 받고 있다는 것을 믿기 시작했다. 또한 이 학생의 부모는 아들에 대한 교사의 선의와 감사를 신뢰하기 시작했다. 그 후, 그들은 좋은 분위기에서 학생의 문제에 대해 협상할 수 있었다. 각각의 이야기는 아이들을 존중하고 배려하면 비밀스러운 관계가 형성되고, 이는 여러 가지 방식으로 결실을 맺는다는 것을 보여 준다.

추가 연구로 통합교육에 비추어 학생 교사의 역량을 증진하는 방법과 같이 교사 교육 중 UDL 접근법의 채택과 교사의 전문적 역량을 조사하는 것이 흥미로울 것이다. 또한 교사의 정체성, 태도, 가치관에 따라 교수법이 달라질 수 있으므로 학생 교사의 전문적 정체성을 의도적으로 형성하는 데 초점을 맞춘 연구도 진행할 수 있다(참조: Levin & He, 2008).

[부록 10-1] '학습자로서 나는 이렇습니다' 자기 평가 양식

UDL 수업 중에 자신의 과제를 평가하세요. 각 줄에서 자신의 경험을 가장 잘 설명하는 이모티콘을 선택하세요.

	나는 동의한다.	나는 대부분 동의한다.	나는 잘 모른다.	나는 거의 동의하지 않는다.	나는 동의하지 않는다.
오늘 공부가 기대된다.					
UDL 수업 중에 학급 친구들이 서로 도와주었다.					
UDL 수업이 좋았다고 생각한다.					
공부한 내용을 잘 이해했다.					
필요한 경우 어른들이 나를 도와주었다.					
수업 중에 새로운 것을 배웠다.					
수업은 나에게 매우 잘 맞는 방식으로 진행되었다.					
UDL 수업 후, 저는 제가 가장 잘 배울 수 있는 방법을 알게 되었습니다.					

[부록 10-2] 상관관계 표(〈표 10-2〉, 〈표 10-4〉, 〈표 10-5〉)

〈표 10-2〉 지원 수준과 학생의 UDL 수업 경험 간의 상관관계

		지원 수준	열정적인 학습자	잘 이해함	새로운 것을 배움
지원 수준	피어슨 상관관계	1	0.000	0.079	0.000
	Sig. (2-tailed)		1.000	0.643	1.000
	N	38	37	37	36
열정적인 학습자	피어슨 상관관계		1	0.211	0.356*
	Sig. (2-tailed)			0.209	0.033
	N		37	37	36
잘 이해함	피어슨 상관관계			1	0.312
	Sig. (2-tailed)				0.064
	N			37	36
새로운 것을 배움	피어슨 상관관계				1
	Sig. (2-tailed)				
	N				36

*상관관계는 0.05수준(양측)에서 유의미합니다.

〈표 10-4〉 지원 수준과 학생의 지원, 격려 및 정의 경험 간의 상관관계(2018년 및 2019년)

		지원에 대한 접근성 2018	지원에 대한 접근성 2019	격려 2018	격려 2019	공정한 교사 2018	공정한 교사 2019
지원 수준	피어슨 상관관계	0.095	−0.125	−0.037	0.301	0.386	0.229
	Sig. (2-tailed)	0.737	0.0670	0.897	0.295	0.156	0.431
	N	15	14	15	14	15	14

〈표 10-5〉 UDL 수업 이후 지원 수준, 학년 수준, 격려 및 적합성 간의 상관관계

		지원 수준	학년 수준	학급 친구들의 도움	성인의 도움	적절한 수업
지원 수준	피어슨 상관관계	1	0.510**	0.009	−0.003	−0.099
	Sig. (2-tailed)		0.001	0.958	0.985	0.560
	N	38	38	37	37	37
학년 수준	피어슨 상관관계		1	0.046	−0.121	−0.085
	Sig. (2-tailed)			0.785	0.146	0.616
	N		38	37	37	37
학급 친구들의 도움	피어슨 상관관계			1	0.364*	0.157
	Sig. (2-tailed)				0.027	0.354
	N			37	37	37
성인의 도움	피어슨 상관관계				1	0.509**
	Sig. (2-tailed)					0.001
	N				37	37
적절한 수업	피어슨 상관관계					1
	Sig. (2-tailed)					
	N					37

**상관관계는 0.01 수준에서 유의미합니다(양측).
*상관관계는 0.05 수준에서 유의미합니다(양측).

제11장

통합교육의 우수 실천: UDL 관점에서 이미 존재하는 정교한 교실 실천의 참여적 재해석

Michelle Proyer, Gertraud Kremsner, & Gottfried Biewer

이 장에서는 통합의 맥락에서 학교 개발에 대한 20년의 경험을 가진 비엔나^{Vienna}의 한 학교에서 실천되며 잘 확립된 교육 실천을 제시한다. 이러한 기존 교육 실천이 UDL 관점에서 어떻게 해석될 수 있는지에 대하여 자세히 설명한다. 또한, 이 장에서는 학습 환경 설계에 관한 연구 노력에서 교사의 관점을 가지고 참여하는 것의 중요성을 강조하는 것을 목표로 한다. 연구 결과는 학생들의 지역적 및 사회적 배경에 대한 강조된 고려가 UDL의 의도적인 적용에 추가될 수 있는 이점을 지적한다.

키워드	참여적 실행연구, 실무 재평가, UDL 지역화, UDL

1. 도입: 확립된 교육학적 관점에서 본 UDL

보편적 학습 설계(Universal Design for Learning: UDL)를 특정 학습 요구와 관련하여 교수 및 학습 환경을 촉진하기 위한 개별적인 접근법을 제공하는 전략으로 고려할 때 (제3장 참조) 지역 상황화를 평가하는 것이 중요하다. UDL이 개발되기 전에 적절한 개별화된 학습 방법이 이미 존재했기 때문에 저자는 UDL 기반 관점을 사용하여 기존의 교육 및 교육 실천을 재평가하는 것을 목표로 하였다. 앞의 모든 내용은 교사 참여(이론–실습–전달뿐만 아니라 연구 과정과도 관련됨)의 중요성과 학생의 사회적 배경을 고려한 학습 환경의 개별화된 설계를 강조하기 위해 자세히 설명되고 논의될 것이다.

연구 과정을 안내하는 주요 질문은 다음과 같다.

> 통합교육의 기존 정교한 실천을 UDL 관점에서 어떻게 재해석될 수 있는가?
> UDL은 이러한 기존 실천을 어떻게 강화할 수 있는가?
> 대조적인 관점이 현재 교육의 격차를 강조하고 더 많은 아동 중심 실천을 추가하는 데 어떻게 도움이 될 수 있는가?

UDL의 원칙은 경험적 교육 연구, 발달 심리학 및 인지 신경 과학에 뿌리를 두고 있으며 북미 학교 연구의 역사에서 비롯되었다. 대서양 반대편에서, 20세기 유럽의 개혁 교육학 운동은 학교 교육 혁신을 위한 수많은 발전의 원천이었다(Flitner, 1992). 특히 독일어권 국가에서 개혁 지향적인 교육자들은 영감과 발전을 위해 이러한 이론과 실용적인 제안을 언급했다. 장애아동과 비장애아동의 통합교육의 도입은 20세기 초 개혁 교육학의 재발견과 결합되었다. UDL에 반대되는 [현재 용어로 차별화 교수(DI)를 가진] 개혁 교육학은 다른 교육 전통에 내재되어 있다. 두 응용 프로그램 모두 다른 과학 용어들을 가지고 기존 학교 실천에서 동일한 현상을 다룬다. 이에 따라, 이 장은 UDL의 기본적인 아이디어의 일부는 이미 잘 확립된 교수 실천의 부분을 형성하며, 이러한 것은 다른 역사적인 또는 체계적인 뿌리를 가지고 있지만 혁신적인 발전을 위한 추가적인 아이디어를 향해 암시할 수 있다는 사실을 강조한다. 따라서 아동 중심의 전체적인 접근을 촉진하기 위하여 현행 교수 실천을 재해석하고 확립된 관점들과 이들을 대조하기 위하여 사용될 것이다.

1) 특수교육적 필요 아동의 학교 교육에 대한 초점과 (강제) 이주 배경을 가진 오스트리아 교육 체계의 역사와 현재

독일어권 국가들에서 개혁 지향적인 학교들의 뿌리는 UDL의 과학적 기반과 다른 것처럼 비엔나의 사회적 그리고 학교와 관련된 발전의 선택된 역사적 배경은 이 장을 이해하는 데 중요하다. 그럼에도 불구하고 교수 및 학습의 특정 기본 원칙들에서 유사점들이 발견될 수 있다.

이중 군주국은 중부 유럽 및 동유럽과 발칸 지역의 여러 언어 그룹을 통합했다. 수도 비엔나의 공식 언어는 독일어^{German}였지만 헝가리어^{Hungarian}와 체코어^{Cech}와 같은 다른 슬라브어^{Slavic languages}를 포함한 다른 많은 언어는 오스트리아-헝가리 제국의 다른 지역의 공식어일 뿐만 아니라 구어체였다. 다른 요인들 중에서도 이러한 언어적 영향은 오스트리아의 문화적으로 다양한 인구의 원동력이 되었다. 비엔나는 최근 역사에서 다른 국가에서 대규모 그룹이 이주하는 여러 단계를 보았다. 이민의 마지막 단계와 관련하여 프로이어^{Proyer} 등에 의해 기술된 것처럼 2016년과 2017년 동안 비상 교육의 형태는 심지어 몇 달 불확실성 속에 신속하게 설정되어야 했다(Proyer et al., 2019).

청각장애아동을 위한 최초의 교육 모델은 19세기 초 비엔나에서 개발되었다. 또한 19세기 중반에 소위 지적장애아동에 대한 몇 가지 경험이 있었다.

1920년대에 특히 비엔나와 일부 다른 오스트리아 도시에 다수의 재활교육 학교^{remedial educational school}가 설립되었다(Gstach, 2019, p. 27). 같은 기간과 1930년대 초반에 헝가리와 같은 이웃 국가뿐만 아니라 전체 지역에 영향을 미친 새로운 재활교육^{remedial education} 개념이 출현했다(Zászkaliczky, 2008).

국가사회주의 시대는 장애아동을 위한 학교 지원의 발전의 극적인 중단과 1920년대와 1930년대 초에 출현했던 교육 구조에 대한 7년간의 파괴를 불러일으켰다. 대부분의 지적 및 중도 장애인은 소련군의 침공으로 1945년 결국 붕괴되었던 국가 사회주의자들^{National-Socialist}에 의해 살해되었다.

장애아동 교육에 관한 모든 노력에 대한 이러한 갑작스런 중단 이후, 역사적인 빠른 진전은 장애 활동가와 장애권리운동으로 이어지며, 1970년대 초에 표면화된 장애 학생 통합^{integration}을 위한 부모운동으로도 이어진다(Biewer, 2017, p. 227). 독일어권 국가들에서는 개혁 지향적인 교사와 연구자들이 부모운동에 동참하였으며, 매우 다양한 교실을 가진 학교 교육이 어떻게 실현될 수 있는지에 대한 아이디어를 제공했다. 이러한 것은 마리아 몬테소리^{Maria Montessori}와 피터 피터슨^{Peter Petersen}의 개념적 아이디어를 통해 20세기 초 몇 십 년 동안 발생하였으며, 셀레스탱 프레네^{Celestin Freinet}와 다른 사람들의 공헌으로 계속되어진 국제 개혁 교육 운동이 재발견되는 시기였다. 뮌헨, 함부르크, 베를린, 쾰른과 같은 독일 대도시에 설립된 장애 및 비장애 아동을 위한 최초의 통합교실들은 이러한 개혁 교육적 유산을 참조했다. 이러한 개혁 과정과 교사의 교육적 아이디어를 개혁하기 위한 언급을 많은 과학적 연구에 잘 문서화되었다(Biewer, 2001).

그럼에도 불구하고 오스트리아에서는 헝가리와의 국경에 있는 부르겐란드 Burgenland 지방의 오베바르트Oberwart에 장애아동과 비장애아동을 위한 최초의 공식적인 통합교실은 1984년이 되어서야 설립되었다. 이 과정의 행위자들과 함께 수행된 구술사 조사 연구는 이 과정의 뿌리와 출처를 밝혀냈다(Bundschuh & Polster, 2012).

오스트리아 학교 조직법은 사실 1993년에 개정되었으며 특수교육 체계에 몇 가지 중요한 변화를 도입했다. 오스트리아의 초등학교(1~4학년)에 있는 특수교육 필요 아동(SEN)의 부모는 자녀들이 특수학교 또는 통합수업에 다닐지 여부를 결정할 권리를 받았다. 3년 뒤 후속법을 통해 중등학교 5~8학년 통합학급이 설립되었다. 1997년 최초의 통합수업들이 시작되었다.

중요한 것은 여전히 존재하는 특수학교 체계 외에도 일반교사 1명과 특수교사 1명이 상시 이중 배치되는 "모음식 통합수업integrated classes"과 주당 제한된 시간 동안 특수교육자만 참석하는 소위 "지원 교사 수업support teacher classes"이라는 두 가지 통합 모델이 실현되었다. 후자의 모델은 현재 도시 지역에 널리 퍼져 있다. 지원 교사 수업 모델은 특히 특수교육 필요 아동이 많지 않은 농촌 지역 학교에 적합한 반면, 도시에서는 모음식 통합수업 모델이 지배적이었다. 비엔나 시에는 이러한 형태의 이중 인력 배치가 적용된 교실이 300개 이상이 초등학교(1~4학년)에 존재하며, 중등학교에는 350개가 존재한다.

새로운 법안 이후 몇 년 동안 통합 모델은 이전의 특수학교 구조를 다양한 범위로 유지했지만 전국적으로 확장되었다(Biewer, 2017; Biewer & Proyer, 2017). 2004년 오스트리아에서는 1~8학년의 SEN 학생 비율이 3.6%였으며, 이들 중 절반은 특수학교에 다니며, 나머지 절반은 모음식 통합 또는 지원 교사 수업에서 교육 받았다. 이 시기에 아동의 2%가 특수학교에 다니고 있었다. 이 법안의 결과로 대부분의 SEN 아동은 일반학교에 다닌다. 2004년 이후 의무 교육에 있는 SEN 아동의 비율은 4%로 약간 증가했으며 특수학교 환경에서는 여전히 2% 미만이다.

이주 배경을 가진 많은 수의 학생은 특히 비엔나에서 이질적인 교실에서의 교수를 고려할 때 중요한 요소이다. 1990년대의 법률은 장애와 이민의 교차적인 배경을 고려하는 것 없이 SEN 아동에 초점을 맞추었다(Luciak & Biewer, 2011). (2세대와 3세대를 포함할 때) 대부분의 학생이 가족 중에 이주 배경을 가진 비엔나에서는 이러한 접근법은 문제가 있다.

현재 학교에 포함되는 경향은 오스트리아의 다양한 지역적 차이를 가리킨다 (Nationaler Bildungsbericht Österreich/National Education Report Austria, 2018). 연방 구조는 전문적, 모음식 통합적^{integrative} 또는 포용식 통합적 ^{inclusive} 또는 혼합적 환경에서 다른 수준의 학교 교육으로 이어지며, 이러한 것은 유럽에서 흔히 볼 수 있는 유사한 경향을 반영한다. 초등(학교) 수준에서의 모음식 통합 ^{Integration} 은 널리 퍼져 있지만, 많은 개인적, 사회적, 제도적 요인이 중등학교 수준의 포용식 통합 ^{inclusion} 을 위한 정교한 교실 실천의 개발을 손상시킨다(Biewer et al., 2015). 최근 교육정책에서의 노력은 포용식 통합^{inclusion} 구조를 더욱 확립하는 동시에 특수교육 전문성을 유지하는 것을 목표로 한다. 오스트리아의 교사 교육은 교육과정의 초석 가운데 하나인 통합적 교수 자료 개발에서의 훈련과 함께 급격한 변화를 보여 왔다(Buchner & Proyer, 2020).

2) 학교의 제도적 발전

이 장의 기초가 되는 연구는 비엔나에 있는 10세에서 15세 사이의 아동 및 청소년을 위한 통합 중등학교인 Schulzentrum Donaustadt(이하 SZD)에서 수행되었다. 이 학교는 다뉴브 강 본류의 동쪽 비엔나 일부에 있는 도나우슈타트^{Donaustadt}(영어로 다뉴브 도시에 해당)에 위치해 있다. 도시의 이 지역은 소득이 높은 사회적 특권층이 사는 지역이 아니지만, 복합적인 문제가 집중된 지역도 아니다. 그것은 오랜 도시 계획 조치의 결과로 도시의 대부분 지역에서 발견되는 다양한 집단 혼합의 전형이다. 즉, 초기 도시 계획 조치는 교육 환경에 대한 설명과 관련이 있다.

학교에는 많은 SEN 학생이 있지만 이주 배경 또는 사회적으로 불리한 환경에서 온 학생이 훨씬 더 많다. 이 학교는 이질적 집단을 가르치고 적절한 교수법을 개발해 온 오랜 역사를 가지고 있다. 기존 교수 및 교육 방법을 분석함으로서, 연구는 이들 가운데 많은 것이 개발의 이론적 배경은 다르지만 UDL 프레임워크를 사용하여 재해석될 수 있음을 보여 준다. 이러한 관점에 대하여 자세히 설명하는 것이 이 장의 핵심이다.

1997년 이전에는 이 학교는 특수교육 교실들로 구성된 특수교육적 필요교육을 위한 센터였다(Abels, 2015). 지금은 특수교육 수업이 없는 통합교실들로 구성된 주류 학교이다. 지나간 20년의 시간은 따라서 학교 발전과 학교 구조 변형의 시간이었다. 1996년에 학교는 첫 번째 모음식 통합integration 교실을 시작했다. 몇 년 내에 이것은 모든 교실의 구조적 모델이 되는 것으로 발전했다. 2019/2020년도에 학교는 5~8학년 11개 수업에 200명의 학생이 있었다. 이들 중 9개는 특수한 교육적 필요를 가진 그리고 가지지 않은 학생들이 함께하는 모음식 통합수업 integrated classes 으로 인정받았다. "Aufbaulehrgang(Advanced course: 고급과정)"이라고 불린 2개의 다른 수업은 일시적으로 다른 학생들보다 학습 활동에 더 많은 지원이 필요한 학생들을 위한 것이었다. 2015년에 SZD는 비엔나 대학(Kooperationsschule +)의 협력 학교의 지위를 받았다. 이 지위는 수년에 걸쳐 교사 교육에 협력하고 이 분야에서 지속 가능한 구조를 개발한 소수의 학교에 주어진다. 이러한 협력의 연도들에서 다수의 공동 활동이 대학 및 학교 직원, 대학생과 학생 사이에서 그리고 대학생과 강연자 사이의 다양한 연구 활동이 마련되었다. 양 당사자들(대학과 학교)은 교육적 실천을 위한 지속 가능한 변화는 함께이어야만 실현될 수 있다는 관점을 가지기 때문에, 이 협력에서 눈높이에서 일하는 것은 매우 중요하다.

학습 환경과 관련된 연구 활동에 대한 이전 탐색의 한 가지 예는 다음에서 간략하게 소개될 것이다. 보편적 설계의 의미에서 통합 지도를 위한 공간은 다른 활동 지역들의 존재에 따라 달라진다. 장애아동에게는 활동 지역과 함께 퇴각 지역, 접촉 및 사회 발달을 위한 지역을 필요로 한다. 비엔나 대학 교육학과 석사 논문은 2018년과 2019년에 이 학교에서의 포함식 통합inclusion의 과정에서의 사회적 공간을 분석했다(Sikorskaya, 2019). 핵심 질문은 '공간과 사람들 자신들이 인식하는 방식 사이에는 연관성이 있는지'였다. 공간이 사회적 공간과 장애에 영향을 미치는 촉매제로 간주된다는 가정에 기초하여, 저자는 학교는 학생의 준비를 위한 공간과 배치에 관한 규정을 발생시키는 조정을 제공한다는 것을 발견했다. 차이는 상관없어지고, 장애는 더 이상 학교의 사회적 배치에서 보이지 않는다.

종단적 결과를 얻고 장애 또는 이주 배경을 가진 학생의 학습 환경에 대한 지속 가능한 개선에 대해 일하기 위하여 확립된 연구 맥락에서 이 연구에 대한 후속 조치 계획은 지연되어야만 했으며, 이러한 것은 이 특정 자료 세트를 위한 자료 분석의 절차와 깊이에도 영향을 미쳤다. 이것은 이 장이 부모와 교사에 관련된 자료 분석에 초점을 맞추는 이유이다.

SZD는 이 절차의 최종 결과를 상징한다. 특수교육적 필요 아동을 위한 학교로 시작하여 특수교육적 필요 학생의 수를 줄이고 특수적 필요가 없는 아동으로 학교 인구를 대체함으로서 모음식 통합학교 an integrative school로 발전하였다. 이것은 또한 시간이 걸리며 학교의 교육학적 접근법이 그 지역의 아동들에게 매력적인 방식으로 정교화되는 경우에만 성공할 수 있다. 즉, 초점은 각 아동을 참여시키고 부모가 자신의 자녀를 위해 원하는 장소로, 학생이 있고 싶고 배우고 싶어하는 곳으로 학교를 변형시키는 교육학적, 교수적 접근법에 있어야 한다.

3) SZD의 협력 및 개별화 또는 다양화 교육 방법

학교의 현행 교육학적 실천은 "Schulzentrum Donaustadt: 학교의 제도적 발전" 섹션에서 기술된 특정 제도적 발전의 결과이다. 학교 실천은 학교 문서에 기술된 대로 제시될 것이다. 대부분은 활동의 공개적인 발표를 위해 작성되었으며 다른 것들은 내부 학교 개발 과정을 통해 발생했었다. 이것은 통합학교 개발의 학술적 문서의 부족을 보여 준다. 문서에서 학교 개발 팀은 20세기 개혁 교육과 관련하여 사용하는 교수법적 개념을 그 중에서 몬테소리Montessori, 피터슨Petersen, 프레네Freinet를 참조하여 기술한다(출처: 내부 학교 문서).

자연과학 교수법 연구자인 시몬 아벨스Simone Abels는 그녀의 주제에서 SZD의 실험적 형태의 학습을 설명했다(Abels, 2015). 아벨스Abels가 보고했던 것처럼, 연구 기반 학습은 "박스 레슨box lesson"("Schachtelstunden")과 "학습 워크숍learning workshops"("Lernwerkstatt")으로 불리는 두 가지 조직적인 형태에서 실현된다(ibid. 141). "박스 레슨" 동안 학생들은 다수의 탐색 및 학습 환경에서 선택할 수 있다. 백 가지 이상의 자료가 전반적인 주제(예: 물, 곤충, 또는 빛과 색)에 대해 준비되어 있다. 박스는 지시, 활동 자료, 해결책의 자기 주도 통제를 포함한다. 학생들은 주어진 영역에서 실제 주제를 선택하고 그 주제에 따라 혼자, 둘, 또는 그룹으로 일하고 싶은지를 선택한다. 활동의 끝에 학생들은 프로토콜protocol을 작성한다. 규칙적인 순서로 지난 몇 달의 활동들은 교사와 함께 성찰되고 평가지는 교사와 학생이 공동의 방식으로 작성된다. 자료들은 몬테소리 교육학의 "우주적 학습" 영역에서 사용된 자료 유형을 상기시키고, 교수 상호 작용은 피터 피터슨[Peter Petersen]과 셀레스탱 프레비[Celestin Freinet]의 교육학에서 발견된 잘 알려진 상호 작용을 상기시킨다.

"학습 워크숍"은 실제 학교 구내에서 며칠 동안 연구 기반, 학제 간, 자율 탐색 학습을 가능하게 한다. 전체 수업은 4일 동안 한 가지 주제에 대해 작업한다. 일반적으로 "학습 워크숍"으로 불리는 "박스 레슨"이 이루어지는 방은 학생들이 자기 자신의 질문을 개발하도록 영감을 주기 위해 무료로 접근 가능한 자료가 완비된 방이다(ibid.). 각 활동은 위에서 기술된 것처럼 자연과학 또는 사회과학에서 나올 수 있는 전반적인 주제들 중 하나의 일부를 형성한다. 다시 말하지만, 학생들은 이러한 주제들에 대해 혼자 일할지, 파트너와 함께 또는 3~4명의 그룹으로 일할지를 선택한다. 교사는 학생들의 일을 감독하고 적절한 질문과 프로젝트를 찾도록 도와준다. 학생들은 연구 일지를 사용하고 마지막에는 다른 학생들에게 자신들의 결과를 발표하면서 어떤 주제에 대하여 며칠 동안 일할 것이다.

2. 방법론 및 자료베이스

다음 섹션에서는 자료를 수집하고 분석하는 데 사용되는 방법론을 소개하며, 실행연구의 특정 측면인 (비판적) 참여실행연구를 공동 자료 수집에 대한 접근법으로 제시될 것이다. 이 섹션에서는 실행 주기에서 수집된 자료를 분석하기 위해 선택한 접근법으로 구성주의 근거이론[Constructivist Grounded Theory]의 방법을 소개할 것이다. 마지막으로 모든 참여적 접근법에서 특히 중요한 연구 윤리가 논의될 것이다.

1) (비판적) 참여실행연구 주기

오스트리아의 연구 활동은 학교 문화의 변형과 교사와 학생 모두의 권한 부여에 특히 적합하기 때문에 참여적 실행연구[Participatory Action Research: PAR](PAR, 자세한 내용은 제4장 참조)를 적용하여 안내되었다(Armstrong & Moore, 2019). 이는 분리와 배제에서 통합으로의 패러다임 이동이 될 때 특히 중요하다. 암스트롱[Armstrong]과 무어[Moore] (2019, p. 7)는 따라서 "통합의 장벽에 대한 이해를 증가시키고 배제적인 실천에 도전하기 위하여 다른 사람들과의 협력이 가능한 다루기 쉬운 연구"를 함께 끌어낼 것을 제안하였다. 교육적 맥락에서 PAR은 그들이 받아들이든 재생산의 목적으로 경험하든 상관없이 배제를 다루도록 강요된 사람들의 관점을 근본적으로 평가하고 통합함으로써 연구를 민주화하는 것을 촉진한다(ibid.). 따라서 우리 연구 주제 배경에 반하는 것으로 이 접근법을 선택한 것은 전혀 놀라운 일이 아니다. 비록 오스트리아의 학교 체계가 통합적인 것으로 전혀 설명되지 않을 수 있지만 SZD는 결과적으로 통합학교로의 확장된 변형 과정에 있다[보다 상세한 내용은 "특수교육 필요 및 (강제) 이주 배경 아동을 위한 학교 교육에 초점을 맞춘 오스트리아 교육 체계의 역사와 현재" 섹션 참조]. 비판PAR(비판참여적 실행연구)에서 "실천가－연구자와 환경에 있는 타인들 사이의 상호 관계는 훨씬 더 증폭된다. 연구에 대한 책임은 '우리(가)^{we}' 또는 '우리(에게)^{us}'로서 첫 번째 사람(복수형)으로 함께 행동하고 연구하는 사람들에 의해 집단적으로 가져진다. 무엇을 탐색하고 무엇을 변화시킬지에 대한 결정은 집단적으로 이루어진다. 그러나 이 경우 사람들은 자신들의 일과 그 결과가 비이성적이거나, 지속 불가능하거나, 불공평할 경우 변형될 필요가 있을 수 있는 사회적으로 구성된 형태로서 자신의 일과 삶을 탐구한다"(Kemmis et al., 2014, p. 16).

실현된 최종 계획은 다음 단계와 요소로 구성되었다.

① 첫 번째 주기: 학습 및 우수 실천에 대한 장벽 분석(2018/2019년도)

이 단계에서는 학습에 대한 장벽과 우수 실천에 대한 예들을 8학년과 5학년 숙련된 학습자로서의 학생들, 그들의 교사들, (일부) 그들의 부모들에서 기인한 자료를 기반으로 분석했다.

② 두 번째 주기: 사회적 상호 작용, 중재, 성찰에 초점(2019/2020 학년도)

첫 번째 주기의 결과를 기반으로 SZD의 신입생으로서의 '새로운' 5학년 학생들과 이미 알려진 그룹의 후속 자료를 가지기 위하여 '이전' 5학년(그리고 지금은 6학년) 학생들뿐만 아니라 (잠재적인) 학교 졸업자인 '새로운' 8학년 학생들로부터 자료를 수집하는 것을 계속하기로 결정했다.

이 3개의 연령 그룹에 초점을 맞추는 것은 (주기 1에서와 같이) 장벽과 우수 실천을 수집할 뿐만 아니라 오히려 학습을 방해하거나 촉진할 수 있는 중요한 요인으로 수업 내, 중, 주변, 외부에서의 사회적 상호 작용에 초점을 맞추기로 결정했다. 소위 '버디 북'(자세한 내용은 다음 부분 참조)뿐만 아니라 교사와의 인터뷰, 학생들과의 워크숍은 두 번째 주기의 귀중한 자원이 되는 것으로 드러났다. 추가적으로, 2019년 10월부터 2020년 2월까지 SZD에서 인턴을 하는 교사 연수생들은 자료 생성을 지원했다. 모든 학년의 교사 팀들과의 공동 결정에 근거하여, 이러한 교사 연수생들은 UDL 기반 레슨을 관찰하고, 또한 계획하고 실현하며, SZD에 있는 교사들과 함께 자신들의 접근 법과 관찰 모두를 제시하고, 토론하며, 반영하도록 요청받았다. 그렇게 함으로써 교사 팀은 외부의 관점에서 일상 업무에 대한 통찰력을 얻을 수 있었고, 이후 잠재적인 '사각 지대'를 반영할 수 있었다. 더 나아가서 교사 팀은 교사 연수생을 관찰하면서 수업에서 UDL을 사용하는 방법을 배웠다.

연구 루틴에 참여하는 행위자와의 두 가지 연구 주기는 다음과 같이 기술될 수 있다.

실행연구 주기의 고전적 모델은 각 단계를 별도의 절차로 묘사하는 경향이 있다. 그러나 [그림 11-1]에서 볼 수 있듯이 특정 활동들은 더 많이 상호 연결되어 있었으 며 3명의 협력 교사와의 지속적인 교류는 보다 전체적인 그림을 제시하는 일부 겹치 는 층들로 이끌었다.

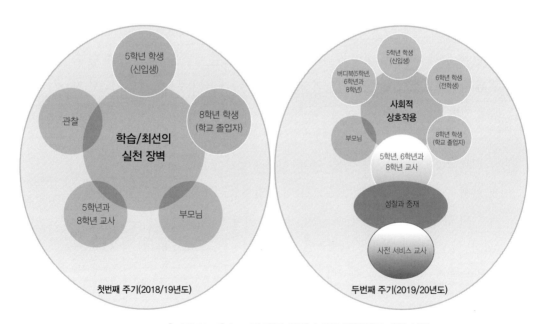

[그림 11-1] SZD 및 관련 행위자에서 실행연구 계획 실행

2) 자료 수집

앞에서 기술된 비판적 참여적 실행연구 접근법에서 우리, 실천가–연구자, 학술 연구자 및 연구 보조원(즉, 프로젝트에 고용된 교사 훈련생)을 포함하는 모든 팀 구성원은 학습 장벽에 초점을 맞춘 초기 중점을 가지고 다양한 범위의 자료를 수집했다. 가능한 한 가장 광범위한 그림을 얻기 위해 관련된 모든 당사자의 자료를 수집했다. 부모–교사 회의와 같은 특정 환경은 많은 부모에게 동시에 다가갈 수 있는 기회를 제공하였던 반면, 다른 상황들은 관련 된 교사의 요구를 충족하기 위해 서면 인터뷰나 팀 회의에서 가져온 구조화된 메모를 요청했다. 당연하게도, 교수 팀은 구두 그룹 기반 인터뷰에 많은 시간을 쓸 여유가 없었다. 그럼에도 불구하고 3명의 교사와의 구두 인터뷰는 교사의 일상 업무에 대한 심도 깊은 통찰력을 얻기 위해 정기적으로 수행되었다. 학생 출처 자료는 워크숍에서 수집되었으며, 그곳에서 학생들은 4개 그룹으로 나뉘었다. 또한 6학년 버디 북$^{Buddy Books}$이 분석되었고 계속 분석될 것이다.

〈표 11-1〉은 수집된 모든 자료의 개요를 보여 준다.

광범위한 자료 세트와 즉각적인 피드백을 받기를 희망하는 협력 교사와의 지속적인 교류로 인해 저자들은 우선 부모 및 교사에 관한 분석에 집중하였다. 작성 시점에 표에서 학생 출처 자료의 상세한 분석은 여전히 진행 중이지만 참조되지는 않을 것이다.

〈표 11-1〉 자료의 상세한 기술

이름	내용	수	날짜	학년
학생, 학부모, 교사와의 회의로부터의 메모	학생, 부모, 교사의 관점으로부터 학습 장벽	6	2018년 10월	5 학년, 8학년
(부모 및 교사와의 회의에서) 부모와의 대화에 대한 노트	부모 관점으로부터 학습 장벽	3	2018년 12월	6 학년
버디 북	학생의 관점으로부터 학습 장벽, 수업 내, 주변, 외부에서 사회적 상호 작용	28	특정되지 않음. 2019년 겨울 기간	6 학년

부모와 교사와의 회의로부터의 노트	학생의 관점으로부터 학습 장벽, 수업 내, 주변, 외부에서 사회적 상호 작용	3	2019년 11월	6학년
관찰 프로토콜	수업 상황 관찰(학습 장벽에 집중)	3	2019년 11월	5 학년
교사 2, 3과의 인터뷰	교사의 관점, 사회적 상호 작용, 도전, UDL실현을 통한 기회, 이미 존재하는 우수 실천으로부터의 학습 장벽	1	2019년 11월	6, 7학년
교사 팀 미팅으로부터의 노트	교사의 관점, 사회적 상호 작용, UDL 실현 으로부터 학습 장벽 및 기회	3	2019년 11월	5, 6, 7학년
교사 1과의 인터뷰	교사의 관점, 사회적 상호 작용, 도전, UDL실현을 통한 기회, 이미 존재하는 우수 실천으로부터의 학습 장벽	1	2019년 12월	5학년
8학년생들과의 워크숍	학생 관점으로부터 학습 장벽	4	2019년 12월	8학년
교사 설문지	UDL에 대한 접근법	3	2020년 1, 2월	5, 6, 7학년
교사와의 인터뷰	이미 존재하는 우수/최고 실천; UDL에 대한 접근법, UDL 실현의 기회 및 도전	1	2020년 3월	5, 6, 7학년
교사와의 인터뷰	이미 존재하는 우수/최고 실천에 대한 심층적인 통찰력, SZD의 역사, 현재 발전, (잠재적) 미래	2		

2018/2019년도의 첫 번째 실행연구 주기에서 목표는 학생, 교사, 학부모가 경험하는 학습 장벽에 대해 가능한 한 많이 알아내는 것이었다. 이것은 자료 수집의 첫 번째 단계를 구성했지만 학생이 가장 잘 배우기 위해 필요한 것과 학습 환경이 설계되어져야만 하는 방법에 대한 신중하고 상세한 반영 측면에서 학생, 부모, 교사를 민감하게 하는 첫 번째 접근법으로도 간주될 수 있다.

첫 번째 단계에서 3개의 8학년 수업 학부모, 학생, 교사는 2018년 10월 학부모-교사 회의 맥락에서 제공된 양식에서 학습 장벽으로 고려되는 것을 적어 줄 것을 요청받았다. 프로젝트 팀은 교사 중 1명이 보고한 특정 도전들로 인해 이 학년에 집중하기로 결정하였다. 즉, 학생들은 이번 학년도 이후 학교를 떠나기 때문에 학생과 교사 (그리고 실제로 학부모)에 대한 압력은 지극히 높았다.

프로젝트 팀은 또한 5학년 학생들과 교사 및 학부모로부터 적어도 일부(광범위하지는 않지만) 추가 자료를 수집하기로 결정했다. 이 학생들은 SZD에서 막 시작했고 그들의 교사들은 이제 막 그들을 알아가고 있었다. 우리는 한 학생 및 부모 그룹이 2년 연속으로 따라오게 하기 위해 이러한 관점들을 모으기로 결정하였다.

1년 후, 그리고 이제 두 번째 실행연구 주기(2019/2020년도)에서, 이 동일한 그룹은 이제 6학년이었다. 다시 한번, (2019년 11월) 부모−교사 회의의 맥락에서 부모들은 자녀의 학습을 방해하는 장벽을 적어 줄 것을 요청 받았다. 특별한 초점은 또한 교실 안, 주변, 외부의 사회적 상호 작용에 맞춰졌다.

학생들의 관점은 (부모의 경우처럼) 종이와 연필을 사용하여 포착한 것이 아니라 소위 버디 북(Perkhofer-Czapek et al., 2018)의 분석을 통해 포착했다. SZD에서 선정된 수업은 학생과 부모 모두가 자신들의 학습 진전에 대한 피드백을 계획하고, 추적하고, 제공하기 위하여 이러한 책들을 사용하고 있다. 5학년과 6학년은 같은 버전^edition 을 사용하는 반면, 7학년과 8학년은 나이 많은 아동들을 위한 특정 버전을 사용한다.

버디 북은 장벽에 대한 관점뿐만 아니라 학습 진행에 도움이 되는 측면에 대해 배울 수 있는 자료로서의 역할을 한다. 6학년생들(이전 5학년, 앞 참조)로부터 총 28권의 버디 북이 확인되어졌다. 아동의 실제적인 단어들의 캡처^capture를 포함하여 심층 분석이 진행 중이다. 추가적으로, 워크숍은 학교 졸업자로서 8학년생들의 관점을 평가하기 위해 열렸다. 이러한 것들은 2019년 12월에 2개의 다른 8학년 수업들에서 발생했다. 앞에서 기술된 것처럼 수집된 자료에 더하여 '새로운' 5학년 교사들, 6학년 및 7학년 교사들 또한 학습 장벽에 대한 자신들의 인식과 학습을 향상시킬 수도 있는 요인들을 공유할 것을 요청받았다. 그들은 또한 수업 내, 주변, 외부에서 사회적 상호 작용에 집중하도록 요청받았다. 이 자료는 2019년 11월 교사 팀 회의 동안 발생하였으며 교사가 자신의 인식을 성찰할 수 있도록 허용하는 추가적인 목적을 가졌다. 그뿐만 아니라, 한 팀 구성원은 자료를 보완하기 위해 5학년에서 학교 관찰을 착수하였으며, 실행연구를 실현할 때 의도된 것처럼, 교사들에게 피드백을 주었다. 학교 관찰은 다른 환경들, 1개는 2명의 학생만이 있는 특수교육적 필요 수업에서, 다른 2개는 9명과 11명의 학생이 있는 '일반' 학급에서 발생하였다. 이러한 관찰은 UDL 관점에서 재평가된 주어진 환경들을 확인하기 위하여 사용되었다.

3명의 실천가−연구자 모두와의 인터뷰는 학습을 향상시키는 요소와 함께 교수 스타일과 학습 장벽에 대한 인식뿐만 아니라 교실 내, 주변, 밖의 사회적 상호 작용에 대한 심층적인 통찰력을 제공하기 위해 수행되었다. 특히 UDL 실현을 통한 도전 또는 기회에 대한 성찰에 초점을 가졌다. 각 교사는 한 학년만 책임진다. 1명은 5학년, 다른 1명은 6학년을 책임지며, 세 번째는 7학년을 가르친다. 비록 이 자료(서면 진술로 보완된 인터뷰)가 광범위한 통찰력을 제공했지만 훨씬 더 심층적인 질문을 하는 것이 점점 더 필요하다는 것이 입증되었다. 따라서 3명의 교사 모두는 2020년 3월에 진행된 2차 인터뷰와 2020년 여름 두 번의 후속 인터뷰 참석을 요청받았다.

코로나 대유행의 (부작용과 같은) 특정 영향과 개발된 실천의 실현에 대한 해당 예방 조치는 여전히 모니터링되고 있다는 것을 지적하는 것은 중요하다. 그럼에도 불구하고 팬데믹이 SZD와 같은 곳에서 통합 실천에 미치는 일반적인 영향은 관찰될 수 있다는 점에 유의해야 한다. 예를 들어, 다른 학생 그룹들의 물리적 혼합에 대한 제한된 선택들은 큰 타격을 입었다.

3) 구성주의 근거이론

(비판적) 참여적 실행연구의 맥락에서는 자료를 구성하고 분석하는 유연한 접근법은 핵심이다. 우리는 이러한 목적을 위해 근거이론 방법을 활용하기로 결정했는데, 그러한 방법이 우리가 선택한 접근법과 일치하기 때문이다(이 하위 섹션에서 나타남). 그러나 (비판적) 참여적 실행연구 프로젝트의 해당 설계 및 분석 맥락에서만 근거이론 방법을 적용한다는 점은 주목되어야 한다.

이러한 분석 단계를 고려할 때, 특히 자료 수집 및 분석의 동시성을 고려할 때 (구성주의) 근거이론과 (비판적 참여) 실행연구가 완벽하게 일치한다는 것은 분명하다. 우리의 두 번째 연구 주기는 이 기준으로만 계획되고 실현되었다([그림 11-2] 및 세부 사항 참조). 근거이론에 대한 차마즈[Charmaz]의 접근법은 그녀가 "사람들이 말하는 것은 종종 행동하는 것과 다르기" 때문에(Charmaz, 2004, p. 982) 관찰 자료를 인터뷰 자료 분석에 추가로 제공할 것을 요구할 때 우리 프로젝트의 선정된 접근법을 구체적으로 충족시키고 있다. 이것은 분명히 실천가-연구자들이 자신들의 교수 실천에 대한 통찰력을 찾을 때 가장 중요하다. 대면 인터뷰에서 통합 교수 실천을 기술하고 설명하는 것은 쉬울 수 있지만, 이것은 반드시 그러한 실천이 매일의 작업 일상에서 관찰될

- 전략
  - 교육 목표 반영 _ T
  - 더 나은 학습을 위한 개별 전략(및 구조) _ T
  - 전략(및 구조 또는 좋은 학습 환경

- 강점
  - 역량 강화를 위한 방법 및 도구 _ T
  - 강점으로서의 다양성 _ T
  - 학생의 강점에 대한 고려 _ T

- 장벽
  - 학습에 대한 개별 장벽 _ T _ Pa
  - 일반적인 학습 장벽 _ T
  - 가정에서의 학습 장벽 _ T
  - 학습 장벽 _ 교사가 할 수 있는 일 _ T
  - 수업 중 학습 장벽 _ T

- 추가 행위자 및 생활 환경 _ T
  - 학생을 위한 T의 역할 _ T
  - 학부모와의 연락 _ T

- 자원: 시간, 공간, 교사 교육 _ T

[그림 11-2] 교사 데이터의 초기 코딩과정에서 스크랩하기

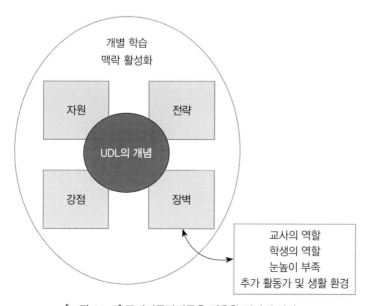

[그림 11-3] 근거이론방법론을 적용한 결과의 삽화

수 있을 것이라는 것을 의미하지는 않는다. 따라서 학생들과의 워크숍, 수업 중 관찰 모두 첫 번째 실행연구 주기에서의 초기 자료 수집 및 분석 이후 출현하는 것으로 계획되었다.

차마즈^{Charmaz}(2003, 2004, 2014)에 따르면 구성주의 근거이론을 통해 자료를 코딩하는 것은 초기 라인별 코딩으로 시작하여 자료의 각 라인을 검사하고 그 안에 있는 행동 또는 사건을 정의하는 것을 의미한다. 그렇게 함으로써, 우리는 아이디어를 귀납적으로 구축하기 시작하며 "자료에 대하여 기존 이론이나 우리 자신의 믿음을 부과하는 것에 대하여 라인별 코딩에 의해 제지된다"(Charmaz, 2003, p. 258). 이것은 또한 개념 민감화의 사용을 날카롭게 하는 것을 돕는다. 이 단계에서, 전반적인 연구 문제를 알려 주는 배경 아이디어는 형성될 것이다. 다음 (그리고, 근거이론에 특정한, 또한 병행하는) 단계에서 지속적인 비교는 일어날 필요가 있다. 모든 자료는 다음의 측면에서 정기적으로 비교되어야 한다.

- (SZD에서 대표되는 모든 그룹에서 자료를 수집하여 수행한) 자료 내에서 발생하는 다양한 사람(그들의 견해, 상황, 행동, 계정, 경험)
- (특정 학년의 교사 및 학생으로 구성된 동일 그룹에서 수집한) 동일 인물이지만 다른 시점의 자료
- (학습 워크숍이나 버디 북과 같이 구체적이지만 비교 가능한 사건에 초점을 맞추어 수행한) 사건 비교
- (결과 섹션, [그림 11-2]에 기술된) 단일 범주 내의 자료 비교
- (발견 섹션, [그림 11-3]에 기술된) 다른 범주들로부터 자료 비교

우리 프로젝트에는 다른 종류의 코딩이 적용되었다. 자료를 작업한 것이 한 사람이 아니라 팀이었기 때문에 질적 자료 분석을 위해 특별히 개발된 소프트웨어인 MaxQDA를 통해 자료를 코딩하기로 결정했다. MaxQDA는 메모뿐만 아니라 (코딩된) 자료 세트 모두의 디지털 공유를 허용함으로써 연구 팀으로서의 협력을 촉진시켰다(예: [그림 11-2] 참조).

4) 연구윤리

우리의 방법론적 접근법에 따라 광범위한 윤리적 고려 사항이 고려되어야 했다. 모든 연구 프로젝트는 윤리적 고려 사항을 신중하게 반영해야 하지만, 이는 실천가-연구자 간의 긴밀한 협력으로 인해 참여적 접근법을 적용할 때 특히 중요하다. 케미스Kemmis 등(2014)은 저서 『실행연구 계획자: 비판참여적 실행연구하기The Action Research Planner: Doing Critical Participatory Action Research』에서 연구 윤리에 대하여 광범위한 장을 할애함으로써 이 문제의 중요성을 보여 주고 있다. 참여 연구 맥락에서 연구 윤리는 다른 사람들 가운데 크렘스너Kremsner(2017), 크렘스너Kremsner와 프로이어Proyer(2019)에서 또한 집중적으로 논의된다.

무엇보다도 케미스Kemmis 등(2014, p. 159)에서 기술된 것처럼 모든 연구는 다음과 같은 일반적인 원칙을 고려한다고 명시되어야 한다.

- 사람을 존중한다는 것은 연구는 언제나 참여자의 "사람으로서의 진실성과 인간성: 자신의 권리 및 신체적, 심리적, 문화적 진실성은 보호받아야 하며, 연구 절차에서 손상되지 않아야 된다"는 것을 존중해야 한다는 것을 의미한다.
- 피해를 방지하는 것은 "신체적 피해나 상처를 피하는 것뿐만 아니라 심리적 피해(예: 스트레스 또는 불안) 또는 참여자의 존중을 박탈하는 것, 또는 연구가 개입되지 않았다면 차지하였을 교육 활동으로부터 빼앗거나 어떤 식으로든 평판을 손상시키는 것과 같은 피해를 피하는 것'으로서 정의된다.
- 연구에서 정의 Justice 는 "예를 들어, 참여자를 억압하거나 지배하는 절차들에 의한 연구의 절차에서 불의를 피할 것을 요구한다."
- 선행은 "관련되고 영향을 받는 사람들의 이익, 전 인류 공동체의 이익, 지구의 지속 가능성의 이익을 위해 연구가 수행될 것을 요구한다."

이러한 일반적인 원칙을 고려하는 것은, 다른 사람들 중에서 그레이그Greig 등(2013)에 의해 분명하고 명백하게 지적된 것처럼 아동이 연구 맥락에 참여할 때 특히 중요하다.

사전 동의는 모든 연구 프로젝트의 핵심이다(또는 적어도 그래야만 한다) (McClimens,

2007). 참여자는 참여 동의 여부 전에 연구 프로젝트 및 그 절차에 대하여 이용 가능한 모든 정보를 알 권리가 있다. 우리 프로젝트와 관련하여 사전 동의는 모든 참가자로부터 다른 방식들로 얻어졌다.

- 실천가–연구자들은 (인터뷰 맥락에서 녹음된) 구두 및 서면 형식으로 자료를 사용하고 활용하는 것에 대하여 지속해서 동의했다.
- 학생 또는 오히려 부모는 매 학년 초에 사전 동의서에 서명했다. 비록 지속적이고 반복적인 사전 동의가 아동과 일할 때는 특히 더 좋지만(Greig et al., 2013), 학교는 우리에게 부모가 반복적으로 양식을 작성하고 서명하는 것을 피할 것을 요청하였다. 대신 모든 부모는 매 학년도 초에 (사전 동의서에 서명할 것을 요청 받았을 때) 프로젝트에 대한 서면 정보를 제공받았으며, 3명의 실천가–연구자들 모두가 참석한 (만약 그들이 참석했다면) 교사–학부모 회의에서 추가적인 정보를 제공받았다. 비록 학생들은 양식을 작성할 것을 요청 받지 않았지만, 그럼에도 불구하고 그들은 수업에서 UDL 관련 문제들을 정기적으로 논의하는 3명의 실천가–연구자를 통해 프로젝트와 그것의 목표와 진행에 대한 지속적인 정보를 받았다.
- 부모 자신들은 교사–부모 회의 과정에서만 프로젝트에 참여할 것을 요청받았으며, 거기에서 서면 및 익명 형식으로만 질문에 답변하도록 요청받았다. 다시 말해서, 부모에게 사전 동의서를 다시 작성하도록 분명히 요청하지는 않았지만, 익명으로 설문지를 작성하도록 요청했다. 그렇게 한 사람들은 미리 준비된 박스에 작성된 설문지를 넣어서 자신들의 동의를 효과적으로 주었다.

익명성은 3명의 실천가–연구자들을 제외한 모든 연구 참여자에게 광범위하게 보장된다. 연구 팀의 핵심 구성원으로서 이들은 연구 절차와 결과에 중요한 역할을 하므로 이름으로 인용될 필요가 있다. 이 장의 뒷부분에 나오는 직접 인용은 3명의 높이 관여된 교사의 일부 기본 수준의 개인 정보 보호를 보장하기 위하여 여전히 익명으로 처리되었다. 다른 모든 참여자의 경우 전체 이름은 프로젝트에 중요하지 않으므로 사전동의의 맥락에서만 문서화되었다. 연구의 학술적 부분에서는 학생이나 부모의 이름조차 알려지지 않았다. 이들의 자료는 주로 실천가–연구자들과 학생 보조원에 의해 주로 수집되었다.

선택된 연구 접근법은 모든 관련 당사자가 참여하고 상당한 시간과 에너지를 투자하도록 요청한다. 연구팀 간의 개방성과 투명성은 가장 중요한 것으로 드러났다. 이 연구를 가능하게 만든 실천가-교사들의 소중한 기여의 예들은 실천의 지속적인 성찰과 자기 자신의 교수 실천에 대한 접근을 제공하는 것뿐만 아니라 동료를 참여시키는 것을 포함한다.

3. 연구 절차, 결과, 토론

다음 섹션에서는 (참여적) 실행연구 접근법의 적용에서 수행된 절차의 결과와 협력 교사가 현장에 대한 접근을 가능하게 하고 자료 수집을 형성하는 데 수행한 역할을 자세히 설명한다. 본질적으로 절차의 결과와 관련 질문을 제시한다. 이러한 발견에서 도출된 이론적, 실제적 실현 역시 논의될 것이다. 최종 연구 실행 주기(따라서 실현 단계 및 결과, 특히 학생과의 결과에 대한 토론)를 결론지을 수 없다는 사실을 고려하여 다음에서는 교사 및 부모에 관한 자료에만 초점을 맞출 것이다.

1) 교수법 재평가를 위한 참여실행연구 적용

암스트롱Armstrong과 무어Moore(2019)가 제안한 것처럼, 프로젝트의 모든 단계에서 작업할 소규모 실천가와 연구자 그룹을 설정하는 것이 가장 중요한 초기 단계일 수 있다. 우리의 경우 팀은 Erasmus+ - 프로젝트 'TEP'에서의 기존에 존재하는 협력으로 인해 이미 자리를 잡았다. 따라서 3명의 학술 연구자(Gottfried Biewer, Michelle Proyer 그리고 Gertraud Kremsner)는 SZD로부터의 3명의 여성 실천가-연구자(Gudrun Messenböck, Katrin Krischke, Beatrix Wagner)와 긴밀하게 함께 일했다. 이 6명은 3명의 연구 조교(Sophia Baesch, Johanna Grath 그리고 Susanne Prummer)의 기본 지원을 받았다. 우리 프로젝트에서 참여실행연구 접근법의 적용은 우리가 이전 연구 경험과 상관 없이 모든 팀 구성원과 연구 과정에서 가능한 한 많은 권한을 공유하려고 노력했음을 의미하였다.

우리 프로젝트를 위해 3명의 실천가-연구자 모두는 TEP 프로젝트로부터 그리고 학술 연구자로서 우리로부터 실제로 자신들의 기대에 대하여 맨 처음부터 분명했었다. 자신들의 목표에 도달하기 위해 일일 단위로 직면해야 하는(그리고 항상 자기 착취의 위험에 있는) 많은 도전을 인식하면서, 그들은 SZD가 (그리고 자기 자신의 교수와 함께) (보다) 통합적이 되고, 적어도 가능한 한 통합적이 되는 것을 원했다. 협력은 자신들의 계속 진행 중인 교수 실천에 대한 성찰을 위한 공간을 제공했으며 아이디어와 문제를 논의할 수 있는 공유된 비판단적 공간을 가능하게 했다. 그들의 희망은 UDL 중심 재해석 절차가 개별적인 목표를 이루는 것뿐만 아니라 자신들의 교사 동료들이 합류하고, 그래서 UDL의 지속 가능한 실현 또는 참조를 보장하는 전략으로서 제공하는 것이었다. 두 가지 실행연구 주기들은 3명의 교사 모두와의 긴밀히 협력하여 이러한 목표에 따라 개발되었다. 추가적으로 연구자들은 (UDL 지침과 같은) 영어 학술 자료를 일상 학교 생활에 적합한 보다 이해할 수 있고 쉽게 소화할 수 있는 독일어로 번역함으로써 그들을 지원했다. 이 지점에서 3명의 관련된 교사들과 함께 연구팀은 학교에서 UDL을 유지하거나, 훨씬 더 그렇게 함으로써 실현하는 것의 도전들을 잘 인식하고 있었다는 것은 언급되어야 한다. 이것은 학교와 같은 역동적인 분야에서 변화는 느리게 나타나고 실현하기 어려운 경향이 있기 때문에 특히 그렇다.

　학생들의 학습 과정을 촉진하고 방해하는 것에 대한 초기 평가는 자료 수집 절차의 출발점이었으며, 첫 번째 프로젝트 미팅의 일부를 구성한 CAST 워크숍(http://www.cast.org/)에 의해 영감을 받았다. 3명의 교사가 자신들의 동료에게 UDL의 주요 아이디어를 제시하도록 허용하는 것과 함께, 장벽 및 촉진자의 평가 또한 교사, 부모, 교장 간의 토론 과정이 개시되게 하였다. 흥미롭게도 주요 연구 관심사인 학생들을 위한 학습 환경을 향상시키는 것은 계속 진행 중인 통합학교 개발 절차에 관련된 주제와 일치했다. 3명의 협력 교사는 초기 질문들이 필연적으로 여러 이유로 조정되어야만 하는 처음부터 바로 이러한 것을 분명히 했다. 첫째, 독일어로 사용 가능한 자료가 없었기 때문에 UDL의 아이디어를 파악하기가 어려웠다. 비록 교사들 가운데 2명이 영어를 전공했지만 복잡한 학술적 글들을 읽고 근본적인 UDL 모델의 탑승을 가질 시간을 찾기가 어려웠다. 둘째, 3명의 교사는 학교 동료 중 일부는 자기 자신의 교수에 성찰하는 것에 열심히 하지 않을 것이며, 특히 복잡한 모델을 사용하는 것에서는 그럴 것이라고 의심했다. 그리고 셋째, UDL을 실제로 기술하는 많은 박스는 이미 자리를 잡고 많은 실천에서 체크 표시될 수 있다고 빠르게 결론내려졌다. 교사들은 자신들이

구체적인 사례들을 가지고 일하고, 이미 자리 잡은 어떤 우수 교수 실천들을 더 발전
시키는 것이 중요하다는 것을 분명히 했다. 그래서 심지어 연구활동의 주기에 들어가
기 전에 CAST에 의한 해석에서 UDL의 복잡성을 돌파하기 위한 우회로가 필요했다.

　교사들의 의견을 평가한 결과는 다음과 같다. 학습을 방해하는 것과 촉진하는 것의
확인은 중요하다고 고려되었기 때문에 3명의 교사는 자신들이 동료들로부터 자료를
수집하는 것이 더 나을 것이라고 결정했다. 다른 자료 수집 기술들이 다른 팀들 간에
실현되었다. 이러한 것들은 교사 팀 회의 과정에서 방해하는 그리고 가능하게 하는 요
인들을 수집하는 것과 교사실에 교사들이 작성할 수 있는 두 가지 질문들을 가진 포스
터들을 남기는 것을 포함했다. 다음과 같은 요인들이 기록되었다(〈표 11-2〉 참조).

　흥미롭게도 교사들은 학교와 학생 가정에서의 학습 환경과 관련된 여러 요인을 나
열하였다. 이러한 것들은 가구와 같은 측면뿐만 아니라 조용한 환경의 중요성을 포
함하는 적합한 학습 환경에 대한 언급을 포함한다. 그들은 또한 인지 능력의 부족이
나 집중 능력의 제한과 같은 아동의 개별적인 요인들을 언급했다. 보고된 많은 도전
들은 이러한 개인적 또는 사회적 요인들과 관련되었으며, 교수 촉진은 학습 전략과
같은 전문적 용어를 사용하여 자주 언급되었다. 집중을 유지하는 것과 불안한 환경

〈표 11-2〉 교사에 따라 학습에 선정된 촉진자

- 학습 촉진자
- 동기
- 조용한 환경
- 일상, 보안, 의식
- 환경(가구, 기후, 기술 장비)
- 참여
- 동기 부여된 교사
- 칭찬
- 안정적인 환경
- 학습 전략(학습/코칭), 소그룹 학습
- 가정에서의 좋은 분위기
- 어떠한 것을 시도해 볼 가능성
- 생각의 자유
- 실험이 허용되기
- 먹고 자기
- 독서

에 대한 문제는 특히 도전적인 것으로 언급되며 여러 번 언급되었다. 이는 부모의 결과가 고려될 때 훨씬 더 긴급한 문제가 되었다.

이 초기 자료 수집에 이어서, 여러 인터뷰는 개방된 질문을 명확하게 하고 현행 교수 맥락과 이에 대한 UDL 관점에 대하여 배우기 위하여 연구 절차 과정에서 수행되었다. 학습 환경을 제한하고 촉진하는 요인들은 교사 및 교사 그룹과의 네 번의 인터뷰 과정에서 팀과 연구자들 사이에서 논의되었다. 이들은 구성주의 근거이론 방법을 적용하여 분석되었다. 이것은 (전사 또는 적어도 오디오 테이프를 여러 번 적극적으로 듣는 측면에서) 수집된 모든 자료의 준비를 수반할 뿐만 아니라, 연구 팀 구성원과 교사들 자신을 포함하여 확장된 팀 모두 간의 예비 결과에 대한 철저한 논의와 교환을 수반했다. 3명의 주요 실천가-연구자는 연구자들의 결과들에 대해 매우 비판적이었으며, 결과들이 어떻게 실천으로 옮겨질 수 있는지 또는 더욱 명료하게 만들어질 수 있는지에 대한 분해를 계속해서 요구했다는 것이 주목되어야 한다. 이는 필연적으로 연구 및 분석 절차에 추가적인 도전을 제기하였다. 인터뷰 자료는 실천가-연구자들과의 철저한 논의를 위해 수동으로 선별되었지만, 공동 코딩 활동들을 용이하게 하기 위하여 MaxQDA를 사용하여 코딩되기도 하였다. T는 '교사', 'S'는 '학생', 'Pa'는 '부모'를 상징하는 다음 삽화는 사전에 압축된 초기 코드의 일부를 보여 줌으로써 연구 절차에 대한 통찰력을 제공한다.

〈표 11-2〉는 범주에 따라 열린 코드의 초기 순서의 부분을 묘사한다. 분명히, 이것들은 학습 및 교수에 대한 장벽과 가능하게 하는 것을 둘러싼 논의에 의해 여전히 영향을 받는다. 생활 환경(예: 부모)의 영향과 함께 교사와 학생의 역할은 관련 있는 것으로 확인되었다. 장점은 참여할 준비를 보여 주고 다양성을 장점으로 받아들이는 교수 환경에 대한 긍정적인 의견을 가리킨다. 모두를 위한 학습을 가능하게 하는 적절한 전략과 장벽과 자원 부족을 해결하는 것은 관련 측면 중에 있는 것으로 확인되었다.

대단히 중요한 개념에 따라 관련 범주들의 초기 분류 및 정렬 후, 분석은 계속적 비교의 적용을 통하여 다음 단계로 넘어갔다. 이는 다른 자료 자료들을 조사하고 핵심 개념을 추출하는 관점을 가지고 교사와 지속적인 교류로부터 끌어내졌음을 시사한다. 분석 절차 동안 두 번의 추가적인 인터뷰 과정에서 중간 결과들이 추가적으로 논의되고 발전되었다. 다음 그림은 출현한 핵심 범주들과 그들의 상호 관계를 소개한다. 이를 근거로 초기 이론적 기반은 UDL 관점에서 기존 교수 및 학습 실천을 평가하여 추가적인 맥락화를 만드는 것이 확고히 되었다. 분석의 주요 개념과 범주는 가능하게 하고 개별적으로 지향된 학습 맥락에 영향을 미치는 자원, 전략, 강점, 장벽 사이의 관계를 가리킵니다.

학생들의 강점을 가능하게 하고 발전시키는 데 중점을 두고 일한다는 언급은 자료에 강하게 드러나 있었다. 교사의 목표는 다른 접근법과 능력을 강점으로서 확인하고 그에 따라 일한다는 것이었다. 강점에 대한 지속적인 중점의 필요와 관련하여, 교사 1명은 (또한 버디 북을 사용하는) 자신의 학생 및 동료와 잘 기능하는 것에 대한 지속적인 성찰은 필수적이었다고 지적하였다. 학생들에게 잘 기능하는 것에 대하여 성찰하기 위한 공간을 주는 것은 특별한 관련성이 있는 것으로 간주되었다.

> 거티Gerti: 정기적으로 성찰하는 것은 좋아요. 이러한 것은 일상적으로 되는 것을 가능하게 합니다. 사실 일주일에 한 번 우리는 "무엇이 자랑스럽나요?"라는 질문에 대해 이야기하는 시간을 갖습니다. 내 경험상 많은 학생이 "나는 아무것도 자랑스럽지 않아요."라고 말해요. 그것은 나를 숨막히게 합니다. 그것은 자존감에 대하여 많은 것을 말해 줍니다.

거티Gerti는 교실에 있는 아동들이 자신이 할 수 있는 것과 자신들이 자랑스러워할 많은 이유가 있다는 것을 인식하도록 만드는 것의 중요성을 강조했다. '학습 코칭study coaching'이라 칭해진 특정 레슨은 성공을 할 수 없다는 학생들의 인식에 대항하기 위해, 따라서 그녀가 기술한 것처럼 자신들은 "세상 주위를 정처없이 떠도는" 방식을 변화시키기 위해 일해지곤 하였다. 교사들은 SZD에서 그리고 교육과정에 대한 교사 팀의 접근법의 특정한 협력적인 조건에서 특정 유연성은 학업 결과에 대한 초점을 잃는 것 없이 학생들의 요구에 반응할 수 있는 데 필수적이라고 믿는다. 레슨 계획의 필수적인 부분을 구성하는 특정 레슨들(이 경우 소위 사회적 레슨)은 학생들의 요구를 논의하는 데 사용될 수 있으며, 다른 레슨들은 시급한 요구에 맞게 조정될 수 있다. 이것은 교사들에 의해 '정서적 일'(독일어에서 매우 특정한 용어: Beziehungsarbeit)로서 언급되며, 어느 정도의 유연성을 허용하는 합리적으로 개방된 체계의 특정 강점으로 간주되지만, 교사들이 가진 무거운 책임감 역시 나타낸다.

> 거티Gerti: 우리는 사교 레슨이 있고 주제는 다음과 같아요. 우리는 모두 다르고 그것은 환상적이

에요. 그것은 다양성을 인정하고 특정한 배경에 따라 상황들이 어떻게 다르게 처리되는지, 그것은 얼마나 매력적일 수 있는지에 대해 생각하게 함으로써 학생들을 열광시키는 것이에요. … 이것은 모두 다소 설교처럼 들릴 수 있지만, 실제로는 아동들이 차이에 정말로 관대하고 개방적으로 만드는 것은 우리의 일입니다. … 갈등의 문화가 발전하는 것과 관련이 있어요.

거티Gerti는 학생들이 자신이 누구인지, 서로 어떻게 다른지 인식하는 것을 배울 수 있는 성찰의 공간을 열기 위해 자신의 레슨 시간을 어떻게 사용하고 있는지 보고한다. 그녀는 이것을 그녀의 일의 핵심적인 특징 중 하나라고 인정한다. 아이들을 열광시키고 성격 발달에 투자하는 것은 교사가 할 수 있는 것의 긍정적인 측면과 그들이 성찰 공간을 만들어 낼 수 있는 방법에 초점을 맞추는 것의 관련성을 보여 주지만, 범주 자원은 잠재적으로 부정적이거나 방해하는 영향의 요소들을 나타낸다. 한나Hanna는 "교사의 올바른 훈련"에 더하여 필요한 다소 넓은 시간과 공간의 개념을 언급한다. 개별화된 학습 환경을 제공하는 것은 개방적이고 유연한 학습 환경은 많은 아동들을 요구하기 때문에 교사에게 높은 업무량을 시사한다. 거티Gerti는 일부 학생은 "시작하는 데 많은 시간이 걸린다"고 보고한다. "그들은 하는 과정에 들어가지 않는다." 이것은 교사 측에서 많은 조정된 노력과 시간을 시사하며, 이러한 것은 종종 추가적인 무급 시간을 투입할 필요성을 야기한다. 거티Gerti는 또한 일부 학생은 교수 또는 교수 환경이 조정되기 전에 학습 도전이 무엇인지를 깨닫기 위해 지원이 필요하다고 보고한다. 학습에 대한 올바른 적응 방식이나 접근법을 찾는 것은 "자원 집약적이 되는 것"으로 기술되며, "당신은 아동들이 할 수 있게 되어지도록 가깝게 있어야 하며 방법을 조정해야 한다. 그리고 이러한 것은 제 마음을 매우 바쁘게 한다"(거티Gerti). 노력을 조정하고 학습을 가능하게 하는 특정 전략의 개발 및 적용은 그런 점에서는 도움이 될 수 있다. 어떤 아동은 "자신들이 개방된 학습 환경에서의 의사 결정하는 것에 압도되는" 것처럼 "특정 유형의 지도"가 필요한 반면, 다른 학생들은 자신들의 의사 결정 과정에 대해 매우 명확하다. 이것은 교수 팀 간의 좋은 조정을 요구하지만 학생 자신의 참여에 대한 성찰을 요구하는 균형 잡힌 행동으로 기술될 수 있다. 토론은 "각 학생이 어떻게 가장 잘 배울 수 있는가?"라는 질문에 중점을 둘 것이다(거티Gerti). 위에서 확인된 학습 장벽을 해결하는 것은 이와 관련하여 핵심적인 관심사이다. 범주는 부모와 학생이 학습 환경 설계를 결정하는 것에서의 특정 역할들을 나타낸다. 이러한 것은 유지하는 데 어려울 수 있는 특정 눈높이 접근법을 요구한다. 가정 환경, 부모, 또는 다른 맥락 요인들에 대한 참조 역시 중요한 역할을 한다(다음 부모 섹션 참조). 거티[Gerti]는 다음과 같이 학생의 것을 설명한다.

> "사회적 문제는 자신들이 잘 배울 수 있도록 수업에 적응하기 위하여 알고 이해되어야만 하며, 그렇지 않으면 효과가 없을 것입니다. 학생들은 우리가 그들에게 무언가를 기대한다는 것을 알고 있으며, 적어도 최선의 시나리오에서는 학생들에게 전이되는 일종의 진지함이 있습니다."

적절한 학습 환경을 제공하는 것과 관련하여 한나[Hanna]는 다음과 같이 지적한다. "저는 학생들이 긍정적인 분위기, 감사하는 환경이 필요하다는 느낌을 가집니다. 이것은 무엇보다도 중요하다. 그러고는 교수 내용을 소화하기 위한 침묵과 다른 채널이 있다."

이것은 적절한 학습 환경을 제공하는 것이 적절한 교수 및 학습과 밀접한 관련이 있음을 시사한다. 조용한 학습 조건은 집중해야 하는 역량 및 필요성과 밀접한 관련이 있기 때문에 학습 촉진자의 목록에서 가장 관련성이 높은 것으로 고려되는 요소 중 하나다. 그럼에도 불구하고 적절한 학습 환경에 대한 요소들은 특정 도구의 가용성에 대한 필요성에서 고요하고 안정적인 환경에 대한 요구에 이르기까지 개인에 따라 다를 수 있다. 거티[Gerti]는 "많은 학생은 과제에 충실하기 위해 공간, 즉 그들 앞에 벽이 있는 빈 공간을 효과적으로 필요로 한다. 이들은 다른 영향들에 넘쳐나며, 이러한 것은 그들이 집중을 유지하는 것을 정말 어렵게 만든다."라고 주장하면서 다양성의 필요를 기술하였다. 개별적인 학습 환경을 가능하게 만드는 방법들을 찾는 것은 인터뷰에서 핵심 주제로 확인되었다.

흥미롭게도 UDL 개념에 대한 이해는 해결책을 찾거나 추가 조사에 대한 영감을 얻는 것과 관련하여 자료 수집 단계의 초기 단계에서 이미 언급되었다. 사비네[Sabine]는 UDL을 오리엔테이션의 자료로 기술했다. "학생의 역량을 강화하기 위한 답변과 전략, 방법 및 도구를 제공한다." 따라서 프로젝트 협업을 통한 UDL 개념의 도입이 영향을 미친 것으로 보인다. 이를 통해 교사는 자신의 교수 실천을 재평가하고 특정 교육 영역(예: 학습 환경)과 관련하여 무엇이 작동하고 어떠한 측면이 의문시되고 조정되어야 하는지에 대한 인식이 높아짐으로써 이들을 더욱 발전시킬 수 있었다.

다음에서 다루어질 한 가지 주요 요소는 부모의 역할과 학교 맥락 너머 삶의 세계가 가진 추가적인 영역과 관련이 있다. 일부 학생에게 있어 학교와 가정 환경 간의 격차가 크다. 가정의 조용한 환경에서 학습할 기회가 없거나 자신들의 지식을 유지하거나 발전시키는 데 도움이 되는 어떠한 지원 구조도 없을 수 있다. 소셜 미디어 플랫폼의 광범위한 사용과 수면 부족의 영향은 낮은 수준의 자존감 및 집중력 부족과 관련이 있다. 부모와 연락을 유지하는 것은 교사에게 때때로 큰 도전이 될 수 있다. 부모로부터 자료를 수집할 것을 요청을 받은 실천가-연구자들은 부모-교사 회의의 다른 맥락에서 수집된 학습에 방해 되는 긴 목록을 가지고 돌아왔다. 다시 말하지만, 교사들은 부모와의 관계가 더 가깝고 그들과 연락하는 절차가 더 어렵지 않을수록 자료를 수집해야만 하는 사람은 자신이라고 느꼈다. 그들은 또한 그들을 통한 직접적인 자료 수집은 통찰력을 얻는 더 효과적인 방법이라고 고려했다.

(1) 부모

앞의 연구 결과 중 일부는 이미 학교 밖 환경의 역할, 특히 부모와의 관계에서의 역할을 이미 강조하고 있다. 이러한 측면보다 더 많은 것들이 교수 및 학습 실천의 효율

〈표 11-3〉 부모에 의해 확인된 학습에서 선정된 장벽(임의 순서, 굵은 글씨는 1회 이상 언급됨)

- 집중력 부족
- 언어 장벽
- 난독증
- 소음
- 관심 부족
- 충동 조절 부족
- 학교 구조 부족
- 학습 장애
- 학교에 관심이 없고, 일하고 싶어함
- 철자법
- 구조 대 혼돈
- 자기 조직화
- 학습에서의 무능
- 적은 체력
- ADHD

성을 둘러싼 토의에서 누락되고 있다. 부모가 학습 과정의 주요 자원임을 고려할 때 이들의 통찰력을 포함하는 것은 매우 관련 있어 보이지만 UDL을 가지고 작업할 때 의사 결정의 맥락에서 쉽지 않은 것 같다. 학습에 대한 주요 방해는 목록을 사용하여 수집되었다. 굵은 글자체로 표시된 개념은 1명 이상의 부모가 이러한 것을 관련성이 있다고 언급했음을 한 번 더 보여 준다(〈표 11-3〉참조).

다시 말하지만, 나열된 많은 개념은 어린이의 무능력 또는 병리, 즉 무능력(배울 수 없음) 및 대처 메커니즘 부족(약한 체력)에 대한 인식을 나타낸다. 그럼에도 불구하고 학습 환경과 직접적으로 언급한 몇 가지 측면이 있다. 수업 분위기와 소음은 학습에 영향을 미치는 요인 중 하나이다. 다른 측면들은 아동의 사회적 배경(아버지의 영향, 자신의 한계에 도달, 압도되는 것, 두려움 또는 단순히 몸이 좋지 않음)에 초점을 맞추고 있다. 이러한 맥락에 대한 지식은 학습 맥락 측면에서 교사의 의사 결정과 관련이 있다.

꽤 놀라운 것은 자녀의 부족한 능력을 기술하기 위해 일부 부모에 의해 사용된 언어이며, 이러한 것은 자료 수집 후속 인터뷰에서도 논의되었다. 버디 북의 목표 중 하나는 부모가 자녀와 지속적인 상호 작용에 참여하고 학습 결과에 대하여 정보를 받고 참여하도록 하는 것이다. 부모의 참여 부족은 교사에 의해 확인된 주요 장벽 중 하나이므로 해결되어야 할 문제이다. (성공적인 학습 환경을 설계하는 맥락에서 전혀 언급되지 않았다면) 종종 부수적인 문제로만 간주되는 이 측면은 주어진 맥락에서 UDL 애플리케이션의 추가적인 개발의 필요성을 보여 준다.

장벽에 대한 학생들의 관점은 그들이 잘 배우는 데 도움이 되는 것을 공유하도록 요청함으로써 보다 긍정적인 각도에서 평가되었다. 다음 두 그림은 4학년 교실 두 곳에서의 자료 수집 과정을 보여 준다. 이 학생들은 학교를 막 떠나려는 전환기였으며 이 특정 학교 환경에 대한 높은 수준의 경험을 가지고 있었으므로, 이들의 관점은 특히 흥미로운 것을 제공하였다([그림 11-4] 및 [그림 11-5] 참조).

학생들은 아이디어를 칠판에 쓰거나 2개의 워크숍에서 구두로 공유함으로써 좋은 학습 과정을 가능하게 하는 측면들에 대한 자신들의 아이디어를 표현하도록 초대 받았다. 밝혀진 주요 요인들은 조용한 환경의 필요성부터, 대조적으로, 음악을 들으면서 가장 잘 배우는 것에 이르기까지, (주제에 관심을 가지게 되는) 동기의 이슈에서부터 (중요한 것으로 언급된 지원 및 그룹 일을 가진) 다른 학습 모드에 이르기까지 다양하다. 적절한 지원 모드를 적용하고 적절한 자료를 사용하는 것 역시 관련 있는 것으로 기술되었다. 그중에서도 다음이 언급되었다.

- PC, 휴대폰
- 많은 글쓰기 연습
- 구성: 수업 계획, 어수선하지 않은 테이블, 특정 파일

[그림 11-4] 학생들과 함께 자료 수집 1

[그림 11-5] 학생들과 함께 자료 수집 2

학생들과 토론하는 동안, 학습에 대한 성찰은 그들에게 새로운 것이 아니며 무엇이 필요한지 꽤 잘 알고 있는 것 같다는 것이 꽤 명백해졌다. 글을 쓰는 시점에서 UDL의 실현과 아동의 목소리의 중복에 대한 추가적인 분석은 여전히 진행 중에 있지만 민주적인 학습의 관련성을 지적한다. 이것은 다음에서 더 자세히 설명될 전체적인 접근법에 대한 정교함으로 상기시킨다([그림 11-6] 참조).

2) 결과

　UDL은 주어진 연구 맥락에서 이미 확립된 교수 실천의 향상된 개발뿐만 아니라 질문을 가능하게 했다. 실제로 UDL 개념의 도입만으로도 교사 팀 사이에 활발한 논쟁을 촉발시켰다([그림 11-7] 참조). 예들은 연구 질문에 관련된 것으로서 UDL을 적용한 도입 및 성찰 과정의 결과를 자세히 말하기 위해 다음에서 사용될 것이다. 이 연구가 이미 존재하는 우수 실천의 재평가나 재해석에 초점을 맞추고 있는 것을 고려하여, (실천가-연구자와 관찰되고 논의된) 이러한 실천 중 일부는 다음에서 확대될 것이다.

　통합교육의 기존 실천이 UDL 관점에서 어떻게 재해석될 수 있는지에 대하여 자세히 설명하기 위해 이제 다음 두 가지 예는 보다 심층적으로 분석될 것이다. 이러한 교수 실천은 SZD에서 가장 관련성이 높고 특징적인 실천을 지명하라는 요청을 받았을 때 교사들에 의해 확인되었으며 관찰 단계에서도 그렇게 확인되었다. 다음과 같은 교실 설정 스케치는 2019년 11월 초에 발생한 관찰에서 도출되었다([그림 11-6], [그림 11-7] 참조).

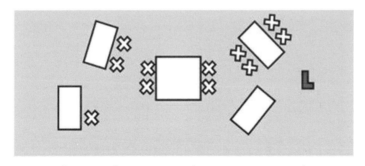

[그림 11-6] 교실 참관, 수학(L은 교사의 위치를 표시)

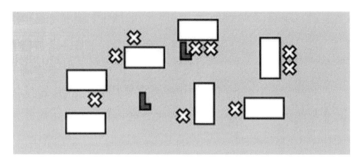

[그림 11-7] 교실 참관, 박스 수업(L은 교사의 위치를 표시)

흥미롭게도, 두 설정 모두 개별 학생 참여는 2명의 교사, 개방적 설정, 중요한 공간에 의해 지원된다는 사실을 강조하는 박스 레슨 개념의 배치를 가지는 전형적인 교실 설정에 대한 이미 대안적인 접근법을 가리키고 있다. 박스 레슨의 개념은 다음에서 더 자세히 설명될 것이다.

박스 레슨

학년에 따라 학생들은 Lernwerkstatt(학습 워크숍)이라 불리는 방에 가서 매주 평균 두 세트의 박스 레슨에 참석한다. 방의 크기는 약 $50m^2$이며 모든 종류의 가능성을 제공한다. 이 의무적인 뼈대에서 각 학교는 끝없는 종류와 색상의 종이에서부터 식기, 박제 다람쥐, 많은 비누 거품에 이르기까지 원하는 대로 방을 채울 수 있다. 이 방에서 학생들은 동물 관련 주제(낙타, 고양이 종류)에서부터 "내 청바지는 어디에서 왔나요?"와 같은 질문들을 다루는 보다 광범위한 주제에 이르기까지 모두 다른 주제 특징을 이루는 230개 이상의 박스로부터 선택할 수 있다. 주제는 광범위한 소재를 다루며 각각의 박스는 교육용 설명서, 다른 연습들, 아동이 진행과 결과를 추적하는데 사용할 수 있는 연습들의 해결책을 가진 종이를 포함하는 자료의 개관을 가진 특정 배치를 가진다. 주제를 선택하고 그것에 대한 따라오는 2시간(또는 따라오는 주와 결합하면 훨씬 많은)을 보내는 것은 그들에게 달려 있다. 방에 도착하고, 박스를 선택하고, 독학적인 방식으로 일하고, 따라오는 것에 대해 성찰하는 과정은 의례적으로 된다. 레슨은 음악과 함께 열리고 닫혔으며, 징은 작업 단계를 시작하고 끝내기 위해 울린다.

---

(1) 박스 레슨

박스 레슨은 한 선구적인 교장에 의해 10년보다 더 전에 학교에 도입되었다. 박스의 주제들은 심지어 화학 실험도 포함 하며, 동물, 지리, 사회 과학 등과 관련될 수 있다. 박스는 학생들이 자기 자신의 속도로 자기 탐구할 수 있게 한다. 그들은 어떠한 주제를 선택하고 박스에서 발견될 수 있는 다양한 복잡성의 다른 연습을 한다. 그들은 자율적으로 배우고 결국에는 그들이 배운 것을 그룹의 나머지에게 제시한다. 초점은 서로에게 경청하고 학생들이 스스로 배우는 것에 있다. 각 학생과 그들의 학습은 관심의 중심이 된다. 학생들은 때때로 행성이 태양에서 얼마나 멀리 떨어져 있는지 이해하는 데 도움이 되는 밧줄을 설치하기 위해 방을 떠날 필요도 있다. 박스 레슨은 학생들이 자기 자신의 자유 의지로 떠날 수 있는 안전하고 정돈된 환경을 제공한다. 대학들과의 협력 및 교사 훈련생들의 참여는 오랜 기간 협력으로 이어졌으며, 100개 이상의 박스들은 교사 훈련생들에 의하여 친절하게 만들어었다.

박스 레슨은 풍부한 학습 환경을 제공하기 위한 UDL 접근법의 여러 박스에 표시한다. 주제가 접근되고 탐색될 수 있는 방법에 대한 많은 다른 자료와 다른 방식이 있다 (연구 질문 2 참조). 학생이 특정 환경에서 추정하는 개별적이고 적극적인 역할은 교사의 역할이 학습 절차를 안내하는 것에서 학습 절차를 가능하게 하는 것으로 변형되기 때문에 UDL 용어로 또한 해석될 수 있다 (연구 질문 3 참조).

아이들이 선택할 수 있는 다른 옵션들을 제공한다는 아이디어는 UDL의 준비된, 강력하게 유연한 환경의 개념 그 이상이다. 가족 및 다른 사회적 요인 다음으로, 아동의 개인적 선택과 학습 결과에 대한 성찰의 맥락은 UDL 개념보다 훨씬 더 확장시킨다. 학습에 대한 성찰은 다음에 기술된 두 번째 예시에서도 중추적인 중요성이다.

앞에서 기술된 그리고 UDL 참여 과정에서의 결과를 사용하여 재평가된 SZD에서 (적어도 일부 수업에서) 두 번째 잘 확립된 교수 실천은 이제 더 자세히 설명될 이전에 언급된 버디 북에 관한 것이다.

(2) 버디 북

학습을 구성하는 데 도움이 되는 이 도구는 이 장 전체에서 언급되었다. 이 도구는 일부 교사 팀에 의해 도입되었으며 개별 학습 진행 문서화를 용이하게 하고 성찰을 안내하는 데 사용될 수 있다. 박스 레슨과 마찬가지로 교사의 전문적이고 개인적인 참여는 개별화된 교수 및 학습 접근법을 발전시키는 것을 목표로 하는 도구의 도입에 중요한 역할을 한다.

계획 및 학습 평가 도구의 정교화

버디 북

버디 북은 개별 학습 가이드로서 행동하고 학생들 자신에 의해 형성되고 만들어질 수 있도록 의도되었다. 이들은 학습 진행을 문서화하는 데 사용되지만 사회적 기술과 자기 학습에 대한 책임을 가지는 역량을 향상하게 시키기 위해서도 사용된다. 초기에 학생들은 개별 프로필을 만들고 학습자로서 자신들을 성찰할 것을 요청받는다. 추가적으로, 다음 학기를 위한 개별적인 학습 목표가 정의되어야 한다. 이후 개별 진행은 평가되는 것 없이 아동 자신들에 의해 기록된다. 주간 종이들은 작고 실현 가능한 목표와 이정표를 설정하는 데 도움이 된다. 진행은 매주 말에 반영되며 각 학기 말에 요약된다. 이 접근법의 목적은 학생들이 자기 자신의 목표를 설정하고 자기 자신의 노력을 기록함으로써 자기 자신의 발전에 책임감을 가지는 것을 배우는 것이다. 그러나 학생들만이 버디 북의 페이지를 채우는 유일한 사람은 아니다. 부모와 교사 역시 학습 목표 달성에 대한 자신들의 지원을 기록함으로써 각 학생의 개별적인 진전에 기여한다. 학생 자신들처럼 이들은 긍정적인 측면에만 집중하고 결함 지향을 삼가도록 요청받는다. 사회적 기술은 급우들과 가장 많이 그리고 가장 적게 좋아한 활동들에 대한 지도를 제작하고, 그들의 학습 환경을 성찰하고, 그들의 개별적인 목표에 도달하기 위한 지원을 요청함으로써 제시된다.

중요한 것은 이 도구는 자기 학습 과정에 대한 성찰적 관점을 사용할 있게 한다는 것이다. 학생 자신의 관점과 또래, 부모, 교사의 관점을 대조함으로써, 이해 관계자들은 발전을 추적할 수 있게 하지만 주로 학생 자신들에 의해 규제된다. 한 걸음 물러서서 자기 학습 진행을 반영하는 이 과정은 SZD의 학습 및 교수법에서 매우 중요한 부분으로 기술된다. 버디 북은 실용적인 도구일 뿐만 아니라 학습 과정을 구조화하는 데 도움이 된다.

앞에서 기술된 두 가지 예는 교사의 개인적인 동기와 다른 학교 및 외부 교사 동료와의 정보 교환을 통해 학교에 도입되었다. 첫 번째 박스는 여가 시간에 교사들에 의해 만들어 졌으며, 버디 북은 독일의 또 다른 학교로의 학습 여행으로부터 조정되어졌다. 버디 북은 교사 교환 활동을 통해 소개되었으며, 박스 레슨의 개념은 또 다른 학교 맥락에서도 목격되었으며 이전 학교 교장들 가운데 1명에 의해 소개되었다. 인터뷰 중 하나에서 교사 1명은 그러한 것들을 학교 공동체의 공동 노력과 적합한 개발을 위한 지역화된 시급성 그리고 새로운 아이디어의 지속적인 도입을 강조하면서 "우리가 만든" 실천이라고 언급하였다. 그들의 아이디어와 추가적인 해석은 자신들이 학생들과 특정 학교 맥락에서 가진 지식으로부터 비롯되었으며, 이러한 것은 혁신적인 실천의 지속 가능한 실현을 보장하는 데 필수적인 것 같다.

"UDL이 이러한 기존 실천을 어떻게 풍부하게 할 수 있는가"라는 연구 질문과 관련하여 교사들은 UDL이 개별화된 제안을 확대하고 그 사용을 반영하는 도구를 제공한다는 사실을 지적하였다. 거티Gerti는 "UDL은 방법을 선택하기 위한 지원을 제공한다."라고 말하면서 이것을 강조했다. 이것은 태도로 인식되어 [그림 11-3]의 중앙에 정렬된다. 실천가-연구자들은 "많은 자료와 방법이 있다"는 것을 지적하였다. 우리는 바퀴를 재창조할 필요가 없다"(거티Gerti).

따라서 UDL을 통한 개별 교수 실천의 확대 및 확장은 교사에 의해 인정되는 반면, 도구의 선택과 주어진 맥락에서 학생의 특정 요구에 대한 지속적인 재평가는 신중하게 고려될 필요가 있다. 특정 교수 실천은 특수교육에서 통합교육에 이르기까지 발전한 역사적인 성장 맥락에 내재되어 있다['특수교육 필요 및 (강제) 이주 배경 아동을 위한 학교 교육에 초점을 맞춘 오스트리아 교육 체계의 역사와 현재" 섹션 참조]. (교사의 높은 수준의 참여와 학습 접근법에 대한 SZD의 자율적 해석과 연동된) 이러한 발전은 지역화된 교수 실천을 고려하는 것의 중요성과 추가적인 개발에서 참여 접근법의 관련성을 드러낸다.

대조적인 관점의 사용은 앞의 예(박스 레슨 및 버디 북)로서 사용된 교수 실천이 높은 수준의 학생 자율성을 촉진한다는 사실을 강조하는 데 도움이 되었다. 아동들은 개인적인 관심사와 선호도에 따라 학습 내용을 선택한다. 또한 어느 정도 자신들의 학습 진행에 대한 성찰은 문서의 빈번한 사용을 통해 안내되거나 심지어 규제되기까지 한다.

접근법을 논의하고 대조할 때 얻은 결과에서 도출될 수 있는 추가적인 중요성 측면은 다음과 같다.

(1) 사각지대: 추가적인 행위자와 생활 환경, 부모와 학생의 목소리를 고려하는 것의 중요성

이미 암시한 것처럼, UDL과 관련하여 확인된 주요 제한 사항 중 하나는 각 학생의 개별 배경에 대한 참조가 없다는 것이다. 따라서 특정 교수법적 도구의 선택은 특정 유형의 학습자뿐만 아니라 그들의 가정 생활 조건에 의해서도 형성된다. 앞에서 논의한 것처럼, 이러한 것들은 종종 학교에서 발견되는 교육 환경과 상당히 다르다. 이러한 살아 있는 현실 사이의 차이들을 탐색하는 것은 교사의 맥락적인 지식 부분과 '감정적인 작업' 역시 요구한다. 학교에 가는 것을 두려워하거나 다른 학생들에게 놀림 당하는 것을 두려워하는 학생들을 다루는 것은 특정 학습 유형에 따라 환경에서 미리 결정된 일련의 수정으로부터 선택하는 것을 훨씬 너머 확장될 필요를 나타낸다. 학생들이 자신의 학습을 선택하고, 스스로 조직하고, 반영할 수 있도록 한다는 아이디어는 UDL의 영역 밖인 것 같다.

(2) 개별적인 학습 맥락 및 목표 지향 가능하게 하기

참여연구 접근법의 결과를 고려하여 주요 기준점(장벽 확인, 강점에 기대기, 누락된 자원에 대해 이야기하기, 전략 재평가)은 아동과 그 환경을 전체적으로 고려하여 개별화된 학습 환경의 적절한 촉진을 형성하는 주요 목표로 구성된다. 교사 팀들 간의 방향점으로 그리고 제한된 학교 환경에서 모든 개별적 요구에 적합한 학습 환경을 형성하는 것으로서 이것을 사용하는 것은 도움이 되는 것으로 고려될 수 있다. 다른 사람의 필요에 부정적으로 영향을 미치는 것 없이 각 아동의 필요가 어떻게 충족될 수 있는지에 대한 질문은 SZD에서 진행 중인 논의 주제이다. 교수법적 개념, 도구, 방법론은 이 목표에 따라 참조되고 조정된다. 한나^{Hanna}는 이것을 "학습자의 요구에 따라 지향되어진 다양한 교수 방법은 모든 아동이 도달될 수 있는 학습 목표를 허용한다."라고 요약하였다.

(3) 태도, 그 이상으로서의 UDL

흥미롭게도, UDL의 개념에 대한 성찰은 우리가 협력한 교사들이 학습 환경의 촉진이 의미하는 것에 대한 아이디어를 확장하기 위하여 개념을 이해하는 대로 그것에서 특정 측면을 선택하고 이들을 적용하였다는 것을 빠르게 보여 주었다.

분석 절차의 나중 단계에서 교사들은 UDL에 대한 자신들의 개인적 해석을 공유하도록 초대받았다. 자주 협력 교사들은 태도가 고려되고 끊임없이 노력될 필요가 있다고 강조했다. (UDL에 접근하고 잘 수립된 실천을 발전시키기 위한 그것의 잠재력을 고려하는 과정과 관련하여) 교사들에 의해 제공된 주요 피드백 가운데는 통합의 실현과 그 목적을 위한 특정 접근법의 참여에서 협력적으로 공유할 필요성이 있었다. 다음은

UDL이 자신들에게 어떤 의미인지 질문 받았을 때 3명의 협력 교사에 의해 주어진 답변의 하이라이트이다.

> 거티^{Gerti}: UDL은 모든 학습자에게 적합한 학습 조건을 제공해야 하는 접근 가능한 환경을 만드는 접근법이에요. UDL은 가능한 답을 제공하고 학생들의 역량 강화를 위한 전략, 방법 및 도구를 제공합니다. 이 접근법은 성공적인 학습을 가능하게 하는 교수 목표 및 적응에 대한 성찰을 촉진시킵니다.

사비네^{Sabine}는 "특정 단계에서 각 학생을 지원"할 수 있는 UDL의 잠재력을 언급했다. 개별 의사 결정의 중요성과 자기 자신의 학습에 대한 학생의 책임이 강조되었으며, 선호되는 학습 도구의 분류와 선택에 영향을 가지는 것으로 기술되었다. 강점에 대한 초점과 학생 및 동료와의 지속적인 성찰의 필요성도 강조되었다. 학생들은 어떤 종류의 학습 환경이 제공되는지에 대한 의사 결정 과정에서 중요한 역할을 할당받았다. 그래서 그들은 어떻게 자기 자신을 배우고 조직할지 바라는 측면에서 더 자각하고 의식적인 의사 결정자가 될 수 있도록 지원을 제공받을 뿐만 아니라 처음에 제공되는 것에 또한 관여되었다. 거티^{Gerti}는 이것을 다음과 같이 요약했다. "핵심에는 자신의 학습에 대한 학생의 자기 조절 책임과 학습 도구의 제공이 있다." 이것은 학생들이 적절한 학습 환경 제공의 담론을 형성하는 것에서 적극적으로 참여하는 행위자로 나타나기 때문에 특정 학습 유형을 제공하는 UDL 아이디어를 넘어 확대된다. 레슨을 계획할 때 차별화의 필요성은 거티^{Gerti}가 다음과 같이 대답했을 때 강조되었다. "아동을 강화시키는 것을 향한 방향은 목표, 내용, 방법을 차별화하는 데 도움이 된다." 한나^{Hanna}는 적절한 학습 환경을 제공하기 위해 각 어린이를 잘 알아 가고 이들과 함께 계속해서 반영함으로써 "각 아동의 다양성 수준을 이해"할 필요가 있다고 지적했다. 특정 주제에 대한 그녀의 접근법은 다음에 의해 형성되었다. "각 아동의 개별적 특유성을 고려함으로서, 그들은 다시 한번 그들의 자기 조직화된 학습을 촉발시키는 나의 마음챙김을 경험한다." 이 과정은 다음의 것, "내가 아동의 강점과 학습 장벽을 취하는 것을 고려하는 것을 어떻게 배울지를 아동들과 함께 지속적인 성찰"을 통해 부추겨진다. 이것은 실천은 어떻게 보다 아동 중심이 되도록 발전될 수 있는지에 관련된 연구 질문에 대한 가능한 대답을 상정한다.

앞의 내용은 또한 이 연구 프로젝트의 결과로 발생한 성찰 과정이 적절한 학습 환경을 제공하는 최선의 방법에 대한 아이디어를 만들어내는 것만 기여하지 않았음을 보여 준다. 이러한 성찰 과정은 또한 교사와 학생 간의 의사소통을 강화하거나 최소한 회복시키는 데 기여했다. 이 측면은 다음 섹션에서 확장되는데, 이러한 것은 UDL 원칙의 도입이 어떻게 통합교육 실천을 발전시키기 위해 더욱 지속 가능한 학교 발전 실천의 지역화된 실현이 가능하도록 이용할 수 있는지에 대하여 학교 발전 맥락에서 지속적인 담론을 촉발시키는지를 이해하도록 더 넓은 맥락에서 연구의 결과를 내장하고 있다.

3) 결과 및 결론에 대한 논의

처음에 제기된 연구 질문과 관련하여, 학교 기반 실천을 촉진하기 위하여 UDL 의 가능한 실현을 둘러싼 절차는 학생, 부모, 교사가 참여하는 진행 중인 성찰 과정의 관련성, 아동들의 생활 환경의 고려 및 사전 결정된 학습 유형을 넘어서는 교수 및 학습 환경의 제공을 적극적으로 형성하는 것에 있어서 이들의 역할을 인정할 필요성 그리고 사전 결정된 도구 세트를 통해 뇌의 특정 영역의 자극을 강조하는 더 넓은 담론을 촉발시켰다.

어떤 교육적 접근법도 과학적 또는 태도적 맥락 없이는 없다는 점을 고려할 때, 도움이 되는 학습 환경을 제공하기 위해 특정한 강점과 약점을 가진 다른 접근법들은 교수 및 학습에 대한 보다 아동 중심의 지역화된 접근법을 발전시키는 데 대한 지속적인 성찰을 위한 기준점을 가능하게 하는 스펙트럼에 따라 해석될 수 있다는 것은 주의되어야 한다.

UDL과 개별화 또는 차별화 교수(DI)로 불릴 수 있는 SZD에서의 기존 교육 실천 간의 대조와 관련하여, 이 두 가지 접근법에 대한 이미 기존 관점에 대한 추가적인 탁상 조사가 수행되어 왔다(Griful-Freixenet et al., 2020; Ralabate, 2014). 랄라베이트 Ralabate(2014, p. 8)는 UDL은 특정한 예측 가능한 맥락을 제공하는 반면, DI는 특정 요구에 대한 응답을 촉진하는 데 있어 개인에 대하여 더 많은 것을 제공하는 것으로 고려될 수 있다는 것을 강조한다.

"DI와 UDL 간의 주요 차이는 DI는 개별적 요구에 대응하는 것을 강조하는 반면, UDL은 예측 가능하고 체계적인 학습자 변동성을 기반으로 환경 및 교수의 사전 예방적인 설계를 강조한다는 것입니다."

두 접근법의 융합은 SZD에서 교수 및 학습에 대한 특정 접근법을 선택, 재평가, 따라서 개발하는 데 도움이 되는 것으로 입증되었다. 교수법, 학습, 교수에 대한 이러한, 그리고 추가적인 접근법의 강점을 끌어 내면 아동 중심 학습 환경에 대한 특정 개인(또는 적어도 지역적) 접근법의 개발을 위한 전체적인 도구 박스를 가능하게 한다. 학습 제공에 대한 SZD의 접근법이 UDL 및 DI를 포함하는 스펙트럼에 따라 포함된다면(〈표 11-4〉 참조), 학생 자신의 의사 결정의 성찰력과 참여를 언급할 필요와 함께 개인을 넘어선 맥락의 관련성은 포함될 수 있다.

교수법에 대한 다른 확립된 접근법과 대조적으로 UDL의 상호 관련성 또는 구별은 특정 지역화된 맥락에서의 이해와 혜택을 넓히기 위해 더 연구될 필요가 있다.

참여실행연구의 결과와 관련하여 해결되어야 할 추가 요소는 다음과 같다.

(1) UDL을 더 관련성 있게 만들기

교사들은 자신들이 UDL을 분석하는데 과도한 시간을 보내는 것 없이 일상 교수 맥락에서 적용할 수 있도록 UDL의 복잡한 개념을 이해하기 쉽고 소화할 수 있는 해석과 변형으로 제공될 필요성을 분명하게 표현하였다. 이는 개별화된 지도 맥락에서의 발견과 통합 맥락에서 적절한 학습 환경의 제공은 더 정교해지고 실천으로 이동될 필요가 있음을 제안한다. 일부 용어와 맥락은 학문적 맥락에 익숙하지 않은 사람들이 이해하기가 어렵다.

〈표 11-4〉 학습자 및 학습 환경에 대한 접근법의 스펙트럼

	UDL	DI	SZD
전제 조건	학습 환경 설계	개인에 대한 대응	총체적 관점 (특정 환경을 넘어선)

교육 목표	교육 〈 〉 예측 가능하고 체계적인 학습자 변수 대응	개인별 (학습) 요구	아동/아동 환경
자세	능동적	반응적	자발적이고 아동의 현지 상황과 환경에 기반함

(2) 팀 노력

'핵심 그룹 내에서 그리고 참여한 더 넓은 그룹 동료 모두' 전통적 교육학과 성찰적 실천 사이의 '전문적 가치의 충돌'(Simpson, 2019, p. 66)로서 엘리엇[Elliot](1991)에 의해 언급된 것과 유사하게, 잠재적 긴장과 딜레마가 있었다는 것을 인식하는 것은 중요하다." 이 인용은 이 연구의 과정에서 학교 공동체의 모든 구성원이 연구 노력에 우호적이지 않았으며 학습 환경을 형성하는 새로운 접근법을 배우는 것에 실제로 관심이 없다는 것이 분명해졌다는 사실을 강조한다. 이전에 언급한 것처럼 성찰적 담론에 참여하는 단순한 행위와 같은 것도 학교가 가지는 새로운 방향에 관련된 질문들에 어느 정도 영향을 가져온 것으로 보이며, 이것은 그 자체로도 매우 전도유망한 것으로 고려될 수 있다. 그럼에도 불구하고 교수에 대한 새로운 접근법의 도입은 지속 가능한 변화를 가능하게 하기 위해 공동 연구 또는 적어도 발달 단계에서 가장 잘 내포되어 있음을 보여 준다.

(3) 개인적 참여

또한 3명의 협력 교사의 일부에 참여하려는 의지가 정말로 주목할 만했다는 것은 강하게 강조되어야 한다. 자기 자신의 교수 실천이 평가되고 있다는 점을 고려할 때, 이러한 실천에 대해 광범위한 비판적 성찰을 받아들이려는 열의는, 비록 추가적인 발전일지라 하더라도, 매우 흔하지 않다. 지속적인 지원과 질문, 게다가 통찰력을 얻고 연구 절차를 형성하려는 바람은 교수 실천과 연구 방식을 변화시키는 것을 목표로 적절히 기능하는 연구 절차의 핵심이다(Armstrong & Tsovoka, 2019). 비슷한 존경심은 프로젝트에 참여한 교사 훈련생에게도 있다. 신경교육학에서의 연결과 개별화된 지도(Inklusive Didaktik)로 인해 통합교육 영역의 교사 훈련생들 간에 UDL에 관한 다소 비판적 입장에도 불구하고, 이들은 통합교육의 실현을 지원하는 것의 참여에 적극적인 것을 입증했다. 협력 학교는 또한 교사 훈련생의 지원과 그들의 교수 실천을 어떻게 가장 잘 성찰하고 다른 국가의 예들을 가장 잘 관찰할 수 있는지에 대한 지침을 받을 기회를 환영하였음을 보고하였다. 마찬가지로, 연구자들은 파트너 학교와 눈높이에서 일하고 사용자 지향된 해결책을 개발할 수 있도록 제공된 기회에 감사한다. 실무 연수와 관련하여 교사 훈련생에게 유사한 프로젝트 관련 기회들은 교사 훈련 프로그램에서 강조되어야만 한다. 학교에서의 교수 및 학습에 대한 지속 가능한 새로운 접근법의 실현도 마찬가지다. 각각의 맥락에 대하여 관련되고 잘 알고 있는 교사들은 이러한 절차들을 도입하고 불러오는 데 더 많이 참여하게 되는 것이 필수적인 것 같다.

(4) 지역화된 실천

관련성이 있고 중요한 것으로서 지역화된 맥락을 고려할 필요성은 이미 언급되었다. 추가적으로, 도움이 되었던 것은 SZD의 경우에는 교육과정 프레임워크(독일어: Rahmenlehrplan)^curriculum framework로 간주될 수 있는 교육과정의 특정한 유연성이었다. 이것은 특정 학년도 말까지 특정한 교수 및 학습 목표는 도달되어야만 하거나 정확한 시간표와 접근법에 상관 없이 주제들이 다뤄져야 한다는 것을 시사한다. 과목들은 특정 학교 맥락에서 명칭이 변경될 수 있다. 이것은 교사들의 일부가 필요가 발생 시, 예를 들어 잡 코칭, 사회 기술 등에 대하여 집중할 수 있는 유연성을 허락한다. 이것은 또한 이러한 것이 발생할 때 학생들과 문제들을 논의할 수 있는 맥락을 가능하게 한다. 결과적으로, 이것은 교수 접근법을 실현할 때 개인적 참여의 중요성과 국가 학교 체계 구조 또는 심지어 특정 맥락화를 강조한다.

우리 연구의 알려지지 않은 목표는 (더) 아동 중심적이고 따라서 통합교육을 촉진시키고 SZD에서 변화를 향한 촉매제 역할을 하는 것이었다. 이 목표는 연구의 목표를 정의하는 데 주도적인 역할을 한 SZD의 교사들과 함께 참여 연구 팀의 공동 과정에서 개발되었다. 방법론 및 방법 섹션에서 이전에 기술된 것처럼, 선정된 (비판적) 참여실행연구 접근법에 따라 우리 연구는 SZD에 있는 모든 행위자의 이익에 지속적으로 관심이 있다는 의미에서 가치 중립적이 아닌 것을 의미하는 정치적으로 간주될 수 있고 간주되어야 한다(Armstrong & Moore, 2019). 모든 연구 질문은 실천가-연구자들이 공동 개발되었다. 연구 과정의 알려지지 않은 주요 원동력은 교사 자신의 실천을 연구하는 데 대한 자신들의 관심이었다(Kemmis et al., 2014 참조). 우리의 목표는 "그것에 대하여 다르게 생각하고, 다르게 행동하고, (합리적인 의미에서) 더 합리적이고, 더 생산적이고, 더 공정하고 포용적인 방식으로 자신들의 실천을 가능하게 하고 제약하는 다른 실천 건축을 구성함으로써 서로 다르게 관련시킴으로써 SZD와 SZD의 특정 사회 세계를 집단적으로 변화시키는 것이었다"(ibid. 17). 그리고 이것이 우리가 하려고 했던 것이다. 우리는 협력 교사 중 1명이 표현한 희망적이고 비전 있는 노트로 마무리하고 싶다.

> **사비네**Sabine: 통합은 삶으로 채워져야 하는 태도입니다. 이 경우 기관의 방향은 자동으로 따라올 거예요.

제 12 장

다양한 교육 맥락에서 통합교육 발전을 가능하게 하는 UDL 실현 모델: 결론

Alvyra Galkienė ⊠ Ona Monkevičienė

이 장은 폴란드[Polish], 리투아니아[Lithuania], 핀란드[Finnish], 오스트리아[Austrian] 연구자들이 수행한 연구의 결론을 제시하며, '보편적 학습 설계(UDL)의 실현은 어떻게 다양한 교육 맥락에서 통합교육의 실천을 풍부하게 하는가'라는 질문에 답을 제공하는 것을 목표로 하였다. 연구 결과의 요약은 통합교육 개발을 위한 UDL 접근법의 적용 모델로 이어진다. 이 모델에서 UDL 접근법은 교육 절차를 변화시키고 교사 통합 태도를 강화하는 접근법, 학생이 숙련된 학습자가 되기 위한 전제 조건, 학교 공동체를 동원하기 위한 수단, 교사 역량을 반영하기 위한 도구, 교육적 실천을 재해석하는 새로운 관점으로 제시된다. UDL 적용 모델은 모든 교육적, 문화적 맥락에서 교육을 향상시키기 위한 관련된 방향뿐만 아니라 학생 교육에 대한 장벽을 볼 수 있도록 허용하는 통합교육 실천을 개발하는 측면에서 가치가 있다.

| 키워드 | 통합교육, UDL, 교육 변형, 교육 재해석 |

유럽 4개국에서 수행된 이 연구는 다른 교육적 맥락에서 통합교육의 개선 및 재해석을 위한 보편적 학습 설계(UDL) 적용의 영향을 밝히는 것을 목표로 했다. 연구 프로젝트는 통합교육에 대한 다른 경험을 가진 다른 교육적 맥락과 학교에서 실현되었다. 프로젝트 파트너의 담론은 교사의 성향과 학교에서의 교육 실천에 영향을 미치

는 통합교육 실현을 위한 국가적 우선순위를 보여 주었다. 통합교육 개선의 우선순위를 고려하여 분석 및 개선에 관련된 영역은 연구자와 교사-실천가의 논의에서 구분되었다. 폴란드 연구팀은 교실에서 통합교육 절차를 개선하는 것의 문제를 확인했다. 리투아니아 연구자들은 통합교육 맥락에서 학생이 숙련된 학습자가 되도록 발달시키는 아이디어를 제시했다. 핀란드에서는 잘 발달된 통합교육 체계의 향상에 대한 논의는 교사의 통합적인 역량을 개발하는 것의 문제를 제기했다. 오스트리아 연구자들은 향상되어질 관련 측면들을 확인하면서 다른 관점에서 기존의 고품질 통합교육 실천을 재해석할 필요성을 강조했다. 통합교육의 변화 도구로서 통합교육을 향상시키는 가능한 방법들을 논의하면서 UDL 접근법이 선택되었다. 과학적인 연구 시도는 다른 문화적, 교육적 맥락에서 UDL 적용의 특유성을 드러내는 학교의 통합교육을 향상시키는 것 뿐만 아니라, UDL 적용의 새로운 가능성을 확인하고 연구에 기반을 두기 위해 만들어졌다. 실행연구는 교육적 실천을 변화시키는 동시에 이론을 발전시키는 것을 허용하기 때문에 방법론적 접근법으로 선택되었다.

다양한 문화적 교육 맥락에 대한 연구 결과에 따라 통합교육을 개선하기 위한 UD 접근법 적용 모델이 고안되었다([그림 12-1] 참조).

1) 교육 절차를 변형시키기 위한 접근법으로서의 UDL

연구 결과는 UDL 접근법에 따라 교실 및 학교 교육 절차에 있어 변화의 다단계 메커니즘을 드러냈다. 결과는 UDL 접근법의 적용은 일상적인 학습 어려움 중심의 교수로부터 학생, 교사, 부모의 협력을 기반으로 하고 장벽에 대처하는 것을 강조하는 유연하고, 자기 조절적이며, 성찰적인 교사 조정 학습으로 전환하는 데 도움이 된다는 것을 입증한다. 핀란드를 제외한 연구에 있는 모든 국가의 교사들은 학교에서 연구 기반 변화의 도입을 지지하는 경향은 있었지만 통합교육 개선에 UDL 접근법을 적용하는 것의 효율성에 대해서는 의심하였다. 연구자들의 개인 교수는 폴란드에서 UDL 접근법의 적용을 개시되게 하고 지원했으며, 실행연구 전략의 절차에서 점점 덜 필요해졌다. 개인 교수의 과정에서 교사들은 UDL의 지식을 제공받았으며, UDL 실현을 위한 전략들이 모델링 되었으며, 교사를 격려 및 상담을 받았으며, 자기 평가는 촉진되었다. 학생의 동기 증가, 학생의 참여, 커지는 협력 능력과 같은 관찰된 긍정적인 결과들은 교사의 자신감과 실행연구의 과정에서 UDL 접근법의 효율성에 대한 믿음을 향상시켰다. 관찰 교육 후 연구자들과의 정기적인 논의, 교육을 조직하는 특정 단계들과 출현하는 문제들을 해결하는 방법들이 함께 모델링되었을 때 리투아니아 교사들의 태도와 UDL을 적용하는 능력을 향상시켰다. 숙련된 학습자의 관찰된 능력은 심지어 비SEN 학생들 중에 자신들을 드러냈으며, 교사의 태도에 있어 돌파구를 촉진하였으며, UDL 접근법을 적용하려는 동기를 증가시켰다. 연구에 있는 오스트리아 교사들은 UDL 지침 및 다른 관련된 자료들이 국가에서 사용되는 개념과 동등한 것을 선택하도록 국가 맥락에 맞게 번역되고 조정되어져야 하는 문제를 제기하였다. 이것은 교사들이 더 나은 이해를 달성하도록 돕고, 교사의 시간을 절약하고, 실제 적인 적용의 편의성을 증가시킬 것이다.

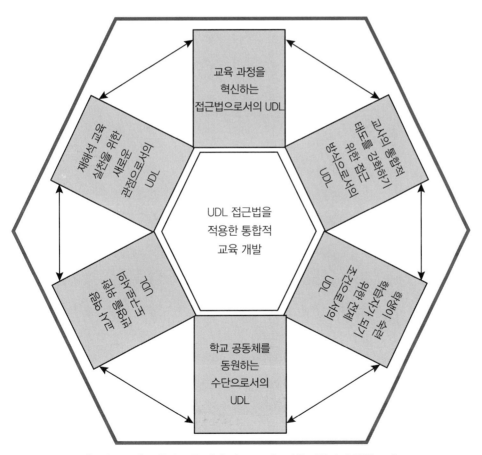

[그림 12-1] 통합적 교육 개발 시 UDL 접근법을 적용하기 위한 모델

폴란드 학교에서 수행된 연구에 따르면 UDL 접근법을 적용하면 교사가 다른 요인들이 효율적이지 않을 때 현상 유지 상황에서 벗어날 수 있음을 보여 주었다. 학생과 교사가 변화할 필요성을 느끼고 이 것을 어떻게 해야 할지에 대한 아이디어를 가졌을 때 조차도, 그들은 가능한 변화의 성공에 대한 불신에 의해 멈춰졌다는 것이 밝혀졌다. UDL 접근법의 적용은 교사로 하여금 변화의 과정을 시작할 수 있게 하였다. 또한 UDL 접근법의 숙달된 적용은 교육 조직에 가장 예기치 않은 도전에 쉽게 대처할 수 있는 도구가 된다는 것도 밝혀졌다. 폴란드 학교에서 수행된 실행연구는 UDL 접근법을 실현한 이전 경험을 가진 있는 교사와 학습자가 코로나 펜데믹 동안 원격 학습 도전을 성공적으로 제거했음을 보여 주었다. 원격 학습 기회를 사용하는 학생과 교사의 동기와 책임이 강화되었으며, 학생의 창의성뿐만 아니라 자율성이 증가하였으며, 문제 해결 능력이 향상되었다. 원격 학습에 UDL 접근법을 적용하는 것은 예기치 않은 결과인 학습 과정에서 학생의 더 적극적인 참여를 자극하였던 교사, 학생, 부모의 더 가까운 협력을 이끌었다.

2) 교사 통합태도 강화의 접근법으로서의 UDL

실행연구는 기존 실천을 의심하고, 이에 대한 의문을 제기하고 탐구하는 교사의 능력이 통합교육 실천의 개선을 장려한다는 것을 밝혀냈다. 교사의 통합적 태도의 향상은 참여하는 국가들의 학교 간 국제 협력에 의해 촉진되었으며, 이러한 것은 통합교육을 조직하는 실천 사례들을 볼 수 있게 하였다. 학교 교사−연구자들은 실천 중심의 결정을 내리면서 대학 연구자들과 동등하게 행동할 수 있는 기회를 가졌다.

프로젝트 초기에 전체 연구팀(교사 및 연구자)이 UDL 전략가들과 함께 이 접근법의 개념, 원칙, 실천을 논의하고 분석했음에도 불구하고, 실행연구 초기에는 모든 교사가 UDL 접근법의 자체 해석을 가지고 있었으며, 이는 협력과 지속적인 성찰을 통해 성공적으로 준수되었다.

교육 절차에 대한 교사의 태도 변화와 관련된 측면이 드러났다. 전통적으로 동질한 단위로서 수업의 이해가 만연한 리투아니아에서 교사들은 수업의 일반적인 맥락에서 모든 학생을 보기 시작했다. 아동이 상당한 개별적 지원을 제공 받는 핀란드에서 교사들은 교실의 공동 학습 과정에 심한 특수교육 필요 아동을 포함시키기 시작했다. 오스트리아 학교에서는 동일한 목표를 대상으로 삼는 개별화되고 공통된 환경을 결합하는 것에 관한 질문이 중요하게 남아 있었다.

3) UDL은 학생이 숙련된 학습자가 되기 위한 전제 조건이다

UDL 접근법의 목표와 통합교육의 질을 위해 노력하는 전통적인 교육의 목표 간의 차이는 숙련된 학습자로서 모든 학생의 교육 및 발전에 대한 분명한 초점이다. 이 접근법의 적용은 학생들이 목적적이며 동기 부여적이고, 수완이 풍부하고 지식이 풍부하며, 전략적이고 목표 지향적이 되는 과정과 요인을 드러냈다. 실행연구는 UDL 원칙, 실현의 영역, 체크포인트 checkpoints에 의해 보장되는 교육 절차의 목적성은 학생의 숙련된 학습자 능력의 개발에 크게 기여한다는 것을 보여 주었다. 학생이 숙련된 학습자가 되는 비율은 몇 가지 요인에 달려있는데, 이러한 것은, 첫째, UDL 접근법을 이해하는 깊이와 통합교육의 모델링 실천의 질, 둘째, 교육 체계의 우선순위와 UDL 원칙의 양립성, 셋째, 숙련된 학습자의 능력을 개발하는 것에 대하여 SEN 학습자를 포함하여 모든 학습자의 잠재력에 대한 교사의 믿음이다.

리투아니아 학교에서의 실행연구는 연구 프로젝트를 시작하기 전에 UDL 접근법을 적용할 가능성에 대한 약간의 의구심과 특정 학생이 숙련된 학습자가 될 수 있는 권한에 대한 불신이 장벽 확인과 효율적인 실천의 모델링을 방해한다는 것을 보여 주었다. 숙련된 학습자의 자질과 능력 개발, 성찰, 학생들의 성공 징후를 향한 교육 절차의 지속적인 성찰, 확인으로 인해 상황이 바뀌었다. 숙련된 학습자의 자질과 능력 개발 영역에서 성취도가 더 높았고, 이러한 것은 보다 적극적으로 반영되었다. 정보 인식, 언어 및 상징 사용, 이해력, 관심, 참여, 협력, 대안 및 지원 검색, 목표 충족하기, 지식을 입증하는 다른 방법들에서 더 나은 결과가 관찰되었다. 교사는 교육 실천을 반영하는 데 더 많은 어려움을 겪었고, 공통 목표의 맥락에서 학생들의 개인적인 목표 설정, 목표 달성을 위한 전략 선택, 결과의 자기 평가, 자기 주도적, 자기 조절적, 성찰적 학습과 관련된 영역에서 더 많은 장벽에 직면했다.

교육 체계의 맥락에서 학습 전문가의 자질과 능력의 개발에서 차이가 나타났다. 학생이 교육의 일반적인 절차에서 자신의 관점으로부터 목표를 설정할 때, UDL 접근법에 따른 목표 설정은 실행연구가 전통적인 교육 맥락에서 수행된 국가들(리투아니아, 폴란드)에서는 덜 표현되었다. 교육적 맥락의 특유성은 자기 자신의 교육 목표와 성취된 결과에 대한 성찰에 부담을 주거나 촉진시켰다. 학생의 성찰은 여전히 리투아니아 교육 체계에서 교사에게 학생의 성취에 대한 피드백으로만 간주되기 때문에, 더 느린 변화들은 실행연구에 참여한 학교에서 이 특정 영역에서 발생했다. 자기 자신의 학습에 대한 성찰은 자연스러운 과정이다. 따라서 학교 교사들은 통합교육의 질을 향상시키면서 학생들에게 자기 자신의 학습에 대하여 성찰할 것을 장려할 뿐만 아니라, 인지 발달에 상응하는 자기 평가와 성찰의 방법들도 가르쳤다. 오스트리아 교사들은 학생들이 그들의 학습 과정을 반영하는 '버디 북'을 사용했다. 이 수단은 개별적 학습 진행 및 그에 대한 성찰을 문서화하는 데에도 사용되었다. 교육의 맥락은 성취를 보여 주기 위해 다르고 개인적으로 호의적인 방법을 선택하도록 학생의 능력에 영향을 미쳤다. 교사가 학생들의 국가 및 국제 시험 준비에 집중할 필요성을 느끼는 리투아니아와 폴란드에서는 자기 자신의 지식 방법을 전략화하는 학습자의 능력 개발이 방해 받았다.

리투아니아 학교에서 수행된 실행연구는 UDL 접근법 내에서 덜 강조되었던 학생들 간의 숙련된 학습자의 새로운 능력을 드러내는 결과가 되었다. 감정이 인식 및 행동 관리의 과정에서 사고를 어떻게 지원하는를 이해하는 학생들의 능력이 드러났다. 이 능력은 우호적인 정서적 학습 배경에서 더 잘 발달되며, 이는 특정 장벽에 직면한 후 교육 절차에서 물러나도록 학생의 동기를 약화시킨다. 학습 그룹에서 협력하면서 집단적인 이해를 창출하는 과정에 참여하는 학생의 능력은 숙련된 학습자로서의 학생의 한 가지 더한 능력이며, 이것은 UDL 지침에서는 덜 강조되었지만 리투아니아 학교에서 수행된 실행연구 과정 동안 강하게 표현되었다. 이 능력의 개발은 정보를 교환하고, 평가하고, 체계화하도록 돕는 인지 도구의 사용과 '맹목적인' 정보 분야를 상상하고 채우려는 노력을 하는 것에 의해 장려되었다. 학생들이 직면한 어려움과 함께 자기의 강점과 학습을 이해하는 방법에 대하여 교사와 함께하는 학생의 성찰을 보여 준 오스트리아 학교에서의 실행연구는 학습자들이 보편적 학습 환경의 공동 창조자가 되도록 장려한다.

핀란드 학교에서 얻은 연구 결과는 통합교육의 질 향상을 목표로 하면서 사회적 관계 및 기술 개발의 중요성을 실현했다. 목표가 된 방식으로, 학교 교사들은 그룹에서 함께 일하고, 긍정적인 관계를 유지하고, 개인 및 공동 학습 경험을 성찰하고, 환경과 상호 작용하는 것으로 자기 자신을 인식하고 성찰하도록 개인적 수준에서 학생들을 가르쳤다. 이러한 기술의 학습은 촉진되었으며, 또래 학습, 즉 자신의 경험에 대한 자기 평가, 이들에 대한 토론, 타인의 자기 평가를 듣기 위한 조건들을 창출했다.

실행연구 과정에서 학생들의 자기 주도 학습 향상을 위해 노력하면서 UDL 원칙을 실현하기 위한 (이전에 학교에서 사용되었거나 디지털 환경에서 새롭게 발견된) 어떠한 특정 교육 방법의 효율성이 확립되었다. 예를 들어, 오스트리아 학교에서 사용된 방법인 '박스 레슨'은 잘 준비된 자료로 인해 학생들의 자기 주도 학습을 향상시킨다. 학생들은 행동 지침, 활동 자료, 해결책의 자기 주도 통제가 제공 받는다. 리투아니아 영어 교사는 수행된 작업의 자체 평가에 대한 조정된 '실시간 워크시트Live Worksheets'를 온라인에서 발견하였으며, 학생들이 만족하는 결과가 성취될 때까지 오류 및 수정을 찾았다.

4) 학교 공동체를 동원하기 위한 수단으로서의 UDL

통합교육 개선을 위한 새로운 UDL 접근법에 따른 오스트리아, 리투아니아, 폴란드 학교의 실행연구는 새로운 접근법의 도입이 학교 공동체에 긴장을 유발하고 전통적인 가치와의 특정 갈등으로 이어진다고 진술하는 것을 허락한다. 비록 일부 교사들은 열정적으로 UDL 접근법을 적용하는 경향이 있었지만, 다른 교사들은 어떠한 주의를 보였다. 연구는 또한 변화를 통합하는 지속 가능한 방법에는 공동 연구, 연구자와의 지속적인 토론 및 개인 교수를 포함한다는 것을 보여 준다.

5) 교사 역량 반영을 위한 도구로서의 UDL

통합교육의 질을 위해 노력하는 교사는 통합교육을 조직하면서 중요한 역량 향상에 지속적으로 참여하는 것이 중요하다. 실행연구는 UDL 접근법이 교사 역량을 반영하는 도구로 적용될 수 있다는 것을 밝혀냈다.

통합교육의 개선을 추구하기 위한 UDL 시행은 교사가 필요한 역량을 동시에 성찰할 때 실천과 성향의 변형을 효율적으로 자극할 수 있음이 확고히 되었다. 실행연구는 UDL 접근법의 적용은 심한 교육요구학생을 위한 교육을 조직하는데 변화를 도입시켰음을 드러냈다. 연구 전에 그러한 학생들은 자신들의 학습 요구에 따라 동질 그룹으로서 그룹화되었다. UDL 접근법이 적용된 후 교사들은 이질적 그룹을 구성하는 새로운 방법들을 발견했다. 그러므로 그룹 내 조건들은 동료 비계를 사용하여 학습 및 지식 구성의 다른 방법들을 선택하기 위하여 영재 학습자와 심한 교육요구학생을 위해 만들어졌다. 자기 자신의 교육 절차에 대한 성찰과 극히 다양한 학생들 간의 협력 가능성에 대한 태도는 학습의 조직에 있어서의 변화에 기여했다. UDL 접근법을 사용하는 동안 교사들은 자기 자신의 태도와 역량을 반영하여 매우 높은 특수요구학생이 다른 학습자와 함께 교육의 일반과정에 참여할 수 있도록 하는 교육 조직 방법들을 만들었다. 예를 들어, 공통 학습 경험에 모든 학습 시간 또는 일부 시간을 할당할 가능성이 출현한다. 학습 과제들이 더 조정되고 구체적이 될 때 일반 학습의 맥락에서 모든 학생을 위한 더 상세한 단계들은 확립된다.

핀란드 학교의 실행연구는 통합교육에 대한 교사, 전문가, 부모 및 보호자 간의 협력의 실질적인 이점을 강조했다. 연구자들에 따르면 이러한 측면은 UDL 접근법 및 지침을 실현하기 위한 권장 사항에서 더 많은 정교함을 요구한다. 이것은 일반적인 교육 절차에서 특별한 요구가 높은 아동을 포함하여 UDL 접근법의 효율성을 높일 것이다. 그와 같이 아동들은 교사의 분리 실천 및 비계 부족으로 인해 매우 자주 배제된다. 오스트리아 학교에서의 연구 결과는 학교에서의 교육 환경 조성에 할당된 만큼 학교 경계 밖의 학생 환경과의 연계를 강화하는 것에 그 만큼의 관심을 기울일 필요성을 강조한다. 하지만 연구 자료에 따르면 UDL 접근법은 통합학교의 지속 가능한 발전을 위해 학생, 교사, 부모 간의 지속적인 담론을 장려한다. 오스트리아 학교에서 수행된 연구는 UDL 실현을 위한 권고와 함께 그것의 지침을 보완할 필요성을 강조하고 있으며, 이것은 부모로부터의 협력과 지원은 우호적인 사회정서적 환경의 주요 요인들 가운데 하나로서 여겨지기 때문에 자녀의 교육과정에서 부모의 증가된 참여에 초점을 둔다.

6) 교육 실천을 재해석하기 위한 새로운 관점으로서의 UDL

UDL 접근법은 통합교육의 이미 존재하는 실천의 재해석을 위해 적용될 수 있으며, 이것은 새로운 관점에서 이러한 실천에 접근하는 것을 가능하게 한다. 오스트리아 학교에서 수행된 연구는 UDL 접근법의 구성이 교사, 학생, 학부모에 의해 학교에 제기된 문제를 재해석하고 그에 대한 해결책을 찾는 데 가치가 있음이 드러났다. 이 절차의 과정에서 학생에게 권한을 부여하는 학습 맥락을 만드는 데 있어 자원, 전략, 강점, 장벽의 상호 작용의 중요성이 강조되었다. UDL 아이디어는 교사가 학습 성공을 향상시키고 학생의 강점과 학습의 정서적 맥락에 초점을 맞추는 방법을 찾는 데 강조를 두도록 장려됐다. UDL 접근법은 또한 실용적인 해결책을 찾는 동안 공통의 개방적 환경에서 모든 학습자의 성공적 기능의 균형 유지 문제에 대한 성찰에 의미를 주었다. 교사와 학생이 개별 학생 및 학생 그룹의 조정된 기능에 대한 성찰에 참여한 후 기능적 환경 개발, 새로운 환경 구축, 비효율적 요소 거부와 관련된 이슈가 보다 성공적으로 반영된다.

기존 실천을 재해석하기 위해 UDL 접근법을 사용하면 교사는 UDL 원칙을 준수하는 실천을 테스트하고 학생은 학습 절차 및 관리에 대한 지식을 얻을 수 있다. 실행연구는 UDL 접근법이 목표로 하는 방식으로 이미 사용된 수단과 방법을 반영하는 데 도움이 되므로 모든 학생과 각 학생을 개별적으로 성공적이고 자기 주도적인 학습을 장려하는 것에 강조를 둔다는 것을 보여 주었다.

오스트리아 학교에서 수행된 실행연구는 학생들의 다양한 특유성의 예측 가능성에 기반한 UDL 접근법 내에서 차별화된 지도 및 사전 예방적인 환경 생성이라는 두 가지 관점들을 대조한다. 연구자들은 이러한 관점들은 모두에게 우호적인 교육 환경이 창출될 때 서로 호환되고 보완된다는 결론에 도달했다.

핀란드 학교에서 수행된 실행연구는 MAP에서 그리고 UDL 접근법 내에서의 국가 교사 역량의 관점을 비교했다. MAP 모델에 포함된 교사의 인지적 역량은 학습 과정에 참여하는 학생의 다양성과 학생의 기술 발달 내에서 조직된 자신의 교수에 대한 교사의 반영을 따르기 때문에 "다양한 참여 수단을 제공하라"는 UDL 원칙을 상기시킨다는 것이 확인되었다. 게다가 MAP에서 제공되는 교사의 사회적, 의사소통적 기술과 개인적 성향은 학생들의 목소리를 고려하고 그들의 행복과 성공적인 학습을 보장하는 데 도움이 된다. MAP에 포함된 '교수 및 학습을 위한 지식 기반' 및 '인지적 사고 기술'이라고 언급되는 역량은 UDL 원칙, '다중 표현 수단을 제공하라'에 중요하다. 이러한 역량의 보유는 교사로 하여금 교육의 내용과 과정을 자유롭게 모델링하고, 학습자의 다른 요구들을 고려하여 정보를 제시하는 다른 방법들을 예견하고, 효율적인

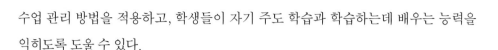

수업 관리 방법을 적용하고, 학생들이 자기 주도 학습과 학습하는데 배우는 능력을 익히도록 도울 수 있다.

　UDL의 맥락에서 통합교육의 기능적 실천의 반영은 모든 교육 문화적 맥락에서 통합교육의 발전에 중요한 방향과 구성 요소를 확인하게 한다. 다른 경험을 가진 국가들에서 획득된 결과가 UDL이 심지어 다른 관점에서 분석되더라도 비슷한 경향을 드러냈다는 사실은 통합적인 문화, 교사의 성향, 교수법적 원칙을 모델링하는 효율적이고 보편적인 도구임을 입증한다. UDL 접근법을 적용하기 위한 전체적인 모델의 성공적인 창출은 다른 교육적, 문화적 맥락에서 활동한 다른 국가들의 교사 및 연구자 팀의 참여 및 공동 노력에 의해 미리 결정되었지만, 실제적인 활동, 모델링, 혁신적인 측면의 테스트에 기반한 공동으로 성숙된 이론적 통찰력이었다.

7) 지속 가능한 변형을 위한 원동력으로서의 국제 협력 실행연구

　우리가 수행한 연구에서 국제 협력 실행연구는 다른 교육적, 문화적 맥락에서 기존 통합교육 실천 및 구조에 대한 변경뿐만 아니라, 다른 국가들의 팀에 있는 연구자들에 의한 변화의 과정에 대한 공동 성찰을 다루는 체계적인 변화를 계획하고, 실현하고, 성찰하는 효과적인 방법으로 출현하였다.

　연구자들의 회고적 성찰을 기반으로 협력적 실행연구의 공동 실현은 다른 국가들의 교육 정책 및 실천의 맥락에서 국가 정책과 통합교육 발전 방향 및 목표를 검토할 수 있는 조건을 제공했다. 숙고, 연구 결과, 실제 경험을 공유하는 것은 깊은 통찰력을 드러냈다. 예를 들어, 국가들이 통합교육 발전을 위해 비슷한 목표를 설정한 심지어 동일한 유럽 법적 맥락에서도 특정 통합교육 실천들은 교육 체계의 다양한 역사적, 문화적 맥락과 개별 학교가 직면한 도전의 결과로 크게 다르다. 그것을 고려하여 폴란드, 리투아니아, 핀란드, 오스트리아에 의해 공동으로 수행된 협력적 실행연구의 목표는 각 국가에서의 통합교육 발전의 향후 전망과 특정한 도전 및 기대를 고려하여 설정되었다. 연구자들은 다양한 교육 체계에서 성공적인 통합 실천을 언급하면서 통합교육 인식의 보다 철저한 분석과 해석에 참여하였기 때문에 학생들의 다양성과 그들의 교육 절차에 대하여 보다 개방적인 접근을 개발하였다. 폴란드 연구자와 교육자들은 다음을 강조했다. '새로운 경험때문에 우리는 학생 다양성이 가치 있다는 것을 훨씬 많이 보기 시작했으며, 이것은 차례로 통합이 교육에서의 변화를 위한 올바른 방향이라는 것을 우리에게 훨씬 더 확신시켰다'(연구팀의 성찰로부터).

　　연구에 참여한 국가들의 경험은 통합교육을 개발할 때 특정 국가의 통합교육 실천을 고려하여 UDL 접근법을 유연하게 적용해야 한다는 것을 보여 주었다. 이미 CAST 조직의 전문가들에 의해 제공된 훈련 동안 UDL 설계자 및 전략가와 연구자의 첫 번째 토론에서 오스트리아의 통합교육 실천은 UDL 접근법의 요소 대부분을 적용하는 반면 폴란드와 리투아니아의 연구자 및 교육자는 보다 표적화된 통합교육 실천을 위해 UDL 접근법을 적용할 가능성을 보고 있음이 드러났다. 핀란드 연구자 팀은 관련 국가 목표, 즉 통합교사 역량 개발을 실현하기 위해 UDL 접근법을 사용할 가능성을 확인했다. 리투아니아 연구자들의 의견에 따르면, 국제 협력은 변화를 위한 공통 방향을 가지고 모두를 위한 통합을 향한 다양한 움직임 과정들은 다른 교육적, 문화적 맥락에서 가능하다는 것을 확인해 주었다. 오스트리아 연구자들은 모두를 위한 통합을 추구하는 국제적인 노력에 동참하는 것의 가치를 주목했다. '모두를 위한 통합이라는 하나의 목표가 어떻게 우리의 노력을 형성하였는지를 보는 것은 흥미로웠다. 통합을 실현하기 위한 다른 방법들과 장벽들을 어떻게 다루는지에 대하여 배우는 것은 미래의 연구 노력, 또한 전세계적 규모에서 안내하고 알려 줄 수 있다.'(연구 팀의 성찰에서) 오스트리아 연구자들과 교육학자들은 폴란드, 리투아니아, 핀란드의 경험에서 학교 체계에서 얼마나 큰 변화가 시작될 수 있는지에 대한 아이디어를 보았다.

　　4개국 대학과 학교 간의 협력, 공동 토론, 학교 방문은 학교 교사들이 자신의 학교와 교실의 통합교육 실천에서의 장벽을 확인하는 데 도움이 되었다. 그것은 도전을 극복하고 회복력을 구축함으로써 동기를 높였고 아이디어를 개발하는 데 도움이 되었다. 리투아니아 교사들은 핀란드 학교에서 잘 조정된 팀워크에 대한 아이디어를 얻었는데, 이것은 통합교육의 성공을 보장하는 데 도움이 된다. 오스트리아 학교의 교사들에 따르면 교수 절차는 서로 다른 교육 체계들에서 비슷하지만, 영감을 주는 것은 교사가 아동들을 양성하는 개인적인 관계이며 이를 통해 학생들은 가장 강력한 가능한 지원을 받는다. 핀란드 교사들은 국가들의 다른 통합학교 문화, 학교 공동체의 분위기에 대한 의미, 활동에 대한 자신감에 초점을 맞췄다. '북핀란드 작은 마을 교사들로서, 우리는 우리의 일이 매우 중요한 것으로 여겨진다고 인식합니다'(연구팀의 성찰로부터). 실행연구를 실현할 때 연구자와 교사의 협력은 교사들이 자기 자신의 실천을 더 깊이 이해하도록 도왔으며, 연구자들에게는 중요한 변화에 도달하는 교사의 일상적인 교육적 결정의 의미와 중요성을 드러냈다. 핀란드 교사들은 특히 연구와 실천의 통합에서 새롭게 찾아볼 수 있는 가능성을 강조했다. '연구자들과 함께 일하는 것은 우리에게 연구와 실천이 어떻게 함께 진행해 갈 수 있는지를 보여 주는 기회를 주었다.'(연구자 팀의 성찰로부터). 오스트리아와 리투아니아 교사들의 성찰은 이러한 통합이 이론적 맥락에서 일상적인 교육 행동에 더 깊은 의미를 제공하는 것을 수행하는 실용적인 가치를 드러냈다. 학교의 일상 생활에 참여 한 연구자로서 새로운 통찰력은 대학생들과의 작업을 향상시키고 향후 연구를 수행하기 위한 아이디어로서 학교 현실, 학생들의 진전 및 성공에 대한 장벽, 교사의 요구에 관하여 생겨났다. 연구자들은 폴란드와 리투아니아 교사들이 UDL을 적용하여 이중 변형 절차를 관리하는 데 어떻게 성공했는지 보여 주는 경험, 즉 모두를 위한 통합의 교수 실천을 변화시키고 그리고 동시에 원격 학습의 장벽에서의 도전을 성공 이야기로 바꾸어서 극복하는 것에서 영감을 발견하였다.

수행된 연구 결과, 교사와 연구자의 공동 작업 경험과 학교 실천에서 발생한 변화는 국가 교육 체계의 추가적인 보급을 장려하고 교육 정책 입안자의 정치적 결정을 시작하게 하며, 다른 교육적, 문화적 맥락에서 통합교육 질을 향상시키기 위하여 세계적 규모로 UDL적용을 위한 다양한 방법을 제안한다. 연구 참여자들의 개인적인 경험은 통합을 위한 가치 있는 아이디어 분야이며, 이러한 것은 교사-교사, 교사-연구자, 연구자-연구자와 같은 전문적인 연결을 통해 교육적 미시적, 거시적 환경으로 확장될 수 있다. 국제적 맥락에서 발견된 연구자와 교사 간의 협력적인 실천은 더 높은 질을 향한 지속적인 여정으로서 통합 아이디어의 지속 가능성을 보장한다.

참고문헌

제1장

Aas, H. K. (2019). Teachers talk on student needs: Exploring how teacher beliefs challenge inclusive education in a Norwegian context. *International Journal of Inclusive Education, 1*(15). https://doi.org/10.1080/136031 16.2019.1698065

Ainscow, M. (2020). Promoting inclusion and equity in education: Lessons from international experiences. *Nordic Journal of Studies in Educational Policy, 6*(1), 7-16. https://doi.org/10.1080/20020317.2020.1729587

Ainscow, M., & Hargreaves, A. (2016). Collaboration as a strategy for promoting equity in education: Possibilities and barriers. *Journal of Professional Capital and Community, 1*(2). https://doi.org/10.1108/JPCC-12-2015-0013

Al-Azawei, A., Serenelli, F., & Lundqvist, K. (2016). Universal design for learning (UDL): A content analysis of peer reviewed journals from 2012 to 2015. *Journal of the Scholarship of Teaching and Learning, 16*(3), 39-56. https://doi.org/10.14434/josotl.v16i3.19295

Arce-Trigatti, A., & Anderson, A. (2018). Defining diversity: A critical discourse analysis of public educational texts. *Discourse: Studies in the Cultural Politics of Education, 41*(1). https://doi.org/10.1080/01596306.2018.1462575

Booth, T., & Ainscow, M. (2002). *Index for inclusion: Developing learning and participation in schools.* Centre for Studies on Inclusive Education (CSIE).

Boothe, K. A., Lohmann, M. J., Donnell, K. A., & Hall, D. D. (2018). Applying the principles of universal design for learning (UDL) in the college classroom. *Journal of Special Education Apprenticeship, 7*(3), 1-13.

Bronfenbrenner, U., & Ceci, S. J. (1994). Nature-nurture re-conceptualized in developmental perspective. A bio-ecological model. *Psychological Review, 101*(4), 568-586. https://doi.org/10.1037/0033-295X.101.4.568

Buchner, T., Shevlin, M., Donovan, M. A., Gercke, M., Goll, H., ŠŠiška, J., Janyšškova, K., Smogorzewska, J., Szumski, G., Vlachou, A., Demo, H., Feyerer, E., & Corby, D. (2021). Same progress for all? Inclusive education, the United Nations Convention on the rights of persons with disabilities and students with intellectual disability in European countries. *Journal of Policy and Practice in Intellectual Disabilities, 18*(1), 7-22. https://doi.org/10.1111/jppi.12368

Capp, M. J. (2017). The effectiveness of universal design for learning: A meta-analysis of literature between 2013 and 2016. *International Journal of Inclusive Education, 21*(8), 791-807. https://doi.org/10.1080/13603116.2 017.1325074

CAST. (2018). Universal design for learning guidelines version 2.2. http://udlguidelines.cast.org

Clarkson, P. J., & Coleman, R. (2015). History of inclusive design in the UK. *Applied Ergonomics, 46*, 235-247. https://doi.org/10.1016/j.apergo.2013.03.002

Connell, B. R., Jones, M., Mace, R., Mueller, J., Mullick, A., Ostroff, E., Sanford J, Steinfeld, E., Story, M., & Vanderheiden, G. (1997). *The principles of universal design*. Version 2.0-4/1/97. NC State University: The Center for Universal Design.

Curcic, S., Miskovic, M., Plaut, S., & Ceobanu, C. (2014). Inclusion, integration or perpetual exclusion? A critical examination of the decade of Roma inclusion, 2005-2015. *European Educational Research Journal, 13*(3), 257-267. https://doi.org/10.2304/eerj.2014.13.3.257

Dalton, E. M. (2017). Beyond universal design for learning: Guiding principles to reduce barriers to digital & media literacy competence. *Journal of Media Literacy Education, 9*(2), 17-29.

European Agency for Special Needs and Inclusive Education. (2019). *Inclusive school leadership: exploring policies across Europe*. (E. Oskarsdottir, V. Donnelly & M. Turner-Cmuchal, Eds.). Odense, Denmark. https://www.european-agency.org/sites/default/files/sisl_synthesis_report.pdf. Retrieved 16 April 2021.

Farmer, T. W., Dawes, M., Hamm, J. V., Lee, D., Mehtaji, M., Hoffman, A. S., & Brooks, D. S. (2018). Classroom social dynamics management: Why the invisible hand of the teacher matters for special education. *Remedial and Special Education, 39*(3), 177-192. https://doi.org/10.1177/0741932517718359

Finnegan, L. A., & Dieker, L. A. (2019). Universal design for learning-representation and science content: A pathway to expanding knowledge, understanding, and written explanations. *Science Activities, 56*(1), 11-18. https://doi.org/10.1080/00368121.2019.1638745

Finnegan, L. A., Miller, K. M., Randolph, K. M., & Bielskus-Barone, K. D. (2019). Supporting student knowledge using formative assessment and universal design for learning expression. *The Journal of Special Education Apprenticeship, 8*(2), 7.

Florian, L. (2019). On the necessary co-existence of special and inclusive education. *International Journal of Inclusive Education, 23*(7-8), 691-704. https://doi.org/10.1080/13603116.2019.1622801

Florian, L., & Black-Hawkins, K. (2011). Exploring inclusive pedagogy. *British Educational Research Journal, 37*(5), 813-828. https://doi.org/10.1080/01411926.2010.501096

Fontenelle-Tereshchuk, D. (2020). Diversity in the classrooms: A human-centered approach to schools. *Interchange, 1*(11). https://doi.org/10.1007/s10780-020-09402-4

Galkienė, A. (2017). Comparative analysis of legal basis of inclusive education in four European countries. In A. Galkienė (Ed.) *Inclusion in socio-educational frames: inclusive school cases in four European countries*, 93-99. Lietuvos edukologijos universiteto leidykla. Available at, https://ec.europa.eu/programmes/erasmus-plus/project-result-content/366d374f-25e2-43b2-92d9-63ad3592cab2/Publikuota-knyga.pdf

Galkienė, A. (2018). Įgalinančio ugdymo raiškos edukacinės įtraukties sąlygomis analizė[Analysis of the expression of empowering education under conditions of educational inclusion]. *Pedagogika, 129*(1), 77-93. https://doi.org/10.15823/p.2018.06

Garcia-Campos, M. D., Canabal, C., & Alba-Pastor, C. (2020). Executive functions in universal design for learning: Moving towards inclusive education. *International Journal of Inclusive Education, 24*(6), 660-674. https://doi.org/10.1080/13603116.2018.1474955

Gay, G. (2013). Teaching to and through cultural diversity. *Curriculum Inquiry, 43*(1), 48-70. https://doi.org/10.1111/curi.12002

Griful-Freixenet, J., Struyven, K., Vantieghem, W., & Gheyssens, E. (2020). Exploring the interrelationship between universal design for learning (UDL) and differentiated instruction (DI): A systematic review. *Educational Research Review, 29*. https://doi.org/10.1016/j.edurev.2019.100306

Hanreddy, A., & Őstlund, D. (2020). Alternate curricula as a barrier to inclusive education for students with intellectual disabilities. *International Electronic Journal of Elementary Education, 12*(3), 235-247. https://doi.org/10.26822/iejee.2020358217

Haug, P. (2020). 'It is impossible to avoid policy' comment on Mel Ainscow: Promoting inclusion and equity in education: lessons from international experiences. *Nordic Journal of Studies in Educational Policy, 6*(1), 17-20. https://doi.org/10.1080/20020317.2020.1730092

Hitchcock, C., Meyer, A., Rose, D., & Jackson, R. (2002). Providing new access to the general curriculum: Universal design for learning. *Teaching Exceptional Children, 35*(2), 8-17. https://doi.org/10.1177/004005990203500201

Hornby, G. (2015). Inclusive special education: Development of a new theory for the education of children with special educational needs and disabilities. *British Journal of Special Education, 42*(3), 234-256. https://doi.org/10.1111/1467-8578.12101

Hovey, K. A., & Ferguson, S. L. (2014). Teacher perspectives and experiences: Using project-based learning with exceptional and diverse students. *Curriculum & Teaching Dialogue, 16*(1/2), 77-90.

Kaffemanienė, I. (2005). Pedagoginės sąveikos struktūra ugdant mokymosi negalių turinčius moksleivius bendrojo lavinimo klasėje [Structure of pedagogical interaction when educating pupils with learning disabilities in general classrooms]. *Specialusis Ugdymas [Special education], 1*, 85-101.

Katz, J. (2013). The three block model of universal design for learning (UDL): Engaging students in inclusive education. *Canadian Journal of Education, 36*(1).

Keskitalo, P., & Olsen, T. (2019). Historical and political perspectives on Sami and inclusive school systems in Norway. In M. C. Beaton, D. B. Hirshberg, G. R. Maxwell, & J. Spratt (Eds). *Including the North: A comparative study of the policies on inclusion and equity in the circumpolar North* (pp. 109-123). http://urn.fi/URN:ISBN:978-952-337-136-1.

Magazzini, T. (2020). Integration as an essentially contested concept: Questioning the assumptions behind the national Roma integration strategies of Italy and Spain. In S. Hinger & R. Schweitzer (Eds.), *Politics of (Dis) Integration* (pp. 41-9). Springer Open.

Magnusson, G., Gŏransson, K., & Lindqvist, G. (2019). Contextualizing inclusive education in educational policy: The case of Sweden. *Nordic Journal of Studies in Educational Policy, 5*(2), 67-77. https://doi.org/10.1080/20020317.2019.1586512

Meier, B. S., & Rossi, K. A. (2020). Removing instructional barriers with UDL. *Kappa Delta Pi Record, 56*(2), 82-88. https://doi.org/10.1080/00228958.2020.1729639

Meyer, A., Rose, D. H., & Gordon, D. (2014). *Universal design for learning: Theory and practice.* CAST.

Mills, M., Monk, S., Keddie, A., Renshaw, P., Christie, P., Geelan, D., & Gowlett, C. (2014). Differentiated learning: From policy to classroom. *Oxford Review of Education, 40*(3), 331-348. https://doi.org/10.1016/j.edurev.2019.100306

Nieminen, J. H., & Pesonen, H. V. (2020). Taking universal design back to its roots: Perspectives on accessibility and identity in undergraduate mathematics. *Education Sciences, 10*(1), 12. https://doi.org/10.3390/educsci10010012

Qu, X. (2020). A critical realist model of inclusive education for children with special educational needs and/or disabilities. *International Journal of Inclusive Education*, 1-15. https://doi.org/10.1080/13603116.2020.1760366

Ramberg, J., & Watkins, A. (2020). Exploring inclusive education across Europe: Some insights from the European Agency statistics on inclusive education. *FIRE: Forum for International Research in Education, 6*(1), 85-101.

Ramdass, D., & Zimmerman, B. J. (2008). Effects of self-correction strategy training on middle school students' self-efficacy, self-evaluation, and mathematics division learning. *Journal of Advanced Academics, 20*(1), 18-41. https://doi.org/10.4219/jaa-2008-869

Rao, K., Ok, M. W., Smith, S. J., Evmenova, A. S., & Edyburn, D. (2020). Validation of the UDL reporting criteria with extant UDL research. *Remedial and Special Education, 41*(4), 219-230. https://doi.org/10.1177/0741932519847755

Rapp, W. (2014). *Universal design for learning in action.* Brooks.

Rose, D. H., & Strangman, N. (2007). Universal design for learning: Meeting the challenge of individual learning differences through a neurocognitive perspective. *Universal Access in the Information Society, 5*(4), 381-391. https://doi.org/10.1007/s10209-006-0062-8

Salend, S. J., & Duhaney, L. M. G. (2011). Historical and philosophical changes in the education of students with exceptionalities. *Advances in Special Education, 21*, 1-20. https://doi.org/10.1108/S0270-4013(2011)0000021004

Sanger, C. S. (2020). Inclusive pedagogy and universal design approaches for diverse learning environments. In C. S. Sanger & N. W. Gleason (Eds.), *Diversity and inclusion in global higher education* (pp. 31-71). Palgrave Macmillan. https://doi.org/10.1007/978-981-15-1628-3

Skourtou, E., Kazoullis, V., Aravossitas, T., & Trifonas, P. P. (2020). *Language diversity in Greece: Local challenges with international implications. Multilingual Education* (36) (1st ed.). Springer.

Smagorinsky, P. (2012). Vygotsky, 'Defectology' and the inclusion of people of difference in the broader cultural stream. *Journal of Language and Literacy Education [Online], 8*(1), 1-25. http://jolle.coe.uga.edu/wp-content/uploads/2012/05/Vygotsky-and-Defectology.pdf. Retrieved 15 March 2021.

Smith, S. J., Rao, K., Lowrey, K. A., Gardner, J. E., Moore, E., Coy, K., Marino, M., & Wojcik, B. (2019). Recommendations for a national research agenda in UDL: Outcomes from the UDL-IRN preconference on research. *Journal of Disability Policy Studies, 30*(3), 174-185. https://doi.org/10.1177/1044207319826219

Spencer, J. S., & Laurel, M. G. D. (2011). Chapter 1. Historical and philosophical changes in the education of students with exceptionalities. *Advances in Special Education, 21*, 1-20. https://doi.org/10.1108/S0270-4013(2011)0000021004

Swanson, J. A., Ficarra, L. R., & Chapin, D. (2020). Strategies to strengthen differentiation within the common core era: Drawing on the expertise from those in the field. *Preventing School Failure: Alternative Education for Children and Youth, 64*(2), 116-127. https://doi.org/10.1080/1045988X.2019.1683802

Takala, M., Pirttimaa, R., & Tormanen, M. (2009). Research section: Inclusive special education: The role of special education teachers in Finland. *British Journal of Special Education, 36*(3), 162-173.

Tomlinson, C. A. (2000). *Differentiation of instruction in the elementary grades.* ERIC Digest. https://files.eric.ed.gov/fulltext/ED443572.pdf

Tomlinson, C. A., & McTighe, J. (2006). *Integrating differentiated instruction & understanding by design: Connecting content and kids.* Association for Supervision and Curriculum Development (ASCD). (위아래 순서 바뀌어 있습니다.)

UN General Assembly. (1948). *Universal declaration of human rights*, 10 December 1948, 217 A (III). Retrieved from https://www.refworld.org/docid/3ae6b3712c.html

UNESCO. (1994). The Salamanca statement and framework for action on special needs education. *World Conference on Special Needs Education: Access and Quality.* Salamanca. Retrieved from https://www.right-to-education.org/sites/right-to-education.org/files/resource-attachments/Salamanca_Statement_1994.pdf

UNESCO. (2020). *Global education monitoring report, 2020: Inclusion and education: all means all.* https://unesdoc.unesco.org/ark:/48223/pf0000373718. Accessed 2 Apr 2021.

Van Boxtel, J. M., & Sugita, T. (2019). Exploring the implementation of lesson-level UDL principles through an observation protocol. *International Journal of Inclusive Education* (Published online: 20 Aug 2019). https://doi.org/10.1080/13603116.2019.1655596.

Vygotsky L. S. (1993). *The fundamentals of defectology (abnormal psychology and learning disabilities).* The collected works of L.S. Vygotsky., v. II. Plenum.

Vygotsky, L. S. (1962). *Thought and language.* MIT Press.

Vygotsky, L. S. (1978). *Mind in society.* Harvard University Press.

Waitoller, F. R., & King Thorius, K. A. (2016). Cross-pollinating culturally sustaining pedagogy and universal design for learning: Toward an inclusive pedagogy that accounts for dis/ability. *Harvard Educational Review, 86*(3), 366-389. https://doi.org/10.17763/1943-5045-86.3.366

Westbroek, H. B., van Rens, L., van den Berg, E., & Janssen, F. (2020). A practical approach to assessment for learning and differentiated instruction. *International Journal of Science Education, 42*(6). https://doi.org/10.1080/09500693.2020.1744044

Zhong, Y. (2012). Universal design for learning (UDL) in library instruction. *College & Undergraduate Libraries, 19*(1), 33-45. https://doi.org/10.1080/10691316.2012.652549

Выготский, Л. С. (1924). Вопросы воспитания слепых, глухонемых и умственно отсталых детей, под ред. Л.С. Выготского. 1924. № 1. С. 112-120, available at, http://dugward.ru/library/vygotskiy/vygotskiy_k_psihologii_i_pedagog.html

제2장

Ainscow, M. (2020). Inclusion and equity in education: Making sense of global challenges. PROSPECTS. *Comparative Journal of Curriculum, Learning, and Assessment, 49*, 123-134.

Allegra, M., Seyed-Allaei, S., Schuck, N., Amati, D., Laio, A., & Reverberi, C. (2020). Brain network dynamics during spontaneous strategy shifts and incremental task optimization. *NeuroImage, 217*, 116854. https://doi.org/10.1016/j.neuroimage.2020.116854

Alonso, A., Van der Meij, J., Tse, D., & Genzel, L. (2020). Naive to expert: Considering the role of previous knowledge in memory. *Brain and Neuroscience Advances, 4*, 1-17. https://doi.org/10.1177/2398212820948686

Auerbach, A., Higgins, M., Brickman, P., & Andrews, T. (2018). Teacher knowledge for active-learning instruction: Expert-novice comparison reveals differences. *CBE-Life Sciences Education, 17*(1), 1-14.

Bali, M., & Caines, A. (2018). A call for promoting ownership, equity, and agency in faculty development via connected learning. *International Journal of Educational Technology in Higher Eduction, 15*, 46. https://doi.org/10.1186/s41239-08-0128-8.

Bandura, A. (1991). Social cognitive theory of self-regulation. *Organizational Behavior and Human Decision*

Processes, 50(2), 248-287.

Biemiller, A., & Meichenbaum, D. (2017). The nature and nurture of the self-directed learners. In D. Meichenbaum (Ed.), *The evolution of cognitive behaviour therapy* (pp. 89-98). Routlegde.

Bigby, C., & Douglas, J. (2020). Supported decision making. In R. Stancliffe, M. Wehrmeyer, K. Shogren, & K. Abery (Eds.), *Choice, preference, and disability: Promoting self-determination across the lifespan* (pp. 45-66). Springer.

Bilalić, M., & Campitelli, G. (2018). Studies of the activation and structural changes of the brain associated with expertise. In K. Ericsson, R. Hoffman, A. Kozbelt, & M. A. Williams (Eds.), *The Cambridge handbook of expertise and expert performance* (pp. 233-256). Cambridge University Press.

Black, R., Weinberg, L., & Brodwin, M. (2015). Universal Design for Learning and instruction: Perspectives of students with disabilities in higher education. *Exceptionality Education International, 25*(2), 1-16.

Bransford, J., Brown, A., & Copcking, R. (2000). *How people learn: Brain, mind, experience, and school.* National Academies Press.

Bray, B., & McClaskey, K. (2016). *How to personalize learning: A practical guide for getting started and going deeper.* Corwin.

Bruner, J. (1977). *The process of education.* Harvard University Press.

Cantor, P., Osher, D., Berg, J., Steyer, L., & Rose, T. (2018). Malleability, plasticity, and individuality: How children learn and develop in context. *Applied Developmental Science, 23*(4), 307-337. https://www.researchgate.net/deref/https%3A%2F%2Fdoi.org%2F10.1080%2F10888691.2017.1398649

CAST. (2008). *Universal design for learning guidelines version 1.0.* Author.

CAST. (2011). *Universal design for learning guidelines version 2.0.* Author.

CAST. (2014). *Universal design for learning guidelines version 2.1.* Author.

CAST. (2018). *Universal Design for Learning Guidelines version 2.2.* Retrieved from http://udlguidelines.cast.org

Chambless, C., McCormick, S., Ipsen, C., Kurth, N., & Hall, J. (2019). Teaching self-determination to youth with disabilities: The ASPIRE model. *Journal of Vocational Rehabilitation, 51*(2), 199-210.

Chi, M. (2006). Two approaches to the study of experts' characteristics. In K. Ericsson, N. Charness, P. Feltovich, & R. Hoffman (Eds.), *The Cambridge handbook of expertise and expert performance* (pp. 21-30). Cambridge University Press.

Cook, S. C., & Rao, K. (2018). Systematically applying UDL to effective practices for students with learning disabilities. *Learning Disability Quarterly, 41*(3), 179-191.

Dalton, E. M., Lyner-Cleophas, M., Ferguson, B. T., & McKenzie, J. (2019). Inclusion, universal design, and universal design for learning in higher education: South Africa and the United States. *African Journal of Disability, 8*, 519.

Darling-Hammond, L., Flook, L., Cook-Harvey, C., Barron, B., & Osher, D. (2020). Implications for educational practice of the science of learning and development. *Applied Developmental Science, 24*(2), 97-140.

https://doi.org/10.1080/10888691.2018.1537791

Deci, E., & Ryan, R. (1985). *Intrinsic motivation and self-determination in human behavior*. Plenum.

Deci, E., & Ryan, R. (2012). Self-determination theory. In P. A. M. Van Lange, A. W. Kruglanski, & E. T. Higgins (Eds.), *Handbook of theories of social psychology* (pp. 416-436). Sage Publications Ltd.

Denney, S., & Daviso, A. (2012). Self-determination: A critical component of education. *American Secondary Education, 40*(2), 43-51.

du Toit-Brits, C., & van Zyl, C. M. (2017). Self-directed learning characteristics: Making learning personal, empowering, and successful. *Africa Education Review, 14*(3-4), 122-141.

Efklides, A. (2011). Interactions of metacognition with motivation and affect in self-regulated learning: The MASRL model. *Educational Psychologist, 46*(1), 6-25.

Efklides, A. (2019). Gifted students and self-regulated learning: The MASRL model and its implications for SRL. *High Ability Studies, 30*(1-2), 79-102.

Ericsson, K., & Smith, J. (1991). Prospects and limits of the empirical study of expertise: An introduction. In K. Ericsson & J. Smith (Eds.), *Toward a general theory of expertise: Prospects and limits* (pp. 1-38). Cambridge University Press.

Ertmer, P., & Newby, T. (1996). The expert learners: Strategic, self-regulated, and reflective. *Instructional Science, 24*, 1-24.

European Agency for Special Needs and Inclusive Education. (2019). *Changing role of specialist provision in supporting inclusive education: Mapping specialist provision approaches in European countries*. Retrieved September 21, 2020, from https://www.european-agency.org/sites/default/files/CROSP_Synthesis_Report.pdf

European Commission. (2018). *Council recommendation on common values, inclusive education, and the European dimension of teaching*. Retrieved February 8, 2021, from https://ec.europa.eu/education/education-in-the-eu/council-recommendation-on-common-values-inclusive-education-and-the-european-dimension-of-teaching_en

Evmenova, A. (2018). Preparing teachers to use universal design for learning to support diverse learners. *Journal of Online Learning Reseach, 4*(2), 147-171.

Fandakova, Y., & Hartley, C. (2020). Mechanisms of learning and plasticity in childhood and adolescence. *Developmental Cognitive Neuroscience, 42*, 100764. https://doi.org/10.1016/j.dcn.2020.100764

Field, S., & Hoffman, A. (1994). Development of a model for self-determination. *Career Development and Transition for Exceptional Individuals, 17*(2), 159-169.

Freeman, S., Eddy, S., McDonough, M., Smith, M., Okoroafor, N., Jordt, H., & Wenderoth, M. P. (2014). Active learning increases student performance in science, engineering, and mathematics. *Proceedings of the National Academy of Sciences, 111*(23), 8410-8415.

Gaumer Erickson, A., Noonan, P., Zheng, C., & Brussow, J. (2015). The relationship between self-determination and academic achievement for adolescents with intellectual disabilities. *Research in Developmental Disabilities, 36*, 45-54.

Giannini, S. (2021). *Time to roll out education's recovery package*. UNESCO. Retrieved April 8, 2021, from https://en.unesco.org/news/time-roll-out-educations-recovery-package

Glaser, R., & Chi, M. (1988). Overview. In M. Chi, R. Glaser, M. Farr, & M. (Eds.), *The nature of expertise* (pp. 1-5). Psychology Press.

Global Education Monitoring Report Team. (2020). *Global education monitoring report, 2020: Inclusion and education: All means all, easy to read version, key messages, recommendation*. UNESCO. Retrieved February 8, 2021, from https://unesdoc.unesco.org/ark:/48223/pf0000373724

Griful-Freixenet, J., Struyven, K., Vantieghem, W., & Gheyssens, E. (2020). Exploring the interrelationship between Universal Design for Learning (UDL) and Differentiated Instruction (DI): A systematic review. *Educational Research Review, 29*, 100306.

Gruber, M., Valji, A., & Ranganath, C. (2019). Curiosity and learning: A neuroscientific perspective. In K. Renninger & S. Hidi (Eds.), *The Cambridge handbook of motivation and learning* (pp. 397-417). Cambridge University Press.

Hagiwara, M., Shogren, K., Lane, K., Raley, S., & Smith, S. (2020). A coaching framework of the self-determined learning model of instruction. *Education and Training in Autism and Developmental Disabilities, 55*, 17-27.

Hartman, E. (2015). Universal design for learning (UDL) and learners with severe support needs. *International Journal of Whole Schooling, 11*(1), 54-67.

Hartwigsen, G. (2018). Flexible redistribution in cognitive networks. *Trends in Cognitive Science, 22*(8), 687-698

Hoffman, A., & Field, S. (2005). *Steps for self-determination: A Curriculum to help adolescents learn to achieve their goals*. Pro Ed.

Hollins, P. (2018). *Accelerated learning for expertise: Rapid knowledge acquisition skills to learn faster, comprehend deeper, and reach a world-class level*. PH Learning Inc.

Hornby, G. (2015). Inclusive special education: Development of a new theory for the education of children with special educational needs and disabilities. *British Journal of Special Education, 42*(3), 234-256.

Huang, Y., Yaple, Z., & Yu, R. (2020). Goal-oriented and habitual decisions: Neural signatures of model-based and model-free learning. *NeuroImage, 215*, 116834. https://doi.org/10.1016/j.neuroimage.2020.116834

Hui, E., & Tsang, S. (2012). Self-determination as a psychological and positive youth development construct. *The Scientific World Journal, 4*, 1-7.

Kitsantas, A., Zimmerman, B. J., & Cleary, T. (2000). The role of observation and emulation in the development of athletic self-regulation. *Journal of Educational Psychology, 92*(4), 811-817.

Legault, L., & Inzlicht, M. (2013). Self-determination, self-regulation, and the brain: Autonomy improves performance by enhancing neuroaffective responsiveness to self-regulation failure. *Journal of Personality and Social Psychology, 105*(1), 123-138.

Manganelli, S., Cavicchiolo, E., Mallia, L., Biasi, V., Lucidi, F., & Alivernini, F. (2019). The interplay between self-determined motivation, self-regulated cognitive strategies, and prior achievement in predicting academic performance. *An International Journal of Experimental Educational Psychology, 39*(4), 470-488.

Markett, S., Wudarczyk, O., Biswal, B., Jawinski, P., & Montag, C. (2018). Affective network neuroscience. *Frontiers in Neuroscience, 12,* Article 895. https://doi.org/10.3389/fnins.2018.00895

Matsushita, K. (2018). An invitation to deep active learning. In K. Matsushita (Ed.), *Deep active learning: Toward greater depth in university education* (pp. 15-33). Springer.

Mattar, M., & Bassett, D. (2020). Brain network architecture: Implications for human learning. In M. S. Vitevitch (Ed.), *Network science in cognitive psychology* (pp. 30-44). Routledge.

McClaskey, K. (2016). *Developing the expert learner through the stages of personalized learning.* Retrieved March 12, 2021, from: https://udl-irn.org/wp-content/uploads/2018/04/McClaskey_K2016PersonalizedLearning.pdf

McDowell, M. (2019). *Developing expert learners: A roadmap for growing confident and competent students.* Corwin.

Meyer, A., & Rose, D. (2000). Universal design for individual differences. *Educational Leadership, 58*(3), 39-43.

Meyer, A., Rose, D., & Gordon, D. (2014). *Universal design for learning: Theory and practice.* CAST Professional Publishing.

Mithaug, D. E., Mithaug, D. K., Agran, M., Martin, J., & Wehmeyer, M. (2003). *Self-determination learning theory: Construction, verification, and evaluation.* Lawrence Erlbaum Publishers.

Opertti, R., Walker, Z., & Zhang, Y. (2014). Inclusive education: From targeting groups and schools to achieving quality education as the core of EFA. In L. Florian (Ed.), *The SAGE handbook of special education* (pp. 149-169). SAGE.

Panadero, E. (2017). A review of self-regulated learning: Six models and four directions for research. *Frontiers in Psychology, 8,* Article 422.

Perkins, D. (2014). *Future wise: Educating our children for changing world.* Jossey-Bass.

Perry, N. E., & Rahim, A. (2011). Studying self-regulated learning in classrooms. In B. Zimmerman & D. Schunk (Eds.), *Handbook of self-regulation of learning and performance* (pp. 122-136). Routledge/Taylor & Francis Group.

Persky, A., & Robinson, J. (2017). Moving from novice to expertise and its implications for instruction. *American Journal of Pharmaceutical Education, 81*(9), Article 6065. https://doi.org/10.5688/ajpe6065

Petersen, S., & Sporns, O. (2015). Brain networks and cognitive architectures. *Neuron, 88*(1), 207-219.

Piaget, J. (1973). *To understand is to invent: The future of education.* Grossman Publishers.

Pintrich, P. (2000). The role of goal orientation in self-regulated learning. In M. Boekaerts, P. R. Pintrich, & M. Zeidner (Eds.), *Handbook of self-regulation* (pp. 451-502). Academic.

Posner, M., Rothbart, M., Rueda, M., & Tang, Y. Y. (2010). Training effortless attention. In B. Bruya (Ed.),

Effortless attention: A new perspective in the cognitive science of attention and action (pp. 409-424). Massachusetts Institute of Technology.

Quent, J., Henson, R., & Greve, A. (2021). A predictive account of how novelty influences declarative memory. *Neurobiology of Learning and Memory, 179*, 107382. https://doi.org/10.1016/j.nlm.2021.107382

Quirke, M., & McCarthy, P. (2020). *A conceptual framework of Universal Design for Learning (UDL) for the Irish further education and training sector.* Retrieved April 17, 2021, from: https://www.solas.ie/f/70398/x/948bcabcc4/udl-for-fet-framework.pdf

Rahman, S., Mahmud, Z., Yassin, S., Amir, R., & Ilias, K. (2010). The development of expert learners in the classroom. *Contemporary Issues in Education Research, 3*(6), 1-8.

Raley, S., Shogren, K., & McDonald, A. (2018). How to implement the self-determined learning model of instruction in inclusive general education classrooms. *Teaching Exceptional Children, 51*(1), 62-71.

Raley, S., Shogren, K., Rifenbark, G., Thomas, K., McDonald, A., & Burke, K. (2020). Enhancing secondary students' goal attainment and self-determination in general education mathematics classes using the self-determined learning model of instruction. *Advances in Neurodevelopmental Disorders, 4*, 155-167.

Ramberg, J., & Watkins, A. (2020). Exploring inclusive education across Europe: Some insights from the European agency statistics on inclusive education. *Forum for International Research in Education, 6*(1), 85-101.

Rao, K., Rao, M., & Ramesh, B. (2016). Predicting learning behavior of students using classification techniques. *International Journal of Computer Aplication, 139*(7), 15-19.

Reeve, J. (2002). Self-determination theory applied to educational settings. In E. L. Deci & R. M. Ryan (Eds.), *Handbook of self-determination research* (pp. 183-203). University of Rochester Press.

Rose, D., & Meyer, A. (2002). *Teaching every student in the digital age: Universal design for learning.* ASCD.

Rose, D., & Strangman, N. (2007). Universal design for learning: Meeting the challenge of individual learning differences through a neurocognitive perspective. *Universal Access in the Information Society, 5*, 381-391.

Rose, D., Robinson, K., Hall, T., Coyne, P., Jackson, R., Stahl, W., & Wilcauskas, S. (2018). Accurate and informative for all: Universal design for learning (UDL) and the future of assessment. In S. Elliott, R. Kettler, P. Beddow, & A. Kurz (Eds.), *Handbook of accessible instruction and testing practices: Issues, innovations, and applications* (pp. 167-180). Springer International Publishing.

Ryan, R., & Deci, E. (2000). Self-determination theory and the facilitation of intrinsic motivation, social development, and well-being. *American Psychologist, 55*(1), 68-78.

Ryan, R., & Deci, E. (2016). Facilitating and hindering motivation, learning, and well-being in schools: Research and observations from self-determination theory. In K. Wentzel & D. Miele (Eds.), *Handbook of motivation at school* (pp. 96-119). Routledge.

Ryan, R., & Deci, E. (2017). *Self-determination theory: Basic psychological needs in motivation, development, and wellness.* Guilford Press.

Ryan, R., & Deci, E. (2019). Brick by brick: The origins, development, and future of self-determination theory. In A. J. Elliot (Ed.), *Advances in Motivation Science* (pp. 111-156). Elsevier.

Ryan, R., & Deci, E. (2020). Intrinsic and extrinsic motivation from a self-determination theory perspective: Definitions, theory, practices, and future directions. *Contemporary Educational Psychology, 61*, 101860.

Schunk, D., & Zimmerman, B. (1997). Social origins of self-regulatory competence. *Educational Psychologist, 32*, 195-208.

Schunk, D., & Zimmerman, B. (1998). Conclusions and future directions for academic interventions. In D. Schunk & B. Zimmerman (Eds.), *Self-regulated learning: From teaching to self-reflective practice* (pp. 236-241). Guilford Publications.

Schwartz, M., & Manning, P. (2018a). *Expert learning for law students*. Carolina Academic Press.

Schwartz, M., & Manning, P. (2018b). *Expert learning for law students*. Carolina Academic Press.

Sharma, U., Armstrong, A. C., Merumeru, L., Simi, J., & Yared, H. (2019). Addressing barriers to implementing inclusive education in the Pacific. *International Journal of Inclusive Education, 23*(1), 65-78.

Shogren, K. (2020). Self-determination, preference, and choice. In R. Stancliffe, M. Wehmeyer, K. Shogren, & B. Abery (Eds.), *Choice, preference, and disability: Promoting self-determination across the lifespan* (pp. 27-43). Springer International Publishing.

Shogren, K., & Ward, M. (2018). Promoting and enhancing self-determination to improve the postschool outcomes of people with disabilities. *Journal of Vocational Rehabilitation, 48*, 187-196.

Shogren, K., Wehmeyer, M., Burke, K., & Palmer, S. (2017). *The self-determination learning model of instruction*. Kansas University Centre on Developmental Disabilities.

Shogren, K., Wehmeyer, M., Palmer, S., Rifenbark, G., & Little, T. (2015). Relationships between self-determination and postschool outcomes for youth with disabilities. *The Journal of Special Education, 48*(4), 256-267.

Siew, C. (2020). Applications of network science to education. Research: Quantifying knowledge and the development of expertise through network analysis. *Education Sciences, 10*. https://doi.org/10.3390/educsci10040101

Siew, C., Wulff, D., Beckage, N., & Kenett, Y. (2019). Cognitive network science: A review of research on cognition through the lens of network representations, processes, and dynamics. *Hindawi. Complexity*, Article 2108423. https://doi.org/10.1155/2019/210842

Steiner, H. (2016). The strategy project: Promoting self-regulated learning through an authentic assignment. *International Journal of Teaching and Learning in Higher Education, 28*(2), 271-282.

Sternberg, R. (2003). What is an "expert student?". *Educational Researcher, 32*(8), 5-9.

Stobart, G. (2014). *The expert learner: Challenging the myth of ability*. Open University Press.

Tobin, T., & Behling, K. (2018). *Reach everyone, teach everyone: Universal design for learning in higher education*. West Virginia University Press.

Triling, B. (2015). Road maps to deeper learning. In J. Belanca (Ed.), *Deeper learning: Beyond 21st century skills* (pp. 177-206). Solution Tree Press.

UNESCO. (2015). The education 2030: Incheon declaration and framework for action for the implementation of sustainable development goal 4: Ensure inclusive and equitable quality education and promote lifelong learning opportunities for all. UNESCO. Retrieved November 28, 2020, from https://unesdoc.unesco.org/ark:/48223/pf0000245656

Vygotsky, L. S. (1978). *Mind and society: The development of higher mental processes*. Harvard University Press.

Walker, J., & Russell, V. (2019). UDL and executive functioning: Unlocking the capacity for learning. In W. Murawski & K. Scott (Eds.), *What really works with universal design for learning* (pp. 97-110). Corwin.

Wardle, S., & Baker, C. (2020). Recent advances in understanding object recognition in the human brain: Deep neural networks, temporal dynamics, and context. *F1000Research, 9*, 590. https://doi.org/10.12688/f1000research.22296

Wehmeyer, M. (1996). Self-determination as an educational outcome: Why is it important to children, youth, and adults with disabilities? In D. Sands & M. Wehmeyer (Eds.), *Self-determination across the life span: Independence and choice for people with disabilities* (pp. 17-36). Paul H. Brookes Publishing Co.

Wehmeyer, M. (1999). A functional model of self-determination: Describing development and implementing instruction. *Focus on Autism and Other Developmental Disabilities, 14*(1), 53-61.

Wehmeyer, M. (2019). *Strengths-based approaches to educating all learners with disabilities*. Teachers College Press.

Wehmeyer, M., & Zhao, Y. (2020). *Teaching students to become self-determined learners*. ASCD.

Wehmeyer, M., Agran, M., Hughes, C., Martin, J., Mithaug, D., & Palmer, S. (2007). *What works for special-needs learners: Promoting self-determination in students with developmental disabilities*. Guilford Press.

Wehmeyer, M., Palmer, S., Agran, M., Mithaug, D., & Martin, J. (2000). Promoting causal agency: The self-determined learning model of instruction. *Exceptional Children, 66*(4), 439-453.

Wehmeyer, M., Palmer, S., Shogren, K., Williams-Diehm, K., & Soukup, J. (2013). Establishing a causal relationship between interventions to promote self-determination and enhanced student self-determination. *Journal of Special Education, 46*(4), 195-210.

Wehmeyer, M., Shogren, K., Little, T., & Lopez, S. (2017). Introduction to the self-determination construct. In M. Wehmeyer, K. Shogren, T. Little, & S. Lopez (Eds.), *Development of selfdetermination through the life-course* (pp. 3-16). Springer.

Weinstein, C., & Van Mater Stone, G. (1993). Broadening our conception of general education: The self-regulated learners. *New Directions for Community Colleges, 81*, 31-39.

Wild, M., & Heck, J. (2011). *Expert learners*. Retrieved September 23, 2020, from: https://www.expertlearners.com/el_intro.php

Williams, A., Fawvera, B., & Hodges, N. (2017). Using the 'expert performance approach' as a framework for improving understanding of expert learning. *Frontline Learning Research, 5*(3), 64–79.

Woolfolk, A. (2008). *Educational psychology.* Pearson.

Zeidner, M. (2019). Self-regulated learning: Current fissures, challenges, and directions for future research. *High Ability Studies, 30*(1–2), 255–276.

Zimmerman, B. (1986). Becoming a self-regulated learner: Which are the key subprocesses? *Contemporary Educational Psychology, 11*, 307–313.

Zimmerman, B. (1990). Self-regulated learning and academic achievement: An overview. *Educational Psychologist, 25*(1), 3–17.

Zimmerman, B. (2000). Attaining self-regulation: A social cognitive perspective. In M. Boekaerts, P. Pintrich, & M. Zeidner (Eds.), *Handbook of self-regulation* (pp. 13–39). Academic.

Zimmerman, B. (2001). Theories of self-regulated learning and academic achievement: An overview and analysis. In B. J. Zimmerman & D. H. Schunk (Eds.), *Self-regulated learning and academic achievement: Theoretical perspectives* (pp. 1–37). Lawrence Erlbaum Associates Publishers.

Zimmerman, B. (2002). Becoming a self-regulated learner: An overview. *Theory Into Practice, 41*(2), 64–70.

Zimmerman, B. (2015). Self-regulated learning: Theories, measures, and outcomes. In J. Wright (Ed.), *International encyclopedia of the social & behavioral sciences* (pp. 541–546). Elsevier.

Zimmerman, B., & Kitsantas, A. (2005). The hidden dimension of personal competence: Selfregulated learning and practice. In A. J. Elliot & C. S. Dweck (Eds.), *Handbook of competence and motivation* (pp. 509–526). Guilford Publications.

Zimmerman, B., & Schunk, D. (2008). Motivation: An essential dimension of self-regulated learning. In D. Schunk & B. Zimmerman (Eds.), *Motivation and self-regulated learning: Theory, research, and applications* (pp. 1–30). Lawrence Erlbaum Associates Publishers.

제3장

Alber, S. R., & Nelson, J. S. (2002). Putting research in the collaborative hands of teachers and researchers: An alternative to traditional staff development. *Rural Special Education Quarterly, 21*(1), 24–30.

Armstrong, F., & Tsokova, D. (2019). *Action research for inclusive education: Participation and democracy in teaching and learning.* Routledge.

Bradbury, H., Lewis, R., & Embury, D. C. (2019). Education action research: With and for the next generation. In C. A. Mertler (Ed.), *The Wiley handbook of action research in education* (pp. 7–28). Wiley/ProQuest Ebook Central.

Charalampous, C., & Papademetriou, C. (2019). Action research: The key to inclusive education in Cyprus. Sciendo. *Journal of Pedagogy, 10*(2), 37–64. https://doi.org/10.2478/jped-2019-0006

Cohen, L., Manion, L., & Morrison, K. (2013). *Research methods in education* (p. 638). Routledge/Taylor and Francis Group.

Datta, R., Khyang, N. U., Prue Khyang, H. K., Prue Kheyang, H. A., Khyang, M. C., & Chapola, J. (2015). Participatory action research and researcher's responsibilities: An experience with an indigenous community. *International Journal of Social Research Methodology, 18*(6), 581-599. https://doi.org/10.1080/13645579.2014.927492

Dosemagen, D. M., & Schwalbach, E. M. (2019). Legitimacy of and value in action research. In C. A. Mertler (Ed.), *The Wiley handbook of action research in education* (pp. 161-168). Wiley/ProQuest Ebook Central.

Ferrance, E. (2000). *Action research. Northeast and Islands Regional Educational Laboratory at Brown University.* https://www.brown.edu/academics/education-alliance/sites/brown.edu.academics.education-alliance/files/publications/act_research.pdf

Galkienė, A. (Ed.). (2017). *Inclusion in socio-educational frames: Inclusive school cases in four European countries* (pp. 93-99). The Publishing House of the Lithuanian University of Educational Sciences.

Hackman, H. W. (2008). Broadening the pathway to academic success: The critical intersections of social justice education, critical multicultural education, and universal instructional design. In J. L. Higbee & E. Goff (Eds.), *Pedagogy and student services for institutional transformation: Implementing universal design in higher education* (pp. 25-48). University of Minnesota Printing Services.

Insuasty, E. A., & Jaime Osorio, M. F. (2020). Transforming pedagogical practices through collaborative work. *Profile: Issues in Teachers' Professional Development, 22*(2), 65-78. https://doi.org/10.15446/profile.v22n2.80289

Ivanova, N., & Wingo, N. (2018). Applying mixed methods in action research: Methodological potentials and advantages. *American Behavioral Scientist, 62*(7), 978-997. https://doi.org/10.1177/0002764218772673

Jacobs, S. (2016). The use of participatory action research within education-benefits to stakeholders. *World Journal of Education, 6*(3), 48-55.

Jamaludin, A., Henik, A., & Hale, J. B. (2019). Educational neuroscience: Bridging theory and practice. *Learning: Research and Practice, 5*(2), 93-98. https://doi.org/10.1080/23735082.2019.1685027

Kapenieks, J. (2016). Educational action research to achieve the essential competencies of the future. *Journal of Teacher Education for Sustainability, 18*(1), 95-110, https://doi.org/10.1515/jtes-2016-0008

Kemmis, S., McTaggart, R., & Nixon, R. (2014). The action research planner. *Doing critical participatory action research* (p. 200). Springer. https://doi.org/10.1007/978-981-4560-67-2

Mertler, C. A. (2019a). *Introduction to educational research* (2nd ed.). Sage.

Mertler, G. A. (Ed.). (2019b). *The Wiley Handbook of Action Research in Education.* Wiley.

Messiou, K. (2019). Collaborative action research: Facilitating inclusion in schools. *Educational Action Research, 27*(2), 197-209. https://doi.org/10.1080/09650792.2018.1436081

Meyer, A., Rose, D. H., & Gordon, D. (2014). *Universal design for learning: Theory and practice* (p. 234). CAST

Professional Publishing an imprint of CAST.

Morales, M. P. E. (2016). Participatory action research (PAR) cum action research (AR) in teacher professional development: A literature review. *International Journal of Research in Education and Science (IJRES), 2*(1), 156-165.

Olander, C., & Holmqvist Olander, M. (2013). Professional development through the use of learning study: Contributions to pedagogical content knowledge in biology. *Procedia-Social and Behavioral Sciences, 89*, 205-212.

Parker, V., Lieshke, G., & Giles, M. (2017). Ground-up-top down: A mixed method action research study aimed at normalising research in practice for nurses and midwives. *BMC Nursing, 16*(52), 1-8. https://doi.org/10.1186/s12912-017-0249-8

Rowe, W. E., Graf, M., Agger-Gupta, N., Piggot-Irvine, E., & Harris, B. (2013). In E. Piggot-Irvine (Ed.), *Action research engagement: Creating the foundation for organizational change* (p. 44). Action Learning, Action Research Association.

Rowell, L., Bruce, C., Shosh, J., & Riel, M. (Eds.). (2017). *The Palgrave international handbook of action research*. Palgrave Macmillan. https://www.amazon.com/Palgrave-International-Handbook-Action-Research/dp/1137441089

Scheurman, G. (2018). *Constructivism and the new social studies: A collection of classic inquiry lessons* (Studies in the history of education). Information Age Publishing.

Vygotsky, L. S. (1978). *Mind in society: The development of higher psychological processes*. Harvard University Press.

Wilson, B. G. (1996). *Constructivist learning environments: Case studies in instructional design*. Educational Technology Publications.

제4장

Capp, M. J. (2017). The effectiveness of universal design for learning: A meta-analysis of literature between 2013 and 2016. *International Journal of Inclusive Education, 8*(21), 791-807.

Chrzanowska, I. (2019). Postawy wobec edukacji włączającej-jakie skutki? [Attitudes towards inclusive education-What effects?]. In I. Chrzanowska, G. Szumski (Eds.), *Edukacja włączająca w przedszkolu i szkole* [Inclusive education at kindergarden and school] (pp. 44-53). Warsaw: Wydawnictwo FRSE (FRSE Publishers).

Creswell, J.W. (2013). *Projektowanie badań naukowych. Metody jakościowe, ilościowe I mieszane [Design of scientific research. Metody jakościowe, ilościowe i mieszane]*. Krakow: Wydawnictwo Uniwersytetu Jagiellońskiego (Jagiellonian University Publishing House).

Czerepaniak–Walczak, M. (2006). *Pedagogika emancypacyjna. Rozwoj świadomości krytycznej człowieka* [Emancipation pedagogy: The development of human critical awareness]. Gdańsk: Gdańskie Wydawnictwo Psychologiczne (Gdańsk Psychological Publishers).

Czerepaniak–Walczak, M. (2014). Badanie w działaniu w kształceniu i doskonaleniu nauczycieli (Research in action in teacher education and training). *Przegląd Badań Edukacyjnych (Educational Research Review)*, *19*(2), 181–194.

Domagała–Zyśk, E. (2018). *Uczniowie z niepełnosprawnościami w szkołach ogolnodostępnych i integracyjnych w polskich badaniach naukowych. CzęśćI –artykuły z polskich czasopism naukowych 2013–2017* (Pupils with disabilities in mainstream and integrated schools in Polish research. Part I–Articles from Polish scientific journals 2013–2017). Warszawa: MEN (Ministry of Education Publishing House).

Dyduch, E. (2012). System kształcenia specjalnego dzieci, młodzieży i dorosłych osob z niepełnosprawnością intelektualną(Special education system for children, young people and adults with mental retardation). In K. Bobińska, T. Pietras, P. Gałecki (Eds.), *Niepełnosprawność intelektualna –etiopatogeneza, epidemiologia, diagnoza, terapia* [Mental retardation – Etiopathogenesis, epidemiology, diagnosis, therapy] (pp. 587–643). Wrocław: Continuo.

Dziennik Ustaw [Journal of Laws]. (2015). Poz. [item] 1113. *Rozporządzenie Ministra Edukacji Narodowej* (Ordinance of Minister of National Education). http://isap.sejm.gov.pl/isap.nsf/download.xsp/WDU20150001113/O/D20151113.pdf.

Gajdzica, Z. (2014). *Kategorie sukcesow w opiniach nauczycieli klas integracyjnych jako przyczynek do poszukiwania koncepcji edukacji integracyjnej* [Key success factors in the opinions of teachers of integrated forms as a contribution to the search for a concept of integrated education]. Krakow: Oficyna Wydawnicza Impuls" ('Impuls' Publishing House).

Gajdzica, Z. (2019). Zasady organizacji kształcenia w edukacjach inkluzyjnych uczniow z niepełnosprawnością [Education organisational principles in inclusive education of students with disabilities]. Niepełnosprawność. *Dyskursy Pedagogiki Specjalnej (Disability. Discourses of Special Education)*, *33*, 26–39.

Janiszewska–Nieścioruk, Z. (2009). *Problemy edukacji integracyjnej dzieci i młodzieży z niepełnosprawnością intelektualną [Issues of integrated education of children and youth with intellectual disability]*. Krakow: Oficyna Wydawnicza "Impuls" ('Impuls' Publishing House).

Jastrzębska, E. (2011). *Strategie psychodydaktyki tworczości w kształceniu językowym (na przykładzie języka francuskiego) [Strategies for the psychodiactics of creativity in linguistic education ⟨using the example of French⟩]*. Krakow: Oficyna Wydawnicza "Impuls" (Impuls' Publishing House).

Klus–Stańska, D. (2019). Wiedza osobista uczniow jako punkt zwrotny w teorii i praktyce dydaktycznej [Students' personal knowledge as a turning point in didactic theory and practice]. *Kwartalnik Pedagogiczny (The Pedagogical Quarterly)*, *1*(251), 7–20.

Knasiecka-Falbierska, K. (2013). Nauczyciel w przestrzeni [Teacher in space ⟨illusio⟩]. In M. Dudzikowa & K. Knasiecka-Falbierska (Eds.), *Sprawcy i/lub ofiary działań pozornych w edukacji szkolnej [Perpetrators and/ or victims of bogus activities in school education]* (pp. 187-203). Krakow: Oficyna Wydawnicza "Impuls" ('Impuls' Publishing House).

Kubinowski, D. (2010). *Jakościowe badania pedagogiczne. Filozofia. Metodyka. Ewaluacja [Qualitative pedagogical studies. Philosophy. Methodology. Evaluation]*. Lublin: The Publishing House of Maria Curie-Skłodowska University.

Kujawiński, J. (2010). *Ewolucja szkoły i jej wspołczesna wizja [The evolution of the school and its contemporary vision]*. Poznań: Wydawnictwo Uniwersytetu Adama Mickiewicza (Publishing House of Adam Mickiewicz University).

Kupisiewicz, C.z., & Kupisiewicz, M. (2009). *Słownik pedagogiczny [Pedagogical dictionary]*. Warszawa: Wydawnictwo Naukowe PWN (Polish Scientific Publishers).

Markowska, B., & Szafraniec, H. (1980). Podręcznik do Arkusza Zachowania się Ucznia. *Testy psychologiczne w poradnictwie wychowawczo-zawodowym [A handbook for the student's sheet of conduct: Psychological tests in educational and vocational guidance)]*. Warsaw: PWN (Polish Scientific Publishers).

Meyer, A., Rose, D. H., & Gordon, D. (2014). Universal design for learning. *Theory and practice*. CAST Professional Publishing.

Okoń, W. (2004). *Nowy słownik pedagogiczny [New pedagogical dictionary]*. Warszawa: Wydawnictwo Akademickie „Żak" ('Żak' Scholar Publishing House).

Paiva de Oliveira, A. R., Abreu de van Munster, M., & Goncalves, A. G. (2019). Universal design for learning and inclusive education: A systematic review in the international literature. *Revista Brasileira de Educacao Especial Bauru, 25*(4), 627-640.

Parys, K. (2007). Problemy integracji szkolnej w badaniach empirycznych –przegląd materiałow pokonferencyjnych [Issues of school integration in empirical research –An overview of conference materials]. In: Z. Janiszewska-Nieścioruk (Ed.), *Problemy edukacji integracyjnej dzieci i młodzieży z niepełnosprawnością intelektualną [Issues of integrated education of children and youth with intellectual disability]* (pp. 233-278). Krakow: Oficyna Wydawnicza "Impuls" ('Impuls' Publishing House).

Pilch, T., & Bauman, T. (2010). *Zasady badań pedagogicznych. Strategie ilościowe i jakościowe* [Pedagogical research principles. Quantitative and qualitative strategies]. Warsaw: Wydawnictwo Akademickie "Żak" ('Żak' Academic Publishers).

Połturzycki, J. (2014). *Dydaktyka dla nauczycieli* [Didactics for teachers]. Toruń: Wydawnictwo Adam Marszałek (Adam Marszałek Publishing House).

Sagor, R. (2008). *Badanie przez działanie. Jak wspolnie badać, żeby lepiej uczyć* [Research through action. How to do research jointly to teach better]. Warsaw: Centrum Edukacji Obywatelskiej (Centre for Citizenship Education).

Scot, L. A. (2018). Barriers with implementing a universal design for learning framework. *Inc, 6*(4), 274-286.

Sendyk, M. (2001). *Społeczne przystosowanie dzieci z poczuciem sieroctwa duchowego* [Social adaptation of children with a sense of spiritual orphanage]. Krakow: Oficyna Wydawnicza "Impuls" ('Impuls' Publishing House).

Silberman, M. (2005). *Uczymy się uczyć* [We learn to learn]. Gdańsk: Gdańskie Wydawnictwo Psychologiczne (Gdańsk Publishing House).

Śliwerski, B. (2013). Pozory sprawstwa reform oświatowych III RP [Appearances of the educational reforms of the Third Republic of Poland]. In M. Dudzikowa, K. Knasiecka-Falbierska (Eds.), *Sprawcy i/lub ofiary działań pozornych w edukacji szkolnej* [Perpetrators and/or victims of bogus activities in school education] (pp. 103-130). Krakow: Oficyna Wydawnicza "Impuls" ('Impuls' Publishing House).

Szmidt, K. J., & Modrzejewska-Świgulska, M. (2015). Walidacja komunikacyjna w analizie wynikow badańpedagogicznych [Communication validation in handing the results of pedagogical research]. Przeglad Badań Edukacyjnych (Educational Research Review), 2(19), 235-255.

Sztumski, J. (1995). *Wstęp do metodologii i technik badań społecznych* [Introduction to social research methodologies and techniques]. Katowice: Wydawnictwo Śląsk (The Silesia Publishers).

Szumski, G. (2006). *Integracyjne kształcenie niepełnosprawnych* [Inclusive education for the disabled]. Warszawa: Wydawnictwo Naukowe PWN (PWN Scientific Publishers).

Szumski, G. (2019). Koncepcjaedukacji włączającej [Inclusive education concept]. In I. Chrzanowska, G. Szumski (Eds.), *Edukacja włączająca w przedszkolu i szkole* [Inclusive education at kindergarten and school] (pp. 14-25). Warszawa: Wydawnictwo FRSE (FRSE Publishers).

Szymańska, M. (2018). Badania w działaniu (Research in action). In M. Ciechowska, M. Szymańska (Eds.), *Wybrane metody jakościowe w badaniach pedagogicznych* [Selected qualitative methods in pedagogical research] (pp. 227-273). Krakow: Wydawnictwo WAM (The WAM Publishers).

Szymańska, M., Ciechowska, M., Pierog, K., & Gołąb, S. (Eds.) (2018). Badania w działaniu w praktyce pedagogicznej (Research in action in pedagogical practice). In *Wybrane przykłady* [Research in action in pedagogical practice: Selected examples]. Krakow: Wydawnictwo Naukowe Akademii Ignatianum (Ignatianum Academy Scientific Publishers).

Zamkowska, A. (2009). *Wsparcie edukacyjne uczniow z upośledzeniem umysłowym w stopniu lekkim w rożnych formach kształcenia na I etapie edukacji* [Educational support for students with mild mental retardation in various forms of education at the first stage of education]. Radom: Wydawnictwo Politechniki Radomskiej (The Radom University of Technology Publishers)

제5장

Arends, R. I. (1995). *Uczymy sięnauczać* [We learn teaching]. Warsaw: Wydawnictwa Szkolne i Pedagogiczne (School and Pedagogical Publishers).

Bąbka, J., & Korzeniowska, R. (2020). Jedność w rożnorodności w perspektywie edukacji inkluzyjnej oraz uczenia się we wspołpracy (Unity in diversity in inclusive education and collaborative learning). *Człowiek-Niepełnosprawność-Społeczeństwo* [Human–disability–society], *2*(48), 47-58. https://doi.org/10.5604/01.3001.0014.1671.

Baran, J. (2000). Otwartośći gotowość nauczycieli do zmian systemu edukacji. [Openness and readiness of teachers to change the education system]. In A. Rakowska & J. Baran (Eds.), *Dylematy pedagogiki specjalnej* [Special education dilema] (pp. 97-102). Krakow: Wydawnictwo Naukowe Akademii Pedagogicznej (Pedagogical Academy Scientific Publishers).

Baran, J. (2018). Kluczowe problemy w kreowaniu procesu edukacyjnego w klasie inkluzyjnej [Key issues in creating an educational process in the inclusive classroom]. In V. Kušnirova & G. Vojtekova (Eds.), *Inkluzivne pristupy v edukacii deti a żiakov* [Inclusive approaches in the education of children and pupils] (pp. 225-236). Rużomberok: Verbum.

Capp, M. J. (2017). The effectiveness of universal design for learning: A meta-analysis of literature between 2013 and 2016. *International Journal of Inclusive Education, 8*(21), 791-780.

Chrzanowska, I. (2015). *Pedagogika specjalna. Od tradycji do wspołczesności* [Special education. From tradition to the present day]. Krakow, Oficyna Wydawnicza "Impuls" ('Impuls' Publishing House).

Domagała-Zyśk, E. (2017). Projektowanie uniwersalne (universal learning design) w edukacji osob z wadą słuchu [Universal learning design in education for people with hearing loss]. In M. Nowak, E. Stoch, & B. Borowska (Eds.), *Z problematyki teatrologii i pedagogiki* [From the issues of theatre theory and pedagogy] (pp. 553-568). Lublin: Wydawnictwo KUL (KUL Publishing House). https://www.researchgate.net/publication/313193980. Accessed 27 January 2019.

Domagała-Zyśk, E. (2018). *Uczniowie z niepełnosprawnościami w szkołach ogolnodostępnych i integracyjnych w polskich badaniach naukowych*. Część I - artykuły z polskich czasopism naukowych 2013-2017 [Pupils with disabilities in mainstream and integrated schools in Polish research. Part I–Articles from Polish scientific journals 2013-2017]. Warszawa: MEN (Ministry of Education Publishing House).

European Agency for Development in Special Needs Education (EADSNE). (2011). *Kluczowe zasady służące promocji jakości w edukacji włączającej –Zalecenia praktyczne* [Key principles for promoting quality in inclusive education-ractical recommendations]. Odense, Denmark: European Agency for Development in Special Needs Education.

Gajdzica, Z. (2013). *Kategorie sukcesow w opiniach nauczycieli klas integracyjnych jako przyczynek do poszukiwania koncepcji edukacji integracyjnej* [Categories of success in the opinions of teachers of integration classes as a reason to seek the concept of inclusive education]. Krakow: Oficyna Wydawnicza "Impuls" ('Impuls' Publishing House).

Groenwald, M. (2013). Standardy moralne czy standardy wymagań? O moralnych aspektach pozoru w szkole [Standards of morality or standards of requirements? On the moral aspects of school appearances]. In M. Dudzikowa & K. Knasiecka-Falbierska (Eds.), *Sprawcy i/lub ofiary działań pozornych w edukacji szkolnej* [Perpetrators and/or victims of bogus activities in school education] (pp. 131-150). Krakow: Oficyna Wydawnicza "Impuls" ('Impuls' Publishing House).

Guskey, T. R. (2002). Professional development and teacher change. *Teachers and Teaching: Theory and Practice, 8*(3/4), 381-391. https://doi.org/10.1080/135406002100000512

Janiszewska-Nieścioruk, Z., & Zaorska, M. (2014). Prowłączające zmiany w systemie polskiej edukacji - nowe możliwości, ograniczenia i wyzwania [Pro-inclusive changes in Polish education system-New possibilities, barriers and challenges]. In *Interdyscyplinarne Konteksty Pedagogiki Specjalnej* [Interdisciplinary Contexts of Special Education], *4*, 9-28.

Klus-Stańska, D. (2019). Wiedza osobista uczniow jako punkt zwrotny w teorii i praktyce dydaktycznej [Students' personal knowledge as a turning point in didactic theory and practice]. *Kwartalnik Pedagogiczny* (The Pedagogical Quarterly), *1*(251), 7-20.

Lubrańska, A. (2004). Człowiek wobec zmian w organizacji [Man Vis-a-Vis changes in organisation]. *Acta Universitatis Lodziensis Folia Psychologica, 8*, 171-182.

Mitchell, D. (2016). *Sprawdzone metody w edukacji specjalnej i włączającej* [Best practices in special and inclusive education]. Gdańsk: Harmonia (Harmonia Publishing House).

Olechowska A. (2016). *Specjalne potrzeby edukacyjne* [Special educational needs]. Warszawa: Wydawnictwo Naukowe PWN SA (Scientific Publishing House PWN SA).

Paiva de Oliveira, A. R., Abreu de van Munster, M., & Goncalves, A. G. (2019). Universal design for learning and inclusive education: A systematic review in the international literature. *Revista Brasileira de Educacao Especial Bauru (Bauru Brazilian Journal of Special Educatio), 25*(4), 627-640.

Scot, L. A. (2018). Barriers with implementing a universal design for learning framework. *Inc, 6*(4), 274-286.

Szempruch, J. (2012). *Nauczyciel w warunkach zmiany społecznej i edukacyjnej* [Teacher in the social and educational change environment]. Krakow: Oficyna Wydawnicza "Impuls" ('Impuls' Publishing House).

Szumski, G. (2019). Zrożnicowane grupy uczniow - jakie problemy? [Diversified groups of students-What problems?]. In I. Chrzanowska, G. Szumski (Eds.), *Edukacja włączająca w przedszkolu i szkole* [Inclusive education at kindergarden and school] (pp. 62-69). Warsaw: Wydawnictwo FRSE (FRSE Publishers).

제6장

Amilkiewicz-Marek, A. (2020). Rola rodzicow w edukacji zdalnej uczniow ze specjalnymi potrzebami edukacyjnymi (The role of parents in online education of students with special educational needs). In E. Domagała-Zyśk (Ed.), *Zdalne uczenie sięi nauczanie a specjalne potrzeby edukacyjne. Z doświadczeńpandemii COVID-19* (Online learning and teaching and special educational needs. From COVID-19 pandemic experience) (pp. 129-164). Lublin: Wydawnictwo Episteme (Episteme Publishing House).

Bąbka, J., & Korzeniowska, R. (2020). Jedność w rożnorodności w perspektywie edukacji inkluzyjnej oraz uczenia się we wspołpracy (Unity in diversity in inclusive education and collaborative learning). *Człowiek-Niepełnosprawność-Społeczeństwo* (Human-Disability-Society), *2*(48), 47-58.

Bartol, K. (2020). Nihil novi sub sole? Stare pytania. Jakie odpowiedzi? (Nihil novi sub sole? Old questions. What answers?). In *Nauczanie po pandemii. Nowe pytania czy nowe odpowiedzi na stare pytania?* (Teaching after a pandemic. New questions or new answers to old questions?) (pp. 9-14). Warsaw: Instytut Problemow Wspołczesnej Cywilizacji im. Marka Dietricha. LXXII, Wydawnictwo SGGW (Institute of Problems of Modern Civilization named after Mark Dietrich. LXXII, SGGW Publishing House).

Cellary, W. (2020). Edukacja w świetle pandemii (Education in the light of a pandemic). In *Nauczanie po pandemii. Nowe pytania czy nowe odpowiedzi na stare pytania?* (Teaching after a pandemic. New questions or new answers to old questions?) (pp. 15-24). Warsaw: Instytut Problemow Wspołczesnej Cywilizacji im. Marka Dietricha. LXXII, Wydawnictwo SGGW (Institute of Problems of Modern Civilization named after Mark Dietrich. LXXII, SGGW Publishing House).

Creswell, J. W. (2013). Projektowanie badań naukowych. *Metody jakościowe, ilościowe I mieszane* (Design of scientific research. Metody jakościowe, ilościowe i mieszane). Cracow: Wydawnictwo Uniwersytetu Jagiellońskiego (Jagiellonian University Publishing House).

Czerepaniak-Walczak, M. (2014). Badanie w działaniu w kształceniu i doskonaleniu nauczycieli. (Research in action in teacher education and training). *Przegląd Badań Edukacyjnych* (Educational Research Review), *19*(2), 181-194.

European Agency for Development in Special Needs Education (EADSNE). (2011). *Key principles for promoting quality in inclusive education-Practical recommendations*. Odense: European Agency for Development in Special Needs Education.

Furmanek, W. (2014). Niektore pedagogiczne konsekwencje nadmiarowości informacji (Some pedagogical consequences of information redundancy). In W. Wawer & M. Pakuła (Eds.), *Technologie informacyjno-komunikacyjne w edukacji XXI wieku* (Information and communication technologies in 21st century education). Lublin: Wydawnictwo Lubelskiego Towarzystwa Naukowego (Scientific Society Publishing House).

Garwol, K. (2017). Wpływ digitalizacji życia na pogorszenie stanu zdrowia młodego człowieka. (The Influence of the Digitalization of Life on the Deterioration of the State of Health of a Youth). Edukacja –Technika –Informatyka (Education-Technology-Computer). *Science, 2*, 278–283.

Jemielniak, D. (2020). Zdalne nauczanie –blended, nie single malt (Online teaching–Blended, not single malt). In *Nauczanie po pandemii. Nowe pytania czy nowe odpowiedzi na stare pytania?* (Teaching after a pandemic. New questions or new answers to old questions?) (pp. 33–38). Warsaw: Instytut Problemow Wspołczesnej Cywilizacji im. Marka Dietricha. LXXII, Wydawnictwo SGGW (Institute of Problems of Modern Civilization named after Mark Dietrich. LXXII, SGGW Publishing House).

Kaczmarzyk, M. (2020). Neurobiologiczny kontekst edukacji zdalnej (Neurobiological context of online education). In J. Pyżalski (Ed.), *Edukacja w czasach pandemii wirusa COVID-19. Z dystansem o tym, co robimy obecnie jako nauczyciele* (Education in times of COVID-19 virus: Distanced from what we do now as teachers) (pp. 20–24). Warsaw: EduAkcja.

Koncewicz, M. (2020). Analiza rozwiązań prawnych dotyczących edukacji w czasie pandemii koronawirusa (Analysis of legal solutions for education during the coronavirus pandemic). In E. Domagała-Zyśk (Ed.), *Zdalne uczenie się i nauczanie a specjalne potrzeby edukacyjne. Z doświadczeń pandemii COVID-19* (Online learning and teaching and special educational needs. From the experience of the COVID-19 pandemic) (pp. 195–204). Lublin: Wydawnictwo Episteme (Episteme Publishing House).

Kraśniewski, A. (2020). O jakości kształcenia w czasach COVID-19: stare odpowiedzi na nowe pytania (About the quality of education in the COVID-19 era: Old answers to new questions). In *Nauczanie po pandemii. Nowe pytania czy nowe odpowiedzi na stare pytania?* (Teaching after a pandemic. New questions or new answers to old questions?) (pp. 39–50). Warsaw: Instytut Problemow Wspołczesnej Cywilizacji im. Marka Dietricha. LXXII, Wydawnictwo SGGW (Institute of Problems of Modern Civilization named after Mark Dietrich. LXXII, SGGW Publishing House).

Kukułka, A. (2006). Dzieci i komputery –o plusach mowimy, a czy pamiętamy o zagrożeniach? (Children and computers – We talk about the pros, and do we remember the dangers?). In J. Baran & S. Olszewski (Eds.), *Świat pełen znaczeń–kultura i niepełnosprawność* (A world full of meanings –Culture and disability). Cracow: Oficyna Wydawnicza „Impuls" ('Impuls' Publishing House).

Lubacz, J. (2020). Zamiast wprowadzenia (Instead of introducing). In *Nauczanie po pandemii. Nowe pytania czy nowe odpowiedzi na stare pytania?* (Teaching after a pandemic. New questions or new answers to old questions?) (pp. 5–8). Warsaw: Instytut Problemow Wspołczesnej Cywilizacji im. Marka Dietricha. LXXII, Wydawnictwo SGGW (Institute of Problems of Modern Civilization named after Mark Dietrich. LXXII, SGGW Publishing House).

Mach, M. (2020). Co doświadczenie pandemii mowi nam o edukacji formalnej? (What does the pandemic experience tell us about formal education?). In *Nauczanie po pandemii. Nowe pytania czy nowe odpowiedzi na stare pytania?* (Teaching after a pandemic. New questions or new answers to old questions?) (pp. 73-82). Warsaw: Instytut Problemow Wspołczesnej Cywilizacji im. Marka Dietricha. LXXII, Wydawnictwo SGGW (Institute of Problems of Modern Civilization named after Mark Dietrich. LXXII, SGGW Publishing House).

Meyer, A., Rose, D. H., & Gordon, D. (2014). *Universal design for learning: Theory and practice*. Wakefield: CAST Professional Publishing.

Pawlak, B. (2003). *Jak wspołpracować z rodzicami uczniow klas początkowych?* (How to work with parents of early education students?). Cracow: Wydawnictwo Naukowe Akademii Pedagogicznej (Pedagogical Academy Scientific Publishers).

Piecuch, A. (2016). Nowe media -nowe problemy (New media -New problems). *Dydaktyka informatyki* (Computer didactics), *1*, 109-116.

Pilch, T., & Bauman, T. (2010). Zasady badań pedagogicznych. *Strategie ilościowe i jakościowe* (Pedagogical research principles. Quantitative and qualitative strategies). Warsaw: Wydawnictwo Akademickie „Żak" ('Żak' Academic Publishers).

Plichta, J. (2020). Rożne konteksty nierowności cyfrowych a wyzwania dla zdalnej edukacji - propozycje rozwiazań (Different contexts of digital inequalities and challenges for online education -Solution proposals). In J. Pyżalski (Ed.), *Edukacja w czasach pandemii wirusa COVID-19. Z dystansem o tym, co robimy obecnie jako nauczyciele* (Education in times of COVID-19 virus: Distanced from what we do now as teachers) (pp. 70-80). Warsaw: EduAkcja.

Poleszak, W., & Pyżalski J. (2020). Psychologiczna sytuacja dzieci i młodzieży w dobie pandemii (Psychological situation of children and young people in the era of pandemic). In J. Pyżalski (Ed.), *Edukacja w czasach pandemii wirusa COVID-19. Z dystansem o tym, co robimy obecnie jako nauczyciele* (Education in times of COVID-19 virus: Distanced from what we do now as teachers) (pp. 7-15). Warsaw: EduAkcja.

Pyżalski, J. (2020). Co jest obecnie ważne, a co mniej ważne w działaniach szkoli nauczycieli (What is now important and what is less important in the activities of schools and teachers). In J. Pyżalski (Ed.), *Edukacja w czasach pandemii wirusa COVID-19. Z dystansem o tym, co robimy obecnie jako nauczyciele* (Education in times of COVID-19 virus: Distanced from what we do now as teachers) (pp. 25-27). Warsaw: EduAkcja.

Pyżalski, J., & Poleszak, W. (2020). Relacje przede wszystkim -nawet jeśli obecnie jedynie zapośredniczone (Relationships first of all -Even if currently only mediated). In J. Pyżalski (Ed.), *Edukacja w czasach pandemii wirusa COVID-19. Z dystansem o tym, co robimy obecnie jako nauczyciele* (Education in times of COVID-19 virus: Distanced from what we do now as teachers) (pp. 28-36). Warsaw: EduAkcja.

Raport Sytuacja w edukacji w czasie pandemii (Pandemic Education Situation Report). https://bit.ly/raportSytuacjaWEdukacji. Accessed 6 Nov 2020.

Rose, D. H., Gravel, J. W., & Gordon, D. T. (2014). Universal design for learning. In L. Florian (Ed.), *Sage handbook of special education* (pp. 475-489). Los Angeles/London/New Delhi/Singapore/Washington, DC: Sage.

Rose, D. H., Meyer, A., & Hitchcock, C. (2005). *The universally designed classroom: Accessible curriculum and digital technologies*. Cambridge: Cambridge University Press.

Sagor, R. (2008). *Badanie przez działanie. Jak wspolnie badać, żeby lepiej uczyć* (Research through action. How to do research jointly to teach better). Warsaw: Centrum Edukacji Obywatelskiej (Centre for Citizenship Education).

Ścibor, J. (2020). Wstrzymaj siebie, rusz ucznia: e-nauczanie a e-tworczość(Pause yourself, move the student: e-learning and e-creativity). In J. Pyżalski (Ed.), *Edukacja w czasach pandemii wirusa COVID-19. Z dystansem o tym, co robimy obecnie jako nauczyciele* (Education in times of COVID-19 virus: Distanced from what we do now as teachers) (pp. 59-63). Warsaw: EduAkcja.

Skowron, B. (2020). Zmagania ze zdalną edukacją w akademii, szkole i przedszkolu (Struggles with online education in the academy, school and kindergarte). In Nauczanie po pandemii. *Nowe pytania czy nowe odpowiedzi na stare pytania?* (Teaching after a pandemic. New questions or new answers to old questions?) (pp. 125-146). Warsaw: Instytut Problemow Wspołczesnej Cywilizacji im. Marka Dietricha. LXXII, Wydawnictwo SGGW (Institute of Problems of Modern Civilization named after Mark Dietrich. LXXII, SGGW Publishing House).

Śliż, K. (2020). Doświadczenia nauczycieli w edukacji zdalnej podczas pierwszego etapu pandemii (Teacher experience in online education during the first stage of a pandemic). In E. Domagała-Zyśk (Ed.), *Zdalne uczenie siꞇ nauczanie a specjalne potrzeby edukacyjne. Z doświadczeńpandemii COVID-19* (Online learning and teaching and special educational needs: From the experience of the COVID-19 pandemic) (pp. 95-28). Lublin: Wydawnictwo Episteme (Episteme Publishing House).

Sterna, D. (2020). Ocenianie w dobie koronawirusa (Judging in the era of coronavirus). In J. Pyżalski (Ed.), *Edukacja w czasach pandemii wirusa COVID-19. Z dystansem o tym, co robimy obecnie jako nauczyciele* (Education in times of COVID-19 virus: Distanced from what we do now as teachers) (pp. 64-69). Warsaw: EduAkcja.

Szmidt, K. J., & Modrzejewska-Świgulska, M. (2015). Walidacja komunikacyjna w analizie wynikow badań pedagogicznych (Communication validation in the analysis of pedagogical research results). *Przeglad BadańEdukacyjnych* (Educational Research Review), *2*(19), 235-255.

Szymańska, M. (2018). Badania w działaniu (Research in action). In M. Ciechowska & M. Szymańska (Eds.), *Wybrane metody jakościowe w badaniach pedagogicznych* (Selected qualitative methods in pedagogical research) (pp. 227-273). Cracow: Wydawnictwo WAM (The WAM Publishers).

Szymańska, M., Ciechowska, M., Pierog, K., & Gołąb, S. (Eds.). (2018). *Badania w działaniu w praktyce pedagogicznej* (Research in action in pedagogical practice). In Wybrane przykłady (Research in action in pedagogical practice: Selected examples). Cracow: Wydawnictwo Naukowe Akademii Ignatianum (Ignatianum Academy Scientific Publishers).

Tomczyk, Ł. (2020). Czego możemy sięnauczyćod tych, ktorzy prowadzązdalnąedukacjęod dawna? (What can we learn from those who have been doing online education for a long time?). In J. Pyżalski (Ed.), *Edukacja w czasach pandemii wirusa COVID-19. Z dystansem o tym, co robimy obecnie jako nauczyciele* (Education in times of COVID-19 virus: Distanced from what we do now as teachers) (pp. 86-92). Warsaw: EduAkcja.

Walter, N. (2020). Mamy (za)duży wybor –jak nie zgubić się wśrod narzędzi cyfrowych? (We have (too) big choice –How not to get lost among digital tools?). In J. Pyżalski (Ed.), *Edukacja w czasach pandemii wirusa COVID-19. Z dystansem o tym, co robimy obecnie jako nauczyciele* (Education in times of COVID-19 virus: Distanced from what we do now as teachers) (pp. 52-58). Warsaw: EduAkcja.

제7장

Asikainen, H., & Gijbels, D. (2017). Do students develop towards more deep approaches to learning during studies? A systematic review on the development of students' deep and surface approaches to learning in higher education. *Educational Psychology Review, 29*, 205-234. https://doi.org/10.1007/s10648-017-9406-6.

Barnes, J. M. (2019). Teachers' values: An international study of what sustains a fulfilling life in education. *Journal of Education and Training Studies, 7*(5), 1-18.

Bran, C. N. (2014). Strategies for developing a deep approach of learning in higher education. *Journal Plus Education, 11*(2), 130-140.

Brand, S. T., & Dalton, E. M. (2012). Universal design for learning: Cognitive theory into practice for facilitating comprehension in early literacy. *Forum On Public Policy Online, 2012,* (1). Oxford Round Table.

Braun, V., & Clarke, V. (2017). Thematic analysis. *The Journal of Positive Psychology, 12*(30), 297-298.

Charalampous, C., & Papademetriou, C. (2019). Action research: The key to inclusive education in Cyprus. Sciendo. *Journal of Pedagogy, 10*(2), 37-64. https://doi.org/10.2478/jped-2019-0006.

Cohen, L., Manion, L., & Morrison, K. (2013). *Research methods in education.* Routledge.

Cohn, N. (2020). Visual narrative comprehension: Universal or not? *Psychonomic Bulletin & Review, 27*(2), 266-285.

Degutytė-Kančauskienė, A. (2020). Mokėjimo mokytis kompetencijos aktualizavimo tyrimas chemijos pamokose [Investigation of actualization of learning to learn competence in chemistry classes]. *Acta paedagogica Vilnensia, 44*, 129-140. https://doi.org/10.15388/ActPaed.44.9.

Farmer, T. W., Dawes, M., Hamm, J. V., Lee, D., Mehtaji, M., Hoffman, A. S., & Brooks, D. S. (2018). Classroom social dynamics management: Why the invisible hand of the teacher matters for special education. *Remedial and Special Education, 39*(3), 177-192.

Farrell, P., Dyson, A., Polat, F., Hutcheson, G., & Gallannaugh, F. (2007). Inclusion and achievement in mainstream schools. *European Journal of Special Needs Education, 22*(2), 131-145. https://doi.org/10.1080/08856250701267808.

Ferrance, E. (2000). *Action research*. Northeast and Islands regional educational laboratory at Brown University.

Fisher, D., Frey, N., Almarode, J. (2020). Student learning communities as builders of collective efficacy. *Reading Psychology, 41*(6), 559-582. https://doi.org/10.1080/02702711.2020.1783139.

Florian, L., Black-Hawkins, K., & Rouse, M. (2016). *Achievement and inclusion in schools*. Routledge.

Galkienė, A. (2017). Transformation of legal basis of the Lithuanian education system towards inclusive education. In A. Galkienė (Ed.), *Inclusion in socio-educational frames: Inclusive school cases in four European countries* (pp. 62-80). The publishing house of the Lithuanian University of Educational Sciences.

Garcia-Campos, M. D., Canabal, C., & Alba-Pastor, C. (2020). Executive functions in universal design for learning: Moving towards inclusive education. *International Journal of Inclusive Education, 24*(6), 660-674. https://doi.org/10.1080/13603116.2018.1474955.

Golightly, A., & Raath, S. (2015). Problem-based learning to foster deep learning in preservice geography teacher education. *Journal of Geography, 114*, 58-68.

Gratton, R. (2019). Collaboration in students' learning: The student experience. *Support for Learning, 34*(3), 254-276. https://doi.org/10.1111/1467-9604.12261.

Griful-Freixenet, J., Struyven, K., Vantieghem, W., & Gheyssens, E. (2020). Exploring the interrelationship between Universal design for learning (udl) and differentiated instruction (DI): A systematic review. *Educational Research Review, 29*. https://doi.org/10.1016/j.edurev.2019.100306.

Gronseth, S. L., Michela, E., & Ugwu, L. O. (2020). Designing for diverse learners. In J. K. McDonald & R. E. West (Eds.), *Design for learning: principles, processes, and praxis*. EdTech Books. https://edtechbooks.org/id/designing_for_diverse_learners. Accessed 6 Apr 2021.

Hartmann, E. (2015). Universal design for learning (UDL) and learners with severe support needs. *International Journal of Whole Schooling, 11*(1), 54-67.

Houston, L. (2018). Efficient strategies for integrating universal design for learning in the online classroom. *Journal of Educators Online, 15*(3), 3.

Insuasty, E. A., & Jaime Osorio, M. F. (2020). Transforming pedagogical practices through collaborative work. *Profile: Issues in Teachers' Professional Development, 22*(2), 65-78. https://doi.org/10.15446/profile.v22n2.80289.

Kim, D., Lee, I. H., & Park, J. H. (2019). Latent class analysis of non-formal learners' self-directed learning patterns in open educational resource repositories. *British Journal of Educational Technology, 50*(6), 3420-3436. https://doi.org/10.1111/bjet.12746.

Koc, S. E. (2019). The relationship between emotional intelligence, self-directed learning readiness and achievement. *International Online Journal of Education and Teaching (IOJET), 6*(3), 678-694. http://iojet.org/index.php/IOJET/article/view/568. Accessed 8 May 2020.

Lasfeto, D. B., & Ulfa, S. (2020). The relationship between self-directed learning and students' social interaction in the online learning environment. *Journal of E-Learning and Knowledge Society, 16*(2), 34-41. https://

doi.org/10.20368/1971-8829/1135078.

Maniušis, M. (2018). Mokinių kritinio mąstymo gebėjimų ugdymas dirbant su istoriniais šaltiniais Lietuvoje ir užsienyje (Development of students' critical thinking skills in the work with historical sources in Lithuania and abroad). *Istorija: mokslo darbai= History. Vilnius: Lietuvos edukologijos universitetas, 11*(3).

Marton, F., & Saljo, R. (2008). *Deep and surface approaches to learning.* Sweden: University of Gothenburg.

Mayer, J. D., Salovey, P., Caruso, D. R., & Cherkasskiy, L. (2011). Chapter 26. Emotional intelligence. In R. Stenberg & S. Kaufman (Eds.), *The handbook of intelligence* (pp. 528-549). Cambridge.

Meier, B. S., & Rossi, K. A. (2020). Removing instructional barriers with UDL. *Kappa Delta Pi Record, 56*(2), 82-88. https://doi.org/10.1080/00228958.2020.1729639.

Meo, G. (2008). Curriculum planning for all learners: Applying universal design for learning (UDL) to a high school reading comprehension program. *Preventing School Failure: Alternative Education for Children and Youth, 52*(2), 21-30.

Mertler, C. A. (2019). *Introduction to educational research* (2nd ed.). SAGE Publications.

Meyer, A., Rose, D. H., & Gordon, D. (2014). *Universal design for learning: Theory and practice.* Wakefield MA: CAST.

Moore, B., Smith, C., Boardman, A., & Ferrell, A. (2020). Using video self-reflection to support collaborative learning for students with learning disabilities. *Teaching Exceptional Children, 53*(1), 52-59. https://doi.org/10.1177/0040059920901860.

Morocco, C. C., Hindin, A., Mata-Aguilar, C., & Clark-chiarelli, N. (2001). Building a deep understanding of literature with middle-grade students with learning disabilities. *Learning Disability Quarterly, 24*, 47-58.

Nieminen, J. H., & Pesonen, H. V. (2020). Taking universal design back to its roots: Perspectives on accessibility and identity in undergraduate mathematics. *Education Sciences, 10*(1), 12. https://doi.org/10.3390/educsci10010012.

Novak, K. (2016). *UDL NOW! A teacher guide to applying universal design for learning in today's classrooms.* CAST Professional Publishing.

OECD 2019 Volumes I-III. The programme for international student assessment (PISA) results from PISA 2018. http://www.oecd.org/pisa/publications/PISA2018_CN_LTU.pdf

Peng, Y. P. M., & Chen, C. C. (2019). The effect of instructor's learning modes on deep approach to student learning and learning outcomes. *Educational Sciences: Theory & Practice, 19*(3), 65-85. https://doi.org/10.12738/estp.2019.3.005.

Poyry-Lassila, P., Annemari Kuhmonen, A., & Paivi Marjanen, P. (2017). TradeAway: Collaborative game design and development as a learning environment. *Academic Conferences and Publishing International Limited, Reading, 10*, 546-553. URN: NBN:fi: amk-201801091149.

Preus, B. (2012). Authentic instruction for 21st century learning: Higher order thinking in an inclusive school. *American Secondary Education, 40*(3), 59-79.

Raley, S. K., Shogren, K. A., & McDonald, A. (2018). How to implement the self-determined learning model of instruction in inclusive general education classrooms. *Teaching Exceptional Children, 51*(1), 62-71. https://doi.org/10.1177/0040059918790236.

Rapp, W. (2014). Universal design for learning in action. Baltimore MD: Brooks.

Rosita, T., Alawiyah, T., Rochyadi, E., & Sunardi, S. (2020). Interactive learning media for dyslexic students of elementary school. *PrimaryEdu-Journal of Primary Education, 4*(1), 48-54.

Rowell, L., Bruce, C., Shosh, J., & Riel, M. (Eds.). (2017). *The Palgrave international handbook of action research.* Palgrave Macmillan. https://www.amazon.com/Palgrave-International-Handbook-Action-Research/dp/1137441089. Accessed 12 May 2020.

Ryan, R. M., & Deci, E. L. (2020). Intrinsic and extrinsic motivation from a self-determination theory perspective: Definitions, theory, practices, and future directions. *Contemporary Educational Psychology, 61*, 101860.

Salleh, U. K. M., Zulnaidi, H., Rahim, S. S. A., Zakaria, A. R., & Hidayat, R. (2019). Roles of self-directed learning and social networking sites in lifelong learning. *International Journal of Instruction, 12*(4), 167-182. https://doi.org/10.29333/iji.2019.12411a.

Samuels-Peretz, D., Dvorkin Camiel, L., Teeley, K., & Banerjee, G. (2017). Digitally inspired thinking: Can social media lead to deep learning in higher education? *College Teaching, 65*(1), 32-39. https://doi.org/10.29333/iji.2019.12411a, https://doi.org/10.1080/87567555.2016.1225663.

Sanger, C. S. (2020). Inclusive pedagogy and universal design approaches for diverse learning environments. *In Diversity and inclusion in global higher education* (pp. 31-71). Palgrave Macmillan.

Santosa, E. B., Degeng, I. N. S., Sulton, & Kuswandi, D. (2020). The effects of mobile computer-supported collaborative learning to improve problem solving and achievements. *Journal for the Education of Gifted Young Scientists, 8*(1), 325-342.

Schweder, S. (2020). Mastery goals, positive emotions and learning behavior in self-directed vs. teacher-directed learning. *European Journal of Psychology of Education, 35*(1), 205-223.

Sukardjo, M., & Salam, M. (2020). Effect of concept attainment models and self-directed learning (sdl) on mathematics learning outcomes. *International Journal of Instruction, 13*(3), 275-292.

The National Education Strategy 2013-2022. (2013). (Valstybinė švietimo 2013-2022 metų strategija) https://e-seimas.lrs.lt/portal/legalAct/lt/TAD/TAIS.463390. Accessed 8 May 2020.

UPK. (2016). *Ugdymas(is) paradigmų kaitoje (Self-education in paradigm change).* Švietimo ir mokslo ministerija, Vilnius: Švietimo aprūpinimo centras (Ministry of Education and Science. Vilnius: Education Supply Centre).

Van Boxtel, J. M., & Sugita, T. (2019). Exploring the implementation of lesson-level UDL principles through an observation protocol. *International Journal of Inclusive Education, 1-17.* https://doi.org/10.1080/13603116.2019.1655596.

Wainwright, B. R., Allen, M. L., & Cain, K. (2020). Narrative comprehension and engagement with e-books vs.

paper-books in autism spectrum condition. *Autism & Developmental Language Impairments*, April. https://doi.org/10.1177/2396941520917943.

Walt, J. L. (2019). The term "self-directed learning"–Back to Knowles, or another way to forge ahead? *Journal of Research on Christian Education, 28*(1), 1–20. https://doi.org/10.1080/10656219.2019.1593265.

Weiss, S., Lerche, T., Muckenthaler, M., Heimlich, U., & Kiel, E. (2019). Making inclusive instruction succeed: What matters (most) from teachers' perspectives? The role of teachers' personal characteristics, joint professional work, and school-related parameters. *Educational Research and Evaluation, 25*. https://doi.org/10.1177/2396941520917943.

Yang, H., Su, J., & Bradley, K. D. (2020). Applying the Rasch model to evaluate the self-directed online learning scale (SDOLS) for graduate students. *The International Review of Research in Open and Distance Learning, 21*(3), 99–120.

Zhong, Y. (2012). Universal design for learning (UDL) in library instruction. *College & Undergraduate Libraries, 19*(1), 33–45. https://doi.org/10.1080/10691316.2012.652549.

제8장

Abell, M. M., Jung, E., & Taylor, M. (2011). Students' perceptions of classroom instructional environments in the context of 'Universal Design for Learning'. *Learning Environments Research, 14*, 171–185. https://doi.org/10.1007/s10984-011-9090-2

Brookfield, S. D. (1985). Self-directed learning: A conceptual and methodological exploration. *Studies in the Education of Adults, 17*(1), 19–32.

CAST. (2017). *UDL core principles and the brain*. https://udlresource.ca/2017/12/udl-core-principles-and-the-brain/. Accessed 16 Jan 2019.

CAST. (2018). *Universal design for learning guidelines version 2.2*. http://udlguidelines.cast.org. Accessed 16 Jan 2019.

Dotson, R. (2016). Goal setting to increase student academic performance. *Journal of School Administration Research and Development, 1*(1), 44–46.

Hattie, J. (2017). *Hattie's 2017 updated list of factors influencing students' achievement*. http://www.evidencebasedteaching.org.au/hatties-2017-updated-list/. Accessed 21 Mar 2020.

Johnson-Harris, K. M. (2014). *The effects of universal design for learning on the academic engagement of middle school students*. Dissertation. Southern Illinois University Carbondale.

Law on Education of the Republic of Lithuania. (2011). https://www.sac.smm.lt/wp-content/uploads/2016/02/Lietuvos-Respublikos-svietimo-istatymas_svietstrat.pdf. Accessed 6 Dec 2018.

Meyer, A., Rose, D., & Gordon, D. (2014). *Universal design for learning: Theory and practice*. CAST Professional

Publishing.

Niemi, A. M., & Jahnukainen, M. (2020). Educating self-governing learners and employees: Studying, learning and pedagogical practices in the context of vocational education and its reform. *Journal of Youth Studies, 23*(9), 1143-1160. https://doi.org/10.1080/13676261.2019.1656329

Novak, K. (2019). UDL: An introduction from pizza parlor to the world. In W. W. Murawski & K. L. Scott (Eds.), *What really works with universal Design for Learning*. Corwin.

Novak, K., & Rodriguez, K. (2018). *UDL progression rubric. Based on the CAST UDL Guidelines*. http://castpublishing.org/wp-content/uploads/2018/02/UDL_Progression_Rubric_FINAL_Web_REV1.pdf. Accessed 23 Sept 2020.

OECD. (2016). *PISA 2015 results (volume II): Policies and practices for successful schools*. OECD Publishing, Paris.

OECD. (2017). *Education in Lithuania. Reviews of national policies for education*. OECD Publishing.

Ok, M. W., Rao, K., Bryant, B. R., & McDougall, D. (2017). Universal Design for Learning in pre-K to grade 12 classrooms: A systematic review of research. *Exceptionality, 25*(2), 116-138. https://doi.org/10.1080/09362835.2016.1196450

Ralabate, P. K. (2016). *Your UDL lesson planner: The step-by-step guide for teaching all learners*. Paul Brooks Publishing.

Rao, K., Ok, M. W., & Bryant, B. R. (2014). A review of research on universal design educational models. *Remedial and Special Education, 35*(3), 153-166. https://doi.org/10.1177/0741932513518980

Review on the State of Education in Lithuania. (2019). Vilnius: Švietimo aprūpinimo centras. http://www.nmva.smm.lt/wp-content/uploads/2019/10/Svietimo-bukles-apzvalga-2019-web.pdf. Accessed 3 Aug 2020.

Rose, D. H., & Strangman, N. (2007). Universal Design for Learning: Meeting the challenge of individual learning differences through a neurocognitive perspective. *Universal Access in the Information Society, 5*, 381-391. https://doi.org/10.1007/s10209-006-0062-8

Rovers, S. F. E., Stalmeijer, R. E., Van Merrienboer, J. J. G., Savelberg, H. H. C. M., & De Bruin, A. B. H. (2018). How and why do students use learning strategies? A mixed methods study on learning strategies and desirable difficulties with effective strategy users. *Frontiers in Psychology, 9*(2501), 1-12.

Schreffler, J., Vasquez, E., James, W., & Chini, J. (2018). Using observations of universal Design for Learning to enhance post-secondary STEM teaching practices. *PERC Proceedings, 2017*, 360-363. https://doi.org/10.1119/perc.2017.pr.085

Schumaker, J. B., & Deshler, D. D. (2006). Teaching adolescents to be strategic learners. In J. B. Schumaker & D. D. Deshler (Eds.), *Teaching adolescents with disabilities: Accessing the general education curriculum* (pp. 121-156). Corwin Press.

Schunk, D. H., & Rice, J. M. (1991). Learning goals, and progress feedback during reading comprehension instruction. *Journal of Reading Behavior, 23*, 351-364.

Scott, L. A. (2018). Barriers with implementing a universal Design for Learning Framework. *Inclusion, 6*(4), 274-286.

Stonkuvienė, I., & Nauckūnaitė, Z. (2010). Mokymo(si) tikslų ir uždavinių kėlimo, kaip aktualios didaktinės problemos, diskursas. [the discourse of learning/teaching goals and objectives as a topical didactic problem]. *Acta Paedagogica Vilnensia, 24*, 78-88. https://doi.org/10.15388/actpa-ed.2010.24.3033

The 'Good School' Concept. (2015). Retrieved from: https://www.smm.lt/uploads/documents/Pedagogams/Geros%20mokyklos%20koncepcija.pdf. Accessed 15 Jan 2021.

The National Education Strategy 2013-2022. (2013). https://e-seimas.lrs.lt/portal/legalAct/lt/TAD/TAIS.463390. Accessed 13 Apr 2020.

Van Blerkom, D. (2012). *College study skills: Becoming a strategic learner*. Wadsworth.

Van Boxtel, J. M., & Sugita, T. (2019). Exploring the implementation of lesson-level UDL principles through an observation protocol. *International Journal of Inclusive Education*. https://doi.org/10.1080/13603116.2019.1655596

Van der Walt, J. L. (2019). The term 'self-directed learning' –Back to Knowles, or another way to forge ahead? *Journal of Research on Christian Education, 28*(1), 1-20. https://doi.org/10.1080/10656219.2019.1593265

Weinstein, C. (2009). Strategic learning/strategic teaching: Flip sides of a coin. In P. R. Pintrich, D. R. Brown, & C. E. Weinstein (Eds.), *Student motivation, cognition and learning* (pp. 257-271). Routledge Taylor and Francis Group.

Zimmerman, B. J. (2002). Becoming a self-regulated learner. An overview. *Theory Into Practice, 41*(2), 64-71. https://doi.org/10.1207/s15430421tip4102_2

제9장

Alexander, R. (2017). *Towards dialogic teaching: Rethinking classroom talk*. Thirsk.

Annual Report (2020). National Audit office of Lithuania. https://www.valstybeskontrole.lt/EN/post/15590/

Anderson, M. (2016). *Learning to choose, choosing to learn: The key to student motivation and achievement*. ASCD Books.

Apaydin, C., & Seckin, M. (2013). Civilized and uncivilized behaviors in the classroom: An example from the teachers and students from the second stage of primary education. *Educational Sciences: Theory & Practice, 13*(4), 2393-2399.

Barrineau, S., Engstrom, A., & Schnaas, U. (2009). *An active student participation companion*. Uppsala University.

Bartolucci, M., & Batini, F. (2020). Reading aloud narrative material as a means for the student's cognitive empowerment. *Mind, Brain & Education, 14*(3), 235-242.

Bingol, T. Y., & Batik, M. V. (2019). Unconditional self-acceptance and perfectionistic cognitions as predictors of psychological well-being. *Journal of Education and Training Studies, 7*(1), 67-75.

Black, P., & Wiliam, D. (2009). Developing the theory of formative assessment. *Educational Assessment, Evaluation and Accountability, 21*(1), 5-31.

Boekaerts, M., & Cascallar, E. (2006). How far have we moved toward the integration of theory and practice in self-regulation? *Educational Psychology Review, 18*(3), 199-210.

Bovill, C. (2020). Co-creation in learning and teaching: The case for a whole-class approach in higher education. *Higher Education, 79*, 1023-1037.

Broom, C. (2015). Empowering students: Pedagogy that benefits educators and learners. *Citizenship, Social and Economics Education, 14*(2), 79-86.

Byman, R., & Kansanen, P. (2008). Pedagogical thinking in a student's mind: A conceptual clarification on the basis of self-determination and volition theories. *Scandinavian Journal of Educational Research, 52*(6), 603-621.

Chapman, S., & Mitchell, M. (2020). Momentum for math: Help students become active learning partners in online classrooms. *Learning Professional, 41*(3), 30-34.

Chen, I. (2020). Correlation between self-efficacy and English performance. *Journal of Emerging Technologies in Learning, 15*(8), 223-234.

Coffey, J., & Warren, M. (2020). Comparing adolescent positive affect and self-esteem as precursors to adult self-esteem and life satisfaction. *Motivation and Emotion, 4*(44).

Cook-Sather, A. (2009). From traditional accountability to shared responsibility: The benefits and challenges of student consultants gathering midcourse feedback in college classrooms. *Assessment & Evaluation in Higher Education, 34*(2), 231-241.

Cook-Sather, A. (2016). *Learning from the student's perspective: A sourcebook for effective teaching*. Routledge.

Crimmin, C. (2012). *Perspectives. Re-envisioning education for purposeful learning*. Massachusetts MASCD.

Davis, B., & Sumara, D. (2002). Constructivist discourses and the field of education: Problems and possibilities. *Educational Theory, 52*(4), 409-428.

Debarger, H. A., Penuel, W. R., Moorthy, S., Beauvineu, Y., Kennedy, C. A., & Boscardini, C. K. (2017). Investigating purposeful science curriculum adaptation as a strategy to improve teaching and learning. *Science Education, 101*(1), 66-96.

Ebner, C., & Gegenfurtner, A. (2019). Learning and satisfaction in webinar, online, and face to-face instruction: A meta-analysis. *Frontiers in Education, 4*, 92.

Hall, P. A., & Simeral, A. (2017). *Creating a culture of reflective practice: Building capacity for schoolwide success*. ASCD.

Hallahan, D. P., Kauffman, J. M., & Pullen, P. C. (2015). *Exceptional learners: An introduction to special education*. Pearson.

Hattie, J. (2012). *Visible learning for teacher: Maximising impact on learning.* Routledge.

Huitt, W. (2003). *A transactional model of the teaching/learning process. Educational psychology interactive.* Valdosta State University.

Kang, J., & Keinonen, T. (2018). The effect of student-centered approaches on students' interest and achievement in science: Relevant topic-based, open and guided inquiry based, and discussion-based approaches. *Research in Science Education, 48,* 865-885.

Kaukko, M., & Wilkinson, J. (2020). 'Learning how to go on': Refugee students and informal learning practices. *International Journal of Inclusive Education, 24*(11), 1175-1193.

King, N., & Bunce, L. (2020). Academics' perceptions of students' motivation for learning and their own motivation for teaching in a marketized higher education context. *British Journal of Educational Psychology, 90*(3), 790-808.

Kressler, B., & Kressler, J. (2020). Diverse student perceptions of active learning in a large enrollment STEM course. *Journal of the Scholarship of Teaching & Learning, 20*(1), 40-64.

Liman, B., & Tepeli, K. (2019). A study on the effects of self-regulation skills education program on self-regulation skills of six-year-old children. *Educational Research and Reviews, 14*(18), 647-654.

Lithuania's Progress Strategy 'Lithuania 2030'. (2012). http://www.unesco.org/education/edurights/media/docs/2953897c103c13043bfabea84b716ae2f8c82f47.pdf

Macgowan, M. J., & Wong, S. E. (2017). Improving student confidence in using group work standards. *Research on Social Work Practice, 27*(4), 434-440.

Meyer, A., Rose, D., & Gordon, D. (2014). *Universal design for learning: Theory and practice.* Cast Professional Publishing.

Morley, C. (2008). Teaching critical practice: Resisting structural domination through critical reflection. *Social Work Education, 27*(4), 407-421.

Ng, C. (2020). Disadvantaged students' motivation, aspiration and subject choice in mathematics: A prospective qualitative investigation. *International Journal of Science & Mathematics Education, 18*(5), 945-964.

Peel, K. (2020). Everyday classroom teaching practices for self-regulated learning. *Issues in Educational Research, 30*(1), 260-282.

Pejuan, A., & Antonijuan, J. (2019). Independent learning as class preparation to foster student-centred learning in first-year engineering students. *Research in Post-Compulsory Education, 24*(4), 375-400.

PISA. (2015). *Assessment and analytical framework: Science, reading, mathematic, financial literacy and collaborative problem solving (2017).* PISA, OECD Publishing. https://doi.org/10.1787/9789264281820-en

Russo, G., Nigro, F., Raiola, G., & Celiciani, A. (2019). Self-esteem in physically active middle school students. *Journal of Physical Education and Sport, 19*(5), 1984-1988.

Saphier, J., Haley-Speca, M. A., & Gower, R. (2008). *The skillful teacher: Building your teaching skills.* Research for Better Teaching, Inc.

Silver, H. F., Strong, R. W., & Perini, M. J. (2009). *The strategic teacher: Selecting the right research-based strategy for every lesson*. Thoughful Education Press.

Skoglund, E., Fernandez, J., Sherer, J., Coyle, E., Garey, K., Fleming, M., & Sofjan, A. (2020). Using the theory of planned behavior to evaluate factors that influence pharmD students' intention to attend lectures. *American Journal of Pharmaceutical Education, 84*(5), 7550.

Sullo, B. (2009). *The motivated student: Unlocking the enthusiasm for learning*. ASCD.

The 'good school' concept. (2015). https://www.smm.lt/uploads/documents/Pedagogams/Geros%20 mokyklos%20koncepcija.pdf. Accessed 18 July 2020.

The Law on Education of the Republic of Lithuania. (2011). https://www.e-tar.lt/portal/lt/legalAct/ TAR.9A3AD08EA5D0/xbPKUCNrMi. Accessed 20 May 2020.

The National Education Strategy 2013-2022. (2013). https://e-seimas.lrs.lt/portal/legalAct/lt/TAD/TAIS.463390

Whitney, T., & Ackerman, K. (2020). Acknowledging student behavior: A review of methods promoting positive and constructive feedback. *Beyond Behavior, 29*(2), 86-94.

Wiliam, D. (2011). *Embedded formative assessment*. Solution Tree.

Wong, S. L., & Wong, S. L. (2019). Relationship between interest and mathematics performance in a technology-enhanced learning context in Malaysia. *Research and Practice in Technology Enhanced Learning, 14*(1), 21-32.

Zirkus, K. J., Morgan, J. J. (2020). Enhancing self-determination skills for students with emotional and behavioral disorders. *Intervention in School and Clinic, 55*(4) 238-244. https://doi.org/10.1177/1053451219855743

Zhang, F., Markopoulos, P., & Bekker, T. (2020). Children's emotions in design-based learning: A systematic review. *Journal of Science Education & Technology, 29*(4), 459.

제10장

Annevirta, T., Laakkonen, E., Kinnunen, R., & Vauras, M. (2007). Developmental dynamics of metacognitive knowledge and text comprehension skill in the first primary school years. *Metacognition and Learning, 2*, 21-39. https://doi.org/10.1007/s11409-007-9005-x.

Aro, T., Jarviluoma, E., Mantyla, M., Mantynen, H., Maatta, S., & Paananen, M. (2014). Oppilaan minakuva ja luottamus omiin kykyihin. Arviointi-, opetus- ja kuntoutusmateriaaleja [*Student's self-image and confidence on person's own competence*. Evaluation, teaching and rehabilitation materials]. Jyvaskyla: Niilo Maki Instituutti.

Bagnato, S., Dimonte, V., & Garrino, L. (2013). The reflective journal: A tool for enhancing experience-based learning in nursing students in clinical practice. *Journal of Nursing Education and Practice, 3*(3).

Ball, D., Sleep, L., Boerst, T., & Bass, H. (2009). Combining the development of practice and the practice of development in teacher education. *Elementary School Journal, 109*, 458-474. https://doi. org/10.1086/596996.

Baumert, J., & Kunter, M. (2013). The COACTIV model of teachers' professional competence. In M. Kunter, J. Baumert, W. Blum, U. Klusmann, S. Krauss, & M. Neubrand (Eds.), *Cognitive activation in the mathematics classroom and professional competence of teachers: Results from the COACTIV Project.* New York: Springer.

Bennett, M. (2009). Defining, measuring, and facilitating intercultural learning: A conceptual introduction to the intercultural education double supplement. *Intercultural Education, 20*, 1-13. https://doi. org/10.1080/14675980903370763.

Binkley, M., Erstad, O., Herman, J., Raizen, S., Ripley, M., Miller-Ricci, M., & Rumble, M. (2012). Defining twenty-first century skills. In P. Griffin, B. McGaw, & E. Care (Eds.), *Assessment and teaching of 21st century skills* (pp. 17-66). Dordrecht: Springer.

Blomeke, S., Gustafsson, J. E., & Shavelson, R. J. (2015). Beyond dichotomies: Competence viewed as a continuum. *Zeitschrift fur Psychologie, 223*, 3-13.

Booth, T., & Ainscow, M. (2011). *Index for inclusion: Developing learning and participation in schools.* Bristol: Centre for Studies in Inclusive Education.

Bossaert, G., Colpin, H., Pijl, S. J., & Petry, K. (2013). Truly included? A literature study focusing on the social dimension of inclusion in education. *International Journal of Inclusive Education, 17*(1), 60-9. https://doi. org/10.1080/13603116.2011.580464.

Braun, V., & Clarke, V. (2006). Using thematic analysis in psychology. *Qualitative Research in Psychology, 3*(2), 77-101. https://doi.org/10.1191/1478088706qp063oa.

Brydon-Miller, M., Greenwood, D., & Maguire, P. (2003). Why action research? *Action Research, 1*(1), 9-28. London: Sage.

Burke, J., & Claughton, A. (2019). Playing with or next to? The nuanced and complex play of children with impairments. *International Journal of Inclusive Education, 23*(10), 1065-1080. https://doi.org/10.1080/1360 3116.2019.1626498.

Buyse, E., Verschueren, K., Doumen, S., Van Damme, J., & Maes, F. (2008). Classroom problem behavior and teacher-child relationships in kindergarten: The moderating role of classroom climate. *Journal of School Psychology, 46*(4), 367-391.

CAST. (2018). *Universal design for learning guidelines version 2.2.* http://udlguidelines.cast.org. Accessed 2 Nov 2020.

Cohen, L., Manion, L., & Morrison, K. (2011). *Research methods in education* (7th ed.). Routledge.

Deardorff, D. (2006). Identification and assessment of intercultural competence as a student outcome of internationalization. *Journal of Studies in International Education, 10*, 241-266. https://doi. org/10.1177/1028315306287002.

Denham, S. A. (2005). *Assessing social-emotional development in children from a longitudinal perspective for the National Children's Study: Social-emotional compendium of measures*. Fairfax: George Mason University.

Dodge, K. A., Lansford, J. E., Salzer Burks, V., Bates, J. E., Pettit, G. S., Fontaine, R., & Price, J. M. (2003). Peer rejection and social information-processing factors in the development of aggressive behavior problems in children. *Child Development, 74*(2), 374-393.

Elder, A. D. (2010). Children's self-assessment of their school work in elementary school. *Education, 3-13, 38*(1), 5-11. https://doi.org/10.1080/03004270802602044.

European Agency for Development in Special Needs Education. (2012). *Teacher education for inclusion: Profile of inclusive teachers*. https://www.european-agency.org/sites/default/files/profile_of_inclusive_teachers_en.pdf. Accessed 15 Sept 2020.

European Commission. (2005). *Common European principles for teacher competence and qualifications. Education and culture. Lifelong learning: Education and training policies, School education and higher education*. http://www.pef.uni-lj.si/bologna/dokumenti/eu-common-principles.pdf. Accessed 9 Nov 2020.

Finlay, L. (2008). The reflexive journey: Mapping multiple routers. In L. Finlay & B. Gough (Eds.), *Reflexivity: A practical guide for researchers in health and social sciences* (pp. 3-20). Blackwell Publishing Company.

Finnish National Board of Education. (n.d.). *Finnish Education System*. https://www.oph.fi/en/education-system. Accessed 9 Nov 2020.

Florian, L., & Black-Hawkins, K. (2011). Exploring inclusive pedagogy. *British Educational Research Journal, 37*(5), 813-828. https://doi.org/10.1080/01411926.2010.501096.

Florian, L., & Spratt, J. (2013). Enacting inclusion: A framework for interrogating inclusive practice. *European Journal of Special Needs Education, 28*(2), 119-135. https://doi.org/10.1080/08856257.2013.778111.

FNAE, Finnish National Agency of Education. (2016). *National core curriculum for basic education 2014* (Publications 5). Helsinki: Finnish National Board of Education.

Ford, M. P. (2005). *Differentiation through flexible grouping: Successfully reaching all readers*. Learning Point Associates, North Central Regional Educational Laboratory.

Guerriero, S., & Revai, N. (2017). Knowledge-based teaching and the evolution of a profession. In S. Guerriero (Ed.), *Pedagogical knowledge and the changing nature of the teaching profession*. Paris: OECD Publishing.

Hamre, B. K., & Pianta, R. C. (2005). Can instructional and emotional support in the first-grade classroom make a difference for children at risk of school failure? *Child Development, 76*(5), 949-967.

Hamre, B. K., Pianta, R. C., Downer, J. T., DeCoster, J., Mashburn, A. J., Jones, S. M., Brown, J. L., Cappella, E., Atkins, M., Rivers, S. E., Brackett, M. A., & Hamaga, A. (2013). Teaching through interactions: Testing a developmental framework of teacher effectiveness in over 4000 classrooms. *The Elementary School Journal, 113*(4), 461-487.

Hargreaves, A. (2000). Four ages of professionalism and professional learning. *Teachers and Teaching: Theory and Practice, 6*(2), 151-182.

Hargreaves, A., & Shirley, D. (2009). *The fourth way: The inspiring future of educational change.* Thousand Oaks: Corwin.

Hausstatter Sarromaa, R. (2014). In support of unfinished inclusion. *Scandinavian Journal of Educational Research*, 58:4, 424-434 doi:https://doi.org/10.1080/00313831.2013.773553.

Hienonen, N., Lintuvuori, M., Jahnukainen, M., Hotulainen, R., & Vainikainen, M. P. (2018). The effect of class composition on cross-curricular competences – Students with special educational needs in regular classes in lower secondary education. *Learning and Instruction, 58*, 80-87. https://doi.org/10.1016/j.learninstruc.2018.05.005.

Jahnukainen, M. (2015). Inclusion, integration, or what? A comparative study of the school principals' perceptions of inclusive and special education in Finland and in Canada. *Disability & Society, 30*(5), 59-72. https://doi.org/10.1080/09687599.2014982788.

Jay, J. K., & Johnson, K. L. (2002). Capturing complexity: A typology of reflective practice for teacher education. *Teaching and Teacher Education, 18*(1), 73-85.

Jimenez, B. A., & Hudson, M. E. (2019). Including students with severe disabilities in general education and the potential of Universal Design for Learning for all children. In M. J. Schuelka, C. J. Johnstone, G. Thomas, & A. J. Artiles (Eds.), *The Sage handbook of inclusion and diversity in education* (pp. 288-306). London: Sage.

Joseph, S., Thomas, M., Simonette, G., & Ramsook, L. (2013). The impact of differentiated instruction in a teacher education setting: Successes and challenges. *International Journal of Higher Education, 2*(3), 28-40. https://doi.org/10.5430/ijhe.v2n3p28.

Kaufman, J. R., & Badar, J. (2013). How we might make special education for students with emotional or behavioral disorders less stigmatizing. *Behavioral Disorders, 39*(1), 16-27. https://doi.org/10.1177/019874291303900103.

Koster, B., & Dengerink, J. (2008). Professional standards for teacher educators: How to deal with complexity, ownership and function. Experiences from the Netherlands. *European Journal of Teacher Education, 31*, 135-419. https://doi.org/10.1080/02619760802000115.

Krathwohl, D. (2002). A revision of Bloom's taxonomy: An overview. *Theory Into Practice, 41*(4), 212-218.

Kugelmass, J. W. (2007). Constructivist views of learning: Implications for inclusive education. In L. Florian (Ed.), *The Sage handbook of special education* (pp. 272-279). London: Sage.

Kurth, J. A., & Gross, M. (2015). *The inclusion toolbox. Strategies and techniques for all teachers.* London: Corwin A. Sage Company.

Kuusisto, E., & Tirri, K. (2014). The core of religious education: Finnish student teachers' pedagogical aims. *Journal of Beliefs and Values, 35*(2), 187-199. https://doi.org/10.1080/13617672.2014.953297.

Lakkala, S., & Kyro-Ammala, O. (2017). The Finnish school case. In A. Galkienė(Ed.), *Inclusion in socio-educational frames: Inclusive school cases in socio-educational frames* (pp. 267-309). Vilnius: The publishing house of the Lithuanian University of Educational Sciences.

Lakkala, S. P., & Maatta, K. (2011). Toward a theoretical model of inclusive teaching strategies: An action research in an inclusive elementary class. *Global Journal of Human Social Science, 11*(8), 31-40.

Lakkala, S., Uusiautti, S., Kyro-Ammala, O., & Gronfors, P. (2020). Students' social self-image and engagement to studies –A qualitative multimethod research on teachers' pedagogical activities in inclusive education. *International Journal of Whole Schooling, 16*(1), 35-60.

Lakkala, S., Uusiautti, S., & Maatta, K. (2016). How to make the neighbourhood school a school for all? *Journal of Research in Special Educational Needs, 16*(1), 46-56. https://doi.org/10.1111/1471-3802.12055.

Levin, B., & He, Y. (2008). Investigating the content and sources of teacher candidates' personal practical theories. *Journal of Teacher Education, 59*(1), 55-68.

Lingard, B., & Mills, M. (2007). Pedagogies making a difference: Issues of social justice and inclusion. *International Journal of Inclusive Education, 11*(3), 233-244.

Lumby, J., & Coleman, M. (2016). *Leading for equality. Making schools fairer.* London: Sage.

Metsapelto, R-L., Poikkeus, A-M., Heikkila, M., Heikkinen-Jokilahti, K., Husu, J., Laine, A., Lappalainen, K., Lahteenmaki, M., Mikkila-Erdmann, M., & Warinowski, A. (2020). Conceptual framework of teaching quality: A multidimensional adapted process model of teaching. *psyarxiv.com/52tcv*, https://doi.org/10.31234/osf.io/52tcv. Accessed 3 Nov 2020.

Ministry of Education and Culture. (2016). *Teacher education in Finland.* https://minedu.fi/documents/1410845/4150027/Teacher+education+in+Finland/57c88304-216b-41a7-ab36-7ddd4597b925. Accessed 26 Oct 2020.

Ministry of Education and Culture. (n.d.-a). *Basic education.* https://minedu.fi/en/basic-education. Accessed 26 Oct 2020.

Ministry of Education and Culture. (n.d.-b). *Policies and development.* https://minedu.fi/en/policies-and-development-general-education. Accessed 28 Oct 2020

Nielsen, J. L., & Andreasen, L. B. (2013). Educational designs supporting student engagement through networked project studies. In L. A. Wankel & P. Blessinger (Eds.), *Increasing student engagement and retention using mobile applications: Smartphones, Skype and texting technologies* (pp. 19-46). Emerald Group Publishing.

Norwich, B. (2013). *Addressing tensions and dilemmas in inclusive education. Living with uncertainty.* Routledge.

Pakarinen, E., Lerkkanen, M. K., Poikkeus, A. M., Kiuru, N., Siekkinen, M., Rasku-Puttonen, H., & Nurmi, J. E. (2010). A validation of the classroom assessment scoring system in Finnish kindergartens. *Early Education and Development, 21*, 95-124.

Pianta, R. C., La Paro, K. M., & Hamre, B. K. (2008). Classroom assessment scoring system (CLASS) manual,

424 참고문헌

pre-K. Baltimore: Paul H. Brookes Publishing.

Qvortrup, A., & Qvortrup, L. (2018). Inclusion: Dimensions of inclusion in education. *International Journal of Inclusive Education, 22*(7), 803-817. https://doi.org/10.1080/13603116.2017.1412506.

Radencich, M. C., & McKay, L. J. (1995). *Flexible grouping for literacy in the elementary grades*. Allyn and Bacon.

Ralabate, P. K. (2016). *Your UDL lesson planner. The step-by-step guide for teaching all learners*. Paul H. Brookes Publishing.

Rodgers, J. L., & Nicewander, W. A. (1988). Thirteen ways to look at the correlation coefficient. *The American Statistician, 42*(1), 59-66. https://doi.org/10.1080/00031305.1988.10475524.

Rose, D. (2014). Re-envisioning education through UDL. In A. Meyer, D. H. Rose, & D. Gordon (Eds.), *Universal design for learning. Theory and practice* (pp. 1-20). CAST.

Rose, D. H., Gravel, J. G., & Gordon, D. T. (2014). Universal design for learning. In L. Florian (Ed.), *The Sage handbook of special education* (pp. 475-489). Sage.

Rouse, M. (2010). Reforming initial teacher education: A necessary but not sufficient condition for developing inclusive practice. In C. Forlin (Ed.), *Teacher education for inclusion* (pp. 48-55). New York: Routledge.

Ryan, R. M., & Deci, E. L. (2016). *Self-determination theory. Basic psychological needs in motivation, development, and wellness*. The Guilford Press.

Sahlberg, P. (2010). *The secret to Finland's success: Educating teachers. Stanford Center for Opportunity Policy in Education, 2*, 1-8. http://edpolicy.stanford.edu/sites/default/files/publications/secret-finland's-success-educating-teachers.pdf. Accessed 5 June 2020.

Shani, M., & Hebel, O. (2016). Educating towards inclusive education: Assessing a teacher-training program for working with pupils with special educational needs and disabilities (SEND) enrolled in general education schools. *International Journal of Special Education, 31*(3), 1-23.

Shulman, L. (1987). Knowledge and teaching: Foundations of the new reform. *Harvard Educational Review, 57*, 1-23.

Slee, R. (2014). Inclusive schooling as an apprenticeship in democracy? In L. Florian (Ed.), *The Sage handbook of special education* (pp. 217-229). London: Sage.

Spratt, J., & Florian, L. (2015). Inclusive pedagogy: From learning to action. Supporting each individual in the context of "everybody". Teaching and Teacher Education. *An International Journal of Research and Studies, 49*, 89-96. https://doi.org/10.1016/j.tate.2015.03.006.

Tjernberg, C., & Heimdahl Mattson, E. (2014). Inclusion in practice: A matter of school culture. *European Journal of Special Needs Education, 29*(2), 247-256. https://doi.org/10.1080/08856257.2014.891336.

Tomlinson, C. A. (1999). *The differentiated classroom: Responding to the needs of all learners*. Alexandria: Association for Supervision and Curriculum Development.

van Driel, J., Beijaard, D., & Verloop, N. (2001). Professional development and reform in science education: The role of teachers' practical knowledge. *Journal of Research in Science Teaching, 38*(2), 137–158. https://doi.org/10.1016/j.tate.2013.09.001.

Vygotsky, L. (1978). *Mind in society: The development of higher psychological processes*. Cambridge, MA: Harvard University Press.

Watkins, A., & Donnelly, V. (2012). Teacher education for inclusion in Europe: Challenges and opportunities. In C. Forlin (Ed.), *Future directions for inclusive teacher education. An international perspective* (pp. 192–202). Abingdon: Routledge.

Yin, R. K. (2014). *Case study research. Design and methods* (5th ed.). Thousand Oaks: Sage.

제11장

Abels, S. (2015). Der Entwicklungsbedarf der Fachdidaktiken fur einen inklusiven Unterricht in der Sekundarstufe. [The developmental needs of subject didactics for inclusive teaching at secondary level]. In G. Biewer, E. T. Bohm, & S. Schutz (Eds.), *Inklusive Padagogik in der Sekundarstufe [Inclusive Education at Secondary schools]* (pp. 135–148). Kohlhammer.

Armstrong, F., & Moore, M. (2019). Action research. Developing inclusive practice and transforming cultures. In F. Armstrong & D. Tsovoka (Eds.), *Action research for inclusive education. Participation and democracy in teaching and learning* (pp. 1–16). Routledge.

Armstrong, F., & Tsovoka, D. (Eds.). (2019). *Action research for inclusive education. Participation and democracy in teaching and learning*. Routledge.

Biewer, G. (2001). Vom Integrationsmodell fur Behinderte zur Schule fur alle Kinder. [From integrative schools for disabled pupils to schools for all children.] Neuwied, Berlin: Luchterhand.

Biewer, G. (2017). *Grundlagen der Heilpadagogik und Inklusiven Padagogik* (3 ed.). *[Basics of Remedial Education and Inclusive Education]*. Bad Heilbrunn: Klinkhardt (UTB).

Biewer, G., & Proyer, M. (2017). The republic of Austria. In M. L. Wehmeyer & J. R. Patton (Eds.), *The Praeger international handbook of special education* (Vol. 2, pp. 239–248). Praeger.

Biewer, G., Bohm, E. T., & Schutz, S. (2015). Inklusive Padagogik als Herausforderung und Chance fur die Sekundarstufe. [Inclusive Education as a challenge and chance for secondary schools]. In G. Biewer, E. T. Bohm, & S. Schutz (Eds.), *Inklusive Padagogik in der Sekundarstufe [Inclusive Education at Secondary schools]* (pp. 11–24). Kohlhammer.

Buchner, T., & Proyer, M. (2020). From special to inclusive education policies in Austria–developments and implications for schools and teacher education. *European Journal of Teacher Education, 43*(1), 83–94.

Bundschuh, C., & Polster, E. (2012). *Ein Beitrag zur Aufarbeitung der Geschichte der Sonderpadagogik im Bezirk Oberwart. [A contribution to reappraise the history of special education in the district of Oberwart.]*

Diplomarbeit (Master thesis), University of Vienna, Vienna.

Charmaz, K. (2003). Grounded theory. Objectivist and constructivist methods. In N. K. Denzin & Y. S. Lincoln (Eds.), *Strategies of qualitative inquiry* (2nd ed., pp. 249-291). Sage.

Charmaz, K. (2004). Premises, principles, and practices in qualitative research: Revisting the foundations. *Qualitative Health Research, 14*, 976-993.

Charmaz, K. (2014). *Constructing grounded theory* (2nd ed.). Sage.

Flitner, A. (1992). *Reform der Erziehung. Impulse des 20. Jahrhunderts. [Reform of Education. Impulses of the 20th century.]*. Piper.

Greig, A., Taylor, J., & MacKay, T. (2013). *Doing research with children. A practical guide* (3rd ed.). Sage.

Griful-Freixenet, J., Struyven, K., Vantieghem, W., & Gheyssens, E. (2020). Exploring the interrelationship between Universal Design for Learning (UDL) and Differentiated Instruction (DI): A systematic review. *Educational Research Review, 29*. https://doi.org/10.1016/j.edurev.2019.100306

Gstach, J. (2019). Heilpadagogik in der Zeit zwischen den zwei Weltkriegen. [Remedial Education between the two wars.] In G. Biewer & M. Proyer (Eds.), *Behinderung und Gesellschaft. Ein universitarer Beitrag zum Gedenkjahr 2018 [Disability and Society. An Academic Contribution to the commemorative year 2018.]* (pp. 22-44). University of Vienna. Retrieved https://uscholar.univie.ac.at/detail/o:924774

Kemmis, S., McTaggart, R., & Nixon, R. (2014). *The action research planner. Doing critical participatory action research*. Springer.

Kremsner, G. (2017). *Vom Einschluss der Ausgeschlossenen zum Ausschluss der Eingeschlossenen. Biographische Erfahrungen von so genannten Menschen mit Lernschwierigkeiten. [From Confining the Excluded to Excluding the Confined. Biographical Experiences of so called Persons with Learning Difficulties.]*. Klinkhardt. Retrieved 2021 https://www.pedocs.de/frontdoor.php?source_opus=14642

Kremsner, G., & Proyer, M. (2019). Doing Inclusive Research: Moglichkeiten und Begrenzungen gemeinsamer Forschungspraxis. [Doing Inclusive Research: Opportunities and Limitations of Joint Research Practices.]. *Osterreichische Zeitschrift fur Soziologie (OZS), 44*(3), 61-81.

Luciak, M., & Biewer, G. (2011). Equity and inclusive education in Austria. A comparative analysis. In A. J. Artiles, E. B. Kozleski, & F. R. Waitoller (Eds.), *Inclusive education. Examining equity on five continents* (pp. 17-44). Harvard Education Press.

McClimens, A. (2007). Language, labels and diagnosis: An idiot's guide to learning disability. *Journal of Intellectual Disabilities, 11*(3), 257-266.

Nationaler Bildungsbericht Osterreich/National Education Report Austria. (2018). Band 1: Das Schulsystem im Spiegel von Daten und Indikatoren. Konrad Oberwimmer, Stefan Vogtenhuber, Lorenz Lassnigg und Claudia Schreiner (Hrsg.). Leykam. https://doi.org/10.17888/nbb2018-1.4.

Perkhofer-Czapek, M., Potzmann, R., & Schubert, C. (2018). *Mein BuddyBook. Der individuelle Lernbegleiter. [My BuddyBook. The individual Learning Companion]*. Bildungsverlag Lemberger.

Proyer, M., Biewer, G., Kreuter, L., & Weiβ, J. (2019). Instating settings of emergency education in Vienna: Temporary schooling of pupils with forced migration backgrounds. *International Journal of Inclusive Education, 1*(16). https://doi.org/10.1080/13603116.2019.1707299

Ralabate, P. K. (2014). *Your UDL lesson planner: The step-by-step guide for teaching all learners.* Paul H. Brookes.

Sikorskaya, Y. (2019). *Sozialraum und Differenzlinie „Behinderung" an einer Wiener Mittelschule (WMS) im Kontext von Inklusion. [Social Space and „Disability" as Differentiation Line at a Viennese Middle School in the Context of Inclusion.]* (Master thesis), University of Vienna, Wien.

Simpson, L. (2019). Students who challenge. Reducing barriers to inclusion. In F. Armstrong & D. Tsovoka (Eds.), *Action research for inclusive education. Participation and democracy in teaching and learning* (pp. 63-76). Routledge.

Zaszkaliczky, P. (2008). Heilpadagogik im zusammenwachsenden Europa. [Remedial Education in a Grown Together Europe.] In: G. Biewer, M. Luciak, & M. Schwinge (Hrsg.), *Begegnung und Differenz: Menschen-Lander-Kulturen. Beitrage zur Heil-und Sonderpadagogik [Encounter and Difference: People-Countries-Cultures. Contributions to Remedial and Special Education].* Klinkhardt, 113-129.

찾아보기

저자 소개

Alvyra Galkienė는 비타우타스 마그누스대학교(Vytautas Magnus University)의 사회과학(교육학) 교수이자 혁신적 교육 연구 클러스터의 책임자이다. 그녀는 통합교육 연구자이자 리투아니아에서 통합교육을 실제로 적용한 선구자 중 한 사람으로 인정받고 있다. 그녀의 과학적 관심 분야는 통합교육학, 통합정책, 보편적 학습설계, 모든 학생의 성공적인 교육 참여에 관한 주제이다.

Ona Monkevičienė는 비타우타스 마그누스대학교(Vytautas Magnus University)의 사회과학(교육학) 교수이자 수석 연구원이자 혁신적 교육 연구 클러스터 협의회 의장, 저널「교육학」의 편집장이다. 그녀의 연구 관심 분야는 유아 교육 프로그램, 교육 전략, 아동의 메타인지적 자기 조절, 사회적 및 정서적 문제의 조기 예방, 통합교육, 교육 및 변혁적 멘토링 등이다.

역자 소개

강종구(Kang Jong-Gu)
대구대학교 대학교에서 특수교육학을 가르치고 연구해 왔다. 미국 밴더빌트대학교 교육학(특수교육학과) 석사, 컬럼비아대학교 대학원 교육학(교육과정 및 교수학과) 박사를 받았다. 장애학과 통합교육 분야에서 많은 저술을 남겼고, 주요 저서로는 최근에는『포커스그룹 연구 방법론』(공역, 학지사, 2018),『학습장애 총론』(공역, 학지사, 2014),『장애학과 통합교육』(공역, 학지사, 2002) 등이 있다.

강성구(Kang Seongg-Goo)
경기도에서 특수교사를 거쳐 국립특수교육원에서 교육연구사로 일하고 있다. 성균관대학교 인지과학(인지심리) 석사, 부산대학교 교육학(특수교육학) 석사, 공주대학교 교육학(통합교육) 박사를 받았다. 최근 통합교육 등에 관심을 가지고 연구하고 있다. 주요 연구보고서로「미래형 특수교육 교실 표준모델 개발 연구」(2019),「나랑 놀자! 소프트웨어」(2019),「장애학생 디지털교과서 제작 지침 및 활용 시나리오 연구」(2018) 등이 있다.

모든 학생 학습 참여를 위한
보편적 학습 설계와 통합교육
Improving Inclusive Education through Universal Design
for Learning

2023년 10월 10일 1판 1쇄 인쇄
2023년 10월 20일 1판 1쇄 발행

지은이 • Alvyra Galkienė · Ona Monkevičienė
옮긴이 • 강종구 · 강성구
펴낸이 • 김진환
펴낸곳 • ㈜**학지사**

04031 서울특별시 마포구 양화로 15길 20 마인드월드빌딩
대표전화 • 02-330-5114   팩스 • 02-324-2345
등록번호 • 제313-2006-000265호

홈페이지 • http://www.hakjisa.co.kr
인스타그램 • https://www.instagram.com/hakjisabook

ISBN 978-89-997-2988-1 93370

정가 23,000원

역자와의 협약으로 인지는 생략합니다.
파본은 구입처에서 교환해 드립니다.

출판미디어기업 **학지사**

간호보건의학출판 **학지사메디컬** www.hakjisamd.co.kr
심리검사연구소 **인싸이트** www.inpsyt.co.kr
학술논문서비스 **뉴논문** www.newnonmun.com
교육연수원 **카운피아** www.counpia.com